역대시화 5

歷代詩話

운어양추

A Talk on Poetry of Chronicle

엮은이 하문환(何文煥 : 청(淸) ?~?)은 자가 소미(少眉), 호가 야부(也夫)이며 가선(嘉善) 사람이다. 주로 건륭 연간에 활동하였다. 관직을 갖지 못한 제생(諸生)으로서 구체적인 생애는 잘 알려져 있지 않다. 저서로 『무보집(無補集)』이 있고 『역대시화』를 편찬하였다.

옮긴이 김규선(金奎璇)은 선문대학교 교수이다. 한국외국어대학교 중국어과 학사 및 동대학원 석·박사 학위를 받았다. 논문으로 「陸游의 憂國意識과 시적 형상화 고찰」, 「황상의 산거 생활과 시적 형상화 연구」 등과 역주서로 『추사 김정희 연구』(원서 : 淸朝文化 東傳 硏究), 『국역 의암집』, 『日省錄 정조 62(정조 10년 11월)』 등이 있으며, 조선시대 한·중 교류 자료의 발굴과 연구에 많은 노력을 기울이고 있다.

역대시화歷代詩話 5 — 운어양추

1판 1쇄 인쇄 2013년 11월 20일 **1판 1쇄 발행** 2013년 11월 30일

엮은이 하문환 **옮긴이** 김규선 **펴낸이** 박성모 **펴낸곳** 소명출판
등록 제13-522호 **주소** 137-878 서울시 서초구 서초동 1621-18 (란빌딩 1층)
대표전화 (02) 585-7840 **팩시밀리** (02) 585-7848
이메일 somyong@korea.com **홈페이지** www.somyong.co.kr

ISBN 978-89-5626-935-1 94820 값 43,000원
ISBN 978-89-5626-930-6 (전 6권)

이 번역도서는 2009년 정부재원(교육인적자원부 학술연구조성사업비)으로 한국연구재단의 지원에 의하여 연구되었음.

역대시화 5

운어양추

歷代詩話

하문환 엮음 | 김규선 옮김

소명출판

◆ **일러두기**

1. 본서의 저본은 『歷代詩話』(中華書局, 1981)이다.
2. 본서의 원주는 중화서국본을 그대로 따랐다.
3. 자字와 호號, 기타 별칭에 대해서는 괄호 안에 본래 성명을 밝혔다.
4. 원문에 작품만 인용되었을 경우, 해당 작품의 작가와 작품명 등을 주석에 밝혔다.
5. 최근의 편집 추세에 맞춰, 한자 병기 시에 괄호를 쓰지 않았으며, 기타 표기는 일반적인 예를 따랐다.

운어양추

역대시화 전체 차례

역대시화 6

이로당시화
백석도인시설
창랑시화
산방수필
시법가수
목천금어
시학금련
담예록
예포힐여
존여당시화
이백재시화
역대시화고색

『운어양추韻語陽秋』

송宋 갈립방葛立方

갈립방葛立方, 『운어양추韻語陽秋』 해제

갈립방(?~1164)은 자가 상지常之이며 단양丹陽 사람인데 오흥吳興에 이주해 살았다. 소흥 8년(1138)에 진사가 되었고 비서성 정자, 중서사인, 이부시랑을 역임하고 나중에 원주袁州와 선주宣州를 다스렸다. 심순서沈洵序는 그를 가리켜 "많은 책들에 두루 통달하고 문장으로 한 시대에 유명했다[博極群書, 以文章名一世]"라고 했으며 특히 사에 뛰어났다. 저서로 『귀우집歸愚集』, 『운어양추』, 『서주필경西疇筆耕』 등이 있다.

갈립방의 만년 저작인 『운어양추』는 『갈립방시화』, 『갈상지시화葛常之詩話』라고도 하며 남송 효종孝宗 융흥隆興 원년(1163)에 완성되고 이듬해에 서문이 씌었다. 서명이 왜 '운어양추'인지에 대해서는 작가가 서문에서 "옛날 진晉나라 사람 저부褚裒가 '피리양추皮裏陽秋'라 하여 입으로는 선악을 논하지 않고 마음속으로만 정확한 비판을 가하였다[昔晉人褚裒爲皮裏陽秋, 言口絶臧否, 而心存涇渭]"고 했다. '양추陽秋'는 곧 '춘추春秋'인데 진나라인들은 피휘避諱를 위해 '춘' 대신 '양'을 썼다. 갈립방은 이를 본받아 포폄의 의미를 담았다.

이 책은 전체 20권으로서 분량이 방대하며 대체로 내용에 따라 분권이 되어 있다. 1, 2권은 시법詩法과 시격詩格을, 3, 4권은 시의 본령을, 5, 6권은 고증을 다룬다. 그리고 7, 8, 9권은 대부분 역사적 사실을, 10권은 친정親情과 도의道義를, 11권은 관직 생활의 상황을, 12권은 생사달관의 이치를, 13권은 산수와 지리를, 14권은 서법과 회화를, 15권은 가무와 음악을, 16권은 꽃, 나무, 물고기, 새 등을, 17권은 의학, 점술, 잡기를, 18권은 인물의 감평을, 19권은 세시풍속과 음식, 남녀를, 20권은 시인의 행실을 다루었다. 이처럼 관여 영역이 넓어서 가히 백과전서라고 할 수 있다.

『운어양추』는 한, 위부터 송에 이르는 시인과 시 작품을 평하면서 풍아風雅의 바름을 추구하는 데에 취지를 두었다. 그래서 시인의 수양 문제를 특히 중시하여 "덕행을 우선시하고 문예를 다음으로[先德行而後文藝]" 삼아서 이것으로 시인을 포폄하였으니, 백거이에 대해서는 "누구에게도 의지하지 않는 중립의 자세를 철저히 지켜[中立不倚, 峻節凜然]" 시를 썼다고 하면서 그의 「유목有木」 8장은 "스스로를 계수에 견준 것이 지나치지 않다[自比於桂, 殆未爲過也]"고 말했다. 이어 사령운은 뛰어난 산수시가 많긴 하지만 "그 인품은 가볍고 조급하며 규율을 지키지 않았으니 어찌 거론할 것이 있겠는가[其人浮躁不羈, 亦何足道哉]"라고 하였다. 또 섭몽득을 칭찬하면서는 "철석같은 심장을 가진 사람만이 매화를 지을 수 있다[鐵腸石心人可以賦梅花]"고 하는가 하면, 진陳 후주後主와 당 현종을 배척할 때는 "두 군주는 교만과 음탕함과 사치를 일삼으며 노래를 탐닉하다가 결국 혼란과 멸망에 이르고 말았다[二君驕淫侈靡, 耽嗜歌曲, 以至於亡亂]"고 비판하였다. 이런 비평들은 모두 "덕행을 우선시하고 문예를 다음으로" 하는 입장을 근거로 해서, 시인의 도덕적 수양을 중시하는 갈립방의 태도를 알 수 있다. 갈립방은 시인의 예술적 수양을 논하면서도 먼저 책을 많이 읽을 것을 강조하여 두보 시의 "만 권

책을 독파해야만, 글을 쓸 때 신이 들린 듯하다[讀書破萬卷, 下筆如有神]"라는 구절을 제시했다. 그다음에는 또 "시 쓰는 이는 먼저 고상하고 심원한 흥취를 가져야 한다[作詩者興致先自高遠]"고 요구했는데, "위인을 사모하는 데 마음이 있고[有意於慕大]" 박식함을 자랑하면서 "문장을 짓고 글귀를 다듬고 풍월을 농하는[摛章繪句, 嘲風弄月]" 것만 즐기는 시인들은 모두 그의 비판 대상이었다.

『운어양추』의 시론은 전대 인물들의 관점을 대폭 계승하였다. 1권 앞부분에서 곧장 육기의 "이미 피어버린 아침 꽃을 사절하고, 아직 펼치지 못한 저녁 이삭을 맞아야 한다[謝朝華之已披, 啓夕秀于未振]"는 구절을 인용해 시는 새로운 표현을 귀하게 여겨야 한다는 뜻을 밝힌 뒤, 역시 1권에서 "시를 지을 때는 반드시 묘사하기 어려운 풍경을 눈앞에 그려내고, 여운 가득한 의미를 시어 밖에 함유해야 한다[作詩須狀難寫之景於目前, 含不盡之意於言外]"는 매요신의 견해를 추종하여 "참으로 명언이다[眞名言也]"라고 찬양했다. 그러나 자료 선택과 작품 분석, 시인 간 비교를 통해 갈립방이 표출하는 사상적 관점과 이론 속에는 그만의 고유한 색깔도 존재한다.

첫 번째는 예술적 진실에 대한 견해다. 두보, 「고백행古柏行」의 명구, "서리 가죽에 빗물이 스민 사십 아름이고, 붉은빛 하늘에 닿은 삼천 척이다[霜皮溜雨四十圍, 黛色參天二千尺]"에 대한 심괄沈括의 『몽계필담夢溪筆談』에서의 "너무 과장한 것이 아닌가[無乃太細長乎]"라는 비난을 16권에서 반박하며 갈립방은 "시의 본지는 높고 큰 것을 표현하는 것이므로 반드시 수치로 논해서는 안 된다[詩意止言高大, 不必以尺寸計也]"고 지적했다. 두보가 그린 오래된 잣나무의 형상은, 큰 재목은 오히려 쓰이기 어렵다는 시인의 깊은 감개를 녹인 것이어서 이미 형사形似를 벗어나 과장과 허구의 요소를 띠고 있기 때문이다. 갈립방은 이것이 사리에 부합된다고 생각했다. 마찬가지로 16권에서 폭포시를 논하면서는 이백의 "삼천 척 나는 물줄기가 곧장 떨어지니, 아마도 은하수가 구천에서 떨어지는 건가 보다[飛流直下三千尺, 疑是銀河落九天]"라는 명구가 아직 비교의 부류에 속하고 형사를 벗어나지 못해, 같은 시에 나오는 "바닷바람은 끊임없이 불고, 강물 위 달은 비춰도 다시 공허하다[海風吹不斷, 江月照還空]"에 못 미친다고 평가했다. 갈립방은 시적 의미의 표현이 외적 사물의 단순한 묘사에서 벗어나 상상, 과장을 허용함으로써 형사보다는 '신사神似'를 추구해야 한다고 보았던 것이다. 이런 시론과 연결하여 그는 서화에서도 '기운氣韻'과 '신묘神妙'를 표방했다.

두 번째는 창작 심리의 분석이다. 중국의 고전 문론은 줄곧 시의 서정적 특성을 중시해왔는데, 감정은 곧 촉발되는 심리상태를 말한다. 갈립방은 외적 사물에 의해 촉발되는 감정의 객관적인 면을 긍정하여 "인간의 슬픔과 기쁨은 마음에 뿌리를 두고 있지만 외부 환경에서 생기기도 한다[人之悲喜, 雖本於心, 然亦生於境]"고 했고, 아울러 능동성을 지닌 감정의 주관적인 면도 강조하여 "인간의 감정이 풍경을 마주할 때는 스스로 슬픔과 기쁨이 우러나서 애초에 무정한 사물에만 얽매일 수 없는 것이다[人情對境, 自有悲喜, 而初不能累無情之物也]"라고 했다. 이런 견해를 구체적인 시 비평에서 확인하자면, 그는 구양수가 저주滁州와 변경汴京에서 각기 쓴 시, 「제조啼鳥」를 예로 들어 같은 새 울음소리를 들은 것뿐인데 시인의 주관적 감정에 따라 크게 달라지는 것에 주목해 "마음속에 환경에 따라 변하는 것이 존재하면 외부 환경을 마주할 때 슬픔과 기쁨이 뒤따른다. 새의 소리에 어찌 두 가지가 있겠는가[蓋心有中外枯菀之不同, 則對境之際, 悲喜隨之爾. 啼鳥之聲, 夫豈有二哉?]"라고 했다. 그런 현상은 시인의 감정 변화가 낳는 결과라고 생각한 것이다. 이 부분은 심미 대상에 대한 서정적 주체의 감수성이 심리변화에 따라 달라지는 이론적 문제를 건드리고 있다. 이어서 시상(詩思)에 관해 논하면서는 "시상은 대부분 깊고 먼 곳에서 우러나며 그 뜻이 향하는 바는 이따금 세상을 벗어나기도 한다[詩思多生於杳冥寂寞之境, 而志意所如, 往往出乎埃壒之外]"고 하고, 또 "시를 짓기 위해 생각에 잠길 때, 갑자기 떠오르면 막을 수 없긴 하지만 다른 생각이 끼어들면 망가지고 만다[詩之有思, 卒然遇之而莫遏, 有物敗之則失之矣]"고 했다. 이런 "시상은 일으키기는 어렵고 망가지기는 쉽기[思難而敗易]" 때문에 그는 '담사覃思', '수사垂思', '서사抒思'를 강조해 사물과 나를 다 잊는 도취의 상태에 도달함으로써 창작의 영감을 구할 것을 권유했다. 나아가 갈립방은 시인의 창작 심리는 반드시 자유롭고 개방적이어야 한다고 생각해 "내게 있는 것을 마음껏 부릴 수 있어야[可以縱橫在我者也]" 한다고 하면서 이것이 창작의 성패를 가르는 관건임을 강조해 "무릇 글씨와 그림은 가슴에 막힘이 없는 것이 중요하니 조금이라도 구애되는 것이 있으면 신기神氣라는 것이 사라진다[大抵書畫貴胸中無滯, 小有所拘, 則所謂神氣者逝矣]"고 하였다.

마지막으로 세 번째는 도연명 시에 관한 평술이다. 갈립방의 『운어양추』는 두보와 함께 도연명을 가장 높게 평가하고 도연명의 시를 "평범하고 담박한 생각이 담겨있다[平澹有思致]"고 하면서 도연명의 그런 '평담'이 인위적인 산물이 아니라 "미려한 것을 조직하는 것에서 시작해 화려한 부분을 털어내고 나서야[當自組麗中來, 落其華芬]" 이를 수 있는 천연의 경계라고 규정했다. 그리고 사령운과 유신의 시가 "노추鑪錘의 공정에 있어 작은 힘도 남기지 않은 것인데도 몇 길이나 되는 도연명의 담장을 엿보지 못한 것[鑪錘之功, 不遺餘力, 然未能窺彭澤數仞之牆者]"은 도연명의 시 쓰기가 아무 기탄없이 감정과 생각을 직접 서술했기 때문이라고 말했다. 여기에서도 갈립방은 창작 심리의 자유를 창작의 성패를 좌우하는 관건으로 의식하고 있다.

『운어양추』는 주로 앞의 여섯 권에서 시에 관해 논하면서 위에서 논의한 것들 외에도 창작과 삶, 계승과 혁신, 비흥과 풍유, 그리고 여러 풍격과 시미詩味 등 일련의 중요한 이론적 문제들을 다루었다. 그런데 이 책은 소재가 너무 광범위하고 잡다한 면이 있고 자료의 취사선택과 작품 분석, 시인의 비교 면에서도 결함이 존재한다. 예컨대 8권에서 굴원에 대해 "관직에서 뜻을 펴지 못하자 외골수에 조급함이 더해져 물고기 배 속에 장사지내는 것을 달갑게 여기고 말았으니 천명을 아는 자가 이렇게 할 수 있겠는가[仕不得志, 狷急褊躁, 甘葬江魚之腹, 知命者肯如是乎]"라고 평한 것은 논란이 있을 수밖에 없었다. 『사고전서총목제요』에서는 이 부분을 가리켜 "편협한 논박을 면치 못했다[未免偏駁]"고 지적했다. 또한 10권에서 이백이 군신의 의와 부부의 의가 없었다고 하면서 "이것이 순수한 유자儒者가 될 수 없었던 까닭이다[此所以不能爲醇儒也]"라고 한 것은 봉건사대부의 전형적인 의식을 보여준다. 시를 인용하며 사적에 관해 논하는 부분들도 종종 사실관계가 틀렸거나 견강부회하는 면이 보이곤 한다. 예를 들어 이백과 두보가 시로써 서로를 비난했다고 억측한 것, 그리고 소식의 "늙은 몸 게으른 말은 긴 강둑 위에서, 누런 느릅나무 푸른 괴화나무 그림자를 다 밟았네[老身倦馬河堤永, 踏盡黃楡綠槐影]"가 두보의 시라고 한 것 등이 대표적인 예이다.

『운어양추』는 『역대시화』본 외에 『학해유편』본, 『상주선철유서常州先哲遺書』본, 『예포수기藝圃搜奇』본, 명 정덕正德 갈심중간본葛諶重刊本 등이 있다.

운어양추韻語陽秋 서문

송宋 무이武夷 서림徐林

隆興元年, 常之由天官侍郎罷七年矣, 于是『韻語陽秋』之書成, 貽書謂余敍之, 會余以病未暇也. 明年, 常之卒. 乾道改元, 三月九日, 夜夢常之如平生. 旣寤, 愴念疇昔, 泫然流涕, 乃題其首, 而歸其書于其孤. 曰:『詩』三百篇, 上而公卿大夫歌於朝廷, 薦于郊廟, 下而小夫賤隸詠于閭術, 播于田野, 莫不傳焉. 達者以理, 昧者以情, 皆成于自然者也. 文從字順, 宜乎無得而議矣. 至其不可通, 則猶當以意逆志. 理與情者, 志所寓也, 苟通矣, 辭爲可略.『詩』亡之後, 作者蓋寡, 將卽其辭而求其志之所在, 義之當否, 則思之何可以不熟, 講之何可以不詳, 而責之何可以不恕哉. 然去古益遠, 學者之弊甚多, 且因物以索句, 因句以命題, 以至賡和之習盛, 則又因韻以造語, 因語以命意, 言之支離, 體之觖骸, 情之抑鬱, 理之乖悖, 凡以此也. 今欲求風雅之正, 探本而遺末, 讀常之之書, 庶乎進于是哉. 常之傳家學, 故其源深, 貫羣書, 故其論辯, 稟秀質, 故其詞華. 旣嘗登禁掖代王言矣, 天不使之從容從官之內, 賦「雲漢」·

「常武」以贊中興, 頌「淸廟」·「思文」以揚先烈, 流落江湖之上, 而見於遺文者如此, 此有識所屢歎, 非余獨爲之深惜也. 常之葛氏, 淸孝之孫, 文康之子, 余先大夫之從姪也. 八月十二日, 敷文閣直學士左朝議大夫致仕武夷徐林序.

융흥隆興 원년(1163)은 상지(常之 : 갈립방)가 천관시랑天官侍郎을 그만둔 지 칠 년째 되는 해인데 이때 『운어양추韻語陽秋』를 완성한 뒤 내게 보내며 서문을 부탁했지만 때마침 내가 몸이 안 좋아 응할 수 없었다. 그리고 이듬해, 상지가 세상을 떠났다. 건도乾道 원년(1165) 3월 9일, 꿈에 상지가 나타났는데 마치 실제와 같았다. 꿈에서 깬 뒤 지난날을 회상하니 눈물이 주르륵 흘렀고, 이에 책머리에 서문을 써 그의 아들에게 보냈다.

『시詩』 삼백 편三百篇은 위로는 공경대부公卿大夫가 조정에서 노래 부르고 교묘郊廟에서 찬양한 것에서부터 아래로는 서민과 종들이 저잣거리에서 노래 부르고 농토에서 전파한 것까지 그 내용이 두루 전하지 않는 것이 없다. 깨친 사람은 이치에 따르고 우매한 사람은 정情에 따랐는데 모두 자연에서 완성한 것이다. 문장은 결을 따르고 글자는 순조로워 더 이상 논할 게 없는 것이 당연하다. 이해할 수 없는 부분에 있어서는 나의 생각으로 문장의 뜻을 헤아릴 수 있다. 이치와 정은 생각이 담겨 있는 곳이니 정말로 통한다면 가사는 간략할 수 있는 것이다.

『시』가 사라지고 나서 작가들이 적어졌는데 그 가사에서 생각의 소재와 의미가 합당한지 그 여부를 찾는다면 어찌 생각을 완숙하게 하지 않을 수 있으며, 어찌 강론을 상세하게 하지 않을 수 있으며, 어찌 꾸짖음을 받아들이지 않을 수 있겠는가. 하지만 옛 시대와 갈수록 거리가 멀어지면서 학자들의 폐단이 매우 많다. 사물에 따라 구절을 찾고 구절을 따라 제목을 명명하는가 하면 갱화賡和[1]의 풍습이 성행하면서 운韻을 통해 시어를 만들고 시어를 통해 의의를 명명하기도 하니, 말이

지리하고 본체가 굴곡지고 정이 답답하고 리가 괴리되는 것은 모두 이런 이유 때문이다. 지금 풍아風雅의 정도를 추구하여 근본을 탐색하고 말단을 버리려한다면 상지의 글을 통해 거의 다가갈 수 있을 것이다.

상지는 가학家學을 전수받았으므로 그 근원이 깊고, 뭇 서적을 관통했으므로 그 논평이 타당하며, 우수한 바탕을 타고났으므로 그 문장이 빛난다. 일찍이 금액(禁掖 : 궁궐)에 올라 왕의 말씀을 대신했는데 하늘이 편안하게 관직에 있으며 「운한雲漢」과 「상부常武」[2]를 지어 중흥中興을 찬송하고, 「책묘淸廟」와 「사문思文」[3]을 노래하여 선열先烈을 찬양하게 하지 못한 채, 강호江湖에 유락하여 이와 같이 유고만 남겨져 있으니 이는 나만 심히 애석해하는 것이 아니라 그를 아는 이들이 모두 안타까워하는 일이다. 상지는 성이 갈씨葛氏로, 갈청효(葛淸孝 : 갈서사葛書思)의 손자이고 갈문강(葛文康 : 갈승중葛勝仲)의 아들이며 내 선대부先大夫의 종질從姪이다.

8월 12일, 부문각 직학사 좌조의대부 치사敷文閣直學士左朝議大夫致仕 무이武夷 서림徐林이 쓰다.

---

1 갱화(賡和) : 다른 사람의 원운(原韻)이나 제의(題意)를 이어받아 창화(唱和)하는 것을 말한다.

2 「운한(雲漢)」과 「상부(常武)」 : 모두 『시경(詩經)』 「대아(大雅)」의 편명이다. 전자는 가뭄 때문에 근심하는 왕의 모습을 묘사한 시이고, 후자는 소목공(召穆公)이 선왕을 찬미한 시이다.

3 「책묘(淸廟)」와 「사문(思文)」 : 모두 『시경』 「주송(周頌)」의 편명이다. 전자는 문왕(文王)에게 제사한 시이고, 후자는 오곡의 경종(耕種)을 가르쳐 백성을 구제한 후직(后稷)의 공덕을 칭송한 시이다.

운어양추韻語陽秋 서문

송宋 **심순**沈洵

韓愈疑「石鼓」之篇不入於『詩』, 而杜子美之詩世或稱爲詩史. 夫以『詩』三百篇皆出聖人之手, 其不合于禮儀者, 固已刪而弗取, 豈容致疑其間. 子美詩雖比物敍事, 號爲精確, 然其憂喜怨懟, 感激憤歎之際, 亦豈容無溢言. 余以是知觀古人文詞必先質其事而揆之以理. 言與事乖, 事與理違, 則雖記言之史, 如『書』之「武成」, 或謂不可盡信, 質于事而合, 揆之理而然, 則雖閭巷之談, 童稚之謠, 或足傳信于後世, 而況文士之詞章哉. 吏部侍郎葛公博極羣書, 以文章名一世. 暇日嘗著『韻語陽秋』廿卷, 自漢魏以來, 詩人篇詠, 咸參稽抉摘, 以品藻其是非, 不以名取人, 亦不以人廢言, 質事揆理, 而惟當之爲貴. 至于有益名敎, 若悖理傷道者, 則反覆評論, 折衷取予, 以示勸戒. 振六藝于古詩旣亡之後, 發奧賾于靈均未覩之先, 又豈若世之評詩者, 徒揣其句語之工拙, 格律之高下, 而屑屑于月露風雲・花木蟲魚形狀之間而已哉. 公旣歿, 或請其書鏤板以傳世, 輒掇其大旨, 書于篇末, 使覽者得詳焉. 乾道二年八月旣望, 右朝請郎行秘書省校書郎兼權戶部員外郎沈洵題.

한유는 「석고문石鼓文」이 『시詩』에 편입되지 않은 것을 의아해했고,[1] 두보의 시는 세간에서 '시사詩史'라 일컬어지곤 한다. 무릇 『시』 삼백 편은 모두 성인聖人의 손에서 나온 것으로, 예의禮儀에 부합되지 않는 것은 본디 제거되고 채택되지 않았으니 이에 대해 어찌 의심할 일이 있겠는가. 두보의 시는 비록 비유와 서사가 정확하다고 일컬어지지만 걱정과 기쁨, 원망과 고민, 감격과 분노와 탄식에 있어 어찌 과한 표현이 없을 수 있겠는가. 그래서 나는 고인古人의 문장을 살피는 이들은 반드시 먼저 사실을 바탕으로 삼고 이치로 그것을 헤아려야 한다고 생각한다. 말이 사실과 어긋나고 사실이 이치와 위배되면 비록 『서書』의 「무성武成」과 같이 말을 기록한 사서史書라 하더라도 다 믿을 수 없으며, 사실에 질정하여 부합이 되고 이치로 헤아려 합당하다면 길거리의 이야기와 어린아이의 노래여도 충분히 후세에 믿음을 전할 수 있을 터인데 더구나 문사文士의 글이야 말할 나위가 있겠는가.

이부시랑吏部侍郎 갈공(葛公: 갈립방)은 뭇 서적들을 해박하게 이해하여 문장으로 한 시대에 이름을 날렸다. 일찍이 틈을 내 『운어양추』 20권을 저술했는데 한위漢魏 이래 시인들의 글을 모두 고찰하고 파헤쳐 그 옳고 그름을 품평함에 있어서 명성 때문에 사람을 취택하지 않고 사람 때문에 글을 폐기하지 않았다. 오직 사실에 근거하고 이치로 헤아려 합당한 것만을 기준으로 삼았다. 교육에 보탬이 되거나 반대로 이치를 거스르고 도道를 손상시키는 것에 대해서는 반복적으로 논평을 가하고 취택을 절충하여 권장과 경계의 뜻을 담았다. 고시古詩가 이

1 한유(韓愈) …… 의아해했고: 한유가 석고문(石鼓文)을 주(周)나라 선왕(宣王) 때에 사주(史籀)가 송(頌)을 지어 돌에 새긴 것이라 믿은 사실을 말한 것이다. 한유는 후에 석고가(石鼓歌)를 지었으며, 소식(蘇軾)도 나이 이십육 세에 처음 벼슬하면서 후석고가(後石鼓歌)를 지은 바 있다.

미 사라진 시대에 육예(六藝 : 육경六經)를 진작하고 영균(靈均 : 굴원)이 미처 보지 못한 데에서 심오한 뜻을 밝혔으니 이것이 어찌 세상에서 시를 논평하는 자들이 한낱 구절과 어휘의 기교와 격률格律의 높고 낮음만을 헤아려 달과 이슬 · 바람과 구름, 풀과 나무 · 벌레와 물고기 따위의 형상에 얽매이는 것과 같겠는가.

공公이 세상을 떠난 뒤, 어떤 이가 이 책을 인쇄에 부쳐 세상에 전할 것을 요청하여 이와 같이 대체적인 뜻을 엮어 책 끝에 써서 독자로 하여금 그 내용을 이해할 수 있도록 한다.

건도乾道 2년(1166) 8월 기망(旣望 : 16일), 우조청랑 행비서성 교서랑 겸권호부원외랑右朝請郎行秘書省校書郎兼權戶部員外郎 심순沈洵이 쓰다.

운어양추韻語陽秋 자서自序

송宋 갈립방葛立方

懶眞子旣上宜春之印, 歸休于吳興, 泛金溪, 上我先人之弊廬, 歸愚識夷塗, 遊宦泯捷徑, 湛然胸次, 不掛一絲. 而多生習氣, 尙牽蠹簡, 雖不能如毛萇·鄭康成泥蟲魚之注, 又不能如虞卿·李德裕著窮愁之書. 未諳王氏之青箱, 懶問董生之朱墨, 獨喜讀古今人韻語, 披詠紬繹, 每畢景忘倦. 凡詩人句義當否, 若論人物行事, 高下是非, 輒私斷臆處而歸之正. 若背理傷道者, 皆爲說以示勸戒. 書成, 號『韻語陽秋』. 昔晉人褚裒爲皮裏陽秋, 言口絶臧否, 而心存涇渭, 余之爲是也, 其深愧於斯人哉. 若孫盛·檀道鸞·鄧粲各有『晉陽秋』, 是皆不畏人禍天刑, 率意而作, 如昌黎公所云者也. 余也, 非惟不敢, 亦不暇.

隆興甲申中元, 丹陽 葛立方 書.

나진자(懶眞子 : 갈립방의 자호)가 의춘군宜春郡의 관인을 상부에 올리고 나서 오흥吳興으로 돌아와 금계金溪에 배를 띄우고 우리 선인先人의 헤진 집으로 올랐다. 그때 '어리석음으로 돌아갈 때(관직을 그만둠을 비유) 평탄한 길을 감지하고, 관직에 있을 때 지름길에 집착한다'는 느낌을 받았으며 담담한 가슴에는 속세의 티끌 하나 남아있지 않았다. 하지만 아직 습기(習氣 : 습관)가 많이 남아 여전히 두간蠹簡[1]에 이끌렸다. 모장毛萇과 정강성鄭康成처럼 충어蟲魚의 주석에 파묻힐 수 없고[2] 우경虞卿과 이덕유李德裕처럼 곤궁함을 피력한 책을 저술할 수도 없었다.[3] 왕씨王氏의 푸른 궤(靑箱)[4]는 잘 모르고 동생董生의 주묵朱墨[5]은 알고 싶지 않았지만, 오직 고금 인물의 운어(韻語 : 시)를 좋아하여 내용을 파헤치느라 매번 끝을 볼 때까지 싫증이 나지 않았다. 무릇 시인들의 시구가 옳고 그른지는 인물의 됨됨이를 논함과 마찬가지로 시비와 고하를 가릴 때 제멋대로 억측한 것은 바로잡았다. 도리에 위배되고 도道를 손상시킨 경

---

1 두간(蠹簡) : 서적을 가리키는데, 넓게는 오래되고 파손된 서적을 일컫기도 한다.

2 모장(毛萇)과 …… 없고 : 모장은 한(漢)나라 때 인물로, 전국시대에 모형(毛亨)이 지은 『시경』의 훈고전(訓詁傳)을 전수하였으며, 정강성은 동한(東漢)시대의 경학가인 정현(鄭玄)으로, 경서 주해를 많이 하였는데, 이들처럼 '충어의 주석', 즉 고서(古書)를 고증(考證)하는 일에 몰두할 수 없었다는 뜻이다.

3 우경(虞卿)과 …… 없었다 : 전국시대 유세객인 우경이 양(梁)나라에서 곤궁하게 지내면서 『우씨춘추(虞氏春秋)』를 저술한 것이나, 당(唐)나라 명상(名相)인 이덕유가 애산(厓山)에 유배 가서 "십 년 동안 조정에서 정승 직책 수행했고, 3조를 출입하며 근신(近臣)으로 봉직했네. 문제의 총애 깊어 천자 수레 배행(陪行)했고, 무황의 은혜 중해 용진 잔치 벌였었지. 흑산에선 화친 길이 영원히 끊어졌고, 오령에선 발호하는 신하 모두 묻어 버렸었지. 지위가 높아지면 물러가야 온당한 법, 재난을 당한 것이 남의 탓 아니라오[十年紫殿掌洪鈞, 出入三朝侍從身. 文帝寵深陪豹尾, 武皇恩重宴龍津. 黑山永絶和親路, 烏嶺全坑跋扈臣. 自是功高歸盡處, 禍來名滅不由人]" 등의 시를 지은 것과 같이 할 수 없었다는 뜻이다.

4 왕씨(王氏)의 푸른 궤[靑箱] : 왕준지(王准之)가 그의 증조 왕표지(王彪之) 때부터 박학한 지식과 사실(史實) 등을 푸른 궤[靑箱]에 넣어 대대로 전수하였으므로 사람들이 '왕씨청상학(王氏靑箱學)'이라고 부른 고사(『송서(宋書)』 「왕준지전(王准之傳)」)를 인용한 것이다.

5 동생(董生)의 주묵(朱墨) : 동생은 한(漢)나라 때 유학자인 동중서(董仲舒)를 가리키며, 주묵은 서책에 비점(批點)을 찍거나 혹은 첨삭을 하는 데 사용하는 붉은 먹과 검은 먹을 가리킨다. 여기에서는 동중서가 '하유노인(下帷老人)'이라고도 불릴 정도로 장막을 내리고 외부인과 담을 쌓고 글만 읽었다는 일화를 거론한 것이다.

우는 모두 설명을 가하여 권장과 경계의 의미를 보였다. 책을 완성하고 나서 『운어양추韻語陽秋』라 이름 지었다.

옛날 진晉나라 사람 저부褚裒가 '피리양추皮裏陽秋'[6]라 하여 입으로는 선악을 논하지 않고 마음속으로만 정확한 비판을 가하였는데 나의 이 책은 그 사람에게는 대단히 부끄러운 노릇이다. 또 옛날 손성孫盛·담도란檀道鸞·등찬鄧粲이 저마다 『진양추晉陽秋』[7]를 남겼는데 이는 모두 인간의 재앙과 하늘의 형벌을 무서워하지 않고 솔직하게 지은 것이니, 창려공(昌黎公 : 한유)이 말한 그대로이다. 하지만 나는 감히 그렇게 하지 못할 뿐만 아니라 미처 그럴 여유도 없다.

융흥隆興 갑신년(1164) 중원中元에 단양丹陽 갈립방葛立方 쓰다.

6 피리양추(皮裏陽秋) : 동진(東晉)의 중서령 저부(褚裒)가 소년시절에 입으로는 선악을 말하지 않으면서 마음속으로는 정확하게 포폄(褒貶)을 가하였다는 데에서 온 고사이다.

7 『진양추(晉陽秋)』 : 동진(東晉)의 손성(孫盛)이 지은 작품으로, 총 서른두 권이며 양진(兩晉)의 역사적 사실을 기술한 책인데 오래전에 일실되었다. 현재 이에 대한 집본(輯本)이 『설부(說郛)』(완위산당본(宛委山堂本))·『황씨일서고(黃氏逸書考)』 등에 들어있다.

운어양추韻語陽秋 권1卷一

"謝朝華之已披, 啓夕秀于未振", 學詩者尤當領此. 陳腐之語, 固不必涉筆, 然求去其陳腐不可得, 而翻爲怪怪奇奇不可致詰之語以欺人, 不獨欺人, 而且自欺, 誠學者之大病也. 詩人首二謝, 靈運在永嘉, 因夢惠連, 遂有"池塘生春草"之句, 玄暉在宣城, 因登三山, 遂有"澄江靜如練"之句. 二公妙處, 蓋在于鼻無堊・目無膜爾. 鼻無堊, 斤將曷運, 目無膜, 篦將曷施. 所謂混然天成, 天球不琢者與. 靈運詩, 如"矜名道不足, 適己物可忘"・"清暉能娛人, 遊子澹忘歸", 玄暉詩, 如"春草秋更綠, 公子未西歸"・"大江流日夜, 客心悲未央"等語, 皆得「三百五篇」之餘韻, 是以古今以爲奇作, 又曷嘗以難解爲工哉. 東坡「跋李端叔詩卷」云: "暫借好詩消永夜, 每逢佳處輒參禪." 蓋端叔作詩, 用意太過, 參禪之語, 所以警之云.

"이미 피어버린 아침 꽃을 사절하고, 아직 펼치지 못한 저녁 이삭을 맞아야 한다[謝朝華之已披, 啓夕秀于未振]"에 대해 시를 배우는 이들은 더욱더 주목해야 한다. 진부한 표현은 본디 붓 끝에 넣어서는 안 될 것이다. 그런데 진부한 것도 제대로 제거하지 못한 채 도리어 기기묘묘하여 힐난할 수조차 없는 표현을 만들어 남을 속이고, 남을 속일 뿐만 아니라 자신조차도 속이고 있으니 이는 참으로 학자의 큰 병폐이다. 시인들이 두 사씨謝氏를 가장 앞에 내세우는데 사령운謝靈運이 영가永嘉에 있을 때 꿈에 사혜련謝惠連을 보고 "지당에 봄풀이 자라네[池塘生春草]"라는 시구를 지었으며 사현휘(謝玄暉 : 사조謝朓)는 선성宣城에 있을 때 삼산三山에 올랐다가 결국 "맑은 강물은 누인 비단처럼 조용하네[澄江靜如練]"라는 시구를 지었다. 두 분의 오묘한 경지는 바로 코에 콧날이 없고 눈에 망막이 없는 데에 있다. 코에 콧날이 없는데 도끼를 어떻게 휘두르며,[1] 눈에 망막이 없는데 금비金篦[2]를 어디에 펼치겠는가. 이른바 혼연한 자연 그대로이며 조탁하지 않은 천구天球[3]인 것이다. 사령운의 시 "이름을 자랑하면 도가 부족하고, 자기에게 적합하면 사물을 떨칠 수 있다[矜名道不足, 適己物可忘]"·"맑은 빛이 사람을 즐겁게 해, 유람 나온 이가 담담하여 돌아갈 줄을 잊는다[淸暉能娛人, 遊子憺忘歸]"와, 사조의 시 "봄풀은 가을 되면 다시 푸르건만, 공자는 서쪽에서 돌아오지 않네[春草秋更綠, 公子未西歸]"·"큰 강물은 밤낮으로 흐르고, 나그네의 서글픔은 끝이 없

---

1 코에 …… 휘두르며 : 이와 관련하여 도끼를 휘둘러 코끝의 백토를 깎아낸 고사가 전한다. 『장자(莊子)』「서무귀(徐無鬼)」에 "영 지방 사람이 코끝에 백토를 파리 날개처럼 묻혀 놓고 장석(匠石)을 시켜 그것을 깎아 내게 하였다. 그러자 장석이 바람을 일으키며 도끼를 휘둘러 마음대로 깎아 내기 시작하였는데, 백토를 다 깎았는데도 코를 다치게 하지 않았다[郢人堊漫其鼻端, 若蠅翼, 使匠石斫之, 匠石運斤成風, 聽而斫之, 盡堊而鼻不傷]"라는 문장이 보인다. 기예가 매우 뛰어남을 묘사한 말인데, 인신하여 잘못된 부분을 지적하여 바로잡는 것을 비유하기도 한다.

2 금비(金篦) : 금으로 만든 빗으로, 고대 인도에서 의사가 맹인의 안막(眼膜)을 제거해 줄 때 사용하던 도구이다. 후세에는 불가(佛家)에서 중생들의 눈을 가리고 있는 무지(無智)의 막(膜)을 제거해 준다는 뜻으로 사용한다.

3 천구(天球) : 옛날 옹주(雍州)에서 공물(貢物)로 바쳤던 구슬로서, 하늘과 같은 색깔을 지녔다고 한다. 『서경(書經)』「고명(顧命)」.

네[大江流日夜, 客心悲未央]" 등은 모두 『시경』의 여운을 터득한 것이다. 그래서 고금에 훌륭한 작품이라고 말하는 것이니, 이들 작품에 어찌 난해한 것을 대단한 것으로 여기는 흔적이 있는가. 소식의 「발이단숙시권跋李端叔詩卷」에서 "잠시 좋은 시를 빌려 긴긴 밤을 보내고, 매번 아름다운 곳을 만날 때면 이내 참선을 하네[暫借好詩消永夜, 每逢佳處輒參禪]"라고 했는데 이단숙(李端叔 : 이지의李之儀)이 시를 지을 때 의도가 너무 지나쳤기 때문에 참선이라는 말로 그를 경계한 것이다.

陶潛・謝朓詩皆平澹有思致, 非後來詩人怵心劌目雕琢者所爲也. 老杜云"陶・謝不枝梧, 風騷共推激. 紫燕自超詣, 翠駮誰翦剔"是也. 大抵欲造平澹, 當自組麗中來, 落其華芬, 然後可造平澹之境, 如此則陶謝不足進矣. 今之人多作拙易語, 而自以爲平澹, 識者未嘗不絶倒也. 梅聖兪「和晏相」詩云 : "因今適性情, 稍欲到平澹. 苦詞未圓熟, 刺口劇菱芡." 言到平澹處甚難也. 所以「贈杜挺之」詩有"作詩無古今, 欲造平澹難"之句. 李白云 : "清水出芙蓉, 天然去雕飾." 平澹而到天然處, 則善矣.

도잠陶潛과 사조謝朓의 시는 모두 평범하고 담박한 생각이 담겨있어서, 애타는 마음과 예리한 눈으로 조탁하는 후대 시인들이 해낼 수 있는 것이 아니다. 두보의 "도잠과 사조는 지루하지 않아, 「풍風」・「소騷」를 함께 움직였네. 자연紫燕[4]은 스스로 월등하거늘, 취박翠駮[5]을 누가 자르고 발라내는가[陶・謝不枝梧, 「風」・「騷」共推激. 紫燕自超詣, 翠駮誰翦剔]"가 이를 두고 한 말이다. 무릇 평담平澹의 경지는 미려한 것을 조직하는 것에서 시작해 화려한 부분을 털어내고 나서야 이를 수 있으니 이렇게

4 자연(紫燕) : '자연류(紫燕騮)'라고도 하는데, 고대 준마(駿馬)의 명칭이다.
5 취박(翠駮) : '취황(翠黃)'이라고도 하는데, 고대 전설 중의 신마(神馬)이며 준마(駿馬)를 지칭하기도 한다.

만 하면 도잠과 사조도 그다지 거론할 것이 없다. 지금 사람들은 대부분 졸렬하고 평이한 말을 갖고 스스로 평담이라 여겨 식자들이 헛웃음을 금치 못한다. 매요신은 「화안상和晏相」에서 "지금 성정性情에 알맞아, 조금이나마 평담에 이르려 한다. 씁쓸한 말은 원숙圓熟하지 못해, 입을 찌르는 매서운 가시이다[因今適性情, 稍欲到平澹. 苦詞未圓熟, 刺口劇菱芡]"라고 했다. 평담에 이르는 것이 매우 어렵다는 것을 말한 것이다. 그래서 「증두정지贈杜挺之」에서 "시를 짓는 것은 예나 지금이나, 평담에 이르기가 어렵다[作詩無古今, 欲造平澹難]"라 했고 이백은 "맑은 물 위에 솟은 부용芙蓉, 천연스러운 자태가 수식을 버렸다[清水出芙蓉, 天然去雕飾]"라고 했으니 평담하여 천연의 경지에 이른다면 훌륭한 것이다.

老杜寄身於兵戈騷屑之中, 感時對物, 則悲傷係之, 如"感時花濺淚"是也. 故作詩多用一'自'字. 「田父泥飲」詩云: "步屧隨春風, 村村自花柳." 「遣懷」詩云: "愁眼看霜露, 寒城菊自花." 「憶弟」詩云: "故園花自發, 春日鳥還飛." 「日暮」詩云: "風月自清夜, 江山非故園." 「滕王亭子」云: "古牆猶竹色, 虛閣自松聲." 言人情對境, 自有悲喜, 而初不能累無情之物也.

두보는 병란의 소용돌이 속에서 지내며 변하는 계절 앞에서 사물을 마주할 때 비감이 일었으니 "시절에 감응하여 꽃도 눈물을 뿌린다[感時花濺淚]"가 그것이다. 그래서 시를 지을 때 '자自' 자를 쓰는 경우가 많다. 「전부니음田父泥飮」에서는 "걸음걸이 봄바람을 따라가니, 마을마다 절로 꽃과 버들이다[步屧隨春風, 村村自花柳]"라고 했고, 「견회遣懷」에서는 "시름의 눈으로 서리와 이슬을 바라보니, 찬 성토에는 국화가 스스로 꽃을 피웠다[愁眼看霜露, 寒城菊自花]"라고 했고, 「억제憶弟」에서는 "옛 동산의 꽃은 스스로 피고, 봄날 새가 다시 날아간다[故園花自發, 春日鳥

還飛]"라고 했고, 「일모日暮」에서는 "바람과 달빛은 스스로 맑은 밤이거늘, 강과 산은 옛 동산이 아니다[風月自淸夜, 江山非故園]"라고 했고, 「등왕정자滕王亭子」에서는 "옛 담장은 여전히 대나무빛이 서렸고, 빈집에는 스스로 솔바람 소리 들린다[古牆猶竹色, 虛閣自松聲]"라고 했다. 인간의 감정이 풍경을 마주할 때는 스스로 슬픔과 기쁨이 우러나서 애초에 무정한 사물에만 얽매일 수 없는 것이다.

杜甫「觀安西過兵」詩云: "談笑無河北, 心肝奉至尊." 故東坡亦云: "似聞指揮築上郡, 已覺談笑無西戎." 蓋用左太沖「詠史」詩"長嘯激淸風, 志若無東吳"也. 王維云: "虜騎千重只似無"句, 則拙矣.

두보의 「관안서과병觀安西過兵」에서 "담소할 때 하북河北은 없고, 마음속은 지존만을 받드네[談笑無河北, 心肝奉至尊]"라고 했다. 그래서 소식 또한 "상군上郡의 축조를 지휘한다는 말을 들은 듯한데 어느덧 담소에 서융西戎이 없음을 알겠네[似聞指揮築上郡, 已覺談笑無西戎]"[6]라고 했다. 이것은 좌태충(左太沖 : 좌사)의 「영사詠史」에 있는 "휘파람 길게 불어 청풍을 일으키니, 마음속에 동오東吳가 없는 듯하네[長嘯激淸風, 志若無東吳]"를 인용한 것이다. 왕유王維의 "천 겹의 오랑캐 기마는 눈에 보이지 않는 듯하네[虜騎千重只似無]"는 옹졸하다.

杜子美「曹將軍丹靑引」云: "將軍魏武之子孫, 於今爲庶爲淸門." 元微之「去杭州」詩亦云: "房杜王魏之子孫, 雖及百代爲淸門." 則知老杜於當時已爲詩人所欽服如此. 殘膏賸馥, 霑丐後代, 宜哉. 故微之云:

6 『동파전집(東坡全集)』 권28 「문조서첩보(聞洮西捷報)」.

"詩人以來, 未有如子美者."

두보의 「조장군단청인曹將軍丹靑引」에서 "장군 좌위무左魏武[7]의 자손이, 지금 보통사람이 되고 청정한 가문이 되었네[將軍魏武之子孫, 於今爲庶爲淸門]"라고 했는데 원미지(元微之: 元稹)의 「거항주去杭州」에서 "방현령房玄齡·두여회杜如晦·왕규王珪·위징魏徵의 자손이, 비록 백대百代가 흘러도 청정한 가문이 되리라[房杜王魏之子孫, 雖及百代爲淸門]"라고 했다면, 두보는 당시에 이미 시인들로부터 존중을 받고 있었음을 알 수 있다. 따라서 그가 끼친 혜택과 향기가 후대까지 스며든 것은 당연한 것이다. 그래서 원진은 "지금까지의 시인 가운데 자미(子美: 두보)와 같은 사람은 없다"[8]고 했다.

老杜詩以後二句續前二句處甚多. 如「喜弟觀到」詩云: "待爾嗔烏鵲, 抛書示鶺鴒. 枝間喜不去, 原上急曾經." 「晴」詩云: "啼鳥爭引子, 鳴鶴不歸林. 下食遭泥去, 高飛恨久陰." 「江閣臥病」云: "滑憶雕胡飯, 香聞錦帶羹. 溜匙兼煖腹, 誰欲致盃罌." 「寄張山人」詩云: "曹植休前輩, 張芝更後身. 數篇吟可老, 一字買堪貧." 如此類甚多. 此格起於謝靈運「廬陵王墓下」詩云: "延州協心許, 楚老惜蘭芳. 解劍竟何及, 撫墳徒自傷." 李太白詩亦時有此格, 如"毛遂不墮井, 曾參寧殺人! 虛言誤公子, 投杼感慈親"是也.

두보의 시를 보면 뒤 2구를 앞 2구와 연결시킨 것이 매우 많다. 예컨대 「희제관도喜弟觀到」의 "너를 기다리다 까치가 지저귀어, 책을 던져

7 좌위무(左魏武): 좌위무 장군 조패(曹霸)를 가리킨다.
8 『원씨장경집(元氏長慶集)』 권46 「당고공부원외랑두군묘계명(唐故工部員外郎杜君墓係銘)」.

할미새에게 주었다. 가지 위에서 기뻐하며 떠나지 않다가, 언덕 위를 급히 지나간다[待爾鳴烏鵲, 抛書示鶺鴒. 枝間喜不去, 原上急曾經]”와, 「청晴」의 “지저귀는 까마귀는 다투어 새끼를 데리고 가고, 우는 학은 숲으로 돌아가지 않는구나. 내려와 먹이를 먹다가 진흙을 만나자 자리를 떠, 높이 날며 오랫동안 흐린 것을 아쉬워한다[啼烏爭引子, 鳴鶴不歸林. 下食遭泥去, 高飛恨久陰]”와, 「강각와병江閣臥病」의 “부드러운 조호반雕胡飯이 생각나고, 향기로운 금대갱錦帶羹이 코에 와 닿는다. 숟가락도 들고 배도 따뜻하게 하고 싶으나, 누가 질그릇 술잔을 보내주려나[滑憶雕胡飯, 香聞錦帶羹. 溜匙兼煖腹, 誰欲致盃甖]”와, 「기장산인寄張山人」의 “조식이 선대의 인물을 잠재웠거늘, 장지張芝가 다시 그 후신이 되었네. 여러 편 시는 늙은이가 읊을 만해, 한 글자만 사도 가난을 감내하겠네[曹植休前輩, 張芝更後身. 數篇吟可老, 一字買堪貧]”라고 한 것처럼 비슷한 예가 매우 많다. 이러한 격식은 사령운의 「노릉왕묘하廬陵王墓下」에서 “연주延州가 마음에 들지만, 초나라 늙은이는 난초 향기가 아쉽네. 검을 푼들 결국 어찌하겠는가, 무덤을 어루만지며 슬퍼할 뿐이네[延州協心許, 楚老惜蘭芳. 解劍竟何及, 撫墳徒自傷]”라고 한 것부터 시작되었다. 이백의 시에도 이러한 격식이 더러 있다. “모수毛遂는 우물에 떨어지지 않았고, 증참曾參이 어찌 사람을 죽였으랴. 공허한 말로 공자公子를 그르치고, 어버이 마음을 움직여 북[杼]을 던지게 했네[毛遂不墮井, 曾參寧殺人. 虛言誤公子, 投杼感慈親]”[9][10]가 그것이다.

9 모수(毛遂)는 …… 던지게 했네 : 모두 동명이인으로 인해 벌어진 사건을 다룬 고사이다. 모수의 고사는 다음과 같다. 모수는 전국 때 평원군(平原君) 조승(趙勝)의 식객(食客)으로, 초(楚)에 유세(遊說)하여 진(秦)을 물리친 변사(辯士)이다. 어느 날 그와 같은 이름을 가진 이가 우물에 빠지자 객이 평원군(平原君)에게 모수가 죽었다고 고했다. 평원군이 “아아, 하늘이 나를 망치는구나!”라고 탄식했는데, 얼마 후에 죽은 사람은 야인 모수이지 평원군 객 모수가 아님을 알게 되었다고 한다.(『서경잡기(西京雜記)』 권6) 증삼의 다음의 고사과 같다. 어느 날 증삼과 이름이 같은 자가 살인을 했는데, 증삼이 사람을 죽였다고 떠드는 사람이 있었으나, 증삼의 어머니는 아들을 믿고 있었으므로 그 말을 믿지 않았다. 그러나 떠드는 사람이 세 사람에 이르자 마침내 의심이 생겨 짜던 베틀

梅聖兪云："作詩須狀難寫之景於目前，含不盡之意於言外." 眞名言也. 觀其「送蘇祠部通判於洪州」詩云："沙鳥看來沒，雲山愛後移."「送張子野赴鄭州」云："秋雨生陂水，高風落廟梧"之類，狀難寫之景也.「送馬殿丞赴密州」云："危帆淮上去，古木海邊秋."「和陳秘校」云："江水幾經歲，鑑中無壯顔"之類，含不盡之意也.

매요신이 "시를 지을 때는 반드시 묘사하기 어려운 풍경을 눈앞에 그려내고, 여운 가득한 의미를 시어 밖에 함유해야 한다"라고 한 것은 참으로 명언이다. 그의 「송소사부통판어홍주送蘇祠部通判於洪州」의 "백사장 위 새는 보자 하니 사라지고, 구름 속 산은 사랑하고 나서 옮겨진다[沙鳥看來沒，雲山愛後移]"와 「송장자야부정주送張子野赴鄭州」의 "가을비는 언덕 가 물을 만들고, 높새바람은 사당의 오동잎을 떨어뜨린다[秋雨生陂水，高風落廟梧]" 등은 묘사하기 어려운 풍경을 그려낸 것이고, 「전승부밀주殿丞赴密州」의 "높이 단 돛대는 회수 위로 가고, 고목은 바닷가의 가을이다[危帆淮上去，古木海邊秋]"와 「화진비교和陳秘校」의 "강물은 얼마의 세월을 보냈는가, 거울 속 늠름했던 얼굴이 보이지 않네[江水幾經歲，鑑中無壯顔]" 등은 여운 가득한 의미를 함유하고 있는 것이다.

梅聖兪五字律詩，於對聯中十字作一意處甚多. 如「碧瀾亭」詩云："危樓喧晩鼓，驚鷺起寒汀."「初見淮山」云："朝來汴口望，喜見淮上山."「送兪駕部」云："何時鷁舟上，遠見爐峰迎."「送張子野」云："不知從此去，當見復何如."「和王尉」云："度鳥不曾下，新文誰寄評."「晝寢」詩云："及爾寂無慮，始知機盡空." 如此者不可勝擧. 詩家謂之"十字格"，今人用此格者殊少也. 老杜亦時有此格，「放船」詩云："直愁騎馬滑，故

의 북을 내던지고 달려갔다고 한다. 『전국책(戰國策)』「진책 이(秦策二)」.

10 『이태백집주(李太白集注)』 권11 「계심양상최상환삼수(繫尋陽上崔相渙三首)」 제2수.

作泛舟迴." 「對雨」云 : "不愁巴道路, 恐濕漢旌旗." 「江月」云 : "天邊長作客, 老去一霑巾." 杜甫「客夜」詩云 : "客睡何曾著, 秋天不肯明." 「陪王使君泛江」詩云 : "山豁何時斷, 江平不肯流." 不肯二字, 含蓄甚佳, 故杜兩言之. 與淵明所謂"日月不肯遲, 四時相催迫"同意.

매요신의 오언율시는 대련對聯 열 글자를 하나의 연결된 의미로 쓴 경우가 매우 많다. 예컨대 「벽란정碧瀾亭」의 "높은 누각에 해질녘 북소리 요란해, 놀란 백로가 찬 물가에서 날아오른다[危樓喧晚鼓, 驚鷺起寒汀]", 「초견회산初見淮山」의 "아침나절 변수의 입구에 서서, 회수 위 산을 기쁘게 바라본다[朝來汴口望, 喜見淮上山]", 「송유가부送兪駕部」의 "언제 익주鷁舟[11] 위에서, 멀리 노봉爐峰을 맞아볼까[何時鷁舟上, 遠見爐峰迎]", 「송장자야送張子野」의 "이제 떠나면, 언제 다시 볼 수 있을까[不知從此去, 當見復何如]", 「화왕위和王尉」의 "나는 새가 내려오지 않았는데, 새 글을 누구에게 부쳐 품평 받을까[度鳥不曾下, 新文誰寄評]", 「주침晝寢」의 "고요하여 아무 생각이 없을 때, 비로소 세상이 모두 공허함을 안다[及爾寂無慮, 始知機盡空]" 등등 이러한 예는 이루 다 들 수가 없다. 시인들은 이를 '십자격十字格'이라 하는데 지금 사람들 가운데 이런 격식을 사용하는 사람은 매우 적다. 두보의 시에도 이따금 이런 격식이 있다. 「방선放船」의 "말을 타다 미끄러질까 걱정하여, 일부러 배를 띄워 돌아간다[直愁騎馬滑, 故作泛舟迴]", 「대우對雨」의 "파산巴山의 길을 걱정하지는 않으나, 한나라의 깃발이 젖을까 걱정이다[不愁巴道路, 恐濕漢旌旗]", 「강월江月」의 "오랫동안 하늘 끝에 나그네 되어, 나이 들수록 눈물이 수건만 적신다[天邊長作客, 老去一霑巾]" 등이다. 두보는 「객야客夜」에서 "나그네가 어찌 눈을 붙일 수 있으랴, 가을 하늘 밝으려 하지 않거늘[客睡何曾著, 秋天不肯明]"이라 했고 「배왕사군범강陪王使君泛江」에서 "산골짜기는 언제 끊

11　익주(鷁舟) : 선박을 가리킨다. 수신(水神)을 누르고 바람을 견딘다는 뜻으로 익새[鷁]를 돛대 머리에 달기에 생긴 명칭이다.

어질까, 강물이 드넓어 흐르려하지 않네[山豁何時斷, 江平不肯流]"라고 했는데 '불긍不肯' 두 글자는 함축미가 매우 뛰어나서 두보가 두 번에 걸쳐 사용하였다. 이는 도연명의 "해와 달은 더디 가려하지 않고, 네 계절이 재촉하고 압박한다[日月不肯遲, 四時相催迫]"와 같은 의미이다.

退之「贈崔立之」前後各一篇, 皆譏其詩文易得. 前詩曰: "才豪氣猛易語言, 往往蛟螭雜螻蚓." 後詩曰: "文如翻水成, 初不用意爲." 二詩皆數十韻, 豈非欲衒博於易語之人乎? 前詩曰: "深藏篋笥時一發, 戢戢已多如束筍." 後詩曰: "每旬遺我書, 竟歲無差池." 有以知崔於韓情義之篤如此也.

한유의 「증최립지贈崔立之」 전후 각 1편은 모두 쉽게 지은 시문에 대해 비판하고 있다. 전편에서는 "높은 재능과 맹렬한 기세로 쉽게 말을 만들어내지만, 이따금 교룡과 이무기에 땅강아지와 지렁이가 끼어있다[才豪氣猛易語言, 往往蛟螭雜螻蚓]"라고 하고, 후편에서는 "문장을 물을 뒤집듯 완성해, 애초에 생각이 담기지 않았다[文如翻水成, 初不用意爲]"라고 했다. 두 편은 모두 수십 운韻에 달하는데 그 본지는 어찌 시를 쉽게 짓는 사람에게 박식함을 자랑하려 함이 아니겠는가. 전편에서 "깊이 넣어둔 상자를 열어보면, 어느덧 한 묶음 죽순처럼 쌓여있네[深藏篋笥時一發, 戢戢已多如束筍]"라고 하고, 후편에서 "열흘마다 내게 편지 보내는 일이, 한 해 내내 어긋남이 없네[每旬遺我書, 竟歲無差池]"라고 한 것에서 최립지가 한유와 정의가 두터웠음을 알 수 있다.

杜甫·李白以詩齊名, 韓退之云: "李·杜文章在, 光燄萬丈長." 似未易以優劣也. 然杜詩思苦而語奇, 李詩思疾而語豪. 杜集中言李白詩處甚多, 如"李白一斗詩百篇", 如"淸新庾開府, 俊逸鮑參軍" "何時一尊酒, 重與細論文"之句, 似譏其太俊快. 李白論杜甫, 則曰 : "飯顆山頭逢杜甫, 頭戴笠子日卓午. 爲問因何太瘦生, 只爲從來作詩苦." 似譏其太愁肝腎也. 杜牧云 : "杜詩韓筆愁來讀, 似倩麻姑癢處搔. 天外鳳凰誰得髓, 何人解合續絃膠." 則杜甫詩, 唐朝以來一人而已, 豈白所能望耶.

두보와 이백은 시인으로서의 명성이 비슷하다. 한유는 "이백과 두보의 문장은, 그 광채가 만 길이다[李·杜文章在, 光燄萬丈長]"라고 하여 쉽게 우열을 가릴 수 없는 것처럼 여겼다. 하지만 두보의 시는 생각이 고달프며 시어가 기묘하고 이백의 시는 생각이 빠르며 시어가 호쾌하다. 두보의 시집에서 이백의 시에 대해 이야기한 것이 매우 많은데 예컨대 "이백은 한 말 술에 시가 백 편이다[李白一斗詩百篇]",[12] "맑고 신선함은 유개부(庾開府 : 유신庾信) 같고, 존엄하고 거침없음은 포참군(鮑參軍 : 포조鮑照) 같다[淸新庾開府, 俊逸鮑參軍]",[13] "언제 한 동이 술을 두고, 거듭 세심히 문학을 논해볼까[何時一尊酒, 重與細論文]"[14] 등은 지나치게 준엄하고 빠른 것을 비판한 듯하다. 이백이 두보를 논한 곳에서는 "반과산飯顆山 위에서 두보를 만났는데, 한낮에 머리에 삿갓을 썼었다. 어찌하여 그토록 말랐느냐고 묻자, 고달프게 시를 지어서라고 한다[飯顆山頭逢杜甫, 頭戴笠子日卓午. 爲問因何太瘦生, 只爲從來作詩苦]"[15]라고 하여 지나치게 고심하는 것을 비판한 듯하다. 두목杜牧은 "두보의 시와 한유의 글을 수심 겨워 읽노라면, 마고麻姑[16]의 손을 빌려 가려운 곳을 긁는 듯하다. 하늘 너머 봉황의 진수를 누가 얻을까, 누가 속현교續絃膠[17]에 부

12 『두시상주(杜詩詳註)』 권2 「음중팔선가(飮中八仙歌)」.

13 『두시상주(杜詩詳註)』 권1 「동일유회이백(冬日有懷李白)」.

14 『두시상주(杜詩詳註)』 권1 「춘일억이백(春日憶李白)」.

15 『이태백집주(李太白集注)』 권34 「태백발구위지개문견산(太白發句謂之開門見山)」.

16 마고(麻姑) : 전설 속의 선녀 이름인데, 여 도사의 애칭으로 사용하였다.

17 속현교(續絃膠) : 전설에 의하면, 서해(西海) 가운데 봉린주(鳳麟洲)가 있는데, 선가(仙

합할 수 있을까[杜詩韓筆愁來讀, 似倩痲姑癢處搔. 天外鳳凰誰得髓, 何人解合續絃膠]"라고 했다. 두보의 시는 당나라 이후 한 사람일 뿐이니 어찌 이백이 바라볼 수 있겠는가.

「選」詩騈句甚多, 如: "宣尼悲獲麟, 西狩涕孔丘." "千憂集日夜, 萬感盈朝昏." "萬古陳往還, 百代勞起伏." "多士成大業, 羣賢濟洪績"之類, 恐不足爲後人之法也.

시 선집에 실린 시들 가운데 변구騈句가 매우 많다. 예컨대 "선니宣尼는 획린獲麟을 슬퍼하고, 서쪽 사냥놀이는 공구孔丘를 울음 짓게 했네[宣尼悲獲麟, 西狩涕孔丘]",[18] "수천 가지 걱정이 밤낮으로 모여들고, 수만 가지 감회가 아침저녁 가득하네[千憂集日夜, 萬感盈朝昏]", "만고의 세월에는 오고 감이 들어있고, 백대의 시간에는 기복이 쌓였네[萬古陳往還, 百代勞起伏]", "많은 인물들이 대업을 이루고, 뭇 현자들이 큰 업적을 쌓았네[多士成大業, 羣賢濟洪績]" 등은 후인들의 법이 되기에는 부족하지 않을까 싶다.

近時論詩者, 皆謂偶對不切, 則失之粗, 太切, 則失之俗. 如江西詩社所作, 慮失之俗也, 則往往不甚對, 是亦一偏之見爾. 老杜「江陵」詩云:

家)에서 봉황의 부리[鳳喙]와 기린의 뿔[麟角]을 합해 고아서 만든 아교(阿膠)를 속현교라 하는바, 이것은 이미 끊어진 궁노(弓弩)의 줄을 능히 이을 수 있다고 한 데서 온 말로, 전하여 이미 끊어진 옛것을 계승한다는 뜻으로 쓰인다.

18 선니(宣尼) …… 짓게 했네: 한 가지 고사를 나누어 두 구로 만든 것이다. 『춘추(春秋)』 애공(哀公) 14년 조(條)의 "서쪽으로 사냥을 나가 기린을 잡았다[西狩獲麟]"라는 대목에서 공자가 절필(絶筆)하였는데, 그 이유는 성왕(聖王)의 시대에나 출현하는 기린이 난세에 나와 잡혔기 때문이라 한다. '선니'는 한 평제(漢平帝) 때 공자에게 가해진 시호이고, '구(丘)'는 공자의 이름이다.

"地利西通蜀, 天文北照秦." 「秦州」詩云 : "水落魚龍夜, 山空鳥鼠秋." "叢篁低地碧, 高柳半天青." 「豎子至」云 : "柤梨且綴碧, 梅杏半傳黃." 如此之類, 可謂對偶太切矣, 又何俗乎! 如"雜蕊紅相對, 他時錦不如." "磨滅餘篇翰, 平生一釣舟"之類, 雖對不求太切, 而未嘗失格律也. 學詩者當審此.

근래에 시를 논평한 이들은 모두 대우가 적합하지 않으면 규격이 거친 문제를 안고 있고 지나치게 적합하면 세속적인 문제를 안고 있다고 말한다. 그런데 강서시사江西詩社에서 지은 작품들의 경우 세속적인 문제를 염려하여 대우가 그다지 맞지 않는 경우가 있는 것을 보면 이 또한 한쪽에 치우친 견해일 뿐이다. 두보의 「강릉江陵」에서 "지리地利는 서쪽 촉蜀과 통하고, 천문天文은 북쪽 진秦을 비추네[地利西通蜀, 天文北照秦]"라고 하고, 「진주秦州」에서 "어룡魚龍이 깃든 밤에 물이 떨어지고, 새와 쥐가 노는 가을에 산은 텅 비었네[水落魚龍夜, 山空鳥鼠秋]"라고 하고, "무리 이룬 대숲은 땅 아래서 푸르고, 키 큰 버드나무는 하늘 위에서 푸르네[叢篁低地碧, 高柳半天青]"라고 하고, 「수자지豎子至」에서 "사리(柤梨 : 배의 일종)는 푸른빛을 엮고, 매화 살구는 절반쯤 누런빛을 전하네[柤梨且綴碧, 梅杏半傳黃]"라고 했는데 이런 부류는 대우가 지나치게 적절하다고 말할 수 있지만 무슨 세속적인 문제를 안고 있는가. 예컨대 "붉은빛 서로 마주한 꽃들 앞에서는, 이따금 비단도 그만 못하네[雜蕊紅相對, 他時錦不如]", "마멸되고 남은 글들, 평생 한 척의 낚시 배[磨滅餘篇翰, 平生一釣舟]" 등은 비록 대우가 지나치게 적합함을 추구하지 않았는데도 일찍이 격률을 벗어나지 않았으니 시를 배우는 이들은 마땅히 이를 잘 살펴야 한다.

許渾「呈裴明府」詩云 : "江村夜漲浮天水, 澤國秋生動地風." 「漢水傷稼」, 亦全用此一聯. 「郊居春日」詩云 : "花前更謝依劉客, 雪後空懷訪戴人." 「和杜侍御」云 : "因過石城先訪戴, 欲朝金闕暫依劉." 又「送林處士」云 : "鏡中非訪戴, 劍外欲依劉." 「寄三州守」云 : "花深穉榻迎何客, 月在膺舟醉幾人." 「陪崔公讌」又云 : "賓館盡開徐穉榻, 客帆空戀李膺舟." 「題王隱居」云 : "隨蜂收野蜜, 尋麝采生香." 「呈李明府」云 : "洞花蜂聚蜜, 岩柏麝留香." 「松江」詩云 : "晩色千帆落, 林聲一雁飛." 「深春」詩云 : "故里千帆外, 深春一雁飛." 又「寄盧郎中幷贈閑師」, 皆以庾樓對蕭寺. 見於其它篇詠, 以楊柳對蒹葭, 以楊子渡對越王臺者甚多. 蓋其源不長, 其流不遠, 則波瀾不至於汪洋浩渺, 宜哉. 杜甫云 : "讀書破萬卷, 下筆如有神." 欲下筆, 當自讀書始.

허혼許渾의 「정배명부呈裴明府」에서 "강 마을은 한밤 하늘에 닿는 물이 넘실대고, 호수나라에는 가을에 땅을 요동치는 바람이 인다[江村夜漲浮天水, 澤國秋生動地風]"라고 했는데 「한수상가漢水傷稼」에서도 이 1연을 그대로 사용했다. 「교거춘일郊居春日」에서 "꽃 앞에서 다시 의류객依劉客[19]에게 사례하고, 눈 내린 뒤 공연히 방대인訪戴人[20]을 생각하네[花前更謝依劉客, 雪後空懷訪戴人]"라고 하고, 「화두시어和杜侍御」에서 "석성石城을 지나며 먼저 대안도戴安道를 방문하고, 황금 궁궐을 조회하려 하며 잠시 유표劉表를 의지하네[因過石城先訪戴, 欲朝金闕暫依劉]"라고 하고, 또 「송림처사送林處士」에서 "거울 속은 대안도를 방문함이 아니고, 검문劍門 밖 유표를 의지하려 하네[鏡中非訪戴, 劍外欲依劉]"라고 하고, 「기삼주

19 의류객(依劉客) : '유표(劉表)란 객을 의지하다'라는 뜻으로, 처지가 궁해서 권세 있는 자에게 의탁하는 것을 말한다. 삼국시대 위(魏)나라 왕찬(王粲)이 십칠 세에 황문시랑(黃門侍郎)에 제수되었으나 서경(西京)이 소란하자 취임하지 않고 형주(荊州)로 가 유표에게 의탁한 고사에서 유래한 것이다. 『삼국지(三國志)』「위서(魏書)」「왕찬전(王粲傳)」.

20 방대인(訪戴人) : '대안도(戴安道)를 만나러 간 사람'이란 말로, 눈 내리던 달밤 왕휘지가 섬계에 살고 있는 친구 대안도가 생각이 나서 밤새 노를 저어 새벽녘에 도착했는데, 문득 흥취가 사라져 친구를 만나지 않고 되돌아왔다는 고사에서 유래한다.

수寄三州守」에서 "꽃 활짝 핀 서치徐穉의 책상[21]은 누구를 맞이하려 함인가, 달빛 서린 이응李膺의 배[22]는 몇 사람이나 취했던가[花深穉榻迎何客, 月在膺舟醉幾人]"라고 하고, 「배최공연陪崔公讌」에서는 또 "빈관賓館에는 서치의 책상이 모두 한적하고, 나그네의 돛은 공연히 이응의 배를 그리워하네[賓館盡閒徐穉榻, 客帆空戀李膺舟]"라고 하고, 「제왕은거題王隱居」에서는 "벌을 따라 들판 꿀을 채취하고, 사향노루 찾아 살아있는 향기를 채집하네[隨蜂收野蜜, 尋麝采生香]"라고 하고, 「정리명부呈李明府」에서는 "골짜기 꽃에는 벌이 꿀을 모으고, 암벽 잣나무에는 사향노루가 향기를 남겨두었네[洞花蜂聚蜜, 嵓柏麝留香]"라고 하고, 「송강松江」에서는 "석양 아래 수많은 돛이 드리워지고, 숲 속 소리에 기러기 홀로 날아가네[晩色千帆落, 林聲一雁飛]"라고 하고, 「심춘深春」에서는 "고향은 수많은 돛 너머에 있고, 깊은 봄 외기러기 날아가네[故里千帆外, 深春一雁飛]"라고 했다. 그 밖에 「기로랑중병증한사寄盧郎中幷贈閑師」에서도 유루庾樓를 소사蕭寺와 대對를 맞췄다. 그 밖에도 양류楊柳를 겸가蒹葭와 대를 맞추거나 양자도楊子渡를 월왕대越王臺와 대를 맞추는 등의 예가 매우 많다. 근원이 유장하지 않고 물줄기가 심원하지 않으면 물결이 드넓게 넘실대는 데에 이르지 못하는 것은 당연하다. 두보가 "만 권 책을 독파해야만, 글을 쓸 때 신이 들린 듯하다[讀書破萬卷, 下筆如有神]"라고 했으니 글을 쓰려면 마땅히 독서로부터 시작해야 하는 것이다.

韋應物詩平平處甚多, 至于五字句, 則超然出于畦徑之外. 如「遊溪」

---

21 서치(徐穉)의 책상 : 후한(後漢)의 진번(陳蕃)이 다른 손님은 일절 접대하지 않았는데, 서치만 오면 특별히 의자 하나를 내려놓고 환담을 하다가 그가 가면 다시 올려놓았다는 현탑(懸榻)의 고사와 관련이 있는 문구이다.

22 이응(李膺)의 배 : 곽태(郭泰)가 『분전(墳典)』에 해박하여 제자가 수천 명에 이르렀는데, 귀향을 전송하는 천여 수레의 선비 가운데 오직 이응(李膺)과 같이 배를 타고 갔다는 고사와 관련이 있는 문구이다.

詩“野水烟鶴唳, 楚天雲雨空.”「南齋」詩“春水不生烟, 荒崗筠翳石.”「詠聲」詩 “萬物自生聽, 太空常寂寥.” 如此等句, 豈下於“兵衛森畫戟, 燕寢凝淸香”哉. 故白樂天云 : “韋蘇州五言詩, 高雅閑淡, 自成一家之體.” 東坡亦云 : “樂天長短三千首, 却愛韋郞五字詩.”

위응물의 시 중에는 평범한 것이 매우 많은데 오언구에 있어서는 규격 밖에 초탈했다. 예컨대 「유계遊溪」에서는 “들녘 물 위로 안갯속 학이 울고, 초나라 하늘에 구름과 비가 텅 비었네[野水烟鶴唳, 楚天雲雨空]”, 「남재南齋」에서는 “봄물에는 안개가 피어오르지 않고, 황폐한 언덕에는 대나무가 돌을 가렸네[春水不生烟, 荒崗筠翳石]”, 「영성詠聲」에서는 “만물은 스스로 자라나고, 태공太空은 언제나 적막하다[萬物自生聽, 太空常寂寥]”라고 했는데 이러한 구절이 “호위 병사들에는 그림 창이 삼엄하고, 내실에는 맑은 향이 서려있네[兵衛森畫戟, 燕寢凝淸香]”[23]보다 어찌 격이 낮다 하겠는가. 그래서 백거이는 “위소주(위응물)의 오언시는 고상하고 전아하고 한적하고 담박하여 스스로 시의 일가를 이루었다[韋蘇州五言詩, 高雅閑淡, 自成一家之體]”라고 하고, 소식도 “백낙천이 삼천 수의 장·단편을 남겼으나, 위소주의 오언시가 사랑스럽네[樂天長短三千首, 却愛韋郞五字詩]”라고 했다.

孟郊詩“楚山相蔽虧, 日月無全輝. 萬株古柳根, 拏此磷磷溪. 大行橫偃脊, 百里方崔嵬”等句, 皆造語工新, 無一點俗韻. 然其他篇章, 似此處絶少也. 李翶評其詩云 : “高處在古無上, 平處下觀二謝.” 許之亦太甚矣. 東坡謂“初如食小魚, 所得不償勞. 又似食蟛蜞, 竟日嚼空螯.” 貶之亦太甚矣.

---

23 황정견(黃庭堅), 『산곡집(山谷集)』 권25 「발자서소위향시후(跋自書所爲香詩後)」.

맹교孟郊의 "초산楚山은 서로 뒤덮여, 해와 달에 온전한 빛이 없다. 수만 그루 묵은 버드나무 뿌리가, 이 해맑은 시내를 끌어간다. 태행산大行山은 등처럼 가로 누워, 백 리를 쭉 드높다[楚山相蔽虧, 日月無全輝. 萬株古柳根, 拏此磷磷溪. 大行横偃脊, 百里方崔嵬]"[24] 등의 시구는 모두 조어造語가 신선하고 빼어나 한 점 속된 운치도 없다. 하지만 그 밖의 작품들에서 이와 같은 경우는 매우 적다. 이고李翺가 그의 시를 논평하여 "격이 높은 곳은 옛것에 견주어 그 이상의 것이 없고, 평범한 곳에서도 이사(二謝 : 사령운·사조)를 아래로 쳐다본다[高處在古無上, 平處下觀二謝]"라고 했는데 평가가 너무 지나치다. 소식이 "처음에는 작은 물고기를 먹을 때와 같아, 얻기가 힘이 들지 않는다. 또 팽월(蟛螁 : 게)을 먹는 것과 같아, 하루 종일 빈 게 다리만 씹는다[初如食小魚, 所得不償勞. 又似食蟛螁, 竟日嚼空螯]"라고 했는데 이것은 폄하가 너무 지나치다.

『太平廣記』載, 宋之問於靈隱寺夜吟, 詩未就, 聞有人云, 何不道"樓觀滄海日, 門對浙江潮." 莫知何人. 人有識之者, 曰: "此駱賓王也." 是時賓王與徐敬業俱隱名同逃, 已暮年矣. 而集中有「江南送之問」詩云: "秋江無綠芷, 寒汀有白蘋. 采之將何遺? 故人漳水濱." 「兗州餞之問」詩云: "淮沂泗水北, 梁甫汶陽東. 別路青驪遠, 離尊綠蟻空." 其相習如此, 不應暮年相遇於靈隱寺云不相識也. 蓋是賓王逃難之時, 之問不欲顯其姓名爾.

『태평광기太平廣記』에 의하면 송지문宋之問이 영은사靈隱寺에서 밤에 시를 구상하다가 미처 완성하지 못하고 있었는데 누가 어찌 "누대는 창해滄海의 태양을 바라보고, 문은 절강浙江의 조수를 마주했네[樓觀滄海

24 『맹동야시집(孟東野詩集)』 권6 「몽택행(夢澤行)」.

日, 門對浙江潮]"라고 하지 않느냐고 했다. 하지만 그가 누구인 줄 몰랐는데 누군가가 "그는 낙빈왕駱賓王이오"라고 일러주었다. 이 당시 낙빈왕은 서경업徐敬業과 함께 이름을 숨기고 세상을 피해 있었으며 이미 노년이었다. 그리고 그의 시집을 보면 「강남송지문江南送之問」에서 "가을 강물에는 푸른 구리때가 없고, 차가운 물가에는 흰 마름이 있다. 채취해 누구에게 보낼까? 친구 사는 장수漳水의 물가라네[秋江無綠芷, 寒汀有白蘋. 采之將何遺? 故人漳水濱]"라고 하고, 「연주전지문兗州餞之問」에서는 "회수淮水 기수沂水 사수泗水는 북쪽에 흐르고, 양보梁甫와 문양汶陽은 동쪽에 있네. 이별의 길에 푸른 가라말은 멀리 떠나고, 이별의 술잔에 푸른 지게미가 떠있네[淮沂泗水北, 梁甫汶陽東. 別路靑驪遠, 離尊綠蟻空]"라고 했다. 이처럼 서로 가까운 사이였다면 노년에 영은사에서 만났을 때 몰랐다고 말할 수는 없을 것이다. 아마 낙빈왕이 혼란한 시절 자신을 숨기고 지낼 때, 송지문이 그의 이름을 드러내고 싶지 않아서였을 것이다.

杜荀鶴·鄭谷詩, 皆一句內好用二字相疊, 然荀鶴多用於前後散句, 而鄭谷用於中間對聯. 荀鶴詩云:"文星漸見射台星" "非謁朱門謁孔門" "常仰門風維國風" "忽地晴天作雨天" "猶把中才謁上才." 皆用於散聯. 鄭谷"那堪流落逢搖落, 可得潸然是偶然" "身爲醉客思吟客, 官自中丞拜右丞" "初塵芸閣辭禪閣, 却訪支郎是老郎" "誰知野性非天性, 不扣權門扣道門." 皆用於對聯也.

두순학杜荀鶴과 정곡鄭谷은 모두 한 구절 안에서 두 글자를 중첩해 쓰는 걸 좋아했다. 하지만 두순학은 대부분 작품의 앞쪽과 뒤쪽 산구散句에서 사용하고 정곡은 중간의 대련對聯에서 사용했다. 두순학의 "문곡성文曲星이 삼태성三台星으로 쏘는 것을 점차 바라보고[文星漸見射台星]",

"주문朱門에 배알하려 함이 아니라 공문孔門에 배알하려 함이다[非謁朱門謁孔門]", "언제나 문풍門風을 우러러 보지만 오직 국풍國風뿐이다[常仰門風維國風]", "갑자기 맑은 하늘이 비 내리는 하늘이 되었다[忽地晴天作雨天]", "중등의 재능으로 상등의 재능에 배알한다[猶把中才謁上才]" 등은 모두 산구의 연에서 사용한 것이다. 그리고 정곡의 "유락流落한 삶에서 요락搖落의 시절 만나는 것을 어찌 감내하랴, 눈물 흘리는 것이 우연임을 이해할 수 있겠는가[那堪流落逢搖落, 可得潸然是偶然]", "몸은 취객으로 시 읊기 생각하는 나그네이고, 관직은 중승中丞에서 우승右丞으로 임명되었네[身爲醉客思吟客, 官自中丞拜右丞]", "처음에는 운각芸閣에 먼지 일으키고 선각禪閣을 떠나와서, 이내 지랑支郎을 방문하니 바로 노랑老郎이었네[初塵芸閣辭禪閣, 却訪支郎是老郎]", "누가 천성天性이 아닌 야성野性으로, 권력가의 문을 두드리지 않고 도인의 문을 두드린 줄 알까[誰知野性非天性, 不扣權門扣道門]" 등은 모두 대련에 사용한 것이다.

梅聖兪早有詩名, 故士能詩者, 往往寫卷投擲, 以質其是非. 梅各有報章, 未嘗輕許之也. 「讀黃莘詩卷」則云 : "鳳凰養雛飛未高, 雞鶩成羣翅終短." 「讀蕭淵詩卷」則云 : "野雉五色且非鳳, 知時善鳴雞若何." 「讀孫且言詩卷」則云 : "汲井欲到深, 磨鑑欲盡塵." 「讀張令詩卷」則云 : "讀之不敢倦, 十未能一曉." 「讀邵不疑詩卷」則曰 : "旣觀坐長歎, 復想李杜韓." 皆因其短而敎誨之也. 東坡喜獎與後進, 有一言之善, 則極口褒賞, 使其有聞於世而後已. 故受其獎者, 亦踴躍自勉, 樂於修進, 而終爲令器. 若東坡者, 其有功於斯文哉, 其有功於斯人哉.

매성유는 일찍이 시인의 명성을 얻었다. 그래서 시에 능한 사람이 이따금 자기 작품을 전달해 평가를 요청했다. 매성유는 모두에게 답을 했지만 일찍이 가볍게 인정한 적이 없었다. 「독황쵀시권讀黃莘詩卷」에서는 "봉황이 새끼를 기를 때는 높이 날지 못하고, 닭과 따오기가 무리를 이루어도 날개가 결국 짧다[鳳凰養雛飛未高, 雞鶩成羣翅終短]"라고 하고, 「독소연시권讀蕭淵詩卷」에서는 "들꿩이 오색 빛을 띠어도 봉황은 아니고, 때를 알아 잘 운다 해도 닭일 뿐인데 어찌하겠가[野雉五色且非鳳, 知時善鳴雞若何]"라고 하고, 「독손차언시권讀孫且言詩卷」에서는 "우물 물 길을 때는 깊은 곳까지 도달하려 하고, 거울을 닦을 때는 먼지를 모두 없애려 해야 하네[汲井欲到深, 磨鑑欲盡塵]"라고 하고, 「독장령시권讀張令詩卷」에서는 "읽으며 감히 권태를 느끼지 못함은, 열 가운데 하나도 이해할 수 없어서네[讀之不敢倦, 十未能一曉]"라고 하고, 「독소불의시권讀邵不疑詩卷」에서는 "보고나서는 앉아서 한동안 탄식을 하다가, 다시금 이백 두보 한유를 떠올리네[旣觀坐長歎, 復想李杜韓]"라고 하여 모두 그들의 단점을 들어 가르쳐 주었다. 소식은 후진을 장려하는 것을 좋아하여 한 마디라도 좋은 점이 있으면 극구 칭찬하여 반드시 세상에 알리고 말았다. 그의 장려를 받은 사람도 날듯이 기뻐하며 스스로 힘써 닦고 전진하는 것을 좋아해 결국 훌륭한 그릇이 되었다. 소식 같은 이는 이 문학계에 공로가 있고, 이 사람들에게 공로가 있다 하겠다.

律詩中間對聯, 兩句意甚遠, 而中實潛貫者, 最爲高作. 如介甫「示平甫」詩云:"家世到今宜有後, 士才如此豈無時."「答陳正叔」云:"此道未行身有待, 古人不見首空回." 魯直「答彥和」詩云:"天於萬物定貧我, 智效一官全爲親."「上叔父夷仲」詩云:"萬里書來兒女瘦, 十月山行冰雪深." 歐陽永叔「送王平甫下第」詩云:"朝廷失士有司恥, 貧賤不憂君子難."「送張道州」詩云:"身行南雁不到處, 山與北人相對愁." 如此之類, 與規規然在于媲青對白者, 相去萬里矣. 魯直如此句甚多, 不能概擧也.

율시律詩의 중간 대련에 있는 두 구절이 의미는 매우 떨어져 있지만 내용이 보이지 않게 연결되어 있는 것이 가장 격이 높은 것이다. 예컨대 왕개보(王介甫 : 왕안석)가 「시평보示平甫」에서 "집안은 지금에 와 의당 훗날이 있을 터, 인물의 재능이 이러한데 어찌 기회가 없으랴[家世到今宜有後, 士才如此豈無時]"라고 하고, 「답진정숙答陳正叔」에서 "이 도가 실행되지 않아 몸이 기다리고 있으나, 고인이 보이지 않아 공연히 머리를 돌려 보네[此道未行身有待, 古人不見首空回]"라고 하고, 또 황노직(黃魯直 : 황정견)이 「답언화答彦和」에서 "하늘이 만물 가운데 나를 가난하게 만들려 결정했어도, 관직 하나 맡으려 함은 온전히 부모를 위해서네[天於萬物定貧我, 智效一官全爲親]"라고 하고, 「상숙부이중上叔父夷仲」에서 "만리 먼 길 온 편지에서 아이들은 시들어 있고, 10월 산길을 걸을 때 얼음과 눈이 가득하네[萬里書來兒女瘦, 十月山行冰雪深]"라고 하고, 구양영숙(歐陽永叔 : 구양수)이 「송왕평보하제送王平甫下第」에서 "조정에서 인재를 놓침은 담당자의 수치이고, 빈천에 걱정하지 않는 것은 군자의 어려움이다[朝廷失士有司恥, 貧賤不憂君子難]"라고 하고, 「송장도주送張道州」에서 "몸은 남쪽 기러기 도달하지 못한 곳에 가 있고, 산은 시름 젖은 북쪽 사람과 마주하네[身行南雁不到處, 山與北人相對愁]"라고 했으니 이러한 시들은 그저 규격에 맞게 평고대에서 청색과 푸른색이 대를 이루는 것과는 현격한 차이가 있다. 황정견에게는 이와 같은 구절이 매우 많아서 이루 다 들 수가 없다.

韓愈以瀑布爲"天紳", 所謂"懸瀑垂天紳"是也. 孟郊以簷溜爲"天紳", 所謂"簷溜擲天紳"是也. 東坡「次韻王定國倅潁」詩, 亦有"餘波猶足挂天紳"之句.

한유가 폭포를 '천신天紳'이라 했는데 "걸려 있는 폭포가 천신을 드리웠네[懸瀑垂天紳]"[25]가 그것이다. 맹교가 처마 물방울을 '천신天紳'이라 했는데 이른바 "처마 물방울이 천신을 던졌네[簷溜擲天紳]"가 그것이다. 소식도 「차운왕정국쉬영次韻王定國倅穎」에서 "남은 물결은 천신을 걸 만하다[餘波猶足挂天紳]"라는 시구를 남겼다.

"水田飛白鷺, 夏木囀黃鸝." 李嘉祐詩也. 王摩詰衍之爲七言曰:"漠漠水田飛白鷺, 陰陰夏木囀黃鸝." 而興益遠. "九天閶闔開宮殿, 萬國衣冠拜冕旒." 王摩詰詩也. 杜子美刪之爲五言句:"閶闔開黃道, 衣冠拜紫宸." 而語益工. 近觀山谷黔南十絶, 七篇全用樂天「花下對酒」·「渭川舊居」·「東城」「尋春」·「西樓」·「委順」·「竹窗」等詩, 餘三篇用其詩略點化而已. 樂天云:"相去六千里, 地絶天邈然. 十書九不到, 何以開憂顔." 山谷則云:"相望六千里, 天地隔江山. 十書九不到, 何用一開顔." 樂天云:"霜降水反壑, 風落木歸山. 冉冉歲時晏, 物皆復本原." 山谷云:"霜降水反壑, 風落木歸山. 冉冉歲華晩, 昆蟲皆閉關." 樂天詩云:"渴人多夢飮, 饑人多夢餐. 春來夢何處, 合眼到東川." 山谷云:"病人多夢醫, 囚人多夢赦. 如何春來夢, 合眼見鄕社." 葉少蘊云:"詩人點化前作, 正如李光弼將郭子儀之軍, 重經號令, 精彩數倍." 今觀三公所作, 此語殆誠然也.

"물 논에는 백로가 날고, 여름 나무에는 꾀꼬리가 지저귄다[水田飛白鷺, 夏木囀黃鸝]"는 이가우李嘉祐의 시인데 왕마힐(王摩詰: 왕유)이 이를 칠언으로 늘려 "아득한 물 논에는 백로가 날고, 그늘진 여름 나무에는 꾀꼬리가 지저귄다[漠漠水田飛白鷺, 陰陰夏木囀黃鸝]"라고 하여 흥취가 더욱 더 유장하다. "구천九天의 창합閶闔은 궁전宮殿을 열고, 만국의 의관은 면류관에 절을 하네[九天閶闔開宮殿, 萬國衣冠拜冕旒]"는 왕유의 시인데

25 『동아당한창려집주(東雅堂韓昌黎集註)』 권2 「송혜사(送惠師)」.

두보가 이를 오언으로 줄여 "창합閶闔은 황도黃道를 열고, 의관은 자신(紫宸 : 궁궐)에 절을 하네[閶闔開黃道, 衣冠拜紫宸]"라고 하여 시어가 더욱더 빼어나다. 근래에 황정견의 검남黔南 절구 열 편을 보았는데 일곱 편은 백거이의 「화하대주花下對酒」·「위천구거渭川舊居」·「동성東城」「심춘尋春」·「서루西樓」·「위순委順」·「죽창竹窗」 등의 시를 온전히 사용하고, 나머지 세 편은 그 시를 약간 점화點化시켰을 뿐이다. 백거이가 "거리가 육천 리나 돼, 땅은 멀고 하늘은 아늑하다. 열 통 편지는 아홉 통이 도착하지 않는데, 어떻게 근심어린 얼굴을 펼 수 있으랴[相去六千里, 地絶天邈然. 十書九不到, 何以開憂顔]"[26]라고 했는데 황정견은 "서로의 거리가 육천 리여서, 하늘과 땅에 강산이 가로막혔다. 열 통 편지는 아홉 통이 도착하지 않는데, 어떻게 얼굴을 펼 수 있으랴[相望六千里, 天地隔江山. 十書九不到, 何用一開顔]"[27]라고 했고, 백거이가 "서리 내리자 물이 골짜기로 돌아가고, 바람 불자 나무가 산으로 돌아간다. 뉘엿뉘엿 한 해가 저물며, 사물이 모두 원래로 돌아간다[霜降水反壑, 風落木歸山. 苒苒歲時晏, 物皆復本原]"[28]라고 했는데 황정견은 "서리 내리자 물이 골짜기로 돌아가고, 바람 불자 나무가 산으로 돌아간다. 뉘엿뉘엿 한 해가 저물며, 곤충들이 모두 숨는다[霜降水反壑, 風落木歸山. 苒苒歲華晩, 昆蟲皆閉關]"[29]라고 했고, 백거이가 "목마른 사람은 물 마시는 꿈을 많이 꾸고, 굶주린 사람은 밥 먹는 꿈을 많이 꾼다. 봄이 오면 어떤 꿈을 꿀까, 눈을 감으니 동쪽 시냇물로 간다[渴人多夢飮, 饑人多夢餐. 春來夢何處, 合眼到東川]"[30]라고 했는데 황정견은 "몸 아픈 사람은 의원 만나는 꿈을 많이 꾸고, 옥에 갇힌 사람은 사면의 꿈을 많이 꾼다. 봄에 꾸는 꿈은 어떠할까, 눈을 감으니 고향이 보인다[病人多夢醫, 囚人多夢赦. 如何春來夢, 合眼

26 『백씨장경집(白氏長慶集)』 권10 「기행간(寄行簡)」.
27 『산곡집(山谷集)』 권5 「적거검남오수(謫居黔南五首)【적낙천구(摘樂天句)】」.
28 『백씨장경집(白氏長慶集)』 권11 「세만(歲晩)」.
29 『산곡집(山谷集)』 권5 「적거검남오수(謫居黔南五首)【적낙천구(摘樂天句)】」.
30 『백씨장경집(白氏長慶集)』 권10 「기행간(寄行簡)」.

見鄕社]"[31]라고 했다. 섭소온(葉少蘊 : 섭몽득葉夢得)이 "시인이 이전의 작품을 점화하는 것은, 마치 이광필李光弼이 곽자의郭子儀의 군사를 거느리고 다시 호령을 내릴 때 그 정채精彩가 갑절이나 더한 것과 같다"라고 했는데 지금 위 세 분의 작품을 보면 이 말이 거의 사실인 것이다.

『歸叟詩話』載「鼾睡」詩一篇, 以爲韓退之遺文, 其實非也. 所謂"有如阿鼻尸, 長喚忍衆罪" "鐵佛聞皺眉, 石人戰搖腿"等句, 皆不成語言, 而厚誣退之, 不亦冤乎! 歐陽永叔有「謝人送枕簟」詩, 因及喜睡, 其曰"少壯喘息人莫聽, 中年鼻鼾尤惡聲. 癡兒掩耳謂雷作, 竈婦驚窺疑釜鳴", 與前詩不侔矣.

『귀수시화歸叟詩話』에서 「한수鼾睡」는 한유의 유작이라 했는데 사실은 그렇지 않다. 이른바 "마치 아비지옥阿鼻地獄의 시체가, 뭇 죄들을 참으라고 부르짖는 것 같다[有如阿鼻尸, 長喚忍衆罪]", "철 부처가 듣고 이맛살 찌푸리고, 돌 인형이 두려워 다리를 흔든다[鐵佛聞皺眉, 石人戰搖腿]" 따위는 모두 시가 되지 않는데도 한유를 심하게 무고하고 있으니 억울하지 않는가. 구양수가 「사인송침점謝人送枕簟」에서 잠을 좋아하는 것에 대해 언급하며 "젊은이의 헐떡거리는 숨소리를 듣지 말라, 중년의 코고는 소리는 더욱 사납다. 멋모르는 아이는 귀 막으며 우렛소리라 하고, 부엌 아낙은 놀라 엿보며 솥뚜껑이 우는 것인가 한다[少壯喘息人莫聽, 中年鼻鼾尤惡聲. 癡兒掩耳謂雷作, 竈婦驚窺疑釜鳴]"라고 했는데 앞의 시와는 다르다.

---

31 『산곡집(山谷集)』 권5 「적거검남오수(謫居黔南五首)【적낙천구(摘樂天句)】」.

人言居富貴之中者, 則能道富貴語, 亦猶居貧賤者工於說饑寒也. 王岐公被遇四朝, 目濡耳染, 莫非富貴, 則其詩章雖欲不富貴得乎? 故岐公之詩, 當時有至寶丹之喻. 如"寶藏發函金作界, 仙醪傳羽玉爲臺" "夢回金殿風光別, 吟到銀河月影低"等句甚多. 李慶孫「富貴曲」云: "軸裝曲譜金書字, 樹記花名玉篆牌." 晏元獻云: "太乞兒相. 若諳富貴者, 不爾道也." 元獻詩云: "梨花院落溶溶月, 柳絮池塘淡淡風." 此自然有富貴氣. 吾曾伯祖侍郎諱宮, 雖起於寒微, 而論富貴若固有之. 嘗有詩云: "翩翻燕子朱門靜, 狼藉梨花小院閒." 又云: "西樓月上簾簾靜, 後苑花開院院香." 其視晏公眞不愧矣. 若孟郊"借車載家具, 家具少於車." 陶潛"敝襟不掩肘, 藜羹常乏斟." 杜甫"天吳與紫鳳, 顚倒在短褐." 皆巧於說貧者也.

사람들이 말하길, 부귀를 누리고 있는 사람은 부귀가 깃든 말을 잘하는데 이는 빈천에 처한 사람이 굶주림과 추위를 잘 이야기하는 것과 같다고들 한다. 왕기공(王岐公: 왕규)은 네 조정으로부터 대우를 받아서 눈에 익고 귀에 젖은 것이 부귀가 아닌 것이 없었다. 그렇다면 그의 시와 문장에 부귀가 깃들지 않을 수 있겠는가. 그래서 당시 왕기공의 시를 보단寶丹에 비유하기까지 했다. 예컨대 "보물 넣은 함을 열자 황금의 세계 되고, 신선주 술잔을 전할 때 옥이 받침 되었네[寶藏發函金作界, 仙醪傳羽玉爲臺]",[32] "황금 궁전을 꿈꾸며 풍광과 이별하고, 은하를 읊조릴 때 달빛이 낮게 깔린다[夢回金殿風光別, 吟到銀河月影低]"[33] 등의 시구가 매우 많다. 이경손李慶孫이 「부귀곡富貴曲」에서 "두루마리로 곡보를 장정하고 황금으로 글씨를 쓰고, 나무에 꽃이름 적고 옥에 패를 새긴다[軸裝曲譜金書字, 樹記花名玉篆牌]"라고 했는데 안원헌(晏元獻: 안수晏殊)은 "너무 지나친 걸개의 상이다. 만일 부귀를 아는 사람이라면 그렇게

32 『화양집(華陽集)』 권3 「의운화송차도용도관객폭서(依韻和宋次道龍圖館閣暴書)」.

33 『화양집(華陽集)』 권4 「기공벽(寄公闢)」.

말하지 않았을 것이다"라고 했다. 안수의 시에서 "배꽃 핀 정원에 달빛이 곱고, 버들개지 연못에 바람결 부드럽네[梨花院落溶溶月, 柳絮池塘淡淡風]"[34]라고 했는데 자연스레 부귀의 기운이 들어있다. 나의 증백조曾伯祖 시랑侍郞 갈궁葛宮께서는 한미한 출신이지만 부귀를 논할 때는 마치 본디 갖고 계셨던 것처럼 여겨진다. 일찍이 지으신 시에서 "나래 펼친 제비에 붉은 문은 조용하고, 낭자한 배꽃에 작은 정원이 한가롭다[翩翻燕子朱門靜, 狼藉梨花小院閒]"라고 하고, 또 "서쪽 누대에 달이 뜨며 주렴은 고요하고, 뒤 정원에 꽃이 피며 온 집이 향기롭다[西樓月上簾簾靜, 後苑花開院院香]"라고 하셨으니 안수에 견주어 정말 손색이 없다. 맹교의 "수레를 빌려 가구를 실으니, 가구가 수레보다 작네[借車載家具, 家具少於車]"[35]와 도연명의 "해진 옷깃은 팔뚝도 가리지 못하고, 여뀌나물국은 언제나 부족하다[敝襟不掩肘, 藜羹常乏斟]"[36]와 두보의 "천오天吳[37]와 자봉紫鳳[38]이, 짧은 옷 위에 전도돼 있네[天吳與紫鳳, 顚倒在短褐]"[39] 등은 모두 가난을 이야기하는 데에 뛰어난 것들이다.

歐公一世文宗, 其集中美梅聖兪詩者, 十幾四五. 稱之甚者, 如:"詩成希深擁鼻謳, 師魯卷舌藏戈矛." 又云:"作詩三十年, 視我猶後輩." 又云:"少低筆力容我和, 無使難追韻高絶." 又云:"嗟哉吾豈能知子, 論詩賴子能指迷." 聖兪詩佳處固多, 然非歐公標榜之重, 詩名亦安能至如此之重哉. 歐公後有詩云:"梅窮獨我知, 古貨今難賣." 而聖兪「贈滁州謝

34 『원헌유문(元獻遺文)』「무제(無題)」.

35 『맹동야시집(孟東野詩集)』 권9 「차거(借車)」.

36 『도연명집(陶淵明集)』 권4 「영빈사(詠貧士)【칠수(七首)】」 제3수.

37 천오(天吳) : 사람의 얼굴에 머리가 여덟 개 달렸다는 해신(海神)의 이름인데, 이 그림을 옷에 수놓아 입기도 했다.

38 자봉(紫鳳) : 바다에 산다고 하는 신조(神鳥)의 이름인데, 전통혼례 때 신부의 예복과 머리장식에 이 자봉의 그림을 수놓기도 했다.

39 『두시상주(杜詩詳註)』 권5 「북정(北征)」.

判官」詩亦云:"我詩固少愛, 獨爾太守知." 皆言識之者鮮矣. 張芸叟評其詩云:"如深山道人, 草衣搁屨, 王公大人見之屈膝."

구양수는 한 시대 문장의 종장인데 그 시집에서 매요신을 찬미한 곳이 열에 네다섯 개나 된다. 그 가운데 크게 칭찬한 것들을 예로 들면 "시가 완성되면 희심(希深 : 사강謝絳)이 코를 가리며 노래하고, 사로(師魯 : 윤수尹洙)가 혀를 말 때 창과 칼을 감춘다[詩成希深擁鼻謳, 師魯卷舌藏戈矛]",[40] "삼십 년을 시 지으며, 나를 후배처럼 본다[作詩三十年, 視我猶後輩]",[41] "문필력을 조금 낮춰 내가 화답하게 하고, 고상한 운을 따라잡기 어렵게 하지 말라[少低筆力容我和, 無使難追韻高絶]",[42] "아, 내 어찌 그대를 알 수 있으랴, 시를 논할 때 그대 힘을 빌려 깊은 뜻을 들출 수 있네[嗟哉吾豈能知子, 論詩賴子能指迷]"[43] 등이다. 매요신의 시에 훌륭한 부분이 본디 많지만 구양수가 이처럼 중시해서 내세우지 않았다면 시인으로서의 명성이 어찌 이렇게까지 중시 받을 수 있었겠는가. 구양수가 뒤에 지은 시에서 "매요신의 곤궁은 나만 홀로 아나니, 옛 재화를 오늘 팔기 어려울 뿐[梅窮獨我知, 古貨今難賣]"[44]이라고 하고, 매요신의 「증저주사판관贈滁州謝判官」에서 "나의 시를 사랑하는 이 본디 적으나, 태수만이 홀로 안다[我詩固少愛, 獨爾太守知]"라고 했으니 알아주는 사람이 적은 것을 두고 말한 것이다. 장우수(張芸叟 : 장순민張舜民)가 그의 시를 평하기를 "마치 깊은 산에서 풀로 짠 옷에 짚신을 신고 사는 도인 앞에 조정의 고관대작이 무릎을 꿇고 있는 것과 같다"라고 했다.

---

40 『문충집(文忠集)』 권8 「곡성유(哭聖俞)」.
41 『문충집(文忠集)』 권2 「수곡야행기자미성유(水谷夜行寄子美聖俞)」.
42 『문충집(文忠集)』 권2 「병중대서봉기성유이십오형(病中代書奉寄聖俞二十五兄)」.
43 『문충집(文忠集)』 권5 「재화성유견답(再和聖俞見荅)」.
44 『문충집(文忠集)』 권2 「수곡야행기자미성유(水谷夜行寄子美聖俞)」.

蔡君謨娶余祖姑清源君，而赴漳南幕. 余曾祖通議嘗贈之詩曰：“藻思舊傳靑管夢，哲科新試碧雞才. 乍依仲寶蓮花幕，更下溫郎玉鏡臺.” 可謂佳句矣. 韓退之「送陸暢」詩云：“一來取高第，官佐東宮軍. 迎婦丞相府，誇映秀士羣. 鳴鸞桂樹間，觀者何繽紛.” 此二詩，事相類而語皆奇也.

채군모(蔡君謨：채양蔡襄)가 나의 고모할머니 청원군淸源君에게 장가 든 뒤 장남漳南의 막부로 갔다. 나의 증조 통의공(通議公：갈밀葛密)이 일찍이 지어 보낸 시에서 “문장의 재능은 청관靑管의 꿈[45]에 전해오고, 철학의 과장科場에서는 벽계碧雞의 재능[46]을 시험하네. 잠시 중보仲寶의 연화蓮花 막부에 의지하고, 다시 온낭溫郎의 옥경대玉鏡臺로 내려가네[藻思舊傳靑管夢，哲科新試碧雞才. 乍依仲寶蓮花幕，更下溫郎玉鏡臺]”[47]라고 했으니 좋은 글귀라 할 만하다. 한유의 「송륙창送陸暢」에서 “한 번에 높은 급제를 취득해, 동궁東宮의 군에 보임되었네. 승상의 부에서 아내를 맞이하고, 빼어난 무리 속에서 빛나는 재주를 자랑하네. 계화나무 사이에서 난새 방울 울릴 때, 구경나온 이들이 얼마나 많은가[一來取高第，官佐東宮軍. 迎婦丞相府，誇映秀士羣. 鳴鸞桂樹間，觀者何繽紛]”라고 했는데 이 두 작품은 내용이 서로 유사하지만 시어가 모두 기묘하다.

45 청관(靑管)의 꿈：기소유(紀少瑜)의 일화와 관련 있는 문구이다. 기소유는 일찍이 육수(陸倕)가 한 다발의 청루관필(靑鏤管筆)을 주면서 “경이 좋은 것을 선택하게나”라고 하는 꿈을 꾸었는데, 이때부터 그의 문장이 크게 진전되었다고 한다. 『청상잡기(靑箱雜記)』 참고.

46 벽계(碧雞)의 재능：벽계는 전설 속에 나오는 신물(神物)인데, 이와 관련하여 한선제(漢宣帝)가 왕포(王褒)를 촉(蜀)나라에 보내어 벽계・금마(金馬)의 신(神)을 맞아 오게 한 고사가 전한다.

47 『씨족대전(氏族大全)』 권18 「벽계재(碧雞材)」.

운어양추韻語陽秋 권2卷二

荊公嘗有詩曰:“功謝蕭規慚漢第, 恩從隗始詫燕臺.” 或謂公曰:“蕭何萬世之功, 則功字固有來處, 若恩字未見有出也.” 荊公答曰:“韓集「鬭雞聯句」, 則孟郊云‘受恩慚始隗.’” 則知荊公詩用法之嚴如此. 然“一水護田將綠繞, 兩山排闥送青來”之句, 乃以樊噲排闥事對護田, 豈護田亦有所出邪? 有好事者爲余言, 一日, 有人面稱公詩, 謂“自喜田園安五柳, 但嫌尸祝擾庚桑”, 以爲的對. 公笑曰:“伊但知柳對桑爲的對, 然庚亦是數, 蓋以十日數之也.” 余謂荊公未必有此意, 使果如好事者之說, 則作詩步驟亦太拘窘矣. 錢起「送屈突司馬」詩云:“星飛龐統驥, 箭發魯連書.” 人多稱其工. 余恨龐統驥出處無星字, 而魯連書有箭字也. 「趙給事中晚歸不遇」詩:“忽看童子掃花處, 始愧夕郎題鳳來.” 前句不用事, 後句用二事, 皆非律也.

왕안석이 일찍이 지은 시에서 “공로가 소하蕭何의 법규에 뒤져 한나라 품제(品第 : 평가)에 부끄럽고,[1] 은혜가 곽외郭隗로부터 시작해 연나라 누대를 깜짝 놀라게 했네[功謝蕭規慚漢第, 恩從隗始詫燕臺]"[2][3]라고 했는데 혹자가 의문을 제기하기를 "소하가 만세에 전할 공을 세웠다면 '功' 자에는 본디 그 내원이 있지만 '恩' 자의 경우는 출처를 모르겠다"라고 하자, 왕안석이 대답하기를 "한유의 시집에 있는 「투계련구鬥雞聯句」를 보면 맹교가 '은혜를 받는 것이 곽외로부터 시작한 것이 부끄럽네[受恩慚始隗]'[4]라 했다"라고 했다. 왕안석의 시가 이처럼 법을 엄격히 적용했음을 알 수 있다. 그런데 "한 줄기 물이 전답을 보호해 푸른빛을 두르고, 두 산이 밀치고 와 푸른빛을 보내오네[一水護田將綠繞, 兩山排闥送青來]"에서 번쾌樊噲가 문을 밀치고 들어온(排闥)[5] 일을 호전護田과 대를 이루게 했는데 호전 또한 전거가 있는 것인가? 어느 호사가가 내게 말하기를 "하루는 어떤 사람이 면전에서 공의 시를 칭찬하며 '전원이 오류五柳[6]를 편안해함이 기쁘지만, 시축尸祝[7]이 경상庚桑[8]을 흔들까 걱정이

---

1 공로가 …… 부끄럽고 : 소하의 법규는 한나라가 건국한 뒤 소하가 마련한 기본 법규를 말하고, 한나라의 품제는 한나라가 건국한 뒤 공신들의 공로를 확정할 때 소하를 제1등에 선정한 것을 가리킨다.

2 곽외(郭隗) …… 했네 : 곽외는 전국시대 연나라 사람으로 연 소왕(燕昭王)의 객경(客卿)인데, 이 구절과 관련하여 다음과 같은 고사가 전한다. 소왕이 현사(賢士)를 얻어 제나라에 원수를 갚으려고 했는데 곽외가 자신에게 은혜를 베풀면 자신보다 현명한 사람들이 모일 것이라 했다. 이에 소왕이 그를 위해 누대를 지어주고 스승으로 섬기니, 악의(樂毅)・추연(鄒衍)・극신(劇辛) 등이 다투어 연나라로 왔다. 『사기(史記)』「연소공세가(燕召公世家)」.

3 『임천문집(臨川文集)』 권18 「장시랑시동부신거시인이화수이수(張侍郎示東府新居詩因而和酬二首)」 제1수.

4 『어정전당시(御定全唐詩)』 권791, 한유(韓愈), 「투계련구[鬥雞聯句]」「유(愈)」「맹교(孟郊)」.

5 번쾌(樊噲) …… 들어온[排闥] : 이 구절과 관련하여 다음과 같은 고사가 전한다. 고조(高祖)가 일찍이 심한 병에 걸려 남을 만나기 싫어하고 금중(禁中)에 누워있었다. 조서를 내려 여러 신하들도 들이지 못하게 하니 주발(周勃)과 관영(灌嬰) 등의 대신들도 감히 들어가지 못했다. 십여 일이 지나 번쾌가 곧 문을 밀치고 들어가자 대신들이 그를 따랐다. 『사기(史記)』「번력등관열전(樊酈滕灌列傳)」.

6 오류(五柳) : 상관(上官)에게 머리를 굽히기 싫어서 「귀거래사(歸去來辭)」를 읊고 향리로 돌아와 은거한 진(晉)나라 도잠(陶潛)을 가리킨다. 집 옆에 버드나무 다섯 그루가 있었으므로, 자칭 오류선생(五柳先生)이라고 했다. 『송서(宋書)』 권93 「도잠열전(陶潛列傳)」.

네[自喜田園安五柳, 但嫌尸祝擾庚桑]'가 적합한 대를 이루었다고 하자, 공이 웃으며 말하기를 '그대는 단지 柳와 桑이 적합한 대를 이룬 줄만 아는데 庚 또한 숫자로서 열흘로 계산한 것이다'라고 했다"라고 했다. 이에 내가 이르기를 "왕안석에게는 반드시 이러한 의도가 들어있지 않았을 것이다"라고 했다. 정말 호사가의 말대로라면 시를 짓는 과정이 너무 군색한 데에 얽매인 것이다. 전기錢起의 「송굴돌사마送屈突司馬」에서 "방통龐統의 천리마[9]가 별처럼 날고, 노중련魯仲連의 편지가 화살로 발송됐네[星飛龐統驥, 箭發魯連書]"[10]를 사람들이 대부분 훌륭하다고 평가하지만 나는 방통의 천리마가 그 출처에 있어 '星' 자가 없다는 것과 노중련의 편지에 '箭' 자가 있다는 것이 아쉬운 점이라 생각한다. 「조급사중만귀불우趙給事中晩歸不遇」의 "동자가 꽃을 쓰는 곳을 문득 보고, 석랑夕郎[11]이 봉鳳 자를 쓰는 꼴[12]이 비로소 부끄럽네[忽看童子掃花處, 始

7 시축(尸祝) : 시동(尸童)과 축관(祝官)을 가리킨다.

8 경상(庚桑) : 춘추시대 노자(老子)의 제자라고 전하는 경상초(庚桑楚)를 이른다. 경상초가 노자에게서 도를 터득하고 북쪽의 외루(畏壘)라는 산에 들어가 살았는데, 그곳에 산 지 삼 년 만에 큰 풍년이 들자 백성들이 그를 존경하여 임금으로 모시려고까지 했다고 한다. 『장자(莊子)』「경상초(庚桑楚)」.

9 방통(龐統)의 천리마 : 이 구절과 관련하여 다음과 같은 고사가 전한다. 유비(劉備)가 형주(荊州)를 다스릴 때 방통에게 종사(從事)로서 뇌양(耒陽)현령을 맡게 했는데, 방통이 제대로 다스리지 못했으므로 면직되었다. 그러자 오(吳)나라 장수 노숙(魯肅)이 유비에게 편지를 보내기를, "방사원(龐士元 : 방통)은 백 리를 다스릴 인재가 아닙니다. 치중(治中)·별가(別駕)의 임무에 처하게 해야만 천리마처럼 치달릴 수 있을 것입니다!"라고 하였다. 후에 '방통의 천리마[龐統驥]'는 치세(治世)의 재능이 전실(典實)한 것을 칭송하는 데 쓰였다. 『삼국지(三國志)』「촉지(蜀志)」「방통전(龐統傳)」.

10 노중련(魯仲連)의 …… 발송됐네 : 전국시대 연(燕)나라 장수가 제(齊)나라를 침공하여 요성(聊城)을 지키면서 끝까지 항거하고 있던 중에, 노중련이 화살 하나에 글을 매달아 성안으로 쏘아 보냈는데 그 글을 받아 보고는 삼 일 동안 울다가 항복하며 자결한 고사가 전한다. 『사기(史記)』「노중련전[魯仲連列傳]」.

11 석랑(夕郎) : 한(漢)나라 제도에서 급사(給事)나 황문(黃門 : 환관)의 직책을 말한다.

12 봉(鳳) 자를 쓰는 꼴 : 봉(鳳)이라는 글자를 써 놓는다는 말인데, 봉을 파자(破字)하면 범조(凡鳥)가 되는 데에서 기인하여, 특출하지 못한 범인(凡人), 혹은 용렬한 사람으로 취급받는 것을 말한다. 진(晉)나라 여안(呂安)이 천 리 길을 달려 혜강(嵇康)의 집을 찾아갔다가, 혜강은 마침 외출하여 만나지 못하고 그의 형 혜희(嵇喜)만을 만나보고는, 문에

愧夕郎題鳳來]"에서 앞 구는 고사를 사용하지 않고 뒤 구는 두 개의 고사를 사용했는데 모두 율격에 맞지 않는다.

『錢起集』前八卷後五卷. 鮑欽止謂昭宗時有中書舍人錢珝, 亦起之諸孫, 今起集中恐亦有珝所作者. 余初未知其所據也. 比見前集中有「同程七蚤入中書」一篇云: "不意雲霄能自致, 空驚鴛鷺忽相隨. 臘雪新晴柏子殿, 春風欲上萬年枝." 「和王員外雪晴早朝」云: "紫微晴雪帶恩光, 繞仗偏隨鴛鷺行. 長信月留寧避曉, 宜春花滿不飛香." 二詩皆珝所作無疑, 蓋起未嘗入中書也. 集中又有「登彭祖樓」一詩, 而薛能集亦載, 則知所編甚駁也.

『전기집錢起集』은 전집이 8권, 후집이 5권이다. 포흠지(鮑欽止 : 포유鮑由)가 "소종昭宗 때 중서사인中書舍人 전후錢珝가 있었는데 전기의 손자 가운데 한 사람이다. 지금 전기의 시집 안에 전후의 작품도 들어있지 않을까 싶다"라고 했는데 나는 그 근거가 무엇인지 잘 몰랐었다. 그런데 요사이 전기의 시집을 보니 그 가운데 「동정칠조입중서同程七蚤入中書」에서 "뜻밖에 스스로 운소雲霄[13]로 나아가, 공연히 원로鷺鴛[14]를 깨워 따르게 했네. 섣달 눈이 막 개인 백자전栢子殿[15]에, 봄바람이 만 년 세월 가지에 닿으려 하네[不意雲霄能自致, 空驚鴛鷺忽相隨. 臘雪新晴柏子殿, 春風

다 '봉(鳳)'이라는 글자 하나를 써 놓고 돌아갔다는 고사가 있다. 『세설신어(世說新語)』「간오(簡傲)」.

13 운소(雲霄) : 높은 하늘이란 뜻으로, 관직에 대한 비유로 쓰인다.

14 원로(鷺鴛) : 원앙과 백로로, 조정의 신료들에 대한 비유로 쓰인다.

15 백자전(栢子殿) : 백자전(百子殿)을 가리키는 듯하다. 백자전은 궁궐 이름인데, 건축 연대나 있었던 장소 등은 자세하지 않다. 백자(百子)는 『시경』「대아 사제(思齊)」에 "엄숙하신 태임이, 문왕의 어머니이시니, 주강에게 사랑을 받아, 경실의 며느리가 되었는데, 태사가 그 아름다운 명성 이으시니, 아들이 백 명이나 되도다[思齊太任, 文王之母, 思媚周姜, 京室之婦, 太姒嗣徽音, 則百斯男]"라고 한 데서 온 말이다.

欲上萬年枝]"라고 하고, 「화왕원외설청조조和王員外雪晴早朝」에서 "눈 개인 자미궁紫微宮에 은광恩光이 서리고, 의장 주위로 원로鴛鷺가 뒤를 따르네. 장신궁長信宮에 달 머물 때 어찌 새벽을 피하랴, 의춘궁宜春宮에 꽃 활짝 피어 향기 가득하다[紫微晴雪帶恩光, 繞仗偏隨鴛鷺行. 長信月留寧避曉, 宜春花滿不飛香]"라고 했으니 이 두 편은 전후의 작품임이 분명하다. 그 이유는 전기가 중서사인에 임명된 적이 없기 때문이다. 그 밖에도 시집 안에 「등팽조루登彭祖樓」가 들어있는데 이 작품은 설능薛能의 시집에도 실려 있는 걸 보면 전반적으로 시집 편집이 매우 부정확하다는 것을 알 수 있다.

陳去非嘗爲余言:"唐人皆苦思作詩, 所謂'吟安一箇字, 撚斷數莖鬚', '句向夜深得, 心從天外歸', '吟成五字句, 用破一生心', '蟾蜍影裏淸吟苦, 舴艋舟中白髮生'之類是也. 故造語皆工, 得句皆奇, 但韻格不高, 故不能參少陵逸步. 後之學詩者, 倘或能取唐人語而掇入少陵繩墨步驟中, 此連胸之術也." 余嘗以此語似葉少蘊. 少蘊云:"李益詩云:'開門風動竹, 疑是故人來', 沈亞之詩云:'徘徊花上月, 虛度可憐宵', 皆佳句也. 鄭谷掇取而用之, 乃云:'睡輕可忍風敲竹, 飮散那堪月在花', 眞可與李沈作僕奴." 由是論之, 作詩者興致先自高遠, 則去非之言可用, 倘不然, 便與鄭都官無異.

진거비(陳去非: 진여의陳與義)가 일찍이 내게 말하기를 "당나라 시인들은 모두 고심해서 시를 지었으니, 이른바 '글자 하나 짓고 나면, 몇 올의 수염이 꼬여 끊긴다[吟安一箇字, 撚斷數莖鬚]', '시구는 한밤에야 얻고, 마음은 하늘 밖으로 돌아간다[句向夜深得, 心從天外歸]', '다섯 자 시구를 짓고 나면, 일생의 마음이 망가진다[吟成五字句, 用破一生心]', '두꺼비(달) 그림자 속에서 시 읊는데 골똘하며, 작은 배 위에서 백발이 늘어난다

[蟾蜍影裏淸吟苦, 舴艋舟中白髮生]' 등이 그것이다. 그래서 만들어낸 시어가 모두 뛰어나고 얻은 시구가 모두 기묘하지만 운율과 격조가 높지 않은 탓에 두보의 초탈한 범주에 들지 못한 것이다. 후대에 시를 배우는 이들이 당나라 시인들의 시를 취택하면서 두보의 규격 속으로 접어든다면 연흉連胸[16]의 법이 될 것이다"라고 했는데 나는 이 말이 섭몽득의 말과 비슷하다고 생각한다. 섭몽득이 이르기를 "이익李益의 '문을 열자 바람이 대나무를 움직여, 친구가 찾아온 것이 아닌가 했네[開門風動竹, 疑是故人來]'와 심아지沈亞之의 '꽃 위에 맴도는 달이, 애틋한 밤을 그냥 지나가네[徘徊花上月, 虛度可憐宵]'는 모두 좋은 시인데 정곡鄭谷이 이를 취택해 사용하면서 '가볍게 졸 때 바람이 대나무 치는 소리는 참을 수 있어도, 술 마시고 흩어질 때 꽃 위에 달 있는 광경은 못 본 채 할 수 있으랴[睡輕可忍風敲竹, 飮散那堪月在花]'라고 한 것은 정말 이익과 심아지의 하인이 될 만하다"라고 했다. 이런 의미에서 논한다면 작가가 먼저 고상하고 심원한 흥취를 가졌을 때는 진거비의 말을 적용할 수 있으나 그렇지 않으면 정곡과 별 차이가 없는 것이다.

杜甫讀蘇渙詩, 則曰: "餘髮喜却變, 白間生黑絲." 高適觀陳十六史碑, 則曰: "我來觀雅製, 慷慨變毛髮."

두보는 소환蘇渙의 시를 읽으면서 "반갑게도 남은 머리털 갑자기 변해, 흰 머리 사이로 검은 머리가 난다[餘髮喜却變, 白間生黑絲]"[17]라고 했고, 고적高適은 진십육(陳十六: 진장보陳章甫)의 사흥비史興碑를 보면서 "내가 찾아와 고아한 글을 읽으니, 강개에 젖어 머리털이 변하네[我來觀雅製, 慷慨變毛髮]"[18]라고 했다.

16 연흉(連胸): '만흉(滿胸)'과 같은 말로, 가슴에 가득 찬다는 뜻이다.

17 『두시상주(杜詩詳註)』 권23 「소대시어방강포부팔운기이(蘇大侍御訪江浦賦八韻記異)」.

方干詩, 淸潤小巧, 蓋未升曹・劉之堂, 或者取之太過, 余未曉也. 王贊嘗稱之曰:"鋟肌滌骨, 冰瑩霞絢, 嘉肴自將, 不吮餘雋. 麗不芬葩, 苦不癯棘, 當其得志, 倏與神會." 孫郃嘗稱之曰:"其秀也, 仙蕊於常花, 其鳴也, 靈鼉於衆響." 觀其作「登靈隱峰」詩云:"山疊雲霞際, 川傾世界東."「送喩坦之」詩云:"風塵辭帝里, 舟楫到家林." 此眞兒童語也. 「寄喩鳧」云:"寒蕪隨楚盡, 落葉渡淮稀." 而「送喩坦之下第」又云:"過楚寒方盡, 浮淮月正沉."「贈路明府」詩云:"吟成五字句, 用破一生心." 而「贈喩鳧」又云:"纔吟五字句, 又白幾莖鬚."「湖心寺中島」云:"雪折停猿樹, 花藏浴鶴泉." 而「寄越上人」又云:"窗接停猿樹, 岩飛浴鶴泉."「于使君」詩云:"月中倚棹吟漁浦, 花底垂鞭醉鳳城." 而「送伍秀才」詩又云:"倚棹寒吟漁浦月, 垂鞭醉入鳳城春." 觀其語言重復如此, 有以見其窘也. 至於"野渡波搖月, 空城雨翳鐘" "白猨垂樹窗邊月, 紅鯉驚鉤竹外溪" "義行相識處, 貧過少年時"等句, 誠無愧於孫・王所賞.

방간方干의 시는 깔끔하고 매끄럽고 작고 기교가 있어서 조식曹植과 유정劉楨의 경지에는 미치지 못하는데도 혹자가 너무 지나치게 평가하고 있으니 나는 그 이유를 모르겠다. 왕찬王贊이 일찍이 평하기를 "피부 결에 새기고 뼛속을 씻으며, 얼음처럼 영롱하고 노을처럼 붉으며, 좋은 안주를 스스로 마련하고, 먹다 남은 음식을 먹지 않는다. 미려해도 향기 풍기지 않고, 고달파도 못나지 않으며, 제 뜻을 펼칠 때는, 금세 신의 경지와 하나 된다[鋟肌滌骨, 冰瑩霞絢, 嘉肴自將, 不吮餘雋. 麗不芬葩, 苦不癯棘, 當其得志, 倏與神會]"[19]라고 했고, 손합孫郃은 일찍이 평하기를 "빼어남은 여느 꽃들과 다른 선계의 꽃이고, 소리는 뭇 소리와 다른 신령한 악어의 북소리이네[其秀也, 仙蕊於常花, 其鳴也, 靈鼉於衆響]"[20][21]라

18 『고상시집(高常侍集)』 권3「동관진십육사흥비(同觀陳十六史興碑)」.

19 『현영집(玄英集)』「현영집원서(玄英集原序)」.

20 신령한 …… 소리이네 : 원문 영타(靈鼉)는 전설적인 동물로 악어와 비슷하게 생겼는데,

고 했다. 하지만 그가 지은 「등령은봉登靈隱峰」의 "구름과 노을 끝에 산들이 겹치고, 세계의 동쪽으로 강물이 기운다[山疊雲霞際, 川傾世界東]"와 「송유탄지送喩坦之」의 "풍진의 황제 고을을 떠나, 배를 타고 고향 동산으로 온다[風塵辭帝里, 舟楫到家林]"는 정말 어린애의 말이다. 「기유부寄喩鳧」에서는 "차갑고 거친 것은 초楚 땅을 따라 사라지고, 지는 잎은 회수淮水를 건너며 드물다[寒蕪隨楚盡, 落葉渡淮稀]"라고 했다가 「송유탄지하제送喩坦之下第」에서는 "초를 지나자 추위가 비로소 사라지고, 회수에 떠 있을 때 달이 마침 잠겨있다[過楚寒方盡, 浮淮月正沉]"라고 했고, 「증로명부贈路明府」에서는 "다섯 글자 시구를 짓고 나면, 일생의 마음이 망가진다[吟成五字句, 用破一生心]"라고 했다가 「증유부贈喩鳧」에서는 "다섯 글자 시구를 읊었을 때, 몇 올 수염이 하얗게 변했던가[纔吟五字句, 又白幾莖鬚]"라고 하고, 「호심사중도湖心寺中島」에서는 "눈은 원숭이 머문 나무를 꺾고, 꽃은 학이 목욕한 샘물을 감췄다[雪折停猿樹, 花藏浴鶴泉]"라고 했다가 「기월상인寄越上人」에서는 "창문은 원숭이 머문 나무와 가깝고, 바위는 학이 목욕한 샘물 위를 난다[窗接停猿樹, 岩飛浴鶴泉]"라고 하고, 「우사군于使君」에서는 "달 밤 노에 기대 어포漁浦에서 노래하고, 꽃 아래 말채찍 드리우고 봉성鳳城에서 취하네[月中倚棹吟漁浦, 花底垂鞭醉鳳城]"라고 했다가 「송오수재送伍秀才」에서는 "노에 기대 달밤 어포에서 쓸쓸히 노래하고, 말채찍 드리우고 봄날 봉성으로 취해 들어가네[倚棹寒吟漁浦月, 垂鞭醉入鳳城春]"라고 하니, 이처럼 시어가 중복된 것을 보면 본디 군색하다는 것을 알 수 있다. 하지만 "들판 나루에 물결이 달을 흔들고, 텅 빈 성에 비가 종을 가린다[野渡波搖月, 空城雨翳鐘]", "창가에 달빛 어릴 때 흰 원숭이 나무에 늘어지고, 대나무 너머 시냇가에 붉은 잉어 낚여 올라오네[白猨垂樹窗邊月, 紅鯉驚鉤竹外溪]", "서로 아는 사이에 의리가 실행되고, 소년시절에 가난이 지나갔다[義行相識處,

그 가죽으로 북을 만들면 신비한 소리가 난다고 한다.

21 『현영집(玄英集)』 부록 「전(傳)」.

貧過少年時]" 등의 시구는 참으로 손합과 왕찬의 호평에 손색이 없다.

李長吉云 : "我當二十不得意, 一心愁謝如枯蘭." 至二十七而卒. 陳無己「除夜」詩云 : "七十已强半, 所餘能幾何. 遙知暮夜促, 更覺後生多." 至四十九而卒. 語意不祥如此, 豈神明者先授之邪?

이장길(李長吉 : 이하李賀)이 "내가 이십대에 뜻을 얻지 못할 때, 시름에 휩싸인 마음은 마른 난초 같았네[我當二十不得意, 一心愁謝如枯蘭]"[22]라고 한 뒤 이십칠 세에 세상을 떠났고, 진무기(陳無己 : 진사도陳師道)는 「제야除夜」에서 "칠십의 절반을 막 넘기니, 남은 것이 얼마이랴. 저녁 해가 재촉해오니, 후생들이 많다는 걸 새삼 느낀다[七十已强半, 所餘能幾何. 遙知暮夜促, 更覺後生多]"라고 한 뒤 사십구 세에 세상을 떠났다. 시어의 내용이 이처럼 상서롭지 못한 것은 혹시 신명이 먼저 조짐을 보여줘서일까?

連緜字不可挑轉用, 詩人間有挑轉用者, 非爲平側所牽, 則爲韻所牽也. 羅昭諫以泬寥爲寥泬, 是爲平側所牽, 「秋風生桂枝」詩所謂"寥泬工夫大"是也. 又以汍瀾爲瀾汍, 是爲韻所牽, 「哭孫員外」詩所謂"故侯何在淚瀾汍"是也.

연면자連緜字[23]는 전용해서는 안 되지만 시인들 가운데 이따금 전용한 경우가 있다. 평측平仄에 이끌린 경우가 아니면 운韻에 이끌린 경우

22 『창곡집(昌谷集)』 권3 「개수가(開愁歌)【화하작(華下作)】」.

23 연면자(連緜字) : '연면사(連綿詞)'라고도 하는데, 두 개의 음절이 하나의 뜻을 이루어 분리될 수 없는 글자를 말한다. 이 글자는 '강개(慷慨)'와 같이 성모(聲母)가 같기도 하고, '요조(窈窕)'와 같이 운부(韻部)가 같기도 하며, '자자(孜孜)'와 같이 동음이 반복되기도 한다.

이다. 나소간(羅昭諫 : 나은羅隱)이 혈요泬寥[24]를 요혈寥泬로 한 것은 평측에 이끌린 경우로서 「추풍생계지秋風生桂枝」에서 "요혈寥泬의 공부가 크다[寥泬工夫大]"라고 한 것이 그것이다. 또 환란汍瀾[25]을 난환瀾汍으로 한 것은 운에 이끌린 경우로 「곡손원외哭孫員外」의 "옛 제후는 어디 있나 눈물이 주룩 흐른다[故侯何在淚瀾汍]"가 그것이다.

老杜詠「螢火」詩云 : "幸因腐草出, 敢近太陽飛. 未足臨書卷, 時能點客衣." 似譏當時閹人用事於人君之前, 不能主張文儒, 而乃如青蠅之點素也. 說者乃謂喻小有才而侵侮大德, 豈不誤哉. 羅隱竊取其意, 乃曰 : "不思曾腐草, 便擬倚孤光. 若道通文翰, 車公照肯長." 其視前作愧矣.

두보가 「형화螢火」에서 "다행히 썩은 풀에서 나와, 감히 태양 가까이서 난다. 책을 가까이하기에는 충분치 못하면서, 때때로 객의 옷에 달라붙는다[幸因腐草出, 敢近太陽飛. 未足臨書卷, 時能點客衣]"라고 한 것은 당시 환관들이 임금 앞에서 일을 주도하면서 문사들이 의견을 내세우지 못하는 꼴이 마치 쉬파리가 흰 옷에 달라붙는 모습과 같다고 비판한 듯하다. 그런데 논자들이 이 작품은 하찮은 재능으로 위대한 덕망이 있는 이를 침해, 멸시한 것을 비유했다고 하니 어찌 오류가 아니겠는가. 나은이 살며시 그 의미를 취하여 "일찍이 썩은 풀과 가까운 것을 생각지 않고, 반짝이는 불빛에 의지하려 한다. 만약 문장에 통달했다고 한다면, 차공車公[26]이 오랫동안 비추려 했겠는가[不思曾腐草, 便擬倚孤光. 若道通文翰, 車公照肯長]"라고 했는데 앞 작품에 견주어 손색이 있다.

---

24 혈요(泬寥) : 맑고 광활한 모양을 말한다.

25 환란(汍瀾) : 눈물이 줄줄 흐르는 모양을 말한다.

26 차공(車公) : 동진(東晉) 때 남평군(南平郡) 사람인 차무자(車武子 : 차윤(車胤))를 가리킨다. 차윤이 입사(入仕) 전에 집안이 가난해서 불 밝힐 기름을 살 돈이 없자 '반딧불을 주머니에 넣어 밤에 책을 읽었다[囊螢夜讀]'는 고사가 전한다.

沈存中云"退之「城南聯句」云:'竹影金瑣碎.' 金瑣碎者, 日光也, 恨句中無日字爾." 余謂:"不然. 杜子美云:'老身倦馬河堤永, 踏盡黃楡綠槐影.' 亦何必用日字? 作詩正欲如此."

심존중沈存中이 "한유의 「성남련구城南聯句」에서 '대 그림자에 황금 부스러기 부서진다[竹影金瑣碎]'라고 했는데 '금쇄쇄金瑣碎'란 태양빛에 대한 것인데 구절 안에 '일日' 자가 없는 것이 아쉽다"라고 했다. 이에 나는 "그렇지 않다. 두보가 '늙은 몸 게으른 말은 긴 강둑 위에서, 누런 느릅나무 푸른 괴화나무 그림자를 다 밟았네[老身倦馬河堤永, 踏盡黃楡綠槐影]'라고 한 것처럼 어찌 '일日' 자를 사용할 필요가 있겠는가. 시를 지을 때는 이처럼 하려고 힘써야 하오"라고 했다.

詩家有換骨法, 謂用古人意而點化之, 使加工也. 李白詩云:"白髮三千丈, 緣愁似箇長." 荊公點化之, 則云:"繰成白髮三千丈." 劉禹錫云:"遙望洞庭湖水面, 白銀盤裏一青螺." 山谷點化之, 則云:"可惜不當湖水面, 銀山堆裏看青山." 孔稚圭「白苧歌」云:"山虛鐘磬徹." 山谷點化之, 則云:"山空響管弦." 盧仝詩云:"草石是親情." 山谷點化之, 則云:"小山作朋友, 香草當姬妾." 學詩者不可不知此.

시인에게는 '환골법換骨法'이라는 게 있다. 옛 시인이 지은 시의 뜻을 인용하면서 이를 점화點化시켜 보다 차원 높은 것으로 만들어내는 것을 말한다. 이백의 시에서 "백발 삼천 장, 시름 탓에 그처럼 긴 것인가[白髮三千丈, 緣愁似箇長]"라고 했는데 왕안석이 점화하여 "백발 삼천 길을 공그르다[繰成白髮三千丈]"라고 했다. 또 유우석劉禹錫이 "동정호 수면을 멀리서 바라보니, 흰 은반 위에 푸른 소라 같네[遙望洞庭湖水面, 白銀盤裏一青螺]"라고 했는데 황정견이 점화하여 "아쉽게도 호수의 면을 맞닥뜨리지 못하고, 은산銀山 무더기에서 청산을 바라보네[可惜不當湖水面, 銀山堆裏看青山]"라고 했다. 공치규孔稚圭가 「백저가白苧歌」에서 "산이 비어 종소리 풍경소리 가로지른다[山虛鐘磬徹]"라고 한 것은 황정견이 점화하여 "산이 비어 음악 소리 울려퍼진다[山空響管弦]"라고 했고, 노동盧仝이 "풀과 돌은 가까운 사이이다[草石是親情]"라고 한 것을 또 황정견이 점화하여 "작은 산은 친구가 되고, 향기로운 풀은 사랑스런 여인이 된다[小山作朋友, 香草當姬妾]"라고 했으니 시를 배우는 사람들이 이 점을 잘 알아야 한다.

魯直謂陳後山："學詩如學道", 此豈尋常琱章繪句者之可擬哉. 客有爲余言後山詩, 其要在於點化杜甫語爾. 杜云'昨夜月同行', 後山則云'勤勤有月與同歸.' 杜云'林昏罷幽磬', 後山則云'林昏出幽磬.' 杜云'古人去已遠', 後山則云'斯人日已遠.' 杜云'中原鼓角悲', 後山則云'風連鼓角悲.' 杜云'暗飛螢自照', 後山則云'飛螢元失照.' 杜云'秋覺追隨盡', 後山則云'林湖更覺追隨盡.' 杜云'文章千古事', 後山則曰'文章平日事.' 杜云'乾坤一腐儒', 後山則曰'乾坤著腐儒.' 杜云'孤城隱霧深', 後山則曰'寒城著霧深.' 杜云'寒花只暫香', 後山則云'寒花只自香.' 如此類甚多, 豈非點化老杜之語而成者. 余謂："不然. 後山詩格律高古, 眞所謂'碌碌盆盎中, 見此古罍洗'者. 用語相同, 乃是讀少陵詩熟, 不覺在其筆下, 又何足以病公."

황정견이 진사도에 대해 "시 배우기를 도를 배우는 것처럼 했다"[27] 고 했는데 이것이 어찌 글이나 다듬고 글귀나 꾸미는 자가 다가갈 수 있는 것이겠는가. 어떤 손님이 내게 "진사도의 시는 요점이 두보의 시

27 『산곡외집(山谷外集)』 권4 「증진사도(贈陳師道)」.

어를 점화하는 데 있습니다. 두보는 '어젯밤 달과 함께 걸었네[昨夜月同行]'라고 했는데 진사도는 '열심히 달과 함께 돌아왔네[勤勤有月與同歸]'라고 했고, 두보는 '어두운 숲에 그윽한 풍경소리 사라진다[林昏罷幽磬]'라고 했는데 진사도는 '어두운 숲에 그윽한 풍경소리 들린다[林昏出幽磬]'라고 했고, 두보는 '옛사람은 이미 멀리 떨어져있다[古人去已遠]'라고 했는데 진사도는 '이 사람은 이미 멀리 떨어져있다[斯人日已遠]'라고 했고, 두보는 '중원이 북소리 피리 소리로 슬프다[中原鼓角悲]'라고 했는데 진사도는 '바람결에 북소리 피리 소리가 슬프다[風連鼓角悲]'라고 했고, 두보는 '어둠속 날며 반딧불이 스스로 빛을 발한다[暗飛螢自照]'라고 했는데 진사도는 '나는 반딧불이 본디 빛을 잃었다[飛螢元失照]'라고 했고, 두보는 '가을 들어 뒤따르는 것이 다한 것을 느낀다[秋覺追隨盡]'라고 했는데 진사도는 '임호에서 뒤따르는 것이 다한 것을 다시 느낀다[林湖更覺追隨盡]'라고 했고, 두보는 '문장은 천고의 일[文章千古事]'이라고 했는데 진사도는 '문장은 평소의 일[文章平日事]'이라고 했고, 두보는 '하늘과 땅 사이 한 사람의 보잘것없는 선비[乾坤一腐儒]'라고 했는데 진사도는 '하늘과 땅 사이 보잘것없는 선비의 모습[乾坤著腐儒]'이라고 했고, 두보는 '외딴 성곽에 은은한 안개가 자욱하다[孤城隱霧深]'라고 했는데 진사도는 '차가운 성곽에 안개가 자욱하다[寒城著霧深]'라고 했고, 두보는 '한화(寒花 : 국화)는 그저 잠시 향기롭다[寒花只暫香]'라고 했는데 진사도는 '한화는 스스로 향기로울 뿐이다[寒花只自香]'라고 했습니다. 이런 비슷한 예들이 매우 많으니 어찌 두보의 시어를 점화하여 완성한 것이 아니겠습니까?"라고 했다. 이에 나는 "그렇지 않습니다. 진사도의 시는 격조와 운율이 고상하고 고졸하여 참으로 '변변치 않은 동이들 속에서, 옛 대야를 본다[碌碌盆盎中, 見此古罍洗]'[28]인 것입니다. 용어가 서로 같은 것은 두보의 시를 익히 읽어 자기도 모르게 붓끝이 젖어든 것

28 『산곡외집(山谷集)』 권3 「차운진구과진무기서원관비구지작(次韻秦觀過陳無已書院觀鄙句之作)【사도(師道)】」.

일 뿐이니 어찌 이것으로 공을 흠잡을 수 있겠습니까"라고 했다.

『五代史補』載:"羅隱「題牡丹」云:'雖然不語應傾國, 任是無情也動人.' 曹唐曰:'此迺詠子女障子爾.' 隱曰:'猶勝足下作鬼詩.' 乃誦唐「漢武宴王母」詩曰①:'洞裏有天春寂寂, 人間無路月茫茫.' 豈非鬼詩." 『南史』載:"孝武嘗問顏延之曰:'謝莊「月賦」何如?' 答曰:'莊始知「隔千里兮共明月」.' 帝召莊, 以延之語語之. 莊應聲曰:'延之作「秋胡」詩, 始知「生爲久離別, 沒爲長不歸.」'" 『典論』云:"文人相輕, 自古而然."

① '宴'原作'要', 據『類編』改.

『오대사보五代史補』에 의하면 "나은이 「재목단題牡丹」에서 '말은 없어도 응당 나라를 기울일 터, 무정하지만 사람을 감동시킨다[雖然不語應傾國, 任是無情也動人]'라고 한 것을 두고 조당曹唐이 '이것은 아이들의 가리개를 읊은 것일 뿐이다'라고 했다. 이에 나은은 '그래도 족하의 귀신시보다는 낫소'라고 하며 조당의 「한무연왕모漢武宴王母」에서 '골짜기 속 담긴 하늘에 봄은 적적한데, 인간의 길이 없이 달빛만 아득하다[洞裏有天春寂寂, 人間無路月茫茫]'라고 한 것을 읊으며 '이것이 어찌 귀신의 시가 아닌가'라고 했다" 하였다. 『남사南史』에 의하면 일찍이 효무제孝武帝가 안연지顏延之에게 "사장謝莊의 「월부月賦」가 어떠한가?"라고 묻자, 안연지가 대답하기를 "사장이 비로소 '천 리 떨어진 곳에 밝은 달을 함께 한다[隔千里兮共明月]'[29]를 안 것입니다"라고 했다. 이어서 효무제가 사장을 불러 안연지의 말을 전하자, 사장이 대답하기를 "안연지가 「추호秋胡」를 지었는데 그가 비로소 '살아서는 오랫동안 이별을 하고, 죽어서는 영원히 돌아오지 않네[生爲久離別, 沒爲長不歸]'[30]를 안 것입니다"

29 『고금사문류취전집(古今事文類聚前集)』 권2, 사희일(謝希逸), 「월부(月賦)」.

30 『문선(文選)』 권21 「추호시(秋胡詩)」 '안연년(顏延年)'.

라고 했다. 『전론典論』에서 "문인들이 서로 경시하는 것은 예로부터 그래왔다"라고 했다.

① '宴'은 본래 '要'로 되어 있었는데 『시화유편詩話類編』에 의거하여 고쳤다.

高適「別鄭處士」云:"興來無不愜, 才大亦何傷."「寄孟五」詩云:"秋氣落窮巷, 離憂兼暮蟬."「送蕭十八」云:"常苦古人遠, 今見斯人古."「題陸少府書齋」云:"散帙至栖鳥, 明鐙留故人." 皆佳句也.「上陳左相」云:"天地莊生馬, 江湖范蠡舟." 亦有含蓄. 但莊子謂天地一指, 萬物一馬, 而以天地爲馬, 誤矣.

고적高適의 「별정처사別鄭處士」의 "흥취가 일면 흡족하지 않은 것이 없나니, 재능이 크다 한들 무슨 문제가 되겠는가[興來無不愜, 才大亦何傷]", 「기맹오寄孟五」의 "가을 기운이 외진 마을에 지며, 이별의 시름에 저녁 매미 소리가 겹쳤네[秋氣落窮巷, 離憂兼暮蟬]", 「송소십팔送蕭十八」의 "언제나 옛사람이 멀리 있는 것이 고달팠는데, 이제 이 사람에게서 옛사람을 본다[常苦古人遠, 今見斯人古]", 「제륙소부서재題陸少府書齋」의 "흩어진 책은 새들까지 깃들고, 밝은 등잔은 친구에게 남겼다[散帙至栖鳥, 明鐙留故人]"는 모두 아름다운 시구이다. 「상진좌상上陳左相」에서의 "천지엔 장생(莊生 : 장자)의 말, 강호엔 범려范蠡의 배[天地莊生馬, 江湖范蠡舟]" 또한 함축미가 있다. 하지만 장자는 천지가 하나의 손가락이고 만물이 하나의 말(馬)[31]이라고 했으니, 천지를 말에 대비시킨 것은 오류이다.

晉張翰憶吳中蒓菜鱸膾而歸, 而高適屢作越上用. 如「送崔功曹赴越」

31 『장자』「제물론(齊物論)」.

云 : "今朝欲乘興, 隨爾食鱸魚." 「送李九赴越」云 : "鏡水君所憶, 蓴羹余舊便." 人以爲疑. 余考『地理志』, 漢吳縣隷今會稽郡, 則以鱸魚作越上, 亦無傷也.

진晉 장한張翰이 오중吳中의 순채蒓菜와 노회鱸膾를 그리며 돌아갔는데 고적이 누차 이를 월상越上과 결부시켰다. 예컨대 「송최공조부월送崔功曹赴越」의 "오늘 아는 흥취를 틈타, 그대 따라가 노어를 먹고 싶네[今朝欲乘興, 隨爾食鱸魚]"와 「송리구부월送李九赴越」의 "경수는 그대가 생각하는 곳이고, 순채국은 나의 옛것이다[鏡水君所憶, 蓴羹余舊便]"에 대해 사람들이 의문시했다. 내가 살펴본 『지리지地理志』에 한대漢代의 오현吳縣이 지금의 회계군(會稽郡 : 월상)에 속해 있는 것을 보면 노어를 월상과 연계시켜도 문제될 것은 없다.

山谷詩多用'稻田衲', 亦云'田衣.' 王摩詰詩云 : "乞飯從香積, 裁衣學水田." 又云 : "手巾花氎淨, 香帔稻畦成." 豈用是邪?

황정견이 시에서 '도전납稻田衲'[32]을 쓴 경우가 많은데 이를 '전의田衣'라고도 한다. 왕유의 시에서 "밥을 빌러 향적사香積寺로 가고, 옷을 마름질할 때 수전을 배운다[乞飯從香積, 裁衣學水田]"[33]라고 하고, 또 "손수건에 꽃무늬 무명이 깨끗하고, 향기로운 배자에 도휴稻畦[34]가 만들어졌네[手巾花 氎淨, 香帔稻畦成]"[35]라고 했는데 혹시 이것을 인용한 것인가?

---

32 도전납(稻田衲) : 중이 입는 가사(袈裟)를 가리킨다. 가사에 7조(條)니 9조니 하는 구별이 있는데, 9조가 제일 높은 것이다. 가사는 수전(水田)처럼 된 무늬로 만들었으므로 수전의(水田衣)라고도 한다.

33 고병(高棅), 『당시습유(唐詩拾遺)』 권8 「과노원외택간반승공제(過盧員外宅看飯僧共題)」.

34 도휴(稻畦) : 본래 논이랑과 외밭을 뜻하는데, '향기로운 배자에 도휴가 만들어졌다'는 구절은 가사(袈裟)에 논밭처럼 된 무늬가 있는 모습을 묘사한 것이다.

魯直謂東坡作詩, 未知句法. 而東坡題魯直詩云: "每見魯直詩, 未嘗不絶倒. 然此卷妙甚, 而殆非悠悠者可識. 能絶倒者已是可人." 又云: "讀魯直詩, 如見魯仲連・李太白, 不敢復論鄙事. 雖若不適用, 然不爲無補." 如此題識, 其許之乎, 其譏之也? 魯直酷愛陳無己詩, 而東坡亦不深許. 魯直爲無己揚譽無所不至, 而無己乃謂"人言我語勝黃語", 何邪?

황정견은 소식이 시를 지을 때 구법句法을 모른다고 했는데 소식은 황정견의 시에 대해 "황정견의 시를 볼 때마다 일찍이 절도絶倒하지 않은 적이 없다. 하지만 이 시권詩卷은 매우 오묘해서 갈피를 못 잡는 자가 알 수 있는 것이 아니다. 절도시킬 만한 것은 벌써 사람들이 알고 있다"라고 하고, 또 "황정견의 시를 읽으면 노중련魯仲連과 이백을 보는 것 같아 감히 비루한 이야기를 다시 할 수 없다. 비록 적용하지 못할 듯싶지만, 그러나 도움이 없지는 않다"[36]라고 했다. 이와 같은 논평은 그를 인정한 것인가, 비판한 것인가? 황정견은 진무기陳無己의 시를 지독히도 좋아했지만 소식은 그다지 인정하지 않았다. 또 황정견이 진무기를 아낌없이 찬양하고 칭찬했는데도 진무기가 "사람들은 나의 시어가 황정견의 시어보다 낫다고 한다"라고 한 것은 왜일까?

自古工詩者, 未嘗無興也. 觀物有感焉, 則有興. 今之作詩者, 以興近乎訕也, 故不敢作, 而詩之一義廢矣. 老杜「萵苣」詩云: "兩旬不甲坼, 空惜埋泥滓. 野莧迷汝來, 宗生實於此." 皆興小人盛而掩抑君子也. 至高適「題張處士菜園」則云: "耕地桑柘間, 地肥菜常熟. 爲問葵藿資, 何如廟堂肉." 則近乎訕矣. 作詩者苟知興之與訕異, 始可以言詩矣.

35 고병(高棅), 『당시습유(唐詩拾遺)』 권8 「여소노이원외기유방장사이소부지인유차작(與蘇盧二員外期遊方丈寺而蘇不至因有此作)」.

36 도종의(陶宗儀), 『설부(說郛)』 권81 「서황노직시후(書黃魯直詩後)」.

예로부터 시에 뛰어난 이들은 일찍이 흥興[37]이 없지 않았다. 사물을 보고 느낌이 있으면 흥이 있는 것이다. 그런데 오늘날 시를 짓는 이들은 흥이 산(訕 : 비방)에 가깝다고 여기므로 감히 짓지 않게 되었고 그에 따라 시의 의의 하나가 폐기되었다. 두보의 「와거萵苣」의 "이십 일 동안 껍질이 열리지 않고, 진흙 속에 묻힌 것이 공연히 아쉽구나. 비름이 너인 줄 알고 찾아왔더니, 여기에 무더기로 나 있구나[兩旬不甲坼, 空惜埋泥滓. 野莧迷汝來, 宗生實於此]"는 모두 소인이 성대하여 군자를 억누르는 데 대해 흥의 기법으로 쓴 것이다. 그런데 고적의 「제장처사채원題張處士菜園」의 "뽕나무 사이에서 경작했는데, 땅이 기름져 채소가 언제나 풍성하다. 묻노니 해바라기여, 조정의 벼슬아치에 견주어 어떠한가[耕地桑柘間, 地肥菜常熟. 爲問葵藿資, 何如廟堂肉]"에 이르러서는 산에 가깝다. 시를 짓는 이들은 정말로 흥이 산과 다른 점을 알아야만 비로소 시에 대해 이야기할 수 있다.

張籍, 韓愈高弟也. 愈嘗作「此日足可惜」贈之, 八百餘言. 又作「喜侯喜至」之篇贈之, 二百餘言, 又有「贈張籍」一篇, 二百言, 皆不稱其能詩. 獨有「調張籍」一篇大尊李杜, 而末章有"顧語地上友, 經營無太忙"之句. 「病中贈張籍」一篇有"半塗喜開鑿, 派別失大江. 吾欲盈其氣, 不令見麾幢"之句. 「醉贈張徹」有"張籍學古淡, 軒鶴避雞羣"之句, 則知籍有意於慕大, 而實無可取者也. 及取其集而讀之, 如「送越客」詩云 : "春雲剡溪口, 殘月鏡湖西." 「逢故人」詩云 : "海上見花發, 瘴中聞鳥飛." 「送海客」詩云 : "入國自獻寶, 逢人多贈珠." "紫掖發章句, 青闈更詠歌." 如此之類, 皆騈句也. 至於語言拙惡, 如 : "寺貧無施利, 僧老足慈悲." "收拾新琴譜, 封題舊藥方." "多申請假牒, 祗送賀官書." 此尤可笑. 至於樂

37 흥(興) : 『시경』의 육의(六義)인 풍(風) · 아(雅) · 송(頌) · 부(賦) · 비(比) · 흥(興) 가운데 하나로, 먼저 다른 사물을 거론하여 주제에 대한 분위기를 자아내는 것이다.

府, 則稍超矣. 姚祕監嘗稱之曰："妙絶「江南曲」, 淒涼「怨女」詩." 白太傅嘗稱之曰："尤攻樂府詞, 擧代少其倫." 由是論之, 則人士所稱者非以詩也.

장적張籍은 한유의 손꼽히는 제자이다. 한유는 일찍이 그에게 「차일족가석此日足可惜」을 지어주었는데 팔백여 자에 이른다. 그 밖에도 이백여 자에 이르는 「희후희지喜侯喜至」와 이백여 자나 되는 「증장적贈張籍」을 지었지만, 이들 작품에서 모두 장적이 시에 능하다고는 일컫지 않았다. 오직 「조장적調張籍」에서 이백과 두보를 대단히 높이면서 마지막 장에 "지상의 벗에게 말하노니, 경영을 너무 서두르지 말게나[顧語地上友, 經營無太忙]"라는 구절이 들어있고, 「병중증장적病中贈張籍」에 "중도에 열어젖힌 것이 기쁘나, 곁줄기로 나뉘며 큰 강줄기를 잃어버렸다. 내 그 기운을 가득 차게 하고 싶어, 펄럭이는 깃발을 보지 못하게 했다[半塗喜開鑿, 派別失大江. 吾欲盈其氣, 不令見麾幢]"라는 구절이 있고, 「취증장철醉贈張徹」에 "장적은 예스럽고 담백함을 배워, 훤칠한 학이 닭 무리들을 피한 격이다[張籍學古淡, 軒鶴避雞羣]"라는 구절이 있는 것을 보면 장적이 위인을 사모하는 데 마음이 있었지만 실로 취할 만한 것이 없었음을 알 수 있다. 실제로 그의 시집을 들춰 읽어보면 「송월객送越客」의 "봄 구름은 섬계 입구에 드리우고, 쇠잔한 달빛은 경호의 서쪽을 비춘다[春雲剡溪口, 殘月鏡湖西]", 「봉고인逢故人」의 "바닷가에서 꽃이 피는 것을 보고, 장기瘴氣 속에서 새소리를 듣는다[海上見花發, 瘴中聞鳥飛]", 「송해객送海客」의 "나라로 들어와 스스로 보물을 바치고, 사람을 만나면 곧잘 옥구슬을 준다[入國自獻寶, 逢人多贈珠]", "자액紫掖에서 문장을 짓고, 청위青闈에서 다시 노래를 부른다[紫掖發章句, 青闈更詠歌]" 같은 것들은 모두 변구騈句[38]이다. 졸렬하고 추한 표현들을 보면, 예컨대 "절이

38 변구(騈句) : 네 자씩 대우로 이루어진 문장인데 주로 당(唐)나라 때 유행한 문장이다. '변사려륙(騈四儷六)'이라고도 하고 '사륙변려체'라고도 하는데 최치원의 『계원필경』의

가난해 이익을 베풀 것이 없지만, 승려가 늙어 자비가 넉넉하다[寺貧無施利, 僧老足慈悲]",[39] "새로운 금보琴譜를 수습하고, 옛 약방문을 써서 봉한다[收拾新琴譜, 封題舊藥方]",[40] "휴가를 청하는 공문을 많이 신청하고, 관리에게 축하하는 편지만 보낸다[多申請假牒, 祇送賀官書]"[41] 등이 있으니 더욱 가소롭다. 악부樂府에 있어서는 조금 앞선다. 요비감姚祕監이 일찍이 "절묘한 「강남곡」, 처량한 「원녀」의 시[妙絶「江南曲」, 凄涼「怨女」詩]"[42]라고 평했고 백거이도 일찍이 "악부의 시에 더욱 뛰어나, 세상에 견줄 자가 많지 않다[尤攻樂府詞, 擧代少其倫]"라고 평했으니 이를 근거로 논한다면 그에 대해 사람들이 내린 평가는 시에 관한 것이 아니다.

應制詩非他詩比, 自是一家句法, 大抵不出於典實富艶爾. 夏英公「和上元觀燈」詩云: "魚龍曼衍六街呈, 金鎖通宵啓玉京. 冉冉遊塵生輦道, 遲遲春箭入歌聲. 寶坊月皎龍燈淡, 紫館風微鶴燄平. 宴罷南端天欲曉, 回瞻河漢尚盈盈." 王岐公詩云: "雪消華月滿仙臺, 萬燭當樓寶扇開. 雙鳳雲中扶輦下, 六鼇海上駕山來. 鎬京春酒霑周燕, 汾水秋風陋漢材. 一曲昇平人共樂, 君王又進紫霞杯." 二公雖不同時, 而二詩如出一人之手, 蓋格律當如是也. 丁晉公「賞花釣魚」詩云: "鶯驚鳳輦穿花去, 魚畏龍顔上釣遲." 胡文公云: "春暖仙蓂初霾靡, 日斜芝蓋尚徘徊." 鄭毅夫云: "水光翠繞九重殿, 花氣濃薰萬壽杯." 皆典實富艶有餘. 若作淸癯平淡之語, 終不近爾.

응제시應制詩[43]는 다른 시와는 다른, 자체적인 구법을 갖고 있는데 대

문장이 주로 이 문체이다.

39 『장사업집(張司業集)』 권3 「유양양산사(遊襄陽山寺)」.

40 『장사업집(張司業集)』 권3 「화육사업습정기소지(和陸司業習靜寄所知)」.

41 『장사업집(張司業集)』 권3 「조춘병중(早春病中)」.

42 『요소감시집(姚少監詩集)』 권4 「증장적태축(贈張籍太祝)」.

체로 전거典據와 실증實證이 풍부하고 화려한 데에서 벗어나지 않는다. 하영공(夏英公 : 하송夏竦)의 「화상원관등和上元觀燈」에서 "연이은 어룡은 육가六街에서 드리고, 황금 열쇠는 밤새 옥경玉京에 열렸네. 이어지는 유람의 먼지가 연도輦道[44]에서 일고, 뉘엿뉘엿 봄 시간은 노랫소리에 깃들었네. 보방(寶坊 : 사원)은 달빛 밝아 용등(龍燈 : 용 모양의 등)이 담백한데, 자관紫館은 바람 잔잔해 학염(鶴燄 : 학 모양의 촛불)이 편안하네. 잔치 끝난 남쪽 끝에 새벽이 찾아오려는데, 은하를 뒤돌아보니 아직도 빛이 가득하네[魚龍曼衍六街呈, 金鎖通宵啓玉京. 冉冉遊塵生輦道, 遲遲春箭入歌聲. 寶坊月皎龍燈淡, 紫館風微鶴燄平. 宴罷南端天欲曉, 回瞻河漢尙盈盈]"라고 하고, 왕기공(王岐公 : 왕규)이 "눈 녹은 듯 화려한 달빛은 선대仙臺에 가득하고, 수많은 촛불 누대 위에 보선寶扇[45]이 펼쳐졌네. 한 쌍의 봉황이 구름 속에서 어연御輦을 부축해 내려오고, 여섯 거북은 바다에서 산을 바치고 오네.[46] 호경鎬京[47]의 봄 술은 주나라 잔치를 적시고, 분수汾水의 추풍사秋風辭[48]는 한나라 인재들을 누추하게 했네. 태평곡 한 가락에 모두들 즐거워하며, 군왕께 또다시 자하배紫霞杯[49]를 올리네[雪消華月滿仙臺, 萬燭當樓

43 응제시(應制詩) : 임금의 명령에 응하여 지은 시를 말한다.

44 연도(輦道) : 임금이 거둥하는 길이다. 경우에 따라 직녀성(職女星)의 서쪽에 있는 오성(五星)을 말하기도 한다.

45 보선(寶扇) : 귀한 부채를 말하는데, 주로 황후 등 높은 신분의 사람이 사용했다.

46 여섯 …… 오네 : 여기에서 여섯 거북은 바닷속에서 삼신산(三神山)을 머리로 이고 있다는 여섯 마리 거북을 가리킨다. 용백국(龍伯國)에 거인이 있는데 한 번의 낚시로 바닷속에 있다는 큰 거북 여섯 마리를 한꺼번에 낚았다는 고사가 전한다. 『열자(列子)』 「탕문(湯問)」.

47 호경(鎬京) : 주(周)나라 무왕(武王)이 처음 도읍했던 서경(西京)을 말한다.

48 분수(汾水)의 추풍사(秋風辭) : 한 무제(漢武帝)가 하동(河東)을 순시할 적에 배를 띄우고 신하들과 어울려 술을 마시다가 매우 즐거워지자 「추풍사(秋風辭)」를 지어 불렀다는 고사와 관련 깊은 구절이다. 추풍사 가운데 "누선을 띄워 분수를 건너감이여, 중류를 가로지르며 흰 물결을 날리도다[泛樓船兮濟汾河, 橫中流兮揚素波]"라는 말이 나오기 때문에, 이 노래를 '분수의 노래'라고 칭하기도 한다.

49 자하배(紫霞杯) : 옛날 항만도(項曼都)라는 사람이 선인(仙人)에게 한 번 얻어 마시고는 몇 개월 동안 배가 고프지 않았다고 하는 술 이름으로, 맛좋은 미주(美酒)를 뜻하는데, 보통 유하주(流霞酒)로 많이 쓴다.

寶扇開. 雙鳳雲中扶輦下, 六鼇海上駕山來. 鎬京春酒霑周燕, 汾水秋風陋漢材. 一曲昇平人共樂, 君王又進紫霞杯"[50]라고 했는데 두 분이 시대가 다른데도 두 편의 시는 마치 한 사람의 손에서 나온 듯하니, 그 격률이 이래야 하는 것이다. 정진공(丁晉公 : 정위丁謂)의 「상화조어賞花釣魚」의 "꾀꼬리가 봉연(鳳輦 : 어연)에 놀라 꽃 속으로 날아가고, 물고기가 용안이 두려워 낚시에 더디 올라오네[鶯驚鳳輦穿花去, 魚畏龍顔上釣遲]"와 호문공(胡文公 : 호숙胡宿)의 "따스한 봄에 선계의 명협蓂莢이 막 나부끼고, 지는 해에 지초 덮개가 여전히 배회하네[春暖仙蓂初靃靡, 日斜芝蓋尙徘徊]"[51]와 정의부(鄭毅夫 : 정해鄭獬)의 "물빛은 구중 궁전을 푸르게 두르고, 꽃 내음은 만수의 술잔을 향기로 물들이네[水光翠繞九重殿, 花氣濃薰萬壽杯]"[52]는 모두 전거와 실증이 풍부하고 화려함이 넘친다. 만일 맑고 가냘프고 평범하고 담박한 시어를 사용한다면 결국 근접하지 못할 것이다.

翰苑作春帖子, 往往秀麗可喜. 如蘇子容云 : "璇霄一夕斗標東, 瀲灩晨曦照九重. 和氣薰風摩蓋壤, 競消金甲事春農." 鄧溫伯云 : "晨曦瀲灩上簾櫳, 金屋熙熙歌吹中. 桃臉似知宮宴早, 百花頭上放輕紅." 蔣潁叔云 : "昧旦求衣向曉雞, 蓬萊仗下日將西. 花添漏鼓三聲遠, 柳映春旗一色齊." 梁君貺云 : "東方和氣斗迴杓, 龍角中星轉紫霄. 聖主問安天未曉, 求衣親護玉宸朝." 皆佳作也. 余觀鄭毅夫「新春詞」四首, 其一云 : "春色應隨步輦還, 珠旒玉几照龍顔. 紫雲殿下朝元罷, 便令東風到世間." 其二云 : "春風細拂綠波長, 初過層城度建章. 草色未迎雕輦翠, 柳梢先學赭衣黃." 其三云 : "晴暉散入鳳凰樓, 一桁珠簾不下鉤. 漢殿鬪簪雙彩燕, 併和春色上釵頭." 其四云 : "小池春破玉玲瓏, 聲觸簾鉤漸好風. 閒繞闌干掐花樹, 春痕已著半梢紅." 觀此四詩, 與帖子格調何異. 豈

50 『화양집(華陽集)』 권4 「공화어제상원관등(恭和御製上元觀燈)」.
51 『문공집(文恭集)』 권3 「상화조어응제(賞花釣魚應制)」.
52 『운계집(鄖溪集)』 권27 「공화어제상화조어(恭和御製賞花釣魚)」.

久于翰苑而筆端自然習熟邪?

한림원翰林苑에서 지은 춘접자春帖子[53]는 이따금 수려하여 볼만하다. 소자용(蘇子容 : 소송蘇頌)의 "온밤을 반짝이는 북두성은 동쪽에 있고, 빛나는 새벽빛은 구중을 비추네. 온화한 기운과 훈훈한 바람은 대지를 어루만져, 결국 철갑을 녹여 봄 농사를 일삼게 하네[璇宵一夕斗標東, 瀲灎晨曦照九重. 和氣薰風摩蓋壤, 競消金甲事春農]"와 등온백(鄧溫伯 : 등윤보鄧潤甫)의 "새벽빛이 곱게 주렴 위를 오르고, 황금 집은 노래 속에 빛나네. 복사꽃 뺨에서 궁중의 연회가 일찍이 열렸음을 알 듯하니, 갖가지 꽃 꽂은 머리 위에는 연분홍이 어렸네[晨曦瀲灎上簾櫳, 金屋熙熙歌吹中. 桃臉似知宮宴早, 百花頭上放輕紅]"와 장영숙(蔣穎叔 : 장지기蔣之奇)의 "어둑한 아침 옷을 찾아 새벽 닭 우는 곳으로 향하고, 봉래의 의장이 내릴 무렵 해가 서쪽으로 지려하네. 꽃이 장식된 누고漏鼓[54]의 삼성三聲[55]은 아득하고, 버들에 비친 봄 깃발은 한 색으로 펼쳐졌네[昧旦求衣向曉雞, 蓬萊仗下日將西. 花添漏鼓三聲遠, 柳映春旗一色齊]"와 양군황梁君貺의 "동방의 온화한 기운에 북표北標[56]가 돌고, 용각龍角[57]의 중성中星[58]은 자소(紫宵 : 선계의 밤)에 회전하네. 성주에게 문안 올릴 새벽이 아직 오지 않았을 때, 옷을 찾으며 친히 옥신(玉宸 : 임금의 궁전)의 아침을 보호하네[東方和氣斗迴杓, 龍角中星轉紫霄. 聖主問安天未曉, 求衣親護玉宸朝]"는 모두 좋은 작품이다. 내가 정해鄭獬

53 춘접자(春帖子) : 입춘날 집안 기둥에 써 붙이는 글귀인 주련(柱聯)을 가리킨다.

54 누고(漏鼓) : 시각을 알리기 위해 치는 북이다.

55 삼성(三聲) : 북을 세 번 쳤다는 의미로, 삼경(三更 : 밤11시~새벽1시)을 가리키는 듯하다.

56 북표(北標) : 북두의 자루이다. 북두의 자루가 서는 곳이 십이 신(辰)인데 북두의 자루가 가리키는 곳을 보아 그 자리를 알게 된다.

57 용각(龍角) : 동방의 별이다. 『사기(史記)』 천관서(天官書)에 "표휴용각(杓携龍角)"이란 말이 있는데 그 집해(集解)에서 다음과 같이 말했다. "맹강(孟康)은 말하기를 '표(杓)는 북두의 표요, 용각은 동방의 별이며, 휴(携)는 연한다는 말이다'라고 했다."

58 중성(中星) : 중간 별로 천자(天子)를 가리킨다. 진(晉)나라 천문지(天文志)에, "심(心)이란 별이 있는데, 중간 별[中星]은 천자를, 앞 별[前星]은 태자(太子)를, 뒤 별[後星]은 서자(庶子)를 가리킨다"라고 하였다.

의 「신춘사新春詞」 4수를 보았는데 제1수에서 "봄은 응당 보연步輦[59]을 따라 돌아오고, 주류珠旒[60]와 옥궤玉几는 용안을 비추네. 붉은 구름 궁전 아래서 조회가 끝나자, 동풍이 세상에 닿도록 하네[春色應隨步輦還, 珠旒玉几照龍顏. 紫雲殿下朝元罷, 便令東風到世間]"라고 하고, 제2수에서 "봄바람이 푸른 물결을 가볍게 스치고, 층층의 성을 지나 건장建章[61]을 건너가네. 풀빛은 아로새긴 어연을 맞아 푸르지 못하고, 버들가지만 먼저 자의赭衣[62]를 배워 노랗네[春風細拂綠波長, 初過層城度建章. 草色未迎雕輦翠, 柳梢先學赭衣黃]"라고 하고, 제3수에서 "맑은 빛이 봉황루로 흩어져 들고, 한 줄의 주렴은 갈고리를 내리지 않았네. 한나라 궁전에는 한 쌍의 채연彩燕[63]이 비녀를 다투며, 함께 어울려 봄빛을 머리 위에 올리네[晴暉散入鳳凰樓, 一桁珠簾不下鉤. 漢殿鬪簪雙彩燕, 併和春色上釵頭]"라고 하고, 제4수에서 "봄이 작은 연못 영롱한 옥빛(얼음을 비유)을 깨뜨리자, 소리가 주렴의 갈고리에 닿으며 고운 바람이 일렁이네. 한가로이 난간을 돌며 꽃과 나무를 만지니, 봄 흔적이 벌써 드러나 가지가 절반쯤 붉네[小池春破玉玲瓏, 聲觸簾鉤漸好風. 閒繞闌干掐花樹, 春痕已著半梢紅]"라고 했다. 이 4수의 시를 보면, 춘첩자의 격조와 무슨 차이가 있는가. 한림원에 오래 있어 붓끝이 자연스레 그것에 익숙해진 탓인가?

咸平景德中, 錢惟演・劉筠首變詩格, 而楊文公與王鼎・王綽號'江東三虎', 詩格與錢・劉亦絶相類, 謂之'西崑體.' 大率效李義山之爲豐富藻麗, 不作枯瘠語, 故楊文公在至道中得義山詩百餘篇, 至於愛慕而

59 보연(步輦) : 사람이 끄는 수레로 '보만거(步挽車)'라고도 한다.
60 주류(珠旒) : 임금의 정식 복장인 면류(冕旒)를 가리킨다.
61 건장(建章) : 한(漢)나라 장안(長安)의 궁전 이름으로, 황궁(皇宮)을 말한다.
62 자의(赭衣) : '저의(褚衣)'와 같은 말로 솜옷을 가리킨다.
63 채연(彩燕) : 입춘일에 무늬 있는 비단을 잘라 제비모양을 만들어서 머리 위에 꽂았던 옛날 풍속과 관련 깊은 단어로, 즉 고대 입춘일에 쓰던 일종의 머리 장식품이다.

不能釋手. 公嘗論義山詩, 以謂包蘊密緻, 演繹平暢, 味無窮而炙愈出, 鑽彌堅而酌不竭, 使學者少窺其一斑, 若滌腸而洗骨. 是知文公之詩, 有得於義山者爲多矣. 又嘗以錢惟演詩二十七聯, 如"雪意未成雲著地, 秋聲不斷雁連天"之類, 劉筠詩四十八聯, 如"溪牋未破冰生硯, 罏酒新燒雪滿天"之類, 皆表而出之, 紀之於『談苑』. 且曰二公之詩, 學者爭慕, 得其格者, 蔚爲佳詠, 可謂知所宗矣. 文公鑽仰義山於前, 涵泳錢·劉於後, 則其體製相同, 無足怪者. 小說載優人有以義山爲戱者, 義山服藍縷之衣而出, 或問曰: "先輩之衣何在?" 曰: "爲館中諸學士撏扯去矣." 人以爲笑.

함평(咸平 : 998~1003), 경덕(景德 : 1004~1007) 연간에 전유연錢惟演·유균劉筠이 가장 앞서 시의 격조를 변화시켰다. 그리고 양억楊億·왕정王鼎·왕작王綽을 '강동삼호江東三虎'라 불렀는데 그 시격이 전유연·유균과 매우 유사해서 이를 '서곤체西崑體'라 불렀다.[64] 이상은의 풍부하고 미려한 시풍을 본받았으며 메마르고 야윈 시어를 쓰지 않았다. 그래서 양억이 지도(至道 : 995~997) 연간에 이상은의 시 백여 편을 얻고 나서 그것을 사랑한 나머지 손에서 놓지를 못했다. 양억이 일찍이 이상은의 시를 평하였는데 포괄, 온축되고 내밀하면서도 연역되고 확 트여 무궁

64 함평 …… 불렀다 : 여기에서 '강동삼호(江東三虎)'란 명칭은 양억(楊億)이 죽은 지 이십여 년 정도 후인 경력(慶曆) 연간에야 나타났다. 이는 시풍(詩風)을 가리킨 것이 아니고 위정(爲政)을 가리킨 것이며, 양억과 왕정(王鼎)·왕작(王綽)을 가리킨 것이 아니고 양억의 조카인 양굉(楊紘)과 왕정·왕작을 가리킨 것으로, 사실 양억과는 무관하다. 『송사(宋史)』「양굉전(楊紘傳)」(「양억전(楊億傳)」 뒤에 부기되어 있음)에 다음과 같은 내용이 보인다. "양굉은 아랫사람을 대하는 데 엄격하였다. 일찍이 말하기를, '법을 지키지 않은 사람은 관대히 다스릴 수 없다. 내버려둔다면 한 집안에 이롭지 않은 데 그치지 않으니, 어찌 군읍의 천만 가호가 모두 해를 입게 할 수 있겠는가?'라고 하였다. …… 왕정·왕작과 함께 '강동삼호'라 불렸다." 서곤체는 당(唐)나라 이상은(李商隱)의 시체를 본받아 고사를 나열하고 대구, 수사에 치중했던 오대(五代) 및 송(宋)나라 초기의 시풍을 말한다. 서곤이란 이름은 북송(北宋) 때 이러한 시풍을 숭상한 양억, 유균(劉筠)의 시집에서 유래된 것이다.

한 의미 속에서 새로운 맛이 솟아나고, 누를수록 견고하고 한없이 퍼 올려도 닳지 않으니 학자가 그 무늬를 조금이라도 엿본다면 오장을 씻고 뼛속까지 깨끗해질 것이라고 했다. 이는 양억의 시가 이상은에게서 얻은 것이 많다는 것을 보여준다. 또 일찍이 전유연의 시 27연, 예컨대 "눈 내릴 뜻이 이루어지지 않아 구름이 땅에 붙고, 갈을 소리 끊이지 않으며 기러기 하늘에 이어졌네[雪意未成雲著地, 秋聲不斷雁連天]" 따위와 유균의 시 48연, 예컨대 "만계蠻溪[65]의 전지牋紙를 뜯지도 않았는데 얼음이 벼루에서 생기고, 화로의 술이 막 데워질 때 눈이 하늘 가득하네[溪牋未破冰生硯, 罏酒新燒雪滿天]" 따위를 모두 발췌해서 『담원談苑』에 기재했다. 그러면서 이르기를, 두 분의 시를 학자들이 앞다퉈 사모하여 그 격률을 터득한 자는 매우 아름다운 작품이 되었다고 했으니 종주宗主로 삼을 사람을 알았다고 할 만하다. 양억이 전대의 이상은을 우러러 연찬하고 후대의 전유연·유균을 몸에 익혔다면 그 시체와 격률이 서로 같은 것에 대해 이상해할 것이 없다. 소설小說에 이상은으로 분장한 배우 이야기가 나오는데 남루한 옷을 입고 나오는 이상은에게 어떤 사람이 "선배의 옷은 어디에 있소?"라고 묻자 "한림원 학사들이 다 찢어가 버렸다"라고 대답해 사람들이 껄껄 웃는다는 내용이다.

顔延之謝靈運各被旨擬「北士篇」, 延之受詔卽成, 靈運久而方就. 梁元帝云 : "詩多而能者沈約, 少而能者謝朓, 雖有遲速多寡之不同, 不害其俱工也."

---

65 만계(蠻溪) : 남방의 시내를 가리킨다. 매요신(梅堯臣)의 「두정지증단계원연(杜挺之贈端溪圓硯)」시를 보면 "책상머리의 만계 벼루, 그 형상이 둥근 옥과 같네[案頭蠻溪硯, 其狀若圓璧]"라는 구절이 보이는데, 이를 의거하면 만계는 광동(廣東) 고요(高要)의 단계(端溪)를 가리키는 듯하다.

안연지와 사령운이 각기 성지聖旨를 받아 「북사편北士篇」을 의작(擬作 : 모방해 지음)했는데 안연지는 조서를 받고나서 바로 완성했지만 사령운은 시간이 한참 흐른 뒤에야 완성했다. 양梁 원제元帝가 "시가 많으면서 능한 자는 심약沈約이고, 적으면서 능한 자는 사조謝朓인데 지속과 다과의 차이는 있지만 둘 다 훌륭함에는 문제가 없다"라고 했다.

米元章賦詩絶妙, 而人罕稱之者, 以書名掩之也. 如「不及陪東坡往金山作水陸」詩云 : "久陰障奪佳山川, 長瀾四溢魚龍淵. 衆看李・郭渡浮玉, 晴風掃出清明天. 頗聞妙力開大施, 足病不列諸方仙. 想應蒼壁有垂露, 照水百怪愁寒煙." 「柄雲閣」云 : "雲出救世旱, 澤浹雲尋歸. 入石了不見, 豐功已如遺. 龍蹇荐復起, 抱石明幽姿. 雲乎無定所, 隱者何當棲." 如此二詩, 殆出翰墨畦徑之表, 蓋自邁往凌雲之氣流出, 非尋規索矩者所可到也.

미원장(米元章 : 미불米芾)의 시가 절묘한데도 평가하는 사람이 드문 것은 글씨의 명성에 가린 탓이다. 「불급배동파왕금산작수륙不及陪東坡往金山作水陸」에서 "오랫동안 그늘진 진障은 아름다운 산천을 빼앗고, 긴 물결은 어룡의 연못 위에 넘실대네. 뭇사람들 이李・곽郭 부옥(浮玉 : 물결을 비유)을 건네는 것을 보고,[66] 맑은 바람은 청명한 하늘을 만들어내네. 오묘한 힘이 큰 시혜의 길을 연다는 말 들었으나, 발이 아파 여러 신선들

66 이(李)・곽(郭) …… 보고 : 이응(李膺)・곽태(郭泰)의 일화와 관련 깊은 구절이다. 이응은 자(字)가 원례(元禮)로, 사람들이 그의 영접을 받기만 해도 "용문에 올랐다[登龍門]"고 자랑할 정도로 명망이 높았는데, 그런 그가 부융의 소개로 곽태를 만나보고는 사우(師友)의 예로 대접하자 곽태의 명성이 경사(京師)를 진동했다고 한다. 그 뒤에 곽태가 고향에 돌아가려 하자 강가에 나와 전송한 제유(諸儒)의 수레가 수천 대나 되었으며, 이응과 곽태 두 사람이 타고서 건너가는 배를 바라보며 모든 빈객들이 신선과 같다고 찬탄하면서 부러워했다는 '이곽선주(李郭仙舟)'의 고사가 전한다. 『후한서(後漢書)』 권68 「곽태열전(郭泰列傳)」.

의 반열에 들지 못하네. 응당 푸른 벽 위에 이슬이 드리워졌을 터, 물에 비치는 갖가지 기괴함에 차가운 안개가 시름겹네[久陰陣奪佳山川, 長瀾四溢魚龍淵. 衆看李・郭渡浮玉, 晴風掃出淸明天. 頗聞妙力開大施, 足病不列諸方仙, 想應蒼壁有垂露, 照水百怪愁寒煙]"라고 하고, 「병운각柄雲閣」에서 "구름이 생겨 세상 가뭄을 구제하고, 연못이 넉넉해지자 구름이 곧장 돌아간다. 바위 속으로 들어가 전혀 보이지 않으니, 풍성한 공을 이미 남긴 듯하다. 용이 날아 다시 일어나며, 바위를 안고 그윽한 자태를 드러낸다. 구름이여 정해진 자리가 없으니, 은자가 어떻게 깃들 수 있겠는가[雲出救世旱, 澤浹雲尋歸. 入石了不見, 豐功已如遺. 龍騫荐復起, 抱石明幽姿. 雲乎無定所, 隱者何當棲]"라고 했다. 이 두 작품은 모두 정해진 틀을 벗어난 것으로, 앞으로 매진하여 구름을 뚫을 듯한 기상에서 흘러나왔다. 이는 규칙이나 따지는 자들이 도달할 수 있는 것이 아니다.

余襄公靖嘗在契丹作胡語詩云："夜筵沒邏臣拜洗,① 兩朝厥荷情幹勒. 微臣雅魯祝君統, 聖壽鐵擺俱可忒." 沒邏言後, 盛拜洗言受賜, 厥荷言通好, 幹勒言厚重, 鐵擺言嵩高也. 沈存中『筆談』載："刁約使契丹戲爲詩云：'押燕移離畢, 看房賀跋支. 餞行三匹裂, 密賜十貔貍.' 移離畢, 如中國執政官, 賀跋支, 執衣防閤人, 匹裂, 小木罌, 貔貍, 形如鼠而大, 狄人以爲珍饌." 二詩可作對, 故表而出之.

① '沒邏', 『類編』作'設邏.'

양공襄公 여정余靖이 일찍이 거란에 있을 때 호어胡語로 지은 시에서 "밤잔치가 끝나자 신하들이 하사한 것을 받고, 두 조정이 우호를 맺으며 우정이 돈독하다. 미약한 신하의 보잘것없음으로 군왕의 통치를 축하하노니, 드높은 성수聖壽가 모두 어긋나라[夜筵沒邏臣拜洗, 兩朝厥荷情幹勒. 微臣雅魯祝君統, 聖壽鐵擺俱可忒]"라고 했는데 '몰라沒邏'는 '뒤'라는 말이고, '성배세盛拜洗'는 '하사를 받다'라는 말이고, '궐하厥荷'는 '우호를 맺다'라는 말이고, '간륵幹勒은' '후중厚重'이란 말이고, '철파鐵擺'는 '숭고嵩高'라는 말이다. 심존중沈存中의 『필담筆談』에 의하면 "조약刁約이 거란의 사신으로 가 장난삼아 지은 시에서 '잔치를 주관하는 것은 이리필移離畢이고, 방을 살피는 것은 하발지賀跋支이다. 세 필렬匹裂을 가볍게 실행하고, 열 비리貔狸를 조용히 하사한다[押燕移離畢, 看房賀跋支. 賤行三匹裂, 密賜十貔狸]'라고 했는데 '이리필'은 중국의 집정관執政官과 같은 것이고, '하발지'는 문지기이고, '필렬'은 작은 목앵木罌이고, '비리'는 생김새는 쥐이지만 쥐보다는 큰 동물인데 그곳 사람들은 진귀한 음식으로 여긴다"라고 했다. 두 작품은 대對를 이룰 만하므로 여기에 적어둔다.

① '沒邏'는 『시화유편詩話類編』에 '設邏'로 되어 있다.

詩之有思, 卒然遇之而莫遏, 有物敗之則失之矣. 故昔人言覃思·垂思·抒思之類, 皆欲其思之來, 而所謂亂思·蕩思者, 言敗之者易也. 鄭綮詩思在灞橋風雪中驢子上, 唐求詩所遊歷不出二百里, 則所謂思者, 豈尋常咫尺之間所能發哉. 前輩論詩思多生於杳冥寂寞之境, 而志意所如, 往往出乎埃𡏖之外. 苟能如是, 於詩亦庶幾矣. 小說載: "謝無逸問潘大臨云: '近日曾作詩否?' 潘云: '秋來日日是詩思. 昨日捉筆得'滿城風雨近重陽'之句, 忽催租人至, 令人意敗, 輒以此一句奉寄.'" 亦可見思難而敗易也.

시를 짓기 위해 생각에 잠길 때, 갑자기 떠오르면 막을 수 없긴 하지만 다른 생각이 끼어들면 망가지고 만다. 그래서 옛사람의 '담사覃思'니 '수사垂思'니 '서사抒思'니 하는 것은 모두 시상이 떠오르도록 하려는 것이며, 이른바 '난사亂思'니 '탕사蕩思'니 하는 것은 시상이 쉽게 망가지는 것을 말한다. 정계鄭綮의 시상은 눈보라 속 패교灞橋의 나귀 위에 있었으나, 당구唐求의 시에서 발자취 닿은 곳이 이백 리를 벗어나지 않았다면, 시상이란 것이 어찌 일상의 지척에서 발현할 수 있는 것이겠는가. 이전의 시인들이 논한 시상은 대부분 깊고 먼 곳에서 우러났으며 그 뜻이 향하는 바는 이따금 세상을 벗어나기도 했다. 정말 이렇게만 할 수 있다면 시의 본질에 거의 다가갈 것이다. 소설에 의하면 "사무일(謝無逸 : 사일謝逸)이 반대림潘大臨에게 '요즘 지은 시가 있는가'라고 묻자, 반대림이 '가을 들어 날마다 시상에만 잠겼었다. 어제 붓을 들어 '성 가득 불어대는 비바람은 중양에 가깝다[滿城風雨近重陽]'라는 구절을 얻었는데 갑자기 세금을 재촉하는 사람이 와 시상을 망가뜨려서 이 한 구절만 보낸다'라고 했다"라고 하니, 시상은 일으키기는 어렵고 망가지기는 쉽다는 것을 알 수 있다.

韓退之「調張籍」詩曰 : "刺手拔鯨牙, 擧瓢酌天漿." 魏道輔謂高至酌天漿, 幽至於拔鯨牙, 其用思深遠如此. 彼獨未讀「送無本」詩爾. 其曰 : "我嘗示之難, 勇往無不敢. 蛟龍弄牙角, 造次欲手攬. 衆鬼囚大幽, 下覷襲元窗." 言手攬蛟龍之角, 下覷衆鬼之窗, 皆難事, 而無本勇往無不敢, 蓋作文以氣爲主也. 則「調張籍」之句, 無乃亦是意乎?

한유의 「조장적調張籍」에서 "손을 밀어 고래 이빨을 뽑고, 술잔을 들어 천장天漿[67]을 따른다[刺手拔鯨牙, 擧瓢酌天漿]"라고 했는데 위도보(魏道輔 : 위태魏泰)가 "높이는 천장을 따르는 데 이르고, 깊이는 고래 어금니를 뽑는 데 이르렀으니, 그 생각의 깊고 원대함이 이러하다"라고 했다. 하지만 그는 「송무본送無本」을 읽지 못했다. 그 시에서 "내 일찍이 어려

67 천장(天漿) : 천상에 있는 물 또는 그 음료수를 가리킨다.

움을 제시했을 때, 용맹스럽게 감히 나서지 않은 적이 없다. 교룡蛟龍이 뿔과 이빨을 내밀 때, 순간에 손으로 휘어잡으려 했다. 뭇 귀신들이 대유大幽에 갇혀 있을 때, 아래를 쳐다보며 소굴을 습격했다[我嘗示之難, 勇往無不敢. 蛟龍弄牙角, 造次欲手攬. 衆鬼囚大幽, 下覷襲元窞]"라고 했는데 교룡의 뿔을 손으로 잡고 뭇 귀신들의 소굴을 굽어보는 것은 모두 어려운 일이지만, 무본은 용맹하게 나서서 감히 다가가지 않은 일이 없음을 거론한 것이니, 이는 글을 지을 때 기개를 주로 삼고 있는 것이다. 「조장적」의 시 또한 이런 의미가 담긴 것이 아니겠는가.

孟郊詩云 : "食薺腸亦苦, 强歌聲無歡. 出門卽有礙, 誰謂天地寬." 許渾詩云 : "萬里碧波魚戀釣, 九重靑漢鶴愁籠." 皆是窮蹙之語. 白樂天詩云 : "無事日月長, 不羈天地闊." 與二子殆霄壤矣. 『靑箱雜記』載 : "李泰伯一絶云 : '人言落日是天涯, 望極天涯不見家. 已恨碧山相掩映, 碧山還被暮雲遮.' 識者曰, '此詩意有重重障礙, 李君其不偶乎!' 後果如其言."

맹교의 시, "냉이를 먹으면 오장도 쓰고, 억지로 노래하니 소리에 기쁨이 없다. 문을 나서자 바로 장애가 있거늘, 누가 하늘과 땅이 넓다고 하는가[食薺腸亦苦, 强歌聲無歡. 出門卽有礙, 誰謂天地寬]"[68]와 허혼의 시 "만 리 푸른 물결 두고 물고기는 낚시를 그리워하고, 구중의 푸른 은하 두고 학은 새장에서 시름하네[萬里碧波魚戀釣, 九重靑漢鶴愁籠]"[69]는 모두 곤궁하고 움츠린 시어들이다. 백거이의 시에서 "아무 일 없어 해와 달은 유장하고, 얽매이지 않아 하늘과 땅은 드넓다[無事日月長, 不羈天地闊]"[70]라고 한 것은 위 두 사람과 천양의 차이가 난다. 『청상잡기靑箱雜

68 『맹동야시집(孟東野詩集)』 권6 「증최순량(贈崔純亮)」.

69 『정묘시집(丁卯詩集)』 권상 「능양춘일기여낙구유(陵陽春日寄汝洛舊游)」.

70 『백씨장경집(白氏長慶集)』 권22 「우작이수(偶作二首)」 제1수.

記』에서 "이태백(李泰伯 : 이구李覯)이 절구에서 '사람들이 해지는 곳이 천애天涯라고 말하지만, 천애를 다 바라봐도 집이 보이지 않는다. 푸른 산들이 가려진 것도 아쉬운데, 푸른 산은 다시 석양 구름에 가렸다[人言落日是天涯, 望極天涯不見家. 已恨碧山相掩映, 碧山還被暮雲遮]'[71]라고 하자, 식자들이 '이 시는 겹겹의 장애가 있으니 이군은 불우할 것이다'라고 했는데 과연 그의 말대로 되었다"라고 했다.

71 『우강집(盱江集)』 권36 「향사(鄕思)」.

운어양추韻語陽秋 권3卷三

元・白齊名, 有自來矣. 元微之寫白詩于閬州西寺, 白樂天寫元詩百篇, 合爲屛風, 更相傾慕如此. 而樂天必言微之詩得己格律更進, 所謂"每被老元偸格律"是也. 然微之「江陵放言」與「送客嶺南」詩, 樂天皆擬其作何耶? 東坡嘗效山谷體作 江字韻詩, 山谷謂坡收斂光芒, 入此窘步. 余于樂天亦云.

원진과 백거이가 명성을 나란히 한 것은 예로부터 있어왔다. 원진이 낭주閬州 서사西寺에 백거이의 시를 쓰고 백거이가 원진의 시 백 편을 써서 병풍으로 만드는 등 서로가 서로를 아꼈다. 하지만 백거이는 반드시 원진이 자신의 격률을 터득해 보다 발전했다고 했으니 이른바 "언제나 노원(老元 : 원진)에게 격률을 빼앗겼다[每被老元偸格律]"가 그것이다. 그런데 원진의 「강릉방언江陵放言」과 「송객령남送客嶺南」을 백거이가 모두 의작擬作한 것은 왜일까? 소식이 일찍이 황정견의 시체를 본

받아 '강江' 자 운韻의 시를 지은 적이 있는데 황정견은 이에 대해 소식이 빛나는 광채를 거두어 궁색한 곳으로 들어갔다고 했다. 나도 백거이에 대해 이렇게 말하고 싶다.

詩人讚美同志詩篇之善, 多比珠璣·碧玉·錦繡·花草之類, 至杜子美則豈肯作此陳腐語邪. 「寄岑參」詩云: "意愜關飛動, 篇終接混茫." 「夜聽許十一誦」詩云: "精微穿溟涬, 飛動摧霹靂." 「贈盧琚」詩曰: "藻翰惟牽率, 湖山合動搖." 「贈鄭諫議」詩云: "毫髮無遺憾, 波瀾獨老成." 「寄李白」詩云: "筆落驚風雨, 詩成泣鬼神." 「贈高適」詩云: "美名人不及, 佳句法如何." 皆驚人語也. 視餘子其神芝之與腐菌哉.

시인들이 동료들의 좋은 작품을 찬미하면서 주기珠璣·벽옥碧玉·금수錦繡·화초 등에 비교하는 경우가 많은데 두보가 어찌 그런 진부한 말을 쓰려 했겠는가. 「기잠삼寄岑參」의 "생각이 흡족할 때 날고 움직이는 것을 관할하고, 한 편이 끝날 때 드넓은 세상과 닿네[意愜關飛動, 篇終接混茫]"와 「야청허십일송夜聽許十一誦」의 "정밀하고 미묘함은 내밀한 자연을 꿰뚫고, 날고 움직임은 울리는 번개를 재촉하네[精微穿溟涬, 飛動摧霹靂]"와 「증로거贈盧琚」의 "아름다운 문장을 구사할 때는, 강산도 움직이리라[藻翰惟牽率, 湖山合動搖]"와 「증정간의贈鄭諫議」의 "털끝만큼도 유감이 없고, 심오한 문장을 홀로 완성했다[毫髮無遺憾, 波瀾獨老成]"와 「기이백寄李白」의 "붓이 닿으면 비바람이 놀라고, 시가 이루어지면 귀신을 울리네[筆落驚風雨, 詩成泣鬼神]"와 「증고적贈高適」의 "아름다운 명성은 남들이 미치지 못하나니, 좋은 시구의 법이 어떠한가[美名人不及, 佳句法如何]"는 모두 사람을 깜짝 놀라게 할 시어들이다. 여타 시인들에 비하면 마치 신묘한 지초芝草와 부패한 버섯과 같다고 할 것이다.

李太白・杜子美詩皆掣鯨手也. 余觀太白「古風」・子美「偶題」之篇, 然後知二子之源流遠矣. 李云: "「大雅」久不作, 吾衰竟誰陳. 「王風」委蔓草, 戰國多荊榛." 則知李子所得在「雅」. 杜云: "文章千古事, 得失寸心知. 騷人嗟不見, 漢選盛于斯." 則知杜之所得在『騷』. 然李不取建安七子, 而杜獨取垂拱四傑何耶? 南皮之韻, 固不足取, 而王・楊・盧・駱亦詩人之小巧者爾. 至有"不廢江河萬古流"之句, 褒之豈不太甚乎.

이백과 두보의 시는 모두 고래를 제압할 솜씨이다. 나는 이백의 「고풍古風」과 두보의 「우제偶題」를 보고나서 두 사람의 근원이 깊다는 것을 알았다. 이백이 "「대아」를 오랫동안 짓지 않았으니, 나의 노쇠함을 누구에게 이야기할까. 「왕풍」에는 풀들이 늘어지고, 전국에는 가시덤불이 많다[「大雅」久不作, 吾衰竟誰陳. 「王風」委蔓草, 戰國多荊榛]"라고 했으니 이백이 터득한 것이 「아雅」에 있음을 알 수 있으며, 두보가 "문장은 천고의 일, 잘잘못은 마음이 안다. 소인騷人을 안타깝게도 보지 못했으나, 한나라는 이에 의해 융성했다[文章千古事, 得失寸心知. 騷人嗟不見, 漢選盛于斯]"라고 했으니 두보가 터득한 것이 『이소離騷』에 있음을 알 수 있다. 하지만 이백이 건안칠자建安七子[1]에서 취택하지 않고, 두보가 홀로 수공사걸垂拱四傑[2]에서 취택한 것은 왜일까? 남피南皮의 운韻[3]은 본디 취할 것이 못 되며, 왕발王勃・양형楊炯・노조린盧照隣・낙빈왕駱賓王 또한 시인으로서 작은 기교만 가진 이들이다. "사라지지 않을 강물이 만고를 흐른다[不廢江河萬古流]"[4]라는 구절에 있어서는 그 포장褒奬이 너무

1 건안칠자(建安七子): 후한(後漢) 헌제(獻帝) 때 문학으로 이름을 떨쳤던 조식(曹植)의 부자・공융(孔融)・진림(陳琳)・왕찬(王粲)・서간(徐幹)・완우(阮瑀)・응창(鷹瑒)・유정(劉楨) 등을 가리킨다. 이들 시체를 건안골(建安骨) 또는 건안체(建安體)라 했다.

2 수공사걸(垂拱四傑): 초당사걸, 즉 중국 당(唐)나라 초기의 문학가 왕발(王勃)・양형(楊炯)・노조린(盧照隣)・낙빈왕(駱賓王)을 일컫는다.

3 남피(南皮)의 운(韻): 여기에서 남피는 지명이다. 위 문제(魏文帝)의 「여오질서(與吳質書)」에서 "지난날 남피에서의 노닒은, 참으로 잊을 수 없다[昔南皮之遊, 誠不可忘]"라 하였다.

심하지 않은가?

賈島攜新文詣韓愈云："青竹未生翼, 一步萬里道. 安得西北風, 身願變蓬草." 可見急于求師. 愈贈詩云："家住幽都遠, 未識氣先感. 來尋吾何能, 無味嗜昌歜." 可見謙于授業. 此皆島未儒服之時也. 洎愈敎島爲文, 遂棄浮圖, 學擧進士. 『摭言』載："島初赴名場, 于驢上吟'鳥宿池邊樹, 僧敲月下門.' 遇權京尹韓吏部呼唱而不覺, 洎擁至馬前, 則曰：'欲作敲字, 又欲作推字, 神遊詩府, 致衝大官.' 愈曰：'作敲字佳矣.'" 是時島識韓已久矣, 使未相識, 愈豈肯敎其作敲字邪.

가도賈島가 새로 지은 작품을 갖고 한유에게 찾아갔다. "푸른 대나무에 날개 돋지 않았으나, 한 걸음에 만 리 길을 나선다. 어찌하면 서북풍을 얻을까, 몸은 잡풀을 바꾸기를 원하는데[青竹未生翼, 一步萬里道. 安得西北風, 身願變蓬草]"라는 그 시에서 그가 스승을 찾는 데 급급해 했음을 짐작할 수 있다. 한유가 그에게 지어준 시에서는 "집은 먼 유도幽都에 있어서, 알지는 못했어도 기운은 먼저 느꼈다네. 찾아왔으나 내가 뭘 알겠나, 맛보일 창촉昌歜[5]이 없다네[家住幽都遠, 未識氣先感. 來尋吾何能, 無味嗜昌歜]"라고 했으니 그가 가르침에 겸손했음을 알 수 있다. 이때는 가도가 유학자의 복을 입기 전이었다. 한유에게 글 짓는 법을 배우면서부터 가도는 절을 나와 진사시험 공부를 했다. 『당척언唐摭言』에 의

4 『두시상주(杜詩詳註)』 권11 「희위육절구(戲爲六絶句)」 제2수.

5 창촉(昌歜) : 창포 뿌리를 절여서 만든 일종의 김치와 같은 음식이다. 전설에 의하면, 주(周)나라 문왕(文王)이 창촉을 좋아하였는데 공자가 문왕을 사모하여 창촉을 먹었다 한다. 소식의 「답이단숙서(答李端叔書)」에서 "불초는 남의 미움을 받는데 두 분은 유독 나를 좋아하여 칭찬하니, 이는 사람들이 창촉과 양조(羊棗 : 공자의 제자 증점(曾點)이 좋아했던 대추의 일종)를 좋아하는데 그 이유를 따져서 알기 어려운 것과 같습니다"라고 하였다.

하면 "가도가 처음 과거장에 갈 무렵, 나귀 위에서 '새는 연못가 나무에서 졸고, 승려는 달 아래 문을 두드린다[鳥宿池邊樹, 僧敲月下門]'를 읊조렸다. 이때 권경윤權京尹 한이부(韓吏部 : 한유)가 소리쳐 불렀음에도 듣지 못하다가, 둘러싸여 말 앞까지 오고 나서야 '고敲'로 쓸까 아니면 '추推'로 쓸까 고민하며 시부(詩府 : 시의 세계)를 노닐다가 대관大官을 맞닥뜨렸다고 하자, 한유가 '고'로 쓰는 것이 좋겠다고 했다고 한다. 이 당시 가도가 한유를 안 지 이미 오래였으니 만일 모르는 사이였다면 한유가 어떻게 '고'로 쓰라고 가르칠 수 있었겠는가.

余讀許渾詩, 獨愛"道直去官早, 家貧爲客多"之句. 非親嘗者, 不知其味也. 「贈蕭兵曹」詩云 : "客道恥搖尾, 皇恩寬犯鱗" "直道去官早"之實也. 「將離郊園」詩云 : "久貧辭國遠, 多病在家希" "家貧爲客多"之實也.

나는 허혼의 시 가운데 유독 "도가 올곧아 관직 버린 지 오래이고, 집안이 가난해 나그네로 지낸 일이 많다[道直去官早, 家貧爲客多]"[6]라는 구절을 좋아하니, 직접 경험한 자가 아니면 그 맛을 모른다. 그의 「증소병조贈蕭兵曹」의 "나그네의 도리는 꼬리를 흔드는 것이 부끄럽고, 황제의 은혜는 역린을 범하는 데 너그럽네[客道恥搖尾, 皇恩寬犯鱗]"는 "도가 올곧아 관직 버린 지 오래[道直去官早]"인 것의 실제이고, 「장리교원將離郊園」의 "오랫동안 가난해 나라를 멀리 떠나 있고, 병이 많아 집에 있는 날이 드물다[久貧辭國遠, 多病在家希]"는 "집안이 가난해 나그네로 지낸 일이 많은[家貧爲客多]" 것의 실제이다.

6 『정묘시집(丁卯詩集)』 권하 「송전구씨위명부남유(送前緱氏韋明府南游)」.

蘇養直「淸江曲」見賞于東坡, 以爲與李太白無異. 所謂"屬玉雙飛水滿塘, 菰蒲深處浴鴛鴦"是也. 旣爲前輩所賞, 名已不沒. 而又作「後淸江曲」一篇, 豈養直尙惡其少作邪. 所謂"呼兒極浦下笭箵, 社甕欲熟浮蛆香." "輕蓑淅瀝鳴秋雨, 日暮乘流自相語." 如此等句, 「前淸江曲」似未到也.

소양직(蘇養直 : 소상蘇庠)의 「청강곡淸江曲」은 소식으로부터 이백과 차이가 없다는 호평을 받았으니 이른바 "물 가득한 연못에 촉옥(屬玉 : 촉옥鸀鳿, 물새)이 짝 지어 날고, 부들 깊은 곳에 원앙이 목욕하네[屬玉雙飛水滿塘, 菰蒲深處浴鴛鴦]"가 그것이다. 그런데 이미 선배들로부터 호평을 받아 명성이 사라지지 않았는데 소상이 또다시 「후청강곡後淸江曲」을 지었으니 혹시 작품 수가 적은 것을 마땅찮게 여겨서일까? 이른바 "극포極浦에 아이 불러 영성(笭箵 : 어구)을 내리고, 사옹社甕[7]이 익으려 할 때 저향蛆香[8]이 피어오르네[呼兒極浦下笭箵, 社甕欲熟浮蛆香]", "가벼운 도롱이에 뚝뚝뚝 가을 빗소리가 들리고, 석양에 푸르른 물결 타고 스스로 이야기하네[輕蓑淅瀝鳴秋雨, 日暮乘流自相語]" 등과 같은 구절들은 「전청강곡前淸江曲」이 도달하지 못한 것인 듯하다.

作詩貴雕琢, 又畏有斧鑿痕, 貴破的, 又畏黏皮骨, 此所以爲難. 李商隱「柳」詩云 : "動春何限葉, 撼曉幾多枝." 恨其有斧鑿痕也. 石曼卿「梅」詩云 : "認桃無綠葉, 辨杏有靑枝." 恨其黏皮骨也. 能脫此二病, 始可以言詩矣. 劉夢得稱白樂天詩云 : "郢人斤斲無痕跡, 仙人衣裳棄刀尺. 世

7 사옹(社甕) : 사주(社酒)를 담아놓은 항아리를 가리킨다. 옛날 춘추(春秋)시대 사일(社日)에 토지 신에게 제사할 때 술을 마시며 경축했는데, 이때 갖추어 놓은 술을 사주라 했다. 사(社)는 추사(秋社)를 말한다. 고대 풍속에 입추(立秋) 후 다섯 번째 무일(戊日)에 신에게 제사 지내며 추수에 대한 감사를 표했다.

8 저향(蛆香) : 술의 향기를 말한다. 저(蛆)는 술이 막 익어서 금방 걸러 냈을 때 술의 표면에 떠오르는 것으로, 모양이 흰개미나 구더기 같다 해서 붙여진 표현이다.

人方內欲相從, 行盡四維無處覓." 若能如是, 雖終日斲而鼻不傷, 終日射而鵠必中, 終日行于規矩之中, 而其跡未嘗滯也. 山谷嘗與楊明叔論詩, 謂以俗爲雅, 以故爲新, 百戰百勝, 如孫·吳之兵, 棘端可以破鏃, 如甘蠅·飛衛之射. 捏聚放開, 在我掌握, 與劉所論, 殆一轍矣.

시를 지을 때는 조탁을 중시하지만 부착(斧鑿: 인위적인 기교)의 흔적을 우려하며, 핵심을 찌르는 것을 중시하지만 피골(皮骨: 내용과 표현)이 직접 드러날까를 우려하니, 이것이 어려운 점이다. 이상은의 「류柳」에서 "봄을 움직이는 것이 어찌 잎뿐이랴, 새벽을 흔드는 나뭇가지가 얼마일까[動春何限葉, 撼曉幾多枝]"는 부착의 흔적이 있어서 아쉬우며, 석만경(石曼卿: 석연년石延年)의 「매梅」에서 "복숭아나무에는 푸른 잎이 없는 줄 알고, 살구나무에는 푸른 가지가 있는 줄 아네[認桃無綠葉, 辨杏有靑枝]"는 피골이 직접 드러나는 아쉬움이 있다. 이 두 가지 병폐를 탈피해야만 비로소 시를 이야기할 수 있다. 유우석이 백거이의 시에 대해 평하기를 "영郢 땅 사람이 도끼를 다룰 때 흔적이 없고, 신선이 옷을 지을 때 가위와 자를 버리네. 세상 사람들이 정해진 틀 안에서만 따르려 해, 사방을 다 뒤져도 찾을 길이 없네[郢人斤斲無痕跡, 仙人衣裳棄刀尺. 世人方內欲相從, 行盡四維無處覓]"라고 했으니 이렇게만 할 수 있으면 종일 깎아도 코가 손상되지 않고,[9] 종일 쏘아도 정곡을 반드시 맞추고, 종일 정해진 규칙 안에서 걸어도 발길이 막히지 않는다. 황정견이 일찍이 양명숙(楊明叔: 양호楊皓)에게 시에 대해 논하며 "속俗을 아雅로 만들고 묵은 것을 새로운 것으로 만든다면 백 번 싸워 백 번 승리하기를 손무孫武과 오기吳起의 병사처럼 하고 가시 끝으로 화살촉을 깨뜨리기를 감승甘

9 깎아도 …… 않고: 영(郢) 지방 사람이 코끝에 백토를 묻혀 놓고 장석(匠石)을 시켜 그것을 깎아 내게 했는데, 장석이 백토를 다 깎았는데도 코를 다치게 하지 않았다는 일화(『장자(莊子)』「서무귀(徐无鬼)」)와 관련이 깊은 구절이다. 후대에는 영근(郢斤)이라고 하여 글을 잘 고치는 것을 뜻하는 말로 쓰였다.

蠅과 비위飛衛[10]의 활쏘기처럼 할 수 있을 것이다"라고 하여 모으고 푸는 것이 모두 내 손에 들어있으니 유우석이 논한 것과 거의 궤를 같이 한다.

杜牧「赤壁」詩云:"折戟沉沙鐵未消, 自將磨洗認前朝. 東風不與周郎便, 銅雀春深鎖二喬." 李義山集中亦載此詩, 未知果何人所作也.

두목의 「적벽赤壁」에서 "부러져 모래에 박힌 아직 삭지 않은 창을, 잘 닦아 갈아서 보니 지난 왕조의 것이네. 봄바람이 주랑(주유)에게 불어주지 않았다면, 봄 깊은 동작대銅雀臺에 이교二喬가 갇혔으리[折戟沉沙鐵未消, 自將磨洗認前朝. 東風不與周郎便, 銅雀春深鎖二喬]"[11]라고 했는데 이상은의 시집에도 이 시가 실려 있어 누구의 작품인지 알 수 없다.

自古文人, 雖在艱危困踣之中, 亦不忘於製述. 蓋性之所嗜, 雖鼎鑊在前不恤也, 況下于此者乎. 李後主在圍城中, 可謂危矣, 猶作長短句. 所謂"櫻桃落盡春歸去, 蝶翻金粉雙飛. 子規啼月小樓西", 文未就而城破. 蔡約之嘗親見其遺稿. 東坡在獄中作詩「贈子由」云:"是處青山可埋骨,

---

10 감승(甘蠅)과 비위(飛衛): 옛날에 활을 잘 쏘던 감승(甘蠅)과 그의 제자 비위(飛衛)를 말한다. 비위가 기창(紀昌)에게 활 쏘는 법을 가르칠 때, 작은 것을 큰 것같이 보는 훈련을 해야 한다고 하였다. 이에 기창이 우마(牛馬)의 꼬리털로 이를 묶어 창에 매달아 놓고 바라보았는데, 며칠 지나자 점점 커지더니 삼 년 뒤에는 수레바퀴만 하게 보였다고 한다. 『열자(列子)』 「탕문(湯問)」.

11 봄바람이 …… 갇혔으리: 만약 동풍이 불지 않았다면 주유(周瑜)가 동풍에 기탁하여 조조(曹操)의 팔십만 수군을 불태워 크게 이길 수 없었을 것이고, 만약 주유가 이기지 못했다면 조조가 업도(鄴都: 지금의 하북(河北) 임장현(臨漳縣))에 동작대(銅雀臺)를 축조하여 천하의 명희(名姬)들을 모으면서 동오(東吳)의 미인인 대교(大喬: 손책(孫策)의 부인)와 소교(小喬: 주유의 부인)도 포함시킬 수 있었을 것이라는 뜻이다.

他年夜雨獨傷神." 猶有所託而作. 李白在獄中作詩上崔相云:"賢相燮元氣, 再欣海縣康. 應念覆盆下, 雪泣拜天光." 猶有所訴而作. 是皆出于不得已者. 劉長卿在獄中, 非有所託訴也, 而作詩云:"斗間誰與看冤氣, 盆下無由見太陽." 一詩云:"壯志已憐成白髮, 餘生猶待發青春." 一詩云:"冶長空得罪, 夷甫不言錢." 又有「獄中見畫佛」詩, 豈性之所嗜, 則縲絏之苦, 不能易雕章績句之樂與.

예로부터 문인들은 어려움과 곤란함 속에서도 글 짓는 것을 잊지 않았다. 본성이 원하는 것이어서 끓는 솥이 눈앞에 있어도 아랑곳하지 않는데 그보다 못한 경우야 말할 나위가 있겠는가. 이후주(李後主 : 이욱李煜)가 성 안에 포위되어 있을 때, 위태로운 상황이라 할 수 있는데도 "앵두가 다 떨어지며 봄은 떠나고, 나비는 금분 번뜩이며 짝 지어 날아간다. 자규子規는 작은 누대 서쪽에서 달 아래 우짖는다[櫻桃落盡春歸去, 蝶翻金粉雙飛. 子規啼月小樓西]"라는 장단구를 지었다. 그런데 문장이 채 완성되기도 전에 성이 함락되었다. 채약지(蔡約之 : 채조蔡絛)가 일찍이 그 유고를 직접 보았다. 소식이 옥중에서 지은 「증자유贈子由」에서 "여기 청산에 뼈를 묻을 만하거니와, 훗날 밤비에 홀로 슬퍼하리라[是處青山可埋骨, 他年夜雨獨傷神]"라고 했는데 전하려는 뜻이 들어있는 듯하다. 이백이 옥중에서 지어 정승 최환崔渙에게 올린 시에서는 "훌륭한 재상이 원기를 북돋아, 바닷가 현이 편안함을 재삼 기뻐할 것이오나. 응당 엎어진 동이 아래, 눈발에 눈물 흘리며 하늘빛에 절하는 것도 생각해야 하리다[賢相燮元氣, 再欣海縣康. 應念覆盆下, 雪泣拜天光]"[12]라고 했는데 호소할 것이 있어 지은 듯하다. 이들 작품은 모두 그만둘 수 없는 상태에서 지어진 것이다. 유장경劉長卿이 옥중에 있을 때는 전할 뜻이나 호소할 것이 없었지만 시를 짓기를 "북두성 사이에서 누구와 더불어 원

12 『이태백문집(李太白文集)』 권9 「옥중상최상환(獄中上崔相渙)【심양(尋陽)】」.

한의 기를 볼까, 동이 아래에서 태양을 볼 길이 없네[斗間誰與看冤氣, 盆下無由見太陽]"[13]라고 하고, 또 다른 시에서 "큰 꿈 꾸었던 젊음은 안타깝게도 백발이 되어버렸고, 남은 생 아직도 청춘이 피어나길 기다리노라[壯志已憐成白髮, 餘生猶待發青春]"[14]라고 하고, 또 다른 시에서는 "공야장公冶長[15]은 공연히 죄를 얻고, 이보夷甫[16]는 돈을 말하지 않았네[冶長空得罪, 夷甫不言錢]"[17]라고 했다. 그 밖에도 「옥중현화불獄中見畫佛」이란 작품을 남겼는데 본성에서 우러나면 옥에 갇힌 힘든 환경에서도 문장을 짓고 다듬는 즐거움을 빼앗길 수 없었던 것인가?

黃庶, 字亞夫, 嘗有「怪石」一絶傳于世云:"山鬼水怪著薜荔, 天祿辟邪眠莓苔. 鉤簾坐對心語口, 曾見漢家池館來." 人士膾炙, 以爲奇作. 唐張碧詩亦不多見, 嘗有「池上怪石」詩云:"寒姿數片奇突兀, 曾作秋江秋水骨. 先生應是厭風雷, 著向池邊塞龍窟. 我來池上傾酒尊, 半酣書破青煙痕. 參差翠縷擺不落, 筆頭驚怪黏秋雲. 我聞吳中項容水墨有高價, 邀得將來倚松下. 鋪却雙繒直道難, 掉手空歸不成畫." 二詩殆未易甲乙也.

황서黃庶의 자는 아부亞夫인데 일찍이 지은 절구 「괴석怪石」에서 "산

13 『유수주집(劉隨州集)』 권9 「죄소상어사유칙(罪所上御史惟則)」.

14 『유수주집(劉隨州集)』 권9 「옥중문수동경유사(獄中聞收東京有赦)」.

15 공야장(公冶長) : 공자의 제자이다. 그와 관련하여 『논어(論語)』 「공야장(公冶長)」에 "공자께서 공야장을 평가하시기를, '사위 삼을 만하다. 비록 포승으로 묶여 옥중에 있었으나 그의 죄가 아니었다' 하시고 자기 딸을 그에게 시집보내셨다[子謂公冶長, '可妻也. 雖在縲絏之中, 非其罪也.' 以其子妻之]"라는 구절이 보인다.

16 이보(夷甫) : 진 회제(晉懷帝) 때의 명사(名士) 왕연(王衍)의 자(字)이다. 그는 돈이라는 말을 절대로 입 밖에 내지 않았는데, 어쩔 수 없이 돈을 언급할 때에는 전(錢)이라는 말 대신 '아도물(阿堵物)'이라고 칭했다는 고사가 전한다. 아도는 육조(六朝)시대의 구어(口語)로 '이것'이라는 말이다. 『세설신어(世說新語)』 「규잠(規箴)」.

17 『유수주집(劉隨州集)』 권3 「죄소유계기장십사(罪所留繫寄張十四)」.

귀山鬼와 수괴水怪에 벽려(薜荔 : 담쟁이)가 붙고, 천록天祿과 벽사辟邪[18]에 매태(苺苔 : 이끼)가 잠들었네. 주렴 걷고 마주 앉아 속으로 말을 거니, 일찍이 한가漢家의 지관池館에서 온 것이로구나[山鬼水怪著薜荔, 天祿辟邪眠苺苔. 鉤簾坐對心語口, 曾見漢家池館來]"라고 했는데 식자들 사이에 회자되어 기묘한 작품이란 말을 들었다. 당唐 장벽張碧의 작품도 많이 볼 수 없는데 일찍이 지은 「지상괴석池上怪石」에서 "차가운 자태 몇 조각이 기묘하게 솟아, 일찍이 가을 강 가을 물의 뼈대를 이루었다. 선생이 응당 바람과 우레를 싫어해, 연못에 자리 잡아 용의 굴을 가로막은 것이리라. 내 연못에 와 술잔을 기울이며, 절반쯤 취할 때 푸른 연기 흔적을 글씨로 깨뜨렸다. 들쭉날쭉 푸른 실은 헤쳐도 사라지지 않고, 붓끝은 기괴하여 가을 구름이 서렸다. 오중吳中 항용項容[19]의 수묵이 비싸다는 말을 듣고, 그를 맞아 소나무 등지고 앉았다. 한 쌍의 비단을 펼치자 바로 어렵다고 하며, 손을 털고 그냥 돌아가 그림이 이루어지지 않았네[寒姿數片奇突兀, 曾作秋江秋水骨. 先生應是厭風雷, 著向池邊塞龍窟. 我來池上傾酒尊, 半酣書破青煙痕. 參差翠縷擺不落, 筆頭驚怪黏秋雲. 我聞吳中·項容水墨有高價, 邀得將來倚松下. 鋪却雙繒直道難, 掉手空歸不成畫]"라고 했다. 두 작품은 우열을 논하기가 쉽지 않다.

杜子美詩喜用『文選』語, 故宗武亦習之不置, 所謂"熟精『文選』理, 休覓綵衣輕." 又云"呼婢取酒壺, 續兒誦『文選』"是也. 唐朝有文選學, 而

18 천록(天祿)과 벽사(辟邪) : 모두 짐승의 이름이다. 『집고록(集古錄)』 「후한천록벽사자(後漢天祿辟邪字)」에서 "종자(宗資)는 남양(南陽) 안중(安衆) 사람인데, 그의 무덤에 돌로 만든 짐승이 둘이 있으니 하나는 천록이라 하고 하나는 벽사라 한다"라고 하였다.

19 항용(項容) : 당대(唐代) 화가로, 생몰년은 미상이다. 절강성(浙江省) 천태(天台) 사람이어서 천태처사(天台處士)라고 불렸으며 수묵산수화를 잘 그렸다. 형호(荊浩)가 일찍이 사람들에게 "오도자(吳道子)가 산수를 그리면 필(筆)은 있어도 묵(墨)은 없고, 항용은 묵은 있어도 필은 없는데, 나는 두 사람의 장점을 취하였다"라고 한 말이 전한다. 일품(逸品) 화가인 왕묵(王墨)이 그의 제자(일설에는 스승)로 여겨진다.

時君尤見重, 分別本以賜金城, 書絹素以屬裴行儉是也. 外史『檮杌』載 : "鄭奕嘗以『文選』敎其子, 其兄曰 : '何不敎讀『論語』, 免學沈·謝嘲風弄月, 汙人行止.' 鄭兄之言, 蓋欲先德行而後文藝, 亦不爲無理也."

두보는 시에서 『문선文選』의 용어를 쓰기 좋아했다. 그의 둘째 아들 두종무杜宗武 또한 끊임없이 익혔으니 이른바 "『문선』의 이치를 정밀하게 익히고, 가벼운 비단 옷을 찾지 말라[熟精『文選』理, 休覓綵衣輕]"[20]와 "여종을 불러 술잔을 가져오게 하고, 아이에게 계속해서 『문선』을 외우게 한다[呼婢取酒壺, 續兒誦『文選』]"[21]가 그것이다. 당나라 조정에 '문선학文選學'이 있고 당시 황제들은 이를 더욱 중시했는데 별본을 만들어 금성金城에 하사하거나 흰 비단에 써서 배행검裴行儉에게 잇도록 한 것[22]이 그 예이다. 외사外史인 『도올檮杌』[23]에 의하면 "정혁鄭奕이 일찍이 『문선』을 아들에게 가르치자, 그 형이 '어찌 『논어』를 읽게 해서, 심약·사령운의 음풍농월을 배워 행동거지를 더럽히는 것을 모면하게 하지 않느냐?'라고 했다. 정혁의 형의 말은 덕행을 우선시하고 문예를 다음으로 삼으라고 한 것으로 일리가 없지 않다"라고 했다.

元和十一年六月, 武元衡將朝, 夜漏未盡三刻, 騎出里門, 遇盜, 薨于牆下. 許孟容謂國相橫尸而盜不得, 爲朝廷恥. 遂下詔募捕竟得. 始得張晏者, 王承宗所遣, 訾珍者, 李師道所遣也. 初, 元衡策李錡之必反.

20 『두시상주(杜詩詳註)』 권17 「종무생일(宗武生日)」.

21 『두시상주(杜詩詳註)』 권14 「수각조제봉간운안엄명부(水閣朝霽奉簡雲安嚴明府)」.

22 흰 비단에 …… 한 것 : 배행검은 당(唐) 고종(高宗) 때의 명신으로 어렸을 때부터 병법을 익혀 군사에 밝았고, 서예에도 능하여 비단에 초서로 『문선』을 쓴 바가 있다.

23 『도올(檮杌)』 : 초나라의 역사책 이름이다. "진나라의 승과 초나라의 도올과 노나라의 춘추는 모두 역사책이다.[晉之乘, 楚之檮杌, 魯之春秋, 一也.]" 『맹자(孟子)』 「이루 하(離婁下)」.

已而錡果反就誅. 由是諸鎭桀驁者, 皆不自安, 以致于是. 劉夢得有「代靖安佳人怨」詩云 : "寶馬鳴珂踏曉塵, 魚文匕首犯車茵. 適來行哭里門外, 昨夜華堂歌舞人." 又云 : "秉燭朝天遂不回, 路人彈指望高臺. 牆東便是傷心地, 夜夜秋螢飛去來." 余考夢得爲司馬時, 朝廷欲澡濯補郡, 而元衡執政, 乃格不行. 夢得作詩傷之而託于靖安佳人, 其傷之也, 乃所以快之與.

원화元和 11년(816) 6월에 무원형武元衡이 조정에 나아가는 길이었는데 야루(夜漏 : 밤시계)가 아직 3각이 다 되지 않은 때였다. 말을 타고 마을 문을 나서다 도적을 만나 담장 아래에서 죽었다. 이에 허맹용許孟容이 한 나라의 재상이 횡사를 했는데도 도적을 잡지 못한 것은 조정의 수치라고 문제를 제기해, 결국 도적을 체포하도록 조서가 내려져 마침내 도적이 잡혔다. 처음에 잡은 도적 장안張晏이란 자는 왕승종王承宗이 보낸 것이고 자진訾珍이란 자는 이사도李師道가 보낸 것이었다. 애초에 무원형이 이기李錡가 반드시 배반할 것이라고 예상했었는데 얼마 뒤 이기가 정말로 배반을 해 죽임을 당하였다. 이로 인해 각 진에서 기세부리던 자들이 모두 불안해한 결과 이런 일이 발생한 것이다. 유우석이 「대정안가인원代靖安佳人怨」에서 "보배로운 말이 소리 내며 새벽 먼지를 밟을 때, 물고기 문양 비수가 수레 위 자리를 범하였다. 마침 마을 문밖에 찾아와 곡을 하는 이는, 어젯밤 화려한 집에서 춤과 노래를 즐기던 이였다[寶馬鳴珂踏曉塵, 魚文匕首犯車茵. 適來行哭里門外, 昨夜華堂歌舞人]"라고 하고, 또 "촛불 들고 천자 계신 곳 향하다 마침내 돌아가지 못했으니, 길가는 사람이 손가락 튕기며 높은 누대를 바라본다. 담장 동쪽은 바로 슬픔이 담긴 곳이니, 밤마다 가을 반딧불만 오가노라[秉燭朝天遂不回, 路人彈指望高臺. 牆東便是傷心地, 夜夜秋螢飛去來]"라고 했다. 내가 살펴본 바에 의하면 유우석이 사마司馬였을 때, 조정에 발탁되어 군수로 보임하려 했지만 정권을 잡고 있던 무원형이 반대해 실행되지 못했다.

유우석이 시를 지어 슬퍼하면서도 정안靖安의 가인佳人[24]이라 표현한 것은 그 슬퍼함의 이면에 상쾌하다는 의미가 담겨서일까?

裴度平淮西, 絶世之功也. 韓愈「平淮西碑」, 絶世之文也. 非度之功不足以當愈之文, 非愈之文不足以發度之功. 碑成, 李愬之子乃謂沒父之功, 訟之于朝. 憲宗使段文昌別作. 此與舍周鼎而寶康瓠何異哉. 李義山詩云 : "碑高三丈字如斗, 負以靈鼇蟠以螭. 句奇語重喻者少, 讒之天子言其私. 長繩百尺拽碑倒, 粗砂大石相磨治. 公之斯文若元氣, 先時已入人肝脾." 愈書愬曰 : "十月壬申, 愬用所得賊將, 自文城因天大雪, 疾馳百二十里到蔡, 取元濟以獻." 與文昌所謂"郊雲晦冥, 寒可墮指. 一夕卷旆, 凌晨破關"等語, 豈不相萬萬哉. 東坡先生謫官過舊驛, 壁間見有人題一詩云 : "淮西功業冠吾唐, 吏部文章日月光. 千古斷碑人膾炙, 世間誰數段文昌." 坡喜而誦之.

배도裴度가 회서淮西를 평정한 것은 절대적인 공적이고, 한유의 「평회서비平淮西碑」는 절대적인 문장이다. 배도의 공적이 아니면 한유의 문장을 감당해 낼 수 없고 한유의 문장이 아니면 배도의 공적을 드러낼 수 없다. 비가 완성되자 이소李愬의 아들이 부친의 공로를 빠뜨렸다 하여 조정에 문제를 제기했다. 그러자 헌종憲宗이 단문창段文昌으로 하여금 별도로 글을 짓게 했으니 이는 주정周鼎[25]을 놔두고 강호康瓠[26]를

24 정안(靖安)의 가인(佳人) : 정안은 무원형이 살던 마을 이름이고, 가인은 무원형에 대한 미칭이다.

25 주정(周鼎) : 서주(西周)의 귀한 솥을 말한다. 진(秦)나라 소양왕(昭襄王) 52년에 서주를 공격하여 보기(寶器)인 구정(九鼎)을 빼앗았는데, 하나가 사수(泗水)에 빠졌으므로 여덟 개만 손에 넣었다. 그 뒤에 진시황(秦始皇)이 사수의 주정(周鼎)을 꺼내려고 천 명을 동원해서 물속을 뒤졌으나 끝내 찾지 못했다는 고사가 전한다.

26 강호(康瓠) : 깨진 바가지나 호리병으로, 재능이 용렬한 사람을 뜻한다. 『사기(史記)』「가생열전(賈生列傳)」에서 "주나라의 구정을 버리고 깨진 바가지를 보배로 삼는다[斡棄周

보물로 삼은 것과 무엇이 다른가. 이상은의 시에서 "세 길 비의 높이에 말짝만 한 글자, 신령한 거북을 등지고 이무기가 서려있다. 글귀의 기묘함과 언어의 무거움을 아는 자 적어, 천자에게 참소하여 치우쳤다 한다. 백 척 긴 밧줄로 비를 무너뜨려, 모래며 돌들이 부딪혀 마멸시켰다. 공의 문장은 원기元氣와 같아서, 벌써 사람들 가슴속에 박혀 있다[碑高三丈字如斗, 負以靈鼇蟠以螭. 句奇語重喩者少, 讒之天子言其私. 長繩百尺拽碑倒, 粗砂大石相磨治. 公之斯文若元氣, 先時已入人肝脾]"[27]라고 했다. 또 한유가 이소에 대해 쓰기를 "10월 임신壬申에 이소가 사로잡은 적장을 이용하여, 문성文城으로부터 큰 눈이 내린 때를 틈타 백이십 리를 내달아 채蔡에 도착하여 오원제吳元濟를 잡아 바쳤다[十月壬申, 愬用所得賊將, 自文城因天大雪, 疾馳百二十里到蔡, 取元濟以獻]"[28]라고 했는데 단문창이 지은 "교외의 구름이 어둑할 때, 추위는 손가락을 떨어뜨릴 정도였다. 하룻밤 사이에 깃발을 거두고, 이른 새벽에 관문을 격파했다[郊雲晦冥, 寒可墮指. 一夕卷旆, 凌晨破關]"[29] 따위의 글과 어찌 큰 차이가 나지 않겠는가. 소식 선생이 좌천돼 가는 길에 옛 역을 지나다가 벽 위에서 "회서淮西의 공적은 우리 당唐의 으뜸이고, 이부(吏部 : 한유)의 문장은 해와 달처럼 빛난다. 천고의 끊어진 빗돌이 사람에 회자되나니, 어느 누가 단문창을 거론하라[淮西功業冠吾唐, 吏部文章日月光. 千古斷碑人膾炙, 世間誰數段文昌]"[30]라는 시를 보고 좋아하여 암송했다.

裴度在朝, 憲宗委任不疑, 使破三賊. 已而吳元濟授首, 王承宗割二州

鼎兮寶康瓠"라고 했다.

27 『이의산시집(李義山詩集)』 권상 「한비(韓碑)」.

28 위중거(魏仲擧), 『五百家注昌黎文集』 권30 「평회서비봉칙찬(平淮西碑奉敕撰)」.

29 요현(姚鉉), 『당문수(唐文粹)』 권59, 단문창(段文昌), 「평회서비(平淮西碑)」.

30 『송시기사(宋詩紀事)』 권33에 "淮西功業冠吾唐, 吏部文章日月光, 千載斷碑人膾炙, 不知世有段文昌"이라는 조충지(晁沖之)의 「한비(韓碑)」가 전한다.

遣子入侍, 李師道被擒. 兩河諸侯, 忠者懷, 强者畏, 克融·廷湊皆不敢桀驁, 勳烈之盛, 一時無與比肩者. 惟李義山指爲聖相, 詩曰"帝得聖相相曰度", 又曰"嗚呼聖皇及聖相", 亦過矣哉. 荀卿曰:"得聖臣者帝." 若舜·禹·伊尹·周公皆聖臣也, 謂四人爲聖臣則可, 謂裴度爲聖相, 其可哉.

배도가 조정에 있을 때, 헌종은 그에게 의심 없이 직책을 맡기며 세적[31]을 없애도록 했다. 그리하여 오원제는 죽임을 당했고 왕승종王承宗은 두 주州를 할애하고 자식을 보내 입시入侍토록 했으며 이사도는 생포되었다. 이에 양하(兩河:하남과 하북)의 제후들 가운데 충성하는 자는 굴복하고 힘이 센 자는 두려워하여 주극융朱克融과 왕정주王廷湊 등이 감히 기세를 부리지 못했으니 그가 이룩한 공로는 한 시대에 겨룰 자가 없었다. 다만 이상은이 '성상聖相'이라 지칭하며 지은 시에서 "황제가 얻은 성상의 이름은 도度라네[帝得聖相相曰度]",[32] "아 성스러운 황제와 성스러운 재상이여[嗚呼聖皇及聖相]"[33]라고 한 것은 지나치다. 순경(荀卿:순자)이 "성스러운 신하를 얻은 사람이 황제이다[得聖臣者帝]"라고 했는데 예컨대 순舜과 우禹와 이윤伊尹과 주공周公은 모두 성스러운 신하들로서 이 네 사람을 성스러운 신하라 한다면 맞겠지만, 배도를 성스러운 재상이라고 한다면 어찌 맞다 하겠는가.

李翱·皇甫湜集中皆無詩. 世傳翱有「縣君好磚渠」一詩, 並『傳燈錄』載「答藥山」一偈, 湜祇有「浯溪留題」一篇而已.

---

31 세 적:회서절도사(淮西節度使)인 오원제(吳元濟), 성덕절도사(成德節度使)인 왕승종(王承宗), 그리고 운주절도사(鄆州節度使)인 이사도(李師道)를 가리킨다. 세 명은 동맹을 맺고 반란을 일으켰으나 성공하지 못하고 진압되었다.

32 『이의산시집(李義山詩集)』 권상 「한비(韓碑)」.

33 『이의산시집(李義山詩集)』 권상 「한비(韓碑)」.

이고와 황보식皇甫湜의 문집에는 모두 시가 없다. 세상에 전하는 시 가운데 이고의 것으로는 「현군호전거縣君好磚渠」라는 한 수와 『전등록傳燈錄』에 실려 있는 「답약산答藥山」이라는 게송偈頌 한 편뿐이고 황보식의 것으로는 「오계류제浯溪留題」라는 한 편뿐이다.

劉叉愛金使酒, 不拘細行, 士類鄙之. 史載叉持韓愈金數斤去, 曰: "此諛墓中人得爾, 不若與劉君爲壽", 是愛金者. 又載少爲俠行, 因酒殺人, 亡命, 會赦出, 是使酒者. 而其集有「烈士詠」云: "烈士或愛金, 愛金不爲貧. 義死天亦許, 利生天亦嗔. 胡爲輕薄兒, 使酒殺平人." 豈叉自以爲烈士邪.

유차劉叉가 황금을 좋아하고 술을 즐기며 세세한 행동거지에는 관심을 기울이지 않아 식자들이 무시했다. 기록에 의하면,[34] 유차가 한유의 돈 몇 근을 갖고 가며 "이것은 무덤 속 사람에게 아첨하여 얻은 것이니,[35] 유군(劉君: 유차)에게 헌수의 뜻으로 주는 것만 못하다[此諛墓中人得爾, 不若與劉君爲壽]"라고 했으니 이는 황금을 좋아한 예이다. 또 다른 기록[36]에 의하면 그가 젊었을 때 의협義俠을 일삼다 술로 인해 사람을 살해하고 망명했다가 사면되었다고 했으니 이는 술을 좋아한 예이다. 그런데 그의 문집에 실린 「열사영烈士詠」에서 "열사가 더러 황금을 좋아하지만, 황금을 좋아함은 가난 때문이 아니다. 의로운 죽음은 하늘이 인정하나, 이익 좇는 삶은 하늘이 화를 낸다. 어찌하여 경박한 자들이, 마음껏 술 마시며 사람을 죽인단 말인가[烈士或愛金, 愛金不爲貧. 義死天

34 기록에 의하면: 여기에서 '기록'이란 이상은의 『번남문집(樊南文集)』 권8 「잡기(雜記)」 「제로이생(齊魯二生)」을 말한다.

35 이것은 …… 것이니: 비문을 지어주고 받을 돈을 비유적으로 표현한 것이다.

36 또 다른 기록: 여기에서 '기록'이란 『신당서(新唐書)』 「한유전(韓愈傳)」을 말한다.

亦許, 利生天亦嗔. 胡爲輕薄兒, 使酒殺平人]"라고 했는데 혹시 유차가 자신을 열사라고 본 것일까?

劉叉詩酷似玉川子, 而傳于世者二十七篇而已. 「冰柱」·「雪車」二詩, 雖作語奇怪, 然議論亦皆出于正也. 「冰柱」詩云: "不爲四時雨, 徒於道路成泥阻.① 不爲九江浪, 徒能汩沒天之涯." 「雪車」詩謂: "官家不知民餒寒, 盡驅牛車盈道載屑玉. 載載欲何之, 祕藏深宮, 以禦炎酷." 如此等句, 亦有補于時, 與玉川「月蝕」詩稍相類.

① '阻'原作'租', 據『類編』改.

유차의 시는 옥천자(玉川子: 노동)와 매우 흡사한데 세상에 전하는 것은 스물일곱 편뿐이다. 「빙주冰柱」와 「설거雪車」 두 작품은 비록 시어가 기괴하지만 그 논점은 모두 정당함에 근거한다. 「빙주」에서 "네 계절의 비가 되지 말라, 한낱 길 위에 진흙탕만 만들고 만다. 구강九江의 물결이 되지 말라, 한낱 하늘 끝을 잠기게만 한다[不爲四時雨, 徒於道路成泥阻. 不爲九江浪, 徒能汩沒天之涯]"라고 하고, 「설거」에서 "관가에서는 백성들이 굶주리고 추위에 떠는 것을 모른 채, 우마차를 모두 동원해 길 가득 옥들을 싣게 한다. 가득 싣고 어딜 가는 것인가, 깊은 궁궐 안에 저장하여, 혹독한 더위를 막으려 함이다[官家不知民餒寒, 盡驅牛車盈道載屑玉. 載載欲何之, 祕藏深宮, 以禦炎酷]"라고 했는데 이러한 시들은 세상에 도움이 되고 노동의 「월식月蝕」과도 약간 유사하다.

① '阻'는 본래 '租'로 되어 있었는데 『시화유편詩話類編』에 의거하여 고쳤다.

東坡拈出陶淵明談理之詩, 前後有三: 一曰"采菊東籬下, 悠然見南山." 二曰"笑傲東軒下, 聊復得此生." 三曰"客養千金軀, 臨化消其寶."

皆以爲知道之言. 蓋摛章繪句, 嘲弄風月, 雖工亦何補. 若覩道者, 出語自然超詣, 非常人能蹈其軌轍也. 山谷嘗跋淵明詩卷云: "血氣方剛時, 讀此詩如嚼枯木. 及綿歷世事, 如決定無所用智." 又嘗論云: "謝康樂·庾義城之詩, 鑪錘之功, 不遺餘力, 然未能窺彭澤數仞之牆者, 二子有意於俗人贊毀其工拙, 淵明直寄焉." 持是以論淵明詩, 亦可以見其關鍵也.

소식이 도연명의 시 가운데 철리哲理를 이야기한 것을 거론했는데 모두 세 가지다. 첫 번째는 "동쪽 울타리 아래서 국화를 채취하다, 멀리 남산을 바라본다[采菊東籬下, 悠然見南山]"이고, 두 번째는 "동헌 아래서 마음껏 웃으며, 애오라지 이 생을 다시 얻었다[笑傲東軒下, 聊復得此生]"이고, 세 번째는 "나그네로 천 금의 몸을 돌봤거늘, 세상 떠나며 그 보물을 소진한다[客養千金軀, 臨化消其寶]"이니 모두 도를 체득한 말들이라고 했다. 무릇 문장을 짓고 글귀를 다듬고 풍월을 농하는 따위는 아무리 뛰어난들 무슨 도움이 되겠는가. 도를 관찰한 자는 표현하는 시어가 자연스레 초탈하여 여느 사람이 그 궤적을 밟을 수 없다. 황정견이 일찍이 도연명의 시권에 쓴 발문에서 "바야흐로 혈기가 강할 때 이 시를 읽노라면 마른 나무를 씹는 듯했다. 하지만 세상일을 다 겪고 나서는 마치 지혜를 쓸 필요가 없다고 확정하는 것과 같다"[37]라고 했고, 또 일찍이 논하기를 "사령운과 유신의 시는 노추鑪錘[38]의 공정에 있어 작은 힘도 남기지 않은 것이지만 몇 길이나 되는 팽택(彭澤: 도연명)의 담장을 엿보진 못했다. 두 사람은 세속에서 공졸에 대한 비판을 의식했지만 도연명은 바로 기탁했다"[39]라고 했다. 이러한 견해로 도연명을 논한다면 그 핵심을 볼 수 있을 것이다.

---

37 『산곡외집(山谷外集)』 권9 「서도연명시후기왕길로(書陶淵明詩後寄王吉老)」.

38 노추(鑪錘): 도주(陶鑄)와 같은 뜻으로, 사물을 만들어내는 도구를 가리킨다.

39 『산곡외집(山谷外集)』 권9 「논시(論詩)」.

省題詩自成一家, 非他詩比也. 首韻拘於見題, 則易於牽合, 中聯縛於法律, 則易於駢對, 非若遊戲於烟雲月露之形, 可以縱橫在我者也. 王昌齡·錢起·孟浩然·李商隱輩皆有詩名, 至於作省題詩, 則疎矣. 王昌齡「四時調玉燭」詩云 : "祥光長赫矣, 佳號得溫其." 錢起「巨魚縱大壑」詩云 : "方快吞舟意, 尤殊在藻嬉." 孟浩然「騏驥長鳴」詩云 : "逐逐懷良馭, 蕭蕭顧樂鳴." 李商隱「桃李無言」詩云 : "夭桃花正發, 穠李蕊方繁." 此等句與兒童無異, 以此知省題詩自成一家也.

성제시省題詩[40]는 스스로 체제를 갖춰, 다른 시와 견줄 수 있는 것이 아니다. 첫 운韻이 제목에 구속되면 억지로 부합되기 쉽고 중간 연聯이 격률에 묶이면 변려식 대구를 이루기 쉬우니, 안개와 구름, 달과 이슬의 자연물에 유유자적하며 내게 있는 것을 마음껏 부릴 수 있는 것과는 다르다. 왕창령王昌齡·전기·맹호연·이상은 등은 모두 시인으로서 명성을 날렸지만 성제시에 있어서는 성글다. 왕창령의 「사시조옥촉四時調玉燭」에서 "상서로운 빛은 길이 빛나고, 아름다운 호칭은 따스함을 얻었다[祥光長赫矣, 佳號得溫其]"라고 하고, 전기의 「거어종대학巨魚縱大壑」에서 "배를 삼키는 기세에 상쾌해 하거니, 수초들과 어울리는 것과는 더욱 다르다[方快吞舟意, 尤殊在藻嬉]"라고 하고, 맹호연의 「기기장명騏驥長鳴」에서 "내달리며 훌륭한 마부를 생각하고, 쓸쓸히 백락伯樂의 울음소리를 돌아본다[逐逐懷良馭, 蕭蕭顧樂鳴]"라고 하고, 이상은의 「도리무언桃李無言」에서 "어여쁜 복숭아꽃이 마침 피고, 농익은 오얏꽃이 바야흐로 번화하다[夭桃花正發, 穠李蕊方繁]"라고 했는데, 이런 시들은 어린아이의 것과 다름없으니 이를 통해 성제시가 스스로 체제를 갖추고 있음을 알 수 있다.

40 성제시(省題詩) : 성제(省題)를 받아 지은 시이다. 당나라 이후로 진사를 시험 보는 시제(詩題)를 '성제'라 칭하였는데, 고시관이 옛사람의 시구로 명제(命題)하는 것이었다.

詩人比雨如絲如膏之類甚多, 至爲此恐未盡其形似. 「念昔遊」云: "雲門寺外逢猛雨, 林黑山高雨脚長. 曾奉郊宮爲近侍, 分明擭擭羽林槍." 「大雨行」云: "四面崩騰玉京仗, 萬里橫亙羽林槍." 豈去國凄斷之情, 不能忘雞翹豹尾中邪.

시인들이 비를 '실과 같다', '기름과 같다' 따위로 비유하는 경우가 매우 많지만, 이런 비유들은 본래 모습을 다 드러내지 못하는 듯하다.[41] 두목의 「염석유念昔遊」에서 "운문사雲門寺 밖에서 맹렬한 비를 만나, 검은 숲 높은 산에 빗줄기가 길다. 일찍이 교외 궁전에서 황제를 가까이 모셨는데, 우림군羽林軍[42]의 창이 곧게 선 것이 분명했다[雲門寺外逢猛雨, 林黑山高雨脚長. 曾奉郊宮爲近侍, 分明擭擭羽林槍]"라고 하고, 「대우행大雨行」에서 "사면에는 옥경대玉京臺[43] 의장이 무너지며 날아가고, 만리에 걸쳐 우림군의 창이 가로놓였다[四面崩騰玉京仗, 萬里橫亘羽林槍]"라고 했으니 나라를 떠난 서글픈 심정을 닭 계시雞翹와 표미豹尾[44] 속에서도 잊지 못한 것인가?

武元衡詩不多, 集中有「酬嚴司空荊南見寄」詩兩篇, 一云: "金貂再領三公府, 玉帳連封萬戶侯." 一云: "漢家征鎭委條侯, 虎節龍旌居上

41 『시화총귀후집(詩話總龜後集)』 권2 「충의집(忠義門)」에는 다음과 같이 돼있다. "시인들이 비를 '실과 같다', '기름과 같다'는 따위로 비유하는 경우가 매우 많고, 두목의 경우 우림[羽林軍]의 창으로까지 비유하기도 했는데 이는 그 본디 모습을 다 드러내지 못한 듯하다.[詩人比雨如絲如膏之類甚多, 至杜牧乃以羽林槍詩人比雨如絲如膏之類甚多, 至杜牧乃以羽林槍爲比, 恐未盡其形似.]"

42 우림군(羽林軍): 왕을 호위하는 군사로, 곧 근위병을 말한다. 한(漢)나라 때에 육군의 양가(良家) 자제 중에 말을 잘 타고 활을 잘 쏘는 자로 우림군을 만들었다.

43 옥경대(玉京臺): 본래 옥경은 도가(道家)에서 이른바 천제(天帝)가 있다는 황도(皇都)를 이르는데 여기에서는 제도(帝都)를 뜻하므로, 옥경대는 곧 수도에 축조된 누대이다.

44 계시(雞翹)와 표미(豹尾): 모두 의장물인데, 계교는 근시(近侍)들이 쓰는 관에 꽂는 닭의 털이고, 표미는 임금의 수레에 다는 표범의 꼬리이다.

頭." 皆續以"簾卷青山巫峽曉, 烟開碧樹渚宮秋." 第三聯一云 : "劉琨坐嘯風淸塞, 謝朓題詩月滿樓." 一云 : "金笳盡掩故人淚, 麗句初傳明月樓." 皆續以"白雪調高歌不得, 美人相顧翠蛾愁." 人訝其太同. 余謂乃元衡删潤之本, 集中兩存之爾. 當以前篇爲正, 後篇誠未工也.

무원형의 시는 많지 않은데 문집에 「수엄사공형남견기酬嚴司空荊南見寄」라는 같은 제목의 두 작품이 있다. 첫 번째에서 "황금 담비[45]는 재차 삼공부三公府를 거느리고, 옥 장막은 만호후에 연이어 봉해졌네[金貂再領三公府, 玉帳連封萬戶侯]"이고 다른 한 편은 "한漢나라의 정복한 진鎭이 조후條侯[46]에게 위임되어, 호랑이 부절 용의 깃발이 윗자리에 자리했네[漢家征鎭委條侯, 虎節龍旌居上頭]"인데 모두 "푸른 산 무협巫峽[47]의 새벽에 주렴을 걷고, 푸른 나무 저궁渚宮[48]의 가을에 안개가 걷혔네[簾卷青山巫峽曉, 煙開碧樹渚宮秋]"가 그 뒤에 이어져 있다. 제3연을 보면, 한 작품에서는 "유곤劉琨이 앉아 휘파람 불 때 바람이 변방에 맑고, 사조謝朓가 시를 지을 때 달빛이 누대에 가득하다[劉琨坐嘯風淸塞, 謝朓題詩月滿樓]"라고 하고, 다른 한 작품에서는 "황금 젓대는 친구의 눈물을 모두 가리고, 아름다운 구절은 달 밝은 누대에 처음 전해지네[金笳盡掩故人淚, 麗句初傳明月樓]"라고 했는데 두 작품 모두 "고상한 「백설가白雪歌」[49] 앞에 노래

45 황금 담비 : 황금당(黃金璫)과 초미(貂尾)를 가리키는데, 높은 품계의 관원이 착용하는 관의 장식으로 쓰인다.

46 조후(條侯) : 한(漢)나라 문제(文帝) · 경제(景帝) 때의 장군 주아부(周亞夫)의 봉호이다. 경제 때에 앞서 제왕(諸王)들로 봉해진 오(吳) · 초(楚) · 조(趙) · 교서(膠西) · 교동(膠東) · 치천(菑川) · 제남(濟南) 칠 개국이 강력한 군대로써 서로 연합하여 모반하자, 주아부가 태위(太尉)로서 명을 받고 그들을 정벌하러 나가 크게 격파했다. 『사기(史記)』 권57.

47 무협(巫峽) : 전국시대에 초(楚)나라 양왕(襄王)이 꿈속에서 '아침에는 구름이 되어 하늘에 떠 있고, 밤이면 비가 되어 무산(巫山)에 내린다'고 말한 무산의 선녀와 즐거운 인연을 맺었다고 전해지는 장소이다.

48 저궁(渚宮) : 춘추시대 때 세운 초(楚)나라의 별궁(別宮)이다.

49 「백설가(白雪歌)」 : 춘추시대의 노래이다. 송옥(宋玉)의 「대초왕문(對楚王問)」에, 초(楚)나라의 대중가요인 '하리(下里)'와 '파인(巴人)'은 수천 명이 따라 부르더니, 고상한

부를 수 없고, 미인은 서로 돌아보며 푸른 눈썹이 시름겹네[白雪調高歌不得, 美人相顧翠蛾愁]"가 뒤에 이어져 있어서 그 내용이 너무나 흡사한 데 대해 모두들 의아해했다. 나는 무원형이 삭제하거나 윤색한 글이 문집 안에 다 들어있는 탓이라고 생각한다. 마땅히 전편을 정문으로 봐야 하며 후편은 정말 좋지 못하다.

詩體如八音歌・建除體之類, 古人賦詠多矣. 用十二神爲詩者, 始見於沈炯, 山谷亦嘗效爲之. 余友人莫之用, 其祖戬, 嘗以辯舌說賊, 脫百人於死, 意其後必昌, 而之用乃貧不能以自存, 天理殆難曉也. 余嘗以此格作詩贈之云:"抱犬高眠已云足, 更得牛衣有餘燠. 起來敗絮擁懸鶉, 誰羡龍髯織冰縠. 踏翻菜園底用羊, 從他春雷吼枯腸. 擊鐘烹鼎莫渠愛, 小芼自許猴葵香. 半世饑寒孔移帶, 鼠米占來身漸泰. 吉雲神馬日匝三, 樗蒱肯作猪奴態. 虎頭食肉何足誇, 陰德由來報宜奢. 丹竈功成無躍兔, 玉函方秘緣青蛇."

시체詩體 가운데 예컨대 팔음가八音歌[50]・건제체建除體[51] 등을 고인들이 많이 읊었다. 십이지신十二支神을 이용해 시를 지은 것은 심형沈炯에서 처음 보이며, 황정견도 일찍이 모방해 지었다. 나의 친구 막지용莫之

'백설(白雪)'과 '양춘(陽春)'의 노래는 너무 어려워서 겨우 수십 명밖에 따라 부르지 못했다는 이야기가 나온다. 『문선(文選)』 권23.

50 팔음가(八音歌) : 고인들이 짓던 시체(詩體)의 일종이다. 팔음은 여덟 종류의 악기로 금(金)・석(石)・사(絲)・죽(竹)・포(匏)・토(土)・혁(革)・목(木)인데, 매 두 구마다 첫째 자리에 이 여덟 글자를 하나씩 넣어 시작한다. 『시원유격(詩苑類格)』에서 "진(陳)나라 심형(沈炯)이 이 시체를 지었다"고 하였다. 『산곡외집시주(山谷外集詩注)』 권6 『팔음가증조요민(八音歌贈晁堯民)』 참고.

51 건제체(建除體) : 고대 방술가들이 천문(天文)의 십이 신(辰)을 인사(人事)의 길흉화복에 배열해 놓은 것으로, 건(建)・제(除)・만(滿)・평(平)・정(定)・집(執)・파(破)・위(危)・성(成)・수(收)・개(開)・폐(閉)를 말하는데, 남조 송(南朝宋)의 시인 포조(鮑照)가 처음으로 이 건제체를 지었다고 한다.

用은 조부가 막진莫戩인데 일찍이 변설로 적을 설복시켜 백 명을 사지에서 벗어나게 했다. 그래서 그 후손이 반드시 번창할 것이라 여겼었는데 막지용이 가난으로 자신조차 보존할 수 없는 지경에 이르렀으니 하늘의 이치는 참으로 알기 어렵다. 내 일찍이 위와 같은 격으로 그에게 시를 지어 주었다. "개(戌)를 안고 베개 높이 베는 것만으로도 만족하거늘, 소(丑)가죽 옷까지 얻어 따스함이 남아돈다. 일어나 해진 솜에 현순(懸鶉 : 누더기 옷 : 丑)을 안나니, 누가 용(辰) 수염에 얼음을 직조한 비단을 부러워한단 말인가. 채전을 밟을 때는 양(未)만을 사용하며, 마른 창자에서 봄날 우레 소리 들리는 대로 둔다. 종을 치며 성찬 즐기는 것을[52] 부러워하지 말라, 조그마한 채소에 후규猴(申)葵[53]의 향기만을 허락하노라. 반생을 추위와 굶주림에 허덕여 허리띠의 구멍이 옮겨갔으나, 조미(鼠(子)米 : 벼를 매갈아서 만든 쌀)를 갖게 되면서 몸이 점차 편해졌다. 길운과 신마(午)가 날마다 세 번 두르거늘, 돼지(亥) 치는 저포樗蒲 따위를[54] 할 일이 있겠는가. 호두성虎(寅)頭城에 고기 먹는 것[55]이 어찌 자랑할 일이랴, 음덕에는 본래 화려한 보답이 있어왔다. 단약 아궁이에서 단약이 만들어질 때 뛰어오르는 토끼(卯)가 없고,[56] 『옥함방玉函方』의 비법은 청사靑蛇(巳)에서 연유한다[抱犬高眠已云足, 更得牛衣有餘燠. 起來敗絮擁懸鶉, 誰羨

52 종을 …… 즐기는 것을 : 귀족들의 호화로운 음식차림을 비유한 것으로, 종을 쳐가며 음식 먹는 시간을 알리는 것이다.

53 후규(猴葵) : 해초의 일종인 녹각채(鹿角菜)를 가리킨다.

54 돼지 …… 따위를 : 저포는 놀음의 일종이며 저노(豬奴)는 돼지 치는 사람인데, 진(晉)나라 도간(陶侃)이 형주 자사(荊州刺史)로 있으면서 술 마시는 것을 경계해 "저포는 돼지 치는 놈이나 하는 놀이"라고 한 데에서 유래한다.

55 호두성(虎頭城)에 고기 먹는 것 : 후한(後漢) 때 한 관상가(觀相家)가 반초(班超)에게 말하기를 "그대는 제비의 턱에 범의 머리라 날아서 고기를 먹는 상이니, 이는 곧 만리후에 봉해질 상이다[燕頷虎頭, 飛而食肉 此萬里侯相也]"라고 했다는 데에서 온 말이다. 반초는 그의 말대로 서역(西域)의 오십여 나라를 평정하여 큰 공훈을 세워 서역도호(西域都護)가 되고 정원후(定遠侯)에 봉해졌다. 『후한서(後漢書)』 권47 「반양열전(班梁列傳)」.

56 단약 …… 없고 : 해·달의 이칭인 오토(烏兎)가 도가(道家)의 연단(煉丹)을 지칭하는 말이기 때문에 나온 표현이다.

龍髯織冰縠. 踏翻菜園底用羊, 從他春雷吼枯腸. 擊鍾烹鼎莫渠愛, 小毛自許猴葵香. 半世饑寒孔移帶, 鼠米占來身漸泰. 吉雲神馬日匝三, 樗蒲肯作豬奴態. 虎頭食肉何足誇, 陰德由來報宜奢. 丹竈功成無躍兎, 玉函方秘緣青蛇]"[57]이다.

仲長統云:"垂露成幃, 張霄成幄. 沆瀣當餐, 九陽代燭." 蓋取無情之物作有情用也. 自後竊取其意者甚多. 張志和則云:"太虛爲室, 明月爲燭." 王康琚則云:"華條當圜屋, 翠葉代綺窗." 吳筠則云:"綠竹可充食, 女蘿可代裙." 劉伶則云:"日月爲扃牖, 八荒爲庭衢." 皆是意也. 李義山「無題」詩云:"春蠶到死絲方歇, 蠟炬成灰淚始乾." 此又是一格. 今效此體爲俚語小詞傳於世者甚多, 不足道也.

중장통仲長統이 "드리운 이슬이 휘장을 이루고, 펼쳐진 하늘이 장막을 이루었다. 항해(沆瀣 : 한밤에 서린 이슬)가 반찬에 값하고, 구양(九陽 : 태양)이 촛불을 대신했다[垂露成幃, 張霄成幄. 沆瀣當餐, 九陽代燭]"[58]라고 한 것은 무정한 사물을 택해 유정한 것으로 만든 것이다. 이후로 그 의미를 살며시 취한 경우가 매우 많다. 장지화張志和가 "태허太虛를 방으로 삼고, 명월을 촛불로 삼는다[太虛爲室, 明月爲燭]"[59]라고 하고, 왕강거王康琚가 "화려한 가지가 지붕을 이루고, 푸른 잎이 비단 창문을 대신했다[華條當圜屋, 翠葉代綺窗]"[60]라고 하고, 오균吳筠이 "푸른 대나무는 먹을 것

57 『옥함방(玉函方)』의 …… 연유한다 : 본래 '옥함'은 옥으로 장식한 상자에 든 진귀한 서책을 이르는 말인데 주로 선술(仙術)에 관한 서책을 의미하며, 여기에서 『옥함방』은 당(唐)나라 초기의 명의로서 신선가(神仙家)이자 '약왕(藥王)'으로 불리는 손사막(孫思邈)의 『천금방(千金方)』을 가리킨다. 『열선전전(列仙全傳)』에, 손사막이 어느 날 뱀 한 마리를 구해주었는데 그 뱀이 용왕의 아들이었기에 용궁에서 후한 대접을 받은 뒤에 기묘한 처방전을 선물로 받아 『천금방』을 저술했다는 일화가 보인다.

58 풍유눌(馮惟訥), 『고시기(古詩紀)』 권13, 중장통, 「술지시이수(述志詩二首)」 제1수.

59 『신당서(新唐書)』 권196.

60 『예문유취(藝文類聚)』 권35.

이 될 만하고, 여라(女蘿 : 소나무겨우살이)는 치마를 대신할 만하다[綠竹可充食, 女蘿可代裙]"[61]라고 하고, 유령劉伶이 "해와 달을 창문으로 삼고, 팔황(八荒 : 팔방)을 마당 길로 삼는다[日月爲扃牖, 八荒爲庭衢]"[62]라고 한 것이 모두 이런 경우이다. 이상은이 「무제無題」에서 "봄누에가 죽을 때 실이 비로소 멈추고, 촛불이 재를 이룰 때 눈물이 비로소 마른다[春蠶到死絲方歇, 蠟炬成灰淚始乾]"라고 했는데 이는 별도의 격이다. 지금 이런 시체를 모방해 이어(俚語 : 속어)로 된 소사小詞[63]를 만들어 세상에 전하는 것이 아주 많은데 거론할 것이 못 된다.

東坡在儋耳時, 余三從兄諱延之, 自江陰擔簦萬里, 絶海往見, 留一月. 坡嘗誨以作文之法曰 : "儋州雖數百家之聚, 州人之所須, 取之市而足, 然不可徒得也, 必有一物以攝之, 然後爲己用. 所謂一物者, 錢是也. 作文亦然, 天下之事, 散在經子史中, 不可徒使, 必得一物以攝之, 然後爲己用. 所謂一物者, 意是也. 不得錢不可以取物, 不得意不可以明事, 此作文之要也." 吾兄拜其言而書諸紳. 嘗以親製龜冠爲獻, 坡受之, 而贈以詩云 : "南海神龜三千歲, 兆叶朋從生愛喜. 智能周物不周身, 未免人鑽七十二. 誰能用爾作小冠, 岣嶁耳孫刱其製. 今君此去寧復來, 欲慰相思時整視." 今集中無此詩, 余嘗見其親筆. 後坡歸宜興, 道由無錫洛社, 嘗至孫仲益家. 仲益年在齠齓, 坡曰 : "孺子習何藝?" 孫曰 : "學對屬." 坡曰 : "試對看." 徐曰 : "衡門稚子璠璵器." 孫應聲曰 : "翰苑神仙錦繡腸." 坡撫其背曰 : "眞璠璵器也. 異日不凡." 二事皆吾鄕人士所知, 輒記於此.

---

61 풍유눌(馮惟訥), 『고시기(古詩紀)』 권92, 오균, 「산중잡시삼수(山中雜詩三首)」 제2수.

62 『진서(晉書)』 권49 「유령(劉伶)」.

63 소사(小詞) : 사(詞)의 양식 중 하나이다. 후세엔 '소령(小令)'이라 불렸다. 오십 자 이하의 단편으로, 전편이 1단으로 이루어진다. 당나라 말기부터 북송(北宋)에 걸쳐 널리 유행했다.

소식이 담이儋耳에 있을 때, 나의 삼종형 소연지蘇延之가 강음江陰에서 우산(簦)을 들고 만 리 길을 걸어서 바닷가에 있는 그를 찾아가 일 개월을 머물렀다. 이때 소식이 글 짓는 법을 가르치기를 "담주儋州는 수백 가구가 모인 곳이긴 하지만 고을 사람들이 필요로 하는 것은 저잣거리에서 취하는 것으로 충분하다. 하지만 그냥 얻을 수 없으며 반드시 하나의 사물이 간섭되어야만 자신의 것이 된다. 하나의 사물이란 돈이다. 글을 짓는 것도 마찬가지다. 세상의 일들이 경經·자子·사史의 책 안에 들어 있는데 이를 그냥 부릴 수는 없으며 반드시 하나의 사물이 간섭해야만 자신의 것이 된다. 하나의 사물이란 생각이다. 돈을 얻지 못하면 사물을 취득할 수 없고 생각을 얻지 못하면 일을 밝힐 수 없으니 이는 문장을 짓는 요체이다"라고 했다. 우리 삼종형이 그 말에 감사의 절을 올리고 내용을 허리띠에 적었다. 일찍이 직접 귀관龜冠을 만들어 올리자 소식이 받고나서 지어준 시에서 "삼천 년을 사는 남해의 신령한 거북, 점괘가 친구가 따르는 것[64]에 부합해 사랑과 기쁨이 우러난다. 지혜가 사물은 아우르나 몸은 아우르지 못해, 인간이 일흔둘이나 헤집는 것[65]을 면하지 못하였구나. 누가 너를 이용해 작은 관을 만들었는가, 구루岣嶁[66]의 후손이 처음 제조했다. 그대 지금 떠나면 언제 다시 오랴, 그리운 마음 위로하고프면 가만히 바라보리라(南海神龜三千歲, 兆葉朋從生愛喜. 智能周物不周身, 未免人鑽七十二. 誰能用爾作小冠, 岣嶁耳孫視其製. 今君此去寧復來, 欲慰相思時整視)"라고 했다. 지금 문집 안에 이 시가

---

64 친구가 따르는 것 : 『주역(周易)』 「함괘(咸卦)」 구사효사(九四爻辭)의 "바르면 길하여 후회가 없으리니, 끊임없이 왕래하면 벗만이 네 생각을 따르리라(貞吉悔亡 憧憧往來 朋從爾思)"의 내용을 인용한 것이다.

65 인간이 …… 헤집는 것 : 『장자(莊子)』 「외물(外物)」의, 송 원군(宋元君)이 거북을 잡아서 점을 치라는 말을 듣고는 "거북을 죽여서 일흔두 번이나 점을 쳤는데, 그때마다 길흉이 모두 점괘와 들어맞았다"는 이야기를 염두에 두고 쓴 표현이다.

66 구루(岣嶁) : 중국 형산(衡山) 남쪽에 있는 구루봉(岣嶁峯)을 가리킨다. 『상수기(湘水記)』에서 "전설에 의하면 우(禹)임금이 금간 옥서(金簡玉書)를 여기에서 얻었다고 하는데, 여기가 바로 도서(道書)에서 말하는 구루동천(岣嶁洞天)이다"라고 하였다.

없지만 나는 일찍이 그 친필을 보았다. 뒤에 소식이 의흥宜興으로 돌아갈 때 무석無錫의 낙사洛社를 경유했는데 이때 손중익(孫仲益 : 손적孫覿)의 집에 들렀다. 당시 손적은 아직 어렸는데 소식이 "어린아이는 무슨 기예를 익히는가?"라고 하자, 손적이 "대속對屬[67]을 배웁니다"라고 했다. 소식이 "대속을 시험해보자"라고 하며 "형문(衡門 : 은자의 처소)의 어린아이는 번여(璠璵 : 좋은 옥)감이다"라고 하자, 손적이 바로 답하기를 "한원(翰苑 : 한림원)의 신선은 금수錦繡 가슴이다"라고 했다. 이에 소식이 그의 등을 어루만지며 "참으로 번여감이다. 훗날 범상치 않을 것이다"라고 했다. 이 두 내용은 우리 고을 학자들이 모두 알고 있어서 여기에 기록해둔다.

唐王建以宮詞名家. 本朝王岐公亦作宮詞百篇, 不過述郊祀・御試・經筵・翰苑・朝見等事, 至於宮掖戲劇之事, 則祕不可傳, 故詩詞中亦罕及. 若建者, 乃內侍王守澄之宗侄, 得宮中之事爲詳. 如"叢叢洗手繞金盆, 旋拭紅巾入殿門. 衆裏遙抛新橘子, 在前收得便承恩." 又云"避暑昭陽不擲盧, 井邊含水噴鴉雛. 內中數日無呼喚, 搨得「滕王蛺蝶圖」." 如此之類, 非守澄說似, 則建豈能知哉. 初, 守澄讀建宮詞, 謂之曰 : "宮掖之事, 而子昌言之, 儻得罪, 將奚贖." 建與之詩曰 : "三朝行坐鎭相隨, 今上春宮見小時. 脫下御衣先賜著, 進來龍馬每教騎. 長承密旨歸家少, 獨奏邊機出殿遲. 不是當家親說向, 九重爭遣外人知." 自是守澄不敢有言. 花蕊夫人亦有宮詞百篇, 如"月頭支給買花錢, 滿殿宮人近數千. 遇著唱名多不語, 含羞急過御床前"之類, 亦可喜也.

당唐 왕건王建은 궁사宮詞[68]의 명사이다. 본조의 왕기공(王岐公 : 왕규) 역

---

67 대속(對屬) : '찬구'(撰句 : 자신이 새로운 문구를 만들어내는 것)와 비슷한 것으로, 시문 중에서 두 구를 엮어 대우(對偶)를 만드는 것을 말한다.

시 백 편의 궁사를 지었지만 내용은 교사郊祀・어시御試・경연經筵・한원翰苑・조현朝見 등의 일을 기술한 데 지나지 않았으며 궁중의 놀이와 관련된 것은 비밀스러워 전할 수 없었으므로 시사詩詞에서 언급한 경우가 드물었다. 왕건은 내시 왕수징王守澄의 종질로서 궁중의 일을 상세히 파악할 수 있었다. "모두들 황금을 두른 동이에 손을 씻고, 붉은 수건에 닦은 뒤 궁 문 안으로 들어간다. 무리 속으로 새 귤을 멀리 던지면, 앞에 있는 이가 받아 이내 성은을 입는다[叢叢洗手繞金盆, 旋拭紅巾入殿門. 衆裏遙抛新橘子, 在前收得便承恩]", "피서 즐기는 소양궁昭陽宮에서는 노盧를 던지지[69] 않고, 우물가에서는 물을 머금어 어린 거위에게 내뿜는다. 궁 안에서 며칠 동안 심부름하는 일이 없어, 「등왕협접도滕王蛺蝶圖」를 탁본으로 뜬다[避暑昭陽不擲盧, 井邊含水噴鴉雛. 內中數日無呼喚, 搨得「滕王蛺蝶圖」]"와 같은 것은 왕수징이 설명해주지 않았다면 왕건이 어떻게 알 수 있었겠는가. 처음에 왕수징이 왕건의 궁사를 읽고 나서 이르기를 "궁중의 일을 그대로 드러내놓고 이야기하다 죄를 짓게 되면 무엇으로 죗값을 치르겠느냐?"라고 하자, 왕건이 시를 지어 주기를 "세 조정에서 황제의 곁을 지켰고, 지금 성상의 어린 춘궁(春宮 : 태자) 시절을 지켜보았네. 벗은 어의를 먼저 하사받고, 나온 용마龍馬를 매번 타도록 하였네. 오랫동안 밀지 받드느라 집에 돌아가는 일 적고, 홀로 변방의 기밀을 아뢰느라 전각을 나서는 일이 늦네. 당신께서 직접 말씀해주신 것이 아니라면, 구중궁궐에서 앞다퉈 사람을 보내 외부인에게 알려준 것이겠소[三朝行坐鎭相隨, 今上春宮見小時. 脫下御衣先賜著, 進來龍馬每教騎. 長承密旨歸家少, 獨奏邊機出殿遲. 不是當家親說向, 九重爭遣外人知]"라고 하니 이때부터 왕수징이 감히 궁중의 이야기를 말해주지 않았다.

68 궁사(宮詞) : 중국 시(詩)의 한 체(體)로, 궁중의 일이나 풍경을 칠언절구(七言絶句)의 형식으로 읊은 시이다.

69 노(盧)를 던지지 : 원문은 '척노(擲盧)'로, 고대에 행해졌던 도박의 일종을 말한다. 위는 검은색이고 아래는 흰색인 주사위 다섯 개를 가지고 던져서 모두 검은색이 나오면 '노(盧)'가 된다.

화예부인花蕊夫人[70] 역시 백 편의 궁사를 남겼는데 예컨대 "달 머리에서 꽃을 살 돈을 지급하나니, 궁전 가득 궁녀들이 수천 명에 가깝다. 이름 부를 때를 만나면 다들 말을 하지 않고, 부끄러워하며 급히 어상御床 앞을 지나간다[月頭支給買花錢, 滿殿宮人近數千. 遇著唱名多不語, 含羞急過御床前]" 등은 또한 읊을 만하다.

郛子稍學作小詩, 嘗賦「梅花」云 : "玉屑裝龍腦, 雲衣覆麝臍. 何堪夜來雪, 香色兩淒迷." 「留友人」詩云 : "良友間何闊, 春事遽如許. 勞君下鷗沙, 一葉繫春渚. 昨夢墮前世, 再見欣欲舞, 聊呼花底杯, 酒面點紅雨. 狂歌謝貫珠, 淸論雜揮麈. 驪駒未可歌, 妙句須君吐." 觀此數語, 似粗知詩家畦徑, 學之不已必佳, 但恐其中墮爾.

부자(郛子 : 갈부葛郛)가 일찍이 단편의 시 짓는 법을 조금 배워 지은 「매화梅花」에서 "옥 부스러기는 용의 뇌를 장식하고, 구름옷은 사향의 배꼽을 덮었다. 밤새 내린 눈에, 향과 색 둘 다 혼미함을 어찌할까[玉屑裝龍腦, 雲衣覆麝臍. 何堪夜來雪, 香色兩淒迷]"라고 하고, 「류우인留友人」에서 "좋은 친구여 어찌 소식이 뜸했던가, 봄날은 어느덧 그토록 흘러가 버렸다. 갈매기 내리는 백사장에서 그대 위로할 때, 잎새 하나가 봄 물가에 매여 있다. 어젯밤 꿈에 전생에 떨어져, 다시 만난 기쁨에 춤을 추고 싶었다. 애오라지 꽃 아래 술잔을 불러, 술 마신 얼굴에는 붉은 비가 젖었다. 마음껏 부르는 노래는 관주貫珠[71]를 사양하고, 청정한 논의에는 주미麈尾[72]가 섞였다. 나귀와 망아지는 노래할 줄 모르니, 오묘한 시

70 화예부인(花蕊夫人) : 오대(五代) 때 촉주(蜀主) 맹창(孟昶)의 부인을 일컫는다. 재색(才色)으로 궁에 들어와 왕비가 되었으며 문장에도 뛰어났다. 작품으로 당(唐)나라 말기의 시인 왕건(王建)의 궁사(宮詞)를 본떠 지은 화예부인궁사(花蘂夫人宮詞)가 있다.

71 관주(貫珠) : 글이 잘된 곳을 보아서 그 글자의 오른편에 주묵(朱墨)으로 동그라미를 치는 것이다.

구를 그대가 토하거라[良友間何闊, 春事遽如許. 勞君下鷗沙, 一葉繫春渚. 昨夢墮前世, 再見欣欲舞, 聊呼花底杯, 酒面點紅雨. 狂歌謝貫珠, 淸論雜揮麈. 驪駒未可歌, 妙句須君吐]"라고 했다. 이 몇 구절을 보면 시인의 길을 대략 아는 듯해서 멈추지 않고 배웠다면 반드시 크게 발전했을 터인데 중간에 멈춰버린 것이 아닌가 싶다.

72 주미(麈尾) : 고라니 꼬리로 만든 먼지떨이. 진(晉)나라 때 고사(高士)들이 이것을 손에 쥐고 휘두르며 청담을 나누었다 한다.

운어양추韻語陽秋 권4卷四

唐盧綸與吉中孚・韓翃・錢起・司空曙・苗發・崔峒·耿湋·夏侯審·李端皆能詩齊名, 號"大曆十才子." 憲宗尤愛綸文, 至詔張仲素訪其遺稿, 故綸集中往往有贈諸人詩, 所謂"舊錄藏雲穴, 新詩滿帝鄉"者, 送中孚之詩也 "引水忽驚冰滿磵, 向田空見石和雲"者, 寄湋·端之詩也 "擁褐覺霜下, 抱琴聞雁來"者, 同湋宿旅舍之詩也 "風傾竹上雪, 山對酒邊人"者, 題苗發竹間亭詩也 "桂樹曾同折, 龍門幾共登"者, 寄端・峒・曙・湋之詩也. 司空曙亦有送中孚詩云 : "聽猿看楚岫, 隨雁到吳洲." 耿湋寄曙云 : "老醫迷舊疾, 朽藥誤新方." 李端寄綸云 : "熊寒方入樹, 魚樂稍離淵." 錢起「答苗發龍池」詩云 : "暫別迎車雉, 還隨護法龍." 又「贈夏侯審」云 : "詩成流水上, 夢盡落花間." 諸人更倡迭和, 莫非佳句. 蓋草木臭味旣同, 則金蘭契分彌篤爾. 史載郭暧進官, 大集名士, 李端賦詩最工. 錢起曰 : "素爲爾. 請以起姓別賦." 端立獻一章, 又工於前. 起之妬賢徒增愧, 而端之捷思爲可服也. 「古辭」云 : "藁砧今何在, 山上復有山.

何當大刀頭, 破鏡飛上天." 藁砧, 砆也, 謂夫也. 山上有山, 出也. 大刀頭, 刀上鐶也. 破鏡, 言半月當還也. 此詩格非當時有釋之者, 後人豈能曉哉. 「古辭」又云:"圍棊燒敗襖, 著子故衣然." 陸龜蒙·皮日休間嘗擬之. 陸云:"旦日思雙履, 明時願早諧." 皮云:"莫言春繭薄, 猶有萬重思." 是皆以下句釋上句, 與藁砧異矣. 『樂府解題』以此格爲'風人詩', 取陳詩以觀民風, 示不顯言之意. 至東坡「無題」詩云:"蓮子劈開須見薏, 楸枰著盡更無棋. 破衫却有重縫處, 一飯何曾忘却匙." 是文與釋並見於一句中, 與'風人詩'又小異矣.

당唐 노륜盧綸은 길중부吉中孚·한굉韓翃·전기錢起·사공서司空曙·묘발苗發·최동崔峒·경위耿湋·하후심夏侯審·이단李端과 더불어 시인의 명성을 가져 '대력십재자大曆十才子'라 불렸다. 헌종은 그 가운데 노륜의 글을 더욱 사랑하여 장중소張仲素에게 조서를 내려 유고遺稿를 찾아오게까지 했다. 노륜의 시집 안에는 이따금 사람들에게 보낸 시가 있으니 "옛 기록은 구름 속에 저장해 두고, 새 시는 황제의 고을에 가득하다[舊錄藏雲穴, 新詩滿帝鄉]"는 길중부에게 보낸 시이고, "물을 끌어오다 얼음이 시내에 가득 찬 것에 깜짝 놀라고, 밭을 향하다 무심코 바위가 구름과 어울리는 것을 바라본다[引水忽驚冰滿澗, 向田空見石和雲]"는 경위와 이단에게 보낸 시이고, "칡 옷을 안으며 서리가 내린 것을 느끼고, 거문고를 안고 기러기 오는 소리를 듣는다[擁褐覺霜下, 抱琴聞雁來]"는 경위와 함께 객사에서 묵으며 지은 시이고, "바람은 대나무 위 눈을 기울게 하고, 산은 술 마시는 사람을 마주한다[風傾竹上雪, 山對酒邊人]"는 묘발의 죽간정竹間亭에 대해 쓴 시이고, "계화나무를 일찍이 함께 꺾었거니, 용문을 몇 번이나 함께 올랐던가[桂樹曾同折, 龍門幾共登]"는 이단·최동·사공서·경위에게 보낸 시이다. 사공서가 길중부에게 보낸 시에서는 "원숭이 휘파람 소리 들으며 초나라 산을 바라보고, 기러기 따라 오주吳洲에 이른다[聽猿看楚岫, 隨雁到吳洲]"라고 하고, 경위가 사공서에게 보낸 시에서는 "늙은 의원은 묵은 병에 혼미하고, 썩은 약은 새로운 처방을 그르쳤네[老醫迷舊疾, 朽藥誤新方]"라고 하고, 이단이 노륜에게 보낸 시에서는 "곰은 추워지자 나무 속으로 들어가고, 물고기는 즐거워지자 연못을 떠나간다[熊寒方入樹, 魚樂稍離淵]"라고 하고, 전기가 묘발에게 보낸 「답묘발용지答苗發龍池」에서는 "잠시 수레를 마주하는 꿩을 이별하고, 다시 법을 보호하는 용을 따른다[暫別迎車雉, 還隨護法龍]"라고 하고, 또 「증하후심贈夏侯審」에서는 "흐르는 물에서 시가 이루어지고, 지는 꽃에서 꿈이 끝나간다[詩成流水上, 夢盡落花間]"라고 했다. 시인들 간에 서로 주고받은 시구들이 하나같이 아름답다. 초목의 취미가 같으면 금란金蘭의 우의[1]가 더욱 돈독한 것이다. 전하는 기록에 의하면 곽난郭暖이 관직에 있을 때 명사들을 널리 초빙해 성대한 시회를 열었는데 이단이 지은 시가 가장 빼어났다. 전기가 "평소의 실력일 뿐일네. 기起의 성姓으로 특별히 지어보세!"라고 하자, 이단이 곧장 한 편을 지어 올렸는데 앞의 시보다도 뛰어났다. 전기가 현자를 질투한 것은 한낱 수치만 가중시켰고 이단의 재빠른 시상은 탄복할 만했다.

「고사古辭」에 "고침藁砧은 지금 어디 있는가, 산 위에 다시 산이 있네. 어찌하면 대도大刀로, 거울을 깨고 하늘을 날아오를까[藁砧今何在, 山上復有山. 何當大刀頭, 破鏡飛上天]"라고 했는데 '고침藁砧'은 '砆'로서 곧 '夫'(남편)을, '산상유산山上有山'은 '出'(나가다)을, '대도두大刀頭'는 칼 위의 고리를, '파경破鏡'은 반 개월 뒤에 돌아온다는 것을 뜻한다. 이런 시격은 당시에도 이해하는 자가 없었는데 후인들이 어떻게 이해할 수 있겠는가. 「고사」에서 또 "바둑을 두다 해진 두루마기를 태우고, 바둑알을 두다 묵은 옷을 태웠네[圍棊燒敗襖, 著子故衣然]"[2]라고 했는데 육구몽陸龜

1 금란(金蘭)의 우의 : 서로 의기가 투합하여 굳기는 쇠를 자를 만하고 향기롭기는 난초와 같은 우정을 말한다. 『주역』 「계사전 상(繫辭傳上)」에 "두 사람이 마음을 함께하면 그 예리함이 쇠를 자를 만하고, 마음을 함께한 말은 그 향기가 난초와 같다[二人同心, 其利斷金, 同心之言, 其臭如蘭]"라고 하였다.

2 태웠네 : 본문 '然'의 '燃'의 해음쌍관(諧音雙關)으로 '태우다'에 대한 은유이다.

蒙·피일휴皮日休가 일찍이 이를 의작擬作했다. 육구몽은 "아침 날 한 쌍의 신발을 생각하며, 내일 일찍이 신기를[3] 바라네[旦日思雙履, 明時願早諧]"[4]라고 하고, 피일휴는 "봄누에고치가 엷다 말하지 말라, 만 겹의 실[5]이 들어있으니[莫言春繭薄, 猶有萬重思]"라고 했는데 이는 모두 아래 시구로 위 시구를 해석한 것으로, 고침藁砧과는 다르다. 『악부해제樂府解題』에서 이런 시격을 '풍인시風人詩'라 했는데 전래하는 시를 취하여 백성의 풍습을 관찰한 것으로, 드러내놓고 말하지 않는 의미가 담겨 있다. 소식의 「무제無題」에서는 "연꽃 씨가 쪼개질 때 연밥을 봐야하거늘, 바둑판을 다 두자 더 바둑알이 없다. 해진 적삼에 거듭 꿰맨 곳이 있나니, 밥을 먹을 때 어찌 일찍이 숟가락을 잊으랴[蓮子劈開須見薏, 楸枰著盡更無棋. 破衫却有重縫處, 一飯何曾忘却匙]"[6]라고 했는데 이는 본문과 해석이 한 구절 안에 드러난 것으로 '풍인시'와는 또 약간 다르다.

觀『楚國先賢傳』, 言汝南應璩作『百一詩』, 譏切時事, 徧以示在事者, 皆怪愕以爲應焚棄之. 及觀『文選』所載璩『百一詩』, 略不及時事何邪? 又觀郭茂倩雜體詩, 載『百一詩』五篇, 皆璩所作, 首篇言馬子侯解音律, 而以「陌上桑」爲「鳳將雛」. 二篇傷翳桑二老, 無以葬妻子, 而己無宣孟之德, 可以賙其急. 三篇言老人自知桑榆之景, 斗酒自勞, 不肯爲子孫積財. 末篇即『文選』所載是也. 第四篇似有諷諫, 所謂"苟欲娛耳目, 快心樂腹腸. 我躬不悅懽, 安能慮死亡." 此豈非所謂應焚棄之詩乎. 方是時, 曹爽事多違法, 而璩爲爽長史, 切諫其失如此. 所謂『百一』者, 庶幾百分有一補於爽也. 而爽卒不悟, 以及於禍. 或謂以百言爲一篇者, 以字

3 신기를 : 본문 '諧'는 '鞋'의 해음쌍관으로 '신발'에 대한 은유이다.
4 『보리집(甫里集)』 권7 「풍인시사수(風人詩四首)」 「기삼(其三)」.
5 실 : 본문 '思'는 '絲'의 해음쌍관으로 '실'에 대한 은유이다.
6 연꽃 씨가 …… 잊으랴 : 본문에서 '薏'는 '憶'(그리다) '棋'는 '期'(기약), '縫'은 '逢'(만나다), '匙'는 '時'(시기)의 해음쌍관이다.

數而言也, 或謂百者數之終, 一者數之始, 士有百行, 終始如一者, 以士行而言也. 然皆穿鑿之說, 何足論哉. 後何遜亦有擬『百一』體, 所謂"靈輒困桑下, 於陵食李螬." 其詩一百十字, 恐出於或者之說. 然璩詩每篇字數各不同, 第不過一百字爾.

『초국선현전楚國先賢傳』을 살펴보면, 여남汝南 응거應璩가 시사를 절실하게 비판한 『백일百一』 시를 지어 유관 담당자들에게 보이자, 모두들 깜짝 놀라며 응당 태워버려야 한다고 했다고 되어 있다. 그런데 『문선』에 실려 있는 응거의 『백일』 시를 보면 시사에 대해 조금도 언급하고 있지 않으니 무엇 때문일까? 그리고 곽무청郭茂倩의 『악부시집樂府詩集』 잡체시雜體詩 항목에 『백일』 5편이 실려 있는데 모두 응거의 작품으로 되어 있다. 첫 편에서는 마자후馬子侯가 음률을 잘 안다고 하고 「맥상상陌上桑」을 「봉장추鳳將雛」라 했으며, 제2편은 예상翳桑의 두 노인이 처자를 장사지낼 수 없는 처지를 슬퍼하며 자신이 위급한 상황을 도와줄 선맹宣孟[7]의 덕을 갖추지 못한 것에 대해 이야기하고 있으며, 제3편은 노인이 스스로 상유(桑榆 : 노년)의 상황을 인지하고 말술로 자신을 위로하며 자손을 위해 재물을 쌓아두려 하지 않는데 대해 이야기하고 있으며, 마지막 편은 『문선』에 실려 있는 것 그대로이다. 제4편에는 풍자가 담긴 듯하니, 이른바 "참으로 눈과 귀를 기쁘게 하려 한다면, 화끈하게 배 속을 즐겁게 할 일이다. 내 몸이 기쁘지 않은데, 어떻게 죽음을 염려하겠는가[苟欲娛耳目, 快心樂腹腸. 我躬不悅懽, 安能慮死亡]"가 그것이다. 이것은 혹시 앞에서 말한 응당 태워버려야 한다는 그 작품이 아닐

7 선맹(宣孟) : 조돈(趙盾)의 시호이다. 간신(奸臣) 도안고(屠岸賈)의 무고로 영공(靈公)이 그를 죽이려 하자 달아났는데, 국경을 넘기 전에 그의 부하 조천(趙穿)이 영공을 죽였다. 이에 조돈은 다시 도성으로 돌아와 성공(成公)을 세웠고, 성공은 조돈의 아들 조삭(趙朔)을 사위로 삼았다. 경공(景公)이 즉위한 뒤에 도안고는 경공의 총애에 의지하여, 조돈이 영공을 시해했다고 무고하여 조돈의 일족을 멸하였다. 『사기(史記)』 권43 「조세가(趙世家)」.

까. 당시 조상曹爽은 법을 위반한 일들이 많았는데 조상의 장사(長史 : 막료)인 응거가 그 잘못을 이처럼 절실하게 간언한 것이다. 이른바 『백일』이란 백분의 일이나마 조상에게 보탬이 되었으면 한다는 뜻이다. 그런데 조상은 끝내 깨치지 못하여 재앙을 당하고 말았다. 혹자가 백 자로 1편을 만들었다고 한 것은 글자 수로 이야기한 것이고, 또 백은 수의 끝이고 일은 수의 시작이어서 백 가지 행동을 시종 한결같이 한다는 뜻이라고 하였으니 이는 식자의 행동을 기준 삼아 말한 것이다. 하지만 이는 모두 지나친 천착인데 어찌 논할 것이 있겠는가. 후에 하손何遜이 『백일』을 의작한 작품을 남겼으니 "영첩靈輒이 뽕나무 아래에서 곤란을 겪고,[8] 오릉於陵이 이조李螬를 먹는다[靈輒困桑下, 於陵食李螬]"[9]가 그것이다. 하손의 시 백십 자는 앞에서 거론한 혹자의 설에 근거한 듯하다. 하지만 응거의 작품은 매 편의 글자 수가 각기 다르며 백 자를 넘지 않는다.

皮日休「雜體詩序」曰 : "『詩』云'蝃蝀在東', 又曰'鴛鴦在梁', 雙聲起於此也." 陸龜蒙詩序曰 : "疊韻起自梁武帝云'後牖有朽柳.' 當時侍從之臣皆倡和 : 劉孝綽云'梁王長康强', 沈休文云 : '偏眠船舷邊', 庾肩吾云'載碓每礙埭.' 自後用此體作爲小詩者多矣, 如王融所謂'園蘅炫紅蘤, 湖荇曄黃華', 溫庭筠所謂'棲息消心象, 檐楹溢豔陽', 皆效雙聲而爲之者也." 陸龜蒙所謂"瓊英輕明生, 竹石滴瀝碧", 皮日休所謂"康莊傷荒凉, 土虜

8 영첩(靈輒)이 …… 겪고 : 이 구절은 춘추시대 진(晋)나라 사람인 영첩이 뽕나무 그늘에서 굶주리고 있을 때 조돈(趙盾)이 음식을 먹여준 고사와 관련 깊다. 나중에 영첩은 진 영공(晋靈公)의 호위병이 되었는데 영공이 조돈을 죽이려고 하자 창을 잡고 뒤로 돌아서서 조돈을 호위하여 화를 면하게 해주었다고 전해진다. 『좌전(左傳)』 선공(宣公) 2년.

9 오릉(於陵)이 …… 먹는다 : 『맹자』 「등문공 하(滕文公下)」에 나오는 다음의 말과 관련 깊은 구절이다. "진중자(陳仲子)가 어찌 청렴한 선비가 아니겠는가. 오릉(於陵) 땅에 있을 때 삼 일 동안 굶어서 들리는 것도 보이는 것도 없었는데, 굼벵이가 반 넘게 먹은 우물가의 오얏을 기어가서 주워 먹으니 세 번 삼킨 후에 귀가 들리고 눈이 보였다."

部伍苦", 皆效疊韻而爲之者也. 南北朝人士多喜作雙聲疊韻, 如謝莊・羊戎・魏收・崔巖輩, 戲謔談諧之語, 往往載在史冊, 可得而攷焉.

피일휴의 「잡체시서雜體詩序」에서 "『시경』에서 '체동은 동쪽에 있고[螮蝀在東]'[10]라고 하고 또 '원앙은 들보에 있다[鴛鴦在梁]'[11]라고 했는데 쌍성雙聲[12]은 여기에서 시작되었다"라고 하고, 육구몽의 『시서詩序』에서 "첩운疊韻[13]은 양 무제의 '뒤 창문에 썩은 버드나무가 있네[後牖有朽柳]'에서 시작되었다. 당시 시종하던 신하들이 모두 여기에 창화倡和했으니 유효작劉孝綽은 '양왕梁王은 길이 편안하고 강하리라[梁王長康强]'라고 하고, 심휴문沈休文은 '뱃전에 홀로 잠든다[偏眠船舷邊]'라고 하고, 유견오庾肩吾는 '방아 싣는 것이 매번 보에 막힌다[載碓每礙埭]'라고 했다. 이때부터 이 시체를 사용하여 짧은 소시小詩를 지은 것이 많으니 왕융王融의 '동산의 족두리 풀은 붉은 꽃이 빛나고, 호수의 마름은 노란 꽃이 빛나네[園蘅炫紅蘤, 湖荇曄黃華]'와 온정균溫庭筠의 '깃들어 쉬니 마음의 상象이 사라지고, 처마와 기둥에는 고운 태양이 작렬한다[棲息消心象, 檐楹溢豔陽]'는 모두 쌍성을 본받아 지은 것이다"라고 했다. 육구몽의 "눈송이에는 연한 빛이 발하고, 대나무와 바위는 물이 젖어 푸르다[瓊英輕明生, 竹石滴瀝碧]"와 피일휴의 "강장康莊[14]은 황량해 슬프고, 토로土虜는 부오(部伍 : 대오)가 괴롭다[康莊傷荒涼, 土虜部伍苦]"는 모두 첩운을 모방하여 지은 것이다. 남북조시대 식자들 중에는 쌍성과 첩운으로 시 짓기를 좋아하는 이들이 많았다. 예컨대 사장謝莊・양융羊戎・위수魏

10 『시경』「용풍(鄘風)」「체동(螮蝀)」.

11 『시경』「소아(小雅)」「상호지십(桑扈之什)」.

12 쌍성(雙聲) : 두 글자로 된 숙어(熟語)의 위아래 글자의 첫 자음(子音)이 서로 같은 것으로, 예를 들면 '겸가(蒹葭)'・'름렬(凜烈)' 따위를 이른 말이다.

13 첩운(疊韻) : 두 글자로 된 숙어에서 두 자가 모두 같은 운(韻)을 지니는 것으로, 예를 들면 '소요(逍遙)'・'선연(嬋娟)' 따위를 이른 말이다.

14 강장(康莊) : 사통팔달의 큰 거리이다. 다섯 방향으로 난 길을 강(康), 여섯 방향으로 난 길을 장(莊)이라고 한다.

收·최암崔巖 등의 해학과 담소가 담긴 시들이 이따금 역사서에 실려 있기도 한데 참고할 만하다.

錢起與郞士元齊名, 時人語曰: "前有沈宋, 後有錢郞." 然郞豈敢望錢哉. 起「中書遇雨」詩云: "雲銜七曜起, 雨拂九門來." 「宴李監宅」云: "晩鍾過竹靜, 醉客出花遲." 「罷官後」云: "秋堂入閒夜, 雲月思離居." 「對雨」云: "生事萍無定, 愁心雲不開." 亦可謂奇句矣. 士元詩豈有如此句乎. 「贈蓋少府新除江南尉」云: "客路尋常隨竹影, 人家大抵傍山嵐." 「題王季友半日村別業」云: "長溪南路當羣岫, 半景東鄰照數家." 此何等語? 余讀其詩, 盡帙未見有可喜處, 以是知不及起遠甚.

전기와 낭사원郞士元은 명성을 같이 해서 당시 사람들이 "전에는 심송(沈宋: 심전기沈佺期와 송지문)이 있고 후에는 전낭(錢郞: 전기와 낭사원)이 있다[前有沈宋, 後有錢郞]"라고 했다. 하지만 낭사원이 어찌 감히 전기를 따라갈 수 있겠는가. 전기의 「중서우우中書遇雨」의 "구름은 일곱 가지 빛을 머금어 오고, 비는 구중의 문을 떨치고 온다[雲銜七曜起, 雨拂九門來]"와 「연이감댁宴李監宅」의 "저녁 종소리는 대밭을 지나며 조용하고, 술 취한 나그네는 꽃 속을 나오는 길이 더디다[晩鍾過竹靜, 醉客出花遲]"와 「파관후罷官後」의 "가을 집은 한적한 밤으로 젖어들고, 구름 달은 이별의 삶을 떠올리게 한다[秋堂入閒夜, 雲月思離居]"와 「대우對雨」의 "삶이란 부평초처럼 일정함이 없고, 수심에 구름이 열리지 않는다[生事萍無定, 愁心雲不開]"는 모두 절묘한 시구라 말할 만하다. 낭사원의 시에 이와 같은 시구가 있는가. 그의 「증개소부신제강남위贈蓋少府新除江南尉」의 "나그네 길은 언제나 대나무 그림자를 따르고, 인가는 대체로 산의 남기를 가까이 한다[客路尋常隨竹影, 人家大抵傍山嵐]"와 「제왕계우반일촌별업題王季友半日村別業」의 "긴 시내 남쪽 길은 뭇 봉우리를 맞대고, 절반

그림자는 동쪽 이웃 몇몇 집을 비춘다[長溪南路當羣岫, 半景東鄰照數家]" 따위가 무슨 시란 말인가! 내가 그의 시를 읽는데 처음부터 끝까지 좋다고 여길 만한 시구를 보지 못했으니 그래서 전기에 워낙 미치지 못한다고 하는 것이다.

僧祖可, 俗蘇氏, 伯固之子, 養直之弟也. 作詩多佳句. 如「懷蘭江」云: "懷人更作夢千里, 歸思欲迷雲一灘", 「贈端師」云: "窗間一榻篆煙碧, 門外四山秋葉紅"等句, 皆淸新可喜. 然讀書不多, 故變態少. 觀其體格, 亦不過煙雲・草樹・山水・鷗鳥而已. 而徐師川作其詩引, 乃謂自建安七子, 南朝二謝, 唐杜甫・韋應物・柳宗元, 本朝王荊公・蘇・黃妙處, 皆心得神解, 無乃過乎. 師川作「畫虎行」末章云: "憶昔余頑少小時, 先生敎誦荊公詩. 卽今耆舊無新語, 尚有廬山病可師." 不知何故愛其詩如是也.

승려 조가祖可는 속성이 소씨蘇氏로, 소백고(蘇伯固 : 소견蘇堅)의 아들이자 소양직(蘇養直 : 소상蘇庠)의 아우이다. 지은 작품에 좋은 시구가 많다. 예컨대 「회난강懷蘭江」의 "사람이 그리워 다시 천 리의 꿈을 꾸고, 돌아가고픈 생각에 구름 여울이 혼미하려 하누나[懷人更作夢千里, 歸思欲迷雲一灘]"와 「증단사贈端師」의 "창 사이 탁상은 전서篆書의 연기(향 연기)가 푸르고, 문밖의 사방 산은 가을 잎이 붉다[窗間一榻篆煙碧, 門外四山秋葉紅]" 등은 모두 청신하여 읊을 만하다. 하지만 책을 많이 읽지 않은 탓에 형태의 변화가 부족하다. 또 그 내용을 살펴봐도 구름과 안개・풀과 나무・산과 물・갈매기와 새 따위에 지나지 않는다. 그런데 서사천(徐師川 : 서부徐俯)이 「시인詩引」을 지어, 건안의 칠자와 남조의 이사二謝와 당의 두보・유종원과 본조本朝의 왕안석・소식・황정견의 오묘한 경지를 모두 깊이 터득, 이해했다고 한 것은 너무 지나친 것이 아닌가? 서사천이 지은 「화호행畫虎行」의 마지막 장에서 "지난날 내가 아직 어렸을 적에, 선생께서 형공(荊公: 왕안석)의 시를 외우라고 하셨다. 지금 원로들에게는 참신한 시가 없으나, 여전히 여산廬山에는 몸 아픈 조가 스님이 계신다[憶昔余頑少小時, 先生敎誦荊公詩. 卽今耆舊無新語, 尙有廬山病可師]"라고 했는데 무엇 때문에 그의 시를 이토록 사랑했는지 모르겠다.

韋應物詩擬陶淵明而作者甚多, 然終不近也. 「答長安丞裴稅」詩云: "臨流意已悽, 采菊露未晞. 擧頭見秋山, 萬事都若遺." 蓋效淵明"采菊東籬下, 悠然見南山. 此懷有眞意, 欲辨已忘言"之句也. 然淵明落世紛深入理窟, 但見萬象森羅, 莫非眞境, 故因見南山而眞意具焉. 應物乃因意悽而采菊, 因見秋山而遺萬事, 其與陶所得異矣.①

① 此條「答長安丞」以下原缺, 據『詩話總龜』後集卷二十五補.

위응물이 도연명의 작품을 의작하여 지은 것이 많지만 끝내 근사近似하지 못했다. 「답장안승배세答長安丞裴稅」의 "물가에 임할 때 마음 벌써 서글픈데, 국화를 따니 이슬이 아직 마르지 않았네. 머리 들어 가을 산을 바라보니, 모든 것을 잃어버린 듯하네[臨流意已悽, 采菊露未晞. 擧頭見秋山, 萬事都若遺]"는 도연명의 "동쪽 울타리 아래서 국화를 따다가, 멀리 남산을 바라본다. 이 가슴에 참 뜻이 있어, 말하고 싶으나 할 말을 잊었네[采菊東籬下, 悠然見南山. 此懷有眞意, 欲辨已忘言]"[15]라는 구절을 모방한 것이다. 하지만 도연명은 세상의 분란을 떨치고 진리의 굴속으로 깊이 들어가 삼라만상이 모두 진경임을 보았으므로 남산을 보면서 참뜻이 구비되었던 것이다. 위응물은 마음이 쓸쓸해서 국화를 따고 가을 산을 보면서 모든 것을 잃어버렸으니 도연명이 터득한 것과는 달랐다.

15 『도연명집』 권3 「음주(飮酒)【십이수(二十首)】」「기오(其五)」.

① 이 조항에는 「답장안승答長安丞」 이하가 누락되어 있었는데 『시화총귀詩話總龜』 후집 권25에 의거하여 보충했다.

唐竇常·牟·羣·庠·鞏兄弟五人, 四人擢進士, 獨羣客隱毗陵, 因韋夏卿屢薦, 始入仕, 皆詩人也. 牟晚從昭義盧從史, 從史寖驕, 牟度不可諫, 卽移疾歸東都. 故其「秋夕閒居」詩云: "燕燕辭巢蟬蛻枝, 窮居積雨壞藩籬." 羣嘗爲黔中觀察使, 故其詩云: "佩刀看日曬, 賜馬傍江調. 言語多重譯, 壺觴每獨謠." 而鞏詩中乃有「自京師將赴黔南」之所, 謂"風雨荊州二月天, 問人初雇峽中船. 西南一望雲和水, 猶道黔南有四千."① 此詩疑羣所作 而誤置鞏集中爾. 常歷武陵·夔·江·撫四州刺史, 所謂"看春又過清明節, 算老重經癸巳年"者, 將之武陵到松滋渡之所作也. 庠詩不見, 其「巡內」一絶云: "愁雲漠漠草離離, 太乙鉤陳處處疑.② 薄暮毀垣春雨裏, 殘花猶發萬年枝." 造句亦可謂秀整矣. 兄弟中獨羣詩稍低, 又不得擧進士, 而位反居上. 鞏詩有「放魚」詩云: "好去長江千萬里, 不須辛苦上龍門."③ 豈非爲羣而言乎. 史載鞏平居與人言, 若不出口, 世號'囁嚅翁', 乃肯爲是耶?

① 此詩『全唐詩』作'竇羣'作.

② '太乙'原作'太液', 據『全唐詩』改.

③ 此條自'唐竇常'至'好去長江千'原缺, 據『總龜』後集卷三十七補.

당나라의 두상竇常·두모竇牟·두군竇羣·두상竇庠·두공竇鞏 형제 오인 가운데 네 사람은 진사에 급제했지만 두군만 비릉毗陵의 객지에서 은거하다가 위하경韋夏卿의 여러 차례에 걸친 추천으로 비로소 벼슬길에 들어갔다. 그들은 모두 시인이었다. 두모는 만년에 소의昭義 노종사盧從史를 추종했는데 노종사가 점차 교만해지자 더 이상 권고할 수 없음을 알아차리고 바로 병을 핑계로 동도東都로 돌아갔다. 그래서 그의 「추석한거秋夕閒居」에서 "제비가 집을 떠나고 매미가 가지를 벗어나, 곤궁한 집에 비가 쌓이고 울타리도 무너졌다[燕燕辭巢蟬蛻枝, 窮居積雨壞藩籬]"라고 한 것이다. 두군은 일찍이 검중관찰사黔中觀察使를 역임했다. 그래서 시에서 "칼을 차고 빛나는 태양을 바라보고, 하사 받은 말을 강가에서 조련한다. 말은 여러 번의 통역이 필요한 경우가 많아, 언제나 술잔을 기울며 홀로 노래한다[佩刀看日曬, 賜馬旁江調. 言語多重譯, 壺觴每獨謠]"라고 했다. 그런데 두공의 시 가운데 「자경사장부검남自京師將赴黔南」이라는 작품이 있어 "비바람 부는 형주荊州의 2월 하늘에, 사람들에게 물어 처음 협곡의 배를 빌린다. 서남쪽을 바라보니 구름과 비가 섞여 있고, 여전히 검남은 사천 리라고 이야기한다[風雨荊州二月天, 問人初雇峽中船. 西南一望雲和水, 猶道黔南有四千]"라고 했으니 이 시는 아마도 두군의 작품인데 두공의 시집 안에 잘못 들어간 것이 아닌가 싶다. 두상竇常은 무릉武陵·기주夔州·강주江州·무주撫州 네 주의 자사를 역임했다. "봄을 보노라니 다시 한 번 청명절淸明節을 겪고, 노년을 계산하니 계사년을 두 번 보냈네[看春又過淸明節, 算老重經癸巳年]"는 무릉에 가기 앞서 송자도松滋渡에 도착했을 때 지은 것이다. 두상竇庠의 시는 보이지 않는데 그의 「순내巡內」 절구에서 "수심의 구름은 아득하고 풀은 더부룩한데, 곳곳이 태을궁太乙宮의 환영으로 나타난다. 해질녘 해진 담장에 봄비 내리는데, 만년의 가지에서 여린 꽃이 여전히 피었다[愁雲漠漠草離離, 太乙鉤陳處處疑. 薄暮毁垣春雨裏, 殘花猶發萬年枝]"라고 했으니 지어낸 구절이 수려하고 정제되었다 할 만하다. 형제들 가운데 두군의 시격이 조금 낮으며 진사도 급제 못했지만 지위는 오히려 높았다. 두공이 「방어放魚」에서 "장강 천만 리를 지나가기 좋을터, 굳이 애써서 용문龍門을 올라갈 필요 없다[好去長江千萬里, 不須辛苦上龍門]"는 혹시 두군을 겨냥하여 한 말이지 않을까. 전하는 기록에 의하면 두공은 평소에 사람들과 이야기할 때 입에서 말이 떨어지지 않는 듯해 세상에서 '섭유

옹囁嚅翁'이라 불렀다는데 이러한 시를 지었단 말인가!

① 이 시는 『전당시全唐詩』에 '竇鞏'의 작품으로 되어 있다.

② '太乙'은 본래 '太液'으로 되어 있었는데 『전당시全唐詩』에 의거하여 고쳤다.

③ 이 조항은 본래 '唐竇常'에서 '好去長江千'까지 누락되어 있었는데 『시화총귀詩話總龜』 후집 권37에 의거하여 보충했다.

張祜喜遊山而多苦吟, 凡歷僧寺, 往往題詠. 如「題僧壁」云:"客地多逢酒, 僧房却獻花."「萬道人禪房」云:"殘陽過遠水, 落葉滿踈鍾."「題金山寺」云:"僧歸夜船月, 龍出曉堂雲. 寺影中流見, 鍾聲兩岸聞."「題孤山寺」云:"不雨山長潤, 無風水自陰. 斷橋荒蘚澀, 空院落花深." 如杭之靈隱·天竺, 蘇之靈岩·楞伽, 常之惠山·善卷, 潤之甘露·招隱, 皆有佳作. 李涉在岳陽嘗贈其詩曰:"岳陽西南湖上寺, 水閣松房遍文字. 新釘張生一首詩, 自餘吟著皆無味." 信知僧房佛寺賴其詩以標榜者多矣.

장호張祜는 산을 유람하기를 좋아하고 고음苦吟이 많았는데 절을 지날 때면 이따금 시를 지었다. 「제승벽題僧壁」에서 "객지에서는 술을 만나는 경우가 많은데, 승방에서는 문득 꽃을 바친다[客地多逢酒, 僧房却獻花]"라고 하고, 「만도인선방萬道人禪房」에서 "저물녘에 멀리 흐르는 물을 지나고, 지는 잎에 성긴 종소리 가득하다[殘陽過遠水, 落葉滿踈鍾]"라고 하고, 「제금산사題金山寺」에서 "중은 한밤 달 아래 배로 돌아가고, 용은 새벽 집 구름으로 솟아오른다. 절 그림자는 물 가운데 보이고, 종소리는 양 언덕에 들린다[僧歸夜船月, 龍出曉堂雲. 寺影中流見, 鍾聲兩岸聞]"라고 하고, 「제고산사題孤山寺」에서 "비 내리지 않은 산은 오랫동안 윤택하고, 바람 없는 물은 스스로 깊다. 끊어진 다리는 거친 이끼로 덮이고, 텅 빈 집은 떨어진 꽃만 널렸다[不雨山長潤, 無風水自陰. 斷橋荒蘚澀, 空院

落花深]"라고 했다. 항주의 영은사·천축사天竺寺와, 소주蘇州의 영암사靈岩寺·능가사楞伽寺와, 상주常州의 혜산사惠山寺·선권사善卷寺와, 윤주潤州의 감로사甘露寺·초은사招隱寺에도 모두 좋은 작품을 남겼다. 이섭李涉이 일찍이 악양岳陽에서 시 한편을 보내왔는데 "악양 서남쪽 호수 위의 절들은, 수각水閣과 송방松房에 문자가 널려 있다. 장생張生의 시 한편을 부치고 나서는, 나머지 글들이 모두 무의미하다[岳陽西南湖上寺, 水閣松房遍文字. 新釘張生一首詩, 自餘吟著皆無味]"라고 했으니 정말 승방과 절간에서 그의 시에 힘입어 표방한 것이 많다는 것을 알 수 있다.

張祜詩云 : "故國三千里, 深宮二十年." 杜牧賞之, 作詩云 : "可憐故國三千里, 虛唱歌詞滿六宮." 故鄭谷云 : "張生故國三千里, 知者惟應杜紫微." 諸賢品題如是, 祜之詩名安得不重乎. 其後有"解道澄江靜如練, 世間惟有謝玄暉" "解道江南斷腸句, 世間惟有賀方回"等語, 皆祖其意也.

장호의 시에서 "고국은 삼천 리이고, 깊은 궁은 이십 년이다[故國三千里, 深宮二十年]"[16]라고 했는데 두목이 이를 높이 평가하며 "고국 삼천리가 그리워, 공허하게 부른 가사만이 육궁六宮에 가득하다[可憐故國三千里, 虛唱歌詞滿六宮]"라고 했다. 그래서 정곡이 "장생張生의 고국 삼천리를, 아는 자는 오직 두자미(杜紫微 : 두목)뿐이다[張生故國三千里, 知者惟應杜紫微]"라고 했다. 여러 현자들의 품평과 논의가 이러한데 장호의 시인으로서의 명성이 어찌 중하지 않을 수 있겠는가. 그 뒤에 "징강澄江이 누인 명주처럼 고요한 것을 아는 이는, 세상에 오직 사현휘謝玄暉뿐이다[解道澄江靜如練, 世間惟有謝玄暉]"와 "강남의 단장斷腸의 구절을 아는 이는, 세상에 오직 하방회(賀方回 : 하주賀鑄)뿐이다[解道江南斷腸句, 世間惟

16 고병(高棅), 『당시품휘(唐詩品彙)』 43, 장호(張祜), 「궁사(宮詞)」.

有賀方回]" 따위의 시가 지어졌는데 모두 장호의 이러한 내용에 근거한 것이다.

唐朝人士, 以詩名者甚衆, 往往因一篇之善, 一句之工, 名公先達爲之遊談延譽, 遂至聲聞四馳. "曲終人不見, 江上數峯靑", 錢起以是得名. "故國三千里, 深宮二十年", 張祜以是得名. "微雲淡河漢, 疎雨滴梧桐", 孟浩然以是得名. "兵衛森畫戟, 宴寢凝淸香", 韋應物以是得名. "野火燒不盡, 東風吹又生", 白居易以是得名. "敲門風動竹, 疑是故人來", 李益以是得名. "鳥宿池邊樹, 僧敲月下門", 賈島以是得名. "畫棟朝飛南浦雲, 珠簾暮捲西山雨", 王勃以是得名. "華裾織翠靑如蔥, 入門下馬氣如虹", 李賀以是得名. 然觀各人詩集, 平平處甚多, 豈皆如此句哉. 古人所謂嘗鼎一臠, 可以盡知其味, 恐未必然爾. 杜子美云:"爲人性僻耽佳句, 語不驚人死不休." 則是凡子美胸中流出者, 無非驚人之語矣. 讀其集者, 當知此言不妄, 殆非前數公之可比倫也.

당나라의 지식인 중에 시인의 명성을 지닌 사람이 매우 많은데 그 가운데는 이따금 좋은 작품 한 편과 좋은 구절 하나로 명사들의 입에 오르거나 칭찬을 받아 마침내 세상에 널리 알려진 경우가 있다. "곡이 끝나자 사람은 보이지 않고, 강 위에 몇 개의 봉우리만 푸르다[曲終人不見, 江上數峯靑]"[17]는 전기가 명성을 얻은 작품이고, "고국은 삼천 리이고, 깊은 궁은 이십 년이다[故國三千里, 深宮二十年]"는 장호가 명성을 얻은 작품이고, "희미한 구름은 은하를 엷게 덮고, 성긴 비는 오동나무에 떨어진다[微雲淡河漢, 疎雨滴梧桐]"[18]는 맹호연이 명성을 얻은 작품이고, "호위하는 병사에는 그림 그려진 창이 즐비하고, 연회의 실내에는 맑

17 『전중문집(錢仲文集)』 권7 「성시상령고슬(省試湘靈鼓瑟)」.

18 『어정전당시(御定全唐詩)』 권160, 맹호연(孟浩然), 「구(句)」.

은 향이 서렸다[兵衛森畫戟, 宴寢凝淸香]"[19]는 위응물이 명성을 얻은 작품이고, "들불은 끝없이 타고, 동풍은 또다시 불어온다[野火燒不盡, 東風吹又生]"[20]는 백거이가 명성을 얻은 작품이고, "문을 치며 바람이 대나무를 움직이니, 친구가 온 것인가[敲門風動竹, 疑是故人來]"는 이익李益이 명성을 얻은 작품이고, "새는 연못가 나무에서 자고, 중은 달 아래 문을 두드린다[鳥宿池邊樹, 僧敲月下門]"[21]는 가도가 명성을 얻은 작품이고, "채색 기둥에는 아침에 남포南浦의 구름이 날고, 구슬 주렴은 저녁에 서산의 비를 거둔다[畫棟朝飛南浦雲, 珠簾暮捲西山雨]"[22]는 왕발이 명성을 얻은 작품이고, "화려한 옷깃에 비춰 직조는 파처럼 푸르고, 문 안으로 들어가 말에서 내리자 기운이 무지개 같다[華裾織翠靑如蔥, 入門下馬氣如虹]"[23]는 이하가 명성을 얻은 작품이다. 하지만 각 시인들의 시집을 보면 일반적인 구절이 매우 많으니 어찌 모두가 이런 구절과 같겠는가. 옛사람이 솥 안의 고기 한 점을 맛보는 것으로도 전체의 맛을 다 알 수 있다고 한 것은 반드시 맞지는 않는 듯하다. 두보가 "사람 됨됨이가 본디 좋은 시구를 탐하여, 시어가 남을 놀랠 정도가 아니면 죽어도 그만두지 않는다[爲人性僻耽佳句, 語不驚人死不休]"[24]라고 했다면, 두보의 가슴 속에서 흘러나온 것은 사람을 놀라게 할 시어 아닌 것이 없는 것이다. 그의 시집을 읽은 사람은 이 말이 망령되지 않다는 것을 알 것이며 앞에서 거론한 분들이 견줄 수 있는 것이 아니리라.

劉禹錫『嘉話錄』載楊祭酒「贈項斯」詩曰："幾度見詩詩總好, 今觀標

19 『위소주집(韋蘇州集)』 권1 「군재우중여제문사연집(郡齋雨中與諸文士燕集)」.
20 『백씨장경집(白氏長慶集)』 권13 「부득고원초송별(賦得古原草送別)」.
21 『장강집(長江集)』 권4 「제이응유거(題李凝幽居)」.
22 『왕자안집(王子安集)』 권2 「등왕각(滕王閣)」.
23 『창곡집(昌谷集)』 권4 「고헌과(高軒過)」.
24 『두시상주(杜詩詳註)』 권10 「강상치수여해세료단술(江上値水如海勢聊短述)」.

格勝於詩. 平生不解藏人善, 到處相逢說項斯." 斯集中絶少佳句, 如「晩春花」云 : "疏與香風會, 細將泉影移." 「別張籍」云 : "子城西並宅, 御水北同渠." 拙惡有餘, 宜祭酒公謂標格勝於詩也. 祭酒乃敬之也. 其贈斯詩, 鄙俗如此, 與斯亦奚遠哉.

유우석이 『가화록嘉話錄』에서 양제주楊祭酒의 「증항사贈項斯」를 수록했는데 "시를 볼 때마다 시가 모두 좋았는데 지금 모습을 보니 시보다 훌륭하네. 평생 남의 미덕을 감출 줄 몰라, 가는 곳마다 사람 만나면 항사를 이야기하네[幾度見詩詩總好, 今觀標格勝於詩. 平生不解藏人善, 到處相逢說項斯]"라고 했다. 항사項斯의 시집에는 좋은 작품이 매우 적다. 예컨대 「만춘화晩春花」의 "성글게 향기로운 바람과 만나고, 세심히 샘 그림자를 옮긴다[疏與香風會, 細將泉影移]"와 「별장적別張籍」의 "자성子城은 서쪽으로 집과 함께 하고, 어수御水는 북쪽으로 개울과 함께 하네[子城西並宅, 御水北同渠]"는 졸렬하기 그지없으니 양제주 공이 모습이 시보다 훌륭하다고 한 것이 당연하다. 양제주는 바로 양경지楊敬之다. 그가 항사에게 보낸 시가 이처럼 비속하니, 항사와의 차이가 어찌 크다 하겠는가.

趙嘏「長安秋望」詩云 : "殘星幾點雁橫塞, 長笛一聲人倚樓." 當時人誦詠之, 以爲佳作, 遂有'趙倚樓'之目. 又有「長安月夜與友人話歸故山」詩云 : "楊柳風多潮未落, 蒹葭霜在雁初飛." 亦不減倚樓之句. 至於「獻李僕射」詩云 : "新諾似山無力負, 舊恩如水滿身流." 則謬矣.

조하趙嘏의 「장안추망長安秋望」의 "가물거리는 몇 점 별 아래 기러기는 변방을 가로 날고, 긴 젓대 소리에 사람은 누각에 기댄다[殘星幾點雁橫塞, 長笛一聲人倚樓]"를 당시 사람들이 널리 암송하며 훌륭한 작품이라 평가해 결국 '조의루趙倚樓'라는 말이 생겼다. 그리고 「장안월야여우인화귀

고산長安月夜與友人話歸故山」의 "버들에 바람은 불어대고 조수는 지지 않으며, 갈대에 이슬이 젖고 기러기가 막 날아간다[楊柳風多潮未落, 蒹葭霜在雁初飛]" 또한 위의 의루倚樓 구절에 뒤지지 않는다. 그런데 「헌이복야獻李僕射」의 "새로운 승낙은 산과 같아 질 힘이 없고, 옛 은혜는 물과 같아 몸 가득 흐른다[新諾似山無力負, 舊恩如水滿身流]"는 문제가 있다.

或云韋應物乃韋后之族, 憑恃恩私作里中橫. 故韋集載「逢楊開府」詩云: "少事武皇帝, 無賴恃恩私. 身作里中橫, 家藏亡命兒. 武皇升仙去, 把筆學題詩. 兩府始收跡, 南宮謬見推." 夫武皇平內亂, 殺韋后, 不應后之族敢於武皇之時豪橫若此, 正恐非后族爾. 李肇『國史補』言應物性高潔, 鮮食寡欲, 所居焚香掃地而坐. 與楊開府詩所述不同, 豈非武皇仙去之後, 折節悔過之時邪?

혹자는 위응물이 위후韋后[25]의 일족이어서 그의 비호 아래 마을에서 멋대로 행동했다고 말한다. 그런데 위응물의 시집에 실린 「봉양개부逢楊開府」에서 "어려서 무황제武皇帝를 섬겨, 무뢰하게 사적인 은혜를 믿었다. 몸은 마을에서 제멋대로 행동하고, 집안에서는 망명한 아이를 숨겨주었다. 무황제가 승하하고 나서는, 붓을 들고 시 짓는 것을 배웠다. 양부兩府에서 비로소 그 자취를 거둬가고, 남궁(南宮 : 상서성)에서 잘못 추대를 입었다[少事武皇帝, 無賴恃恩私. 身作里中橫, 家藏亡命兒. 武皇升仙去, 把筆學題詩. 兩府始收跡, 南宮謬見推]"라고 했다. 무황제가 내란을 평

25 위후(韋后) : 중국 당대(唐代) 중종(中宗)의 황후이다. 705년(신룡(神龍) 1)에 중종이 복위하자 무삼사(武三思) 등과 결탁하여 조정을 마음대로 움직였으며, 사촌오빠 위온(韋溫) 등에게 대권을 장악하도록 했다. 710년(경룡(景龍) 4) 중종을 독살하고 중무(重茂)를 황제로 세운 뒤 자신이 국정을 장악하고 제위에 올랐다. 얼마 후 이융기(李隆基 : 현종(玄宗))가 궁정의 정변을 일으켜 자신의 아버지인 상왕(相王) 이단(李旦 : 예종(睿宗))을 제위에 옹립했는데, 그녀는 그때 궁중에서 살해당했다.

정하고 나서 위후를 죽였다면 위후 일족이 감히 무황제 때 이처럼 횡포를 부릴 수는 없었을 것이니, 따라서 위응물은 위후의 일족은 아닐 듯싶다. 이조李肇의 『국사보國史補』에서는 위응물이 성품이 고결하여 먹는 것이 적고 욕심이 많지 않았으며 머무르는 곳에는 향을 피우고 앉는 곳은 깨끗이 정돈했다고 적혀 있어 '양개부楊開府'에서 서술한 것과 다르니, 이 시는 혹시 무황제가 승하한 뒤 태도를 바꿔 잘못을 뉘우쳤을 때 지은 것이 아닐까.

竹未嘗香也, 而杜子美詩云:"雨洗娟娟靜, 風吹細細香." 雪未嘗香也, 而李太白詩云:"瑤臺雪花數千點, 片片吹落春風香."

대나무는 향기가 나지 않지만 두보의 시에서 "비에 씻겨 여린 듯 조용하고, 바람이 불자 그윽히 향기롭다[雨洗娟娟靜, 風吹細細香]"[26]라고 하고, 눈도 향기가 나지 않지만 이백의 시에서 "요대瑤臺의 눈꽃 수천 점이, 조각마다 봄바람의 향기를 떨어뜨린다[瑤臺雪花數千點, 片片吹落春風香]"[27]라고 했다.

韋應物「奉謝處士叔」詩云:"高齋樂宴罷, 淸夜道相存." 東坡「次王鞏韻」云:"那能廢詩酒, 亦未妨禪寂." 子由「春盡」詩云:"『楞嚴』十卷幾回讀, 法酒三升是客同."① 道貴冲寂, 宴主懽暢, 二者恐不能相兼也. 白樂天延樂命醻之時, 不忘於佛事, 達者至今譏之.

① '法'原脫, 據蘇轍『欒城集』補.

26 『두시상주(杜詩詳註)』 권14 「엄정공댁동영죽(嚴鄭公宅同詠竹)」.

27 『이태백문집(李太白文集)』 권6 「수은좌명견증오운구가(訓殷佐明見贈五雲裘歌)【사조댁재당도청산하(謝朓宅在當塗青山下)】」.

위응물의 「봉사처사숙奉謝處士叔」에서 "높은 재실에서 즐거운 연회를 마친 뒤, 청정한 밤에 도가 간직되어 있다[高齋樂宴罷, 淸夜道相存]"라고 하고, 소식의 「차왕공운次王鞏韻」에서 "어찌 시와 술을 저버리랴, 선禪의 정적에 방해되지 않거늘[那能廢詩酒, 亦未妨禪寂]"이라 하고, 자유(子由: 소철蘇轍)의 「춘진春盡」에서 "『능엄경楞嚴經』 10권을 몇 번이나 읽었던가, 법주法酒 세 되를 손님과 함께 했네[『楞嚴』十卷幾回讀, 法酒三升是客同]"라고 했는데 도는 담박과 청정을 중시하고 연회는 환희와 쾌활을 중시하여 양자는 서로 겸할 수는 없을 듯하다. 백거이가 풍악을 연주하고 술잔을 기울이면서도 불교를 잊지 않아서 지금까지도 식자들이 비난하고 있다.

① '法'은 본래 탈락되어 있었는데 소철蘇轍의 『난성집欒城集』에 의거하여 보충했다.

古人詩勉人行樂, 未嘗不以日月迅駛爲言. 謝惠連云: "四節競闌候, 六龍引頹機." 沈約云: "馳蓋轉徂龍, 回星引奔月." 陸機云: "出西門, 望天庭, 陽谷旣虛崦嵫盈. 逝者若斯安得停." 司空圖云: "女媧只解補靑天, 不解煎膠黏日月." 孟郊云: "生隨昏曉中, 皆被日月驅." 皆佳語也. 至盧仝「歎昨日」詩則曰: "上帝版版主何物, 日車刧刧西何沒. 自古聖賢無奈何, 道行不得皆白骨." 則又以不得行道爲歎, 非止欲行樂而已也.①

① '止'原作'正', 據『類編』本改.

옛사람들은 시에서 사람들에게 즐길 것을 권장하고 세월이 빠르게 흐르는 것을 말하지 않은 적이 없다. 사령운은 "네 계절이 앞다퉈 절기를 끝내고, 여섯 용[28]이 이끌어 바퀴를 낡게 한다[四節競闌候, 六龍引頹機]"[29]라고 하고, 심약은 "달리는 수레 덮개는 조룡徂龍[30]을 움직이고, 회

28 여섯 용: 제왕의 수레를 끄는 여섯 필의 말을 말한다. 『주역』「건괘(乾卦)」의 "육룡을 타고 하늘에 나선다[乘六龍以御天]"에서 유래하였다.

전하는 별은 달리는 달을 이끈다[馳蓋轉祖龍, 回星引奔月]"[31]라고 하고, 육기陸機는 "서쪽 문을 나서, 하늘을 바라보니, 양곡陽谷[32]은 텅 비고 엄자崦嵫[33]는 가득하다. 흐르는 것이 이러한데 어찌 멈추게 할 수 있겠는가[出西門, 望天庭, 陽谷旣虛崦嵫盈. 逝者若斯安得停]"[34]라고 하고, 사공도는 "여와女媧는 하늘을 보완할 줄만 알 뿐,[35] 아교를 녹여 해와 달을 붙여 둘 줄 모르네[女媧只解補青天, 不解煎膠黏日月]"[36]라고 하고, 맹교는 "삶은 저녁과 새벽을 따라, 해와 달에 의해 내달리네[生隨昏曉中, 皆被日月驅]"[37]라고 했으니 모두 훌륭한 시구이다. 그런데 노동이 「탄작일歎昨日」에서 "상제께서는 구체적으로 무엇을 주관하실까? 해 수레는 어찌하여 언제나 서쪽으로만 기우는가? 예로부터 성현도 어찌할 수 없어, 도가 실행되지 않은 채 모두 백골이 되셨네[上帝版版主何物, 日車刼刼西何沒. 自古聖賢無奈何, 道行不得皆白骨]"라고 했으니 이는 도가 실행되지 못한 것을 탄식하여, 단지 즐거움을 누리려는 데 그치지 않았다.

① '止'는 본래 '正'으로 돼 있었는데 『시화유편詩話類編』본에 의거하여 고쳤다.

29 『한위육조백삼가집(漢魏六朝百三家集)』 권71, 사령운(謝靈運), 「각동서문행(却東西門行)」.

30 조룡(祖龍) : 조(祖)는 시(始)의 뜻이고, 용(龍)은 임금을 상징하는 말로, 진시황을 가리킨다. 『사기』 「진시황본기」의 "금년에 조룡이 죽을 것이다[今年祖龍死]"에서 유래하였다.

31 『한위육조백삼가집(漢魏六朝百三家集)』 권88, 심약(沈約), 「각출동서문행(却出東西門行)」.

32 양곡(陽谷) : 해가 뜨고 해가 목욕한다는 곳으로, 전하여 태양의 뜻으로도 쓰인다. 양곡(暘谷)으로도 쓴다.

33 엄자(崦嵫) : 태양이 들어가 쉰다는 전설상의 산 이름이다.

34 『한위육조백삼가집(漢魏六朝百三家集)』 권49, 육기(陸機), 「순동서문행(順東西門行)」.

35 여와(女媧)는 …… 알 뿐 : 『회남자(淮南子)』에 수록된 '여와보천(女媧補天)' 전설과 관련 깊은 구절이다. 옛날 네 개의 큰 기둥이 파괴되어 하늘은 두루 덮지를 못하고 땅은 만물을 받치지를 못했으며, 화염은 꺼지지 않고 물은 큰 바다처럼 흘러내렸다. 이에 여와는 오색의 돌을 녹여 하늘의 구멍을 메꾸었고 자라의 발을 잘라 사극(四極)을 세웠으며, 흑룡을 죽여 기주(冀州)를 구하였고 갈대의 재를 모아 멋대로 흐르는 물을 막았다고 한다.

36 『어정전당시(御定全唐詩)』 권632, 사공도(司空圖), 「잡언(雜言)」.

37 『맹동야시집(孟東野詩集)』 권8 「송종숙교서간남귀(送從叔校書簡南歸)」.

「七哀」詩起曹子建, 其次則王仲宣·張孟陽也. 釋詩者謂病而哀·義而哀·感而哀·悲而哀·耳目聞見而哀·口歎而哀·鼻酸而哀, 謂一事而七者具也. 子建之「七哀」, 哀在於獨棲之思婦, 仲宣之「七哀」, 哀在於棄子之婦人, 張孟陽之「七哀」, 哀在於已毁之園寢. 唐雍陶亦有「七哀」詩, 所謂"君若無定雲, 妾作不動山. 雲行出山易, 山逐雲去難." 是皆以一哀而七者具也. 老杜之「八哀」, 則所哀者八人也. 王思禮·李光弼之武功, 蘇源明·李邕之文翰, 汝陽·鄭虔之多能, 張九齡·嚴武之政事, 皆不復見矣. 蓋當時盜賊未息, 歎舊懷賢而作者也. 司馬溫公亦有「五哀」詩, 謂楚屈原·趙李牧·漢晁錯·馬援·齊斛律光皆負才竭忠, 卒困於讒而不能自脫, 蓋有激而云爾.

「칠애七哀」는 조자건(曹子建 : 조식)으로부터 시작되었고, 왕중선(王仲宣 : 왕찬王粲)·장맹양(張孟陽 : 장재張載)이 뒤를 이었다. 이 작품을 해석하는 이들은 아파서 슬픈 것(病而哀)·의리로 인해 슬픈 것(義而哀)·감응하여 슬픈 것(感而哀)·비탄하여 슬픈 것(悲而哀)·귀와 눈으로 듣고 보며 슬픈 것(耳目聞見而哀)·입으로 탄식하며 슬픈 것(口歎而哀)·코가 찡하며 슬픈 것(鼻酸而哀) 등, 한 가지 일에 일곱 가지 슬픔이 들어있다고 했다. 조식의 「칠애」는 홀로 지내며 그리움에 사무친 아낙에 대한 슬픔이고, 왕찬의 「칠애」는 자식을 버린 아낙에 대한 슬픔이고, 장재의 「칠애」는 망가져버린 동산과 집에 대한 슬픔이다. 당나라의 옹도雍陶 역시 「칠애」를 남겼으니 "당신이 만일 정처 없는 구름이라면, 저는 움직이지 않는 산이 되리다. 구름은 움직여 산을 쉽게 나서지만, 산은 구름을 따라 가기 어려우리다[君若無定雲, 妾作不動山. 雲行出山易, 山逐雲去難]"이다. 이들 작품은 모두 한 가지 일에 일곱 가지 슬픔이 모두 들어있다. 두보의 「팔애八哀」는 슬퍼하는 대상이 여덟 사람이다. 왕사례王思禮·이광필李光弼의 무공武功과, 소원명蘇源明·이옹李邕의 문장과, 여양왕(汝陽王 : 이진李璡)·정건鄭虔의 재능과, 장구령張九齡·엄무嚴武의 정사政事를 다시는 볼 수 없음에 대한 것이다. 당시 도적들이 끊임없이 들끓자 지난날을 회고하고 현자를 그리워하며 지었다. 사마광司馬光 역시 「오애五哀」를 남겼는데 초 굴원・조趙 이목李牧・한漢 조착晁錯・마원馬援・제齊 곡률광斛律光이 모두 남다른 재능으로 충성을 다했지만 결국 참소에 좌절돼 끝내 벗어나지 못한 것을 거론한 것으로, 마음속에서 울컥 솟아난 것이 있어 그렇게 읊었다.

李正封與韓退之「郾城聯句」云 : "從軍古云樂, 談笑青油幕. 燈明夜觀棋, 月暗秋城柝." 言樂而不及苦. 陸士衡「從軍行」云 : "朝食不免冑, 夕息常負戈. 苦哉遠征人, 撫心悲奈何." 言苦而不及樂. 至於王仲宣作「從軍」詩, 則曰 : "從軍有苦樂, 但問所從誰. 所從神且武, 焉得久勞思." 謂從曹操也. 其詩有"昔人從公旦, 一徂輒三齡. 今我神武師, 暫往必速平." 似非擬人必於其倫之義. 蓋仲宣時爲操軍謀祭酒, 則亦無所不至矣.

이정봉李正封과 한유가 함께 지은 「언성연구郾城聯句」에서 "종군從軍이 예로부터 즐겁다고 하여, 푸른 유등油燈 장막에서 담소를 나눴다. 등불 밝히고 한밤에 바둑 구경하고, 달빛 어두운 가을 성터에서 딱딱이 소리 듣는다[從軍古云樂, 談笑青油幕. 燈明夜觀棋, 月暗秋城柝]"라고 했는데 힘들지 않은 군생활의 즐거움을 묘사한 것이다. 육사형(陸士衡 : 육기陸機)의 「종군행從軍行」에서 "아침밥을 먹을 때 투구를 벗지 못하고, 저녁 쉴 때도 창을 등지고 있다. 괴롭구나 멀리 파견나간 군사여, 애처로움을 어찌할까나[朝食不免冑, 夕息常負戈. 苦哉遠征人, 撫心悲奈何]"라고 했는데 즐겁지 않은 군생활의 괴로움을 묘사한 것이다. 왕찬의 「종군從軍」에서 "종군에 고락이 있으나, 누구를 따랐나를 물어야 한다. 따르는 이가 신비롭고 씩씩하다면, 어떻게 오랫동안 힘들겠는가[從軍有苦樂, 但問所從誰. 所從神且武, 焉得久勞思]"라고 한 것은 조조를 따르는 것에 대해 묘사한 것이다. 그 시에서 "옛사람이 주공 단周公旦[38]을 따를 때는, 한 번 떠나면 삼 년이 되었었다.[39] 지금 우리의 신비롭고 씩씩한 군사는, 잠시 갔다가 신속히 평정하리라[昔人從公旦, 一徂輒三齡. 今我神武師, 暫往必速平]"[40]라고 했는데 사람을 비교할 때는 반드시 비슷한 대상으로 한다[41]는 의의가 아닌듯하다. 당시 왕찬은 조조군의 참모 제주祭酒로 있어서 하지 못할 일이 없었던 것이다.

老杜「雨」詩云："紫崖奔處黑, 白鳥去邊明", 而"江碧鳥逾白, 山靑花欲燃"之句似之. 「贈王侍御」云："曉鶯工迸淚, 秋月解傷神." 而"感時花濺淚, 恨別鳥驚心"之句似之. 殆是同一機軸也.

두보의 「우雨」에서 "붉은 언덕 위 달리는 곳은 검고, 흰 새가 날아가는 끝은 밝다[紫崖奔處黑, 白鳥去邊明]"고 했는데 "강물 새파래 새는 더욱 희고, 산빛 푸르러 꽃이 불타려 한다[江碧鳥逾白, 山靑花欲燃]"[42]는 구절이 이와 흡사하고, 「증왕시어贈王侍御」에서 "새벽 꾀꼬리는 눈물 잘 내게 하고, 가을 달은 마음을 서글프게 한다[曉鶯工迸淚, 秋月解傷神]"고 했는데 "시절에 감응하여 꽃이 눈물을 뿌리고, 이별이 서러워 새가 마음을 놀란다[感時花濺淚, 恨別鳥驚心]"[43]는 구절이 이와 흡사하니, 모두 동일한

---

38 주공 단(周公旦) : 주(周)나라 문왕(文王)의 아들이자 무왕(武王)의 동생으로, 무왕을 도와 은(殷)나라를 멸망시키고 천하를 통일한 뒤 국가제도와 문물 등을 재정비하여 훗날 공자 등으로부터 중국 문물제도의 기초를 닦은 위인이라는 평가를 받았다.

39 한 번 …… 되었었다 : 무왕이 즉위한지 이 년 만에 죽고 어린 아들 성왕(成王)이 뒤를 잇자, 주공 단(周公旦)이 어린 조카 성왕을 대신하여 섭정을 했다. 이에 불만을 품은 주공 단의 세 형제가 은나라 주왕(紂王)의 잔당들과 손을 잡고 반란을 일으켰는데, 이 반란을 진압하는 데만 삼 년이 걸렸다는 고사를 거론한 것이다.

40 『한위육조백삼가집(漢魏六朝百三家集)』 권29, 왕찬(王粲), 「종군시(從軍詩) · 기이(其二)」.

41 사람 …… 한다 : 『예기』 「곡예(曲禮) 하」에서 인용된 것으로, 성자인 주공 단과 조조를 비교의 대상으로 삼은 것을 문제 삼은 것이다.

42 『두시상주(杜詩詳註)』 권13 「절구이수(絶句二首)」 제2수.

흐름에서 이루어진 것이다.

孟郊詩云 : "借車載家具, 家具少於車. 借者莫彈指, 貧窮何足嗟." 可見其素窶. 後有詩云 : "賓秩已覺厚, 私儲常恐多." 是古人恐富求歸之義, 則貧亦何足怪. 按郊爲溧陽尉, 縣有投金瀨平陵城, 林薄蓊蔚, 郊往來其間, 曹務都廢, 至遣假尉代之, 而分其半俸, 則安得有私儲哉. 退之贈郊詩云 : "陋室有文史, 高門有笙竽. 何能辨榮辱, 且欲分賢愚." 蓋言貧者文史之樂, 賢於富者笙竽之樂也.

맹교의 시에서 "수레를 빌려 집안 도구를 실었으나, 집안 도구가 수레보다 작다. 빌려준 자여 손가락 튕기지[44] 말라, 가난과 곤궁이 어찌 한숨 쉴 일이랴[借車載家具, 家具少於車. 借者莫彈指, 貧窮何足嗟]"[45]라고 했는데 평소의 곤궁한 삶을 엿볼 수 있다. 훗날 지은 시에서 "빈질賓秩[46]이 이미 후하다 느끼나니, 개인의 저축이 언제나 많을까 두렵다[賓秩已覺厚, 私儲常恐多]"[47]라고 했으니 이는 옛사람이 부자가 될까 두려워 귀향을 도모한다는 의미라면, 가난이 어찌 이상하게 여길 일이겠는가. 맹교가 율양위溧陽尉로 있을 때, 현 안에 투금탄投金瀨 평릉성平陵城이 있었는데 숲이 약간 무성했다. 맹교가 공무를 내팽겨 둔 채 그곳에서 주로 지내고 가위(假尉 : 대리 관리)를 보내 대신 일을 보게 하고서 봉급의 절반을 나누어 주었다니 어떻게 개인적인 저축이 있을 수 있었겠는가. 한유가 맹교에게 보낸 시에서 "누추한 방에는 문사文史의 책이 있거늘,

43 『두시상주(杜詩詳註)』 권4 「춘망(春望)」.

44 손가락 튕기지 : 본래 인도의 풍습인 탄지(彈指)는 손가락을 튕겨 소리를 내는 것으로, 상대방에 대한 찬탄이나 안타까움 등을 나타낸 것이다.

45 『맹동야시집(孟東野詩集)』 권9 「차거(借車)」.

46 빈질(賓秩) : 관리가 받는 녹봉을 가리킨다.

47 『맹교집(孟郊集)』 권8, 「입덕신거(立德新居)」 제3수.

고상한 집에는 생황과 피리가 있다. 어찌 영광과 오욕을 논할 수 있으랴만, 우선 현자와 우매한 자는 구분하고 싶다[陋室有文史, 高門有笙竽. 何能辨榮辱, 且欲分賢愚]"[48]라고 했는데 빈자가 문사를 읽는 즐거움이 부자가 생황과 피리를 연주하는 즐거움보다 나은 것을 묘사한 것이다.

48 『어정전당시(御定全唐詩)』 권336, 한유(韓愈), 「장안교유자증맹교(長安交遊者贈孟郊)」.

운어양추韻語陽秋 권5卷五

永和中, 王羲之修禊事於會稽山陰之蘭亭, 羣賢畢至, 少長咸集, 序以謂雖無絲竹管絃之盛, 一觴一詠亦足以暢敍幽情, 則當時篇詠之傳可考也. 今觀羲之・謝安・謝萬・孫綽・孫統・王彬之・凝之・肅之・徽之・徐豐之・袁嶠之十有一人, 四言五言詩各一首. 王豐之・元之・蘊之・渙之・郗曇・華茂・庾友・虞說・魏滂・謝繹・庾蘊・孫嗣・曹茂之・曹華・桓偉十有五人,① 或四言, 或五言, 各一首. 王獻之・謝瑰・卞迪・卓旄・羊模・孔熾・劉密・虞谷・勞夷・後綿・華耆・謝藤・任凝・呂系・呂本・曹禮十有六人,② 詩各不成, 罰酒三觥. 謝安五言詩曰: "萬殊混一象, 安復覺彭殤." 而羲之序乃以一死生爲虛誕, 齊彭殤爲妄作, 蓋反謝安一時之語耳. 而或者遂以爲未達, 此特未見當時羲之之詩爾. 其五言詩曰: "仰視碧天際, 俯瞰淥水濱. 寥閬無涯觀, 寓目理自陳. 大矣造化功, 萬殊莫不均. 羣籟雖參差, 適我無非親." 此詩則豈未達者邪. 史載獻之嘗與兄徽之操之俱詣謝安, 二兄多言, 獻之寒溫而已. 旣出, 客問優劣, 安曰:“小者佳. 吉人之辭寡, 以其少言, 故知之.” 今王氏父子昆季畢集, 而獻之之詩獨不成, 豈亦吉人之辭寡邪? 景祐中, 會稽太守蔣堂修永和故事, 嘗有詩云:“一派西園曲水聲, 水邊終日會冠纓. 幾多詩筆無停綴, 不似當年有罰觥.” 蓋爲獻之等發也.

① ‘曹華’原作‘華平’, ‘桓偉’原作‘亘偉’, 皆據『類編』本改.

② ‘任凝’原作‘王凝’, 據『類編』本改. 又‘曹禮’, 『類編』本作‘曹諲’

영화(永和 : 345~356) 연간에 왕희지가 회계군 산음현山陰縣 난정蘭亭에서 계禊를 치를 때 뭇 현자들이 다 오고 젊은이, 늙은이가 모두 모였다. 그 서문에서 “관현악의 성대함은 없어도 한 잔 술과 한 수의 시가 그윽한 정을 펼칠 만하다”라고 했으니 당시에 지은 시편들이 전한다는 사실을 짐작할 수 있다. 지금 살펴보면, 왕희지 · 사안謝安 · 사만謝萬 · 손작孫綽 · 손통孫統 · 왕빈지王彬之 · 왕응지王凝之 · 왕숙지王肅之 · 왕휘지王徽之 · 서풍지徐豐之 · 원교지袁嶠之 열한 명은 사언시와 오언시 1수씩을 지었고, 왕풍지王豐之 · 왕원지王元之 · 왕온지王蘊之 · 왕환지王渙之 · 치담郗曇 · 화무華茂 · 유우庾友 · 우설虞說 · 위방魏滂 · 사역謝繹 · 유온庾蘊 · 손사孫嗣 · 조무지曹茂之 · 조화曹華 · 환위桓偉 열다섯 명은 사언시나 오언시 1수씩을 지었고, 왕헌지王獻之 · 사괴謝瑰 · 변적卞迪 · 탁모卓旄 · 양모羊模 · 공치孔熾 · 유밀劉密 · 우곡虞谷 · 노이勞夷 · 후면後綿 · 화기華耆 · 사등謝藤 · 임응任凝 · 여계呂系 · 여본呂本 · 조례曹禮 열여섯 명은 시를 짓지 못해 벌주 세 잔을 마셨다. 사안의 오언시에서 “만 가지 다름은 한 가지 상象으로 통합되거늘, 어찌 팽조彭祖와 상자殤子[1]의 다름을 논하겠는가

1 팽조(彭祖)와 상자(殤子) : 팽조는 팔백 세를 살았다는 옛날 선인(仙人)이고, 상자는 이십 세 이전에 요절한 아이이다. 『장자(莊子)』 「제물론(齊物論)」의 “천하에 털끝보다 더 큰 것이 없을 수도 있고, 태산이 작은 것이 될 수도 있으며, 상자보다 더 장수한 자가 없을 수도 있고, 팽조가 요절했다고 할 수도 있다[天下莫大於秋毫之末, 而大山爲小, 莫壽乎殤子, 而彭祖爲夭]”라는 구절에서 온 말이다.

[萬殊混一象, 安復覺彭殤]”라고 했는데 왕희지의 서문에서 “죽고 삶을 하나로 보는 것은 허무맹랑한 것이고, 팽조와 상자를 동등하게 여긴 것은 망령된 짓이다”라고 한 것은 사안이 한 말을 뒤집은 것일 뿐이다. 그런데 혹자가 이를 두고 왕희지가 진리를 깨치지 못했다고 평하곤 하는데 이는 당시 왕희지가 지은 시를 보지 못한 탓이다. 왕희지의 오언시에서 “우러러 푸른 하늘 끝을 보고, 구부려 푸른 물가를 바라본다. 아득히 끝없는 곳을 바라보니, 눈 닿는 곳마다 이치가 스스로 꿈틀댄다. 위대하도다 조화의 움직임이여, 수만 가지 다름이 같지 않은 것이 없다. 뭇 소리가 들쭉날쭉하지만, 내게는 친하지 않은 것이 없다[仰視碧天際, 俯瞰淥水濱. 寥闃無涯觀, 寓目理自陳. 大矣造化功, 萬殊莫不均. 羣籟雖參差, 適我無非親]”[2]라고 했으니 이 시가 어찌 깨친 자가 지은 것이 아니란 말인가. 기록에 의하면, 왕헌지가 일찍이 형 왕휘지・왕조지王操之와 함께 사안을 찾아갔는데 두 형은 말이 많았지만 왕헌지는 안부만 물을 뿐이었다고 한다. 그들이 나간 뒤, 함께 있던 손님이 그들의 우열에 대해 묻자, 사안이 이르기를 “어린 친구가 훌륭하다. 길인은 말이 적으니, 말이 적은 데에서 이런 사실을 알 수 있다”라고 했다. 지금 왕씨王氏의 부자와 형제가 모두 모였는데 왕헌지만 홀로 시를 완성하지 못했으니 이 역시 길인이 말이 적은 탓일까. 경우(景祐 : 1034~1038) 연간에 회계태수會稽太守 장당蔣堂이 영화 고사(난정의 모임)를 갖고 시를 짓기를 “한 줄기 서쪽 동산 굽은 물소리, 물가에는 하루 종일 문사들이 모였네. 수많은 시들이 끝없이 지어졌으나, 당시의 벌주 한 잔만 못하네[一派西園曲水聲, 水邊終日會冠纓. 幾多詩筆無停綴, 不似當年有罰觥]”[3]라고 하였으니 왕헌지 등을 염두에 두고 말한 것이다.

① ‘曹華’는 본래 ‘華平’으로 되어 있었고 ‘桓偉’는 본래 ‘亘偉’로 되어 있었는데 모두

2 장부(張溥), 『한위육조백삼가집(漢魏六朝百三家集)』 권59 「진왕희지집(晉王羲之集)」 「난정집시이수(蘭亭集詩二首)」 제2수.

3 『춘경유고(春卿遺稿)』 「경우정축창곡수정료속동부(景祐丁丑創曲水亭寮屬同賦)」.

『시화유편詩話類編』본에 의거하여 고쳤다.

② '任凝'은 본래 '王僾'로 되어 있었는데 『시화유편詩話類編』본에 의거하여 고쳤다. 그리고 '曹禮'는 『시화유편』본에 '曹譚'으로 되어 있다.

貞觀中, 尙藥求杜若, 敕下, 度支省郞判送坊州貢之, 本州曹官判云: "坊州不出杜若, 應讀謝脁詩誤. 郞官如此判事, 豈不畏二十八宿笑人邪." 余觀屈平「九歌」曰: "采芳洲兮杜若." 謝脁詩乃用「九歌」語. 『晉書』「天文志」: 郞位十五星在帝坐東北, 依烏郞府是也. 曹官徒知有謝脁詩而不知有「九歌」, 徒知郞官上應列宿而不知非二十八宿也.

정관(貞觀 : 627~649) 연간에 상약尙藥[4]이 두약杜若[5]을 구할 때, 칙서가 내려져 탁지성度支省 낭판郞判을 방주坊州로 보내 공물로 바칠 것을 명했다. 이에 본주本州 소속 관리가 답하기를 "방주에서는 두약이 나지 않으니 사조의 시를 잘못 읽은 것입니다.[6] 낭관께서 이렇게 일하시는 것은, 혹시 이십팔 수宿[7]가 사람을 비웃는 것을 두려워하지 않아서입니까?"라고 했다. 내가 굴원의 「구가九歌」를 살펴보니 "방주에서 채취한 것은 두약이다[采芳洲兮杜若]"라고 했는데 사조의 시는 바로 「구가」의 이 내용을 인용한 것이다. 『진서晉書』「천문지天文志」에 의하면, "낭관의 십오 별자리가 황제의 자리 동북쪽에 있다"고 했는데 의오낭부依烏郞府[8]가 바로 그것이다. 조관은 단지 사조의 시만 있는 줄 알고 「구가」가

4 상약(尙藥) : 당(唐)나라 때 의약을 담당하는 기관이었던 '전약(典藥)'과 같은 부서이다.

5 두약(杜若) : 양하(蘘荷)과에 속하는 다년생 숙근초(宿根草)로, 들판 음지에 잘 자라며 흰색의 꽃이 핀다.

6 사조(謝脁)의 …… 것입니다 : 『사조전집(謝脁全集)』「회고인(懷故人)」의 첫 구절인 "방주에 두약이 있어, 좋은 친구에게 줄 수 있건만[芳洲有杜若, 可以贈佳期]"에서 방주(芳洲 : 모래섬)를 방주(坊州 : 산서성의 한 지명)로 잘못 읽은 것을 지적한 것이다.

7 이십팔 수(宿) : 원래는 천구를 황도에 따라 이십팔 구역으로 나누어 놓은 별자리를 이르던 말인데 여기서는 낭관에 대한 비유어로 쓰였다.

있는 줄 몰랐으며, 낭관은 하늘의 별자리와 호응하는 것만 알고 그것이 이십팔 수가 아닌 줄은 몰랐던 것이다.

劉禹錫『嘉話錄』云:"作詩押韻, 須要有出處. 近欲押一餳字, 六經中無此字, 惟『周禮』吹簫處注有此一字, 終不敢押." 余按禹錫「歷陽書事」詩云:"湖魚香勝肉, 官酒重於餳." 則何嘗按六經所出邪?

유우석의 『가화록嘉話錄』에서 "시를 짓고 압운[9]을 할 때는 반드시 출처가 있어야 한다. 근래에 '당餳' 자를 압운하려 했는데 육경六經에는 이 글자가 없고, 오직 『주례周禮』의 '퉁소를 부르는 부분' 주석[10]에만 이 글자가 있어 끝내 감히 압운하지 못했다"라고 했다. 하지만 내가 살펴본 바에 의하면, 유우석의 「역양서사歷陽書事」에서 "호수 물고기는 육지 고기보다 향기롭고, 관청의 술은 엿보다도 중하다[湖魚香勝肉, 官酒重於餳]"라고 했으니 어찌 육경에 나온 것을 고찰했다 하겠는가?

『洛陽伽藍記』載:"河東人劉白墮善釀酒, 盛暑曝之日中, 經旬不壞, 當時謂之'鶴觴.'" 白墮乃人名. 子瞻詩云:"獨看紅渠傾白墮." 石林『避暑錄』云:"若以'白墮'爲酒, 則醋浸曹公, 湯燖右軍可也." 余按『文選』魏

---

8 의오낭부(依烏郎府): 당대(唐代) 제부낭관(諸部郎官)의 별칭이다. 송(宋)나라 홍매(洪邁)의 『용재사필(容齋四筆)』「관칭별명(官稱別名)」에 "당나라 사람들은 별명으로 관직의 칭호를 표방하기를 좋아해서 제부낭을 통틀어 애오(哀烏)나 의오(依烏)라고 하였다[唐人好以它名標牓官稱, 諸部郎通曰哀烏·依烏]"라고 되어있다.

9 압운: 시행의 처음, 중간, 끝 따위에 규칙적으로 같은 운을 다는 것을 말한다.

10 『주례(周禮)』의 …… 주석: 『주례』의 "소사는 퉁소 가르치는 것을 관장한다[小師掌教簫]"라는 구절 아래에 있는 "퉁소는 소죽(小竹)을 엮어 만든 피리로, 오늘날 이당(飴餳: 엿)을 파는 사람이 부는 것과 같은 것이다[簫, 編小竹管, 如今賣飴餳者所吹也]"라는 소주(小注)를 말한다.

武帝「短歌行」云:"何以解憂, 惟有杜康." 康亦作酒人, 而『選』詩遂以爲酒用. 東坡豈祖是邪?

『낙양가람기洛陽伽藍記』에 의하면 "하동河東사람 유백타劉白墮가 술을 잘 빚어서 무더위 한낮 태양 아래 두어도 열흘 이상 맛을 유지하여 당시에 '학상鶴觴'이라 불렀다"라고 했으니 '백타白墮'는 인명이다. 그런데 소식의 시에서 "홀로 붉은 골짜기에서 백타 기울이는 것을 본다[獨看紅渠傾白墮]"라고 했다. 석림(石林 : 섭몽득)의 『피서록避暑錄』에서 "만일 백타를 술로 삼는다면 '조공曹公을 식초에 빠뜨리고,[11] 우군右軍을 삶고 굽는다'[12]라고 해도 될 것이다"라고 했다. 또한 『문선』의 조조의 「단가행短歌行」을 보면 "무엇으로 시름을 풀까, 오직 두강杜康뿐이다[何以解憂, 惟有杜康]"라고 했는데 두강도 술을 만든 사람인데 『문선』의 시에서 술로 전용하고 있으니 소식이 혹시 이것에 근거를 둔 것일까?

會稽·臨安·金陵三郡, 皆有東山, 俱傳以爲謝安攜妓之所. 按謝安本傳, 初, 安石寓居會稽, 與王羲之·許詢·支遁遊處, 被召不至, 遂棲遲東山. 唐裴勉與□渭等「鑑湖聯句」,① 有"興裏還尋戴, 東山更問東." 此會稽之東山也. 本傳又云:"安石嘗往臨安山中, 坐石室, 臨濬谷, 悠然歎曰:'此與伯夷何遠.'" 今餘杭縣有東山, 東坡有「遊餘杭東西巖」詩, 注云:"卽謝安東山." 所謂"獨攜縹緲人, 來上東西山"者是也. 此臨安之東山也. 本傳又謂:"及登台輔, 於土山營墅, 樓館林竹甚盛, 每攜中外

11 조공(曹公)을 …… 빠뜨리고 : 조공(曹公)은 매실에 대한 비유어로, 조조가 매화나무 숲이 앞에 있다는 말로 군사들의 갈증을 해소시켰다는 매림지갈(梅林止渴)의 고사에서 인용된 것이다.

12 우군(右軍)을 …… 굽는다 : 우군(右軍)은 거위에 대한 비유어로, 우군장군(右軍將軍)을 역임한 왕희지(王羲之)가 산음(山陰)의 도사에게 『도덕경』을 써 주고 그 대가로 거위를 받은 데에서 비롯된 것이다.

子侄遊集.” 今土山在建康上元縣崇禮鄉. 『建康事跡』云: “安石於此擬會稽之東山”, 亦號東山. 此金陵之東山也. 李白有「憶東山」二絶云: “不向東山久, 薔薇幾度花? 白雲還自散, 明月落誰家?” “我今攜謝妓, 長嘯絶人聲. 欲報東山客, 開關掃白雲.” 不知所賦者何處之東山. 陳軒乃錄此詩於『金陵集』中, 將別有所據邪? 『南史』載宋劉緬經始鍾嶺, 以爲棲息, 亦號東山. 金陵遂有兩東山矣.

① ‘勉’, 類編作‘冕.’ 又, 全唐詩張謂有送裴侍御歸上都詩. 裴冕曾歷殿中侍御史, 且與張謂同時代人, 疑此句應爲‘唐裴冕與張謂等「鑑湖聯句」.’

회계・임안臨安・금릉金陵 세 군郡에 모두 동산東山이 있는데 그곳들은 모두 사안謝安이 기생을 데리고 논 장소라는 말이 전해온다. 사안의 본전本傳을 살펴보면, 애초에 안석(安石 : 사안)이 회계에 우거寓居할 때 왕희지・허순許詢・지둔支遁과 함께 어울렸는데 황제의 부름을 받고도 가지 않은 채 결국 동산에 주거지를 마련했다고 한다. 당나라 배면裴勉이 여위呂渭 등과 함께 지은 「감호련구鑑湖聯句」에서 “흥취 속에서 다시 대안도戴安道를 찾고, 동산에서 다시 동쪽을 묻는다[興裏還尋戴, 東山更問東]”라고 했는데 이 동산은 회계의 동산이다. 본전에는 또 “사안이 일찍이 임안의 산속으로 가, 석실石室에 앉아 깊은 골짜기를 굽어보고 조용히 탄식을 발하며 ‘이것이 백이伯夷와 무슨 차이가 있는가?’라고 했다”라는 내용이 있다. 지금 여항현餘杭縣에 동산이 있는데 소식이 지은 「유여항동서암遊餘杭東西岩」의 주석에서 “이것은 바로 사안의 동산이다”라고 했으니 이른바 “홀로 세상 밖 사람들을 이끌고, 동쪽 서쪽 산을 올라왔네[獨攜縹緲人, 來上東西山]”[13]가 그것으로, 이 동산은 임안의 동산이다. 본전에서 또 “태보台輔에 오른 뒤, 토산土山에 별장을 지었는데 누대와 관각館閣과 숲과 대나무 등이 매우 성대해서, 각처의 자질子侄들을

13 『동파전집(東坡全集)』 권5 「유동서암(遊東西巖)」.

데리고 와 함께 즐겼다"라고 했는데 이 토산은 건강建康 상원현上元縣 숭례향崇禮鄕에 있다. 『건강사적建康事跡』에 의하면 "사안이 이곳을 회계의 동산과 똑같이 모방했다"라고 하여 이곳을 동산이라고도 하니 이 동산은 금릉의 동산이다. 이백은 「억동산憶東山」 절구 2수에서 "동산을 가지 않은 지 오래인데, 장미는 몇 번이나 피었을까? 흰 구름은 절로 흩어지거늘, 밝은 달은 누구네 집에 졌을까?[不向東山久, 薔薇幾度花? 白雲還自散, 明月落誰家?]", "내가 사안의 기생을 데리고, 인적 없는 곳에서 휘파람 부노라. 동산의 객에게 알리고자, 관문을 열고 흰 구름을 쓰노라[我今攜謝妓, 長嘯絶人聲. 欲報東山客, 開關掃白雲]"라고 했는데 여기서 말하는 동산이 어느 동산인지는 알 수 없다. 진헌陳軒이 이 시를 『금릉집金陵集』에 수록했는데 별도의 근거가 있었던 것일까? 『남사南史』에 의하면, 송宋 유면劉緬이 종령鍾嶺에 터를 가꿔 머물 곳을 마련했는데 역시 동산이라 했다. 그리하여 금릉에는 결국 두 개의 동산이 있는 것이다.

① '勉'은 『시화유편詩話類編』에 '冕'으로 되어 있다. 또, 『전당시全唐詩』에 장위張謂의 「송배시어귀상도送裴侍御歸上都」가 있다. 배면은 일찍이 전중시어사殿中侍御史를 역임했으며 장위와 동시대 사람이니, 이 구절은 응당 '당 배면과 장위 등의 「감호련구鑑湖聯句」'가 되어야 할 듯싶다.

羊叔子鎭襄陽, 嘗與從事鄒湛登峴山, 慨然有湮滅無聞之歎. 峴山亦因是以傳, 古今名賢賦詠多矣. 吳興·東陽二郡, 亦有峴山. 吳興峴山去城三里, 有李適之窪尊在焉. 東坡守吳興日, 嘗登此山, 有詩云: "苕水如漢水, 鱗鱗鴨頭青. 吳興勝襄陽, 萬瓦浮青冥. 我非羊叔子, 愧此峴山亭. 悲傷意則同, 歲月如流星. 從我兩王子, 高鴻插修翎. 湛輩何足道, 當以德自銘." 東陽峴山去東陽縣亦三里, 舊名三邱山. 晉殷仲文素有時望, 自謂必登台輔, 忽除東陽太守, 意甚不樂, 嘗登此山, 悵然流涕. 郡人愛之, 如襄陽之於叔子, 因名峴山. 二峰相峙, 有東峴西峴. 唐寶曆中,縣令於興宗結亭其下, 名曰涵碧. 劉禹錫有詩云 : "新開潭洞疑仙府, 還寫丹青到雍州." 卽其所也.

양숙자(羊叔子 : 양고羊祜)가 양양襄陽을 다스릴 때, 일찍이 종사관從事官 추담鄒湛과 함께 현산峴山에 올라가, 세상에 드러나지 않고 묻혀버린 것에 대해 탄식을 했다. 현산은 이로 인해 그 이름이 전해져서 고금의 명사들이 많은 작품을 남겼다. 오흥吳興과 동양東陽, 두 군郡에도 현산이 있다. 오흥의 현산은 성으로부터 삼 리 거리에 있으며 이적李適의 와준窪尊[14]이 존재한다. 소식이 오흥태수로 있을 때 이 산에 올라가 지은 시에서 "초수苕水는 한수漢水와 같아, 기러기 머리가 푸르기만 하다. 오흥은 양양보다 좋아, 수많은 기와가 푸른 하늘에 떠 있다. 나는 양숙자가 아니어서, 이 현산정峴山亭에 부끄럽구나. 서글픈 마음은 같지만, 세월은 유성처럼 빠르다. 우리 두 왕자를 따르던, 높이 나는 기러기는 긴 깃을 꽂았다. 추담 따위야 어찌 논할 것이 있으랴, 덕망을 스스로 새겨야 하리라[苕水如漢水, 鱗鱗鴨頭青. 吳興勝襄陽, 萬瓦浮青冥. 我非羊叔子, 愧此峴山亭. 悲傷意則同, 歲月如流星. 從我兩王子, 高鴻插修翎. 湛輩何足道, 當以德自銘]"[15]라고 했다. 동양의 현산도 읍내와의 거리가 삼 리이며, 구명은 삼구산三邱山이다. 진晉 은중문殷仲文이 평소 기대를 한 몸에 받아서 스스로 반드시 재상의 자리에 오를 것이라 여겼지만 동양태수에 임명되고 말자 매우 불쾌해 했고, 일찍이 이 산에 올라 서글프게 눈물을 흘렸다. 고을 사람들이 그를 사모하여, 양양의 양숙자와 같다고 하여 이 산 이름을 현산이라 했다. 두 봉우리가 서로 대치하는 동현東峴과 서현西峴이 있다. 당나라 보력(寶曆 : 825~827) 연간에 현령 오흥종於興宗이 그곳에 정

14 와준(窪尊) : 고인 물을 동이에 담긴 것으로 간주한 표현으로, 상고(上古)시대의 순박한 삶을 나타낸다. 『예기(禮記)』「예운(禮運)」에 "웅덩이에 고인 물을 손으로 움켜서 마신다[汚尊而抔飮]"라고 하였다.

15 『동파전집(東坡全集)』 권11 「만입비영사분운득월명성희사수(晩入飛英寺分韻得月明星稀四首)」 제3수.

자를 지어 함벽涵碧이라 명명했으니 유우석이 지은 시에서 "새로 닦은 골짜기는 신선의 고을인 듯, 다시 단청을 부려 옹주雍州[16]에 이른다[新開潭洞疑仙府, 還寫丹青到雍州]"[17]가 그것이다.

荊公以詩賦決科, 而深不樂詩賦. 試院中五絶, 其一云: "少年操筆坐中庭, 子墨文章頗自輕. 聖世選才終用賦, 白頭來此試諸生." 後作詳定官, 復有詩云: "童子常誇作賦工, 暮年羞悔有揚雄. 當年賜帛倡優等, 今日掄才將相中. 細甚客卿因筆墨, 卑於『爾雅』注魚蟲. 漢家故事眞當改, 新詠知君勝弱翁." 熙寧四年, 旣預政, 遂罷詩賦, 專以經義取士, 蓋平日之志也. 元祐五年, 侍御史劉摯等謂治經者專守一家, 而略諸儒傳記之學, 爲文者惟務訓釋, 而不知聲律體要之詞, 遂復用詩賦. 紹聖初, 以詩賦爲元祐學術, 復罷之. 政和中, 遂著於令, 士庶傳習詩賦者, 杖一百. 畏謹者至不敢作詩. 時張芸叟有詩云: "少年辛苦校蟲魚, 晚歲雕蟲恥壯夫. 自是諸生猶習氣, 果然紫詔盡驅除. 酒間李杜皆投筆, 地下班揚亦引車. 唯有少陵頑鈍叟, 靜中吟撚白髭鬚." 蓋芸叟自謂也.

왕안석은 시부詩賦로 급제했으나 시부를 매우 싫어했다. 시원(試院: 고시장)에서 지은 오언절구 중 한 수에서 "소년이 붓을 들어 마당 한가운데 앉아 있으니, 자묵子墨[18]의 문장이 퍽이나 가볍구나. 성세의 인재 선발이 시부를 기준삼아, 백발에 이곳에 와 제생諸生을 시험하는구나[少年操筆坐中庭, 子墨文章頗自輕. 聖世選才終用賦, 白頭來此試諸生]"[19]라고 했

16 옹주(雍州): 양양(襄陽)의 현산을 가리키는 것으로, 옹주는 양양의 치소(治所)였다.

17 『유빈객문집(劉賓客文集)』 권25 「답동양우령함벽도시(答東陽于令涵碧圖詩)」.

18 자묵(子墨): 본래 양웅(楊雄)의 부(賦)에서 먹[墨]을 의인화해서 부른 용어인데, 후에는 '한림자묵(翰林子墨)'과 '자묵객경(子墨客卿)'이 사인(辭人)과 묵객(墨客)을 범칭하게 되었으며, 또 전하여 '재자(才子)'를 가리키는 말이 되었다.

19 『임천문집(臨川文集)』 권30 「시원중(試院中)」.

다. 훗날 상정관詳定官[20]이 돼 다시 지은 시에서는 "동자는 언제나 부를 잘 짓는다고 자랑했으나, 노년에는 양웅揚雄[21]의 모습이 부끄럽다. 당시에 창우倡優 등에게 비단을 하사했거늘, 오늘은 장상將相 가운데에서 인재를 뽑노라. 필묵을 통해 객경客卿을 세심히 살피니, 『이아爾雅』의 어충魚蟲 주석[22]보다도 비루하구나. 한(漢 : 중국)나라의 고사는 참으로 바꿔야 할 터, 새로 노래한 그대가 약옹弱翁[23]보다도 낫다[童子常誇作賦工, 暮年羞悔有揚雄. 當年賜帛倡優等, 今日掄才將相中. 細甚客卿因筆墨, 卑於『爾雅』注魚蟲. 漢家故事眞當改, 新詠知君勝弱翁]"[24]라고 했다. 희녕(熙寧 : 1068~1077) 4년(1071)에 정권에 참여하고 나서는 결국 시부를 폐지하고 오직 경전의 내용만으로 인재를 선발했으니 이는 평소의 뜻이었다. 그런데 원우元祐 5년(1090)에 시어사侍御史 유지劉摯 등이 경문을 전공한 사람은 오직 일가에만 전념하여 제유諸儒들의 전기傳記 등 학문에 소략하고, 글을 짓는 이는 오직 훈고와 주석에만 주력하여 문장의 성률聲律과 요체를 알지 못한다고 하여, 결국 시부를 다시 사용했다. 소성(紹聖 : 1094~1098) 초에 또 시부가 원우시대의 학술이라 하여 다시 폐지했고 정화(政和 : 1111~1117) 연간에 마침내 법령으로 정해, 식자들 가운데 시부를 전수하거나 익히는 자는 장杖 일백 대의 벌에 처한다고 했다. 그리하여 조심스럽고 겁 많은 자는 감히 시를 짓지 못하기까지 했다. 당시

---

20 상정관(詳定官) : 전시(殿試) 때 거듭 조사하여 등제할 시권을 최후로 평가·결정하는 고관(考官)이다.

21 양웅(揚雄) : 서한(西漢) 때 관리이자 학자로, 자는 자운(子雲)이며 촉군(蜀郡) 성도(成都 : 지금의 쓰촨성 청두시) 사람이다. 여러 방면으로 박학다식했는데, 특히 사부(辭賦)에 능하여 성제(成帝) 때 「감천부(甘泉賦)」·「하동부(河東賦)」·「우렵부(羽獵賦)」·「장양부(長楊賦)」를 지어 문명을 떨치고, 뒤에 『태현경(太玄經)』과 『법언(法言)』 등 철학서를 저술하기도 했다.

22 어충(魚蟲) 주석 : 『이아(爾雅)』에서 산천초목(山川草木)이나 조수어충(鳥獸魚蟲)에 대해 자질구레하게 술했다고 한 데서 나온 말이다.

23 약옹(弱翁) : 한(漢)나라 선제(宣帝) 때의 재상(宰相)인 위상(魏相)의 자이다. 위상은 병길(丙吉)과 합심하여 정사(政事)를 도와 치적을 많이 남겼다.

24 『임천문집(臨川文集)』 권18 「상정시권이수(詳定試卷二首)」 제2수.

장운수(張芸叟 : 장순민張舜民)가 지은 시에서 "소년이 고생하며 충어蟲魚를 교정하다, 만년에 조충雕蟲의 재능[25]이 어엿한 이들에게 부끄럽다. 제생들은 여전히 관습에 젖어 있거늘, 정말 조칙으로 모두 내쫓았다. 술자리의 이백과 두보는 모두 붓을 던지고, 땅 밑의 반고와 양웅도 수레 끌고 사라졌다. 오직 우둔한 소릉少陵의 늙은이만, 조용히 읊조리며 흰 수염을 만지작거린다[少年辛苦校蟲魚, 晩歲雕蟲恥壯夫. 自是諸生猶習氣, 果然紫詔盡驅除. 酒間李杜皆投筆, 地下班揚亦引車. 唯有少陵頑鈍叟, 靜中吟撚白髭鬚]"[26]라고 했는데 이는 장운수 자신을 두고 말한 것이다.

韓愈自監察御史貶連州陽山令, 所坐之因, 傳記各異. 『唐書』本傳謂上書論宮市, 德宗怒, 故貶. 李翱『行狀』謂爲幸臣所惡, 故貶. 皇甫湜作「神道碑」謂貞元十九年關中旱饑, 公請寬民徭, 專政者惡之, 故貶. 按文公集, 宮市之疏不傳, 而文公「歷官記」及「年譜」以謂京師旱, 民饑, 詔蠲租半, 有司征求反急, 愈與同列上疏言狀, 爲幸臣所讒. 幸臣者, 李實也. 余考退之「自陽山移江陵」詩云 : "孤臣昔放逐, 泣血追愆尤. 汗漫不省識, 恍如乘桴浮. 或自疑上疏, 上疏豈其由." 則所坐之因, 雖退之猶疑之也. 集中有「上京兆李實書」, 盛稱其能曰 : "愈來京師, 所見公卿大臣, 未有赤心事上憂國如閤下者." 又云 : "今年以來, 不雨者百餘日, 種不入土, 而盜賊不敢起, 谷價不敢貴, 老姦宿贓銷縮摧沮." 亹亹百餘言, 皆敍其歌慕之意. 其後實出爲華州. 又有書云 : "愈於久故遊從之中, 蒙恩獎知遇最厚, 無與比者." 愈旣爲實所讒, 不應此書拳拳如是. 及觀「江陵塗中」詩云 : "同官盡才俊, 偏善柳與劉. 或慮語言泄, 傳之落冤讎." 又「岳陽別竇司直」云 : "愛才不擇行, 觸事得讒謗. 前年出官日, 此禍最

25 조충(雕蟲)의 재능 : 조충전각(雕蟲篆刻)의 준말로, 벌레 모양이나 전서(篆書)를 새기듯이 미사여구(美辭麗句)로 글을 꾸미는 것을 말하며, 하찮은 것을 비유하기도 한다.

26 『화만집(畫墁集)』 권3 「감시사희작(感時事戲作)」.

無妄.” 又「和張十一憶昨行」云:“伾・文未搉崖州熾, 雖得赦宥恒愁猜. 近者三姦悉破碎, 羽窟無底幽黃能. 眼中了了見鄕國, 知有歸日眉方開.” 又有「永貞行」以快伾・文之貶, 其末云:“郎官清要爲世稱, 荒郡僻野嗟可矜. 具書目見非妄徵, 嗟爾旣往宜爲懲.” 則知陽山之貶, 伾・文之力, 而劉・柳下石爲多, 非爲李實所讒也.

한유가 감찰어사監察御史에서 연주連州 양산현령陽山縣令으로 좌천되었는데 좌천 이유에 대해 전하는 기록이 각기 다르다. 『당서唐書』 본전에서는 궁시宮市[27]를 논하는 글을 올렸다가 덕종德宗으로부터 노여움을 사서 좌천되었다고 하고, 이고의 『행장行狀』에서는 황제의 총애를 받은 신하들로부터 미움을 사 좌천되었다고 하고, 황보식皇甫湜이 지은 「신도비神道碑」에서는 정원貞元 19년(803)에 관중關中이 가뭄과 굶주림에 휩싸여 공이 백성의 요역을 늦춰줄 것을 요청하자 집권자들이 이를 문제 삼아 좌천되었다고 했다. 한유의 문집을 살펴보면, 궁시에 대한 상소는 전하지 않으며 한유의 「역관기歷官記」와 「연보年譜」에서는 서울이 가뭄이 들어 백성들이 굶주리자 조세를 절반으로 줄이라는 조칙이 내렸는데도 담당관들이 도리어 세금 추징을 강요하자, 한유가 동료들과 함께 이를 문제 삼는 소疏를 올려 근신으로부터 참소를 당했다고 했으니 이때 근신은 이실李實이다. 내가 고찰해보니 한유가 「자양산이강릉自陽山移江陵」에서 “고단한 신하가 지난날 방출되었을 때, 피눈물 흘리며 지난 과오를 더듬어 봤다. 멍해서 잘 살필 줄 몰랐던 일이, 마치 뗏목을 탄 것처럼 아련하다. 혹시 상소 때문인가 의심해보지만, 상소가 어찌 그 이유였겠는가[孤臣昔放逐, 泣血追愆尤. 汗漫不省識, 恍如乘桴浮. 或自疑上疏, 上疏豈其由]”라고 했다면, 좌천의 원인에 대해 한유도 여전히 의심했던 것이다. 문집에 「상경조이실서上京兆李實書」가 있는데 이실의 능력을

27 궁시(宮市) : 궁원(宮苑) 안에 세운 시장이다. 당나라 중종(中宗) 때부터 생긴 제도인데 폐단이 심하였다.

대단히 칭찬하며 "유愈가 서울에 와서 만나본 대신들 가운데 충심으로 성상을 섬기며 나라를 걱정하기를 각하처럼 하는 분은 보지 못했다"고 하고, 또 "올해 들어 백여 일 동안 비가 내리지 않아 씨앗이 땅에 뿌리 내리지 못하는 상황에서도 도적들이 감히 일어나지 못하고 곡식 값이 감히 뛰지 못하며 노회한 무리들이 움츠려 좌절하고 있다"고 하는 등 많은 말들이 모두 이실을 칭송하고 사모하는 내용이다. 그 뒤 이실이 화주자사華州刺史로 나갔을 때 보낸 편지에서는 "유가 오랫동안 어울리는 분들 가운데 공으로부터 장려와 대우를 가장 후하게 받아 더 이상 이에 견줄 분이 없습니다"[28]라고 했으니 만일 한유가 이실로부터 참소를 당했다면 이토록 정성스럽게 글을 쓰지는 않았을 것이다. 또 「강릉도중江陵塗中」에서 "관직에 함께 있으며 재능을 맘껏 펼칠 때, 오직 유(柳 : 유종원)・유(劉 : 유우석)와 가까웠다. 말이 새어날까 염려했었는데 그 말이 새어나가 원수에게 들어갔다[同官盡才俊, 偏善柳與劉. 或慮語言泄, 傳之落冤讎]"라고 하고, 또 「악양별두사직岳陽別竇司直」에서 "재능만 믿고 행동을 돌보지 않아서, 결국 저촉되어 참소와 비방을 받았다. 지난날 관직에 나설 때, 이 재앙이 가장 뜻밖이었다[愛才不擇行, 觸事得讒謗. 前年出官日, 此禍最無妄]"라고 하고, 또 「화장십일억작행和張十一憶昨行」에서 "비(伾 : 왕비王伾)와 문(文 : 왕숙문王叔文)은 제거되지 않고 애주(崖州 : 위집의韋執誼)는 기세등등해,[29] 사면은 받았으나 언제나 싫고 언짢았다. 근자에 세 간신[30]이 모두 사라져, 우굴羽窟에는 더 이상 황능黃能이 없다.[31] 눈 속에

28 『동아당창려집주東(雅堂昌黎集註)』 권19 「여화주이상서서(與華州李尙書書)」.

29 비(伾) …… 기세등등해 : 당(唐) 순종(順宗)이 즉위한 뒤 환관이 갖고 있던 병권을 빼앗고 개혁을 실행하기 위해 이른바 '팔사마(八司馬)'를 발탁했는데 왕비(王伾)・왕문숙(王叔文)・위집의(韋執誼)가 이들을 대표했다.

30 세 간신 : 이른바 '영정혁신(永貞革新)'을 주도했던 세 사람으로 왕문숙(王叔文)・왕비(王伾)・위집의(韋執誼)를 가리킨다.

31 우굴(羽窟)에는 …… 없다 : 우굴은 우연지굴(羽淵之窟)의 준말이며, 황능은 악귀의 하나이다. 『좌전(左傳)』 소공(昭公) 7년의 "옛날 요(堯)임금이 곤(鯀)을 우산(羽山)에서 죽였는데 곤의 혼령이 황능(黃能)으로 변하여 우연(羽淵)에 들어갔다[昔堯殛鯀於羽山, 其

분명히 고향이 보이나니, 돌아갈 날 알게 되자 눈썹이 환히 펴지누나[伾·文未揃崖州熾, 雖得赦宥恒愁猜. 近者三姦悉破碎, 羽窟無底幽黃能. 眼中了了見鄉國, 知有歸日眉方開]"라고 하고, 또 「영정행永貞行」에서 왕비와 왕문숙의 좌천을 시원해하며 그 끝부분에서 "낭관의 청정한 요직은 세상으로부터 칭찬 받으나, 거친 고을 외진 시골도 자랑할 만하리라. 눈으로 본 것을 갖추어 쓴 것은 망령된 증명이 아니나니, 아 이미 지나간 일을 경계로 삼아야 하리라[郎官淸要爲世稱, 荒郡僻野嗟可矜. 具書目見非妄徵, 嗟爾旣往宜爲懲]"라고 했으니, 양산현령으로 좌천된 것은 왕비와 왕숙문 등의 압박 때문이었고 유우석과 유종원이 하석下石[32]한 것이 많았던 것이지, 이실의 참소 때문이 아니었음을 알 수 있다.

長慶四年, 退之爲吏部侍郞, 薨於靖安里第. 李翺「行狀」載屬纊之語云: "伯兄德行高, 曉方藥, 食必視『本草』, 年止四十二. 某位爲侍郞, 年出伯兄十五歲, 且獲終於牖下, 幸不失大節, 以下見先人, 可謂榮矣." 翺「祭文」曰: "人情樂生, 皆惡其凶. 兄之在病, 則齊其終. 順化以盡, 靡憾於中." 張籍「祭」詩亦曰: "公有曠達識, 生死爲一綱. 及當臨終辰, 意色亦不荒. 贈我珍重言, 傲然委衾裳." 蓋其聰明之所照了, 德力之所成就, 故於生死之際, 超然如此. 『宣室志』載: "威粹骨蘢國世與韓氏爲仇, 神人以帝命召公計事. 愈曰: '臣願從大王討之.' 未幾而愈卒." 公「神道」·「墓誌」·「行狀」俱不載, 而止見於小說者如此, 豈東坡所謂其生也有自來, 其死也有所爲乎? 李肇『國史補』謂愈登華山絶頂, 度不可返, 至於發狂慟哭. 今觀易簀之際, 神色不亂如此, 不應於此而至於發狂慟哭也.

神化爲黃熊, 以入於羽淵]"는 내용을 인용한 것으로, 간신들이 더 이상 활개치지 못한다는 사실을 비유적으로 표현한 것이다.

32 하석(下石) : 돌을 던져 아래로 내린다는 말로, 곤경에 처한 사람에게 더욱 압박을 가하는 것을 이른다. '팔사마(八司馬)'로 신진 개혁파였던 유종원과 유우석이 한유에게 해를 가한 것을 비유적으로 표현 것이다.

장경長慶 4년(824)에 한유는 이부시랑吏部侍郎으로 정안리靖安里 사저에서 생을 마쳤다. 이고의 「행장行狀」에 실린 속광屬纊의 말[33]에서 "백형은 덕행이 높으시고, 의술을 깨쳐 밥을 드실 때는 반드시 『본초강목本草綱目』에 의거하셨지만, 사십이 세에 생을 마치셨다. 나는 시랑侍郎으로서 백형보다 열다섯 살이 많고 또 창문 아래에서 생을 마감하며 다행히 큰 절의를 잃지 않은 채 저승으로 가 선인을 뵙게 되었으니 영광이라 할 만하다"라고 했고, 이고의 제문祭文에서 "사람은 누구나 살기를 좋아하고, 흉사를 싫어한다. 형께서는 병이 드시자, 이내 생을 마감하셨다. 자연의 조화에 따라 생을 마감했으니 마음에 유감은 없으리라[人情樂生, 皆惡其凶. 兄之在病, 則齊其終. 順化以盡, 靡憾於中]"[34]라고 하고, 장적은 애도의 시에서 "공은 통달한 식견을 가져서, 삶과 죽음을 하나의 줄기로 여기셨다. 임종을 앞에 두고서도, 내면과 외면은 일그러지지 않으셨다. 내게 진중한 말을 전하시며, 의젓하게 이불 위에 누우셨다[公有曠達識, 生死爲一綱. 及當臨終辰, 意色亦不荒. 贈我珍重言, 傲然委衾裳]"[35]라고 했으니 해맑은 지혜로 관조하고 높은 덕의 힘으로 성취하였기에 삶과 죽음의 기로에서 이처럼 초연했던 것이다. 『선실지宣室志』[36]에 의하면 "위쇄골절국威粹骨蕝國이 대대로 한씨韓氏와 원수로 지냈는데 신이 황제의 명으로 공을 불러 이를 논할 때 한유가 '신이 대왕을 따라 토벌에 참여하겠습니다'라고 했는데 얼마 지나지 않아 한유가 세상을 떠났다"라고 했다. 공의 「신도비神道碑」·「묘지墓誌」·「행장行狀」에는 모두 수록되어 있지 않고 소설에만 이렇게 수록되어 있으니 혹시 소식이 말한 대로 "태어남에도 내원이 있고, 죽음에도 주재하는 이가 있는" 것인

33 속광(屬纊)의 말: 속광이란 임종(臨終) 때 솜을 코 밑에 대어 숨이 끊긴 것을 확인하는 것으로, 임종을 달리 이르는 용어이다. 그러므로 여기에서 속광의 말이란 한유의 임종에 이르러 이고가 했던 말들을 지칭한다.

34 『이문공집(李文公集)』 권16 「제이부한시랑문(祭吏部韓侍郎文)」.

35 『장사업집(張司業集)』 권1 「제퇴지(祭退之)」.

36 『선실지(宣室志)』: 당(唐)나라 장위(張讀)가 엮은 전기소설이다.

가? 이조李肇의 『국사보國史補』에 의하면, 한유가 화산華山의 정상에 오른 뒤 되돌아갈 수 없음을 알고서 발광하고 통곡했다고 했는데 지금 임종의 즈음에 정신과 안색이 이처럼 흔들리지 않은 것을 보면 그곳에서 발광하고 통곡하지는 않았을 것이다.

韓偓『香奩集』百篇, 皆豔詞也. 沈存中『筆談』云 : "乃和凝所作, 凝後貴, 悔其少作, 故嫁名於韓偓爾." 今觀『香奩集』有「無題詩序」云 : "余辛酉年, 戲作「無題」詩十四韻, 故奉常王公·內翰吳融·舍人令狐渙相次屬和. 是歲十月末, 一旦兵起, 隨駕西狩, 文稿咸棄. 丙寅歲, 在福建, 有蘇暐以稿見授, 得「無題」詩, 因追味舊時, 闕忘甚多." 予按『唐書』「韓偓傳」: "偓嘗與崔胤定策誅劉季述, 昭宗反正爲功臣, 與令狐渙同爲中書舍人. 其後韓全誨等劫帝西幸, 偓夜追及鄠, 見帝慟哭. 至鳳翔, 遷兵部侍郎. 天祐二年, 挈其族依王審知而卒." 以「紀運圖」考之, 辛酉乃昭宗天復元年, 丙寅乃哀帝天祐二年, 其序所謂丙寅歲在福建, 有蘇暐授其稿, 則正依王審知之時也. 稽之於傳與序, 無一不合者. 則此集韓偓所作無疑, 而『筆談』以爲和凝嫁名於偓, 特未考其詳爾. 『筆談』云 : "偓又有詩百篇, 在其四世孫奕處見之." 豈非所謂舊詩之闕忘者乎?

한악韓偓의 『향렴집香奩集』 백 편은 모두 염사豔詞이다. 심존중沈存中의 『몽계필담夢溪筆談』에서 "이것은 화응和凝이 지은 것인데 화응이 훗날 높은 지위에 오르면서 젊었을 때의 작품을 회피한 까닭에 한악에게 이름을 빌려준 것이다"라고 했다. 지금 『향렴집』에 「무제시서無題詩序」가 있는데 "내가 신유년(辛酉年 : 901)에 소일 삼아 「무제시」 14편을 지었다. 그래서 봉상奉常 왕공王公과 내한內翰 오융吳融과 사인舍人 영호환令狐渙이 차례대로 화답의 시를 지었다. 이해 10월 말에 갑자기 반란군이 일어나 어가를 따라 서쪽으로 가면서 원고를 모두 버렸다. 병인년(丙寅年 :

906)에 복건福建에 있을 때 소위蘇暐가 원고를 전해주었는데 이때 「무제시」를 얻었고 아울러 지난날을 더듬어 보니 잃어버린 것이 매우 많았다"라고 했다. 내가 『당서』 「한악전」을 살펴보니 "한악이 일찍이 최사崔嗣와 함께 유계술劉季述을 처단할 계책을 세웠고 소종昭宗의 반정反正에서 공신功臣이 돼 영호환과 함께 중서사인中書舍人이 되었다. 그 뒤 한전회韓全誨 등이 황제를 위협해 서쪽으로 행행行幸하자 한악이 밤새 길을 걸어 호鄠에 이르러 황제를 뵙고 통곡했다. 봉상鳳翔에 이르러 병부시랑兵部侍郎으로 전직되었다. 천우天祐 2년(905)에는 가족을 이끌고 왕심지王審知를 의지해 살다가 생을 마쳤다"라고 했다. 「기운도紀運圖」에 근거해 계산하면 신유년은 소종 천복天復 원년이고, 병인년은 애제哀帝 천우天祐 2년이니 「무제시서」에서 말한 '병인년에 복건에 있을 때 소위가 원고를 전해주었다'는 것은 바로 왕심지에 의지해 살던 시점이다. 「한악전」과 「무제시서」를 함께 고찰해도 부합하지 않는 것이 하나도 없다. 그렇다면 이 시집은 한악의 작품임이 틀림이 없는데 『몽계필담』에서 화응이 한악에게 이름을 빌려준 것이라고 한 것은 사실을 자세히 고찰하지 못한 것이다. 또 『몽계필담』에서 "한악에게는 또 시 백 편이 있으니 그의 4세손 한혁韓奕의 집에서 보았다"라고 했는데 이것이 혹시 잃어버렸다는 구시舊詩가 아닐까?

『石林詩話』載, 元豐間, 東坡繫獄, 神宗本無意罪之. 時相因擧軾「檜」詩"根到九泉無曲處, 歲寒惟有蟄龍知." 且云: "陛下龍飛在天, 軾以爲不知己, 而求知地下之蟄龍, 非不臣而何." 得章子厚從而解之, 遂薄其罪. 而王定國『見聞錄』云: "東坡在黃州時, 上欲復用, 王禹玉以'歲寒惟有蟄龍知'激怒上意, 章子厚力解, 遂釋." 余觀東坡自獄中出「與章子厚書」云: "某所以得罪, 其過惡未易一二數, 平時惟子厚與子由極口見戒, 反復甚苦, 某强很自不以爲然." 又云: "異時相識, 但過相稱譽, 以成吾過, 一旦有患難, 無復相哀者. 惟子厚平居遺我以藥石, 及困急又有以救卹之, 眞與世俗異矣." 則知坡繫獄時, 子厚救解之力爲多, 『石林詩話』不妄也.

『석림시화石林詩話』에 의하면, 원풍(元豐 : 1078~1085) 연간에 소식이 옥에 갇혀 있었는데 원래 신종神宗은 그에게 벌을 줄 뜻이 없었다. 당시 재상이 소식의 「쌍회雙檜」에서 "뿌리가 구천九泉에 이르도록 굽은 곳이 없건만, 추운 계절에 오직 숨은 용만 안다네[根到九泉無曲處, 歲寒惟有蟄龍知]"라고 한 구절을 거론하며 "폐하께서는 드러나는 용으로 세상에 계신데 소식이 자신을 몰라준다고 하며 지하의 숨은 용(왕이 될 만한 다른 인물)에게 자신을 알아달라고 요구하고 있으니 신하가 되지 않겠다는 뜻이 아니고 뭐겠습니까?"라고 문제 삼았지만 장자후(章子厚 : 장순章惇)에 의해 해명되어 결국 그 죄를 약하게 처리했다. 왕정국王定國의 『견문록見聞錄』에서 "소식이 황주黃州에 있을 때 성상이 다시 등용하려 하자, 왕우옥王禹玉이 '추운 계절에는 오직 숨은 용만 안다네[歲寒惟有蟄龍知]'라는 구절로 성상을 격노시켰지만 장자후가 적극 해명하여 결국 풀려났다"라고 했다. 내가 소식이 옥중에서 나와 쓴 「여장자후서與章子厚」를 보니 "제가 지은 죄의 과오는 그저 한두 가지에 그치지 않습니다. 평소에 장순과 자유(子由 : 소철蘇轍)가 극히 조심하라고 거듭 애타게 부탁했지만 저는 절대로 그렇지 않다고 했습니다"라고 하고, 또 "알고 지내는 다른 사람들의 경우에는 지나치게 저를 칭찬해서 제가 잘못을 범하도록 부추기다가 어느 날 갑자기 어려움이 닥치면 더 이상 저를 보살펴주지 않았습니다. 그런데 장순께서는 평소에 제게 약석藥石 같은 말씀을 전해주시고 곤궁하고 위급할 때 구원의 손길을 내어주셨으니 참으로 세속과는 다르십니다"라고 했으니, 소식이 옥에 갇혔을 때 장순의 구제 노력이 아주 컸으므로 『석림시화』의 내용이 근거가 없지 않다는 것을 알 수 있다.

世言團茶始於丁晉公, 前此未有也. 慶曆中, 蔡君謨爲福建漕, 更制小團以充歲貢. 元豐初, 下建州, 又制密雲龍以獻. 其品高於小團, 而其制益精矣. 曾文昭所謂"莆陽學士蓬萊仙, 製成月團飛上天", 又云"密雲新樣尤可喜, 名出元豐聖天子"是也. 唐陸羽『茶經』於建茶尚云未詳, 而當時獨貴陽羨茶, 歲貢特盛. 茶山居湖常二州之間, 修貢則兩守相會山椒, 有境會亭, 基尚存. 盧仝「謝孟諫議茶」詩云"天子須嘗陽羨茶, 百草不敢先開花"是已. 然又云: "開緘宛見諫議面, 手閱月團三百片." 則團茶已見於此. 當時李郢「茶山貢焙歌」云: "蒸之護之香勝梅, 研膏架動聲如雷. 茶成拜表貢天子, 萬人爭喊春山摧." 觀研膏之句, 則知嘗爲團茶無疑. 自建茶入貢, 陽羨不復研膏, 祗謂之草茶而已.

세상에 전하는 말로는 단다團茶[37]는 정진공(丁晉公 : 정위丁謂)에게서 시작되었고 그 이전에는 없었다고 한다. 경력(慶曆 : 1041~1048) 연간에 채군모(蔡君謨 : 채양蔡襄)가 복건 조운사福建漕運使로 있을 때, 다시 소단小團[38]을 만들어 세공歲貢에 충당했다. 원풍 초에 그가 건주建州로 내려가 다시 밀운용密雲龍[39]을 만들어 헌상했는데 그 품질이 소단보다 뛰어나고 제작도 더욱 정밀했으니 증문소(曾文昭 : 증조曾肇)가 "보양莆陽의 학사 봉래蓬萊의 신선(채양)이, 월단月團[40]을 만들어 하늘(황제)로 날려 올렸네[莆陽學士蓬萊仙, 製成月團飛上天]"라고 하고, 또 "밀운密雲의 새 모습은 더더

37 단다(團茶) : 송대(宋代)에 생산된 작은 다병(茶餠)이다. 정위(丁謂)가 복건(福建)의 관리로 있을 때 처음으로 만들어 궁에 제공했다. 다병에는 용이나 봉황 무늬가 새겨져 있었는데, 용을 새긴 것은 용단(龍團)이나 용다(龍茶)・반룡다(盤龍茶)・용배(龍焙)・소룡단(小龍團)이라 불렀고, 봉황을 새긴 것은 봉단(鳳團)・봉병(鳳餠)・소봉단(小鳳團)이라 불렀다.

38 소단(小團) : 송(宋)나라 때 임금에게 진상하던 구형의 작은 다병(茶餠)으로, 용무늬가 새겨진 소룡단(小龍團)과 봉황 무늬가 새겨진 소봉단(小鳳團)을 통칭한다.

39 밀운용(密雲龍) : 차 이름이다. 송(宋) 채조(蔡絛)의 『철위산총담(鐵圍山叢談)』 권6에 "'밀운용'은 구름무늬가 세밀하니 소룡단(小龍團)보다 더욱 정묘하다['密雲龍'者, 其雲紋細密, 更精絶於小龍團也]"라는 말이 보인다.

40 월단(月團) : 단다(團茶)의 일종이다.

욱 좋아, 성스러운 원풍 천자 시대에 태어났네[密雲新樣尤可喜, 名出元豐聖天子]"라 한 것이 그것이다. 당나라 육우陸羽의 『다경茶經』을 보면 건주의 차는 아직 잘 모른다고 하고, 당시에 유독 양선陽羨차를 중시하여 해마다 공물로 올리는 것이 아주 성대했다고 한다. 양선차가 생산된 산은 호주湖州와 상주常州 두 지역 사이에 있는데 공물을 준비할 때는 두 태수가 산초山椒에서 모였으며 이곳에 경회정境會亭이 있었으니 그 터가 지금도 남아있다. 노동의 「사맹간의다謝孟諫議茶」의 "천자께서 반드시 양선차를 음미하시어, 수많은 풀들이 감히 먼저 꽃을 피우지 못한다[天子須嘗陽羨茶, 百草不敢先開花]"가 그것이다. 하지만 이어서 "봉함을 열자 맹간의(孟諫議 : 맹간孟簡)의 얼굴을 보는 듯하나니, 손수 월단 삼백편을 열람하노라[開緘宛見諫議面, 手閱月團三百片]"[41]라고 했으니 단차가 앞서 이미 보이고 있는 것이다. 당시 이영李郢의 「다산공배가茶山貢焙歌」에서 "찌고 보호해 향기가 매화보다 앞서고, 응고된 것을 맷돌 위에 얹어 갈면 소리가 우레와 같다. 차가 완성되어 표문表文과 함께 천자께 바치면, 수많은 사람이 앞다퉈 봄 산이 꺾였다고 함성을 지른다[蒸之護之香勝梅, 研膏架動聲如雷. 茶成拜表貢天子, 萬人爭喊春山摧]"라고 했는데 '연고研膏'라는 구절을 보면 일찍이 단차를 만든 것이 분명하다. 건주의 차가 공물로 바쳐지고 나서는 양선차는 더 이상 연고하지 않고 다만 풀잎차(草茶) 라고만 했다.

張籍嘗勸韓愈, 排釋老不若著書. 而愈以爲化當世莫若口, 傳來世莫若書, 懼吾力未至, 至之未能也. 請待五六十, 然後爲之. 外集有愈「答侯生問論語書」云: "昔注解其書, 不敢求其意, 意取聖人之旨而合之." 愈旣死, 籍祭詩有"『魯論』未訖注, 手跡今微茫." 則知愈晚年嘗注『論

41 『고금사문유취속집(古今事文類聚續集)』 권12 「주필사맹간의기신다(走筆謝孟諫議寄新茶)」.

語』未訖而絶筆. 小說載愈子昶爲集賢校理, 有金根之訛, 則未必能卒父業, 所望者, 籍・湜輩爾. 籍祭詩曰"爲文先見草", 又 云"公比欲爲書, 遺約有修章." 愈將死, 亦喻湜曰: "死能令我躬所以不磨滅者, 惟子是屬." 則所望於二公至矣, 惜乎此書不全也.

장적이 일찍이 한유에게 불교와 도교를 배척하는 것이 글을 저술하는 것만 못하다고 권유하자, 한유는 "시대를 교화시키는 것은 입보다 중요한 것이 없고, 후세에 전하는 것은 저술보다 중요한 것이 없지만, 내 힘이 닿지 않고 내 능력이 미치지 못할 듯싶네. 50~60세가 되면 그때 하겠네"[42]라고 했다. 한유가 문집 외집外集의 「답후생문논어서答侯生問論語書」에서 "지난날 그 책에 주석과 해석을 가할 때, 감히 그 뜻을 찾지 못하고 성인聖人의 본지만 짐작으로 취해 합쳐 놓았다"라고 했는데 한유가 죽은 뒤 장적이 쓴 애도시에서 "『노론魯論』의 주석을 미처 마치지 못해, 손수 쓴 원고만 아련하다[『魯論』未訖注, 手跡今微茫]"[43]라고 했으니 한유가 만년에 『논어』의 주석을 가하다가 마치지 못한 채 절필했음을 알 수 있다. 소설에 의하면, 한유의 아들 한창韓昶이 집현전 교리集賢殿로 있을 때 금근金根의 오류[44]가 있어서 부친의 업을 마칠 수 없었던 것이며 바랄 수 있는 이는 장적과 황보식뿐이었다고 한다. 장적의 애도시에서 "문장을 지으실 때는 먼저 초고를 보여주셨다[爲文先見草]"[45]라고 하고, 또 "공께서 근래 글을 쓰려 하실 때는, 문장을 수정하라는 말씀을 남기셨다[公比欲爲書, 遺約有修章]"[46]라고 하고, 한유가 임종에 앞서 황보식에게 "죽는다 해도 내 몸이 사라지지 않도록 할 수 있는 것은

42 『동아당창려집주(東雅堂昌黎集註)』 권14 「답장적서(答張籍書)」.

43 『장사업집(張司業集)』 권1 「제퇴지(祭退之)」.

44 금근(金根)의 오류: 금근은 금근거(金根車)로 천자가 타는 수레인데 그 내용을 모른 한창이 글자가 잘못되었다고 하며 근(根)을 은(銀)으로 고쳤다는 일화가 전한다.

45 『장사업집(張司業集)』 권1 「제퇴지(祭退之)」.

46 『장사업집(張司業集)』 권1 「제퇴지(祭退之)」.

오직 그대뿐이다"[47]라고 했으니, 두 분에게 기대한 것이 극진했던 것인데 애석하게도 이 책은 온전치가 않다.

東坡「與子由論書」云 : "吾雖不善書, 曉書莫如我. 苟能通其意, 常謂不學可." 故其子叔黨跋公書云 : "吾先君子豈以書自名哉. 特以其至大至剛之氣, 發於胸中而應之以手, 故不見其有刻畫嫵媚之態, 而端乎章甫, 若有不可犯之色. 少年喜二王書, 晩乃喜顔平原, 故時有二家風氣. 俗手不知, 妄謂學徐浩, 陋矣." 觀此則知初未嘗規規然出於翰墨積習也.

소식은 「여자유논서與子由論書」에서 "내가 비록 글씨를 잘 쓰지 못하지만, 글씨를 잘 알기로는 나만한 사람이 없다. 참으로 그 본질만 꿰뚫는다면 배우지 않아도 된다고 해도 된다"라고 했다. 그래서 그 아들 소숙당(蘇叔黨 : 소과蘇過)이 공의 글씨에 쓴 발문에서 "우리 선군자께서 어찌 서예가로 자신을 명명하셨는가. 다만 지극히 크고 지극히 강한 기상이 흉중에서 우러나 그것이 손에 호응했으므로 일부러 새기고 뽐내는 태도가 보이지 않고 어엿한 선비로 전혀 침범할 수 없는 기색이 있는 듯했다. 소년시절에는 이왕(二王 : 왕희지와 왕헌지)의 글씨를 좋아하셨고 만년에는 안평원(顔平原 : 안진경)을 좋아하셨으므로 이따금 위 두 서예가의 풍모가 보인다. 속세의 사람들이 이를 모르고 함부로 서호(徐浩 : 당나라의 서예가)를 배운 것이라고 한 것은 누추한 이야기다"라고 했다. 이러한 내용을 보면 애초에 자질구레하게 한묵翰墨의 무턱대고 하는 학습에서 나오지 않았음을 알 수 있다.

47 『황보지정집(皇甫持正集)』 권6 「한문공묘지명(韓文公墓誌銘)」.

陳後主起臨春・結綺・望仙三閣, 極其華麗. 後主與張麗華・孔貴妃各居其一, 與狎客賦詩, 互相贈答, 采其豔麗者被以新聲, 奢淫極矣. 隋克臺城, 後主與張・孔坐視無計, 遂俱入井, 所謂胭脂井是也. 楊炯詩云①: "擒虎戈矛滿六宮, 春花無樹不秋風. 蒼黃益見多情處, 同穴甘心赴井中." 李白亦云: "天子龍沉景陽井, 誰歌「玉樹後庭花」." 今胭脂井在金陵之法寶寺, 井有石欄, 紅痕若胭脂, 相傳云, 後主與張・孔淚痕所染. 石欄上刻後主事跡, 八分書, 乃大曆中張著文. 又有篆書'戒哉戒哉'數字. 其他題刻甚多, 往往漫滅不可考. 寺卽景陽宮故地也, 以井在焉, 好事者往來不絶, 寺僧頗厭苦之. 張芸叟嘗有詩戲僧云: "不及馬嵬襪, 猶能致萬金."

① '炯'原作'脩', 據類編改.

진후주(陳後主: 진숙보陳叔寶)가 임춘臨春・결기結綺・망선望仙 세 누각을 세웠는데 매우 화려했다. 진후주와 장려화張麗華와 공귀비孔貴妃가 각기 한 곳씩을 차지하고 가까운 사람들과 시를 주고받으며 그 가운데 화려한 작품을 선정해 신성新聲[48]을 입혔으니 그 사치가 극에 이르렀다. 수나라가 대성臺城을 정복하자, 진후주는 장려화・공귀비와 함께 계책 없이 바라만보고 있다가 마침내 함께 우물로 뛰어들었으니 연지정胭脂井이 바로 그곳이다. 양형楊炯의 시에서 "호랑이 잡던 방패와 창이 육궁六宮에 가득하거늘, 봄꽃 핀 나무에 가을바람 불지 않은 것이 없었다. 경황없는 가운데 다정한 곳을 한껏 바라보고, 같은 혈穴에 사는 마음으로 기꺼이 우물 속으로 뛰어들었다[擒虎戈矛滿六宮, 春花無樹不秋風. 蒼黃益見多情處, 同穴甘心赴井中]"라고 했고, 이백 또한 "천자는 경양

48 신성(新聲): 새로 유행하는 음악을 말한다. 『근사록(近思錄)』 권9 '치법류(治法類)'에, "옛 음악은 들을 것 없다면서, 시대마다 자꾸 바뀌는 새로운 음악으로 바꾸어, 요망하고 음란하고 근심스럽고 원망스러워졌다[謂古樂不足聽也, 代變新聲, 妖淫愁怨]"라는 구절이 보인다.

정景陽井에 침몰했거늘, 누가 「옥수후정화玉樹後庭花」[49]를 노래하는가[天子龍沉景陽井, 誰歌「玉樹後庭花」]"[50]라고 했다. 지금 연지정은 금릉金陵 법보사法寶寺에 있으며 샘가에 돌난간이 있는데 연지 같은 붉은 흔적이 서려 있다. 전하는 말에 의하면 진후주가 장려화 · 공귀비와 함께 흘린 눈물의 흔적이라고 한다. 돌난간에는 후주의 사적이 팔분체八分體[51] 글씨로 새겨져 있는데 대력(大曆 : 766~779) 연간에 장적의 지은 것이다. 그리고 전서篆書로 '계재계재戒哉戒哉'라는 몇 글자가 새겨져 있다. 그 밖에도 새겨져 있는 글이 아주 많은데 마멸되어 읽을 수 없는 것들이 종종 있다. 법보사는 경양궁景陽宮의 옛터인데 샘물이 있는 까닭에 호사가들이 끊임없이 왕래해 절의 승려들이 매우 귀찮아한다. 장운수(張芸叟 : 장순민張舜民)가 일찍이 승려에게 농 삼아 지어준 시에서 "마외파馬嵬坡[52]의 버선에도 미치지 못하거늘, 그럼에도 만 금을 불러들인다[不及馬嵬襪, 猶能致萬金]"[53]라고 했다.

① '炯'은 본래 '脩'로 되어 있었는데 『시화유편詩話類編』에 의거하여 고쳤다.

樂天以長慶二年, 自中書舍人爲杭州刺史. 冬十月至治時, 仍服緋, 故「遊恩德寺詩序」云 : "俯視朱紱, 仰睇白雲, 有愧於心." 及觀「自歎」詩云 : "實事漸銷虛事在, 銀魚金帶繞腰光." 「戊申詠懷」云 : "紫泥丹筆皆

49 「옥수후정화(玉樹後庭花)」: 남조 진(陳)의 후주(後主) 진숙보(陳叔寶)가 정사는 돌보지 않고 새로운 시에 곡을 부쳐 노래 부르며 비빈(妃嬪) 등과 노닐기만 하다가 끝내 나라를 망하게 했는데, 그 가운데 「옥수후정화」라는 노래가 있었기 때문에 전하여 '망국의 노래'를 뜻하게 되었다.

50 『이태백문집(李太白文集)』 권6 「금릉가송별범선(金陵歌送別范宣)」.

51 팔분체(八分體) : 서체의 하나로 한대(漢代)의 예서(隷書)를 말한다. 전서의 형태가 팔분(八分) 남아있고 이분(二分)만 변한 것이 예서이기 때문에 그렇게 일컬을 것이라 한다.

52 마외파(馬嵬坡) : 지금의 섬서성(陝西省) 흥평현(興平縣) 서쪽 이십오 리의 마외진(馬嵬鎭)에 있다. 안록산의 반란 때 당 현종이 서행(西幸)하다가 이곳에 이르렀는데, 군사들의 요청에 따라 어쩔 수 없이 양귀비를 고력사(高力士)에게 교살(絞殺)케 했다 한다.

53 『화만집(畫墁集)』 권7 「침행록(郴行錄)」.

經手, 赤紱金章盡到身." 以今觀之, 金帶不應用銀魚, 而金章不應用赤紱, 人皆以爲疑, 而不知唐制與今不同也. 按唐制, 紫爲三品之服, 緋爲四品之服, 淺緋爲五品之服, 各服金帶. 又制, 衣紫者魚袋以金飾, 衣緋者魚袋以銀飾. 樂天時爲五品, 淺緋金帶佩銀魚宜矣. 劉長卿有「袁郎中喜章服」詩云: "手詔來筵上, 腰金向粉闈. 勳名傳舊閤, 舞蹈著新衣." 郎中亦是五品, 故其身章與樂天同.

백거이가 장경長慶 2년(822)에 중서사인에서 항주자사杭州刺史로 전직되었다. 그해 겨울 10월 임소에 도착했을 때 그는 여전히 붉은색 관복(緋)을 입고 있었다. 그래서 「유은덕사시서遊恩德寺詩序」에서 "구부려 주불朱紱[54]을 보고, 우러러 흰 구름을 보니, 마음에 부끄럽다"라고 했다. 그런데 「자탄自歎」에서 "실제의 일은 점점 사라지고 공허한 일만 생기며, 은어銀魚[55]와 금대金帶[56]만 허리에 빛을 둘렀다[實事漸銷虛事在, 銀魚金帶繞腰光]"라고 하고, 「무신영회戊申詠懷」에서 "자니(紫泥: 붉은 인주) 단필(丹筆: 붉은 붓)은 모두 손을 거쳤고, 적불(赤紱: 주불朱紱)과 금장金章[57]은 몸에 모두 닿았다[紫泥丹筆皆經手, 赤紱金章盡到身]"라고 했다. 지금의 기준에서 보면, 금대는 은어를 사용해서는 안 되고 금장金章은 적불赤紱을 사용해서는 안 되기에 사람들이 모두 의문을 제기하지만 당나라 제도가 오늘날과 다르다는 것을 모르고 하는 말이다. 당나라 제도에 의하면, 자색은 3품의 복장이고 배緋는 4품의 복장이며 천배淺緋는 5품의 복장인데 각기 금대를 착용한다. 그리고 당시 제도에 의하면, 자색 옷을

54 주불(朱紱): 원래는 예복과 함께 차는 붉은색의 폐슬(蔽膝)을 가리키는데, 관직에 대한 대칭으로 많이 쓰인다.

55 은어(銀魚): 관복(官服)에 차는 은제(銀製) 어대(魚袋)를 말한다.

56 금대(金帶): 옛날에 문무백관이 허리에 차던 황금 장식의 요대(腰帶)이다. 금(金), 은(銀), 옥(玉) 등의 구별이 있다.

57 금장(金章): 금으로 만든 관인(官印)이다. 진(秦)·한(漢) 때는 승상(丞相)이 사용했으며, 진(晉)나라 때는 광록대부(光祿大夫)도 사용했다고 한다.

입는 사람은 어대魚袋를 황금으로 장식하고 배를 입는 사람은 어대를 은으로 장식했다. 백거이가 당시에 5품이었다면 천배에 금대를 하고 은어를 찬 것이 당연하다. 유장경의 「원랑중희장복袁郎中喜章服」에서 "손수 쓰신 칙서가 연석筵席에 내려와, 허리의 황금이 화려한 궁궐을 향한다. 공 세운 이름은 옛 누각에 전하고, 춤추는 이는 새 옷을 입었다[手詔來筵上, 腰金向粉闈. 勳名傳舊閤, 舞蹈著新衣]"라고 했는데 원낭중(원자袁滋) 또한 5품이었으므로 그 몸의 장식이 백거이와 같았던 것이다.

杜甫累不第, 天寶十三載, 明皇朝獻太清宮, 饗廟及郊. 甫奏賦三篇, 帝奇之. 使待制集賢院, 命宰相試文章, 故有「贈集賢崔于二學士」詩云: "昭代將垂白, 途窮乃叫閽. 氣沖星象表, 詞感帝王尊. 天老書題目, 春官驗討論. 倚風遺鶂路, 隨水到龍門." 舊注陳希烈・韋見素爲宰相, 而崔國輔・于休烈者皆集賢院學士也, 故末句云: "謬稱三賦在, 難述二公恩." 可謂不忘於藻鑒之重者矣. 按唐史, 是歲陳希烈爲相, 至八月見素代之. 而甫集有「上見素」詩云: "持衡留藻鑒, 聽履上星辰." 則甫之文章爲見素所賞, 非希烈也.

두보는 여러 차례 응시했으나 급제하지 못했다. 천보天寶 13년(754)에 당나라 명황(明皇: 현종)이 태청궁太清宮에서 조헌朝獻[58]하며 종묘와 교외에서 향례饗禮[59]를 거행할 때였다. 두보가 부賦 세 편[60]을 올리자, 황제가 기특하게 여기고 집현원集賢院에서 대제待制[61]토록 하고 재상에게 명

58 조헌(朝獻): 고대 제례의 하나로, 당・송시대에는 천자가 직접 태청궁(太清宮)이나 경령궁(景靈宮) 또는 태묘(太廟)에 제례를 거행하는 것을 지칭했다.

59 향례(饗禮): 빈객을 위해 성대하게 차린 연회이다.

60 부(賦) 세 편: 이른바 「삼대례부(三大禮賦)」로, 「조헌태청궁부(朝獻太清宮賦)」・「조향태묘부(朝享太廟賦)」・「유사어남교부(有事於南郊賦)」를 가리킨다.

61 대제(待制): 매일 교대로 대기하여 임금의 조칙(詔勅) 등을 기록하는 관직의 이름이다.

하여 문장을 시험하게 했다. 그래서 지은 「증집현최우이학사贈集賢崔于二學士」에서 "소대(昭代 : 태평성세)에 백발이 되려는 자가, 막다른 길에서 궁궐을 향해 부르짖는다. 기개는 하늘의 별에 닿고, 글은 존엄한 제왕을 감동시켰다. 천로天老[62]는 제목을 쓰고, 춘관春官[63]은 토론을 시험한다. 바람 따라 예로(鶂路)[64]에 버려졌으나, 물을 따라 용문龍門[65]에 이른다[昭代將垂白, 途窮乃叫閽. 氣沖星象表, 詞感帝王尊. 天老書題目, 春官驗討論. 倚風遺鶂路, 隨水到龍門]"라고 했다. 옛 주석에 의하면, 진희열陳希烈・위견소韋見素가 재상이었고 최국보崔國輔・우휴열于休烈은 모두 집현원 학사여서 마지막 구절에 "세 편의 부賦가 과분하게 평가됐으니, 두 분의 은혜를 이루 말하기 어렵다[謬稱三賦在, 難述二公恩]"[66]라고 한 것이니 조감(藻鑒 : 인물의 평가, 검증)의 중요함을 잊지 않았다 할 만하다고 했다. 당사唐史에 의하면, 이해에 진희열이 재상이 되었고 8월에 위견소가 대신했다고 했다. 그리고 두보의 시집 「상견소上見素」에서 "전형銓衡을 갖고 조감藻鑒을 남기고,[67] 성신星辰에 오르는 신발 소리 들렸다오[持衡留藻鑒, 聽履上星辰]"[68]라고 했으니 두보의 문장이 위견소로부터 찬탄을 받은 것이지 진희열로부터 받은 것은 아니다.

---

62 천로(天老) : 상고시대 황제(黃帝)를 보필했다고 전하는 신하의 이름이다.

63 춘관(春官) : 오제(五帝)시절 전욱씨(顓頊氏) 때 오관(五官) 중의 하나로, 목정(木正)을 말한다.

64 예로[鶂路] : 처지의 불리함이나 벼슬길에서의 실의를 가리킨다. 춘추시대에 여섯 개의 깃털을 가진 물새 육예(六鶂)가 하늘을 날다가 바람에 밀리자 송(宋)나라 사람들이 재앙이 일어날 조짐으로 여겼다는 고사가 전한다. 『춘추(春秋)』 희공(僖公) 16년 '두주(杜注)'.

65 용문(龍門) : 황하 상류의 여울목 이름인데, 물고기가 이곳을 뛰어 오르면 용이 된다는 고사에서 유래하여, 과거 급제를 비유하는 말로 쓰인다.

66 『두시상주(杜詩詳註)』 권2 「봉류증집현원최우이학사(奉留贈集賢院崔于二學士)」.

67 전형(銓衡)을 …… 남기고 : 전형은 무게를 측량하는 저울로, 인재 선발을 의미하고, 조감은 인재를 감별하는 것을 가리킨다. 당시 위견소가 공평한 잣대로 인재를 선발한 것을 거론한 것이다.

68 성신(星辰)에 …… 들렸다오 : 성신은 궁궐이나 황제를 비유한다. 한(漢)나라 때 상서(尙書) 정숭(鄭崇)이 직간(直諫)을 잘 올렸는데 애제(哀帝)가 신발 소리만 듣고도 그가 오는 것을 알아차렸다는 고사가 전한다.

世人論淵明自永初以後, 不稱年號, 秖稱甲子, 與思悅所論不同. 觀淵明「讀史」九章, 其間皆有深意. 其尤章章者, 如「夷齊」·「箕子」·「魯二儒」三篇. 「夷齊」云: "天人革命, 絶景窮居. 正風美俗, 爰感懦夫." 「箕子」云: "去鄉之感, 猶有遲遲. 矧伊代謝, 觸物皆非." 「魯二儒」云: "易代隨時, 迷變則愚. 介介老人, 時爲正夫." 由是觀之, 則淵明委身窮巷, 甘黔婁之貧而不自悔者, 豈非以恥事二姓而然邪.

세상 사람들이 도연명은 영초(永初: 420~422) 이후로 연호를 칭하지 않고 간지干支만 칭했다고 하는데 이는 승려 사열思悅이 논한 것과 다르다. 도연명의 「독사讀史」 9장을 보면 모두 깊은 뜻이 숨어있다. 그 가운데 특히 빼어난 것은 「이제夷齊」·「기자箕子」·「노이유魯二儒」 세 편이다. 「이제」에서 "하늘이 운명을 바꿔, 외진 곳에서 곤궁하게 지냈다. 풍속을 바로잡고 세속을 아름답게 하여, 이에 나약한 사람을 감동시켰다[天人革命, 絶景窮居. 正風美俗, 爰感懦夫]"라고 하고, 「기자」에서 "고향을 떠난다는 감회에, 여전히 발걸음이 더디다. 더구나 왕조가 바뀌었으니, 부딪히는 사물마다 모두 제 것이 아니다[去鄉之感, 猶有遲遲. 矧伊代謝, 觸物皆非]"라고 하고, 「노이유」에서 "시대가 바뀌어 새로운 것을 따를 때, 변화에 혼미하면 어리석은 것이다. 꿋꿋한 노인은, 정대한 분이었다[易代隨時, 迷變則愚. 介介老人, 時爲正夫]"라고 했다. 이것으로 보면 도연명이 외진 곳에 몸을 맡겨두고 검루黔婁[69]의 가난을 달갑게 여기면서도 전혀 개의치 않은 것이 어찌 두 개의 성씨 섬기기를 부끄럽게 여겨서가 아니었겠는가.

漢文欲輕刑而反重, 議者以爲失本惠而傷吾仁, 固也. 或又咎帝短喪

69 검루(黔婁): 춘추시대 노(魯)나라의 은사(隱士)로, 죽었을 때 이불이 짧아 염(斂)을 할 수 없을 정도로 가난했다고 한다. 『열녀전(列女傳)』「노검루처(魯黔婁妻)」.

爲傷於孝. 余觀遺詔, 率皆言爲己損制, 未嘗使士庶皆短喪也. 厥後丞相翟方進與薛宣服母喪, 皆三十六日而除. 而顔師古注云: "漢制自文帝遺詔, 國家遵以爲常." 則咎不在文帝矣. 而王荊公詩云: "輕刑死人衆, 短喪生者偸. 仁孝自此薄, 哀哉不能謀." 輕刑死人衆, 則固然矣, 短喪生者偸, 則似誣文帝也.

한 문제文帝가 형벌을 가볍게 하려다가 도리어 무겁게 한 것을 두고서 논자들이 은혜에 근본 두는 것을 잃고 나의 인仁을 손상시켰다고 한 것은 본디 옳은 말이다. 다른 사람은 또 한 문제가 삼년상을 단축시킨 것은 효도를 해친 것이라고 문제 삼기도 한다. 그런데 한 문제가 남긴 조칙을 보면 대부분 자신을 위하여 상례 기간을 줄인다고 했지, 식자들이나 일반 백성들로 하여금 상례 기간을 줄이게 한 것이 아니다. 그 뒤에 승상 적방진翟方進과 설선薛宣이 어머니의 상을 당하자 모두 삼십육 일 만에 탈상을 했다. 그리고 안사고顔師古의 주석에서 "한나라의 제도는 문제가 남긴 조칙을 국가에서 일상의 법도로 존중했다"라고 했으니 그 잘못이 문제에게 있는 것이 아니다. 왕안석의 시에서 "형벌을 가벼이 하자 사람을 죽이는 이가 많고, 상기喪期를 단축하자 살아있는 사람이 훔친다. 인仁과 효도가 이로부터 엷어졌으니, 애달프구나 도모할 수 없는 일이여[輕刑死人衆, 短喪生者偸. 仁孝自此薄, 哀哉不能謀]"[70]라고 했는데 형벌을 가볍게 하자 사람을 죽이는 일이 많아졌다는 것은 맞는 말이지만 상례를 줄이자 살아있는 사람들이 훔쳤다고 한 것은 문제를 모함한 것인 듯하다.

70 『임천문집(臨川文集)』 권9 「한문제(漢文帝)」.

운어양추韻語陽秋 권6卷六

老杜卒於大曆五年, 享年五十九, 當生於先天元年. 觀其獻「大禮賦表」云 : "臣生陛下淳樸之俗, 行四十載矣." 以此推之, 天寶十載始及四十, 則是獻「大禮賦」當在天寶九載也. 本傳以謂天寶十三載, 因獻三賦, 帝奇之, 待制集賢院, 誤矣. 其後又進「西嶽賦序」云 : "上旣封泰山之後三十年." 按史, 開元十三年乙丑封泰山, 至天寶十三載始及三十年, 則是進「西嶽賦」在天寶十三載也. 老杜有「贈獻納使田舍人」詩云 : "舍人退食收封事, 宮女開函近御筵. 曉漏追隨青瑣闥, 晴窗點檢白雲篇." 末句云 : "揚雄更有「河東賦」, 惟待吹噓送上天." 其云"更有「河東賦」", 當是獻「西嶽賦」時也.

두보는 대력 5년(770)에 세상을 떠났으니 향년 오십구 세였음을 감안하면 태어난 해는 선천先天 원년(713)이다. 조정에 올린 「대례부표大禮賦表」를 보면 "신은 폐하의 순박한 세상에 태어나 장차 사십 세가 됩니다"라고 했으니 이를 통해 유추할 때 천보 10년(751)이 사십 세가 되는 해였다면 「대례부大禮賦」를 올린 것은 천보 9년(750)인 것이다. 따라서 본전에서, 천보 13년(754)에 세 부(賦 : 삼대예부三大禮賦)를 올리자 황제가 기특하게 여겨 집현원에서 대제待制케 했다고 말한 것은 오류이다. 그 뒤에 또 올린 「서악부서西嶽賦序」에서 "성상이 태산泰山에 봉천封天[1]을 한 지 삼십 년"이라고 했는데 기록에 의하면 '개원開元 13년(725) 을축에 태산에 봉천을 했다'고 하여, 천보 13년이 삼십 년이 되는 해라면 「서악부」를 올린 것은 천보 13년인 것이다. 두보가 지은 「증헌납사전사인贈獻納使田舍人」에서 "사인舍人은 먹는 걸 줄이며 열심히 봉사封事를 수습하고, 궁녀는 함을 열며 어연御筵 가까이로 나선다. 새벽 물시계 소리에 푸른 열쇠의 궁문을 뒤따르고, 맑은 창문 아래서는 백운편白雲篇[2]을 점검한다[舍人退食收封事, 宮女開函近御筵. 曉漏追隨青瑣闥, 晴窗點檢白雲篇]"라고 하고, 마지막 구절에서 "양웅이 다시 「하동부河東賦」를 지었으니 오직 하늘 위(황제)로 올려지기만 기대한다[揚雄更有「河東賦」, 惟待吹噓送上天]"라고 했으니 "다시 「하동부」를 짓는다"는 것은 「서악부」를 올렸을 때인 것이다.

李白「古風」云 : "燕昭延郭隗, 遂築黃金臺. 劇辛方趙至, 鄒衍復齊來." 余攷『史記』不載黃金臺之名, 止云昭王爲郭隗改築宮而師事之. 孔文擧與曹公書曰 : "昭王築臺, 以尊郭隗." 亦不著黃金之名. 『上谷郡圖經』乃云 : "黃金臺在易水東南十八里, 燕昭王置千金於臺上, 以延天下士, 遂因以爲名." 皇甫松有「登黃金臺」詩云 : "燕相謀在茲, 積金黃巍

1 봉천(封天) : 천자가 하늘에 제를 올리는 의식이다.

2 백운편(白雲篇) : 남조(南朝) 제(齊)나라 시인 사조(謝朓)의 「배중군기실사수왕전(拜中軍記室辭隨王箋)」에 나오는 "흰 구름은 하늘에 있건만, 용문은 보이지 않네[白雲在天, 龍門不見]"의 '백운재천(白雲在天)'을 줄인 말로, 고향의 부모를 그린다는 의미를 갖고 있다.

巍. 上者欲何顔, 使我千載悲." 其跡尙可得而考也.

이백의 「고풍古風」에서 "연나라 소왕昭王이 곽외郭隗를 맞이해, 마침내 황금대黃金臺를 세웠다. 극신劇辛은 조나라에서 오고, 추연鄒衍은 제나라에서 왔다[燕昭延郭隗, 遂築黃金臺. 劇辛方趙至, 鄒衍復齊來]"라고 했다. 내가 『사기史記』를 살펴보니 황금대라는 이름은 실려 있지 않고 소왕이 곽외를 위해 궁을 새로 지어 스승으로 모셨다고만 되어 있다. 공문거(孔文擧 : 공융孔融)가 조공(曹公 : 조조)에게 보낸 편지에서도 "소왕이 누대를 축조하여, 곽외를 모셨다[昭王築臺, 以尊郭隗]"[3]라고만 되어 있고, 황금대란 이름은 나와 있지 않다. 『상곡군도경上谷郡圖經』에서 "황금대는 역수易水 동남쪽 십팔 리쯤에 있으며 연나라 소왕이 누대 위에 천 금을 준비해두고 세상의 명사들을 초빙했기에 마침내 그것을 누대의 명칭으로 삼은 것이다"라고 하고, 황보송皇甫松이 「등황금대登黃金臺」에서 "연나라 재상이 이곳에서 도모하며, 황금을 드높이 쌓아놓았다. 올라간 사람은 무슨 얼굴을 할까, 나로 하여금 천 년의 슬픔을 자아내게 한다[燕相謀在玆, 積金黃巍巍. 上者欲何顔, 使我千載悲]"라고 했으니 그 자취를 고찰할 수가 있다.

陳子昂「感遇」詩云 : "樂羊爲魏將, 食子徇軍功. 骨肉且相薄, 他人安得忠." 又曰 : "吾聞中山相, 乃屬放麑翁. 孤獸猶不忍, 況以奉君終." 一則忍於其子, 一則不忍於麑, 故魯直「懷荊公」詩有"啜羹不如放麑, 樂羊終媿巴西." 陳無己啓亦用此事, 所謂"中山之相, 仁於放麑, 亂世之雄, 疑於食子"是也. 然屬麑於秦西巴, 孟孫也, 非中山相也. 子昂徒見樂羊中山事, 遂誤作中山用. 無己亦遂襲之, 魯直以西巴爲巴西, 亦誤矣.

---

3 『공북해집(孔北海集)』 권6 「여조조론성효장서(與曹操論盛孝章書)」.

진자앙陳子昻의 「감우感遇」에서 "악양樂羊이 위魏나라 장수일 때, 무공을 세우기 위해 자식을 먹었다.[4] 골육도 야박하게 대했는데, 다른 사람에게 어떻게 충성을 다할 수 있겠는가[樂羊爲魏將, 食子徇軍功. 骨肉且相薄, 他人安得忠]"라고 하고 "내 들으니 중산中山국의 정승은, 사슴을 놓아준 분이었다.[5] 어린 짐승에게도 차마 하지 못하는데, 임금을 끝까지 받드는 일이야 말할 나위 있으랴[吾聞中山相, 乃屬放麑翁. 孤獸猶不忍, 況以奉君終]"라고 했으니 한 사람은 그 자식에게 잔인했고 한 사람은 사슴에게도 잔인하지 못했다. 그래서 황정견이 지은 「회형공懷荊公」에서 "국을 먹는 것은 사슴을 방목하는 것만 못하니, 악양은 결국 파서巴西에 부끄럽다[啜羹不如放麑, 樂羊終媿巴西]"라고 했다. 진사도 역시 이 고사를 인용했으니 "중산국 정승은, 사슴의 방목에 인자했거늘, 난세의 영웅은, 자식을 먹는 데에서 의심을 샀다[中山之相, 仁於放麑, 亂世之雄, 疑於食子]"[6]가 그것이다. 하지만 사슴 놓아주는 고사를 진서파秦西巴와 연관시켰다면, 그는 맹손孟孫에 해당되는 것이지 중산국의 정승이 아니다. 진자앙은 악양과 중산국의 고사만 보고 결국 중산을 잘못 인용한 것이다. 진무기 역시 이를 답습한 것이며 황정견이 서파西巴를 파서巴西로 한 것 또한 오류이다.

---

4 악양(樂羊)이 …… 먹었다 : 위(魏)나라 장군 악양에 얽힌 다음의 고사를 가리킨다. 악양이 중산(中山)을 공격할 때 그의 아들이 중산에 있었는데, 중산의 임금이 그의 아들을 삶아 국물을 만들어 보내자 악양이 한 그릇을 다 마셨다. 문후(文侯)가 도사찬(睹師贊)에게, "악양이 나 때문에 아들의 고기를 먹었소"라고 하니, 도사찬이, "자식의 고기를 먹었으니 누구의 고긴들 못 먹겠습니까"라고 하였다. 악양이 중산을 격파하자 문후가 그 공을 치하하면서도 그의 속내를 의심하였다.

5 내 들으니 …… 분이었다 : '사슴을 놓아준 분'은 진서파(秦西巴)로, 중산국의 임금 맹손(孟孫)을 시중드는 사람이다. 맹손이 사냥에서 어린 사슴을 잡아 진서파에게 갖고 돌아가게 했는데, 사슴의 어미가 울며 뒤따라오자 애처로운 마음에 어린 사슴을 풀어주었다 한다.

6 『후산집(後山集)』 권15 「사재수서주교수계(謝再授徐州教授啓)」.

「何彼穠矣」之詩, 美王姬而作也. 周, 姬姓, 故王女皆稱姬, 如陳嬀·楚芈·齊姜之類是也. 後世凡婦人皆稱姬, 誤矣. 南朝人士皆謂姬人, 如蕭綸「見姬人」詩, 所謂“狂夫不妬妾, 隨意晚還家.” 劉孝綽詠「姬人未出」詩, 所謂“帷開見釵影, 簾動聞釧聲.” 梁王僧孺爲「姬人怨」詩, 所謂“還君與妾珥, 歸妾與君裘.” 江總爲「姬人怨服散」詩, 所謂“妾家邯鄲好輕薄, 特忿仙童一丸藥”是也.

『시경』의 「하피농의何彼穠矣」는 왕희王姬를 찬미하기 위해 지은 것이다. 주나라는 성姓이 ‘희姬’였으므로 왕녀를 모두 ‘희’라 일컬었으니 진규陳嬀·초미楚芈·제강齊姜 따위가 그것이다. 후세에 부인들을 모두 ‘희’라 일컬은 것은 잘못이다. 남조南朝의 식자들은 모두 ‘희인姬人’이라 일렀으니 소륜蕭綸의 「견희인見姬人」에서 “광부狂夫가 첩을 질투하지 않아, 제멋대로 늦게 집에 들어온다[狂夫不妬妾, 隨意晚還家]”와 유효작劉孝綽의 「희인미출姬人未出」에서 “휘장이 열리며 비녀 그림자 보이고, 주렴이 움직이며 팔찌 소리를 듣는다[帷開見釵影, 簾動聞釧聲]”와 양梁 왕승유王僧孺의 「희인원姬人怨」에서 “당신께서 제게 준 귀고리를 돌려 드릴 테니, 제가 당신께 드린 갖옷을 돌려주시구려[還君與妾珥, 歸妾與君裘]”와 강총江總의 「희인원복산姬人怨服散」에서 “첩의 집 한단邯鄲에서는 경박함을 좋아하지만, 선동仙童의 한약을 특별히 분노한다오[妾家邯鄲好輕薄, 特忿仙童一丸藥]”가 그것이다.

縣字有平去二音, 如宮縣之縣者, 樂架也, 若州縣之縣, 則別無他音. 嘗觀顔延之「侍皇太子釋奠宴」詩曰: “獻終襲吉, 郎官廣宴, 堂設象筵, 庭宿金縣.” 沈約「侍宴」詩曰: “回鑾獻爵, 摐金委奠, 肆士辨儀, 胥人掌縣.” 二人押韻, 皆作州縣之縣用何邪? 沈佺期「哭蘇眉州」詩云: “家憂方休杍, 皇慈更轍縣.” 則當作平聲押.

'현縣' 자에는 평성平聲과 거성去聲, 두 음이 있으니 궁현宮縣의 '현'(평성)은 악기를 거는 시렁이고 주현州縣의 '현'(거성)은 다른 음이 없다. 안연지의 「시황태자석전연侍皇太子釋奠宴」에서 "헌작獻爵을 마치고 길복(吉服 : 평상복)을 입자, 낭관이 연회를 크게 베풀어, 당에는 상연象筵[7]을 설치하고, 마당에는 금현金縣[8]을 마련했다[獻終襲吉, 郎官廣宴, 堂設象筵, 庭宿金縣]"라고 하고, 심약의 「시연侍宴」에서 "방울 소리 돌며 작爵을 올리고, 쇠 소리를 쳐 전奠[9]을 맡긴다. 사사肆士[10]는 의식을 맡고, 서인胥人[11]은 현縣을 관장한다[回鑾獻爵, 摐金委奠. 肆士辨儀, 胥人掌縣]"라고 했는데 두 사람이 압운에서 모두 주현의 '현'으로 쓴 것은 왜인가? 심전기의 「곡소미주哭蘇眉州」에서 "집안이 가난해 베틀질을 멈추고, 황상의 자애로움으로 다시 현을 멈췄다[家憂方休杼, 皇慈更輟縣]"는 평성으로 압운한 것으로 보아야 할 것이다.

韓退之詩曰 : "『離騷』二十五." 王逸序「天問」亦曰屈原凡二十五篇. 今『楚辭』所載二十三篇而已, 豈非幷「九辯」·「大招」而爲二十五乎? 「九辯」者, 宋玉所作, 非屈原也. 今『楚辭』之目, 雖以是篇併注屈·宋, 然「九辯」之序, 止稱屈原弟子宋玉所作. 「大招」雖疑原文, 而或者謂景差作. 若以宋玉痛屈原而作「九辯」, 則「招魂」亦當在屈原所著之數, 當爲二十六矣. 不知退之·王逸之言, 何所據邪?

한유의 시에 "『이소』 25편[『離騷』二十五]"[12]이라고 하고 왕일王逸이 쓴

7 상연(象筵) : 상아로 제작한 자리인데, 일반적으로 호화스러운 연회를 지칭한다.

8 금현(金縣) : 금고(金鼓) 등의 악기를 가리킨다.

9 전(奠) : 추(酋 : 술병에 덮개를 덮은 모양)와 대(大 : 물건을 두는 받침)의 합성자로서, 죽은 이를 향해 제물을 바치며 예를 표하는 것을 말한다.

10 사사(肆士) : 의식을 관장하는 관리이다.

11 서인(胥人) : 고대의 악관(樂官)이다.

「천문天問」의 서문에서도 '굴원(이소)은 모두 25편'이라고 했다. 현재 『초사』에 수록된 것은 23편뿐인데 혹시 「구변九辯」과 「대초大招」를 합쳐 25편으로 본 것이 아닐까? 「구변」은 송옥宋玉의 작품이지 굴원의 작품이 아니다. 지금 『초사』 목록에서 이 편에 대해 굴원과 송옥을 함께 나열했지만 「구변」의 서문에서는 굴원의 제자 송옥의 작품이라고만 했다. 「대초」는 굴원의 작품인지 의심받는데 혹자는 경차景差의 작품이라고 주장한다. 만일 송옥이 굴원을 애통하게 여겨 「구변」을 지었다면 「초혼招魂」 역시 굴원의 작품에 포함되어 26편이 되어야 할 것이다. 한유와 왕일의 이야기는 무엇에 근거한 것인지 알 수 없다.

東坡詩云:"玉奴絃索花奴手." 玉奴謂楊妃, 花奴謂汝陽王璡也. 及觀「和楊公濟梅花」詩, 乃言"玉奴終不負東昏", 何邪? 按『南史』東昏妃潘玉兒, 當時筆誤爾.

소식의 시에 "옥노玉奴의 현絃은 화노花奴의 솜씨를 구한다[玉奴絃索花奴手]"[13]라고 했는데 옥노는 양비楊妃를 말하고 화노花奴는 여양왕汝陽王 이진李璡을 말한다. 그런데 「화양공제매화和楊公濟梅花」에서 "옥노가 결국 동혼東昏[14]을 저버리지 않았다[玉奴終不負東昏]"라고 한 것은 왜인가? 『남사南史』에서 동혼의 비妃는 반옥아潘玉兒라고 한 것을 보면 이는 잘못 쓴 것이다.

12 『동아당한창려집주(東雅堂韓昌黎集註)』 권3 「감춘사수(感春四首)」 제2수.

13 『동파전집(東坡全集)』 권16 「괵국부인야유도(虢國夫人夜遊圖)」.

14 동혼(東昏): 남조(南朝)의 제(齊)나라 왕 소보권(蕭寶卷)을 가리킨다. 제 명제(齊明帝)의 차자인 그는 왕위에 오른 뒤 폭정과 음탕을 일삼아, 황금을 연꽃 모양으로 만들어 땅 위에 펼쳐놓고 총애하는 반비(潘妃: 반옥아(潘玉兒))에게 그 위를 걷게 하며 "걸음걸음마다 연꽃이 핀다[步步生蓮花]"라고 읊었다 한다.

近世作文者，多以紫荷囊作侍從事用，如宋景文詩所謂"榮觀聳麟族，賦筆助荷囊"之類. 承襲而用者非一，而不知其誤也. 按『晉書・輿服志』云："文武百官皆有囊綬，八座尚書則荷紫，以生紫爲袷囊，綴之服外，加於左肩." 則所謂荷紫者，非芰荷之荷，乃負荷之荷也. 『南史』載周捨嘗問劉杳曰："著紫荷橐，① 相傳云挈囊，竟何所出." 杳曰："「張安世傳」云，持橐簪筆，事孝武帝數十年. 注曰，橐，囊也." 蓋人徒見『南史』有著紫荷囊四字，遂作一句讀之，殊未知『晉書』'荷紫'之義也.

① '橐' 原作'囊'，據『南史・劉杳傳』改.

근세에 글을 지은 이들이 대부분 자하낭紫荷囊을 도우미의 의미로 쓰고 있으니 송경문(宋景文 : 송기宋祁)의 시에서 "영광의 공표는 신분 높은 이들의 이목을 집중시키고, 글 짓는 붓은 하낭荷囊의 도움을 받는다[榮觀聳麟族, 賦筆助荷囊]"[15]와 같은 경우이다. 이를 본떠 사용하는 경우가 한둘이 아닌데 여전히 그 오류를 모르고 있다. 『진서晉書』「여복지輿服志」에서 "문무백관은 모두 낭수(囊綬 : 주머니 끈)를 갖고 있는데, 팔좌八座[16]의 상서尙書는 자색紫色을 걸치(荷)는바, 생자줏빛 천으로 겹낭(袷囊 : 겹주머니)을 만든 뒤 옷 밖에 끈으로 이어 왼쪽 어깨에 걸친다"라고 되어 있으니, 이른바 '하자荷紫'란 기하(芰荷 : 연꽃)의 '하'가 아닌, 부하(負荷 : 짊어지다)의 '하'인 것이다. 『남사南史』에 의하면, 주습周拾이 일찍이 유묘劉杳에게 묻기를 "(상서尙書가) 걸치는 자하탁紫荷橐은 설낭挈囊이라 전하는 것인데 어디에서 시작된 것인가?"라고 하자, 유묘가 답하기를 "「장안세전張安世傳」에, '탁橐을 짊어지고 붓을 든 채 효 무제를 수십 년 동안 모셨다'라고 했는데, 그 주석에서 '탁은 낭囊'이라 했소"라고 했다. 사람들은 『남사』의 '착자하낭著紫荷囊' 네 글자만 보고 결국 한 구절로 읽

15 『경문집(景文集)』 권19 「자성각추등결실상소종신동관(慈聖閣秋橙結實上召宗臣同觀)」.

16 팔좌(八座) : 6상서(尙書)와 좌・우복야(左右仆射)의 합칭인데, 일반적으론 고관에 대한 통칭으로 쓰인다.

음으로써 『진서』의 ‘하자’의 의미를 몰랐던 것이다.

① ‘橐’은 본래 ‘囊’으로 되어 있었는데 『남사南史』 「유묘전劉杳傳」에 의거하여 고쳤다.

元結刺道州, 承兵賊之後, 徵率煩重, 民不堪命, 作「舂陵行」. 其末云: “何人采國風, 吾欲獻此詩.” 以傳考之, 結以人困甚不忍加賦, 嘗奏免稅租及和市雜物十三萬緡, 又奏免租庸十餘萬緡, 困乏流亡盡歸. 乃知賢者所存, 不特空言而已.

원결元結이 도주자사道州刺史로 있을 때, 병란을 겪고 나서 세금 추징이 무거워 백성들이 감내하지 못해하는 걸 보고 「용릉행舂陵行」을 지었다. 마지막 구에서 “누가 국풍國風을 채록하는가, 내 이 시를 바치고 싶네[何人采國風, 吾欲獻此詩]”라고 했다. 원결의 전기를 살펴보면, 그는 사람들이 매우 곤궁하자 차마 세금을 더 부과하지 못하고 부세賦稅와 전조田租 및 화시和市[17]의 잡물 십삼만 민緡을 감면할 것을 상주하고, 또 조租와 용庸 십여만 민을 감면할 것을 상주하여 곤궁과 핍박을 당한 유민들이 모두 돌아오게 했다. 현자가 있는 곳은 공언에 그치지 않는다는 사실을 확인할 수 있다.

王儉少年, 以宰相自命, 嘗有詩云: “稷契康虞夏, 伊呂翼商·周.” 又字其子曰元成, 取仍世作相之義. 至其孫訓亦作詩云: “旦·奭康世功, 蕭·曹佐甿俗.” 大率追儉之意而爲之. 後官亦至侍中.

왕검王儉이 소년이었을 때 스스로를 재상이라 명명하여 “직稷과 설契

17 화시(和市): 당국이 어떤 물건에 대하여 가격을 조정하여 물품을 구매하는 것이다. 후대에는 강제로 조정하여 백성들의 재화를 빼앗는 제도로 둔갑하기도 했다.

은 우虞와 하夏를 편안하게 하고, 이윤伊尹과 여상呂尙은 상商과 주周를 도왔다[稷契康虞夏, 伊呂翼商・周]"[18]는 시를 지었고, 또 자기 아들의 자를 원성元成이라 하여 대대로 재상이 된다는 의미를 부여했다. 그의 손자 왕훈王訓 역시 "단(旦 : 주공周公)과 석(奭 : 소공召公)은 세상을 안녕케 한 공을 세우고, 소하蕭何와 조참曹參은 백성의 미풍을 보좌했다[旦.奭康世功, 蕭・曹佐甿俗]"[19]라고 했으니 대체로 왕검의 뜻을 따라 쓴 것이다. 훗날 관직이 시중侍中에 이르렀다.

史載宋之問・冉祖雍並賜死於桂州. 之問得詔, 震汗不引決. 祖雍請於使者曰 : "之問有妻子, 幸聽訣." 使者許之, 而之問荒悸不能處家事. 及考之文集, 有「登大庾嶺」詩云 : "兄弟遠謫居, 妻子咸異域." 則之問赴貶時, 未嘗以妻子行也. 又有發藤州及昭州二詩, 二州皆在桂州之南, 則賜死之地, 非桂州明矣. 豈史之誤與?

기록에 의하면, 송지문과 염조옹冉祖雍이 모두 계주桂州에서 사사賜死되었는데, 송지문이 조칙을 받자 두려움에 떨며 차마 목숨을 끊지 못했다. 이때 염조옹이 사자에게 "송지문에게는 처자가 있으니 임종의 말을 전하게 해주시오"라고 하여 사자가 이를 허락했지만 송지문은 두려움에 떨며 집안일을 처리하지 못했다.[20] 그런데 그의 문집을 살펴보니 「등대유령登大庾嶺」에서 "형제는 멀리 귀양 가 살고, 처자는 모두 이역異域에 있다[兄弟遠謫居, 妻子咸異域]"라고 했으니 송지문은 좌천되었을 때 처자와 함께 떠나지 않은 것이다. 또 등주藤州와 소주昭州를 출발하며 지은 두 편의 시가 있는데, 두 주가 모두 계주 남쪽에 있다면 사

18 풍유눌(馮惟訥), 『고시기(古詩紀)』 권66, 왕검(王儉), 「춘일가원(春日家園)」.

19 『남사(南史)』 권22 「왕담수(王曇首)」.

20 『당서』 권202 「열전제일백이십칠(列傳第一百二十七)」 「문예중(文藝中)」.

사받은 지역이 계주가 아님이 분명하다. 혹시 기록의 오류가 아닐까?

黃魯直詩云 : "世有捧心學, 取笑如東施." 梅聖兪云 : "曲眉不想西家樣, 餒腹還如二子淸." 『太平寰宇記』載西施事云, 施其姓也. 是時有東施家・西施家. 故李太白「效古」云 : "自古有秀色, 西施與東鄰." 而東坡「代人留別」詩乃云 : "絳蠟燒殘玉斝飛, 離歌唱徹萬行啼. 他年一舸鴟夷去, 應記儂家舊姓西." 似與『寰宇記』所言不同, 豈爲韻所牽邪?

황정견의 시에서 "세상에서 심학心學을 받드는데, 동시東施처럼 비웃음을 산다[世有捧心學, 取笑如東施]"[21]라고 하고, 매요신은 "굽은 눈썹은 서쪽 집안의 것(서시西施)을 닮지 않았고, 굶주린 배는 두 분(백이伯夷・숙제叔齊)의 청정을 닮았네[曲眉不想西家樣, 餒腹還如二子淸]"[22]라고 했다. 『태평환우기太平寰宇記』에서는 서시와 관련된 내용을 적으며 '시施'는 성姓이라고 했다. 당시에 동쪽 시施씨 집안과 서쪽 시씨 집안이 있었던 것이다. 그래서 이백의 「효고效古」에서 "예로부터 빼어난 미색이 있었으니, 서시와 동쪽 이웃이다[自古有秀色, 西施與東鄰]"라고 한 것이다. 그런데 소식의 「대인류별代人留別」에서 "붉은 납이 타 시들어가며 옥 술잔이 날고, 이별의 노랫소리에는 수많은 이의 눈물이 섞여 있다. 훗날 한 척의 치이鴟夷[23]가 떠나면, 응당 우리 집안 옛 성姓 서西를 기억하리라[絳蠟燒殘玉斝飛, 離歌唱徹萬行啼. 他年一舸鴟夷去, 應記儂家舊姓西]"라고 하여 『태평환우기』에서 말한 것과 다른 듯하니 혹시 운韻의 구애를 받은 탓일까?

---

21 『산곡집(山谷集)』 권7 「차전운사여적혜소작죽오폭(次前韻謝與迪惠所作竹五幅)」.

22 『완릉집(宛陵集)』 권21 「차운화경이성위숙재이수(次韻和景彛省闈宿齋二首)」 제1수.

23 치이(鴟夷) : 전국시대 범려(范蠡)의 별칭인 '치이자피(鴟夷子皮)'의 준말이다. 범려가 월왕을 도와 오나라를 멸망시킨 뒤 월나라를 떠나 오호(五湖)에서 노닐다가 제나라로 들어가 치이자피로 성명을 바꾼 고사에서 유래하여, 공을 이룬 뒤 강호로 돌아가 유유자적의 삶을 사는 사람을 비유한다. 『사기』 권41 「월왕구천세가(越王句踐世家)」.

杜子美「栢中丞除官制」詩舊注以爲栢耆, 又以爲貞節. 按杜詩云: "紛然喪亂際, 見此忠孝門. 蜀中寇亦甚, 栢氏功彌存. 三止錦江沸, 獨清玉壘昏." 當是有功於蜀者. 方是時, 段子璋反于上元, 徐知道反於寶應, 而貞節爲邛州刺史, 數有功, 則是貞節無疑矣. 杜集又有「栢學士茅屋栢大兄弟山居」詩, 議者皆以謂貞節之居, 然詩中殊不及功名之事, 但皆稱其爲學讀書爾. 「茅屋」云: "古人已用三冬足, 年少今開萬卷餘." 「山居」云: "山居精典籍, 文雅涉風騷." 疑是邛州立功之前.

두보의 「백중승제관제栢中丞除官制」에 대해 구주舊注에서는 백중승을 백기栢耆라고 하고 정절貞節을 지킨 사람이라고도 했다. 두보의 시에서 "어지러이 난리에 휩싸일 때, 이 충효의 집안을 본다. 촉蜀은 외구가 더욱 심했는데, 백씨栢氏의 공로만 우뚝 남는다. 금강錦江의 들끓는 물을 세 번 멈추게 하고, 옥루玉壘의 어두운 곳을 홀로 맑게 했다[紛然喪亂際, 見此忠孝門. 蜀中寇亦甚, 栢氏功彌存. 三止錦江沸, 獨清玉壘昏]"[24]라고 한 것을 보면 촉에서 공을 세운 사람일 것이다. 당시 단자장段子璋은 상원上元에서 반란을 일으키고 서지도徐知道는 보응寶應에서 반란을 일으켰는데, 백정절이 공주자사邛州刺史로서 여러 차례 공을 세웠으니 그가 정절임에 의심의 여지가 없다. 두보의 시집에 또 「백학사모옥백대형제산거栢學士茅屋栢大兄弟山居」가 있는데, 논자들은 모두 백정절의 집이라 하지만 시 안에서는 특별히 공명을 논한 것이 없고 단지 학문을 하고 글을 읽은 점만 거론하고 있다. 「모옥茅屋」에서 "옛사람은 겨울 석 달만으로도 넉넉하다 했거늘, 젊은 나이에 만 권의 책을 읽었다[古人已用三冬足, 年少今開萬卷餘]"라고 하고 「산거山居」에서는 "산집에서 전적을 정독하고, 고아한 문장은 풍風과 소騷를 섭렵했다[山居精典籍, 文雅涉風騷]"라고 했으니 아마 공주에서 공을 세우기 이전의 모습이 아닌가 싶다.

24 『두시상주(杜詩詳註)』 권18 「람백중승겸자질수인제관제사인술부자형제사미재가사륜(覽栢中丞兼子姪數人除官制詞因述父子兄弟四美載歌絲綸)」.

張籍居韓門弟子之列，又以愈薦爲國子博士．東坡所謂"汗流籍湜走且僵，滅沒倒景不得望"者．而籍作祭愈詩乃云："公文爲時師，我亦有微聲．" 而後之學者，或號爲'韓張'何邪．

장적은 한유의 제자 가운데 한 사람이며 한유의 추천으로 국자 박사國子博士가 되었다. 소식이 "땀을 흘린 장적과 황보식은 걷다가 엎어지며, 해가 질 때까지 뛰어도 바라볼 수가 없었다[汗流籍湜走且僵，滅沒倒景不得望]"[25]고 했고 장적이 지은 한유에 대한 제문에서는 "공의 문장은 한 시대의 스승이어서, 나 또한 작은 명성이 있었다[公文爲時師，我亦有微聲]"[26]라고 했는데 후대의 학자들 가운데 '한장'(韓張 : 한유와 장적)이라고 부른 까닭은 왜일까?

張籍「送區弘」詩云："韓公國大賢，道德赫已聞．昨出爲陽山，爾區來趨奔．韓官遷法曹，子隨至荊門．韓入爲博士，崎嶇從羈輪．" 觀其遊從之久，疑得于韓者深也．然考其文章議論之際，乃不得預籍・湜之列何邪? 韓集有「送區弘南歸」詩云："我遷於南日周圍，來見者衆莫依稀．爰有區子熒熒暉，觀以彝訓或從違．我念前人譬蔚菲，落以斧引以纆徽．雖有不逮驅騑騑．" 觀此數語，則韓雖以師道自任，而區受道之質，蓋有所未至也．其後又勉之以"行行正直勿脂韋，業成志立來頎頎．" 其誨之者至矣．集中又有「送區冊序」，『韓文辯證』云："冊卽弘也．" 未知孰據爾．

장적이 「송구홍送區弘」에서 "한공(韓公 : 한유)은 국가의 위대한 현자여서, 혁혁한 인품은 이미 널리 알려졌다. 지난번 양산陽山으로 나가실 때, 그대 구홍이 뒤따랐다. 한공이 법조法曹로 옮기실 때, 그대는 형문荊

25 『동파전집(東坡全集)』 권86 「조주한문공묘비(潮州韓文公廟碑)」.

26 『장사업집(張司業集)』 권1 「제퇴지(祭退之)」.

門까지 따라왔다. 한공이 궁에 들어와 박사博士가 되셨을 때, 구불구불 수레바퀴를 뒤따랐다[韓公國大賢, 道德赫已聞. 昨出爲陽山, 爾區來趨奔. 韓官遷法曹, 子隨至荊門. 韓入爲博士, 崎嶇從覊輪]"라고 했으니 오랫동안 뒤따랐던 것을 보면 아마도 한유에게서 얻은 것이 많았을 것이다. 그런데 문장과 견해 등을 살펴봤을 때 장적과 황보식의 반열에 끼지 못한 것은 왜일까? 한유 문집의 「송구홍남귀送區弘南歸」에서 "내가 남쪽에 왔을 때 그 주변에, 찾아온 이들이 많았으나 알맞은 이가 없었다. 그런데 구區 군이 빛을 발하여, 가르침을 전하자 따르기도 어기기도 했다. 생각해보니 선인들이 봉비葑菲[27]에 견주어, 도끼로 다듬고 끈으로 묶었으니, 채 미치진 못해도 열심히 이끄리라[我遷於南日周圍, 來見者衆莫依稀. 爰有區子熒熒暉, 觀以彝訓或從違. 我念前人譬葑菲, 落以斧引以纆徽. 雖有不逮驅騑騑]"라고 했다. 이 몇 마디를 살펴보면 한유가 스승으로 자임하긴 했지만 가르침을 받아들이기에 구홍의 자질에 미흡함이 있었던 것이다. 그 뒤에 또다시 그를 권장하여 "정직하게 행동하여 아부하거나 굽히지 말고, 업을 완성하고 뜻을 세워 어엿하게 나서야 한다[行行正直勿脂韋, 業成志立來頎頎]"라고 했으니 그 가르침이 극진했다. 문집 안에 또 「송구책서送區冊序」가 있는데, 『한문변증韓文辯證』에서 "책冊은 바로 홍弘을 가리킨다"라고 했지만 무엇에 근거한 것인지는 알 수 없다.

韓退之「雙鳥」詩多不能曉. 或者謂其詩有"不停兩鳥鳴, 百物皆生愁. 不停兩鳥鳴, 大法失九疇. 周公不爲公, 孔丘不爲丘"之句, 遂謂排釋老而作, 其實非也. 前云"一鳥落城市, 一鳥巢岩幽." 後云"天公怪兩鳥, 各

27 봉비(葑菲) : 잎사귀와 줄기는 먹을 수 있으나 뿌리는 먹을 수 없는 풀로, 훌륭하지는 못하나 취할 것이 있다는 뜻으로 쓰인다. 『시경』 「패풍(邶風)」 「곡풍(谷風)」에 "봉비를 취할 때는 뿌리만 보아서는 안 된다"고 하였는데 그 주에서 "이것은 얼굴이 쇠하였다고 하여 그 덕을 버려서는 안 된다는 것이다"라고 풀이하였다.

捉一處囚." 則豈謂釋老邪. 余嘗觀東坡作「李白畫像」詩云:"天人幾何同一漚, 謫仙非謫乃其游. 揮斥八極隘九州, 化爲二鳥鳴相酬. 一鳴一息三千秋, 麋之不得矧肯求." 則知所謂雙鳥者, 退之與孟郊輩爾. 所謂"不停兩鳥鳴"等語, 乃雷公告天公之言, 甚其詞以讚二鳥爾. 落城市, 退之自謂, 落岩幽, 謂孟郊輩也. 各捉一處囚, 非囚禁之囚, 止言韓·孟各居天一方爾. 末云:"還當三千秋, 更起鳴相酬." 謂賢者不當終否, 當有行其言者.

한유의 「쌍조雙鳥」는 이해되지 않는 부분이 많다. 혹자는 내용 가운데 "멈추지 않는 두 새의 울음소리에, 모든 사물이 수심을 자아낸다. 멈추지 않는 두 새의 울음소리에, 온 세상이 큰 법을 잃었다. 주공周公이 주공이 되지 못하고, 공구孔丘가 공구가 되지 못했다[不停兩鳥鳴, 百物皆生愁. 不停兩鳥鳴, 大法失九疇. 周公不爲公, 孔丘不爲丘]"는 구절을 들어 석가와 노자를 배척하기 위해 지은 것이라고 하지만 사실은 그렇지 않다. 앞부분에서 "한 마리는 저잣거리에 떨어지고, 한 마리는 바위 깊숙한 곳에 둥지를 텄다[一鳥落城市, 一鳥巢岩幽]"라고 하고, 뒷부분에서 "천공(天公: 천제天帝)께서 두 새를 괴이하게 여겨, 각기 한 곳에 가두었다[天公怪兩鳥, 各捉一處囚]"라고 했으니 어찌 석가와 노자를 두고 말한 것이겠는가. 내 일찍이 소식이 지은 「이백화상李白畫像」을 보니 "하늘과 사람이 몇 번이나 하나로 뭉쳤던가, 적선謫仙은 좌천이 아닌 유람인 것이다. 팔극八極을 휘날릴 때 구주九州가 비좁고, 두 새로 변화하여 소리 서로 주고받는다. 한 번 울고 한 번 쉬는 것이 삼천추三千秋여서, 지휘할 수도 없는데 찾을 수가 있겠는가[天人幾何同一漚, 謫仙非謫乃其遊. 揮斥八極隘九州, 化爲二鳥鳴相酬. 一鳴一息三千秋, 麋之不得矧肯求]"라고 했으니 이른바 한 쌍의 새는 한유와 맹교 등임을 알 수 있다. 이른바 '멈추지 않는 두 새의 울음[不停兩鳥鳴]'이란 뇌공(雷公: 우레의 신)이 천공에게 고하는 말로서 그 표현을 빌려 두 새를 찬양한 것이다. 또 저잣거리에 떨어진다는 것은 한유 자신을 두고 말한 것이고 바위 깊숙한 곳에 둥지를 튼다는 것은 맹교 등을 가리킨 것이다. 각기 한 곳에 가둔다는 것은 움직이지 못하게 가둔다는 '수囚'가 아니라, 한유와 맹교가 각기 한 곳에서 사는 것을 말한 것일 뿐이다. 마지막에서 "다시 삼천추가 지나면, 다시 일어나 소리 서로 주고받으리라[還當三千秋, 更起鳴相酬]"라고 한 것은 현자의 삶이 끝까지 저지당하지 않고 그의 말을 실행해 줄 사람이 있을 것이라는 말이다.

李白「贈崔侍御」詩云:"黃河三尺鯉, 本在孟津居. 點額不成龍, 歸來伴凡魚. 何當赤車使, 再往召相如." 相如蓋自謂也. 觀此則白不可謂無心於仕進者. 然當時慢侮力士, 略不爲身謀, 旋致貶逐, 而曾不悔, 使其欲仕之心切必不如是. 先是, 蘇頲爲益州長史, 見白異之, 曰:"是子天才英特, 少益以學, 可比相如." 故白詩中每以相如自比. 「贈從弟之遙」曰:"漢家天子馳駟馬, 赤車蜀道迎相如." 「自漢陽病酒歸」曰:"聖主還聽「子虛賦」, 相如却欲論文章." 「贈張鎬」曰:"十五觀奇書, 作賦凌相如." 白自比爲相如, 非止一詩也.

이백이 「증최시어贈崔侍御」에서 "황하에 사는 삼 척의 잉어는, 본디 맹진孟津에 살았다. 이마를 부딪쳤으나 용이 되지 못해, 돌아와 여느 물고기들과 어울린다. 어찌하면 붉은 수레의 사신이, 다시 찾아가 상여(相如 : 사마상여)를 찾게 될까[黃河三尺鯉, 本在孟津居. 點額不成龍, 歸來伴凡魚. 何當赤車使, 再往召相如]"[28]라고 했는데 상여는 자신을 비유한 것이다. 이것을 보면 이백이 벼슬에 관심이 없었다고 할 수 없을 것이다. 하

28 다시 …… 될까 : 촉군(蜀郡) 성도(成都) 사람 사마상여(司馬相如)가 장안(長安)으로 가는 길에 승선교(昇仙橋)에 이르러 "고거사마를 타지 않고서는 다시 이 다리를 건너지 않겠다[不乘駟馬高車, 不復過此橋]"라고 하여 자신의 포부를 밝힌 것과 연관된다.

지만 당시에 고력사高力士를 무시하며 조금도 자신을 돌보지 않아 바로 좌천과 축출을 당했어도 후회하지 않았으니 벼슬하고 싶은 마음이 간절했다면 군이 이렇게 하지는 않았을 것이다. 또한 이에 앞서 소정蘇頲이 익주 장사益州長史였을 때, 이백을 보고 남다르게 여겨 "이 사람은 하늘이 낳은 영재이니, 학문만 조금 보태면 상여에 견줄 수 있을 것이다"라고 했으므로 이백이 그 시에서 늘 자신을 상여로 견주어 말한 것이다. 「증종제지요贈從弟之遙」에서 "한나라 황실의 천자는 사마駟馬를 달려서, 붉은 수레 촉나라로 와 상여를 맞이했다[漢家天子馳駟馬, 赤車蜀道迎相如]"라고 하고, 「자한양병주귀自漢陽病酒歸」에서 "성주께서 「자허부子虛賦」를 듣고자 해, 상여는 이내 문장을 논하고자 한다[聖主還聽「子虛賦」, 相如却欲論文章]"라고 하고, 「증장호贈張鎬」에서 "열다섯에 기이한 책을 보고, 부賦를 지어 상여를 능멸했다[十五觀奇書, 作賦凌相如]"라고 하는 등, 이백이 자신을 상여에 견준 것이 한두 작품에 그치지 않는다.

杜子美褒稱元結「舂陵行」兼「賊退後示官吏」二詩云: "兩章對秋水, 一字偕華星. 致君唐虞際, 淳朴憶大庭." 又云: "今盜賊未息, 得結輩數十公, 落落然參錯爲天下邦伯, 天下少安, 可立待已." 蓋非專稱其文也. 至於李義山, 乃謂次山之作以自然爲祖, 以元氣爲根, 無乃過乎. 秦少游「漫郎」詩云: "字偕華星章對月, 漏洩元氣煩揮毫." 蓋用子美義山語也.

두보는 원결을 칭찬하며 지은 「용릉행舂陵行」과 「적퇴후시관리賊退後示官吏」 두 작품에서 "두 작품[29]은 가을 물을 마주하며, 한 글자 한 글자가 별처럼 빛난다. 임금을 당우(唐虞: 요순)의 시대로 올려놓아, 그 순박함에 태정大庭[30]을 생각한다[兩章對秋水, 一字偕華星. 致君唐虞際, 淳樸憶大

29 두 작품: 원결이 두 차례에 걸쳐 도주 자사(道州刺史)로 있으며 그곳 백성들의 피폐한 상황을 목도하고 지은 「용릉행(舂陵行)」·「적퇴시관리(賊退示官吏)」를 가리킨다.

庭]", "지금 도적들이 끊임없이 일어나는데, 원결 같은 수십 분을 얻어 천하의 방백方伯으로 삼는다면, 세상이 조금 편안해지는 것을 바로 기대할 수 있을 것이다"라고 했으니 그 문장만 일컬은 것이 아니다. 이상은의 경우는 (원결에 대해) "차산(次山 : 원결)의 작품이 자연을 원조로 삼고 원기元氣를 뿌리로 삼고 있는데, 지나친 것이 아닌가?"라고 했다. 또 진소유(秦少遊 : 진관秦觀)는 「만랑漫郎」에서 "글자는 별처럼 빛나고 문장은 달을 마주하며, 원기를 누설하며 붓을 휘두른다[字偕華星章對月, 漏洩元氣煩揮毫]"라고 했는데 두보와 이상은의 표현을 사용한 것이다.

『西京雜記』載司馬相如將聘茂陵人女爲妾, 卓文君作「白頭吟」以自絶, 相如乃止. 『樂府詩集』謂「白頭吟」者, 疾人以新間舊, 不能至白首, 故以爲名. 余觀張籍「白頭吟」云 : "春天百草秋始衰, 棄我不待白頭時. 羅襦玉珥色未暗, 今朝己道不相宜." 李白「白頭吟」云 : "妾有秦樓鏡, 照心勝照井. 願持照新人, 雙對可憐影." 其語感人深矣. 至劉希夷作「白頭吟」乃云 : "寄言全盛紅顔子, 須憐半死白頭翁. 此翁白頭眞可憐, 伊昔紅顔美少年." 則是言男爲女所棄而作, 與文君「白頭吟」之本意異矣.

『서경잡기西京雜記』에 의하면 사마상여가 무릉茂陵의 여인을 첩으로 삼으려 해, 탁문군卓文君이 「백두음白頭吟」을 지어 결별의 뜻을 보이자 사마상여가 그만두었다고 한다. 『악부시집樂府詩集』에서는 「백두음」은 새로 온 사람이 원래 있던 사람을 해로하지 못하도록 하는 것에 초점 둬 그렇게 명명한 것이라 했다. 장적의 「백두음」의 "봄날 풀은 가을 돼야 시들거늘, 날 버리고 백발 될 때까지 기다리지 않네. 비단 옷 옥 귀고리는 색이 바래지 않았거늘, 오늘 벌써 맞지 않다고 하네[春天百草秋

30 태정(大庭) : 상고(上古)시대 제왕(帝王)의 호칭. 염제신농씨(炎帝神農氏)의 별호라고도 한다.

始衰, 棄我不待白頭時. 羅襦玉珥色未暗, 今朝已道不相宜]”와 이백의 「백두음」의 “첩에게 진루秦樓[31]의 거울이 있으니, 마음 비추는 것이 샘물 비추는 것보다도 낫다오. 이것으로 새로 온 사람을 비추어, 가련한 모습과 대조해보구려[妾有秦樓鏡, 照心勝照井. 願持照新人, 雙對可憐影]”는 깊은 감동을 자아낸다. 그런데 유희이劉希夷의 「백두음」에서는 “한창 꽃피우는 붉은 얼굴의 여인이여, 절반은 죽은 백발의 늙은이를 돌볼지어다. 이 늙은이 백발이 참으로 가엽나니, 지난날에는 어여쁜 소년이었다오[寄言全盛紅顔子, 須憐半死白頭翁. 此翁白頭眞可憐, 伊昔紅顔美少年]”라고 했으니 이것은 남자가 여인에게 버림을 받고 지은 것으로서 탁문군이 지은 「백두음」의 본의와는 다르다.

老杜當干戈騷屑之時, 間關秦隴, 負薪采梠, 餔糒不給, 困躓極矣. 自入蜀依嚴武, 始有草堂之居. 觀其經營往來之勞, 備載於詩, 皆可攷也. 其曰“萬里橋西宅, 百花潭北莊”者, 言其地也. “經營上元始, 斷手寶應年”者, 言其時也. “雪裏江船渡, 風前逕竹斜. 寒魚依密藻, 宿鷺起圓沙”者, 言其景物也. 至於“草堂塹西無樹林, 非子誰復見幽深.” 則乞榿本於何少府之詩也. “草堂少花今欲栽, 不問綠李與黃梅”, 則乞果木於徐少卿之詩也. 王侍御攜酒草堂, 則喜而爲詩曰 : “故人能領客, 攜酒重相看.” 王錄事許草堂貲不到, 則戲而爲詩曰 : “爲嗔王錄事, 不寄草堂貲.” 蓋其流離貧窶之餘, 不能以自給, 皆因人而成也, 其經營之勤如此. 然未及黔突, 避成都之亂, 入梓居閬, 其心則未嘗一日不在草堂也. 「遣弟檢校草堂」則曰 : “鵝鴨宜長數, 柴荊莫浪開.” 「寄題草堂」則曰 : “尙念四松小, 蔓草易拘纏.” 「送韋郞歸成都」則曰 : “爲問南溪竹, 抽梢合過牆.”

31 진루(秦樓) : 진 목공(秦穆公)이 그의 딸 농옥(弄玉)과 사위 소사(蕭史)를 위해 지어 준 누대이다. 음악을 즐기던 두 사람은 화기애애한 삶을 살다가 신선이 되어 하늘로 올라갔다는 고사가 전한다.

「塗中寄嚴武」則曰："常苦沙崩損藥欄, 也從江檻落風湍." 每致意如此. 及成都亂定, 再依嚴武, 爲節度參謀, 復歸草堂, 則曰："不忍竟舍此, 復來薙榛蕪. 入門四松在, 步屧萬竹疏." 則其喜可知矣. 未幾, 嚴武卒. 徬徨無依, 復舍之而去. 以史及公詩攷之, 草堂斷手於寶應之初, 而永泰元年四月嚴武卒, 是年秋, 公寓夔州雲安縣, 有此草堂者, 始終祇得四載. 而其間居梓閬三年, 公詩所謂"三年奔走空皮骨"是也. 則安居草堂者, 僅閱歲而已. 其起居寢興之適, 不足以償其經營往來之勞, 可謂一世之羈人也. 然自唐至宋已數百載, 而草堂之名與其山川草木皆因公詩以爲不朽之傳. 蓋公之不幸, 而其山川草木之幸也.

두보는 전쟁의 소용돌이 속에서 진령秦嶺과 농산隴山을 오가며 직접 땔나무를 채취하기도 하고 먹을거리가 부족해 시달리기도 했으니 그 곤궁이 극에 달했다. 촉蜀으로 들어가 엄무嚴武에게 의지하면서부터 비로소 초당草堂이란 거주지를 갖게 되었다. 그가 겪었던 노고는 시에 잘 드러나 있어 충분히 고찰할 수 있다. "만리교萬里橋 서쪽 집, 백화담百花潭 북쪽 농장[萬里橋西宅, 百花潭北莊]"[32]은 지역을 말한 것이고 "상원上元의 시작에 경영을 하고, 보응寶應 해에 손을 끊었다[經營上元始, 斷手寶應年]"[33]는 시기를 말한 것이며 "눈 속에 배가 건너고, 바람 앞에 길가 대나무가 가로 누웠다. 찬 물고기는 조밀한 마름을 의지하고, 잠든 백로는 둥근 모래에서 일어났다[雪裏江船渡, 風前逕竹斜. 寒魚依密藻, 宿鷺起圓沙]"[34]는 광경을 말한 것이다. "초당 참호 서쪽에는 나무숲이 없으니, 그대 아니면 어찌 다시 그윽함을 볼 수 있으랴[草堂塹西無樹林, 非子誰復見幽深]"[35]는 하소부(何少府 : 하옹何邕)에게 오리나무를 요청한 시이며 "초

32 『두시상주(杜詩詳註)』 권14 「회금수거지이수(懷錦水居止二首)」 제2수.
33 『두시상주(杜詩詳註)』 권12 「기제강외초당(寄題江外草堂)」.
34 『두시상주(杜詩詳註)』 권9 「견의이수(遣意二首)」 제2수.
35 『두시상주(杜詩詳註)』 권9 「빙하십일소부옹멱기목(憑何十一少府邕覓榿木)」.

당에 조그마한 꽃들을 심고자 하니, 푸른 오얏이나 누런 매화나 상관이 없네[草堂少花今欲栽, 不問綠李與黃梅]"[36]는 서소경徐少卿에게 과수를 요청한 시이다. 왕시어(王侍御 : 왕경王竟)가 술을 들고 초당에 왔을 때는 기뻐서 "친구는 능히 손님을 거느릴 줄 알아, 술을 들고 와 다시 만났노라[故人能領客, 攜酒重相看]"[37]라고 하고 왕녹사王錄事가 주기로 한 재화가 초당에 도착하지 않았을 때는 농 삼아 "꾸짖노니 왕녹사여, 초당의 재화를 부치지 않은 것인가[爲嗔王錄事, 不寄草堂貲]"[38]라고 했다. 유랑과 가난 속에서 물품을 자급하지 못해 다른 사람의 힘을 빌려 완성했던 것이니 삶을 가꾸어가는 노력이 참 열심이었다. 하지만 미처 완성하지도 못한 채 성도成都의 혼란을 피해 재주梓州로 들어가 낭중閬中에 지냈는데 그의 마음은 한 순간도 초당에서 떠나 있지 않았다. 「견제검교초당遣弟檢校草堂」의 "거위와 오리는 많이 자랐을 터, 섶나무 가시나무는 아무렇게나 자라지 말게 하라[鵝鴨宜長數, 柴荊莫浪開]", 「기제초당寄題草堂」의 "네 그루 어린 소나무에, 넝쿨이 쉽게 옭아맬까 여전히 걱정이다[尚念四松小, 蔓草易拘纏]", 「송위랑귀성도送韋郎歸成都」의 "남쪽 시내 대나무는, 삐져나온 가지가 담장을 넘었으리라[爲問南溪竹, 抽梢合過牆]", 「도중기엄무途中寄嚴武」의 "모래 언덕 무너져 약초 난간 해칠까 걱정인데, 강물 난간으로부터 소용돌이 바람이 불어댄다오[常苦沙崩損藥欄, 也從江檻落風湍]" 등 관심이 이처럼 깊었던 것이다. 성도의 난이 평정되고 엄무 휘하의 절도참모節度參謀로 복귀하여 다시 초당에 돌아와서는 "차마 이곳을 버릴 수 없었는데, 다시 오니 넝쿨이 무성하구나. 문에 들어서자 네 그루 소나무가 여전하고, 걸음 걸으니 수많은 대나무가 성글구나[不忍竟舍此, 復來薙榛蕪. 入門四松在, 步屧萬竹疏]"[39]라고 했으니 그 기쁨을 알

36 『두시상주(杜詩詳註)』 권9 「예서경멱과재(詣徐卿覓果栽)」.
37 『두시상주(杜詩詳註)』 권10 「왕경휴주고역동과(王竟攜酒高亦同過)」.
38 『두시상주(杜詩詳註)』 권13 「왕록사허수초당자불도료소힐(王錄事許修草堂貲不到聊小詰)」.
39 『두시상주(杜詩詳註)』 권13 「초당(草堂)」.

만하다. 그로부터 머지않아 엄무가 세상을 떠났는데 의지할 데가 없게 된 그는 다시 초당을 놔두고 떠났다. 사서의 기록과 공의 시를 근거로 고찰해보면, 공은 보응(762~763) 초에 초당과 인연을 끊었고 영태永泰 원년(765) 4월에 엄무가 세상을 떠난 뒤 같은 해 가을에 기주夔州 운안현雲安縣에 우거했으니 초당에 머무른 기간은 사 년에 지나지 않는다. 그 사이 재주와 낭중에 거주한 기간은 삼 년인데 공의 시에서 "삼 년을 분주하여 피골만 남았다[三年奔走空皮骨]"[40]는 이를 두고 말한 것이다. 따라서 초당에서 편히 살았던 기간은 겨우 일 년여에 지나지 않는다. 일 년여의 안온한 삶은 그가 오고가며 지낸 노고를 보상해주지 못했을 것이니 한 시대의 나그네라 할 만하다. 그러나 당에서 송까지 수백 년이 흘렀지만 공의 시를 통해 초당이란 이름이 그곳 산천초목과 함께 불후의 유적으로 남아 있으니 공의 불행이 산천초목에게는 다행인 것이다.

韓退之作「李干墓志」云："余不知服食之說自何起, 殺人不可計, 而慕尚之益至, 臨死乃悔其爲." 而退之乃躬自蹈之, 以至於死. 白樂天所謂"退之服硫黃, 一病訖不痊" 是已. 陳後山作「嗟哉行」云："張生服石爲石奴, 下潦上乾如渴烏. 韓子作志還自屠, 自笑未竟人復吁." 蓋謂此也. 然樂天「與刑部李侍郎」詩云："金丹同學都無益, 姹女丹砂燒卽飛." 則樂天深知服食之無驗, 其肯以身試藥以自斃乎. 則"自笑未竟人復吁"之句, 未必然爾. 山谷在貶所, 曾公袞有書勸其勿服金石藥, 山谷報云："公袞疽根在旁, 乃不可食. 庭堅服之, 如晴雲之在川谷, 安得有霹靂火也." 則知服金石者, 尤當屛去粉白黛綠之輩, 或者用以資色力, 其斃宜哉.

한유가 지은 「이간묘지李干墓誌」에서 "나는 단약 복용에 대한 설이 어

40 『두시상주(杜詩詳註)』 권13 「장부성도초당도중유작선기엄정공오수(將赴成都草堂途中有作先寄嚴鄭公五首)」 제4수.

디에서부터 시작되었는지 모르며 사람을 죽인 것이 이루 헤아릴 수 없이 많지만 이를 사모하기를 매우 극진히 하다 죽음 앞에서야 그것을 뉘우쳤다"라고 했는데 한유 자신도 이 길을 밟아 죽음에 이르렀으니 백거이가 말한 "한유가 유황을 복용한 뒤, 병이 들자 치유되지 못했다[退之服硫黃, 一病訖不痊]"[41]가 그것이다. 그런데 진후산(陳後山 : 진사도)이 「차재행嗟哉行」에서 "장생張生은 돌을 복용하다 돌의 노예가 돼, 아래로 흐르고 위로 마른 것이 목마른 까마귀와 같았다. 한자(韓子 : 한유)가 묘지를 쓴 뒤 자신도 죽음을 맞자, (한유에 대해) 비웃기를 채 마치기 전에 남들이 다시 (백거이를) 탄식한다[張生服石爲石奴, 下瀉上乾如渴烏. 韓子作志還自屠, 自笑未竟人復吁]"라고 한 것은 백거이를 두고 말한 것일 것이다. 하지만 백거이는 「여형부이시랑與刑部李侍郎」에서 "금단金丹을 함께 배운 것은 전혀 보탬이 없고, 차녀姹女[42]의 단사丹砂는 불사르면 바로 날아간다[金丹同學都無益, 姹女丹砂燒卽飛]"라고 했으니 백거이는 유황이 효험이 없다는 것을 깊이 알고 있었으므로 스스로 단약을 시음해서 목숨을 버릴 이유가 없었다. 그렇다면 진사도가 백거이에 대해 "비웃기를 채 마치기 전에 남들이 다시 탄식한다[自笑未竟人復吁]"라고 한 말은 분명히 사실이 아닐 것이다. 황정견은 좌천된 곳에 있을 때 증공곤曾公袞이 단약을 복용하지 말 것을 권유하는 편지를 보내자, 이에 대한 답장에서 "공곤公袞은 등창 뿌리가 옆에 있어서 먹을 수 없을 것이다. 정견庭堅이 이를 복용하면 마치 맑은 구름이 골짜기에 있는 듯한데, 어떻게 번개의 불꽃이 있을 수 있겠는가"[43]라고 했으니, 단약을 복용하는 자는 의당 분백대록(粉白黛綠 : 여인)의 무리들을 물리쳐야 함을 알 수 있다. 혹자는 이것을 정력 보충 용도로 사용하기도 하는데, 죽음을 맞는 것이 당연하다.

---

41 『백씨장경집(白氏長慶集)』 권29 「사구(思舊)」.

42 차녀(姹女) : 단약을 만드는 원료로 쓰이는 주사(朱砂)에 대한 미칭으로, 도교 외단파(外丹派)의 술어(術語)이다.

43 『산곡외집(山谷外集)』 권10 「여증공권서(與曾公卷書)【의천(宜川)】」.

운어양추韻語陽秋 권7卷七

杜牧・張祜皆有「春申君」絶句. 杜云 : "烈士思酬國士恩, 春申誰與快冤魂. 三千賓客總珠履, 欲使何人殺李園." 張云 : "薄俗何心議感恩, 諂容卑迹賴君門. 春申還道三千客, 寂寞無人殺李園." 二詩語意太相犯. 嗚呼, 朱英之言盡矣, 而春申不能必用, 李園之計巧矣, 而春申不能預防, 春申之客衆矣, 而無一人爲春申殺李園者, 所以起二子之論也. 余亦嘗有二絶云 : "朱英若在强黃歇, 黃歇如何弱李園. 一旦棘門奇禍作, 自詒伊戚向誰論." 又"先秦豈謂嬴爲呂, 東晉那知馬作牛. 不悟春申亦如許, 敢憑宮掖妻邪謀."

두목과 장호張祜는 모두 절구 「춘신군春申君」을 지었다. 두목은 "열사는 국사國士의 은혜에 보답할 것을 생각하거늘, 춘신春申[1]은 누구와 억

1 춘신(春申) : 전국시대 사군(四君 : 맹상군(孟嘗君), 평원군(平原君), 신릉군(信陵君), 춘신군) 중 한 사람으로 이름은 황헐(黃歇)이다. 초(楚)나라 태자 완(完)이 고열왕(考烈王)

울한 넋을 위로할까. 삼천의 빈객들은 모두 주리珠履[2]이거늘, 누구에게 이원李園[3]을 죽이라 할까[烈士思酬國士恩, 春申誰與快冤魂. 三千賓客總珠履, 欲使何人殺李園]"라고 하고, 장호는 "야박한 풍속에 누가 감사의 은혜를 논하랴, 아첨과 야비함으로 춘신군의 문에 기대었네. 춘신군은 여전히 삼천 객이라 말하지만, 누구 하나 이원을 죽일 사람이 없네[薄俗何心議感恩, 諂容卑跡賴君門. 春申還道三千客, 寂寞無人殺李園]"라고 하여 두 작품이 서로 크게 다르다. 아, 주영朱英의 말[4]이 극진했지만 춘신이 받아들이지 못하고, 이원의 계책[5]이 교묘했지만 춘신이 미리 방지하지 못하고, 춘신의 식객이 많았지만 한 사람도 춘신을 위해 이원을 죽인 사람이 없었기에 위 두 시인의 논란이 야기된 것이다. 내가 일찍이 지은 절구 2수에서 "주영이 있었다면 황헐黃歇을 강하게 했을 터,[6] 황헐이 어찌 이원보다 약하랴. 하루아침에 극문의 재앙이 닥쳤으니, 스스로 불러들인 우환을 누구와 논하랴[朱英若在强黃歇, 黃歇如何弱李園. 一旦棘門奇禍作, 自詒伊戚向誰論]", "선진先秦이 어찌 영嬴이 여呂라고 이야기하랴,[7] 동진東晉이 어찌 말을 소로 만들었음을 알랴.[8] 깨치지 못한 춘신도 그와 같아

이 되자 재상에 올라 춘신군이라 칭했는데, 삼천의 식객이 모여들었다고 전한다. 고열왕이 죽자 권신 이원(李園)에 의해 일족이 모두 살해되었다. 『사기(史記)』 권78 「춘신군열전(春申君列傳)」.

2 주리(珠履) : 구슬로 꾸민 신을 신은 빈객으로, 상등의 빈객을 말한다.

3 이원(李園) : 전국시대 때 조(趙)나라 사람으로, 초(楚)나라에 들어가 재상인 춘신군(春申君) 황헐(黃歇)을 꾀어내어 임신한 누이동생을 초나라 고열왕(考烈王)에게 바친 후 춘신군을 죽이고 초나라를 좌지우지했다.

4 주영(朱英)의 말 : 주영이 춘신군에게 이원을 조심하라고 한 말을 가리킨다.

5 이원의 계책 : 자기의 누이를 춘신군에게 주어 임신을 시킨 뒤, 다시 고열왕에게 바쳐 아들을 낳게 하고, 고열왕이 죽자 조문 간 춘신군을 극문(棘門)에서 암살한 것을 가리킨다.

6 주영이 …… 했을 터 : 주영의 요청대로 그를 낭중(郎中)에 임명하여 이원을 죽였다면 춘신군이 이원에게 살해되지 않았을 것이라는 맥락에서 나온 말이다.

7 선진(先秦)이 …… 이야기하랴 : 영씨(嬴氏)인 진시황이 원래 여불위(呂不韋)의 사생아였던 것을 염두에 두고 한 말이다. 여불위가 진시황의 부친인 자초(子楚)에게 자기의 아들을 임신한 미인을 바쳐서 진시황이 출생하였다는 기록이 『사기(史記)』 권85 「여불위열전(呂不韋列傳)」에 보인다.

8 동진(東晉)이 …… 알랴 : 동진의 원제(元帝)인 사마예(司馬睿)가 민제(愍帝)의 뒤를 이

서, 감히 궁궐 여인네의 사악한 모의[9]에 기댔네[先秦豈謂嬴爲呂, 東晉那知馬作牛. 不悟春申亦如許, 敢憑宮掖妻邪謀]"라고 했다.

孔子謂: "甯武子, 邦有道則智, 邦無道則愚. 其智可及也, 其愚不可及也." 所謂及者, 繼也, 非企及之及. 謂甯武之愚, 而後人不可繼爾. 居亂世而愚, 則天下塗炭將孰拯. 屈原事楚懷王, 不得志則悲吟澤畔, 卒從彭咸之居. 究其初心, 安知拯世之意不得伸, 而至於是乎. 賈生謫長沙傅, 渡湘水爲賦以弔之, 所遭之時, 雖與原不同, 蓋亦原之志也. 白樂天「詠史」詩, 乃謂"士生一代間, 誰不有浮沉. 良時眞可惜, 亂世何足欽. 乃知汨羅恨, 未抵長沙深." 信如樂天言, 則是以亂世爲不足拯也而可乎. 議者謂誼所欲爲, 文帝不能用者, 以絳·灌·東陽之屬讒之爾. 故誼之賦有云: "鏌鋣爲鈍, 鉛刀爲銛, 斡棄周鼎, 寶康瓠兮." 觀此是有憾於絳·灌·東陽者. 雖然, 勃也, 嬰也, 敬也, 皆素有長者之譽, 必不肯害賢而利己. 『楚漢春秋』別有絳·灌, 豈其是邪?

공자가 이르기를 "영무자甯武子는 나라에 도가 있으면 지혜롭고, 나라에 도가 없으면 어리석었으니 그 지혜는 따라가야 하지만 그 어리석음은 따라가서는 안 된다"[10]라고 했으니 이른바 '급及'이란 계승함이지, '따라가다(企及)'의 급이 아니다. 영무자의 어리석음은 후인들이 계승해서는 안 된다는 뜻이다. 혼란한 세상에 살면서 어리석다면 세상의 도탄을 누가 구제할 수 있겠는가? 굴원이 초 회왕懷王을 섬기면서 제 뜻을 펼치지 못하자, 호숫가에서 비탄의 글을 읊조리다 결국 팽함彭咸[11]의 태도

어 즉위하였으나, 그의 모친이 소리(小吏)인 우금(牛金)과 사통을 해서 낳은 아들이라는 설에 의거해 한 말이다. 『정주아속고사독본 하(精註雅俗故事讀本)』 하 「인사(人事)」.

9 여인네의 …… 모의: 자신의 누이를 춘신군에게 주어 임신시킨 뒤, 고열왕에게 바쳐서 아들을 낳게 한 이원의 모사를 가리킨다.

10 『논어(論語)』 「공야장(公冶長)」.

를 따랐다. 애초의 그의 마음이야 세상을 구제할 뜻을 펼치지 못하고 여기까지 이를 줄을 어찌 예상했겠는가. 가생(賈生 : 가의賈誼)이 장사태부長沙太傅로 좌천되었을 때, 상수湘水를 건너다 부(賦 : 「조굴원부弔屈原賦」)를 지어 굴원을 애도했으니 처한 시대는 굴원과 달랐지만 역시 굴원의 뜻을 갖고 있었던 것이다. 백거이가 「영사詠史」에서 "식자가 한 시대를 살며, 누군들 부침이 없겠는가. 좋은 시절이 참으로 아깝지만, 혼란한 세상을 어찌 흠모할 일이겠는가. 그래서 멱라(汨羅 : 굴원)의 한은, 장사(長沙 : 가의)보다 깊지 못한 것이다[士生一代間, 誰不有浮沉. 良時眞可惜, 亂世何足欽. 乃知汨羅恨, 未抵長沙深]"라고 했는데 정말 백거이의 말대로라면 난세는 구제하지 않아도 되는 것이니 이것이 옳은 일이겠는가. 논자들은 가의가 하고 싶은 것을 한 문제가 들어주지 않은 것은 강(絳 : 주발周勃)·관(灌 : 관영灌嬰)·동양(東陽 : 풍경馮敬) 등이 참소했기 때문이며, 그래서 가의의 「조굴원부」에서 "막야검鏌鋣劍이 무뎌져, 칼을 녹여 가래를 만들었으며, 주정周鼎은 버려두고, 강호康瓠를 보물로 삼네[鏌鋣爲鈍, 鉛刀爲銛, 斡棄周鼎, 寶康瓠兮]"[12]라고 한 것이니, 이러한 내용을 보면 주발·관영·풍경에게 유감이 있었음을 알 수 있다고 했다. 하지만 평소 의젓한 인품을 가졌다는 평가를 받은 주발·관영·풍경이 굳이 현자를 해치고 자신을 이롭게 하지는 않았을 것이다. 『초한춘추楚漢春秋』에 별도의 강(絳 : 미상)·관(灌 : 미상)이 있는데, 혹시 그들이 아니었을까?

李太白至邯鄲, 「登城樓」詩云 : "提攜袴中兒, 杵臼及程嬰. 空孤獻白刃, 必死 耀丹誠." 是有取於二子甚重. 袴中兒, 謂趙武也. 然司馬遷作

11 팽함(彭咸) : 은(殷)나라의 올곧은 지사로, 자신의 뜻을 펼칠 수 없자 강물에 투신하여 자살하였다.

12 주정(周鼎)은 …… 삼네 : 주정은 대대로 국보로 여겨온 주(周)나라의 솥으로서, 국정 혹은 뛰어난 인재를 상징하고, '강호'는 깨진 바가지나 호리병으로, 재능이 용렬한 사람을 상징한다. 인사 선발에 대한 불만을 나타내는 표현이다.

趙·晉二世家, 自相矛盾, 左氏所書, 又復不同, 將何以取信於後世邪. 『晉世家』之說曰 : 景公十七年, 誅趙同·趙括, 令庶子武爲後. 『趙世家』之說曰 : 景公三年, 屠岸賈攻殺趙朔·趙括等, 朔之友人程嬰匿趙武於山中. 至十五年, 景公有疾, 立趙武. 左氏之說曰 : 魯成公八年六月, 晉討趙同趙括. 武從姬氏畜於公宮. 以其田與祁奚. 韓厥言於晉侯曰 : "成季之勳, 宣孟之忠, 而無後, 爲善者懼矣." 乃立武, 歸其田. 按成公八年, 卽晉景公十七年也. 或云匿武於山中, 或云畜武於宮中, 或云十五年而後立武, 或云未逾月而立武, 皆未知所據也.

이백이 한단邯鄲에 이르러 지은 「등성루登城樓」에서 "바지 속 아이를 데리고 온 이는, 저구杵臼와 정영程嬰이다. 빈손과 외로움으로 백인白刃을 바치니, 죽어서도 변함없는 정성이 빛나리라[提攜袴中兒, 杵臼及程嬰. 空孤獻白刃, 必死耀丹誠]"라고 했는데 두 사람에게 아주 중요한 의미를 부여하였다. 바지 속 아이는 조무趙武를 말한다. 하지만 사마천이 지은 「조세가趙世家」와 「진세가晉世家」는 서로 모순되고 「좌전」의 내용 또한 다르니 후세에 어떤 것을 신뢰해야 할까. 『진세가晉世家』에서는 "경공景公 17년(582)에 조동趙同과 조괄趙括을 죽이고 서자 조무趙武를 후계로 삼았다"라고 했고, 『조세가』에서는 "경공 3년(597)에 도안가屠岸賈가 조삭趙朔·조괄 등을 공격해 살해하자 조삭의 친구 정영이 조무를 산속에 숨겨 놓았는데, 15년(580)에 경공이 병이 들자 조무를 세웠다"라고 했다. 「좌전」에서는 "노 성공成公 8년(583) 6월에 진晉이 조동과 조괄을 토벌하자, 조무가 희씨姬氏에 의해 궁 안에서 길러졌다. 그 농토를 기해祁奚에게 주자 한궐韓厥이 진후晉侯에게 '성계成季의 공로와 선맹宣孟의 충성을 생각할 때 그들에게 후계가 없다면 선을 실천한 사람들이 두려워할 것입니다'라고 하여 조무를 세워주고 그 농토를 돌려주었다"라고 했다. 성공 8년은 진 경공 17년이 된다. 한쪽에서는 조무를 산속에 숨겼다고 하고, 한쪽에서는 조무를 궁 안에서 길렀다고 하고, 또 한쪽에서는 15년에 조무를 세웠다고 하고, 또 다른 한쪽에서는 한 달이 지나지 않아 조무를 세웠다고 하는데, 모두 그 근거를 알 수가 없다.

陽城德行道義, 爲士林之所敬服. 德宗以銀印赤紱, 起於隱所, 驟拜諫官, 可謂賢且遇矣. 故學生聞道州之貶, 投業而叫閽, 賢士愴驛名之同, 摛詞而頌德, 可以知其賢不誣也. 然韓退之「諍臣論」乃極口貶之, 何哉? 其言曰: "今陽子實一匹夫, 在諫位不爲不久, 而未嘗一言及於政. 視政之得失, 若越人視秦人之肥瘠. 問其官, 則曰諫議也. 問其政, 則曰我不知也. 有道之士固如是乎." 考之本傳, 以謂他諫官論事苛細, 帝厭苦. 城浸聞得失且熟, 猶未肯言. 客屢諫之, 第醉以酒而不答, 蓋其意有所待也. 至德宗逐陸贄, 欲相裴延齡, 而城伏蒲之疏始上. 廷爭懇至, 累日不解. 故元微之詩云: "貞元歲云暮, 朝有曲如鉤. 飛章八九上, 皆若珠暗投. 且曰事不止, 臣諫誓不休." 而白樂天亦云: "陽城爲諫議, 以正事其君. 其手如屈軼, 擧必指佞臣. 卒使不仁者, 不得秉國鈞." 柳子厚亦云: "抗志厲義, 直道是陳." 蓋退之「諍臣論」乃在止裴延齡爲相之前, 而三子頌美之言乃在陽城極諫之後爾.

양성陽城의 덕행과 도의는 사림으로부터 존경을 받았다. 덕종德宗이 은인銀印[13]과 적발赤紱[14]로, 은거하는 곳에서 발탁해 바로 간관諫官에 임명했으니 현자가 시대를 만났다고 할 만했다. 그런데 그가 도주道州로 좌천되자 학생들은 그 소식을 듣고는 학업을 그만두고 궁을 향해 부르짖고 현자들이 역명驛名과 같은 것을 안타까워하며[15] 글을 엮어 그를 칭

13 은인(銀印) : 한나라 때 이천 석(石) 이상의 관원이 찼던 은장(銀章)으로, 보통 군수를 말한다.

14 적발(赤紱) : 붉은 인끈인데, 진한(秦漢)시대에 승상(丞相)이 이것을 찼으므로, 즉 재상의 지위를 뜻한다.

15 역명(驛名)과 …… 안타까워하며 : 상산(商山 : 섬서성(陝西省) 상현(商縣)의 동쪽에 위

송했으니 현자의 본모습은 숨길 수 없음을 알 수 있다. 그런데 한유가 「쟁신론諍臣論」에서 그를 극구 폄하한 것은 왜일까? "양자(陽子 : 양성)는 실로 필부일 뿐이다. 간관으로 있던 기간이 짧지 않은데도 일찍이 정사에 대한 언급이 한마디도 없었다. 정사의 잘잘못에 대해 마치 월나라 사람이 자신과 상관없는 진秦나라 사람을 보는 듯 했다. 관직을 물으면 '간의諫議'라 하고 정사를 물으면 자기는 모른다고 했으니, 도를 가진 선비가 본디 이러한가?"라고 했다. 본전을 살펴보면, 그가 간관으로서 어떤 문제에 대해 매우 가혹하고 세심하게 따져서 황제가 힘들고 싫어했다고 한다. 그 뒤 점차 정사의 잘잘못에 대해 알고 익숙해질 무렵이 됐을 때는 그는 정작 말하려하지 않았다. 객이 누차 그것을 문제 삼았으나 술에 취해 대답하지 않았으니 뭔가 기다린 바가 있었던 것이다. 덕종이 육지陸贄를 내쫓고 배연령裴延齡을 재상으로 삼으려 하자, 양성은 비로소 복포伏蒲[16]의 소疏를 올리고 조정에서 여러 날에 걸쳐 매우 간곡히 언쟁을 벌였다. 그래서 원진의 시에서 "정원(貞元 : 당 덕종의 연호)의 해가 저물어 갈 때, 조정은 갈고리처럼 굽어 있었다. 팔구 편의 소를 올렸으니 모두 조용히 주옥을 던지는 듯했다. 그러면서 일이 멈추지 않으면 간언을 맹세코 그만두지 않겠다고 했다[貞元歲雲暮, 朝有曲如鉤. 飛章八九上, 皆若珠暗投. 且曰事不止, 臣諫誓不休]"[17]라고 하고, 백거이 또한 "양성이 간의대부가 되어, 정직함으로 그 임금을 섬겼다. 손은 굴일屈軼[18]과 같아, 들면 반드시 아첨하는 신하를 가리켰다. 결국 어질지 못한 자

치한 산)에 있는 역사(驛舍)의 이름은 본래 '양성역(陽城驛)'으로, 관직을 파한 후 중조산(中條山)에서 은거한 간의대부(諫議大夫) 양성(陽城)과 같은 이름이었는데, 후인들이 양성을 존경하여 그의 이름을 피하려고 부수역(富水驛)으로 바꾸었다는 사실을 거론한 것으로 보인다.

16 복포(伏蒲) : 임금의 잘못을 간언하기 위해 신하가 청포(青蒲) 자리에 엎드리는 행위를 가리킨다.

17 『원씨장경집(元氏長慶集)』 권2 「고시(古詩)」 「양성역(陽城驛)」.

18 굴일(屈軼) : 풀이름. 지녕초(指佞草)라고도 하는데, 이 풀은 조정에 나 있으면서 간사한 사람이 들어오면 구부려서 그 사람을 가리킨다고 한다.

가, 권력을 잡지 못하도록 했다[陽城爲諫議, 以正事其君. 其手如屈軼, 擧必指佞臣. 卒使不仁者, 不得秉國鈞]"[19]라고 하고, 유종원도 "항거의 뜻과 엄정한 의리로, 정직한 도를 펼쳤다[抗志厲義, 直道是陳]"[20]라고 했다. 한유의 「쟁신론」은 그가 배연령의 재상 임명을 저지하기 이전에 지어진 것이고 세 시인이 찬미한 글은 양성이 온 힘을 다해 간언하는 모습을 보인 뒤 지어진 것이다.

唐明皇以英銳身致極治, 以荒淫身致極亂, 自古人君成敗之速, 未有如明皇者. 鄭毅夫詩云: "四海不搖草, 九重藏禍根. 十年傲堯舜, 一笑破乾坤." 蓋是意也. 開元之盛, 能致兵寢刑措之治者, 實姚・宋輔政之功, 明皇可以無疑矣. 不三四年, 遽使去位. 及李林甫用事, 則盤旋糾固至十八九年, 敗國蠹賢, 無所不至, 猶以爲未足也. 晩年顧力士曰: "海內無事, 朕將吐納導引, 以天下事付林甫." 天下安得而不亂乎.

당 현종은 총명하고 예리한 몸으로 최고의 정치를 이뤘으나 황폐하고 음탕한 몸으로 극도의 혼란을 불렀으니 그동안의 임금 가운데 성공과 실패의 빠른 변화가 이와 같은 경우는 없었다. 정의부(鄭毅夫: 정해鄭獬)의 시에서 "사해가 풀 한 포기 흔들리지 않았으나, 구중궁궐에는 재앙의 뿌리가 싹트고 있었다. 십 년은 요순도 별것 아니었으나, (양귀비의) 한 번 웃음이 세상을 망가뜨렸다[四海不搖草, 九重藏禍根. 十年傲堯舜, 一笑破乾坤]"[21]는 이러한 의미를 담고 있는 것이다. 개원開元의 성대한 시절에 병란이 멈추고 형벌이 필요 없는 정치를 구가한 것은 사실 요숭姚崇・송경宋璟이 보좌한 공로이며 이때의 현종은 의심할 것이 없다 할

19 『백씨장경집(白氏長慶集)』 권1 「풍유(諷諭) 1」 「증번저작(贈樊著作)」.

20 『유하동집(柳河東集)』 권9 「국자사업양성유애갈(國子司業陽城遺愛碣)」.

21 『운계집(鄖溪集)』 권26 「명황(明皇)」.

것이다. 그런데 삼사 년이 지나지 않아 갑자기 그들을 자리에서 떠나게 했다. 그리고 이림보李林甫가 권력을 잡으면서 18~19년 동안 그를 중심으로 세력이 구축되었고 국가를 피폐하게 하고 현자를 해치는 일에 몰두하면서 여전히 불만족스러워 했다. 만년에 고력사高力士를 돌아보며 "세상에 아무 일이 없으니 짐은 토납吐納·도인導引[22]만 하고 세상 일은 이림보에게 맡기겠다"라고 했으니 천하가 어찌 혼란하지 않을 수 있었겠는가.

宋之問方其諂事太平公主也, 則爲賦以美之曰: "孕靈娥之秀彩, 輝婺女之淳精." 及安樂公主權盛, 復往諧結, 至宴飮其園亭, 爲詩以美之曰: "賓至星槎落, 仙來月宇空. 玳梁翻賀燕, 金埒倚晴虹." 姦傾旣露, 基間遂生, 而太平不樂矣. 匿張仲之之家, 而告其私, 規以贖罪. 之問亦含齒戴髮者, 所爲何至如是乎.

송지문이 아첨의 자세로 태평공주太平公主를 섬길 때 부를 지어 찬미하기를 "신령한 여인의 아리따운 모습을 잉태하고, 고운 여인의 순박한 정기가 빛난다[孕靈娥之秀彩, 輝婺女之淳精]"[23]라고 하고, 안락공주安樂公主의 권력이 커질 때는 다시 그녀를 찾아가 결탁하고 정자에서 베푼 잔치에서 시를 지어 찬미하기를 "객이 이르자 성사星槎[24]가 끊어지고, 신선이 오자 달집이 비었다. 대모량玳瑁梁[25]은 축하의 연회에 번쩍이고,

---

22 토납(吐納)·도인(導引): 토납은 입으로 묵은 기운을 내뿜고 코로 새로운 기운을 들이마시는 것이고, 도인은 몸과 수족을 굴신(屈伸)하며 신선한 공기를 마시는 것으로 모두 도가에서 행하는 양생법이다.

23 『어정무대부휘(御定歷代賦彙)』 권76, 송지문, 「태평공주산지부(太平公主山池賦)」.

24 성사(星槎): 사신이 타는 배로, 사신 또는 그 일을 하는 일행을 뜻한다.

25 대모량(玳瑁梁): 열대 지방에 서식하는 바다거북의 껍데기인 대모로 꾸민 대들보를 가리킨다.

황금빛 담장에는 찬란한 무지개가 기대었다[賓至星槎落, 仙來月宇空. 玳梁翻賀燕, 金埒倚晴虹]"[26]라고 했다. 그런데 간계가 드러나면서 마침내 틈이 생겨 태평공주가 좋아하지 않았다. 결국 장중지張仲之의 집에서 숨어 지내다가 내밀한 계획을 고발하여[27] 속죄의 기회를 엿보았다. 송지문 또한 치아가 있고 머리털이 난 어엿한 사람인데 어찌 이렇게까지 했단 말인가.

張均・張 垍兄弟承襲父寵, 致位嚴近, 皆自負文才, 覬覦端揆. 明皇欲相均而抑於李林甫, 欲相垍而奪於楊國忠, 自此各懷觖望. 安祿山盜國, 垍相祿山, 而均亦受僞命. 肅宗反正, 兄弟各論死. 非房琯力救, 豈能免乎. 老杜贈均詩云 : "通籍踰青瑣, 亨衢照紫泥. 靈虬傳夕箭, 歸馬散霜蹄." 言均爲中書舍人刑部尙書時也. 贈垍詩云 : "翰林逼華蓋, 鯨力破滄溟. 天上張公子, 宮中漢客星." 言垍尙寧親公主禁中置宅時也. 二人恩寵烜赫如是, 則報國當如何, 而乃斁亂天理, 下比逆賊, 反噬其主, 夫豈人類也哉.

장균張均과 장게張垍 형제는 아버지 장열張說의 총애를 이어받아 임금을 가까이 모시는 지위까지 얻었으며 모두 재능을 자부하여 재상의 지위까지 엿보았다. 그런데 현종이 장균을 재상으로 삼으려 했을 때는 이림보에게 저지당했고 장게를 재상으로 삼으려 했을 때는 양국충楊國忠에게 빼앗기면서 강하게 불만을 품었다. 그러다가 안록산이 국권을 훔치자 장게는 안록산 휘하에서 재상이 되고 장균은 안록산의 명을 받

26 『어정전당시(御定全唐詩)』 권53, 송지문, 「연안악공주댁득공자(宴安樂公主宅得空字)」.

27 내밀한 …… 고발하여 : 장중지는 송지문을 아주 잘 대해주었는데, 장중지가 왕동교(王同皎)와 함께 권력을 장악한 무삼사(武三思)를 암살하려 한 계획을 듣고 당국에 몰래 고자질하여, 결국 무삼사는 처형을 당하고 자신은 홍로시(鴻臚寺) 주부(主簿)라는 관직을 얻었다.

았다. 숙종肅宗이 반정을 하면서 형제는 각기 사형을 언도 받았는데 이때 방관房琯이 힘써 구해주지 않았다면 어떻게 이를 모면할 수 있었겠는가. 두보가 장균에게 보낸 시에서 "통적通籍[28]은 청쇄(靑瑣 : 궁문)를 넘고, 형구亨衢[29]에는 붉은 인주[30]가 빛난다. 신령한 용 모양의 물시계가 저녁 시간을 전하고, 돌아가는 말은 서리 발굽을 흩날리네[通籍踰靑瑣, 亨衢照紫泥. 靈虯傳夕箭, 歸馬散霜蹄]"[31]라고 한 것은 장균이 중서사인中書舍人과 형부상서刑部尙書였을 때를 거론한 것이다. 장게에게 보낸 시에서는 "한림(翰林 : 장균)이 화려한 일산에 가까워, 고래의 힘으로 푸른 물결을 헤치네. 천상의 장공자(張公子 : 장균)이고, 궁중의 한漢 객성客星[32]이라네[翰林逼華蓋, 鯨力破滄溟. 天上張公子, 宮中漢客星]"[33]라고 했는데 장게가 영친공주寧親公主에게 장가들어 궁 안에 집을 마련했을 때를 거론한 것이다. 두 사람에 대한 은총이 이처럼 대단했다면 국가에 대한 보답을 어떻게 했어야 하겠는가. 그럼에도 천륜을 어지럽히고 역적을 가까이하여 도리어 임금을 공격했으니 어찌 인간의 부류라 하겠는가.

晉盧諶先爲劉琨從事中郞將, 段匹磾領幽州, 求諶爲別駕. 故琨「答諶」詩云 : "情滿伊何, 蘭桂移植, 茂彼春林, 瘁此秋棘." 言諶棄己而就匹磾也. 厥後琨命箕淡攻石勒, 一軍皆沒. 由是窮蹙不能自守, 乃率衆赴匹磾. 繼爲匹磾所拘, 知其必死矣. 豈無望於諶哉. 觀「再增諶」云 : "朱實隕勁風, 繁英落素秋. 何意百鍊剛, 化爲繞指柔." 其詩託意, 欲以激諶而

28 통적(通籍) : 궁문(宮門)의 출입 허가를 받은 사람의 성명・연령 등을 적은 명패(名牌)이다.
29 형구(亨衢) : 사통팔달의 넓고 평탄한 길로, 임금이 있는 곳을 가리키는 말로 쓰인다.
30 붉은 인주 : 원문의 '紫泥'는 붉은 인주라는 말로, 황제가 조칙 등에 찍는 인주를 가리킨다.
31 『두시상주(杜詩詳註)』 권3 「봉증태상장경게이십운(奉贈太常張卿垍二十韻)」.
32 객성(客星) : 한나라 광무제(光武帝)와 동학했던 은자 엄광(嚴光)을 지칭하는데, 여기서는 당 현종의 사위인 장균에 대한 미칭으로 쓰였다.
33 『두시상주(杜詩詳註)』 권2 「증한림장사학사게(贈翰林張四學士垍)」.

救其急, 而諶殊不顧也. 琨旣被害, 諶始上表以雪其冤, 終亦何所補邪.

진晉 노심盧諶이 앞서 유곤劉琨의 종사중랑장從事中郎將으로 있었는데 단필제段匹磾가 유주幽州를 맡아 다스릴 때 노심을 데리고 와 별가別駕로 삼았다. 그래서 유곤이 「답심答諶」에서 "정이 얼마나 넘쳤던가, 난초와 계화나무를 옮겨 심어서, 저 봄 숲은 무성한데, 이 가을 가시밭은 초췌하구나(情滿伊何, 蘭桂移植, 茂彼春林, 瘁此秋棘)"라고 했으니 노심이 자신을 버리고 단필제에게 간 것을 거론한 것이다. 그 뒤에 유곤이 기담箕淡에게 석륵石勒을 공격하게 했다가 군사가 모두 몰살당했다. 그래서 쫓기는 신세에 스스로 지킬 수 없게 되자 나머지 무리를 이끌고 단필제를 찾았다가 그만 붙들려 꼼짝없이 죽는 줄 알았다. 이때 노심에게 어찌 기대하는 바가 없겠는가. 「재증심再增諶」에서 "붉은 열매는 강한 바람에 떨어지고, 화려한 꽃은 한가을에 진다. 백 번 단련한 강철이, 손가락을 두르는 부드러움으로 변할 줄 누가 알랴(朱實隕勁風, 繁英落素秋. 何意百鍊剛, 化爲繞指柔)"라고 했는데 시에 담긴 내용은 노심을 감동시켜 시급한 상황에서 구제받고 싶은 것이었지만 노심이 특별히 돌보지 않았다. 유곤이 해를 당하고 나서야 노심이 비로소 표문을 올려 그의 원한을 씻으려 했지만 결국 무슨 보탬이 되었겠는가.

五王之誅二張也, 張柬之啓其謀, 桓彦範任其事, 敬暉・崔元暐・袁恕己各效其力, 坐使天后還政, 中宗卽祚, 所謂"取日虞淵, 洗光咸池, 潛授五龍, 夾之以飛"者, 誠爲社稷之奇勳. 然尚有可恨者焉, 薛季昶勸除武三思, 而彦範乃謂如几上肉, 留爲天子藉手, 彦範輩豈不知中宗非剛斷之主乎. 彼之意, 以謂三思方烝亂韋氏, 而中宗孱懦, 一聽其所爲, 苟誅三思, 必不利於己, 故不肯誅耳. 不旋踵而自罹殺身之禍, 實自取之也. 張文潛云: "繫狗不繫首, 反噬理必然. 智勇忽迷方, 脫匣授龍泉. 區區薛季昶, 先事僅能言. 留禍啓臨淄, 敗謀豈非天."

오왕五王[34]이 두 장張[35]을 죽일 때, 장간지張柬之가 모의를 계획하고 환언범桓彦範이 임무를 맡고 경휘敬暉・최원위崔元暐・원서기袁恕己가 각기 힘을 보태 측천무후로 하여금 정권을 돌려주도록 했으며 중종中宗을 제위에 오르게 했다. 이른바 "우연虞淵[36]에서 해를 취하고, 함지咸池[37]에서 빛을 씻으며, 조용히 다섯 용을 주어, 양쪽에 끼고 날게 했다[取日虞淵, 洗光咸池, 潛授五龍, 夾之以飛]"[38]는 것으로, 참으로 사직에 큰 공을 세웠다. 하지만 여전히 아쉬운 점은 있다. 설계창薛季昶이 무삼사武三思를 제거하자고 권유하자, 환언범은 도마 위의 고기와 같다며 천자의 자수(藉手 : 보좌)로 남겨두었다. 환언범 등이 어찌 중종이 강단 있는 군주가 아님을 몰랐겠는가. 그의 생각은, 무삼사가 바야흐로 위씨韋氏를 혼란에서 구제하고 있고 중종이 나약하여 그의 뜻을 들어주고 있는데, 무삼사를 죽인다면 필경 자신에게 이롭지 않다고 여겼기 때문에 죽이려 하지 않은 것이다. 그러나 얼마 되지 않아 결국 자기 목숨을 잃는 재앙을 맞고 말았으니 이는 실로 자신이 선택한 것이다. 장문잠(張文潛 : 장뢰張耒)은 "개를 묶을 때 머리를 묶지 않으면, 뒤돌아 무는 것이 필연의 이치이다. 지혜와 용기가 문득 혼미해져, 갑을 열어 용천검을 주었다. 구구한 설계창이, 실행에 앞서 말만 능했다. 남긴 재앙이 임치臨淄를 열었으니,[39] 모의가 실패한 것이 어찌 하늘의 뜻이 아니겠는가[繫狗不繫首,

34 오왕(五王) : 당 측천문후 때 정변을 일으켜 측천무후를 폐위시키고 중종(中宗)을 옹립했던 장간지(張柬之)・경휘(敬暉)・최현위(崔玄暐)・원서기(袁恕己)・항언범(桓彦範)를 가리킨다.

35 두 장(張) : 측천무후로 총애를 받은 장역지(張易之)와 장창종(張昌宗)을 가리킨다.

36 우연(虞淵) : 전설에 전하는 해가 지는 곳이다. 『회남자(淮南子)』「천문훈(天文訓)」에, "태양이 우연에 이를 때를 황혼이라고 한다[日至于虞淵, 是謂黃昏]"는 말이 보인다.

37 함지(咸池) : 전설에 전하는 해가 목욕한다는 곳이다. 『회남자(淮南子)』「천문훈(天文訓)」에, "해는 양곡에서 떠올라 함지에서 목욕한다[日出於暘谷, 浴於咸池]"는 말이 보인다.

38 여온(呂溫), 『여형주집(呂衡州集)』 권9 「적량공립여릉왕전찬(狄梁公立廬陵王傳讚)」.

反噬理必然. 智勇忽迷方, 脫匣授龍泉. 區區薛季昶, 先事僅能言. 留禍啓臨淄, 敗謀豈非天]”라고 했다.

漢成帝時, 張禹用事, 朱雲對上曰 : “臣願賜尙方斬馬劍, 斷佞臣一人, 以厲其餘.” 上問誰也, 對曰 : “安昌侯張禹.” 上大怒曰 : “居下訕上, 罪死不赦.” 御史將雲下, 雲攀殿檻折, 曰 : “臣願從龍逄・比干遊於地下.” 如雲者可謂忠直有餘矣. 後世思其人而不可得, 則作爲韻語, 以聲其美. 肅宗時, 元載用事, 故杜子美詩云 : “千載少似朱雲人, 至今折檻空嶙峋.” 武后時, 傅游藝用事, 故盧照鄰詩云 : “昔有平陵男, 姓朱名阿游. 願得斬馬劍, 先斷佞臣頭.” 言當時立朝之士, 不能如雲以二人之惡而告於上也. 若二人者, 姦諛百倍張禹矣, 腥臊之血, 豈足以汚尙方之劍乎. 宋景文云 : “朱游英氣凜生風, 瀕死危言悟帝聰. 殿檻不修旌直諫, 安昌依舊漢三公.” 信乎去佞如拔山也.

한 성제成帝 때 장우張禹가 권력을 주도했는데 주운朱雲이 성제에게 “신은 상방참마검尙方斬馬劍[40]을 하사받아 아첨하는 신하 한 명을 베어서 그 나머지를 경계할 것을 바라옵니다”라고 했다. 성제가 그 신하가 누구냐고 묻자 “안창후安昌侯 장우입니다”라고 하니 성제가 크게 노하여 “낮은 직책에 있는 사람이 윗사람을 비방하는 것은 용서 못할 죽을 죄이다”라고 하였다. 어사御史가 주운을 데리고 내려가자, 주운은 궁궐 난간을 붙들다 망가뜨리며 아뢰기를 “신은 지하에서 용방龍逄[41]과 비

39 임치(臨淄)를 열었으니 : 임치왕(臨淄王) 이융기(李隆基)가 정변을 일으켜 부친인 상왕(相王) 이단(李旦)을 복위시킨 사건을 가리킨다.

40 상방참마검(尙方斬馬劍) : 전권을 위임하면서 임금이 대신이나 장수에게 내려 주는 검이다.

41 용방(龍逄) : 관룡방(關龍逄)으로, 직간을 하다가 걸왕(桀王)에게 살해된 하(夏)나라의 현인이다.

간比干[42]을 뒤따르겠습니다"라고 했으니 충직하고도 남음이 있다 할 만하다. 후인들은 다시 만나기 어려운 그런 사람이 그리울 때, 시를 지어 그 미덕을 찬양했다. 숙종 때 원재元載가 정권을 주도하여 두보는 시에서 "지나온 역사에서 주운 같은 사람이 적어, 지금도 끊어진 난간이 부질없이 서 있다[千載少似朱雲人, 至今折檻空嶙峋]"[43]라고 하고, 측천무후 때는 부유예傅遊藝가 정권을 주도하여 노조린盧照鄰이 시에서 "옛날 평릉平陵의 사내는, 성이 주朱이고 이름이 아유阿遊이다. 말을 벨 검을 얻어, 먼저 아첨하는 신하의 머리를 베려 했다[昔有平陵男, 姓朱名阿遊. 願得斬馬劍, 先斷佞臣頭]"[44]라고 했는데 당시 조정 관리들이 주운처럼 두 사람(원재와 부유예)의 악행을 성상에게 보고하지 않은 것을 거론한 것이다. 두 사람은 간계와 아첨이 장우보다 백배는 더했는데 그들의 비린내 나는 피로 어찌 상방尙方의 칼을 더럽힐 일이 있었겠는가. 송경문(宋景文 : 송기宋祁)이 "주유의 빼어난 기개는 찬바람이 일어, 죽음 앞에서도 올곧은 말로 황제의 총명을 일깨웠다. 궁궐 난간 수리하지 않아 직언을 표창했으나, 안창은 여전히 한삼공漢三公이다[朱遊英氣凜生風, 瀕死危言悟帝聰. 殿檻不修旌直諫, 安昌依舊漢三公]"[45][46]라고 했으니 아첨하는 신하를 제거하는 것은 산을 뽑는 것처럼 어렵다는 말이 사실인 것이다.

漢史載韓信敎陳豨反, 有挈手步庭之議. 且曰 : "我爲汝從中起." 漢十年, 豨果反. 高祖自將兵出. 張文潛曰 : "方是時, 蕭相國居中, 而信欲以

42 비간(比干) : 포학하고 음란한 주왕(紂王)에게 간하다가 살해당한, 은(殷)나라 왕실의 종친이다.

43 『두시상주(杜詩詳註)』 권8 「절함행(折檻行)」.

44 『노승지집(盧昇之集)』 권1 「영사사수(詠史四首)」 제2수.

45 안창은 …… 한삼공(漢三公)이다 : 한삼공은 사마(司馬) · 사도(司徒) · 사공(司空)을 가리킨다. 한 성제가 등용하는 인물은 여전히 안창후(장우) 같은 무리라는 의미이다.

46 『경문집(景文集)』 권24 「주운전(朱傳案)」.

烏合不教之兵, 從中起以圖帝業, 雖使甚愚, 必知無成, 信豈肯出此哉." 故其詩曰 : "何待陳侯乃中起, 不思蕭相在咸陽." 又一詩云 : "平生蕭相眞知己, 何事還同女子謀." 則又責蕭相不爲信辨其枉也. 余觀班史, 呂后與蕭相國謀, 詐令人從帝所來, 稱豨已破, 羣臣皆賀, 相國紿信曰 : "雖病强入賀." 信入, 呂后使武士縛信斬之. 則斬信者, 相國計也. 縱使其枉, 相國其肯爲辨之哉. 信死則劉氏安, 不死則劉氏危, 相國豈肯以平日相善之故而誤社稷大計乎. 文潛後有一絶云 : "登壇一日冠羣雄, 鐘室倉皇念蒯通. 能用能誅誰計策, 嗟君終自愧蕭公."

한사漢史에 의하면, 한신韓信이 진희陳豨에게 반란을 일으키라고 부추기고 손을 잡고서 마당을 걸으며 이야기를 나눴다고 한다. 그러면서 "그대를 위해 우리 쪽에서 병사를 일으키겠다"라고 했다. 한나라 10년(197)에 진희가 정말 반란을 일으키자 한 고조高祖가 직접 병사를 이끌고 나갔다. 장뢰가 이에 대해 이르기를 "당시 소상국(蕭相國 : 소하蕭何)이 안에 있었는데 한신이 오합지졸을 데리고 안으로부터 병사를 일으켜 제업帝業을 도모하려 했으니 아무리 어리석다 해도 성공할 수 없음을 알았을 터인데 어떻게 그런 계책을 세웠단 말인가"[47]라고 했다. 그래서 그가 지은 시에서 "어찌하여 진후(陳侯 : 진희)를 기다려 안에서 병사를 일으키려 한 것인가, 소상국이 함양咸陽에 있다는 사실을 생각지도 않고[何待陳侯乃中起, 不思蕭相在咸陽]"[48]라고 하였고, 또 다른 시에서 "평생 소상국의 참 지기였는데, 어찌하여 여인네(여후呂后)와 함께 도모했단 말인가[平生蕭相眞知己, 何事還同女子謀]"[49]라고 했으니, 이는 또 한신이 태도를 바꾸도록 소하가 힘쓰지 않은 것을 꾸짖은 것이다. 반고班固의 『전한서前漢書』를 보면, 여후가 소하와 계책을 꾸미며, 황제가 있는 곳으

47 『가산집(柯山集)』 권22 「제회음후묘(題淮陰侯廟)」.
48 『가산집(柯山集)』 권22 「한신사(韓信祠)」.
49 『가산집(柯山集)』 권22 「한신사(韓信祠)」.

로부터 사람이 온 것처럼 해 '진희가 이미 패망했다'고 하니 군신들이 모두 축하를 전했다고 한다. 이때 소하가 한신을 속여 "몸이 아파도 반드시 나와 축하해야한다"라고 하여 한신이 나오자 여후가 무사들을 시켜 그를 결박, 참수했다. 따라서 한신을 참수한 것은 소하의 계책이었던 것이다. 비록 한신이 태도를 바꿨다고 해도 소하가 그를 위해 나섰겠는가. 한신이 죽으면 유씨(劉氏 : 한왕조)가 편안하고 죽지 않으면 유씨가 위태로운데 소하가 평소 가까웠다는 이유로 어찌 사직을 위한 큰 계책을 그르치려 했겠는가. 장뢰는 뒤에 지은 절구에서 "등단한 지 하루 만에 군웅의 으뜸이 되었으나, 당황한 종실鍾室에서 괴통蒯通을 떠올렸다.[50] 등용하고 죽이는 것은 누구의 계책인가, 아 그대는 결국 소공(蕭公 : 소하)에게 부끄럽다[登壇一日冠羣雄, 鍾室倉皇念蒯通. 能用能誅誰計策, 嗟君終自愧蕭公]"[51]라고 하였다.

50 종실(鍾室)에서 …… 떠올렸다 : 종실은 한나라 장락궁(長樂宮) 안 종을 걸어 두는 방으로, 한신이 여기서 참형을 당했다. 한신이 제왕(齊王)으로 있을 때 변사(辯士) 괴통이 한신에게 다가가 "장군이 한왕(漢王)을 위해 항우를 공격할 것이 아니라 중립을 지켜서 천하를 삼분하라" 하였지만 한신이 한왕의 은혜를 배반할 수 없어 그 말을 듣지 않았는데, 훗날 죽임을 당할 즈음에서 "괴통의 계책을 듣지 않은 것이 후회스럽다"고 한 고사가 전한다.

51 『가산집(柯山集)』 권21 「한신(韓信)」.

운어양추韻語陽秋 권8卷八

蘇武・李陵在武帝時同爲侍中, 金蘭之義素篤. 武拘於匈奴, 明年而陵始降, 雖逆順之勢殊, 悲歡之情異, 然朋友之誼, 此心常炯炯也. 觀陵海上勸武使降之言, 非不切至, 而武之所以告陵者, 不過明吾忠義之心而已, 而未嘗一語及陵之叛. 若告衛律者則不然, 盡詞詬詈, 歸之於不忠不臣之科, 而此以節義臨之, 幾使惡死, 此亦可以見於陵厚也. 後武得歸, 陵置酒賀武曰 : "今足下還歸, 揚名於匈奴, 功顯於漢室, 雖古竹帛所載, 丹青所畫, 何以過子卿." 故李太白「蘇武」詩云 : "渴飮丹窟冰, 饑飡天上雪. 東還沙塞遠, 北愴河梁別. 泣把李陵衣, 相看淚成血." 蓋亦是意爾.

소무蘇武와 이릉李陵은 한 무제 때 시중侍中으로 함께 있으며 돈독한 우의를 보였다. 소무가 흉노에게 구금당하고 이듬해에 이릉은 항복을 해서 거역과 순응의 태도가 다르고 슬픔과 기쁨의 감정이 같지는 않았지만 친구의 우의만은 언제나 빛났다. 이릉이 바닷가에서 소무에게 항복을 권유한 말을 보면 절실하지 않은 것이 아니었고 소무가 이릉에게 한 말은 자신의 충성과 의리를 밝히는 데 지나지 않을 뿐이라고만 했을 뿐, 이릉의 배반에 대해서는 한마디도 언급하지 않았다. 그런데 위율衛律[1]에 대해 말할 때는 그렇지 않아서 온갖 말로 그를 욕하며 충성스럽지 못하고 신하답지 못하다는 내용으로 귀결시켰다. 하지만 이릉에게는 그저 죽기를 싫어하는 것처럼 절의만을 내세웠으니 이 점에서도 이릉에게는 후대했음을 알 수 있다. 후에 소무가 귀국할 때, 이릉이 술자리를 마련해 축하하기를 "족하가 귀국하는 지금, 흉노에게 명성을 떨치고 한 왕실에 공로를 드날렸으니 죽백(竹帛 : 역사서)에 실려 있는 이들과 공신도功臣圖에 나오는 인물들이 어찌 자경(子卿 : 소무의 자)보다 앞설 수 있겠는가"라고 했다. 그래서 이백의 「소무蘇武」에서 "목마르면 붉은 굴 얼음을 마시고, 굶주리면 하늘 위 눈을 먹었다. (소무는) 먼 변방 사막 두고 동쪽으로 돌아가고, (이릉은) 황하 다리의 이별에 북쪽은 슬프다. 이릉의 옷을 붙들고, 우는 눈물은 피가 되었다[渴飮丹窟冰, 饑飡天上雪. 東還沙塞遠, 北愴河梁別. 泣把李陵衣, 相看淚成血]"라고 한 것은 이런 내용을 담고 있는 것이다.

張祜「觀狄梁公傳」詩云 : "失運廬陵厄, 乘時武后尊. 五丁扶造化, 一柱正乾坤." 而山谷有"鯨波橫流砥柱, 虎口亂國宗臣"之句, 可謂善論仁傑者. 余謂仁傑不畏武后羅織之獄, 三族之夷, 强犯逆鱗, 敢以廬陵王爲請者, 非特天資忠義, 亦以先得武后之心故也. 且張易之・昌宗, 后之嬖臣也, 欲歸廬陵, 事大體重, 非二嬖之言, 后孰信之. 吉頊能以危言撼二嬖, 陳易弔爲賀之計, 故二嬖敢從容以請, 而后意遂定. 於是仁傑之諫

1 위율(衛律) : 한 무제(漢武帝) 때의 사람으로, 이연년(李延年)의 추천으로 흉노에 사신을 갔다 왔는데, 이연년의 가족이 주륙을 당하자 흉노에게 가 투항했다.

得行. 卒之遣徐彦伯迎盧陵王於房州者, 由仁傑之言也. 故史援呂溫之言, 稱之曰 : "取日虞淵, 洗光咸池, 潛授五龍, 夾之以飛." 嗚呼, 仁傑其忠且賢哉. 按仁傑傳, 始后欲立武三思. 而「李昭德傳」乃云 : 洛陽人王慶之請以武承嗣爲皇太子, 昭德力爭. 今考三思本傳, 不載爲皇太子之說. 而承嗣傳云 : "洛州人請立承嗣爲皇太子, 岑長倩・格輔元皆爭不從." 而不及昭德, 豈有抵梧邪?

장호張祜의 「관적량공전觀狄梁公傳」에서 "운運을 놓친 노릉(盧陵 : 당나라 중종 이현李顯)은 궁지에 몰리고, 시기를 탄 무후(武后 : 측천무후)는 권력을 꿰찼다. 다섯 장정[2]이 온 누리를 부축하고, 한 기둥(적인걸)이 건곤을 바로잡았다[失運盧陵厄, 乘時武后尊. 五丁扶造化, 一柱正乾坤]"라고 하고, 황정견이 "고래 같은 파도가 마구 칠 때의 지주砥柱[3]이고, 범의 입이 국가를 어지럽혔을 때의 종신宗臣이다[鯨波橫流砥柱, 虎口亂國宗臣]"[4]라고 한 구절은 적인걸狄仁傑에 대한 훌륭한 논평이라 할 만하다. 적인걸이 무후의 실처럼 얽힌 옥사와 삼족을 멸하는 위험을 두려워하지 않고 강력하게 역린逆鱗을 범하며 감히 여릉왕廬陵王의 귀환을 요청한 것은 타고난 자질이 충직하고 정의로울 뿐만 아니라 무후의 마음을 먼저 얻었기 때문이라고 나는 생각한다. 또, 장역지張易之・장창종張昌宗은 무후가 사랑한 신하들인데 여릉왕을 돌아오게 하는 것은 중대한 일인바, 사랑하는 두 신하의 말이 아니었으면 무후가 어찌 믿었겠는가. 길욱吉頊이 엄중한 말로 두 폐신嬖臣의 마음을 흔들어 슬픔을 축하로 바꾸는 계책을

2 다섯 장정 : 이른바 오왕(五王)으로, 측천문후 때 정변을 일으켜 측천무후를 폐위시키고 중종(中宗)을 옹립했던 장간지(張柬之)・경휘(敬暉)・최현위(崔玄暐)・원서기(袁恕己)・항언범(桓彦範)을 가리킨다.

3 지주(砥柱) : 하남(河南) 삼문협(三門峽) 동북쪽 황하 중심에 있는 돌부리이다. 황하의 물결이 거세지만 이 지점에 와서는 돌부리를 뚫지 못하고 갈라져 흐르다. 난세에 지조를 지키는 선비를 비유하는 말로 쓰인다.

4 『산곡외집(山谷外集)』 권7 「제마당산노망정사수(題馬當山魯望亭四首)【팽택구치소(彭澤舊治所)】」 제2수.

폈으므로 두 폐신이 감히 자연스럽게 요청한 것이고 결국 무후가 결정한 것이다. 그리고 이를 통해 적인걸의 간언이 실행될 수 있었던 것이다. 그리고 결국 서언백徐彦伯을 방주房州로 보내 여릉왕을 맞이해오게 한 것은 적인걸의 말에 따른 것이다. 그래서 역사서에서 적인걸에 대해 여온呂溫의 말을 인용하여 일컫기를 "우연虞淵에서 해를 취하고, 함지咸池에서 빛을 씻으며, 조용히 다섯 용을 주어, 양 어깨에 끼고 날게 했다[取日虞淵, 洗光咸池, 潛授五龍, 夾之以飛]"[5]라고 했으니 아! 적인걸은 충신이요 현자였던 것이다. 적인걸의 전기를 살펴보면 처음에는 무후가 무삼사武三思를 세우려 했다고 하는데, 「이소덕전李昭德傳」에서는 낙양인洛陽人 왕경지王慶之가 무승사武承嗣를 황태자로 삼을 것을 요청하자 이소덕이 적극 만류했다고 돼있다. 지금 무삼사의 본전을 살펴보면 황태자로 삼는다는 내용이 들어있지 않은데, 무승사의 전기에서는 "낙주洛州사람이 무승사를 황태자로 삼을 것을 요청하자, 잠장청岑長倩·격보원格輔元이 모두 반대하여 따르지 않았다"라고만 하고 이소덕에 대한 언급은 없으니 어찌 이처럼 내용이 엇갈리는 것일까?

漢元帝時, 弘恭·石顯用事, 京房·劉向皆深嫉之, 嘗上書力詆. 蓋薰蕕冰炭, 不能以共處, 理之必然也. 然房欲淮陽王爲己助, 代王作求朝奏章, 向令外親上疏, 謂小人在朝, 以致地動, 雖嫉惡之心切, 然於中實亦少貶矣. 使二子果輸忠於漢, 當明目張膽論至再三可也, 何暇爲身謀而假之於他人哉. 故荊公詩云: "京房劉向各稱忠, 詔獄當年迹自窮. 畢竟論心異恭顯, 不妨迷國略相同." 後之論人物者, 倘取其心而略其迹, 則善矣.

5 『여형주집(呂衡州集)』 권9 「적량공립여릉왕전찬(狄梁公立廬陵王傳讚)」.

한 원제元帝 때 홍공弘恭·석현石顯이 권력을 잡자, 그들을 질시한 경방京房·유향劉向이 글을 올려 강력히 비난했다. 훈(薰: 향초)과 유(蕕: 악초), 얼음과 숯은 함께 있을 수 없는 것이 이치의 필연이다. 하지만 경방이 회양왕(淮陽王: 유현劉玄)을 자기편으로 삼고자 하여 회양왕을 대신해 조정을 구한다는 상주문上奏文을 지었고 유향은 외친으로 하여금 소를 올리게 해 소인이 조정에 있어 지진이 나게 됐다고 했으니, 질투하고 미워하는 마음이 강하다고 해도 마음가짐에는 실로 조금 문제가 있었던 것이다. 두 사람이 정말로 한 왕조에 충성을 다했다면 눈을 부릅뜨고 간담을 드러낸 채 절실하게 논란을 벌였어야지, 자신을 위해 도모하고 다른 사람의 힘까지 빌릴 겨를이 어찌 있었겠는가. 그래서 왕안석의 시에서 "경방과 유향이 저마다 충성을 말했지만 옥사를 명한 당시에 모양이 궁박했다. 마음가짐 논하자면 홍공·석현과는 달랐지만 국가를 혼미하게 한 데는 결국 차이가 없다[京房劉向各稱忠, 詔獄當年跡自窮. 畢竟論心異恭顯, 不妨迷國略相同]"[6]라고 했다. 후대에 인물을 논평할 때 그 마음가짐을 따지고 행위에 대해 소략한다면 옳은 논평일 것이다.

東漢李固, 忠直鯁亮, 志在討國, 不爲身謀. 爭立淸河, 遂忤梁冀, 以致身首異處. 當時有提鈇上章, 乞收固尸, 如汝南郭亮者, 有星行至洛, 守衛尸, 如陳留楊羌者, 亦可見固以忠獲罪矣. 唐李華嘗觀「黨錮傳」, 撫卷而悲之, 且作詩曰: "古墳襄城野, 斜徑橫秋陂. 況不禁樵采, 茅莎無孑遺." 嗚呼, 生不能保其身, 死又不能保其藏骨之地, 天之不相善人, 何至是邪. 梅聖兪詩云: "漢家誅黨人, 誰與李·杜死. 死者有范滂, 其母爲之喜. 喜死名愈彰, 生榮同犬豕." 故史臣以胡廣·趙戒爲糞土, 而馬融眞犬豕哉.

6 『임천문집(臨川文集)』 권30 「독한서(讀漢書)」.

동한東漢의 이고李固는 충직하고 진실하여 국가를 위하는 일에만 뜻을 두고 자신의 이익은 도모하지 않았다. 청하왕(淸河王 : 원역元懌)을 세우는 데 앞장서다 결국 양기梁冀의 미움을 사 몸과 머리가 나뉘는 일을 당하고 말았다. 당시에 도끼를 들고 글을 올려 이고의 시신을 수습할 것을 청한 여남汝南 곽량郭亮이 있었고, 밤길을 걸어 낙양에 와서 시신을 호위하고 지킨 진류陳留, 양강楊羌 같은 이가 있었으니 이를 통해서도 이고가 충성을 행하다 죽임을 당했음을 알 수 있다. 당나라 이화李華가 일찍이 「당고전黨錮傳」을 읽다가 책을 만지며 슬픔을 나타내고 또 시를 짓기를 "고분의 양성襄城 들판을, 비탈길이 가을 언덕을 가로질렀다. 나무꾼들도 금지하지 않아, 띠풀마저 남은 것이 없구나[古墳襄城野, 斜徑橫秋陂. 況不禁樵采, 茅莎無孑遺]"[7]라고 했으니, 아! 살아서는 몸뚱이도 보존하지 못하고 죽어서는 뼈를 묻을 땅조차 보존하지 못했으니 하늘이 착한 사람을 어찌 이토록 돌보지 않는단 말인가. 매요신의 시에서는 "한나라 조정에서 당인黨人들을 죽일 때, 누가 이응李膺·두밀杜密과 죽음을 함께했는가.[8] 그들 가운데 범방范滂은, 어미가 내용을 듣고 아주 기뻐했다.[9] 죽음 기뻐하여 이름 더욱 빛나거늘, 살아서 영광 누리는 이들은 개돼지와 다름없다[漢家誅黨人, 誰與李·杜死. 死者有范滂, 其母爲之喜. 喜死名愈彰, 生榮同犬豕]"[10]라고 했다. 그래서 사관은 호광胡廣과 조계趙戒를 쓰레기로 취급했으니 마융馬融은 참으로 개나 돼지였던 것이다.

---

7 『이하숙문집(李遐叔文集)』 권4 「영사(詠史)【십일수(十一首)】」 제7수.

8 한나라 …… 함께했는가 : 후한(後漢)의 환제(桓帝)·영제(靈帝) 때에 환관들이 발호하자 반대당의 진번(陳蕃)·이응(李膺)·두밀(杜密) 등 청렴한 학자들이 그들을 공격하였다가, 도리어 그들로부터 공격을 당해 종신 금고라는 당고(黨錮)를 당하여, 이응은 옥사(獄死)하고 두밀은 자결하였다

9 그들 …… 기뻐했다 : 범방이 죽음의 길로 떠나면서 모친에게 하직 인사를 드리자 "네가 이제 이응·두밀과 이름을 나란히 하게 되었으니 죽는다 한들 또 무슨 유감이 있겠느냐"라며 오히려 격려했다 한다.

10 『완릉집(宛陵集)』 권11 「독후한서열전(讀後漢書列傳)」.

司馬遷游江・淮・汶・泗之境, 紬金匱石室之書而作『史記』. 上下數千年, 殆如目睹, 可謂孤拔. 初遭李陵之禍, 不肯引決而甘腐刑者, 實欲效『離騷』・『呂覽』・『說難』之書, 以抒憤悱. 故荊公詩云: "嗟子刀鋸間, 悠然止而食. 成書與後世, 憤悱聊自釋." 觀『史記』評贊, 於范睢・蔡澤則曰: "二子不困戹, 烏能激乎." 於季布則曰: "彼自負才, 故受辱而不羞." 於虞卿則曰: "虞卿非窮愁, 則不能著書以自見." 於伍員則曰: "隱忍以就功名." 至於作「貨殖」・「游俠」二傳, 則以"家貧不能自贖, 左右親戚不爲一言"而寄意焉. 則荊公釋憤悱之言, 非虛發也.

사마천은 강江・회淮・문汶・사泗 등지를 유람하고, 금궤석실金匱石室[11]의 책들에서 내용을 추려 『사기』를 저술했다. 수천 년의 역사가 마치 눈으로 보는 듯 훤하니, 홀로 우뚝 선 작품이라 할 만하다. 애초에 이릉의 화[12]를 당했을 때, 목숨을 끊지 않고 부형(腐刑: 궁형)을 달게 받은 것은 실로 『이소』・『여람呂覽』・『설난說難』의 책을 본받아 울분을 씻으려 한 것이다. 그래서 왕안석의 시에서 "아 그대는 칼과 톱 사이에서, 조용히 삶을 영위했다. 완성된 책을 후세에 전함으로써, 분노는 저절로 해소되었다(嗟子刀鋸間, 悠然止而食. 成書與後世, 憤悱聊自釋)"[13]라고 했다. 『사기』의 평찬評贊을 살펴보면, 범수范睢・채택蔡澤에 대해서는 "두 사람이 곤궁하지 않았다면 어떻게 격동하는 마음을 일으킬 수 있겠는가"[14]라고 하고, 계포季布에 대해서는 "그는 자신감이 넘쳤으므로 욕을 당하고도 부끄러워하지 않았다"[15]라고 하고, 우경虞卿에 대해서는 "곤궁과 시름이 아니었다면 우경은 책을 저술해 자신을 드러내지 못했을 것이다"[16]라고 하고, 오원伍員에 대해서는 "참고 견디어 공명을

11 금궤석실(金匱石室): 고대에 국가의 중요문서를 보관하던 서고이다.
12 이릉(李陵)의 화: 사마천이 흉노에게 항복한 이릉을 변호하다 당한 재앙을 가리킨다.
13 『임천문집(臨川文集)』 권4 「사마천(司馬遷)」.
14 『사기(史記)』 권79 「범저채택열전(范雎蔡澤列傳)」.
15 『사기(史記)』 권100 「계포난포열전(季布欒布列傳)」.

이루었다”[17]라고 했으며, 「화식전貨殖傳」과 「유협전遊俠傳」을 지으면서는 “집안이 가난하여 보석금을 마련하지 못했고 친구와 친척들도 한마디 해주지 않았다”[18]라는 말로 자신의 생각을 기탁했다. 따라서 왕안석의 ‘분노가 풀렸다’는 말은 공허한 말이 아니다.

老杜高自稱許, 有乃祖之風, 上書明皇云 : “臣之述作, 沉鬱頓挫, 揚雄·枚皋可企及也.” 「壯游」詩則自比於崔·魏·班·揚, 又云 : “氣劘屈賈壘, 目短曹劉牆.” 「贈韋左丞」則曰 : “賦料揚雄敵, 詩看子建親.” 甫以詩雄於世, 自比諸人, 誠未爲過. 至竊比稷與契則過矣. 史稱甫好論天下大事, 高而不切, 豈自比稷契而然邪. 至云“上感九廟焚, 下憫萬民瘡, 斯時伏青蒲, 廷爭守御牀”, 其忠藎亦可嘉矣.

두보는 자긍심이 높아 자신이 최고라는 생각을 갖고 있었다. 당 현종에게 올린 글에서 “신의 저술은 깊이와 전환이 자유로워 양웅揚雄과 매고枚皋도 따라잡을 수 있습니다”[19]라고 하고, 「장유壯遊」에서는 자신을 최상崔尙·위계심魏啓心·반고班固·양웅에 견주고 나서 “기개는 굴원과 가의賈誼의 성채를 꺾고, 눈앞에 조식과 유정劉楨의 담장은 낮다[氣劘屈賈壘, 目短曹劉牆]”라고 하고, 「증위좌승贈韋左丞」에서는 “부賦는 양웅의 적수일 테고, 시는 자건(子建 : 조식)과 가까울 것이다[賦料揚雄敵, 詩看子建親]”라고 했다. 두보는 시에 있어서 세상에 으뜸이었으므로 스스로를 여러 인물들과 견준 것은 정말 지나치지 않지만, 후직后稷과 설契[20]

---

16 『사기(史記)』 권76 「평원군우경열전(平原君虞卿列傳)」.

17 『사기(史記)』 권66 「오자서열전(伍子胥列傳)」.

18 『전한서(前漢書)』 권62 「사마천전(司馬遷傳)」.

19 『두시상주(杜詩詳註)』 권24 「진조부표(進鵰賦表)」.

20 후직(后稷)과 설(契) : 순(舜)임금 때 농업을 담당한 후직과, 사도(司徒)의 직책을 관장한 설(契)을 가리킨다. 명신(名臣)·현신(賢臣)을 비유하는 말이기도 하다.

의 인품에까지 비유하려 든 것은 지나치다. 역사서에서 두보가 천하대사를 논하기 좋아하여 고상하지만 절실하지 않다고 했는데, 혹시 자신을 후직과 설에 견주려 한 데서 비롯된 것이 아닐까. 하지만 "위로는 아홉 사당[21]이 불탄 것이 슬프고, 아래로는 만백성이 아픈 것이 안타깝다. 이때 청포青蒲에 엎드려,[22] 힘써 간언하며 어상御床을 지켰다[上感九廟焚, 下憫萬民瘡, 斯時伏青蒲, 廷爭守御牀]"[23]라고 한 것을 보면 그 충성이 또한 가상하다.

『文選』載王粲「公讌」詩, 注云: "此侍曹操宴也." 操未爲天子, 故云公讌耳. 操以建安十八年春, 受魏公九錫之命, 公知衆情未順, 終其身不敢稱尊. 而粲詩已有"願我賢主人, 與天享巍巍"之語, 則粲豈復有心於漢邪. 粲嘗說劉表之子琮曰: "曹公人傑也, 將軍卷甲倒戈以歸曹公, 長享福祚, 萬全之策也." 厥後操以粲爲軍謀祭酒, 則以腹心委之矣.

『문선』에 왕찬의 「공연公讌」이 실려 있는데 그 주석에서 "이것은 조조를 모시고 베푼 연회이다"라고 했다. 조조가 아직 천자가 아니었으므로 '공연'이라 말한 것이다. 조조는 건안建安 18년(213) 봄에 위공魏公에 책봉되고 구석九錫[24]을 하사받았는데 사람들이 별로 탐탁하게 여기지 않는 걸 알고 평생 동안 감히 존호를 칭하지 못했다. 왕찬은 그 시에서 이미 "원컨대 우리 훌륭하신 주인께서, 하늘과 더불어 위대함을 누

21 아홉 사당: 천자의 종묘로, 황제의 지위를 지칭하는 것으로 사용된다.

22 청포(青蒲)에 엎드려: 원문은 '복포(伏蒲)'로, 임금의 잘못을 간언하기 위해 신하가 청포(青蒲) 자리에 엎드리는 행위를 가리킨다.

23 『두시상주(杜詩詳註)』 권16 「장유(壯遊)」.

24 구석(九錫): 천자가 공이 큰 제후에게 내려 주는 아홉 가지 물품으로 거마(車馬)·의복(衣服)·악측(樂則)·주호(朱戶)·납폐(納陛)·호분(虎賁)·궁시(弓矢)·부월(鈇鉞)·거창(秬鬯)이다.

리시어라[願我賢主人, 與天享巍巍]"[25]라고 했으니, 어찌 다시 한나라에 마음이 있었겠는가. 왕찬은 일찍이 유표劉表의 아들 유종劉琮에게 "조공曹公은 인걸이니 장군이 갑옷을 접고 창을 거꾸로 들어 조공에게 귀의한다면 길이 복을 누릴 만전의 계책이 될 것이다"라고 했으며 그 뒤에 조조는 그를 군모좨주軍謀祭酒로 임명해 복심으로 삼았다.

陸希聲隱居宜興君陽山, 今金沙寺, 其故宅也. 自著「君陽山記」, 敍其景物亭館如輞川, 尙可得其髣髴. 初, 僧䛒光從希聲受筆法, 繼以善書得幸於昭宗. 希聲祈使援己, 以詩寄之云 : "筆下龍蛇似有神, 天池雷雨變逡巡. 寄言昔日不龜手, 應念江湖洴澼人." 遂得召, 隱操蓋不足觀也. 嘗著『易傳』十卷. 觀其自序, 以謂 : "夢在大河之陽, 有三人偃臥東首, 上伏羲, 中文王, 下孔子, 下以『易』道畀余, 遂悟八卦小成之位, 質以象數有符契." 且云 : "今年四十有七, 已及聖人之年, 於是作『易傳』以授門人崔徹·王贊之徒, 復自爲注." 今觀其書無可取者, 而怪誕如此, 其人亦可知. 後避難死於道路, 蓋不能終君陽之居也.

육희성陸希聲은 의흥宜興 군양산君陽山에 은거했는데 지금의 금사사金沙寺가 그의 고택 자리이다. 「군양산기君陽山記」을 직접 지어 풍광과 정자와 가옥이 망천(輞川 : 왕유의 별장)과 같다고 서술했으니 유사한 모습을 얻었다 할 만하다. 애초에 승려 증광䛒光이 육희성으로부터 글씨를 배웠는데 훗날 글씨를 잘 쓴다는 이유로 소종昭宗의 총애를 받았다. 육희성이 자신을 이끌어주길 바라며 지어 보낸 시에서 "붓 끝의 용과 뱀은 신이 담긴 듯하여, 천지天池의 우레와 비가 변화를 일으키며 꿈틀댄다. 지난날 불균수不龜手[26]에게 말하노니, 응당 강호의 병벽인洴澼人[27]을

25 소통(蕭統) 편, 이선(李善) 주, 『문선(文選)』 권20, 왕찬(王粲), 「공연시일수(公讌詩一首)【오언(五言)】」.

생각하리라[筆下龍蛇似有神, 天池雷雨變逡巡. 寄言昔日不龜手, 應念江湖洴澼人]"[28]라고 하여 결국 부름을 받았으니 은거의 지조는 볼만한 것이 없었다. 일찍이 『역전易傳』 10권을 지었는데 그 자서를 보면 "어느 날 꿈에 대하大河 남쪽에 있는데 세 사람이 동쪽으로 머리를 두고 누워 있었으니 위에는 복희伏羲, 가운데는 문왕文王, 아래에는 공자였다. 아래에 있는 분이 『역』의 원리를 내게 가르쳐주어 마침내 팔괘八卦 소성小成의 위치[29]를 깨닫고 상수象數에 대해 논하며 견해가 서로 일치했다"라고 했다. 그리고 또 "지금 내 나이가 사십칠 세로, 이미 성인聖人의 나이가 되었다. 그래서 『역전』을 지어 문인 최철崔徹·왕찬王贊 등에게 전수하고 다시 주석을 만들었다"라고 했다. 지금 그 책을 보면 취할 만한 것이 없는데, 이처럼 기괴하고 허튼 것을 보면 그 사람 됨됨이를 알 수 있다. 후에 혼란을 피하다 길 위에서 죽었으니 군양산君陽山에서의 은거 생활을 끝마치지 못한 것이다.

荊公作「商鞅」詩云 : "今人未可非商鞅, 商鞅能令政必行." 余竊疑焉. 孔子論爲君難, 有曰 : "如其善而莫予違也, 不亦善乎. 如不善而莫予違也, 不幾乎一言而喪邦乎." 蓋人君操生殺之權, 志在使人無違於我, 其何所不至哉. 商鞅助秦爲虐, 而乃稱其使政必行何邪? 後又有「謝安」詩

26 불균수(不龜手) : 손이 얼어 거북 등처럼 갈라터지지 않게 하는 사람을 말한다. "송나라 사람 중에 손이 거북 등처럼 갈라터지지 않게 하는 약을 잘 만드는 이가 있었다.[宋人有善爲不龜手之藥者.]" 『장자(莊子)』 「소요유(逍遙遊)」.

27 병벽인(洴澼人) : 세탁업에 종사하는 사람을 말한다. 『장자(莊子)』 「소요유(逍遙遊)」에, 송나라에 손을 트지 않게 하는 약을 잘 만드는 사람이 있었는데, 어떤 사람이 백 금을 주고 그 약방문을 사서 오왕(吳王)에게 권유했고, 이를 계기로 오나라 장군이 된 뒤 월나라와의 수전(水戰)에서 승리하여 봉토를 하사받았다는 고사가 전한다.

28 진사(陳思), 『서원청화(書苑菁華)』 권17, 장우(張祐), 「서가(書歌) 기변광상인(寄罾光上人)」.

29 팔괘(八卦) …… 위치 : 주역의 기본 원리로서, 건(乾 : ☰), 태(兌 : ☱), 이(離 : ☲), 진(震 : ☳), 손(巽 : ☴), 감(坎 : ☵), 간(艮 : ☶), 곤(坤 : ☷)을 가리킨다. 팔괘를 다시 조합하여 육십사괘가 만들어진다.

云 : "謝公才業自超羣, 誤長清談助世紛. 秦晉區區等亡國, 可能王衍勝商君." 則知前篇有激而云也. 杜子美云 : "舜擧十六相, 身尊道何高. 秦時用商鞅, 法令如牛毛." 則知所去取矣.

왕안석이 지은 「상앙商鞅」에서 "지금 사람들은 상앙을 비판해서는 안 되니, 상앙은 정책을 반드시 시행하도록 했다[今人未可非商鞅, 商鞅能令政必行]"라고 한 데에 대해 나는 적이 의심했다. 공자가 임금 노릇하기가 어려운 것에 대해 논하며 "만일 선을 앞세우고 나를 어기지 말라고 한다면 또한 훌륭하지 않겠는가. 그런데 불선을 앞세우고 나를 어기지 말라고 한다면 '말 한 마디로 나라를 잃는 것'에 가깝지 않겠는가"라고 했다. 생사여탈권을 갖고 있는 임금이 '사람들이 내 뜻을 어기지 말았으면 하는 데'에 관심을 기울이고 있다면 뭐든 못할 것이 있겠는가. 상앙은 진나라를 도와 학정을 일삼았는데, 정책이 반드시 시행되게 했다고 일컬은 것은 왜일까? 그 뒤에 지은 「사안謝安」에서는 "사공謝公의 재능과 업적은 빼어나나, 청담淸談을 잘못 조장하여 세상의 분란을 도왔다. 볼품없는 진秦과 진晉은 나라 망한 것은 같으나, 왕연王衍[30]이 상군(商君 : 상앙)보다는 앞설 것이다[謝公才業自超羣, 誤長淸談助世紛. 秦晉區區等亡國, 可能王衍勝商君]"라고 했으니, 앞의 작품은 특별한 동기로 인해 그렇게 말한 것임을 알 수 있다. 두보는 "순舜이 열여섯의 인재를 등용하여,[31] 지위가 높고 도도 얼마나 높았던가. 진나라는 상앙을 등용하여, 법령이 소털처럼 많았다[舜擧十六相, 身尊道何高. 秦時用商鞅, 法令如牛毛]"[32]라고 했으니, 버려야 할 것과 취해야 할 것을 안 것이다.

---

30 왕연(王衍) : 서진(西晉)의 재상으로, 청담을 일삼다가 흉노에게 나라를 빼앗기도록 했으며, 자신도 석늑(石勒)에게 죽음을 당한 인물이다.

31 순(舜)이 …… 등용하여 : 순이 요제(堯帝)를 이어 제위에 오른 뒤 열여섯 국가의 인재를 등용한 것을 가리킨다.

32 『두시상주(杜詩詳註)』 권12 「술고삼수(述古三首)」 제2수.

謝靈運在永嘉臨川，作山水詩甚多，往往皆佳句. 然其人浮躁不羈，亦何足道哉. 方景平天子踐祚，靈運已扇搖異同，非毁執政矣. 及文帝召爲秘書監，自以名輩應參時政，而王曇首・王華等名位踰之，意旣不平，多稱疾不朝，則無君之心已見於此時矣. 後以游放無度，爲有司所糾，朝廷遣使收之，而靈運有"韓亡子房奮，秦帝魯連恥"之詠，竟不免東市之戮. 而白樂天乃謂"謝公才廓落，與世不相遇. 壯志鬱不用，須有所洩處. 洩爲山水詩，逸韻諧奇趣"何也? 武帝文帝兩朝遇之甚厚，內而卿監，外而二千石，亦不爲不逢矣，豈可謂與世不相遇乎? 少須之，安知不至黃散，而褊躁至是，惜哉. 其作「登石門」詩云："心契九秋幹，目翫三春荑. 居常以待終，處順故安排." 不知桃墟之洩，能處順乎，五年之禍，能待終邪? 亦可謂心語相違矣.

사령운이 영가永嘉와 임천臨川에 있을 때 지은 산수시가 매우 많은데 내용이 대부분 훌륭하다. 하지만 그 인품은 가볍고 조급하며 규율을 지키지 않았으니 어찌 거론할 것이 있겠는가. 경평(景平 : 남조 송의 황제 유의부劉義符)이 천자의 자리에 오를 때, 사령운은 벌써 편 가르기를 선동하여 집권층을 비난하고 헐뜯었다. 문제文帝가 불러 비서감秘書監으로 삼을 때는 명망 있는 사람으로서 응당 정치에 참여해야 한다고 여겼지만, 왕담수王曇首・왕화王華 등이 자기보다 지위가 높자 불만을 품은 채 병이라 핑계대고 조정에 나오지 않았다. 이는 임금을 무시하는 마음이 이미 드러난 것이다. 나중에는 제멋대로 놀다가 담당관에게 탄핵을 받았고 조정에서 사람을 보내 구속하려고 하자 "한나라가 망하자 자방(子房 : 장량)이 분발하고,[33] 진秦이 황제 되는 것을 노중련魯仲連이 부끄러워했다[韓亡子房奮, 秦帝魯連恥]"[34][35]는 시구를 남겨, 결국 동시東市

[33] 한(韓)나라가 …… 분발하고 : 장량의 선조가 오세(五世)에 걸쳐 한(韓)나라에서 정승을 지냈는데 한이 진(秦)에 멸망되자, 이에 분노한 장량이 창해역사(滄海力士)를 시켜 박랑사(博浪沙)에서 진시황을 철퇴로 저격케 한 이야기가 전한다.

에서 죽는 것을 면치 못했다. 그런데 백거이가 "사공은 넓고 깊은 재능을 가졌으나, 세상과 어울리지 못했다. 장대한 뜻이 쓰이지 못하는 걸 우울해 했으니 반드시 펼칠 곳이 있어야 했다. 펼쳐서 산수시를 지었으니, 빼어난 운치는 기묘한 이미지와 잘 어울렸다(謝公才廓落, 與世不相遇. 壯志鬱不用, 須有所洩處. 洩爲山水詩, 逸韻諧奇趣)"[36]라고 한 것은 왜일까? 무제와 문제 두 조정에서 매우 후하게 대접하여, 안으로는 경감卿監을 역임하고 밖으로는 이천 석二千石을 가졌으니 시대를 못 만났다고 할 수 없는데도 어찌하여 세상과 어울리지 못했다고 한 것인가? 조금만 기다리면 황문시랑黃門侍郎과 산기상시散騎常侍를 차지했을지도 모르는데, 조급함이 그러했으니 애석한 일이다. 그가 「등석문登石門」에서 "마음은 구추九秋의 줄기와 부합되고, 눈은 삼춘三春의 싹을 구경한다. 일상의 삶으로 생의 마감을 기다리고, 순응 속에서 삶을 안배한다(心契九秋幹, 目翫三春荑. 居常以待終, 處順故安排)"라고 했는데 도허촌桃墟村의 누설[37]이 순응한 삶을 산 것이며 5년의 재앙[38]이 생의 마감을 기다린 것이라 할 수 있겠는가. 마음과 말이 서로 맞지 않는다고 할 수 있다.

揚雄之迹, 曲諂新室, 議之者衆矣, 此置而不論. 雄之心如何哉?

---

34 진(秦)이 …… 부끄러워했다 : 전국시대 제(齊)나라의 고사(高士)인 노중련이 '진나라가 천하를 지배하여 황제 노릇을 한다면 동해에 뛰어들어 죽고 말겠다'고 한 고사가 전한다.

35 장부(張溥) 집(輯), 『한위육조백삼가집(漢魏六朝百三家集)』 권66 「송사령운집(宋謝靈運集) 자서(自叙)」.

36 『백씨장경집(白氏長慶集)』 권7 「독사령운시(讀謝靈運詩)」.

37 도허촌(桃墟村)의 누설 : 도허촌에서 속닥거리는 일곱 명을 관군이 체포·심문하여, 사령운이 그들과 모종의 반란을 꾀했다는 내용을 확인한 사건을 가리킨다.

38 5년의 재앙 : 어떤 사건을 지칭하는 것이 확실하지 않지만 다음의 내용이 전함을 상기하고자 한다. 원가(元嘉) 5년(428)에 사령운이 파직을 당하고 고향 동산(東山)으로 돌아왔는데, 공공재인 그곳 회종호(回踵湖) 등을 자신의 것으로 활용하는 문제로 담당지방관인 회계태수(會稽太守) 맹의(孟顗)와 심각한 갈등을 빚어, 결국 맹의로부터 사령운이 반란을 꾀한다는 내용의 고발을 당한 일이 있다.

觀『法言』之書, 似未明乎大道之指也. 王荊公乃深許之, 何邪? 詩云: "寥寥鄒魯後, 於此歸先覺." 又云: "儒者陵夷此道窮, 千秋止有一揚雄." 又云: "道眞沈溺九流渾, 獨泝頹波討得源." 又云: "揚雄平生人莫知, 知者乃獨稱其辭." 今尊子雲者皆是, 得子雲心亦無幾, 是以聖人許雄也. 東坡謂雄以艱深之辭, 文淺易之說, 與公矛盾矣.

양웅揚雄이 신(新: 왕망王莽) 왕조에 몸을 굽히고 아첨한 행적에 대해 논란을 벌인 이들이 많은데, 이것은 우선 논외로 치겠다. 실제 양웅의 마음은 어떠했을까? 『법언法言』의 내용을 보면 대도大道의 본지에 밝지 못했던 것 같다. 그런데 왕안석이 그를 매우 높이 평가한 것은 왜일까? 왕안석은 시에서 "아득한 추·노(鄒魯: 맹자와 공자) 뒤에, 선각자가 여기에 귀결된다[寥寥鄒魯後, 於此歸先覺]"[39]라고 하고 "유자儒者가 사라지며 이 도가 곤궁에 처했을 때, 천추에 양웅 한 사람만 있었다[儒者陵夷此道窮, 千秋止有一揚雄]"[40]라고 하고, "진리가 함몰하여 구류九流[41]가 뒤섞여 있을 때, 홀로 기울어진 물줄기를 거슬러 본원을 찾았다[道眞沉溺九流渾, 獨泝頹波討得源]"[42]라고 하고, "양웅의 일생을 아는 사람 없나니, 아는 사람은 홀로 그 글을 일컫는다[揚雄平生人莫知, 知者乃獨稱其辭]"[43]라고 했다. 지금 자운(子雲: 양웅의 자字)을 높이는 이들의 태도도 모두 이와 같지만 양웅의 마음을 간파한 사람은 많지 않기에 양웅을 성인으로 추대하고 있는 것이다. 소식은 양웅이 난해하고 심오한 표현으로 친근하고 평이한 내용을 수식했다 했으니 이는 왕안석과 모순된다.

---

39 『임천문집(臨川文集)』 권9 「양웅이수(揚雄二首)」 제1수.

40 『임천문집(臨川文集)』 권32 「양자이수(揚子二首)」 제1수.

41 구류(九流): 한대(漢代)의 아홉 학파를 이르는 말로, 유가(儒家)·도가(道家)·음양가(陰陽家)·법가(法家)·명가(名家)·묵가(墨家)·종횡가(縱橫家)·잡가(雜家)·농가(農家)이다.

42 『임천문집(臨川文集)』 권32 「양자이수(揚子二首)」 제2수.

43 『임천문집(臨川文集)』 권9 「양웅이수(揚雄二首)」 제2수.

宋彭城王義康忌檀道濟之功，會文帝疾動，乃矯詔送廷尉誅之．故時人歌云："可憐「白浮鳩」，枉殺檀江州．" 當時人痛之蓋如此．奈何王綱下移，主威莫立，洎魏軍至瓜步，帝方登石頭以思之，又何補哉．劉夢得嘗過其墓而悲之曰："萬里長城壞，荒雲野草秋．秣陵多士女，猶唱「白浮鳩」．" 蓋傷痛之深，雖歷三百年而猶不泯也．

송나라 팽성왕彭城王 유의강劉義康이 단도제檀道濟의 공로를 시기했는데, 마침 문제가 발병한 틈을 타 거짓 조서로 정위廷尉를 내려 보내 살해했다. 그래서 당시 사람들이 "가련쿠나 백부구白浮鳩[44]여, 단강주(檀江州 : 단도제)를 잘못 죽였네[可憐白浮鳩, 枉殺檀江州]"라고 노래했으니 그의 죽음을 매우 애통해한 것이다. 어찌하여 왕의 기강이 무너지고 군주의 위엄이 서지 않아, 위魏나라 군사가 과보瓜步에까지 이르게 되자 문제는 석두성石頭城에 올라가 그를 그리워했다.[45] 하지만 그런들 또 무슨 도움이 되었겠는가. 유우석이 일찍이 그의 무덤을 찾아가 애도하기를 "만리장성이 무너지고, 쓸쓸한 가을 거친 구름에 들풀만 무성하다. 말릉(秣陵 : 남경)의 사내와 여인들이, 아직도 「백부구」를 부른다[萬里長城壞, 荒雲野草秋. 秣陵多士女, 猶唱「白浮鳩」]"[46]라고 했으니 그에 대한 슬픔이 깊어 삼백 년이 지나서도 여전히 사라지지 않은 것이다.

馬少游常哀兄援多大志，曰："士生一世，但取衣食裁足，乘下澤車，

44 백부구(白浮鳩) : 백색의 갈매기. 단도제가 피살되는 날 도성 건강(建康)에 지진이 일고 뒤이어 수많은 흰 풀이 나, 이것을 백부구(白浮鳩)라 표현한 것이다.

45 위(魏)나라 …… 그리워했다 : 원가(元嘉) 27년(450)에 송 문제(宋文帝)가 다시 북벌에 나섰으나 여러 차례 패배를 당해 결국 위나라 군사가 과보에까지 밀고 내려와 장강(長江)에서 말에 물을 먹이려고 했다. 강 건너 강적을 바라보던 문제는 그때서야 단도제를 그리며 "단도제가 살아있었다면 오랑캐 말이 어찌 이곳까지 올 수 있었겠느냐"고 탄식했다 한다.

46 『유빈객문집(劉賓客文集)』 권21 「경단도제고루(經檀道濟故壘)」.

御款段馬, 鄕里稱善人, 斯可矣. 致求贏餘, 但自苦爾.” 故援在浪泊西里, 當下潦上霧, 毒氣薰蒸, 仰視飛鳶跕跕墮水中之時, 輒思其言, 以謂念少游語, 何可得也. 洎武陵五溪蠻作亂, 劉尙軍沒, 而援貪進不止, 方且據鞍矍鑠, 被甲請行, 遂底壺頭之困. 劉夢得「經伏波神祠」詩, 有“一以功名累, 翻思馬少游”之句, 可謂名言矣. 壺頭在武陵, 當是夢得爲司馬時經歷. 故篇首言“蒙蒙篁竹下, 有路上壺頭.”

마소유馬少游는 언제나 형 마원馬援이 큰 뜻을 품고 있는 것을 안타깝게 여기며 “사내는 세상에 태어나 입을 것과 먹을 것이 넉넉하여, 하택거下澤車[47]에다 관단마款段馬[48]를 이끌고 다녀, 고을 사람들로부터 착한 사람이란 말을 들으면 될 일이다. 그 이상의 잉여를 구한다는 것은 스스로 고단한 노릇이다”라고 했다. 그래서 마원은 낭박浪泊과 서리西里에서, 큰 비가 내리고 안개가 피어오르며 독기가 가득할 때 날아가는 제비가 물속으로 떨어지는 모습을 바라보다가 문득 그 말을 떠올리고는 “소유의 말이 떠오르지만 그것이 어떻게 가능하겠는가”라고 했다. 무릉武陵지역 오계五溪의 호족이 난을 일으켜 유상劉尙의 군사가 몰살당했는데도 마원은 끊임없이 전진을 탐했다. 안장을 걸치고 갑옷을 입은 채 기세 좋게 전진을 요청하다 결국 호두壺頭의 곤란[49]을 당하고 말았다. 유우석이 「경복파신사經伏波神祠」에서 “줄곧 공명에만 얽매였으니, 마소유를 돌아보게 된다[一以功名累, 翻思馬少游]”라고 한 구절은 명언이라 할 만하다. 호두는 무릉에 있는데 유우석이 사마司馬였을 때 찾아갔

47 하택거(下澤車) : 늪지대를 다니기에 알맞은 바퀴통이 짧은 수레로, 소박한 수레를 의미한다.

48 관단마(款段馬) : 걸음이 느리고 조그마한 말이다.

49 호두(壺頭)의 곤란 : 호두는 중국 교지(交趾) 지방에 있는 산 이름. 한 무제(漢武帝) 때 마원(馬援)이 군사를 거느리고 교지를 공격하러 가다가 이곳에서 혹독한 무더위를 만나 곤란을 겪었다. 이후 각종 전투에서 승리하여 복파장군(伏波將軍)이 되고 신식후에 봉해지는 등 죽을 때까지 영화를 누렸다 전한다. 『후한서(後漢書)』 권24 「마원열전(馬援列傳)」.

을 것이다. 그래서 시 첫머리에서 "가득한 대숲 아래, 호두로 올라가는 길이 있다[蒙蒙篁竹下, 有路上壺頭]"[50]라고 한 것이다.

"西伯將出獵, 卜之曰: '所獲非龍非彲, 非虎非羆, 所獲霸王之輔.' 於是果遇太公于渭之陽, 載與俱歸." 此司馬遷之說也. "文王至磻溪, 見呂尙釣, 釣得玉璜, 刻曰: '姬受命, 呂佐檢, 德合於今昌來提.'" 此『尙書大傳』之說也. "太公釣於滋泉, 文王得而王." 此呂不韋之說也. "呂望年七十, 釣于渭渚, 初下得鮒, 次得鯉, 刳腹得書, 書文曰: '呂望封於齊.'" 此劉向之說也. "太公避紂, 居東海之濱, 聞文王作, 興曰: '盍歸乎來.' 由文王至於孔子, 五百有餘歲, 若太公望則見而知之." 此孟子之說也. 是數說者, 皆言天產英輔以興周, 蓋非碌碌佐命者之可擬也. 而司馬遷乃摭或者之論, 謂西伯拘羑里, 散宜生·閎夭招呂尙求美女奇物, 獻於紂而贖西伯. 西伯旣脫, 三人又陰謀修德以傾商政. 此豈所以待太公哉. 歐陽詹云: "論兵去商虐, 講德興周道. 屠沽未遇時, 何異斯州老." 余比赴官宜春, 於壽昌道中, 見壁間題一詩云: "漁翁何事亦從戎, 變化神奇抵掌中. 莫道直鉤無所取, 渭川一釣得三公." 一以爲傾商政, 一以爲釣三公, 皆非知聖賢者.

"서백(西伯: 주 문왕周文王)이 사냥을 나가기에 앞서 점을 치자, '획득한 것은 용도 아니고 이무기도 아니고 호랑이도 아니고 곰도 아니며, 패왕霸王을 보좌할 사람이다'라고 했는데 정말 위수渭水 남쪽에서 태공을 만나 수레에 싣고 함께 돌아왔다" 이것은 사마천司馬遷의 설이다. "문왕이 반계磻溪에 이르러 낚시질 하는 여상呂尙을 보았는데, 낚시에 걸려 올라온 옥황(玉璜: 패옥)에 '희(姬: 문왕)가 천명을 받고 여(呂 : 여상呂尙 — 태

50 『유빈객문집(劉賓客文集)』 권22 「경복파신사(經伏波神祠)」.

공)가 보좌하리니 지금 창(昌 : 문왕의 이름)이 와서 거느리는 데 적합하리라'라고 쓰여 있었다." 이것은 『상서대전尙書大傳』의 설이다. "태공이 자천滋泉에서 낚시하고 있는데, 문왕이 그를 얻어 왕이 되었다." 이것은 여불위呂不韋의 설이다. "여망(呂望 : 여상의 이명)이 나이 일흔에 위수에서 낚시질을 하는데, 처음에는 붕어를 낚고 다음에는 잉어를 낚았다. 잉어의 배를 갈라보니 글이 나왔고 내용은 '여망이 제齊에 책봉된다'였다." 이것은 유향劉向의 설이다. "태공이 주왕紂王을 피해 동해 쪽에 살고 있다가 문왕이 나왔다는 말을 듣고 몸을 일으켜 '어찌 돌아가지 않으랴'라고 했다", "문왕으로부터 공자에 이르기까지가 오백여 년 남짓되니 태공망 같은 분은 성인의 도를 보고서 알았다." 이것은 맹자의 설이다. 이들 설은 모두 하늘이 훌륭한 보좌를 내려 주나라를 도운 것을 거론한 것으로, 여느 보좌가 아무렇게나 견줄 수 있는 것이 아니다. 그런데 사마천이 혹자의 설을 인용하여 "서백西伯이 유리옥羑里獄에 갇혀 있을 때 산의생散宜生과 굉요閎夭가 여상을 불러 미녀와 진귀한 보물을 구하여 주왕에게 바친 뒤 서백을 구하게 했다. 그래서 서백이 옥에서 벗어나자 세 사람이 다시 남몰래 도모하고 덕을 닦아 상商나라를 기울게 했다"라고 했는데 이것이 어찌 태공에 대한 바른 대접이라 하겠는가. 구양첨歐陽詹이 "병사를 논할 때는 상나라의 학정을 제거하고, 덕을 강론할 때는 주나라의 도를 일으켰다. 백정이 때를 만나기 전에는, 고을 노인과 무엇이 다르겠는가[論兵去商虐, 講德興周道. 屠沽未遇時, 何異斯州老]"[51]라고 했고, 내가 근래 의춘宜春으로 부임해 갈 때, 수창壽昌의 길에서 벽 위에 쓰인 시 한 수에서는 "어부는 어찌하여 군사를 뒤따랐나, 변화무쌍 신비함이 손바닥 위에 놓였네. 곧은 낚시에 취할 것이 없다 하지 말라, 위천渭川의 한 번 낚시로 삼공三公을 낚았네[漁翁何事亦從戎, 變化神奇抵掌中. 莫道直鉤無所取, 渭川一釣得三公]"라고 했다. 한쪽에서는 상

51 『구양행주문집(歐陽行周文集)』 권3 「독주태공전(讀周太公傳)」.

나라의 정치를 기울게 했다고 하고 또 한쪽에서는 삼공을 낚았다고 했으니 이들은 모두 성현을 알지 못한다.

唐淄青李師道, 倚蔡爲重, 稱兵不軌, 洎蔡平, 師道乃始震悸. 憲宗命削其官, 詔諸軍進討, 於是六節度之兵興矣. 故劉夢得嘗爲「天齊行」二篇, 以快李師道之死. 夫師道猖獗狂悖, 反噬其主, 人怨神怒, 豈能居覆載之中乎. 故夢得云: "牙門大將有劉生, 夜半射落欃槍星." 又云: "泰山沉寇六十年, 旅祭不饗生愁煙. 今逢聖君欲封禪, 神使陰兵來助戰." 夫劉悟, 本軍之將也, 方爲師道屯陽穀以當魏將, 迺倒戈以攻其主. 泰山, 本土之神也, 宜神其地, 而乃以陰兵助敵. 則人怨神怒可知矣. 將叛其君, 神叛其主, 豈非以此始者以此終乎. 天之所報速矣.

당나라 치청절도사淄青節度使 이사도가 요충지인 채주蔡州를 등에 업고 반란을 일으켰다가 채주가 평정되자 비로소 벌벌 떨었다. 헌종이 그의 관직을 삭탈할 것을 명하고 제군諸軍에 조칙을 내려 그를 치게 하여 여섯 절도사의 병사가 동원됐다. 그래서 유우석이 일찍이 「천제행天齊行」 2편을 지어 이사도의 죽음을 상쾌해했다. 제멋대로 날뛰고 거역을 일삼은 이사도가 주인을 되물어 사람들이 원망하고 신이 노하였는데 어떻게 하늘과 땅 사이에 머무를 수 있었겠는가. 그래서 유우석이 "아문牙門[52]의 대장에 유생(劉生 : 유오劉悟)이 있었으니, 한밤 참창성欃槍星[53]을 쏘아 떨어뜨렸네[牙門大將有劉生, 夜半射落欃槍星]"[54]라고 하고, 또 "태산泰山이 육십 년 동안 외구에게 침몰돼, 여제旅祭[55]가 거행되지

52 아문(牙門) : 주장(主將)의 막사 앞에 설치한 군문인데, 군사나 무장에 대한 대칭으로도 쓰인다.

53 참창성(欃槍星) : 혜성(彗星)의 일종으로 병란(兵亂)의 발발을 상징한다고 여겨진다.

54 『유빈객문집(劉賓客文集)』 권25 「평제행이수(平齊行二首)」 제1수.

55 여제(旅祭) : 천자의 제사를 말한다. 『논어(論語)』 「팔일(八佾)」에, 천자도 아닌 계씨가

않아 수심의 연기가 자욱했다. 지금 성군을 만나 봉선封禪을 행하고자 하자, 신이 남모르는 병사로 싸움을 돕게 했다[泰山沉寇六十年, 旅祭不饗生愁煙. 今逢聖君欲封禪, 神使陰兵來助戰]"[56]라고 했다. 유오劉悟는 본군本軍의 장수로서 이사도를 위해 양곡陽穀에 주둔하여 위魏나라 장수와 맞서다가 갑자기 창을 거꾸로 쥐고 그 주군(이사도)을 공격했다. 태산은 본토의 신으로서 의당 그 지역 사람에게 신의 영험함을 펼쳐야 하지만, 남모르는 병사로 적과의 싸움을 도왔으니 사람의 원망과 신의 노여움을 알 수 있다. 장수가 군주를 배신하고 신이 자기편을 떠났으니 이것으로 시작한 사람은 이것으로 끝난다는 것이 바로 이와 같지 않겠는가. 하늘의 상응하는 보답이 신속한 것이다.

唐明皇時, 陳希烈爲左相, 李林甫爲右相, 高適各有詩上之, 以陳爲吉甫・子房, 以李爲傅說・蕭何, 其比擬不倫如是. 上陳詩云 : "天地莊生馬, 江湖范蠡舟. 逍遙堪自樂, 浩蕩信無憂." 則無意於依陳. 上李詩云 : "莫以才難用, 終期善易聽. 未爲門下客, 徒謝少微星." 則有意於干李. 按希烈傳, 林甫顓朝, 以希烈柔易, 乃薦之共政, 則權在林甫而不在希烈, 故適不依陳而干李也.

당 현종 때 진희열陳希烈이 좌상左相이고 이림보가 우상右相이었는데, 고적高適이 각기 시를 지어 바치면서 진희열을 윤길보尹吉甫와 장량에 비유하고 이림보를 부열傅說과 소하에 비유했으니 그 비유가 참 합당치 않았다. 진희열에게 바친 시에서 "하늘과 땅은 장생莊生의 말이요,[57]

여제를 지내는 것을 비판한 공자의 말이 전한다. "계씨가 태산에서 여제를 지내자 공자가 염유에게 '네가 바로잡을 수 있겠느냐'라고 하니, 염유가 '불가능합니다'라고 답했다. 이에 공자가, '아, 태산이 임방만 못하다고 여기는 것인가'라고 했다[季氏旅於泰山, 子謂冉有曰 : '女不能救與?' 對曰 : '不能.' 子曰 : '嗚乎, 曾謂泰山不如林放乎.']"

56 『유빈객문집(劉賓客文集)』 권25 「평제행이수(平齊行二首)」 제2수.

강호는 범려范蠡의 배라네.[58] 한가로이 노닐며 스스로 즐겁고, 허허로워 참으로 걱정이 없네[天地莊生馬, 江湖范蠡舟. 逍遙堪自樂, 浩蕩信無憂]"[59] 라고 한 것은 진희열에게 의지할 뜻이 없다는 것이고, 이림보에게 바친 시에서 "쓰기 어려운 대단한 인재가 아니어서, 잘 받아주길 기대한다오. 문하객이 되지 못해, 한낱 소미성少微星[60]에 사례를 표하오[莫以才難用, 終期善易聽. 未爲門下客, 徒謝少微星]"[61]라고 한 것은 이림보에게 뜻이 있다는 것이다. 진희열의 전기에서, 이림보가 조정에서 정권을 잡을 때 유연하고 평이하다고 진희열을 추천하여 권력을 나눴다고 한 것을 보면, 원래 권력이 이림보에게 있고 진희열에게 있지 않았던 것이다. 따라서 고적은 진희열에게 기대지 않고 이림보에게 기댄 것이다.

余觀漁父告屈原之語曰 : "聖人不凝滯於物, 而能與世推移." 又云 : "衆人皆濁, 何不淈其泥而揚其波, 衆人皆醉, 何不哺其糟而啜其醨." 此與孔子和而不同之言何異. 使屈原能聽其說, 安時處順, 置得喪於度外, 安知不在聖賢之域. 而仕不得志, 狷急褊躁, 甘葬江魚之腹, 知命者肯如是乎. 故班固謂露才揚己, 忿懟沉江. 劉勰謂 : "依彭咸之遺則者, 狷狹之志也." 揚雄謂 : "遇不遇命也, 何必沉身哉." 孟郊云 : "三黜有慍色, 即非賢哲模." 孫郃云 : "道廢固命也, 何事葬江魚." 皆貶之也. 而張文潛獨

57 하늘과 …… 말이요 : 장생은 도가 철학자인 장자이다. 그는 「소요유(逍遙遊)」 등을 통해 드넓은 천지도 한 필 말에 불과하다는 설을 피력했다.

58 강호 …… 배라네 : 범려는 월왕 구천의 책사인데, 구천을 도와 오나라를 격파한 뒤 '공을 이루면 물러난다'는 방침에 따라 오호(五湖)에서 한적한 삶을 영위했다.

59 『어정전당시(御定全唐詩)』 권214, 고적(高適), 「고악부비룡곡류상진좌상(古樂府飛龍曲留上陳左相)」.

60 소미성(少微星) : 태미성(太微星)의 서쪽에 있는 네 개의 별을 지칭하는 것으로, 처사(處士)나 대부(大夫)를 상징한다고 한다. 이 별이 밝게 빛나면 현사(賢士)가 등용되고, 빛을 잃으면 처사나 대신들에게 불길한 일이 생긴다고 한다.

61 『어정전당시(御定全唐詩)』 권214, 고적(高適), 「류상이우상(留上李右相)」.

以謂"楚國茫茫盡醉人, 獨醒惟有一靈均. 哺糟更使同流俗, 漁父由來亦不仁."

어부가 굴원에게 "성인은 사물에 얽매이지 않고, 세상과 흐름을 함께 한다"라고 하고 "뭇 사람들이 모두 혼탁해 있다면 어찌 함께 진흙탕 뒤지고 흙탕물 튀기지 않고, 뭇 사람들이 모두 취해 있다면 어찌 함께 술지게미 먹고 거른 술을 마시지 않는가"라고 했는데 이는 공자의 '함께 어울리되 뜻을 함께 하지 않는다'는 말씀과 무엇이 다른가. 만일 굴원이 그 말을 귀담아 들어 시대를 편하게 받아들이고 순조롭게 대처하여 성공과 실패에 개의치 않았다면 성현의 경지에 들지 못한다고 누가 장담했겠는가. 관직에서 뜻을 펴지 못하자 외골수에 조급함이 더해져 물고기 배 속에 장사지내는 것을 달갑게 여기고 말았으니 천명을 아는 자가 이렇게 할 수 있겠는가. 그래서 반고班固가 '재능을 드러내고 자신을 뽐내려다 분노하여 강물에 몸을 던졌다'라고 한 것이다. 유협劉勰은 "팽함彭咸[62]의 규칙에 따른 것은 앞뒤가 막히고 소견이 좁은 사람의 생각이다"[63] 라고 하고, 양웅은 "시대를 만나고 만나지 못한 것은 운명인데, 어찌 굳이 물속에 몸을 던질 필요가 있겠는가"[64]라고 했다. 맹교가 "세 번 내쫓김을 당할 때 화난 얼굴을 보인 것은, 현자와 철인의 모습이 아니다[三黜有慍色, 卽非賢哲模]"[65]라고 한 것과 손태孫郃가 "도가 망가진 것은 본디 운명인데, 어찌하여 강 물고기에게 장사지낸단 말인가[道廢固命也, 何事葬江魚]"[66]라고 한 것은 모두 그를 폄하한 것이다. 장뢰만 홀로 "초나라는 모두 술 취한 사람들로 들끓었는데, 홀로 깨어있는 영균(靈均 : 굴원)이 있었다. 술지게미 함께 먹고 진흙물 함께 튀겼다면, 어

62 팽함(彭咸) : 은(殷)나라의 지사인데, 뜻을 얻지 못하자 강물에 투신해 자살하였다.

63 『문심조룡(文心雕龍)』 권1 「변소(辯騷)」.

64 『전한서(前漢書)』 권87 상 「양웅전 상(揚雄傳上)」

65 『맹동야시집(孟東野詩集)』 권6 「여차상원유회령균(旅次湘沅有懷靈均)」.

66 요현(姚鉉), 『당문수(唐文粹)』 권18, 손태(孫郃), 「고의이수(古意二首)」 제1수.

부는 훗날 인자가 되지 못했으리라[楚國茫茫盡醉人, 獨醒惟有一靈均. 哺糟更使同流俗, 漁父由來亦不仁]"[67]라고 했다.

67 『가산집(柯山集)』 권23 「굴원(屈原)」.

운어양추韻語陽秋 권9卷九

徐師川詩云 : "楚漢紛爭辯士憂, 東歸那復割鴻溝. 鄭君立義不名籍, 項伯何顏肯姓劉." 謂項伯籍之近族, 乃附劉而背項, 鄭君已爲漢臣, 乃違漢而思楚也. 余嘗論之曰,① 方劉項之勢, 雌雄未決也, 其間豈無容容狡詐之士, 首鼠兩端, 以觀成敗, 而爲身謀者乎, 項伯是也. 其意以謂'項氏得天下, 則吾嘗以宗族從軍, 策畫定計, 豈吾廢哉? 劉氏得天下, 則鴻門之會, 吾嘗舞劍以蔽沛公矣, 廣武之會, 吾嘗勸勿烹太公矣, 劉氏豈吾廢哉?' 高祖之封項伯, 殆以此也. 至鄭君則不然. 事籍, 籍死屬漢, 高祖令諸故楚臣名籍, 鄭君獨不奉詔, 乃盡拜名籍者爲大夫, 而逐鄭君. 觀此則鄭君與項伯賢佞可見. 高祖或逐或封, 皆徇情之好惡, 則知戮丁公者, 一時矯激之爲也.

① '余'字『類編』本作'徐.'

서사천(徐師川 : 서부徐俯)의 시에서 "초와 한이 다툰 일을 평론가들이 걱정하거니와, 동쪽으로 돌아가면 어찌 다시 홍구鴻溝를 분할하겠는가.[1] 정군鄭君은 의리를 내세워 적籍 이름을 받아들이지 않았거늘,[2] 항백項伯은 무슨 낯으로 유씨(劉氏 : 유방)를 수긍한단 말인가[楚漢紛爭辯士憂, 東歸那復割鴻溝. 鄭君立義不名籍, 項伯何顔肯姓劉]"[3]라고 했는데 항백이 항우의 가까운 친척(항우의 숙부)이면서도 항우를 배반하고 유방을 가까이 한 것과, 정군이 한나라의 신하가 되었는데도 한을 거역하고 초를 생각한 것에 대해 거론한 것이다. 나는 이에 대해 일찍이 다음과 같이 논했다. 유방과 항우가 자웅을 나누기 어려운 상황이었을 때, 교활한 생각을 가지고서 앞뒤가 다른 행동을 하고 성패의 추이를 살피며 자신을 위해 도모한 자들이 어찌 없었겠는가. 항백이 바로 그런 자들에 해당한다. 그의 생각은 '항씨가 천하를 얻게 되면 내가 일찍이 종친으로 종군해서 계획을 짜고 결정했는데 어찌 나를 버려두겠는가? 반대로 유씨가 천하를 얻게 되면 홍문鴻門의 연회에서 내가 일찍이 칼춤으로 패공(沛公 : 유방)을 보호하고[4] 광무廣武의 대치에서는 태공(太公 : 유방의 아버지)을 팽형하지 말라고 권유했는데[5] 유씨가 어찌 날 버리겠는가'였다.

---

1 동쪽으로 …… 분할하겠는가 : 초(楚)와 한(漢)의 싸움이 막바지에 이르렀을 무렵, 항우가 유방의 아버지 태공(太公)을 잡아 놓고 위협하며 유방에게 항복을 촉구하자, 유방이 "천하를 둘로 나눠 홍구(鴻溝 : 하남성(河南省)의 강 이름) 서쪽은 한나라 영토로 하고 홍구 동쪽은 초나라 영토로 하자"는 조건을 제시해 양쪽이 합의하였다는 일화가 전하므로, 본문의 이 구절은 막상 항우가 동쪽으로 돌아갔을 때 유방이 그 약속을 지키겠느냐는 말이다.

2 정군(鄭君)은 …… 않았거늘 : 정군이 원래는 항우 휘하의 장수였으나 항우가 죽은 뒤 유방 휘하로 들어갔다. 그런데 유방이 항적의 옛 휘하들에게 모두 적(籍)으로 이름 삼을 것을 명했지만 정군만 홀로 그 말을 듣지 않아 결국 추방을 당해 죽었다.

3 진사(陳思) 편(編), 진세융(陳世隆) 보(補), 『양송명현소집(兩宋名賢小集)』 권114, 서부(徐俯), 『동호거사집(東湖居士集)』, 「영사(詠史)」.

4 홍문(鴻門)의 …… 보호하고 : 홍문(鴻門)의 연회에서, 범증(范增)이 항장(項莊)에게 검무를 추게 하고 틈을 타 유방을 살해하게 했는데 이를 알아챈 항백이 자신도 검무를 추며 유방을 보호했다.

5 광무(廣武)의 …… 권유했는데 : 유방과 항우가 광무에서 서로 대치하고 있을 때, 항우가 사로잡고 있던 유방의 아버지 태공을 도마 위에 올려놓고 "지금 즉시 항복하지 않으면 너의 아비를 삶겠다"는 등 서로 실랑이를 벌였는데 이때 항백이 항우를 만류해 죽이

고조가 항백을 책봉한 것은 이러한 이유 때문이다. 하지만 정군의 경우는 그렇지 않다. 항우를 섬기다가 항우가 죽자 한나라에 소속되었는데, 한 고조가 옛 초나라 신하들에게 이름을 '적'으로 하라 했으나 정군만이 그 명을 받들지 않아, '적'이라 이름한 사람은 모두 대부大夫에 임명하고 그렇지 않은 정군은 축출했다. 이를 통해 살펴보면 정군과 항백 중 누가 현자인지를 확인할 수 있다. 한 고조가 책봉하거나 내쫓은 것이 모두 개인의 호오에 따른 것이었다면 정공丁公을 죽인 것[6]은 일시적인 격정에 의한 것이었음을 알 수 있다.

① '余'는 『시화유편詩話類編』본에 '徐'로 되어 있다.

王儉『七志』曰 : "宋高祖遊張良廟, 並命僚佐賦詩. 謝瞻所賦, 冠於一時", 今載於『文選』者是也. 其曰"鴻門銷薄蝕, 陔下隕欃槍. 爵仇建蕭宰, 定都護儲皇. 肇允契幽叟, 翻飛指帝鄉", 則子房輔漢之策, 盡于此數語矣. 王荊公云 : "『素書』一卷天與之, 穀城黃石非吾師. 固陵解鞍聊出口, 捕取項羽如嬰兒. 從來四皓招不得, 爲我立棄商山芝." 亦用此數事. 而議論格調, 出瞻數等. 東坡論子房袖椎之事, 以謂良不爲伊·呂之謀, 而特出於荊軻·聶政之計. 以余觀之, 此良少年之銳氣, 未足以咎良也. 圯上授書之後, 所見豈前比哉.

왕검王儉의 『칠지七志』에서 "송 고조高祖가 장량의 사당을 유람하며

지 않게 했다.

6 정공(丁公)을 죽인 것 : 정공은 항우의 휘하 장수인데 유방에게 죽음을 당했다. 이유는 다음과 같다. 항우와 유방이 패권을 다툴 때에 정공이 초나라 장수로서 유방을 공격해, 궁지로 몰아넣자, 다급한 유방이 "내게 무슨 원한이 있기에 이토록 몰아붙이는 것인가"라고 하니, 정공이 군사를 되돌려 물러났다. 훗날 항우가 패하고 유방이 제위에 오른 뒤에 정공이 유방을 찾아가자, 유방이 "정공은 항왕(項王)의 신하가 되어 불충을 저질렀다. 항왕이 천하를 잃은 것은 정공 때문이다. 훗날 신하 된 자들은 정공을 본받지 말아야 한다"고 하며 정공을 처형하였다.

신료들에게 시를 짓도록 했는데 사첨謝瞻의 시가 으뜸이었다"라고 했으니 지금 『문선』에 실려 있는 작품이 그것이다. 그 시에서 "홍문의 위협을 소멸하고,[7] 해하陔下에서 창과 칼을 제어했다.[8] 원수에게 벼슬 주고[9] 소하를 재상 삼았으며, 도읍을 정하고[10] 황태자를 보호했다.[11] 처음에 유수(幽叟 : 신선 또는 비객秘客)와 뜻이 통하고,[12] 만년에 제향(帝鄉 : 저승 : 천당)을 지향했다(鴻門銷薄蝕, 陔下隕欃槍. 爵仇建蕭宰, 定都護儲皇. 肇允契幽叟, 翻飛指帝鄉"[13][14]라고 했으니, 자방(子房 : 장량)이 한나라를 보좌한 계책이 이 몇 구절에서 다 드러난다. 왕안석이 "『소서素書』라는 책은 하늘이 준 것일 뿐, 곡성谷城의 황석黃石은 내 스승이 아니로다.[15] 고릉固

7 홍문(鴻門) …… 소멸하고 : 홍문(鴻門)의 연회에서, 항우의 책사 범증(范增)이 유방을 죽이려는 계획을 사전에 간판한 장량이 치밀한 계책으로 유방을 절대절명의 위험으로부터 벗어나게 한 사건을 가리킨다.

8 해하(陔下)에서 …… 제어했다 : 유방이 항우를 양하(陽夏)까지 추격할 때 주변 제후(諸侯)들이 모여들지 않아 걱정하고 있었는데 장량의 계책으로 제후들이 모여들어 그 힘으로 항우를 해성(陔城) 아래서 포위하여 최후의 순간을 맞이하도록 했다.

9 원수에게 …… 주고 : 유방의 한나라와 진(秦)나라 사이에서 배신을 반복한 옹치(雍齒)에게 벼슬을 내린 것을 말한다.

10 도읍을 정하고 : 장량이 유방에게 수도를 낙양이 아닌 함양(장안)에 세우도록 권유한 것을 가리킨다.

11 황태자를 보호했다 : 한 고조(漢高祖) 유방이 여후(呂后)의 소생인 현 태자(太子)를 척부인(戚夫人) 소생의 조왕(趙王) 여의(如意)로 바꾸려 하자, 여후가 장량에게 대책을 상의하니, 장량이, 태자에게 상산의 사호(四皓 : 동원공(東園公) · 기리계(綺里季) · 하황공(夏黃公) · 녹리선생(甪里先生))를 초청해 함께 어울리는 모습을 한 고조에 보이게 하도록 했고, 이를 본 한 고조가 태자를 바꾸려던 마음을 바꿨다.

12 처음에 …… 통하고 : 이 구절은 다음과 같은 고사와 관련 깊다. 장량이 어느 날 비(邳)지역 언덕을 내려가는데 칡 옷을 입은 노인이 장량에게 다가와 "가르칠 만한 사람이다"라고 하며 오 일 뒤에 여기서 다시 만나자고 했다. 그 때가 돼 다시 찾아가니, 노인이 책 한 권을 내주며 "이것을 읽으면 제왕의 스승이 될 수 있다"라고 했고, 책의 이름은 『태공병법(太公兵法)』이었다고 한다.

13 만년에 …… 지향했다 : 한나라가 세워진 뒤 모든 것을 이뤘다고 판단한 장량이 한 고조에게 "이제 세상일 그만두고 적송자(赤松子 : 도가의 신선)를 따라 노닐겠다"라고 한 것을 가리킨다.

14 『문선』 권21 「장자방시(張子房詩)」 사첨(謝瞻).

15 『소서(素書)』 …… 아니로다 : 『소서』는 황석공이 장량에게 주었다는 비서이고 곡성은 산명인데, 이 구절은 비상노인(圯上老人)이 장량(張良)에게 "십삼 년 뒤에 제북(濟北) 곡

陵에서 안장을 풀고서 대책을 내고,[16] 항우를 사로잡길 어린아이 잡듯 했다. 사호四皓[17]는 본디 불러도 오지 않거늘, 날 위해 바로 상산商山의 지초를 다 버렸네[『素書』一卷天與之, 穀城黃石非吾師. 固陵解鞍聊出口, 捕取項羽如嬰兒. 從來四皓招不得, 爲我立棄商山芝]"[18]라고 한 것도 역시 이런 내용을 인용한 것인데 논평의 격조가 사첨보다도 몇 배 앞선다. 소식은 장량이 소매 속에 철퇴를 넣은 일[19]을 논하면서 장량이 탕왕을 도운 이윤伊尹과 문왕을 도운 여상呂尙처럼 대세를 도모하진 못했지만 연나라 태자를 도운 형가荊軻와 한나라 엄수嚴遂를 도운 섭정聶政[20]의 계책보다는 뛰어나다고 했다. 나는 이것이 (장량의) 소년시절의 예리한 기세일 뿐, 장량을 흠잡기에는 충분하지 않다고 생각한다. 비 언덕에서 책을 전해 받고난 뒤의 견해를 어찌 이전과 견줄 수 있겠는가.

左太沖・陶淵明皆有荊軻之詠, 太沖則曰："雖無壯士節, 與世亦殊倫." 淵明則曰："惜哉劍術疏, 奇功遂不成." 是皆以成敗論人者也. 余謂

성산 밑에서 황석(黃石)을 보거든 그 돌이 바로 난 줄 알라"로 한 내용을 토대로 그 의미를 다시 해석한 것이다.

16 고릉(固陵)에서 …… 내고 : 항우를 양하(陽夏)까지 추격한 유방이 원래 오기로 했던 한신과 팽월(彭越)이 오지 않고, 오히려 항우로부터 역습을 받아 위험에 처했는데, 그들을 제후왕에 책봉하면 올 거라는 장량의 계책을 적용해 결국 그들을 불러들였다.

17 사호(四皓) : 상산에서 은거하며 지낸 네 노인으로, 동원공(東園公)・기리계(綺里季)・하황공(夏黃公)・녹리선생(甪里先生)이다.

18 『임천문집(臨川文集)』 권4 「장량(張良)」.

19 자량이 …… 넣은 일 : 장량의 조부와 아버지가 한(韓)나라 정승으로 있었는데 진시황(秦始皇)이 한나라를 멸망시키자, 장량이 원수를 갚으려고 자객을 구해, 진시황이 박랑사중(博浪沙中)에 놀러 갔을 때 철퇴로 습격하게 했던 일을 말한다. 장량은 이 일이 실패하자 망명하여 하비(下邳)에 숨었다.

20 형가(荊軻)와 …… 섭정(聶政) : 모두 전국시대의 유명한 자객이다. 섭정은 일찍이 살인을 하고 원수를 피해 제(齊)나라 저잣거리에 숨어 살았는데, 한(韓)나라의 엄수(嚴遂)가 원수를 갚아 줄 것을 요청하자 노모가 살아 있다는 이유로 거절하였다. 그 후 노모가 죽자 엄수를 위해 원수를 갚아 주고는 자살하였다.

荊軻功之不成, 不在荊軻, 而在秦舞陽, 不在秦舞陽, 而在燕太子. 舞陽之行, 軻固心疑其人, 不欲與之共事, 欲待它客與俱, 而太子督之不已, 軻不得已遂去, 故羽歌悲愴, 自知功之不成. 已而果膏刃秦庭, 當時固已惜之. 然槪之於義, 雖得秦王之首, 於燕亦未能保終吉也. 故揚子云: "荊軻爲丹奉於期之首・燕督亢之圖, 入不測之秦, 實刺客之靡也, 焉可謂之義也." 可謂善論軻者.

좌사와 도연명이 모두 형가에 대해 시를 지었는데 좌사는 "비록 장사의 절의는 없지만, 또한 세상과 그 격이 다르다[雖無壯士節, 與世亦殊倫]"[21]라고 하고, 도연명은 "애석하구나 검술이 성글어, 큰 공을 끝내 이루지 못했도다[惜哉劍術疎, 奇功遂不成]"[22]라고 했으니 이는 성패에 기초하여 논평한 것이다. 나는 형가가 성공하지 못한 책임이 형가에게 있지 않고 진무양秦舞陽[23]에게 있으며 나아가 진무양에게 있지 않고 연의 태자에게 있다고 생각한다. 진무양의 행동에 대해 형가는 본디 의문을 품고 있어서 그가 아닌 다른 객과 함께 하고 싶었지만 연의 태자가 독촉을 해 어쩔 수 없이 떠난 것이다. 그래서 우조羽調의 슬픈 노래(「역수가逆水歌」)에서 스스로 성공할 수 없음을 감지한 것이다. 이윽고 진의 앞마당에서 죽임을 당한 것은 당시에도 이미 애석했었다. 하지만 의리에 기준을 두고 논할 때 비록 진왕의 머리를 얻었더라도 연나라에게는 그 안전을 보장할 수 없었을 것이다. 그래서 양자(揚子 : 양웅)가 "형가가 단丹을 위해 번오기樊於期의 머리[24]와 연나라 독항督亢의 도면[25]을 받아들

21 소통(蕭統) 편(編), 이선(李善) 주(註), 『문선(文選)』 권21, 좌태충(左太沖), 「영사시팔수(詠史詩八首)」 제6수.

22 『도연명집』 권4 「영형가(詠荊軻)」.

23 진무양(秦舞陽) : 자객 형가(荊軻)와 함께 연(燕)나라 태자 단(丹)을 위해 진왕(秦王)에게 복수하려 했던 인물이다. 형가는 번오기(樊於期)의 머리를 담은 함(函)을 들고, 진무양은 독항지도(督亢地圖)가 든 갑(匣)을 들고 진나라로 갔는데, 진나라 궁궐 섬돌을 오를 때 진무양이 몹시 두려워했다고 한다. 『연국책(戰國策)』 「연책(燕策)」.

24 번오기(樊於期)의 머리 : 진왕(秦王)에게 죄를 짓고 연(燕)나라로 도망갔던 진나라 장수

고 예측할 수 없는 진나라로 들어간 것은 실로 자객의 호기였을 뿐, 어찌 의리라 하겠는가"라고 한 것은 형가에 대한 훌륭한 논평이라 할 만하다.

盜殺武元衡也, 白樂天爲京兆掾, 初非言責, 而請捕盜, 以必得爲期. 時宰惡其出位, 坐賦「新井篇」, 逐之九江. 故因聞琵琶, 乃有天涯流落之感, 至於淚濕青衫之上, 何僣如此哉. 余先文康公嘗有詩云 : "平生趣操號安恬, 退亦怡然進不貪. 何事潯陽恨遷謫, 輕將清淚濕青衫." 又云 : "及泉曾改莊公誓, 勝母終回曾子車. 素綆銀牀堪淚墮, 更能賦詠獨何如."

도적이 무원형武元衡을 살해했을 때, 경조京兆의 관리였던 백거이는 해당 책임자는 아니었지만 도적의 체포를 자청하여 반드시 잡아내겠다고 했다. 당시 그가 제 위치를 벗어난 것을 탐탁치 않게 여긴 재상은 「신정편新井篇」을 지은 것과 연관시켜[26] 그를 구강九江으로 축출했다. 그래서 그는 비파 소리를 듣고 하늘 먼 곳까지 내쫓긴 감회를 나타내며 눈물로 푸른 적삼을 적시기까지 했으니 어찌 그처럼 고달팠단 말인가. 나의 선조 문강공(文康公 : 갈승중葛勝仲)이 일찍이 지으신 시에서 "평생 몸가짐이 조용하고 욕심 없어서, 물러나도 편안하고 나아가도 탐내지 않았거늘. 어찌하여 심양潯陽에서 좌천된 것을 한스러워하며, 맑은 눈물로 푸른 적삼을 적신단 말인가[平生趣操號安恬, 退亦怡然進不貪. 何事

번오기가 연나라 자객 형가(荊軻)의 진왕 암살 계획을 듣고 자신도 동참하여 머리를 내어준 것을 말한다.

25 독항(督亢)의 도면 : 자객 형가(荊軻)가 진왕(秦王)에게 접근하기 위해 가지고 갔던 연(燕)나라 독항(중국 하북성(河北省) 백구하(白溝河)의 옛 지명)의 지도이다. 형가는 이 지도 속에 비수를 감추고 가서 진왕을 암살하려 했으나 결국 성공하지 못했다.

26 「신정편(新井篇)」을 …… 연관시켜 : 당시 관리들이 백거이가 자신의 어머니가 우물에 빠져 죽었는데도 꽃을 감상하고 「신정편」을 짓는 불효를 저질렀다며 비난했던 일을 말한다.

潯陽恨遷謫, 輕將淸淚濕靑衫]"라고 하고, 또 "구천에 이르러 일찍이 장공莊公의 맹세를 고쳤고,[27] 승모勝母는 결국 증자의 수레를 되돌렸다.[28] 흰 밧줄과 은 평상에서 눈물을 떨굴 만하나, 다시금 시를 읊는 것은 무엇 때문인가[及泉曾改莊公誓, 勝母終回曾子車. 素綆銀床堪淚墮, 更能賦詠獨何如]" 라고 하셨다.

李義山詩云: "本爲留侯慕赤松, 漢庭方識紫芝翁. 蕭何只解追韓信, 豈得虛當第一功." 是以蕭何功在張良下也. 王元之詩云: "紀信生降爲沛公, 草荒孤壘想英風. 漢家靑史緣何事, 却道蕭何第一功." 是以蕭何功在紀信下也. 余謂炎漢創業, 何爲宗臣, 高祖設指蹤之喩盡之矣, 他人豈容議邪.

이상은의 시에서 "본디 유후(留侯: 장량)는 적송자赤松子를 사모해서, 한나라 궁정에서는 비로소 자지옹紫芝翁[29]인 줄 알았다. 소하는 한신만 뒤쫓았을 뿐인데, 어찌 일등 공로를 차지했단 말인가[本爲留侯慕赤松, 漢庭方識紫芝翁. 蕭何只解追韓信, 豈得虛當第一功]"[30]라고 한 것은 소하의 공로가 장량張良보다 아래에 있다고 본 것이며, 왕원지(王元之: 왕우칭王禹偁)의 시에서 "기신紀信은 태어나서 패공(沛公: 유방)만을 위해, 거친 풀

27 구천에 …… 고쳤고: 장공은 춘추시대 정무공(鄭武公)의 아들로 이름은 오생(寤生)인데, 그의 아우 태숙(太叔)이 반란을 일으킬 때 어머니 강씨(姜氏)가 내통하자 태숙을 평정한 뒤에 어머니를 궁에서 내쫓아 성영(城潁)에 감금한 뒤 "황천에 가기 전에는 다시 보지 않겠다"고 맹세했으나 뒤에 이를 후회했다고 한다.

28 승모(勝母)는 …… 되돌렸다: 증자(曾子)가 효성이 지극하여 어미를 이긴다는 이름을 가진 승모(勝母)란 마을에 들어가지 않고 수레를 돌렸다고 한다.

29 자지옹(紫芝翁): 진(秦)나라 말기에 상산(商山)에 은거하면서 선약(仙藥)인 자지(紫芝)를 캐먹고 자지가(紫芝歌)를 노래했던 동원공(東園公), 기리계(綺里季), 하황공(夏黃公), 녹리선생(甪里先生) 등 네 노인[四皓]을 가리킨다.

30 『이의산시집(李義山詩集)』 권하(卷下) 「사호묘(四皓廟)」.

외딴 성루에서도 (유방의) 영매한 기풍만을 생각했다. 한나라 역사에서는 무슨 연유로, 소하가 첫째가는 공로자라 이야기하는가[紀信生降爲沛公, 草荒孤壘想英風. 漢家青史緣何事, 却道蕭何第一功]"[31]라고 한 것은 소하의 공로가 기신보다 아래에 있다고 본 것이다. 내가 생각건대 염한炎漢[32]이 제업帝業을 일으킬 때 소하가 종신宗臣이었고 한 고조가 지종指蹤의 비유[33]를 든 데에서 그 생각이 다 드러났는데, 다른 사람들이 어찌 더 논할 필요가 있겠는가.

韋蘇州睢陽感懷有詩曰:"宿將降賊庭, 儒生獨全義." 宿將謂許遠, 儒生謂張巡也. 蓋當時物議, 以爲巡死而遠就虜, 疑遠畏死, 辭服於賊, 故應物云爾. 然韓愈嘗有言曰:"遠誠畏死, 何苦守尺寸之地, 食其所愛之肉, 以與賊抗而不降乎."斯言得矣. 巡死後, 賊將生致遠於偃師, 遠亦以不屈死. 則是遠亦終死賊也.

위응물이 수양睢陽에서 감회에 젖어 지은 시에서 "숙장宿將은 적의 뜨락에 항복하고, 유생은 홀로 의리를 온전하게 지켰다[宿將降賊庭, 儒生獨全義]"[34]라고 했는데 숙장은 허원許遠[35]을 가리키고 유생은 장순張巡[36]을 지칭한다. 당시에 장순은 죽고 허원은 포로가 된 것을 두고서 허

31 『소축집(小畜集)』 권8 「형양회고(滎陽懷古)」.

32 염한(炎漢): 한(漢)나라를 가리킨다. 화(火)의 덕(德)으로 왕을 한다 하여 붙여진 이름이다.

33 지종(指蹤)의 비유: 사냥개를 풀어 짐승을 쫓게 한다는 '발종지시(發蹤指示)'를 요약한 말로, 배후에서 조종하는 것을 가리킨다. 한 고조가 천하를 통일하고 소하(蕭何)의 공을 으뜸으로 삼자 여러 공신들이 불평하였는데, 고조가 사냥을 예로 들며 공신들은 사냥개에, 소하는 사냥꾼에 비유한 고사가 전한다. 『사기(史記)』 권53 「소상국세가(蕭相國世家)」.

34 『위소주집(韋蘇州集)』 권6 「수양감회(睢陽感懷)」.

35 허원(許遠): 당 현종(唐玄宗) 때 사람으로 안녹산(安祿山)의 난에 수양 태수(睢陽太守)로 장순(張巡)과 합병(合兵)하여 안녹산을 막다가 성이 함락되자 잡혔으나 굴하지 않고 죽었다.

36 장순(張巡): 당 현종(唐玄宗) 때 사람으로 안녹산(安祿山)이 반란을 일으키자 기병(起

원이 죽음을 두려워해 적에게 굴복한 것이라고 의심했으므로 위응물이 그렇게 말한 것이다. 하지만 한유가 일찍이 "허원이 정말 죽음을 두려워했다면 어찌 고달프게 조그마한 땅을 지키고 자신이 아끼던 동물의 고기를 먹으면서 항복하지 않고 적과 대항할 필요가 있었겠는가"라고 했으니 이 말이 타당하다. 장순이 죽고 나서 적이 산 채로 허원을 하남河南 언사偃師에 보내려 하자 허원 역시 굽히지 않고 죽었다. 그렇다면 허원 역시 결국 적에게 죽은 것이다.

三良以身殉秦繆之葬, 「黃鳥」之詩哀之. 序詩者謂國人刺繆公以人從死, 則咎在秦繆而不在三良矣. 王仲宣云: "結髮事明君, 受恩良不訾. 臨沒要之死, 焉得不相隨." 陶元亮云: "厚恩固難忘, 君命安可違." 是皆不以三良之死爲非也. 至李德裕則謂爲社稷死則死之, 不可許之死, 欲與梁邱據·安陵君同譏, 則是罪三良之死非其所矣. 然君命之於前, 而衆驅之於後, 爲三良者, 雖欲不死得乎. 惟柳子厚云: "疾病命故亂, 魏氏言有章. 從邪陷厥父, 吾欲討彼狂." 使康公能如魏顆不用亂命, 則豈至陷父於不義如此哉. 東坡「和陶」亦云: "顧命有治亂, 臣子得從違. 魏顆眞孝愛, 三良安足希." 似與柳子之論合. 而「過秦繆墓」詩乃云: "繆公生不誅孟明, 豈有死之日而忍用其良, 乃知三子徇公意, 亦如齊之二子從田橫." 則又言三良之殉, 非繆公之意也.

삼량三良이 진 목공繆公을 따라 순장됐는데 「황조黃鳥」는 이를 애도한 것이다.[37] 시의 내용을 설명한 자가 '진 목공이 산 사람으로 죽은 사람

兵)하여 안녹산을 토벌했는데, 허원(許遠)과 수양을 지키고 있다가 수양성이 함락되매 안녹산을 역적이라 꾸짖고 피살되었다.

37 삼량(三良) …… 것이다: 춘추시대에 진(秦)나라 목공(穆公)이 죽자, 진나라의 현자들인 자거씨(子車氏)의 세 아들 엄식(奄息)·중항(仲行)·겸호(鍼虎)를 순장하였는데 진나라 사람들이 「황조(黃鳥)」라는 시를 지어 이들을 애도하였다.

을 따르게 한 것을 백성들이 풍자한 것'이라 했으니 그 잘못은 진 목공에게 있고 삼량에게 있지 않은 것이다. 왕찬이 "머리를 묶어 현명한 임금을 섬겨서, 받은 은혜를 참으로 저버릴 수 없었다. 죽음에 임하여 함께 죽기를 요구했는데, 어찌 따르지 않을 수 있겠는가[結髮事明君, 受恩良不訾. 臨沒要之死, 焉得不相隨]"[38]라고 하고, 도원량(陶元亮 : 도연명)은 "후한 은혜는 참으로 잊기 어렵거니와, 임금의 명을 어찌 어길 수 있으리[厚恩固難忘, 君命安可違]"[39]라고 했는데 모두 삼량의 죽음을 비난하지 않은 것이다. 그런데 이덕유李德裕는 말하길, 사직을 위한 죽음이라면 목숨을 바쳐야겠지만 인정받지 못할 죽음에 대해 양구거梁邱據·안릉군安陵君과 함께 비난하고자 했다면 이는 삼량의 죽음이 제대로 이루어지지 않았음을 문제 삼은 것이라고 했다. 하지만 임금이 앞에서 명하고 사람들이 뒤에서 압박하는데 삼량이 죽고 싶지 않다고 해서 그것이 가능했겠는가. 유종원이 "질병 탓에 명령이 혼란스러웠나니, 위씨(魏氏 : 위과魏顆)의 말에는 원칙이 들어있다.[40] 옳지 않음을 따라 아비를 함정에 빠뜨렸으니, 내 저 광폭함을 성토하려 한다[疾病命故亂, 魏氏言有章. 從邪陷厥父, 吾欲討彼狂]"[41]라고 했으니 진 목공의 아들 진 강공康公이 위과처럼 혼란의 명령을 듣지 않았다면 어찌 이처럼 아버지를 불의에 빠뜨렸겠는가. 소식도 「화도和陶」에서 "유언의 명령은 맞는 것도 안 맞는 것도 있으니, 신하는 따르기도 하고 어기기도 해야 한다. 위과는 참으로 효심이 두터웠나니, 삼량이 어찌 드문 예라 할 것이 있겠는가[顧命有治亂, 臣子得從違. 魏顆眞孝愛, 三良安足希]"라고 한 것은 유종원의 논평과

38 소통(蕭統) 편(編), 이선(李善) 주(註), 『문선』 권21, 왕찬, 「영사시일수(詠史詩一首)」.

39 진덕수(眞德秀), 『문장정종(文章正宗)』 권22 하(下), 도정절(陶靖節), 「영삼량(詠三良)」.

40 위씨 …… 들어있다 : 다음의 고사와 관련된 것으로 유추된다. 춘추시대 진(晉)나라 위무자(魏武子)가 죽으면서 아들 위과(魏顆)에게 자기 첩을 순장하라고 했으나, 위과가 차마 순장하지 못하고 개가시켰다. 후에 위과가 진(秦)나라 두회(杜回)와 싸울 때, 서모 아버지의 망령이 풀을 묶어 놓아[結草] 두회가 그 풀에 걸려 넘어져서 위과의 포로가 되었다고 한다. 『춘추좌전(春秋左傳)』 「선공(宣公)15년」.

41 『어정전당시(御定全唐詩)』 권353, 유종원(柳宗元), 「영삼량(詠三良)」.

부합한 듯하다. 그런데 「과진목묘過秦繆墓」에서 "진 목공이 살아서 맹명孟明을 죽이지 않았는데, 어찌 죽는 날 차마 양신良臣을 죽일 수 있었겠는가. 따라서 세 사람이 공의 뜻을 따른 것은 마치 제나라의 두 사람이 전횡田橫을 따른 것[42]과 같았음을 알 수 있다"라고 했으니 삼량의 순장이 진 목공의 본뜻이 아니었음을 거론한 것이다.

唐大和末, 閹尹恣橫, 天子以擁虛器爲恥. 而元和逆黨未討, 帝欲夷絶其類, 李訓謂在位操權者皆碌碌, 獨鄭注可共事, 遂同心以謀. 已而殺陳宏志於淸泥驛, 相繼王守澄·楊承和·韋元素·王踐言皆不保首領. 又劚崔潭峻之棺而鞭其尸. 剪除逆黨幾盡, 亦可謂壯矣. 意欲誅宦尹, 乃復河湟歸河朔諸鎭, 天子向之. 鄭注雖招權納賄, 然出節度隴右, 欲因王守澄之葬, 乘羣宦臨送, 以鎭兵悉誅之, 謀亦未必不善. 會李訓先五日擧事, 遂成'甘露'之禍. 世以成敗論人物, 故訓·注不得爲忠, 至李德裕謂不可與徒隷齒, 亦太甚矣. 按唐史李甘與李中敏皆嘗論鄭注不可爲相, 故甘有封州之謫, 而中敏有潁陽之歸. 杜牧之贈甘詩云: "太和八九年, 訓·注極虓虎. 吾君不省覺, 二兇日威武. 喧喧皆傳言, 明辰相登·注. 和鼎顧予云, 我死有處所. 明日詔書下, 謫斥南荒去." 又有「贈中敏」詩云: "元禮去歸緱氏學, 江充來見犬臺宮.① 曲突徙薪人不會, 海邊今作釣魚翁." 蓋深痛二公之言不行, 而訓·注得恣其謀也. 蓋當是時, 仇士良竊國柄, 勢燄薰灼, 士大夫於議論之間, 不敢以訓·注爲是, 以賈殺身之禍, 故牧之之詩如此. 嗚呼, 東漢之季, 柄在宦官, 陳蕃之徒, 以忠勇之資, 謀殄其黨, 而事亦不遂, 史載其名, 殆如日星. 而訓·注以當時士

---

42 제나라의 …… 것: 전국시대 제나라 왕 전씨의 일족인 전횡이 한나라가 제나라를 평정하자 섬으로 도망갔는데, 한 고조가 부르자 두 식객과 낙양으로 들어왔다가 수치를 느껴 자결하였으며, 두 식객 역시 전횡의 장례가 끝나자 무덤 옆에 구멍을 파고 자살했던 고사를 가리킨다.

夫畏懾士良輩, 遂加以奸宄之目, 而史亦以爲亂人, 萬世之下, 無以自白, 其深可痛哉. 余家舊藏『甘露野史』二卷, 及『乙卯記』一卷, 二書之說, 時相矛盾, 『甘露野史』言上令訓等誅宦官, 事覺反爲所擒, 而『乙卯記』乃謂訓等有逆謀. 蓋『甘露史』出於朝廷公論, 而『乙卯記』附會士良之私情也. 『乙卯記』後有朱實跋尾數百言, 以『乙卯』所記爲非是, 其說與野史同, 余故表而出之.

① '犬'原作'大', 據『樊川集』改.

당나라 대화(大和 : 827~835) 말기에 환관들이 권력을 자행하여 황제가 빈 그릇만 안고 있는 것을 수치로 여겼다. 원화역당元和逆黨[43]이 토벌되지 않아 황제가 그 무리들을 없애고자 하자, 이훈李訓은 자리를 차지하여 권력을 부리는 자들은 모두 별 볼 일 없고 정주鄭注만이 일을 함께할 수 있다고 여겨 결국 그와 합심해 일을 도모했다. 그리하여 진굉지陳宏志를 청니역淸泥驛에서 살해하고 뒤이어 왕수징王守澄·양승화楊承和·위원소韋元素·왕천언王踐言도 모두 목숨을 보존하지 못했다. 그리고 최담준崔潭峻의 관을 쪼개 시체에 채찍을 가했다. 역당들을 거의 제거했으니 대단하다고 할 만하다. 또한 환관들을 제거하고 하황河湟을 수복하여 하삭河朔 여러 진鎭들에 귀속시킨 뒤 황제를 그곳으로 가게 하려는 생각을 갖고 있었다. 정주가 비록 권력을 잡고 뇌물을 받긴 했지만 농우 절도사隴右節度使로 나갔을 때 왕수징의 장례를 기회로 삼아, 많은 환관들이 전송에 임한 틈을 타 진鎭의 병사들로 모두 죽이려 했으니 그 계책이 반드시 잘못되었다고 할 수는 없다. 그러나 마침 이훈이 그보다 오 일 앞서 거사를 하다 결국 '감로甘露의 화'[44]가 발생했다. 세상에

---

43 원화역당(元和逆黨) : 환관 진홍지(陳弘志) 등이 당 헌종을 시해한 사건을 가리킨다.

44 감로(甘露)의 화 : 당 대화 9년(835)에 환관의 득세를 탐탁지 않게 여기던 당 문종이 이훈(李訓)·정주(鄭注) 등과 함께 환관들을 처치해 잃어버린 황제의 권리를 되찾으려는 계획하에, 문종이 감로를 구경한다는 명분으로 환관의 우두머리 구사량(仇士良) 등을 금위군(禁衛軍)의 후원으로 오게 해 모두 참살하려 했다. 하지만 구사량에게 그 내용이 발

서 성공과 실패만으로 인물을 논하기 때문에 이훈과 정주가 충신이 되지 못하고 이덕유를 뭇 종들과 나란히 할 수 없다고 하는 것은 너무 지나친 것이다. 당나라 역사서를 보면 이감李甘과 이중민李中敏이 모두 정주는 재상이 될 수 없다고 거론한 이유로 이감은 봉주封州에 좌천되고 이중민은 영양潁陽으로 돌아갔다고 한다. 두목이 이감에게 보낸 시에서 "태화 8~9년에 이훈과 정주는 지극히 사나웠다. 우리 임금께서 미처 살피지 못하여 두 흉적은 나날이 위세를 떨쳤다. 모두들 떠들썩하게 전한 말은 이튿날 아침 왕수징과 정주를 재상에 올린다는 것이었다. 화정(和鼎 : 이감李甘)이 날 돌아보며 내가 죽을 곳은 정해져 있다 했다. 이튿날 조칙이 내려, 남쪽 황무지로 좌천돼 내쫓겼다[太和八九年, 訓·注極虓虎. 吾君不省覺, 二兇日威武. 喧喧皆傳言, 明辰相登·注. 和鼎顧予云, 我死有處所. 明日詔書下, 謫斥南荒去]"[45]라고 하고, 「증중민贈中敏」에서 "원례元禮는 후씨학緱氏學으로 돌아가고, 강충江充은 견대궁犬臺宮으로 찾아왔다. 굽은 굴뚝에 땔나무 옮기는 것을 사람들은 이해 못하나니, 지금 바닷가에서 낚싯대 드리운 늙은이가 되었다[元禮去歸緱氏學, 江充來見犬臺宮. 曲突徙薪人不會, 海邊今作釣魚翁]"라고 한 것은 두 분의 건의가 이행되지 못하고 이훈과 정주가 제멋대로 계책을 시행한 것을 애통해한 것이다. 당시 구사량仇士良이 국권을 절취해 그 기세가 불꽃이 타는 듯했으므로 사대부들이 의견을 개진할 때 감히 이훈과 정주를 긍정하여 피살의 재앙을 부를 수 없었으므로 두목이 이런 시를 쓴 것이다. 아! 동한東漢 말기에 권력이 환관에게 넘어갔을 때, 진번陳蕃 등이 충성과 용기로 그 무리를 제거할 것을 꾀하다 끝내 뜻을 이루지 못했지만 역사에는 그 이름이 해와 별처럼 빛난다. 이훈과 정주는 당시 사대부들이 구

각돼 양쪽이 격렬한 전투를 벌여, 결국 이훈·왕애(王涯)·서원여(舒元輿) 등 조정의 주요 관리들이 환관들에게 살해를 당한 것은 물론, 그 가족까지도 연계되어 멸문을 당했다. 이 사건으로 연루 피살된 사람만 일천여 명에 가까웠다.

45 『어정전당시(御定全唐詩)』 권520, 두목, 「이감시(李甘詩)」.

사량 등을 무서워하여 간흉이라 지목하고 역사에서도 난을 일으킨 사람이라고 지적해 먼 훗날까지도 진실이 밝혀질 수 없게 되었으니 참으로 애통한 일이다. 우리 집에 『감로야사甘露野史』 2권과 『을묘기乙卯記』 1권이 소장돼 있는데 두 책의 내용이 때때로 모순을 보인다. 『감로야사』에서는 황제가 이훈 등에게 환관을 제거하라고 명했으나 일이 발각되어 도리어 체포되었다고 하고 『을묘기』에서는 이훈 등이 역모를 꾸몄다고 한다. 『감로사야』는 조정의 공론에 의한 것이고 『을묘기』는 구사량의 사적인 감정에 맞췄기 때문이다. 『을묘기』 뒤에는 주실朱實이 쓴 수백 자의 발문이 있는데 '『을묘기』의 내용은 옳지 않다'고 하여 『감로야사』와 그 내용이 같으므로 특별히 여기에 거론한다.

① '犬'자는 원래 '大'로 되어 있었는데 『번천집樊川集』에 의거하여 고쳤다.

杜牧之集有「李給事」詩二首, 其中有"紛紛白晝驚千古, 鐵鑕朱殷幾一空"之句, 謂鄭注'甘露'之事也. 又有"可憐劉校尉, 曾訟石中書"之句, 牧之自注云 "給事曾忤仇士良", 人遂以爲給事者李石也. 余嘗攷之, 李石雖嘗爲給事, 然劾鄭注之事, 史所不載. 雖載語言忤仇士良, 然亦在石拜相之後. 石旣拜相, 則牧之詩題, 不應以給事爲稱, 其非李石明矣. 當時惟有李中敏與牧之厚善, 嘗因旱欲乞斬注, 以申宋申錫之冤, 帝不省, 遂以病告歸潁陽. 今牧之詩有"元禮去歸緱氏學"之句, 牧之自注云 : "因論鄭注告歸潁陽." 又史云 : "注誅, 遷給事. 其後仇士良以開府蔭其子, 中敏曰 : '內謁者安得有子.' 士良慙恚, 由是復棄官去." 由是論之, 則是中敏無疑矣.

두목의 시집에 2수의 「이급사李給事」가 있는데, 그 가운데 "백주의 소요는 천고에 놀랄 일, 철질(鐵鑕 : 참형 도구)에 흐르는 붉은 피에 거의 다 사라졌다[紛紛白晝驚千古, 鐵鑕朱殷幾一空]"는 정주의 '감로甘露 사건'을 거론한 것이다. 또 “가련하구나 유교위劉校尉여, 일찍이 석중서石中書를 송사하였다[可憐劉校尉, 曾訟石中書]”[46]라는 구절 아래의 두목이 직접 쓴 주석에서 “급사給事가 일찍이 구사량의 뜻을 거역했다”라고 했는데, 사람들은 그 급사를 이석李石이라고 이해했다. 내가 일찍이 고찰해보니 이석이 비록 급사이긴 했어도 정주를 탄핵한 이야기는 역사에 실려 있지 않았다. 구사량을 거역했다는 말이 실리긴 했지만 이 또한 이석이 재상에 임명된 후의 일이다. 이석이 재상에 임명되었다면 두목의 시제詩題에서 급사라 칭하지 않았을 것이니, 따라서 이석이 아님이 분명하다. 당시 이중민이 두목과 아주 가까워서, 가뭄이 든 일을 들어 정주를 참수하고 송신석宋申錫의 원한을 풀어줄 것을 요청하려 했지만 황제가 관심을 보이지 않자 결국 병을 이유로 영양潁陽으로 돌아갔다. 지금 두목의 시에 “원례元禮는 후씨학緱氏學으로 돌아갔다[元禮去歸緱氏學]”[47]라는 구절이 있고 두목이 직접 쓴 주석에서는 “정주가 영양으로 돌아간 것을 논한 것이다”라고 했다. 또 다른 역사 기록에서는 “정주가 죽임을 당하자 급사로 옮겼다. 그 뒤에 구사량이 개부開府를 자기 아들의 음직蔭職으로 임명한 것을 두고 이중민이 ‘내관이 어찌 자식이 있을 수 있는가’라고 하자, 구사량이 수치와 분노를 표했고 그에 따라 다시 관직을 버리고 떠났다”라고 했다. 이것으로 보면 그는 이중민인 것이 틀림없다.

杜牧之作「李和鼎」詩云 : “鵬鳥飛來庚子直, 謫去日蝕辛卯年. 由來枉死賢才士, 消長相持勢自然.” 蓋言鄭注事也. 方是時, 和鼎論注不可爲相, 旋致貶責, 故牧之作詩痛之如此. 議者謂辛卯年在憲宗之時, 而憲宗未嘗謫李甘. 李甘仕文宗之時, 而文宗時無辛卯也. 豈牧之誤乎? 余

46 『어정전당시(御定全唐詩)』 권521, 두목, 「이급동중민이수(李給諫中敏二首)」 제2수.
47 『어정전당시(御定全唐詩)』 권521, 두목, 「이급동중민이수(李給諫中敏二首)」 제1수.

謂牧之所云, 非謂實庚子辛卯也. 鵬集於舍, 班固書庚子之日, 日有蝕之, 詩人有辛卯之詠, 借是事以明李甘之冤爾.

두목이 지은 「이화정李和鼎」에서 “붕새가 날아온 때는 경자일이고, 좌천돼 간 때는 일식이 인 신묘년이다. 그 사이 훌륭한 인재들이 억울하게 죽었으니, 잘 되고 못 된 것이 균형을 이룬 것은 자연의 형세이다[鵬鳥飛來庚子直, 謫去日蝕辛卯年. 由來枉死賢才士, 消長相持勢自然]”라고 한 것은 정주를 두고 한 말이다. 이때 이감이 ‘정주는 재상이 될 수 없다’고 문제를 제기해 바로 좌천을 당했으므로 두목이 시를 지어 이처럼 애통해한 것이다. 논평가들은 신묘년이 헌종의 시대에 해당하는데 헌종은 일찍이 이감을 좌천시키지 않았으며 이감은 문종文宗시대에 벼슬을 했는데 문종시대에는 신묘년이 없다고 주장하니, 혹시 두목이 내용을 잘못 이해한 것일까? 나는 이에 대해 다음과 같이 생각한다. 두목이 한 말은 실제 경자와 신묘를 이야기한 것이 아니다. 붕새가 집에 모이자 반고가 ‘경자일’이라 쓰고[48] 그날 일식이 있어서 시인이 신묘의 노래를 남겼다[49]는 고사가 전하는데, 이 고사를 빌려 이감의 억울함을 밝힌 것일 뿐이다.

唐穆宗時, 令狐楚爲相, 爲景陵使, 以傭錢獻羨餘, 怨聲載路, 致有衡州之貶. 觀「發潭州寄李寧常侍」詩云 : “君今侍紫垣, 我已墮青天. 委廢

48 붕새가 …… 쓰고 : 반고가 『한서(漢書)』 「가의전(賈誼傳)」에서, 가의의 「붕조부(鵬鳥賦)」 “단알(單閼 : 묘(卯))의 해, 4월 초여름, 경자일이 기울며, 붕새가 내 집에 날아와, 집 한 쪽에 앉았다. …… 점을 쳐 보니, 점괘의 내용이, ‘들새가 집으로 날아들었으니, 주인이 곧 떠나겠다’였다[單閼之歲, 四月孟夏, 庚子日斜, 鵬集余舍. …… 發書占之, 讖言其度, 曰‘野鳥入室兮, 主人將去’]”는 내용을 거론한 것을 가리킨다.

49 그날 …… 남겼다 : 『시경』 「소아(小雅)」 「남산지십(南山之什)」의 “시월, 초하루 신묘일에, 일식이 생기니, 아주 나쁜 조짐이다[十月之交, 朔月辛卯, 日有食之, 亦孔之醜]”를 가리킨다.

從茲日, 旋歸在幾年." 又有「答竇鞏中丞」詩末句云:"何年相贈答, 却得在中臺." 亦可見其去國慘傷之情矣. 孔子曰:"苟患失之, 無所不至." 其楚之謂乎? 觀'甘露'之中, 則可見矣. 當是時也, 王涯等被繫神策, 仇士良白涯與李訓謀逆, 將立鄭注. 楚時以舊相在闕下, 文宗召楚至, 帝對楚悲憤, 因付涯訊牒曰:"果涯書邪?" 楚曰:"然. 涯誠有謀, 罪應死." 嗚呼, 觀望腐夫閹人, 而誣置人於死地, 楚忍爲是乎. 『甘露野史』乃言"尚賴舊相令狐楚獨爲辯明", 若以史爲證, 則野史之言未必公也.

당 목종穆宗 때 재상이던 영호초令狐楚가 경릉(景陵: 당 헌종 이순李純의 능)을 조성하는 곳에 파견돼 용전(傭錢: 고용으로 줄 돈)을 선여(羨餘: 쓰고 남은 것)로 바치자, 원성이 자자해 결국 형주衡州로 좌천됐다. 「발담주기이녕상시發潭州寄李寧常侍」에서 "그대는 지금 붉은 담장(궁궐)에서 모시지만, 나는 이미 푸른 하늘 너머로 떨어졌다. 오늘 버려지기면, 언제나 돌아올까[君今侍紫垣, 我已墮青天. 委廢從茲日, 旋歸在幾年]"라고 하고, 「답두공중승答竇鞏中丞」의 마지막 구절에서 "언제 서로 글을 주고받으며, 중대中臺에서처럼 지낼 수 있을까[何年相贈答, 却得在中臺]"라고 한 것을 보면 외지로 떠나야 하는 서글픈 심정을 엿볼 수 있다. 공자가 "정말로 잃는 것을 걱정한다면 하지 못할 것이 없다"[50]라 했는데 영호초를 두고 한 말일 것이다. '감로'(감로지화甘露之禍)의 내용을 보면 알 수 있다. 당시 왕애王涯 등이 신책군神策軍에게 잡혀 있을 때, 구사량이 왕애에게 이훈과 함께 역모를 꾀하여 정주를 세우자고 했다. 영호초는 당시 원로 정승으로 궐 안에 있었는데 문종이 그를 앞에 불러놓고 비탄과 분노를 나타낸 채 왕애의 신첩訊牒을 보이며 "왕애의 글씨가 맞는가?"라고 물었다. 이에 영호초는 "그렇습니다. 왕애가 정말로 모의한 것이니, 응당 사형의 죄를 물어야 합니다"라고 했다. 아! 부패한 무리와 환관들

50 『논어(論語)』「양화(陽貨)」.

을 관망하며 거짓 증언으로 사람을 사지에 몰아넣었으니 영호초가 어찌 차마 이렇게 할 수 있었단 말인가. 『감로야사』에서 "그나마 옛 재상 영호초가 홀로 나서 사실을 변명해주었다"고 기술하고 있는데, 정사의 내용으로 증명할 때 『감로야사』의 내용은 필경 공평하지 못하다.

安祿山反, 永王璘有窺江左之意, 子瑒勸其取金陵, 史稱薛繆・李臺卿等爲璘謀主而不及李白. 白傳止言永王璘辟爲府僚, 璘起兵遂逃還彭澤. 審爾, 則白非深於璘者. 及觀白集有「永王東巡歌十一首」, 乃曰: "初從雲夢開朱邸, 更取金陵作小山." 又云: "我王樓艦輕秦・漢, 却似文皇欲度遼." 若非贊其逆謀, 則必無是語矣. 白旣流夜郎, 有「書懷」詩云: "半夜水軍來, 尋陽滿旌旃. 空名適自誤, 迫脅上樓船. 徒賜五百金, 棄之若浮烟. 辭官不受賞, 翻謫夜郎天." 宋中丞薦白啓云: "遇永王東巡, 脅行中道." 乃用白「述懷」意, 以拉拭其過爾. 孔巢父亦爲永王所辟, 巢父察其必敗, 潔身潛遁, 由是知名. 使白如巢父之計, 則安得有夜郎之謫哉. 老杜「送巢父歸江東」云: "巢父掉頭不肯住, 東將入海隨烟霧." 其序云, 兼呈李白. 恐不能無微意也.

안록산이 반란을 일으키자 영왕永王 이인李璘이 강좌江左를 차지하려는 생각을 갖고 있었지만 아들 이창李瑒이 금릉金陵을 취할 것을 권유했다. 사서에서는 설무薛繆와 이대경李臺卿이 이인의 주요 참모로 있으면서 이백을 염두에 두지 않았다고 말하고 있다. 이백의 전기에서는 영왕 이인이 (이백을) 부府의 관료로 발탁만 하고서 병사를 일으킨 후 결국 팽택彭澤으로 달아났다고 기술하고 있다. 그렇다면 이백은 이인과 관계가 깊지 않은 것이다. 그런데 이백의 시집에 들어있는 「영왕동순가십일수永王東巡歌十一首」에서 "처음에는 운몽雲夢으로 따라가 붉은 저택을 열고, 다시 금릉을 택해 작은 산을 만들었다[初從雲夢開朱邸, 更取金陵

作小山]"라고 하고, 또 "우리 왕의 누함樓艦은 진秦과 한漢을 가볍게 여겨, 문득 문황(文皇 : 당 태종)이 요동을 나서려는 것[51]과 같다[我王樓艦輕秦·漢, 却似文皇欲度遼]"라고 했으니 만일 그 역모를 도운 것이 아니라면 이런 표현은 없었을 것이다. 이백이 야랑夜郎에 유배되고 나서 지은 「서회書懷」에서 "한밤 수군이 와, 심양에 깃발들이 가득하다. 공허한 명성 얻으려 스스로 오류를 범하고, 위협에 못 이겨 누선에 올랐다. 한낱 하사받은 오백금을, 공허한 연기처럼 내버렸다. 관직을 사양하고 상을 받지 않아, 도리어 야랑의 하늘로 내쫓겼다[半夜水軍來, 尋陽滿旌旃. 空名適自誤, 迫脅上樓船. 徒賜五百金, 棄之若浮煙. 辭官不受賞, 飜謫夜郎天]"라고 하고, 송중승(宋中丞 : 송약사宋若思)이 이백을 추천하며 쓴 글에서 "영왕이 동순東巡할 때를 만나, 위협에 못 이겨 길에 올랐다"라고 하며 이백의 「술회述懷」 내용을 인용해 그 과오를 해명하였다. 공소보(孔巢父)도 영왕의 부름을 받았지만 그가 반드시 실패할 줄 알고 몸을 더럽히지 않은 채 은둔함으로써 명성이 알려졌다. 만일 이백이 공소보처럼 일을 도모했다면 어떻게 야랑으로 좌천되었겠는가. 두보의 「송소부귀강동送巢父歸江東」에서 "소보(巢父)는 머리를 돌리고 머물려하지 않으며, 동쪽 바닷가 안갯속으로 가려 했다[巢父掉頭不肯住, 東將入海隨煙霧]"라고 하고, 그 서문에서 '이백에게 함께 드린다'라고 했으니 미묘한 뜻이 없지 않은 듯하다.

51 문황 …… 나서려는 것 : 당 태종이 요동을 수복하고 천하를 통일하기 위해 고구려 공격에 나선 일을 가리킨다.

운어양추韻語陽秋 권10卷十

李白樂府三卷, 於三綱五常之道, 數致意焉. 慮君臣之義不篤也, 則有「君道曲」之篇, 所謂"風后爪牙常先太山稽, 如心之使臂. 小白鴻翼於夷吾, 劉葛魚水本無二." 慮父子之義不篤也, 則有「東海勇婦」之篇, 所謂"淳于免詔獄, 漢主爲緹縈. 津妾一櫂歌, 脫父於嚴刑. 十子若不肖, 不如一女英." 慮兄弟之義不篤也, 則有「上留田」之篇, 所謂"田氏倉卒骨肉分, 青天白日摧紫荊. 交柯之木本同形, 東枝顦顇西枝榮. 無心之物尚如此, 參商胡乃尋天兵." 慮朋友之義不篤也, 則有「箜篌謠」之篇, 所謂"貴賤結交心不移, 惟有嚴陵及光武." "輕言託朋友, 對面九疑峯." "管鮑久已死, 何人繼其蹤." 慮夫婦之情不篤也, 則有「雙燕離」之篇, 所謂"雙燕復雙燕, 雙飛令人羨. 玉樓珠閣不獨棲, 金窗繡戶長相見." 徐究白之行事, 亦豈純於行義者哉. 永王之叛, 白不能潔身而去, 於君臣之義爲如何? 旣合於劉, 又合於魯, 又娶于宋, 又攜昭陽金陵之妓, 于夫婦之義爲如何? 至於友人路亡, 白爲權窆, 及其糜潰, 又收其骨, 則朋友之義庶幾矣.「送蕭三十一之魯兼問稚子伯禽」, 有"高堂倚門望伯魚, 魯中正是趨庭處. 君行旣識伯禽子, 應駕小車騎白羊"之句, 則父子之義庶幾矣. 如弟凝·錞·濟·況·綰各贈詩, 以致其雍睦之情, 則兄弟之義庶幾矣. 惜乎, 二失旣彰, 三美莫贖, 此所以不能爲醇儒也.

이백의 악부樂府 3권은 삼강오상三綱五常의 도리에 대해 생각을 자주 피력했다. 군신의 의리가 돈독하지 못함을 우려하는 곳에는 (의리가 돈독한) 「군도곡君道曲」이 있으니 "풍후風后[1]의 조아(爪牙 : 보좌)인 상선常先과 태산계太山稽[2]는, 마음이 팔뚝을 부리는 듯했다. 소백小白[3]에게 이오夷吾[4]는 큰 날개였고, 유비와 제갈량은 물고기와 물이 둘이 아닌 것 같았다[風后爪牙常先太山稽, 如心之使臂. 小白鴻翼於夷吾, 劉葛魚水本無二]"가 그것이다. 부자의 의리가 돈독하지 못함을 우려하는 곳에는 (의리가 돈독한) 「동해용부東海勇婦」가 있으니 "순우의淳于意가 형벌을 면한 것은, 한나라 군주가 제영緹縈을 위해서였다.[5] 진첩津妾의 뱃노래 한 곡조는, 아버지를 엄한 형벌에서 벗어나게 했다.[6] 열 아들이라도 착하지 못하면, 영

1 풍후(風后) : 황제(黃帝)시대의 정승인데, 일종의 병서(兵書)인 『악기경(握機經)』을 저술해서 병법의 시조로 추앙되는 인물이다.

2 상선(常先)과 태산계(太山稽) : 황제(黃帝)의 신하인 상선(常先)과 태산계(太山稽)를 이른다. 『사기(史記)』 권1 「오제본기(五帝本紀)」에 "황제가 풍후·역목·상선·대홍을 등용하여 백성을 다스렸다[黃帝擧風后力牧常先大鴻以治民]"라고 하였다.

3 소백(小白) : 춘추시대 제(齊)나라 환공(齊桓)의 이름이다. 제나라에 내란이 발생하자 거(莒)나라로 망명했다가 나중에 돌아와 임금이 되었다. 환공이 포숙(鮑叔)에게 나라를 잘 다스릴 방도를 묻자 포숙이 "원컨대 공께서는 거 땅에 계셨던 때를 잊지 마소서"라고 하였다고 한다.

4 이오(夷吾) : 춘추시대 제(齊)나라의 재상으로 제 환공을 도와 제후 중에 최초로 패업을 이룬 관중(管仲)을 이른다.

5 순우의(淳于意)가 …… 위해서였다 : 제영은 한 문제(漢文帝) 때 효녀로 제나라 태창 영(太倉令) 순우의의 막내딸인데, 순우의가 형벌을 당하게 되자 황제에게 글을 올리기를 "무릇 죽은 사람은 다시 살아날 수 없고 한번 육형(肉刑)을 받은 사람은 다시 몸이 복구되지 않으니 그렇게 되면 과오를 뉘우쳐 새로운 사람이 되려고 해도 다른 방법이 없다. 그래서 제가 대신 관비(官婢)가 되겠으니 이것으로 아비의 죄를 용서해주십시오"라고 하니, 결국 황제가 그를 가엽게 여겨 아비의 형벌을 사면하였던 일을 말한다.

특한 딸 하나만 못한 법이다[淳于免詔獄, 漢主爲緹縈. 津妾一櫂歌, 脫父於嚴刑. 十子若不肖, 不如一女英]"가 그것이다. 형제의 의리가 돈독하지 못함을 우려하는 곳에는 (의리가 돈독한) 「상류전上留田」이 있으니 "전씨田氏 형제가 어느 날 분가하려 할 때, 푸른 하늘 태양 아래 자형紫荊이 꺾였다.[7] 가지가 교차하는 나무는 모습이 본디 같은데, 동쪽 가지 시들면 서쪽 가지 번성한다.[8] 무심한 사물도 이러한데, 삼성參星과 상성商星은 어찌하여 천병天兵[9]을 찾는단 말인가[田氏倉卒骨肉分, 靑天白日摧紫荊. 交柯之木本同形, 東枝顦顇西枝榮. 無心之物尙如此, 參商胡乃尋天兵]"가 그것이다. 친구의 의리가 돈독하지 못함을 우려할 때는 (의리가 돈독한) 「공후요箜篌謠」가 있으니 "귀한 사람 천한 사람이 사귀어 마음이 변치 않는 예는, 오직 엄릉과 광무제뿐이다[貴賤結交心不移, 惟有嚴陵及光武]", "붕우에 의

---

6 진첩(津妾)의 …… 했다 : 진첩은 나루터 여인이라는 말로, 춘추시대 조(趙)나라 나루터 관리의 딸 연(娟)을 가리키는데, 다음의 고사가 전한다. 당시 조간자(趙簡子)가 초나라를 공격하기 위해 나루터 관리와 선편을 약속했으나 나루터 관리가 술에 취해 약속을 이행하지 못하자 그를 죽이려 하였다. 이에 연이 나서서 자신의 아버지는 수신(水神)께 기도드리다가 기도주에 취한 것이며 만약 벌하려거든 술에서 깨어난 뒤에 하여 그 죄를 알게 해달라고 간청하자, 조간자가 결국 모든 걸 용서해주었다.

7 전씨(田氏) …… 꺾였다 : 옛날 전진(田眞)의 형제 삼 인이 재산을 분배할 때, 다른 재산을 모두 나눈 뒤 자형수(紫荊樹 : 콩과에 속하는 낙엽 활엽 관목) 한 그루만 남아서, 나무를 세 쪽으로 나누기로 했는데, 나무가 밤새에 말라 죽자 전진이 크게 놀라 아우들에게 "나무는 본디 한 뿌리인데 쪼개 나눈다는 말을 듣고 말라 죽었으니 우리는 나무만도 못한 사람이다"라고 하고, 결국 세 형제가 나누었던 재산을 다시 합쳐 함께 살았다는 고사와 관련 깊다.

8 가지가 …… 번성한다 : 민사(珉山) 안도현(安都縣)에 가지가 교차하는 나무가 서로 마주보고 자라는데, 해를 바꿔가며 이쪽 나무가 시들면 저쪽 나무가 번성하고 저쪽 나무가 시들면 이쪽 나무가 번성해, 서로의 우의를 돈독히 한다고 한다.

9 천병(天兵) : 천자의 병사이다. 고대에 고신씨(高辛氏)의 두 아들 실침(實沈 : 후에 삼성參星이 됨)과 알백(閼伯 : 후에 商星이 됨)이 서로 싸우면서 천자의 병사를 자칭했다는 말이다. 『좌전(左傳)』 소공(昭公) 원년조에 "자산(子産)이 숙향(叔向)에게 말하기를, '옛날 고신씨(高辛氏)에게 아들 둘이 있어, 맏아들 알백(閼伯)과 둘째 아들 실침(實沈)이 광림(曠林)에 살았는데, 서로 우애가 좋지 않았다. 그들이 날마다 창과 칼로 싸움을 벌이니, 요제(堯帝)가 좋지 않게 여겨, 알백은 상구(商丘)로 옮겨 신(辰)을 주사(主祀)하게 하고, 실침은 대하(大夏)로 옮겨 삼(參)을 주사하게 했다'고 한다"는 내용이 전한다.

탁한다 가볍게 말하며, 구의산의 봉우리[10]를 마주한다[輕言託朋友, 對面九疑峯]", "관중과 포숙아가 죽은 지 오래인데, 누가 그 자취를 계승할까[管鮑久已死, 何人繼其蹤]"가 그것이다. 부부의 정이 돈독하지 못함을 우려할 때는 (정이 돈독한) 「쌍연리雙燕離」가 있으니 "한 쌍의 제비와 한 쌍의 제비가, 짝지어 나는 모습 부럽기만 하네. 주옥의 누각에서 홀로 깃들지 않고, 황금의 수놓은 창 아래에서 오래 서로 어울리네[雙燕復雙燕, 雙飛令人羨. 玉樓珠閣不獨棲, 金窗繡戶長相見]"가 그것이다. 이백의 행적을 가만히 들여다보면 어찌 의리를 실행하는 데 순수했던 사람이라 할 수 있겠는가. 영왕永王이 반란을 일으켰을 때 이백은 자신을 깨끗이 지키지 못하고 찾아갔으니 과연 군신의 의리를 말할 수 있겠는가. 이미 유씨劉氏와 결합한 뒤 다시 노魯씨와 하나 되고, 또 송宋씨에게 장가들고 또다시 소양昭陽 금릉金陵의 기녀를 안았으니 과연 부부의 의리를 논할 수 있겠는가. 친구가 길에서 죽자 그를 위해 임시로 장례를 치르고 살이 문드러졌을 때 그 뼈를 수습해주었다면 붕우의 의리는 거의 다했다 하겠다. 「송소삼십일지노겸문치자백금送蕭三十一之魯兼問稚子伯禽」에 "고당高堂에서 문에 기대 백어伯魚를 바라본 곳은, 노나라에서 마침 마당을 걸어가는 때이다.[11] 떠나는 그대 아들 백금伯禽[12]을 알고 있을 터, 백양白羊에 걸친 작은 수레 타고 있으리라[高堂倚門望伯魚, 魯中正是趨庭處. 君行旣識伯禽子, 應駕小車騎白羊]"는 구절이 있으니 부자의 의리도 거의 다한 것이다. 아우 이응李凝·이순李錞·이제李濟·이황李況·이관李綰이 각기 시를 보내 화목한 정을 다 표했으니 형제의 의리도 거의 다한 것

10 구의산의 봉우리 : 지금 호남성(湖南省) 영원현(寧遠縣) 남쪽에 있는 구의산(九疑山)의 주명(朱明)·석성(石城)·석루(石樓)·아황(娥皇)·순원(舜源)·여영(女英)·소소(蕭韶)·계림(桂林)·자림(梓林) 등 아홉 봉우리를 말한다. 구의산의 봉우리는 모양이 모두 같아 어느 봉우리가 어느 봉우리인지 잘 구분이 안 돼 구의(九疑)라 이름했다 한다.

11 고당(高堂)에서 …… 때이다 : 백어는 공자의 아들로, 공자가 홀로 서 있을 때 그 아들 백어가 종종걸음으로 마당을 지나간 것을 보고 '시'와 '예'를 배웠느냐고 물으며 부자간의 친근한 장면을 보여주었다. 『논어』「계씨(季氏)」.

12 백금(伯禽) : 이백의 큰 아들로, 첫째 부인 허(許)씨와의 사이에서 태어났다.

이다. 아, 애석하다! 두 가지 실수가 이미 드러난 세 가지 아름다움으로 대체할 수 없으니 이것이 순수한 유자儒者가 될 수 없는 이유이다.

人之事親, 當以敬爲主, 故孔子告子游曰 : "至於犬馬, 皆能有養, 不敬, 何以別乎." 束晳作「補亡」詩, 於「南陔」·「白華」二篇, 每以爲言. 「南陔」曰 : "養隆敬薄, 惟禽之似." 「白華」曰 : "竭誠盡敬, 亹亹忘劬." 可謂得孔子之旨矣. 今之人恃親之愛己, 而忘其敬者多, 故表而出之, 以爲事親之戒.

사람이 부모를 섬길 때는 공경하는 마음이 주가 돼야한다. 그래서 공자가 자유(子游 : 언언言偃)에게 "개와 말도 모두 기를 수 있으니 공경하지 않는다면 어떻게 구별되겠는가"라고 했다. 속석束晳이 「보망補亡」을 지었는데 「남해南陔」와 「백화白華」 2편에서 이것을 자주 거론했다. 「남해」에서 "봉양은 융성하나 공경이 부족한 것은, 금수와 같다[養隆敬薄, 惟禽之似]"라고 하고, 「백화」에서 "정성을 다하고 공경을 다하여, 열중하느라 노고도 잊었다[竭誠盡敬, 亹亹忘劬]"라고 했으니 공자의 본지를 터득했다 할 수 있다. 요즘 사람들은 부모가 자신을 사랑한다는 것만 믿고 공경의 마음을 잊는 경우가 많으므로, 이를 드러내 부모를 섬기는 경계로 삼는다.

王稚川調官京師, 母老留鼎州, 久不歸侍. 嘗閱貴人歌舞, 有詩云 : "畫堂玉珮縈雲響, 不及桃源欸乃歌." 山谷和韻諷之云 : "慈母每占烏鵲喜, 家人應賦「扊扅歌」." 可謂盡朋友責善之義. 山谷至孝, 奉母安康君至爲親滌厠牏, 浣中裙, 未嘗頃刻不供子職. 洎貶黔南, 不能與親俱, 則「贈王郎」詩云 : "留我左右手, 奉承白髮親." 至「贛上食蓮有感」則曰 :

"蓮實大如指, 分甘念母慈." 亦可見其孝誠矣. 余聞無瑕者可以戮人, 則其告稚川之語未爲過也. 老杜「送李舟」詩非不歸重, 而其中亦不能無譏焉. 所謂"舟也衣綵衣, 告我欲遠適. 倚門固有望, 斂衽就行役. 南登吟「白華」, 已見楚山碧. 何時太夫人, 堂上會親戚." 豈非譏其無方之遊邪? 孔子云 : "父母在, 不遠遊, 遊必有方." 則山谷・少陵之詩, 皆有孔子之意也.

왕치천(王稚川 : 왕횡王紘)이 서울에서 관직 생활을 할 때 연로한 모친이 정주鼎州에 머물고 있었는데 오랫동안 돌아가 시봉하지 못했다. 일찍이 부유한 집안에서 펼치는 가무를 보고 지은 시에서 "화려한 집의 옥구슬과 화려한 음악도, 도화원의 뱃노래만 못하다[畫堂玉珮縈雲響, 不及桃源欸乃歌]"[13]라고 하자, 황정견이 화답의 시로 풍자하기를 "모친은 매번 까마귀와 까치의 기쁜 소식을 점칠 테고, 식구들은 「염이가扊扅歌」를 지으리라[慈母每占烏鵲喜, 家人應賦「扊扅歌」]"[14]라고 했으니 선善을 권장하는 친구의 의리를 다했다 할 수 있다. 황정견은 효심이 지극하여 어머니 안강군安康君을 봉양할 때 직접 측유(厠牏 : 변기)를 씻거나 속옷을 빨기도 하는 등 잠시도 자식의 직분을 다하지 않은 적이 없다. 검남黔南에 좌천되어 어머니와 함께 할 수 없을 때 지은 「증왕랑贈王郎」에서 "나의 좌우의 손을 남겨두어, 백발의 모친을 받들고 싶다[留我左右手, 奉承白髮親]"라고 하고, 「공상식연유감贛上食蓮有感」에서는 "연밥의 크기가 손가락만 하니, 나눠 먹을 때 자애로운 어머니가 생각난다[蓮實大如指, 分甘念母慈]"라고 했으니 효심과 정성을 엿볼 수 있다. 하자가 없는 사람만 남을 비판할 수 있다고 한다면 왕횡에게 권고한 말은 허물이 되지 않는 것이다. 두보의 「송이주送李舟」는 상대를 높이 여기고는 있지만 내용 가운데 일정한 비판이 없지 않다. "주舟가 화려한 옷을 입고,

13 여악(厲鶚), 『송시기사(宋詩紀事)』 권31, 왕횡(王紘), 「서려저벽(書旅邸壁)」.
14 『산곡집(山谷集)』 권9 「차운왕치천객사이수(次韻王稚川客舍二首)」 제1수.

내게 멀리 떠나고자 한다고 한다. (부모는) 문에 기대어 바라보고 계실 터, 옷깃을 여미고 길을 나선다. 남쪽에 올라 「백화白華」를 읊조리노라면, 어느덧 푸른 초나라 산을 보게 되리라. 어느 때나 태부인(太夫人 : 모친)이, 당상에서 친척들을 만날까(舟也衣綵衣, 告我欲遠適. 倚門固有望, 斂衽就行役. 南登吟「白華」, 已見楚山碧. 何時太夫人, 堂上會親戚)"는 방향이 일정치 않은 유람에 대해 비판한 것이 아니겠는가. 공자는 "부모가 살아 계실 때는 멀리 떠나지 않아야 하고, 떠날 때는 반드시 방향을 말씀드려야 한다"[15]라고 했으니, 황정견과 두보의 시에는 모두 공자의 뜻이 담겨있다.

王勃嘗言, 爲人子者不可以不知醫. 時長安曹元有秘術, 勃從之游, 盡得其要. 又以虢州多藥草, 求補參軍. 故「示助弟」詩云: "自予反初服, 無情想高蓋. 報國情豈忘, 從親心所大." 則勃於親亦可謂厚矣. 然不能立身持己, 私匿官奴而殺之, 以致其父從坐, 遠謫交趾, 豈得爲孝乎? 孟子曰: "縱耳目之欲, 以爲父母僇." 勃其近之矣.

왕발王勃은 일찍이 부모를 모시고 있는 자식은 의술을 몰라서는 안 된다고 했다. 당시 장안에 사는 조원曹元이 비방을 갖고 있었는데 왕발은 그와 어울리며 그 요체를 모두 터득했다. 또 괵주虢州에 약초가 많다는 이유로, 그곳 참군參軍으로 보내달라고 요구했다. 그래서 「시조제示助弟」에서 "나는 초복初服[16]에서 되돌아갈(벼슬에 나감) 때부터, 높은 관직에는 생각이 없었다. 국가에 보답할 마음을 어찌 잊으랴만, 부모님의 뜻을 따르는 것이 우선 중요하다(自予反初服, 無情想高蓋. 報國情豈忘, 從親心所大)"라고 했으니 왕발은 부모에게 돈독했다고 할 수 있다. 하지만

15 『논어(論語)』「이인(里仁)」.

16 초복(初服) : 처음에 입던 옷이다. 벼슬을 떠나 애초의 삶으로 돌아가는 것을 말한다.

입신해서 자기 몸을 잘 간직하지 못하고 관노官奴를 몰래 숨겨 살해함으로써 부친까지 연좌되어 멀리 교지交趾까지 좌천되게 만들었으니 어찌 효도했다 할 수 있겠는가. 맹자가 "눈과 귀(육체)가 하고 싶은 대로 하여 부모를 욕되게 했다"[17]라고 했는데 왕발이 이에 가까운 것이다.

陳繹奉親至孝, 嘗作慶老堂以娛其母. 介甫贈之詩云 : "種竹常疑出冬笋", 暗用孟宗事, "開池故合涌寒泉", 暗用姜詩事.

진역陳繹은 부모를 지극한 효성으로 봉양했는데 일찍이 경로당慶老堂을 지어 모친을 기쁘게 해드렸다. 왕안석이 지어 보낸 시에서 "대나무를 심어 언제나 겨울 죽순이 나올 것처럼 여겼고[種竹常疑出冬笋]"[18]는 맹종孟宗[19]의 고사를 연계한 것이고 "연못을 파 일부러 솟아오르는 차가운 샘물과 합쳤다[開池故合涌寒泉]"[20]는 강시姜詩[21]의 고사를 연계한 것이다.

張劍州以太夫人喪劍州歸, 荊公予之詩幷示女弟云 : "烏辭反哺顚毛黑, 烏引思歸口舌丹." 又有「張劍州至劍一日以親憂罷」詩云 : "白頭反

17 『맹자(孟子)』「이루 하(離婁下)」.

18 『임천문집(臨川文集)』 권23 「경로당(慶老堂)【진역(陳繹)】」.

19 맹종(孟宗) : 삼국시대 오(吳)나라의 관리로 효자로 명성이 높았다. 연로한 어머니가 겨울에 죽순을 먹고 싶어 하자, 안타까운 마음에 대숲으로 가 슬피 울었는데, 갑자기 땅 위로 죽순이 올라와 그것을 어머니에게 봉양해 병을 낫게 하였다고 한다. 『초국선현전(楚國先賢傳)』

20 『임천문집(臨川文集)』 권23 「경로당(慶老堂)【진역(陳繹)】」.

21 강시(姜詩) : 후한 때 지극한 효성으로 모친을 섬겼다는 인물이다. 강시는 아내와 함께 모친이 좋아하는 생선회를 항상 준비했고, 또 모친이 강물을 즐겨 마셔서 그의 아내가 집에서 6~7리 떨어진 강까지 가 물을 길어 왔다고 한다. 『열녀전(列女傳)』「강시처(姜詩妻)」.

哺秦烏側, 流血思歸蜀烏前.” 所賦皆一時之事, 而語意重複如此何邪?

장검주(張劍州 : 장규張奎)가 태부인(太夫人 : 모친)의 상을 당해 검주에서 돌아올 때, 왕안석이 여동생과 함께 보라며 지어 보낸 시에서 “까마귀가 반포反哺를 이야기할 때 이마의 털은 까맣고, 새가 돌아가고픈 마음을 인용할 때는 입과 혀가 붉다[烏辭反哺顚毛黑, 鳥引思歸口舌丹]”[22]라고 하고, 또 「장검주지검일일이친우파張劍州至劍一日以親憂罷」에서는 “백발에 진나라 까마귀 곁에서 반포하고, 피 흘리며 촉나라 새 앞에서 돌아갈 것을 생각한다[白頭反哺秦烏側, 流血思歸蜀鳥前]”라고 했다. 내용은 모두 같은 시점에 일어난 일에 관한 것인데 시어의 내용이 이처럼 중복되는 것은 왜일까?

荊公「初去臨川」詩云 : “馬頭西去百霑襟, 一望親庭更苦心. 已覺省煩非仲叔, 安能養志似曾參.” 赴調西去時詩也.① 非仲叔則自傷不能養口體, 不如曾參則自傷不能養志也. 人自一官所驅, 乃爾爲志, 亦豈得已哉. 後又有詩云 : “古人一日養, 不以三公換.” 正爲此爾.

① ‘去’原脫, 據詩句‘西去’補.

왕안석의 「초거임천初去臨川」에서 “말머리 서쪽으로 향할 때 눈물이 옷깃 가득 적시고, 부모님 계신 곳 바라보면 더욱더 가슴 아리다. 이미 번잡함을 줄인 중숙仲叔[23]이 아닌 줄 알았는데, 어떻게 증참曾參처럼 양

22 『임천문집(臨川文集)』 권23 「기장검주병시여제(寄張劒州幷示女弟)【시장이태부인상자검주귀(時張以太夫人喪自劒州歸)】」.

23 번잡함을 …… 중숙(仲叔) : 중숙은 동한(東漢)시대의 관리인 민공(閔貢)의 자(字)인데, 그와 관련하여 다음의 고사가 전한다. 어느 날 친구 주당(周黨)이 나물도 없이 밥을 먹는 중숙을 보고 마늘을 보내자 “나는 번잡함을 줄이려 할 뿐이데 지금 다시 번잡한 일을 하겠는가”라고 하며 받기만 하고 먹지 않았다 한다. 『고사전(高士傳)』.

지(良知 : 부모님의 마음을 받듦)를 할 수 있겠는가[馬頭西去百霑襟, 一望親庭更苦心. 已覺省煩非仲叔, 安能養志似曾參]"는 서쪽으로 부임할 때 지은 시이다. 중숙이 아니라고 한 것은 음식조차 봉양할 수 없음을 슬퍼한 것이고 증참만 못하다고 한 것은 부모의 마음을 잘 받들지 못하는 것을 슬퍼한 것이다. 사람이 관직 하나에 얽매이면서 그런 생각이 드는 것을 어찌 그칠 수 있겠는가. 뒤에 지은 시에서 "옛사람은 하루의 봉양을, 삼정승과도 바꾸지 않았다[古人一日養, 不以三公換]"[24]라고 한 것은 바로 이를 두고 말한 것이다.

① '去'는 본래 탈락되어 있었는데 시구 '西去'에 의거하여 보완했다.

唐人與親別而復歸, 謂之"拜家慶." 盧象詩云 : "上堂家慶畢, 顧與親恩邇." 孟浩然詩云 : "明朝拜家慶, 須著老萊衣."

당나라 사람들은 부모와 헤어진 뒤 다시 돌아와 뵙는 것을 '배가경拜家慶'이라 했다. 노상盧象의 시에서 "당에 올라 가경을 마치니, 부모의 은혜와 가까워졌네[上堂家慶畢, 顧與親恩邇]"[25]라고 하고, 맹호연의 시에서는 "내일 배가경 때는, 노래자老萊子[26]의 옷을 입으리라[明朝拜家慶, 須著老萊衣]"[27]라고 했다.

謝師厚生女, 梅聖俞與之詩曰 : "生男衆所喜, 生女衆所醜. 生男走四鄰, 生女各張口. 男大守詩書, 女大逐雞狗." 又云 : "何時某氏郎, 堂上

24 『임천문집(臨川文集)』 권9 「송교집중수재귀고우(送喬執中秀才歸高郵)」.
25 『어정전당시(御定全唐詩)』 권121, 노상(盧象), 「한식(寒食)」.
26 노래자(老萊子) : 춘추시대 초(楚)나라의 은사(隱士)이다. 그는 나이 일흔에도 부모의 마음을 기쁘게 해 드릴 목적으로 색동옷을 입고 춤을 추었다고 한다.
27 『맹호연집(孟浩然集)』 권3 「채양관(蔡陽館)」.

拜媼叟." 蓋戲師厚也. 陳琳・杜甫詩及「楊妃外傳」其說異焉. 琳痛長城之役, 則曰:"生男戒勿擧, 生女哺用脯." 杜甫傷關西之戍, 則曰:"生女猶是嫁比鄰, 生男埋沒隨百草." 楊妃專寵帝室, 金印盭綬, 寵徧於銛釗, 象服魚軒, 榮均於秦虢. 當時遂有"生女勿悲酸, 生男勿喜歡. 男不封侯女作妃, 君看女却爲門楣"之詠. 而樂天「長恨歌」亦云:"遂令天下父母心, 不重生男重生女." 今師厚之女, 毓質儒門, 不過求賢士以爲之配爾, 縱不至負薪如翟婦, 餉舂如孟光, 亦豈能預知其必大富貴, 光宗榮族如蒲津之婦人乎. 宜其聖兪以爲戲也.

사사후(謝師厚 : 사경초謝景初)가 딸을 낳았는데 매성유가 지어준 시에서 "아들을 낳으면 사람들이 좋아하지만, 딸을 낳으면 사람들이 추하게 여긴다. 아들을 낳으면 사방으로 달려가지만, 딸을 낳으면 하품을 한다. 아들이 크면 시서詩書를 지키지만, 딸이 크면 닭과 개를 뒤쫓는다[生男衆所喜, 生女衆所醜. 生男走四鄰, 生女各張口. 男大守詩書, 女大逐雞狗]"[28] 라고 하고, 또 "언제 아무개 신랑이, 당 위에 올라가 신부 아비에게 절을 할까[何時某氏郞, 堂上拜媼叟]"[29]라고 했는데 사경초를 놀리며 한 말이다. 진림陳琳과 두보의 시와 「양비외전楊妃外傳」은 그 내용이 다르다. 진림이 장성長城의 부역을 애통해하면서 "아들을 낳으면 삼가 거론하지 말고, 딸을 낳으면 포脯를 먹여야 한다[生男戒勿擧, 生女哺用脯]"[30]라고 하고, 두보가 관서關西의 수戍자리를 가슴 아파 한 시에서 "딸을 낳으면 이웃집에 시집보낼 수 있지만, 아들을 낳으면 풀과 함께 사라진다[生女猶是嫁比鄰, 生男埋沒隨百草]"[31]라고 했다. 양비(楊妃 : 당 태종의 비)는 황실의 총애를 독차지하여 여수(盭綬 : 인장에 달린 노란색 끈)가 달린 황금을

28 『완릉집(宛陵集)』 권11 「희기사후생녀(戲寄師厚生女)」.
29 『완릉집(宛陵集)』 권11 「희기사후생녀(戲寄師厚生女)」.
30 장부(張溥), 『한위육조백삼가집(漢魏六朝百三家集)』 권28, 진림(陳琳), 『위진림집(魏陳琳集)』, 「음마장성굴행(飮馬長城窟行)」.
31 『두시상주(杜詩詳註)』 권2 「병거행(兵車行)」.

갖고 가래와 쟁기에도 총애가 미쳤으며, 상복象服[32]과 어헌魚軒[33]은 진국부인秦國夫人・괵국부인虢國夫人과 동등했다. 그래서 당시에 "딸을 낳으면 슬퍼하거나 신산해하지 말고, 아들을 낳으면 기뻐하지 말라. 아들은 왕후에 책봉되지 못하지만 딸은 비가 되니, 그대여 딸이 집안의 대표가 되는 것을 볼지어다[生女勿悲酸, 生男勿喜歡. 男不封侯女作妃, 君看女却爲門楣]"라는 노래가 있기까지 했고, 백거이의 「장한가長恨歌」에서도 "결국 천하의 부모로 하여금, 아들을 중히 여기지 않고 딸을 중히 여기게 했다[遂令天下父母心, 不重生男重生女]"라고 했다. 지금 사경초의 딸은 어엿한 학자의 집안에서 태어나 훌륭한 인물을 구해 짝으로 삼으려는 데 지나지 않으며, 비록 땔나무를 머리에 인 적부翟婦[34]나 절구질한 맹광孟光[35]엔 이르지 못하더라도 반드시 크게 부귀를 이루어, 종친과 가족을 포진蒲津의 부인처럼 영광스럽게 할 것이라고 누가 장담할 수 있겠는가. 매성유가 농담 삼아 한 말이 분명하다.

老杜「北征」詩云:"經年至茅屋, 妻子衣百結. 慟哭松聲回, 悲泉共幽咽. 平生所嬌兒, 顔色白勝雪. 見爺背面啼, 垢膩脚不襪." 方是時, 杜方脫身於萬死一生之地, 得見妻兒, 其情如是. 洎至秦中, 則有"曬藥能無婦, 應門亦有兒"之句. 至成都則有"老妻憂坐痺, 幼女問頭風"之句. 觀其情悰, 已非「北征」時比也. 及觀「進艇」詩, 則曰:"晝引老妻乘小艇, 晴看稚子浴清江." 「江村」詩則曰:"老妻畫紙爲棋局, 稚子敲針作釣

32 상복(象服): 고대 귀족들이 입던 일종의 예복(禮服)으로, 상의를 각종 도형(圖形)이 있는 비단으로 장식했다.

33 어헌(魚軒): 어피로 장식한 귀족들이 타는 수레이다.

34 적부(翟婦): 춘추시대 진(晉)나라의 영수인 조간자(趙簡子)가 첩으로 삼은 적족(狄族)의 비(婢)로, 적비(翟婢)라고도 한다.

35 맹광(孟光): 맹광은 살찌고 못생겼으며 피부가 검고 돌로 만든 절구를 들 정도로 힘이 센 여인이었다. 그런데 동한(東漢)의 은사(隱士) 양홍(梁鴻)에게 시집가 남편을 극진히 보필해서, 예의 바른 부인의 대명사가 되었다.

鉤." 其優游愉悅之情, 見於嬉戲之間, 則又異於在秦益時矣.

두보의 「북정北征」에서 "한 해를 지나 초가집에 오니, 처자는 누더기 옷을 입고 있다. 통곡의 소리가 솔숲 메아리로 돌아오며, 비천悲泉과 함께 흐느낀다. 평소에 귀엽던 아이들도, 안색이 창백해 눈보다 희다. 아비를 보고도 등지고 우나니, 때 묻은 다리에는 버선도 없다[經年至茅屋, 妻子衣百結. 慟哭松聲回, 悲泉共幽咽. 平生所嬌兒, 顏色白勝雪. 見爺背面啼, 垢膩脚不襪]"라고 했다. 당시 두보는 절체절명의 땅에서 빠져나와 아내와 아이를 보았으므로 마음이 이러했던 것이다. 진중秦中에 이르렀을 때는 "약을 말릴 때 부인이 없을 수 있으랴, 문 앞에는 아이도 있다[曬藥能無婦, 應門亦有兒]"[36]라는 구절이 있고 성도成都에 이르러서는 "늙은 아내 마비에 걸린 것을 걱정하고, 어린 딸의 두풍頭風[37]에 대해 묻는다[老妻憂坐痹, 幼女問頭風]"[38]라는 구절이 있으니 그 슬픈 정경을 들여다보면 「북정」 때와 견줄 수 있는 것이 아니다. 「진정進艇」에서는 "낮에는 늙은 아내 데리고 작은 배를 타고, 맑은 날에는 아이들이 맑은 강물에서 목욕하는 것을 본다[晝引老妻乘小艇, 晴看稚子浴淸江]"라고 하고, 「강촌江村」에서는 "늙은 아내는 종이 위에 바둑판을 그리고, 어린아이는 바늘로 낚시갈고리를 만든다[老妻畫紙爲棋局, 稚子敲針作釣鉤]"라고 하여 여유롭고 즐거운 모습이 일상의 놀이에서 나타나고 있으니 진중과 익주에 있을 때와는 또 다르다.

白樂天・元微之皆老而無子, 屢見于詩章. 樂天五十八歲始得阿崔, 微之五十一歲始得道保, 同時得嗣, 相與酬唱喜甚. 樂天詩云 : "膩剃新

36 『두시상주(杜詩詳註)』 권7 「진주잡시이십수(秦州雜詩二十首)」 제20수.

37 두풍(頭風) : 머리가 항상 아프거나, 계속하여 부스럼이 나는 병을 말한다.

38 『두시상주(杜詩詳註)』 권14 「견민봉정엄공이십운(遣悶奉呈嚴公二十韻)」.

胎髮, 香繃小繡襦. 玉牙開手爪, 蘇顆點肌膚." 微之云:"且有承家望, 誰論得力時." 又云:"嘉名稱道保, 乞姓號崔兒." 後崔兒三歲而亡, 白賦詩曰:"懷抱又空天默默, 依前仍作鄧攸身." 傷哉微之, 五十三而亡. 按「墓誌」有子道護, 年三歲而卒. 以歲月攷之, 卽道保也. 孟東野連產三子, 不數日皆失之, 韓退之嘗有詩, 假天命以寬其憂. 三人者皆人豪, 而不能忘情如此, 信知割愛爲難也. 若使學道者遭此, 則又何必黑衣巾者闖然入其戶, 而後喻哉?

백거이와 원진은 모두 늙을 때까지 자식이 없었다는 사실이 시와 글에서 여러 차례 보인다. 백거이는 오십팔 세에 비로소 아최阿崔를 얻었고 원진은 오십일 세에 비로소 도보道保를 얻어서 동시에 아들을 얻은 것에 대해 서로 시를 주고받으며 기쁨을 나눴다. 백거이의 시에서 "막 자른 태아의 머리에는 윤기가 흐르고, 예쁘게 걸친 작은 수 저고리가 향기롭구나. 펼친 손은 옥빛 상아 같고, 하얀 피부는 부드러운 연유 같구나[膩剃新胎髮, 香繃小繡襦. 玉牙開手爪, 蘇顆點肌膚]"[39]라고 하고, 원진에게 화답한 시에서는 "집안을 계승할 기대를 갖게 됐으니, 누가 득력할 때를 논했는가[且有承家望, 誰論得力時]"[40]라고 하고, 또 "좋은 이름 도보道保라 칭하고, 성을 빌려 최아崔兒라 부른다[嘉名稱道保, 乞姓號崔兒]"[41]고 했다. 후에 최아가 세 살 때 죽었는데 백거이가 지은 시에서 "가슴이 텅 비고 하늘이 먹먹해, 이전처럼 등유鄧攸[42]의 몸이 되었다[懷抱又空天默默, 依前仍作鄧攸身]"[43]라고 했다. 그리고 슬프게도 원진이 오십삼 세에

39 『백씨장경집(白氏長慶集)』 권28 「아최(阿崔)」.
40 『백씨장경집(白氏長慶集)』 권28 「화미지도보생삼일(和微之道保生三日).
41 『백씨장경집(白氏長慶集)』 권28 「화미지도보생삼일(和微之道保生三日)」.
42 등유(鄧攸): 진(晉)나라 사람으로, 석륵(石勒)의 병란 때 어린 아들과 죽은 아우의 소생인 어린 조카를 데리고 피난하다가 도중에 두 아이를 모두 데려가지 못할까 염려하여 아들을 버리고 조카만 데려갔는데, 훗날 끝내 자식을 두지 못했다고 한다.
43 『백씨장경집(白氏長慶集)』 권28 「곡최아(哭崔兒)」.

세상을 떠났다. 「묘지墓誌」를 살펴보면, 아들 도호道護가 세 살 때 죽었다고 돼있는데 시기를 맞춰보면 그가 바로 도보이다. 맹교는 세 아들을 연이어 낳았으나 며칠이 안 돼 모두 잃었는데 한유가 일찍이 시를 지어주며 천명을 빌려 그 시름을 덜어주었다. 세 사람은 모두 호걸이지만 이처럼 자식에 대한 정을 잊지 못했으니 참으로 사랑을 잘라내는 것이 어렵다는 것을 알 수 있다. 만일 도道를 배우는 자가 이런 상황을 만난다면 어찌 굳이 검은 옷에 건巾을 쓴 자(저승사자)가 남몰래 방안으로 들어오고 나서야 사실을 깨치겠는가.

陶淵明「命子篇」則曰:"夙興夜寐, 願爾之才. 爾之不才, 亦已焉哉." 其「責子篇」則曰:"雖有五男兒, 總不好紙筆. 天運苟如此, 且進盃中物."「告儼等疏」則曰:"鮑叔·管仲, 同財無猜, 歸生·伍擧, 班荊道舊, 而況同父之人哉." 則淵明之子未必賢也. 故杜子美論之曰:"有子賢與愚, 何其掛懷抱." 然子美於諸子, 亦未爲忘情者. 子美「遣興」詩云:"驥子好男兒, 前年學語時. 世亂憐渠小, 家貧仰母慈." 又「憶幼子」詩云:"別離驚節換, 聰慧與誰論. 憶渠愁只睡, 炙背俯晴軒."「得家書」云:"熊兒幸無恙, 驥子最憐渠."「元日示宗武」云:"汝啼吾手戰." 觀此數詩, 於諸子鍾情尤甚於淵明矣. 山谷乃云:"杜子美困於三蜀, 蓋爲不知者詬病, 以爲拙於生事, 又往往譏宗武失學, 故寄之淵明爾. 俗人不知, 便爲譏病." 所謂癡人面前, 不得說夢也.

도연명의 「명자편命子篇」에서 "일찍 일어나고 밤늦게 자며, 너의 재능을 발휘하기를 원한다. 네가 재능을 발휘하지 못한다면, 또한 어쩔 수 없다[夙興夜寐, 願爾之才. 爾之不才, 亦已焉哉]"라고 하고, 「책자편責子篇」에서 "다섯 아들이 있지만, 모두가 지필묵을 좋아하지 않는다. 천운이 진정 이렇다면, 잔 속의 술을 들이킬 뿐이다[雖有五男兒, 總不好紙筆.

天運苟如此, 且進盃中物]"라고 하고, 「고엄등소告儼等疏」에서 "포숙鮑叔과 관중管仲은 재물을 함께 나눠 쓰며 시기하는 일이 없었고, 귀생歸生과 오거伍擧[44]는 가시덤불에서 지난 우정을 이야기했는데, 같은 아버지를 둔 사람들이야 말할 나위가 있겠는가"라고 했으니, 도연명의 아들들은 반드시 똑똑하지는 않았던 것이다. 그래서 두보가 논하기를 "자식이 똑똑하건 어리석건, 어찌 가슴에 담아둘 필요가 있겠는가"[45]라고 했다. 하지만 두보가 자식들에 대해 관심을 갖지 않았다곤 할 수 없다. 두보의 「견흥遣興」에서 "아들 기驥는 좋은 사내로서, 지난해가 말을 배울 때이다. 세상이 혼란해 여린 그가 안쓰럽고, 집안이 가난해 어미의 따뜻한 품을 그리워한다[驥子好男兒, 前年學語時. 世亂憐渠小, 家貧仰母慈]"라고 하고, 또 「억유자憶幼子」에서 "이별은 계절이 바뀔 때마다 깜짝 놀라게 하나니, 총명과 지혜를 누구와 논하겠는가. 시름겨운 그가 잠에 떨어져, 등짝에 햇볕 쪼이고 밝은 대청 굽어보는 모습이 떠오른다[別離驚節換, 聰慧與誰論. 憶渠愁只睡, 炙背俯晴軒]"라고 하고, 「득가서得家書」에서 "웅熊이는 다행히 별탈이 없고, 기가 가장 살가웁다[熊兒幸無恙, 驥子最憐渠]"라고 하고, 「원일시종무元日示宗武」에서 "네가 울면 나의 손이 떨린다[汝啼吾手戰]"라고 했다. 이들 시를 보면 아들에 대한 관심이 도연명보다 더 깊었던 것이다. 황정견이 이르기를 "두보가 삼촉三蜀에서 곤궁하게 지낼 때 내용을 모르는 사람으로부터 비난을 받아, 생업에 무능하다느니 종무宗武가 배움의 기회를 놓쳤다니 등의 말을 들었으므로 도연명에게 기탁해 말한 것일 뿐이다. 속인들이 내용을 모른 채 비난

44 귀생(歸生)과 오거(伍擧) : 두 사람은 위급한 처지를 서로 구해 준 친구 관계로 널리 일컬어지는 인물들이다. 귀생은 채(蔡)나라 사람으로 이름이 공손귀생(公孫歸生)이며, 오거는 초(楚)나라 사람으로 오자서(伍子胥)의 조부 초거(椒擧)이다. 오거의 장인 왕자모(王子牟)가 죄를 짓고 도망갔는데, 오거가 몰래 보내 주었다는 혐의가 있어 정(鄭)나라를 거쳐 진(晉)나라로 망명할 즈음에 귀생과 의논하였다. 이에 귀생이 초나라의 영윤(令尹) 자목(子木)을 만나 설득한 결과, 자목이 왕에게 말해 오거의 작록을 더해 주고 돌아오게 하였다. 『춘추좌전(春秋左傳)』 양공(襄公) 26년.

45 『두시상주(杜詩詳註)』 권7 「견흥(遣興)」 5수 중 제2수.

을 일삼을 것이다"라고 했으니 이른바 어리석은 사람 앞에서는 꿈을 이야기할 수 없는 격이다.

李義山作「嬌兒」詩時, 袞師方三四歲爾, 其末乃云: "兒應勿學耶, 讀書求甲乙. 況今西與北, 羌戎正狂悖. 兒當速成大, 探雛入虎窟. 當爲萬戶侯, 勿守一經袠." 夫兵連禍結, 生民塗炭, 以日爲歲之時, 而乃望三四歲兒立功於二十年後, 所謂俟河之淸, 人壽幾何者邪.

이상은이 「교아嬌兒」를 지을 때 아들 곤사袞師는 서너 살이었다. 그 뒷부분에서 "아이가 배우지 않아서야 되겠는가, 공부를 할 때는 으뜸을 추구해야 한다. 더구나 지금 서쪽과 북쪽에, 오랑캐들이 날뛰고 있지 않나. 아이는 마땅히 신속히 커서, 새끼를 탐색하러 호랑이 굴로 들어가야 한다. 마땅히 만호후萬戶侯가 되어야지, 경전 하나만 지키지는 말아야 한다[兒應勿學耶, 讀書求甲乙. 況今西與北, 羌戎正狂悖. 兒當速成大, 探雛入虎窟. 當爲萬戶侯, 勿守一經袠]"라고 했다. 병란이 이어지고 백성들이 도탄에 빠져 하루를 한 해로 여기는 시절에 갓 서너 살의 아이에게 이십 년 후 공을 세울 것을 기대했으니 이른바 "하수河水가 맑기를 기다리고 있는데, 인간의 수명이 얼마나 된단 말인가"라는 격이다.

元微之誨姪書云: "吾生長京城, 朋從不少, 然而未嘗識倡優之家, 不曾於喧嘩縱觀." 「至陝府」詩, 迺有一生自恣之語, 至云"那知我少年, 深解酒中事. 能唱犯聲歌, 偏精變籌義. 含詞待殘拍, 叫噪擲投盤"等語, 則誨姪之言, 殆虛語也.

원진이 조카에게 훈계의 뜻을 담아 보낸 글에서 "나는 서울에서 나고 자라서 친구들이 적지 않다. 하지만 일찍이 창우倡優 쪽 사람들을 알지 못하고 떠들썩한 곳을 싸돌아다닌 적이 없다"[46]라고 했다. 그런데 「지섬부至陝府」에서는 일생을 방탕하게 보냈다는 표현이 있어서 "내가 소년이었을 때, 술을 잘 알고 있었다는 걸 누가 알랴. 범성(犯聲 : 사곡詞曲의 변조)의 노래를 잘 불렀고 변주(變籌 : 고대의 주판)의 내용에 정통했다. 함축의 가사는 박자가 끝날 때까지 기다리고 …… 떠들어대며 쟁반을 내던졌다[那知我少年, 深解酒中事. 能唱犯聲歌, 偏精變籌義. 含詞待殘拍 …… 叫噪擲投盤]" 따위의 말까지 했으니 조카에게 훈계한 말은 빈말이었던 것이다.

錢起「題杜牧林亭」詩云 : "不須耽小隱, 南阮在平津." 南阮謂杜悰也. 史載悰更歷將相, 而牧困躓不自振, 怏怏不平, 以至於卒. 審爾, 則牧之豈肯受其料理哉? 然宗族貴官河潤者非一, 枯菀升沉, 時命存焉, 何至怏怏如是. 可以知牧之量不宏也.

전기錢起의 「제두목임정題杜牧林亭」에서 "소은小隱[47]을 탐닉할 필요 없음은, 남원南阮이 평진平津에 있어서다[不須耽小隱, 南阮在平津]"라고 했는데 남원은 두종杜悰을 말한다. 역사의 기록에 의하면, 두종은 장수와 정승을 두루 역임했지만 두목은 좌절의 삶에서 스스로 떨치고 일어나지 못하여 항상 불평을 가진 채 생을 마쳤다고 한다. 그것이 사실이라면 두목이 어찌 그에게 조종을 받으려 했겠는가. 하지만 종친 가운데 높은 관직에 오른 사람으로부터 혜택을 받는 이들이 한둘이 아니고 쇠퇴

46 『원씨장경집(元氏長慶集)』 권30 「회질등서(誨姪等書)」.

47 소은(小隱) : 진정한 은자인 '대은(大隱)'과 상대되는 개념이다. 진(晉)나라 왕강거(王康琚)의 「반초은시(反招隱詩)」에 "작은 은자는 산림에 숨고, 큰 은자는 조시에 숨는지라, 백이는 수양산에 숨었고, 노자는 주하사(柱下史) 벼슬에 숨었다네[小隱隱陵藪, 大隱隱朝市, 伯夷竄首陽, 老聃伏柱史]"라는 시구가 보인다.

와 흥성, 승진과 침체에는 운명이 존재하는 것인데 어찌 그처럼 불평한단 말인가. 두목의 도량이 크지 않았음을 알 수 있다.

『文選』載嵇叔夜「贈秀才入軍」詩, 李善注, 謂兄喜秀才入軍, 而張銑謂叔夜弟, 不知其名. 考五詩, 或曰"攜我好仇", 或曰"思我良朋", 或曰"佳人不在", 皆非兄弟之稱. 善・銑所注, 恐未必然爾.

『문선』에 혜강嵇康의 「증수재입군贈秀才入軍」이 실려 있는데 이 시에 대한 이선李善의 주석에서는 "형 희喜가 수재秀才로 군대에 들어간 것"이라고 하고, 장선張銑은 "혜강의 아우는 이름을 알 수 없다"고 했다. 위 제목의 다섯 수 시를 살펴보면 "나의 좋은 짝을 이끈다[攜我好仇]"라고 하고 "나의 좋은 친구를 그린다[思我良朋]"라고도 하고 "가인이 있지 않다[佳人不在]"라고도 했으니 이는 모두 형제를 지칭한 것이 아니다. 따라서 이선과 장선의 주석은 필경 옳지 않은 듯하다.

楊六尚書, 白樂天妻兄也. 初除東川節度, 「代妻賀兄」云: "覓得黔婁爲妹婿, 可能空寄蜀茶來." 又「寒食寄」詩曰: "蠻旗似火行隨馬, 蜀妓如花坐繞身. 不使黔婁夫婦看, 誇張富貴向何人." 皆責望之言也.

상서尚書 양육楊六은 백거이의 처형이다. 처음 동천절도사東川節度使에 임명될 때 쓴 「대처하형代妻賀兄」에서 "검루黔婁[48]를 찾아 동서가 되었나니, 부족하나마 촉다蜀茶를 부쳐올 수 있겠는가[覓得黔婁爲妹婿, 可能空寄蜀茶來]"라고 하고, 「한식기寒食寄」에서 "오랑캐 깃발은 불꽃이 말을

48 검루(黔婁): 춘추시대 노(魯)나라의 은사(隱士)로, 죽었을 때 시신을 덮을 만한 이불이 없을 정도로 가난했다고 한다. 『열녀전(列女傳)』「노검루처(魯黔婁妻)」.

뒤따르는 것과 같고, 촉나라의 기생은 꽃이 몸을 두르는 것과 같다. 검루 부부에게 이를 보이지 말라, 누구에게 부귀를 자랑하겠는가[蠻旗似火行隨馬, 蜀妓如花坐繞身. 不使黔婁夫婦看, 誇張富貴向何人]"라고 했으니 모두 조심하라는 뜻이 담긴 말이다.

王福畤之子勔·勮·勃皆有才名, 故杜易簡稱爲"三珠樹." 其後助·劼·勸又皆以文顯. 勃於兄弟之間極友愛, 「自鄉還虢」詩曰: "人生忽如客, 骨肉知何常. 願及百年內, 華蕚常相將. 無使「棠棣」廢, 取譬人無良." 觀此語意, 豈兄弟中有不相能者邪? 及觀誡功勁云: "欲不可縱, 爭不可常, 勿輕小忿, 將成大殃." 此二人者, 似非處於禮義之域者. 「棠棣」廢之詩, 疑爲此二人設也.

왕복치王福畤의 아들 왕면王勔·왕거王勮·왕발王勃은 모두 재능이 있다는 명성이 있어서 두이간杜易簡은 이들을 '삼주수三珠樹'라 칭했다. 왕발의 아우들인 왕조王助·왕할王劼·왕권王勸도 모두 문학으로 명성을 드날렸다. 왕발은 형제들에 대한 우애가 매우 돈독했는데 「자향환괵自鄉還虢」에서 "인생은 나그네와 같은데, 골육이 언제나 한결같겠는가. 부디 일생 동안, 언제나 화악華蕚[49]으로 어울렸으면 한다. 「당체棠棣」[50]가 망가져, 어질지 못한 사람에 비유되는 일이 없도록 해야 한다[人生忽如客, 骨肉知何常. 願及百年內, 華蕚常相將. 無使「棠棣」廢, 取譬人無良]"라고 했다. 이 시의 내용으로 보면 혹시 형제 가운데 마땅치 않은 사람이 있었던 것일까? 아우 왕공王功과 왕경王勁에게 경계하는 글에서는 "욕심

49 화악(華蕚) : 화악(華鄂)과 같은 말로, 『시경』 「소아(小雅)」 「상체(常棣)」에, "상체의 꽃이여, 그 꽃봉오리 어찌 빛나지 않으리. 무릇 세상 사람은, 형제보다 좋은 것이 없네[常棣之華, 鄂不韡韡. 凡今之人, 莫如兄弟]"라고 하여, 형제를 비유하는 말로 쓰인다.

50 「당체(棠棣)」 : 상체(常棣)와 같은 말로, 『시경』 「소아(小雅)」 「상체(常棣)」를 가리킨다. 형제간의 우애를 읊은 시다.

을 부려서는 안 되고, 다툼이 일상화되어서는 안 되며, 작은 분노도 가볍게 여기지 말아야 하니, 큰 재앙을 낳기 때문이다[欲不可縱, 爭不可常, 勿輕小忿, 將成大殃]"라고 했으니 이 두 사람은 예절과 의리의 범주에 머무르지 않은 듯하다. "「당체」가 망가진다"는 시의 내용은 아마 이 두 사람을 염두에 둔 표현인 것 같다.

陸機作詩贈賈謐, 幾三百言, 無非極其褒讚. 方謐用事, 生死榮辱人如反覆手, 其褒讚亦何足怪. 然其間亦有寄意譏誚, 人未能推其意者. 按臧榮緖『晉書』, 謐父韓壽, 母·賈充少女也. 充平生不議立後, 後妻郭槐輒以外孫韓謐襲封, 帝許之, 遂以謐爲魯公. 則是賈謐非充子也. 故機詩云: "誕育洪胄, 纂戎於魯." 言誕育則以譏非己生也. 又曰: "惟漢有木, 曾不踰境." 謂橘踰淮則化爲枳, 言與螟蛉之化果蠃無異也. 夫謐勢燄熏灼如此, 而機敢爲廋辭以狎侮之, 眞文人之習氣哉.

육기陸機가 가밀賈謐에게 지어준 시는 삼백 편에 가까우며 내용은 모두 극진한 칭찬 일색이다. 당시 가밀은 권력을 행사하고 있어서 삶과 죽음, 영화와 모욕을 손바닥 뒤집듯 행사할 수 있었으니 그 찬양을 어찌 이상하게 여길 것이 있겠는가. 하지만 행간에는 비난의 의미가 담겨 있기도 한데 사람들이 그것을 유추해내지 못한다. 장영서臧榮緖의 『진서晉書』를 살펴보면 가밀의 아버지는 가한수賈韓壽이고 어머니는 가충賈充의 딸이다. 가충은 평생 후사를 세우는 문제를 논의하지 않았지만 후에 처 곽괴郭槐의 권유로 외손 한밀韓謐을 습봉襲封[51]할 것을 청하여 황제가 이를 허락함으로써 결국 한밀을 노공魯公으로 삼았다고 한다. 따라서 가밀은 가충의 아들이 아닌 것이다. 그래서 육기의 시에서

51 습봉(襲封) : 후손이 선조의 작위를 그대로 이어받는 것이다.

"큰 아들을 길러서(誕育), 노공에 찬융(纂戎 : 선대의 업을 계승)했다[誕育洪胄, 纂戎於魯]"[52]라고 했는데 '탄육誕育'이란 말은 자신의 소생이 아님을 비꼰 표현이다. 또 "한 땅에 나무가 있는데, 일찍이 경계를 넘지 않았다[惟漢有木, 曾不逾境]"라고 했는데 귤이 회수를 건너면 탱자가 된다는 말로, 명령螟蛉이 과라果蠃로 변화[53]하는 것과 차이가 없음을 말한 것이다. 가밀의 기세가 훨훨 타오르는데도 육기가 감히 수사廋辭[54]를 만들어 그를 조롱했으니 참으로 문인의 몸에 밴 기(習氣)라 하겠다.

晉嵇康「贈弟秀才」四言詩云 : "感悟馳情, 思我所欽." 則以所欽爲弟. 陸機「贈從兄車騎」詩云 : "寤寐靡安豫, 願言思所欽." 則以所欽爲兄. 又「贈馮文羆」詩云 : "慷慨誰爲感, 願言懷所欽." 則以所欽爲友.

진晉 혜강의 사언시 「증제수재贈弟秀才」에서 "문득 놀라 마음 달려가는 곳은, 나의 존경하는 이이다[感悟馳情, 思我所欽]"라고 했으니 아우를 존경의 대상으로 삼은 것이며, 육기의 「증종형거기贈從兄車騎」에서는 "자나 깨나 안주하지 못하고, 존경하는 이를 그렸으면 하네[寤寐靡安豫, 願言思所欽]"라고 했으니 형을 존경의 대상으로 삼은 것이고, 또 「증풍문비贈馮文羆」에서는 "강개의 마음은 누구를 위함이겠는가, 존경하는 이를 그리워했으면 하네[慷慨誰爲感, 願言懷所欽]"라고 했으니 친구를 존경의 대상으로 삼은 것이다.

---

52 소통(蕭統) 편(編), 이선(李善) 주(註), 『문선』 권24 「답가장연일수(答賈長淵一首)」.

53 명령(螟蛉)이 과라(果蠃)로 변화 : 여기에서 명령은 뽕나무 벌레의 유충이고 과라는 나나니벌이다. 『시경』 「소완(小宛)」에 "뽕나무 벌레의 새끼를 나나니벌이 업고 가는구나. 너도 자식 잘 가르쳐 착한 이를 닮게 하라[螟蛉有子, 蜾蠃負之. 教誨爾子, 式穀似之]"는 내용이 보이므로, 명령이 과라로 변한다는 말은 이를 차용한 듯싶다.

54 수사(廋辭) : 수어(廋語) 또는 은어(隱語)라고도 부른다. '수(廋)'는 '감추다', '은닉하다'는 뜻이므로 수사는 말 속에 함의를 숨긴 것이다.

魏武於諸子中獨愛植, 丁儀·丁廙·楊脩之徒爲植羽翼, 幾代太子丕, 而植狂性不自雕勵, 又太子御之有術, 故易宗之計不行, 蓋非遜丕, 性也. 洎文帝卽位, 植屢求試用, 不報, 益怏怏. 帝欲害之, 卞太后曰: "汝已殺任城, 不得復殺東阿." 故止從貶爵. 則植豈能無怨懟乎? 嘗觀植所作「豫章行」云: "他人雖同盟, 骨肉天性然. 周公穆康叔, 管蔡則流言. 子臧遜千乘, 季札慕其賢." 意謂己素爲 武帝所愛, 忌之者衆, 故有管蔡流言之說. 然乃自以季札爲比, 亦誣矣. 豈其掠美之言哉?

위 무제(魏武帝 : 조조)는 자식들 중에서 유독 조식을 사랑했고 조식은 정의丁儀·정이丁廙·양수楊脩 등을 우익으로 거느려서 태자 조비曹丕를 거의 대신할 만했다. 하지만 조식의 거침없는 성격은 스스로를 엄하게 가다듬지 않았고, 또 태자 조비가 잘 대처했으므로 계승자를 바꾸는 계책이 실행되지 못했다. 이는 조식이 조비에게 사양한 것이 아니라 본성 탓이었던 것이다. 문제(文帝 : 조비)가 제위에 오른 뒤 조식이 누차 채용을 요구했지만 응답이 없자 더욱더 불만스러워했다. 문제가 그를 해치려하자 변태후卞太后는 "네가 이미 임성任城[55]을 죽였으니 동아東阿[56]를 다시 죽여서는 안 된다"라고 하여 관직을 낮추는 것에 그쳤다. 그러니 조식이 어찌 원망이 없을 수 있었겠는가. 조식이 일찍이 지은 「예장행豫章行」에서 "다른 사람들이야 맹약을 맺지만, 골육은 선천적으로 이루어진 사이다. 주공이 강숙康叔과 화목했는데, 관숙과 채숙이

55 임성(任城) : 위(魏) 문제(文帝)의 둘째 동생인 임성왕(任城王) 조창(曹彰)을 가리킨다. 문제가 조창을 시기하여, 대추 꼭지에 몰래 독을 발라 놓고는 함께 바둑을 두면서, 자기는 먹어도 좋은 것만을 골라서 먹고 조창에게 먹을 것을 권하여 독살시켰다. 『세설신어(世說新語)』「우회(尤悔)」.

56 동아(東阿) : 위(魏) 문제(文帝)의 셋째 동생인 동아왕(東阿王) 조식(曹植)을 가리킨다. 문제가 임성왕 조창을 독이 발라진 대추를 먹여 죽이고, 다시 동아왕 조식을 죽이려 하자 변태후가 말렸다. 그러자 문제는 조식에게 일곱 걸음을 걷는 동안 시 한 수를 짓게 하였는데 조식이 즉각 콩을 갖고 시를 지어 형제에게 핍박받는 심정을 호소하자 문제가 처형을 중지했다. 『세설신어(世說新語)』「우회(尤悔)」.

유언을 퍼뜨렸다.[57] 자장子臧은 천승千乘을 사양하고,[58] 계찰季札은 현자를 사모했다[他人雖同盟, 骨肉天性然. 周公穆康叔, 管蔡則流言. 子臧遜千乘, 季札慕其賢]"[59]라고 한 것을 본 적이 있는데, 내용은 자신이 평소 위 무제로부터 사랑을 받았으나 시기하는 사람이 많아 '관숙과 채숙의 유언'이 나돌았다는 말이다. 하지만 자신을 계찰에 견준 것은 또한 거짓이니 혹시 미덕을 훔친 표현이 아닐까 싶다.

月輪當空, 天下之所共視, 故謝莊有"隔千里兮共明月"之句, 蓋言人雖異處, 而月則同瞻也. 老杜當兵戈騷屑之際, 與其妻各居一方, 自人情觀之, 豈能免閨門之念, 而他詩未嘗一及之. 至於明月之夕, 則遐想長思, 屢形詩什. 「月夜」詩云: "今夜鄜州月, 閨中只獨看." 繼之曰: "香霧雲鬟濕, 清輝玉臂寒." 「一百五日夜對月」云: "無家對寒食, 有淚如金波." 繼之曰: "仳離放紅蕊, 想像顰青蛾." 「江月」詩云: "江月光於水, 高樓思殺人." 繼之曰: "誰家挑錦字, 燭滅翠眉顰." 其數致意於閨門如

57 주공이 …… 퍼뜨렸다: 주 무왕이 죽은 후에 주공이 어린 성왕을 대신하여 국정을 다스렸는데, 당시 관숙과 일부 사람들이 주공은 성왕에게 도움이 되지 못할 것이라고 소문을 냈으나, 주공이 유언비어에 신경 쓰지 않고 정사를 계속 맡았다. 이후 관숙과 채숙은 주왕의 아들인 무경(武庚)과 결탁하여 반란을 일으켰다.

58 자장(子臧)은 …… 사양하고: 춘추시대 때 조 선공(曹宣公)이 죽자 제후들과 조나라 사람들이 조(曹)나라 공자(公子)인 자장을 군주로 삼으려 했는데, 자장이 임금 자리를 사양하고 나라를 떠나, "제대로 절조를 지켰다[能守節]"는 평을 받았다. 『춘추좌씨전(春秋左氏傳)』「양공(襄公) 14년」.

59 계찰(季札)은 …… 사모했다: 계찰은 제후국인 노나라를 통해서 간접적으로 주나라 천자의 음악을 들었는데, 도은은 천자의 나라인 중국에 가서 직접 살필 절호의 기회를 가졌다는 말이다. 계찰은 춘추시대 오(吳)나라 왕 수몽(壽夢)의 넷째 아들로, 왕위도 사양하며 현자로 칭송받은 인물인데, 연릉(延陵)에 봉해졌으므로 연릉계자(延陵季子) 혹은 줄여서 계자라고 부른다. 그는 열국(列國)에 사신으로 나가 풍속을 살피며 숙향(叔向)이나 자산(子產) 등 현대부(賢大夫)들과도 두터운 교분을 맺었는데, 특히 노나라에 갔을 때 주나라의 음악을 듣고 정확하게 비평하여 사람들을 놀라게 했던 고사가 전한다. 『사기(史記)』 권31 「오태백세가(吳太伯世家)」.

此，其亦謝莊之意乎? 顏延之對孝武，乃有莊始知"隔千里兮共明月"之說，是莊才情到處，延之未能曉也.

허공에 뜬 달은 온 세상이 모두 볼 수 있다. 그래서 사장이 "천 리 먼 곳에서도 밝은 달을 함께 한다[隔千里兮共明月]"[60]라는 시구를 지었으니 사람은 다른 곳에 있어도 달은 함께 볼 수 있다는 말이다. 병란의 소요가 일 때 두보와 그의 아내는 각기 다른 곳에서 지냈는데 인정으로 보면 어찌 아내에 대한 생각에서 벗어날 수 있었으랴만 여타의 시에서는 일찍이 언급한 적이 없다. 하지만 달 밝은 밤이면 느끼던 먼 고향에 대한 그리움이 여러 시에서 보인다. 「월야月夜」에서 "오늘밤 부주鄜州의 달을, 규방에서 홀로 보겠지[今夜鄜州月, 閨中只獨看]"라고 한 뒤, 이어서 "향기로운 안개에 구름 같은 쪽진 머리 젖고, 청아한 빛에 옥 같은 팔뚝이 차갑다[香霧雲鬟濕, 清輝玉臂寒]"라고 하고, 「일백오일야대월一百五日夜對月」에서 "한식을 마주할 집은 없고, 황금물결 같은 눈물만 있다[無家對寒食, 有淚如金波]"라고 한 뒤, 이어서 "꽃술이 붉은 빛 토할 때 이별해, 찌푸리는 푸른 눈썹이 떠오른다[仳離放紅蕊, 想像顰青蛾]"라고 하고, 「강월江月」에서는 "달빛이 강물보다 빛나, 높은 누각에서 사람이 사무치도록 그립게 한다[江月光於水, 高樓思殺人]"라고 한 뒤, 이어서 "어느 집에서 금자錦字[61]를 준비하며, 촛불 꺼지자 푸른 눈썹 찌푸릴까[誰家挑錦字, 燭滅翠眉顰]"라고 했다. 부인에 대한 관심이 이처럼 강조되고 있으니 사장의 생각과 같았던 것이리라. 안연지가 효무제에게 사장이 비로소 "천 리 먼 곳에서도 밝은 달을 함께 한다"는 내용을 알게 됐다고 했는데 이는 그가 사장의 내면세계를 알아차리지 못한 것이다.

60 소통(蕭統) 편(編), 이선(李善) 주(註), 『문선』 권13 「월부(月賦)」.

61 금자(錦字) : 아내가 남편을 그리며 쓰는 편지를 가리킨다.

余曾祖通議兄弟四人, 取"良辰美景, 賞心樂事"之義, 作四幷堂於東園, 故通議詩云 : "華圃控弦秋習射, 寒窗留燭夜鈔書. 良辰美景饒心事, 觀日相幷樂起予." 先祖清孝公兄弟六人, 取三荊同株之義, 作倍荊亭於西園, 當時篇詠無存者. 清孝『安遇集』中有「倍荊亭記」, 其略云 : "西園舊無亭觀,① □□□□□欲糾合叔季, 同耳目之適, 於是基盈尺之高, 宇一筵之廣, 列楹爲亭, 號曰倍荊. 至先人文康公罷官南陽, 適當兵擾, 復還復棲,② 奉伯父工部居焉. 別建二老堂於宅南, 眷望田里, 諸山皆在目, 植花竹於四隅, 命某日治饌, 往往樂飮竟日. 某嘗賦詩云 : '去家纔隔水一股, 二老堂成三百弓. 鴒原暮下沙水暖, 雁行夜落霜天空. 竹根酌酒不妨醉, 花萼斲詩如許工. 坐久輿關笻竹杖, 出門人指兩仙翁.'"

① '園舊'原作'推輪', 據『類編』本改.

② '復棲', 疑當作'舊棲.'

나의 증조이신 통의공(갈밀)의 형제 네 분이 "좋은 계절 아름다운 풍경을, 감상하며 즐긴다[良辰美景, 賞心樂事]"라는 뜻을 취하여 동쪽 동산에 사병당四並堂을 지었다. 그래서 통의공의 시에서 "화려한 농장에서 활시위 당기고 가을에 활쏘기 익히며, 차가운 창 아래 촛불 켜고 한밤에 글을 베낀다. 좋은 계절 아름다운 풍경에 마음이 넉넉하여, 해를 보며 서로 어울려 나를 즐겁게 한다[華圃控絃秋習射, 寒窗留燭夜鈔書. 良辰美景饒心事, 觀日相並樂起予]"라고 한 것이다. 조부 청효공(淸孝公 : 갈서사葛書思)의 형제 여섯 분은 삼형동주三荊同株[62]의 의의를 취하여 서쪽 동산에 배형정倍荊亭을 지으셨는데 당시의 글들 가운데 남아 있는 것은 없다. 청효공의 『안우집安遇集』에 「배형정기倍荊亭記」가 있는데 그 대략은 이

62 삼형동주(三荊同株) : 자형나무가 비록 세 가지이지만 한 줄기를 이룬다는 것을 뜻하는 말로, 한 배 속에 있는 형제들을 비유한 것이다. 혹은 형제들이 흩어졌다가 다시 합친 것을 가리키기도 한다. 진(晉)나라 문인 육기(陸機)의 「예장행(豫章行)」에 "세 가지의 자형나무는 한 줄기임을 기뻐하고, 환산(桓山)의 네 마리의 새는 다른 숲으로 흩어짐을 슬퍼하네[三荊歡同株, 四鳥悲異林]"란 구절이 보인다.

러하다. “서쪽 동산에 원래 정자가 없었는데 …… 형제를 규합하여 귀와 눈의 즐거움을 함께 하고자 한 자 남짓한 높이의 터전과 자리 하나 너비의 집을 짓고 기둥을 나열해 정자를 만든 뒤, 이를 배형정이라 한다.” 선인(先人 : 선친) 문강공(文康公 : 갈승중葛勝仲)이 남양南陽에서 관직을 그만두실 때, 마침 병란이 있어 다시 원래 사시던 집으로 돌아와 (나의) 백부 공부공(工部公 : 갈궁葛宮)을 모시고 살았다. 집 남쪽에 이로당二老堂을 별도로 건축했는데 향촌이 눈앞에 펼쳐지고 산들이 모두 눈 안에 들어왔다. 네 귀퉁이에는 꽃과 대나무를 심고 날짜를 정해 먹을거리를 준비하도록 하여 하루 내내 즐겁게 마시곤 하셨다. 나는 일찍이 이에 대해 시를 지었다. “집과 겨우 한 발짝 떨어진 거리에, 삼백 궁(弓 : 길이의 단위)의 이로당이 완성되었다. 영원(鴒原 : 할미새)은 석양 따스한 백사장 위로 내려오고, 기러기는 한밤 서리지는 하늘을 날아간다. 대나무 뿌리에 술 따라 마시며 취함을 문제 삼지 않고, 꽃받침에 시를 새기며 기교를 허락한 듯하다. 한참 앉아있다 흥이 사라져 지팡이를 들고서, 문을 나서면 사람들이 두 선옹仙翁을 가리킨다.[去家才隔水一股, 二老堂成三百弓. 鴒原暮下沙水暖, 雁行夜落霜天空. 竹根酌酒不妨醉, 花萼斲詩如許工. 坐久興闌筇竹杖, 出門人指兩仙翁.]”

① ‘園舊’는 본래 ‘推輪’로 되어 있었는데 『시화유편』본에 의거하여 고쳤다.

② ‘復棲’는 아마 ‘舊棲’로 쓰는 것이 마땅할 것 같다.

운어양추韻語陽秋 권11卷十一

韓退之「秋懷」詩十一篇, 其一云: "斂退就新儒, 趨營悼前猛." 此陶淵明覺今是昨非之意, 似有所悟也. 然考他篇, 有曰: "低心逐時趨, 苦勉祇能暫." 又曰: "尚須勉其頑, 王事有朝請." 則進退之事尚未決也. 至第十篇云: "世累忽進慮, 外憂遂侵誠. 詰屈避語穽, 冥茫觸心兵. 敗虞千金棄, 得比寸草榮." 其籌慮世故尤深. 至第十一篇云: "鮮鮮霜中菊, 旣晚何用好. 揚揚弄芳蝶, 爾生還不早." 則似有不遇時之歎也.

한유의 「추회秋懷」 11편 중 한 편에서 "물러나 앉아 새로운 나약함으로 나아가고, 영營으로 달려가 지난 용맹을 애도한다[斂退就新儒, 趨營悼前猛]"라고 했는데 이는 도잠의 "지금이 옳고 어제가 잘못됐음을 깨닫는다"는 의미로서 무슨 깨우친 바가 있는 듯하다. 그런데 그 밖의 시들에서 "마음 낮추어 시세를 뒤쫓으나, 애써 힘쓰는 것은 잠시일 뿐이다[低心逐時趨, 苦勉祇能暫]"라거나, 또는 "아직 어리석으나마 노력을 기울여야 할 터, 국사에 대해 조회에 나가 청해야 한다[尙須勉其頑, 王事有朝請]"라고 했으니 이는 진퇴를 아직 결정하지 않은 것이다. 제10편에서 "세상의 누겁에 갑자기 우려가 일고, 외부의 걱정이 결국 진심을 침범한다. 굴곡의 말의 함정 피하려 하니 아련히 심사를 저촉한다. 걱정하느니 천 금을 버리고, 작은 영화를 누리고 싶다[世累忽進慮, 外憂遂侵誠. 詰屈避語穽, 冥茫觸心兵. 敗虞千金棄, 得比寸草榮]"라고 한 것은 세상에 대한 고민이 더욱 깊은 것이다. 그리고 제11편에서 "선명한 서리 속 국화여, 계절이 저물거늘 좋은 모습 어디에 쓸 것인가. 펄럭이며 꽃을 희롱하는 나비여, 너의 태어남은 아직 이르지 않다[鮮鮮霜中菊, 旣晩何用好. 揚揚弄芳蝶, 爾生還不早]"라고 했으니 시대를 만나지 못한 탄식이 배어있는 듯하다.

李太白「古風」兩卷, 近七十篇, 身欲爲神仙者, 殆十三四 : 或欲把芙蓉而躡太清, 或欲挾兩龍而凌倒景, 或欲留玉舃而上蓬山, 或欲折若木而遊八極, 或欲結交王子晉, 或欲高揖衛叔卿, 或欲借白鹿於赤松子, 或欲飡金光於安期生. 豈非因賀季眞有謫仙之目, 而固爲是以信其說邪? 抑身不用, 鬱鬱不得志, 而思高擧遠引邪? 嘗觀其所作「梁父吟」, 首言釣叟遇文王, 又言酒徒遇高祖, 卒自歎己之不遇. 有云 : "我欲攀龍見明主, 雷公砰訇震天鼓. 帝旁投壺多玉女, 三時大笑開電光, 倏爍晦冥起風雨. 閶闔九門不可通, 以額扣關閽者怒." 人間門戶尙不可入, 則太淸倒景, 豈易凌躡乎? 太白忤楊妃而去國, 所謂玉女起風雨者, 乃怨懟妃子之詞也. 其後又有「飛龍引」二首, 當是明皇仙去之後, 又有綵女玉女之句, 則怨之深矣.

이백의 「고풍古風」 2권은 70편에 가까운데 스스로 신선이 되고 싶어하는 부분이 열서너 곳이다. 부용을 들고 태청(太淸 : 하늘)을 밟으려 하기도 하고, 두 마리 용을 양쪽에 끼고 도영倒景[1]을 박차고 올라가려 하기도 하고, 옥석玉舃[2]을 남겨두고 봉래산蓬萊山을 올라가려 하기도 하고, 약목若木[3]을 꺾고 팔극(八極 : 동서남북, 상하좌우)을 유람하려 하기도 하고, 왕자진王子晉[4]과 사귀려 하기도 하고, 저 높이 위숙경(衛叔卿 : 신선)을 붙잡으려 하기도 하고, 적송자(赤松子 : 신선)에게서 백록白鹿을 빌리려 하기도 하고, 안기생安期生[5]에게 금광金光을 얻어먹으려 하기도 했다. 혹시 하계진賀季眞[6]이 적선謫仙이라고 지목한 것을 가지고 사실인 양 믿으려 한 것이 아닐까? 아니면 자신이 등용되지 못하자 그 답답함에서 고상하게 이들과 연계하고 싶었던 것일까? 일찍이 그가 지은 「양보음梁父吟」을 보니 첫 부분에서 어부가 문왕文王을 만난 이야기를 하고, 이어서 술꾼이 한 고조를 만난 이야기를 한 뒤에 마지막으로 자신의 불우함을 자탄하고 있다. 그 시에서 "내가 용을 붙들고 현명한 군주를 보고자 하니, 뇌공(雷公 : 우레)이 힘차게 천고天鼓를 울린다. 상제 옆에 투호하는 옥녀玉女가 많아, 삼시(三時 : 봄 · 여름 · 가을)에 크게 웃으며 번갯불을 발하고, 어둠 속에서 번쩍번쩍 비바람이 인다. 구중궁궐을 통할 수 없어, 이마로 문을 두드리자 문지기가 노한다[我欲攀龍見明主, 雷公砰訇震天鼓. 帝旁投壺多玉女, 三時大笑開電光, 倏爍晦冥起風雨. 閶闔九門不可通, 以額扣關閽

---

1 도영(倒景) : 지는 해에 비스듬히 비치는 그림자이다.

2 옥석(玉舃) : 안기생이라는 신선이 남긴, 한 쌍의 붉은 옥으로 만든 신발이다.

3 약목(若木) : 고대 신화에 나오는 나무 이름으로, 서방의 해가 지는 곳에 자란다고 한다.

4 왕자진(王子晉) : 주나라 영왕(靈王)의 태자. 그는 피리를 잘 불었으며 신선이 되어 갔다가 삼십여 년 만에 백학(白鶴)을 타고 구씨산(緱氏山)에 내려왔다고 한다.

5 안기생(安期生) : 고대 신선의 이름. "안기생은 낭야(琅琊) 부향(阜鄉) 사람으로 동해에서 약을 팔았는데, 사람들이 천세옹(千歲翁)이라 하였다. 진시황이 동쪽을 노닐다 그를 만나 사흘 밤낮 동안 이야기를 나누고 많은 금은보화를 주었지만 모두 놔두고 봉래산으로 떠났다." 『열선전(列仙傳)』.

6 하계진(賀季眞) : 당나라 초기의 시인인 하지장(賀知章)을 말한다. 계진은 그의 자이다. 호는 사명광객(四明狂客)이다. 그는 현종 때 예부시랑(禮部侍郎)을 지냈지만 만년에는 벼슬을 버리고 고향에 돌아가 도사가 되었다. 시문과 글씨에 뛰어났고 특히 풍류로 유명하였다.

者怒]"라고 했으니 인간의 집 문도 들어갈 수 없는데 태청의 도영을 어찌 쉽게 밟을 수 있겠는가. 이백은 양귀비로부터 거역을 당해 떠났는데, 이른바 옥녀가 비바람을 일으킨다는 것은 양귀비에 대한 원망의 표현인 것이다. 그 뒤에 다시 「비룡인飛龍引」 2수를 지었는데 당 현종이 세상을 떠난 이후임에도 채녀綵女·옥녀 등의 구절을 사용하고 있으니 그 원망이 깊은 것이다.

白樂天號爲知理者, 而於仕宦升沈之際, 悲喜輒係之. 自中書舍人出知杭州, 未甚左也. 而其詩曰:"朝從紫禁歸, 暮出青門去." 又曰:"委順隨行止." 又曰:"退身江海應無用, 憂國朝廷自有賢." 自江州司馬爲忠州刺史, 未爲超也. 而其詩曰:"正聽山鳥向陽眠, 黃紙除書落枕前." 又云:"五十專城未是遲." 又云:"三車猶夕會, 五馬已晨裝." 及被召中書, 則曰:"紫微今日煙霄地, 赤嶺前年泥土身. 得水魚還動鱗鬣, 乘軒鶴亦長精神." 觀此數詩, 是未能忘情於仕宦者. 東坡謫瓊州有詩云:"平生學道眞實意, 豈與窮達俱存亡." 要當如是爾.

백거이를 천리를 아는 사람이라고 말하지만 관직이 부침할 즈음에는 슬픔과 기쁨이 이내 드러났다. 중서사인中書舍人에서 항주태수로 나간 것은 그다지 큰 좌천이 아닌데도 그 시에서 "아침에 자금紫禁으로부터 돌아와, 저녁에 청문靑門을 나선다[朝從紫禁歸, 暮出靑門去]"[7]라고 하고, 또 "순리에 따라 가고 멈춘다[委順隨行止]"[8]라고 하고, 또 "강호에 물러난 몸은 응당 쓸모가 없을 터, 국가를 걱정하는 조정엔 현자가 있으리라[退身江海應無用, 憂國朝廷自有賢]"[9]라고 했다. 강주사마江州司馬에서

7 『백씨장경집(白氏長慶集)』 권8 「초출성유별(初出城留別)」.

8 『백씨장경집』 권8 「계작(溪作)」.

9 『백씨장경집』 권20 「주중만기(舟中晩起)」.

충주자사忠州刺史가 된 것은 아주 월등한 것이 아닌데도 시에서 "산새가 햇빛 향해 조는 것을 지켜보고 있는데, 황지黃紙에 쓴 임명서가 베개 앞에 떨어졌네[正聽山鳥向陽眠, 黃紙除書落枕前]"[10]라고 하고, 또 "오십에 한 지방을 다스리는 것은 늦은 것이 아니다[五十專城未是遲]"[11]라고 하고, 또 "세 수레가 저녁에 모여 있고, 다섯 필 말이 새벽에 준비돼 있다[三車猶夕會, 五馬已晨裝]"[12]라고 했다. 중서사인으로 부름을 받을 때에는 "오늘 자미성 연기 피어오르는 곳은, 지난해 적령赤嶺에서 흙먼지 두른 몸이다. 물을 얻은 물고기는 비늘과 아가미를 움직이고, 수레를 탄 학은 정신을 한껏 가다듬는다[紫微今日煙霄地, 赤嶺前年泥土身. 得水魚還動鱗鬣, 乘軒鶴亦長精神]"[13]라고 했다. 위 시들을 보면 관직에 무관심한 사람이 아니었다. 소식이 경주별가瓊州別駕로 좌천되었을 때 지은 시에서 "평생 배운 것은 진실함이거늘, 어찌 잘되고 못됨에 마음 두겠는가[平生學道眞實意, 豈與窮達俱存亡]"[14]라고 했으니 마땅히 이래야 된다.

老杜「省宿」詩云: "明朝有封事, 數問夜如何." 蓋憂君諫政之心切, 則通夕爲之不寐. 想其犯顏逆耳, 必不爲身謀也. 杜牧之詩云: "昔事文皇帝, 叨官在諫垣. 奏章爲得地, 齗齒負明恩. 金虎知難動, 毛釐亦恥言. 撩頭雖欲吐, 到口却成吞." 至與人論諫尤可怪. 謂諫殺人者殺人愈多, 諫畋獵者畋獵愈甚. 是欲箝天下忠義之口, 有臣如牧, 國家奚望哉. 然唐史乃謂牧之剛直有奇節, 敢論列大事, 指陳利病尤切何邪?

---

10 『백씨장경집』 권17 「별초당삼절구(別草堂三絶句)」.
11 『백씨장경집』 권34 「송기춘리십구사군부군(送蘄春李十九使君赴郡)」.
12 『백씨장경집』 권18 「군재가일억려산초당겸기이림승사삼십운(郡齋暇日憶廬山艸堂兼寄二林僧社三十韻)」.
13 『백씨장경집』 권19 「초가조산대부우전상주국(初加朝散大夫又轉上柱國)」.
14 『동파전집』 권24 「吾謫海南子由雷州被命卽行了不相知至梧乃聞其尙在藤也旦夕當追及作此詩示之」.

두보의 「성숙省宿」에서 “내일 아침 봉사封事가 있어, 밤새 어떠했는지를 자주 묻네[明朝有封事, 數問夜如何]”라고 했으니 임금을 걱정하고 정사에 간언하고 싶은 마음이 간절해 온밤을 잠들 수 없었던 것이다. 그가 얼굴을 들이밀고 바른 소리를 한 것은 반드시 자신을 위해 도모한 것은 아니었을 것이다. 두목의 시에서 “지난날 문황제(文皇帝 : 당 문종)를 모실 때, 간언을 담당하는 관직에 있었다. 글을 상주함에 있어서는 제자리를 얻었으나, 이를 가는 데에서는 밝으신 은혜를 저버렸다. 금호(金虎 : 진秦나라 또는 오랑캐)가 움직이기 어려운 줄 알고, 털끝만큼도 말하길 부끄러워했다. 머리 들어 토로하려 하며, (말이) 입까지 왔다가 이내 삼키고 만다[昔事文皇帝, 叨官在諫垣. 奏章爲得地, 齗齒負明恩. 金虎知難動, 毛氂亦恥言. 擡頭雖欲吐, 到口却成吞]”[15]라고 했다. 그리고 사람들과 간언에 대해 논할 때는 더욱 괴상하여, 살인에 대해 간언하는 사람은 살인을 더욱 많이 하고 사냥에 대해 간언하는 사람은 사냥을 더욱 많이 한다고 했다. 이는 천하의 충성스럽고 의로운 입을 묶어서 자신 같은 신하만 있기를 바라는 것이니, 그렇게 되면 국가가 무슨 가망이 있겠는가. 그런데 당사唐史에서, 두목이 강직하고 특별한 절의가 있으며 감히 나서서 대사를 논하고 유익한 것과 병폐를 매우 절실하게 지적했다고 기술한 것은 왜일까?

郎官之選, 唐朝尤重. 順宗初政, 柳子厚爲禮部郎, 與蕭俛書云 : “僕年三十三, 年甚少, 自御史裏行得禮部員外, 超取顯美, 欲免世之求進者怪怒媢嫉, 其可得乎.” 杜子美一檢校工部爾, 而詩中數及之, 銜詫不已. 如「贈蘇徯」云 : “爲郎未爲賤, 其奈疾病攻.” 「寄薛據」云 : “雖云尚書郎, 不及村野人.” 「復愁」云 : “才覺省郎在, 家須農事歸.” 而「入六弟宅」云 :

15 『어정전당시』 권521, 두목, 「석사문황제삼십이운(昔事文皇帝三十二韻)」.

"令弟雄軍佐, 凡才汚省郞." 如此類不可勝數. 鄭谷自好稱老郞,「贈秀上人」詩云: "惟恐興來飛錫去, 老郞無路更追攀."「訪策禪者」詩云: "初塵芸閣辭禪閣, 却訪支郞是老郞."「春陰」詩云: "舞燕歌鶯莫相認, 老郞心是老僧心"是也. 至於「轉正郞」則云: "止陪鴛鷺居淸秩, 濫應星辰浼上天."「省中作」則云: "未如何遜無佳句, 若比馮唐是壯年." 是亦未免於衒詫者.

낭관郞官의 선임을 당나라 때는 더욱 중시했다. 순종順宗이 처음 등극할 무렵에 유종원이 예부랑禮部郞이 되었는데, 소면蕭俛에게 보낸 편지에서 "저의 나이는 서른셋으로 아직 어린데, 어사御史에서 예부원외禮部員外가 된 것은 너무 지나치게 좋은 자리를 얻은 것이니 세상에 진출을 꾀하는 자들의 분노와 질시를 벗어나려 해도 그것이 가능하겠습니까?"라고 했다. 두보는 그저 공부工部의 검교檢校일 뿐이었지만 시에서 자주 언급하며 자랑해 마지않았다.「증소혜贈蘇傒」에서 "낭관이 하찮은 것은 아니지만, 병이 파고드는 데에 어찌할 건가[爲郞未爲賤, 其奈疾病攻]"라고 하고,「기설거寄薛據」에서 "상서랑이라고는 하나, 시골 사람만 못하다[雖云尙書郞, 不及村野人]"라고 하고,「부수復愁」에서 "성랑省郞의 몸이었음을 새삼 깨달으며, 집안에 농사지으러 돌아가야겠다[才覺省郞在, 家須農事歸]"라고 하고,「입육제택入六弟宅」에서 "훌륭한 아우는 웅장한 군의 보좌이나, 평범한 인재는 성랑의 자리만 더럽혔다[令弟雄軍佐, 凡才汚省郞]"라고 하는 등 그 예가 셀 수 없이 많다. 정곡은 노랑老郞이라 칭하는 것을 좋아했으니「증수상인贈秀上人」에서 "흥겨워 찾아왔다가 석장錫杖[16]처럼 날아갈 때, 노랑이 다시 붙들 길이 없을까 두렵구려[惟恐興來飛錫去, 老郞無路更追攀]"라고 한 것과,「방책선자訪策禪者」에서 "처음 운합芸閣을 들렀다 선합禪閣을 떠나면서, 노랑인 지랑支郞을 찾아

16 석장(錫杖) : 주석으로 만든 지팡이. 주로 승려들이 사용하는 것으로, 석장을 날려 번개같이 다른 곳으로 이동한다는 이야기들이 전해진다.

가네[初塵芸閣辭禪閣, 却訪支郎是老郎]"라고 한 것과, 「춘음春陰」에서 "춤추는 제비와 노래하는 꾀꼬리는 알려하지 말라, 노랑의 마음은 노승의 마음이다[舞燕歌鶯莫相認, 老郎心是老僧心]"라고 한 것이 그것이다. 그런데 「전정랑轉正郎」에서 "그저 원로鴛鷺[17]를 모시고 청질(淸秩 : 청정한 관직)에 있으며, 외람되게 성신星辰에 응하여 하늘을 더럽히네[止陪鴛鷺居淸秩, 濫應星辰浼上天]"라고 하고, 「성중작省中作」에서 "하손何遜만 못해 좋은 글귀 없으나, 풍당馮唐에 견주면 장년이다[未如何遜無佳句, 若比馮唐是壯年]"라고 했으니 그 역시 자랑에서 벗어나지 못한 것이다.

晉樂廣曰 : "人未嘗夢乘車入鼠穴, 搗齏噉鐵杵. 以無想因也." 自樂論之, 則凡夢皆出於想爾. 而殷浩乃曰 : "官本臭腐, 故將官而夢尸." 是豈出於想邪?「周官」有六夢, 夢非止於思而已. 劉發方赴擧也, 秦少游夢有發殯而葬之者, 云是劉發之柩, 是歲發首薦. 少游以詩賀之曰 : "世傳夢凶常得吉, 神物戱人良有旨. 全美聲名海縣聞, 閉久當開乃其理." 少游所原, 乃一時褒美賛喜之詞, 非殷浩之意也. 東坡云 : "世衰道微士失己, 得喪悲歡反其故. 草袍蘆篚相嫵媚, 飮食嬉遊事羣聚. 曲江船舫月燈毬, 是謂舞殯而歌墓." 其末又有"故令將仕夢發棺, 勸子勿爲官所腐"之語. 全篇二百餘言, 皆用浩意, 可謂巧於遣詞者矣.

진晉 악광樂廣이 "사람이 일찍이 수레를 타고 쥐구멍으로 들어가고, 절임채소를 찧으며 철 절구를 먹는 꿈을 꾸지 못하는 것은 생각이 없기 때문이다"라고 했는데 악광의 견해대로라면 꿈은 모두 생각에서 나온 것이다. 하지만 은호殷浩가 "관직은 본디 썩은 냄새가 나는 것이므로, 관직에 나아갈 때는 시체의 꿈을 꾼다"라고 했으니 이것이 어찌

17 원로(鴛鷺) : 원추새와 백로. 두 새의 모양이 의젓하고 안정됐다 하여 조정에 늘어선 백관의 질서 정연한 모습을 비유할 때 쓰인다.

생각하는 데서 나온 것이겠는가. 「주관周官」에 여섯 개의 꿈이 있는데, 꿈은 생각하는 것에 그치지 않는다. 유발劉發이 과거에 참석하려 할 때 진소유(秦少游 : 진관秦觀)가 발인하여 장례를 치르는 꿈을 꾸었는데 그 영구靈柩가 유발의 것이었다. 그리고 이해에 유발이 일등을 차지했다. 진관이 시를 지어 축하하기를 "세상에서는 흉몽을 꾸면 좋은 일이 생긴다고 하는데, 신이 사람을 희롱하는 데에는 정말 의미가 들어있다. 흠잡을 데 없다는 명성이 바닷가 현까지 들려오니, 닫힌 지 오래일 때 열리는 것이 본래의 이치이다[世傳夢凶常得吉, 神物戲人良有旨. 全美聲名海縣聞, 閉久當開乃其理]"라고 했다. 진관이 근거 삼은 것은 미덕을 표창하고 기쁜 일을 찬미하려는 표현일 뿐, 은호의 본의와는 다르다. 소식은 "세상이 쇠퇴하고 도가 희미하여 선비는 자신을 잃고, 얻음과 잃음 슬픔과 기쁨이 원래의 이치에 반한다. 풀 두루마기와 갈대 채찍으로 서로 아양 떨고, 마시고 먹고 즐기는 것으로 모임을 일삼는다. 곡강曲江의 배 위 달 같은 등구燈毬[18]는, 빈소에서 춤추고 무덤가에서 노래하는 것이라 한다[世衰道微士失己, 得喪悲歡反其故. 草袍蘆箠相嫵媚, 飮食嬉遊事羣聚. 曲江船舫月燈毬, 是謂舞殯而歌墓]"[19]라고 하고, 마지막 구절에서 또 "일부러 관직에 나아갈 때 관棺이 출발하는 꿈을 꾸어, 그대에게 관직에 의해 부패하지 말라고 권유하네[故令將仕夢發棺, 勸子勿爲官所腐]"라는 말을 남겼다. 이백여 자에 가까운 전편이 모두 은호의 주장을 활용하고 있으니 시어 구성에 뛰어나다고 할 만하다.

柳子厚可謂一世窮人矣. 永貞之初, 得一禮部郞, 席不暖卽斥去爲永州司馬. 在貶所歷十一年, 至憲宗元和十年, 例召至京師, 喜而成詠. 所

18 등구(燈毬) : 공 모양의 곱게 꾸민 등롱으로, '등구(燈球)'라고도 한다.

19 『동파전집』 권14 「秦少游夢發殯而葬之者云是劉發之柩是歲發首薦秦以詩賀之劉涇亦作因次其韻」.

謂"投荒垂一紀, 新詔下荊扉." 又云"十一年前南渡客, 四千里外北歸人"是也. 旣至都, 乃復不得用, 以柳州去. 由永至京已四千里, 自京徂柳又復六千, 往返殆萬里矣. 故「贈劉夢得」詩云: "十年顦顇到秦京, 誰料翻爲嶺外行." 「贈宗一」詩云: "一身去國六千里, 萬里投荒十二年"是也. 嗚呼, 子厚之窮極矣. 觀贈李夷簡書云: "曩者, 齒少心銳, 徑行高步, 不知道之艱, 以陷於大阨, 窮躓隕墜, 廢爲孤囚, 日號而望, 十四年矣." 當時同貶之士, 程异爲宰相, 而夢得亦得召用, 則子厚望歸之心爲如何? 然竟不生還, 畢命於蛇虺瘴癘之區, 可勝歎哉. 韓退之有言曰: "子厚斥不久, 窮不極, 雖有出於人, 其文學詞章, 必不能自力以致必傳於後如今無疑也. 雖使得所願於一時, 以彼易此, 孰得孰失."

유종원은 한 시대의 곤궁한 사람이라 할 만하다. 영정永貞(805) 초에 예부낭관禮部郎官 지위를 얻었으나 자리가 덥혀지기 전에 바로 영주사마永州司馬로 쫓겨났다. 좌천된 곳에서 십일 년을 지내다가 헌종 원화 10년(815)에 의례에 따른 부름을 받아 서울에 도착한 뒤 기쁜 마음에 시를 지었으니 "황무지에 내던져진 지 일 기(紀: 십이 년)에 가까울 때, 새로운 조서가 가시나무 문에 내려졌네[投荒垂一紀, 新詔下荊扉]",[20] "십일 년 전 남쪽으로 건너온 객이, 사천 리 밖 북쪽으로 돌아가는 사람이다[十一年前南渡客, 四千里外北歸人]"[21]라고 한 것이 그것이다. 그런데 서울에 도착한 뒤 다시 등용되지 못하고 유주자사柳州刺史로 떠났다. 영주에서 서울까지는 사천 리이고 서울에서 유주까지는 육천 리가 되어 오간 길이 만 리에 가까웠다. 그래서 「증유몽득贈劉夢得」에서 "십 년을 초췌하게 지내다 서울에 왔는데, 다시 영남 너머로 가게 될지 누가 알았으랴[十年顦顇到秦京, 誰料翻爲嶺外行]"라고 하고, 「증종일贈宗一」에서 "이 한

20 『유하동집(柳河東集)』 권42 「낭주두상원외기유이십팔시견촉행역주필수증(朗州竇常員外寄劉二十八詩見促行驛走筆酬贈)」.

21 『유하동집』 권42 「조추부도이월지패정상(詔追赴都二月至灞亭上)」.

몸 육천 리 밖에 떨어져 살고, 만 리 거친 땅에 버려진 지 십이 년이다[一身去國六千里, 萬里投荒十二年]"라고 한 것이 그것이니, 아! 유종원의 곤궁이 극에 이른 것이다. 이이간李夷簡에게 보낸 편지에서 "지난번에는 나이가 어리고 정신이 예리해서, 길이 험난한 줄도 모르고 거침없이 길을 걷다가 큰 곤궁에 빠졌습니다. 그리하여 엎어지고 자빠지는 고단한 죄수가 되어 날마다 울부짖으며 지내온 시간이 십사 년이었습니다"라고 했다. 당시 함께 좌천됐던 인사들 가운데 정이程异는 재상이 되고 유우석도 부름을 받아 등용이 되었으니 유종원의 돌아가고픈 마음이 어떠했겠는가. 그러나 끝내 살아서 돌아오지 못하고, 뱀과 장기瘴氣가 우글거리는 곳에서 생을 마치고 말았으니 안타까운 마음 이루 금할 수 있었겠는가. 한유가 이르기를 "유종원이 배척을 당한 기간이 오래지 않고 곤궁함이 극에 이르지 않았다면, 비록 남들보다 뛰어나다 하더라도 그의 문학과 문장이 반드시 자력에 의해 오늘날처럼 전해질 수 없었으리라는 것은 의심할 나위가 없다. 비록 한 시대에 뜻을 펼쳤다고 가정해도 그것과 이것을 바꾼다면 무엇이 잘된 것이고 무엇이 잘못된 것이겠는가"라고 했다.

韋應物「燕李錄事」詩云:"與君十五侍皇闈, 曉拂爐烟上赤墀. 花開漢苑經過處, 雪下驪山沐浴時."「驪山感懷」詩云:"我念綺繻歲, 扈從當太平. 小臣職前驅, 馳道出灞亭."「溫泉行」云:"北風慘慘投溫泉, 忽憶先皇遊幸年. 身騎廏馬引天仗, 直入華清列御前." 則天寶巡幸之時, 應物已在扈從之數, 年始十五爾. 王欽臣疑爲三衛官, 然史無有. 及觀應物「白沙亭逢吳叟歌」云:"問之執戟亦先朝, 零落艱難却負樵. 親觀文物蒙雨露, 見我昔年侍丹霄." 謂之執戟, 則亦三衛之類, 欽臣豈據是邪?

위응물의 「연이녹사燕李錄事」에서 "그대와 함께 열다섯에 황제를 모실 때, 새벽녘 화로 위 연기를 스치고 적치(赤墀 : 황궁의 계단)를 올랐네. 꽃 피는 한원漢苑을 찾고, 눈 내리는 여산驪山에서 목욕하실 때 모셨었네[與君十五侍皇闈, 曉拂爐烟上赤墀. 花開漢苑經過處, 雪下驪山沐浴時]"라고 하고, 「여산감회驪山感懷」에서 "생각해보니 비단 옷 입은 나이에, 임금 모신 태평시절이었네. 소신으로 앞에 나서는 직책을 맡아, 길을 내달려 패정灞亭을 나갔었네[我念綺襦歲, 扈從當太平. 小臣職前驅, 馳道出灞亭]"라고 하고, 「온천행溫泉行」에서 "북풍이 스산할 때 온천을 향했으니, 문득 선황先皇께서 노니셨던 때가 생각나네. 마구의 말을 타고 천자의 의장을 이끌고서, 곧장 화청궁華清宮으로 들어가 어전에 나열했네[北風慘慘投溫泉, 忽憶先皇遊幸年. 身騎廐馬引天仗, 直入華清列御前]"라고 했으니, 천보(742~755 : 현종의 연호)의 순행巡行시절에 위응물은 이미 호종(扈從 : 황제를 시종함)에 포함되어 있었으며 나이는 갓 열다섯이었던 것이다. 왕흠신王欽臣은 그가 삼위관三衛官[22]이지 않았을까 추측하지만 기록에는 나와 있지 않다. 위응물의 「백사정봉오수가白沙亭逢吳叟歌」를 보면 "창 드는 이에게 물어도 선조 때의 일이라 하거니와, 어려움의 나락에 떨어져 나무꾼이 되었네. 비와 이슬 한껏 젖은 문물을 보고, 지난날 단소(丹霄 : 제왕의 거처)를 모셨던 시절이 떠오르네[問之執戟亦先朝, 零落艱難却負樵. 親觀文物蒙雨露, 見我昔年侍丹霄]"라고 했는바, 창 드는 이(執戟)는 삼위관의 부류이니 왕흠신이 혹시 여기에 근거한 것일까?

歐陽永叔詩文中好說金帶, 「初寒」詩云 : "若能知此樂, 何必戀腰金." 「寄江十」詩云 : "白髮垂兩鬢, 黃金腰九環." 「答王禹玉」詩云 : "喜君所

22 삼위관(三衛官) : 송대(宋代)에 친(親)・훈(勳)・익(翊) 삼부(三府)의 여러 낭관(郎官)을 관리하던 관직의 이름이다. 삼위랑(三衛郎 : 혹은 삼위시랑(三衛侍郎)) 한 명, 중랑 두 명, 박사(博士) 두 명, 주부(主簿) 한 명이 있었는데 이 중 삼위랑은 녹봉이 태중대부(太中大夫)급에 속한다.

賜黃金帶, 故我宜爲白髮翁." 而謝表又云 : "頭垂兩鬢之霜毛, 腰束九環之金帶." 或謂未免矜服衒寵, 而況下於金帶者乎. 杜子美白樂天皆詩豪, 器識皆不凡, 得一緋衫何足道, 而詩句及之不一何邪? 子美詩云 : "挈帶看朱紱, 開箱覩黑裘."「贈盧參謀」云 : "素髮乾垂領, 銀章破在腰."「江村」詩云 : "扶病垂朱紱, 歸休步紫苔." 樂天「寄荔子」詩云 : "映我緋衫渾不見, 對公銀印最相鮮."「初除忠州」云 : "魚綴白金隨步躍, 鵠銜紅綬繞身飛." 又云 : "徒使花袍紅似火, 其如蓬鬢白成絲."「脫刺史緋」云 : "便留朱紱還鈴閣, 却著青袍侍玉除."「加朝散大夫得品緋」云 : "五品足爲婚嫁主, 緋袍著了好歸田." 又云 : "那知垂白日, 始是著緋年." 蓋命服章身, 人情所甚喜, 故心聲所發如是. 退之云 : "峨峨進賢冠, 耿耿水蒼珮. 服章非不好, 不與德相對." 其必有以稱之哉.

구양수의 시문에서는 황금 띠를 즐겨 거론하니 「초한初寒」에서 "만일 이 즐거움을 안다면, 어찌 굳이 허리의 황금 띠를 사랑할 일이 있으라[若能知此樂, 何必戀腰金]"라고 하고, 「기강십寄江十」에서 "백발은 양쪽 살쩍에 드리우고, 황금은 아홉 고리로 허리에 찼다[白髮垂兩鬢, 黃金腰九環]"라고 하고, 「답왕우옥答王禹玉」에서 "임금께서 하사하신 황금 띠를 좋아하나니, 나는 백발의 늙은이가 되기에 알맞노라[喜君所賜黃金帶, 故我宜爲白髮翁]"라고 하고, 사례謝禮의 뜻을 전하는 표문表文에서도, "머리에는 양쪽 살쩍의 흰 털을 드리우고, 허리에는 아홉 고리의 황금 띠를 묶었다[頭垂兩鬢之霜毛, 腰束九環之金帶]"[23]라고 했다. 혹자는 복장 따위나 자랑하고 총애를 뽐내는 태도를 벗어나지 못하는데, 황금 띠보다도 못한 것이야 말할 나위가 있겠느냐고 한다. 두보와 백거이는 모두 시호詩豪로서 도량과 식견이 모두 범상치 않았는데, 비단 적삼 한 벌 얻은 것이 뭐 그리 대단하다고 시구에서 이를 자주 언급했을까? 두보는 시에

23 『문충집(文忠集)』 권94 「사치사표(謝致仕表)」.

서 "띠를 묶으며 붉은 실을 보고, 상자를 열며 검은 갖옷을 본다[挈帶看朱紱, 開箱覩黑裘]"[24]라고 하고, 「증노참모贈盧參謀」에서 "흰 머리는 빳빳하게 목 아래 드리우고, 은장銀章[25]은 깨진 채 허리에 있다[素髮乾垂領, 銀章破在腰]"라고 하고, 「강촌江村」에서 "병든 몸 붙들고 주불朱紱[26]을 드리우고, 돌아가 쉬며 붉은 이끼 위를 걷는다[扶病垂朱紱, 歸休步紫苔]"라고 했으며, 백거이는 「기여자寄荔子」에서 "나의 비단 적삼은 전혀 보이지 않는데, 공의 은빛 인장은 가장 선명하네[映我緋衫渾不見, 對公銀印最相鮮]"라고 하고, 「초제충주初除忠州」에서 "물고기 백금에 달려 걸음 따라 뛰어오르고, 따오기 붉은 인끈 물고 몸을 돌아 날아간다[魚綴白金隨步躍, 鵠銜紅綬繞身飛]"라고 하고, 또 "꽃문양 두루마기가 불처럼 붉게만 할 뿐, 헝클어진 살쩍이 백발 되는 것을 어찌하랴[徒使花袍紅似火, 其如蓬鬢白成絲]"[27]라고 하고, 「탈자사비脫刺史緋」에서 "문득 주불을 벗어 영합鈴閤[28]에 돌려주고, 청포를 입고 옥제玉除[29]에서 모시네[便留朱紱還鈴閤, 却著青袍侍玉除]"라고 하고, 「가조산대부득품비加朝散大夫得品緋」에서 "오품五品은 혼가의 주인 되기에 넉넉하나니, 비단 두루마기 입고 고향으로 돌아가기 좋겠네[五品足爲婚嫁主, 緋袍著了好歸田]"라고 하고, "어찌 백발 드리운 날이, 비로소 비단 두루마기 입을 해일 줄 알았으랴[那知垂白日, 始是著緋年]"[30]라고 했다. 명복(命服 : 관복)으로 몸을 꾸미는 것은 인정상 매우 기쁜 일이므로 마음속으로부터 이렇게 표현한 것이다. 한유는 시

24 『두시상주』 권14 「춘우(郴雨)」.
25 은장(銀章) : 당・송시대의 금은어대(金銀魚袋). 금은으로 장식한 물고기 모양의 부절(符節)로, 궁중에 출입할 때 신분을 확인하는 용도로 쓰였다. 자루에 담았으므로 어대라 불린 것이다. 당나라 때 시작하여 명나라 때 폐지되었다.
26 주불(朱紱) : 관복에 걸치는 붉은색의 폐슬. 관복의 대칭으로도 곧잘 쓰인다.
27 『백씨장경집』 권17 「초저자사비답우인견증(初著刺史緋答友人見贈)」.
28 영합(鈴閤) : 영하졸(鈴下卒)과 합아위의(閤下威儀)의 통칭으로, 관문(官門)에서 일하는 병사들을 지칭한다. 영하졸은 일을 시킬 때 방울 소리를 낸다는 의미에서 붙여진 이름이고, 합하위의는 관문의 의례 등을 담당한다는 의미에서 붙여진 이름이다.
29 옥제(玉除) : 옥으로 꾸민 계단으로, 궁궐에 대한 대칭으로 쓰인다.
30 『백씨장경집』 권19 「초저비희증원구(初著緋戲贈元九)」.

에서 "드높은 진현관進賢冠[31]에, 빛나는 수창패水蒼珮.[32] 옷이며 치장이 좋기는 하지만, 내면의 덕과는 어울리지는 않다[峨峨進賢冠, 耿耿水蒼珮. 服章非不好, 不與德相對]"[33]라고 했는데 분명히 누군가를 지칭해 말한 것이리라.

觀王昌齡詩, 仕進之心, 可謂切矣. 「贈馮六元二」云①: "雲龍未相感, 干謁亦已屢." 「從軍行」云: "雖投定遠筆, 未坐將軍樹." 至於「沙苑渡」之作, 乃有"孤舟未得濟, 入夢在何年"之句. 是以傅說自期也, 一何愚哉. 按史, 昌齡爲汜水尉, 以不護細行, 謫龍標尉. 傅說所爲, 顧如是乎? 昌齡未第時, 岑參贈之詩曰: "潛虯且深蟠, 黃鶴擧未晩." 旣登第而謫官也, 參又贈之詩曰: "王兄尙謫官, 屢見秋雲生. 黃鶴垂兩翅, 徘徊但悲鳴." 後昌齡以世亂還鄕, 爲閭邱曉所殺, 則所謂黃鶴者, 竟不能高擧矣.

① '馮'·'元二'三字, 據『類編』本補.

왕창령의 시를 보면, 벼슬에 나가고 싶은 마음이 절실하다 할 만하다. 「증풍육원이贈馮六元二」에서 "구름과 용이 서로 감응하지 못했을 뿐, 배알을 구했던 적은 여러 번이었네[雲龍未相感, 幹謁亦已屢]"라고 하고, 「종군행從軍行」에서 "정원定遠[34]처럼 붓을 던졌으나, 장군수將軍樹[35]엔

31 진현관(進賢冠): 고대에 황제를 알현할 때 문관(文官)이나 유자(儒者)가 쓰던 일종의 예모(禮帽)이다.

32 수창패(水蒼珮): 당(唐)나라 때 2품 이하, 5품 이상의 관리들이 차던 패옥이다.

33 『동아당창려집주(東雅堂昌黎集註)』 권7 「조귀(朝歸)」.

34 정원(定遠): 정원후(定遠侯)에 책봉된 후한의 반초를 말한다. 반초가 붓으로 베껴 쓰는 일을 하며 모친을 봉양하다가 "대장부라면 부개자(傅介子)나 장건(張騫)처럼 이역에 나가서라도 공을 세워 제후가 되어야지, 어찌 붓만 잡고 긴긴 세월을 그냥 보내서야 되겠는가"라고 하고는 결국 붓을 내던지고 서역(西域)에 사신으로 나가 큰 공을 세운 뒤 정원후에 책봉됐다 한다. 『후한서(後漢書)』 권47 「반초열전(班超列傳)」.

35 장군수(將軍樹): 광나무. 매서운 추위에서도 정절을 지키는 여인처럼 고고하고 푸른 자태를 지녔다고 하여 여정목(女貞木)이라고도 불린다.

앉지 못했네[雖投定遠筆, 未坐將軍樹]"라고 했다. 「사원도沙苑渡」에선, "외딴배가 건너가지 못했나니, 꿈속에 든 것이 어느 해였을까[孤舟未得濟, 入夢在何年]"라는 구절을 남기기까지 했다. 이는 자신을 부열傅說[36]에 견준 것이니, 그 생각이 어찌 이토록 어리석단 말인가. 기록을 살펴보면 왕창령이 사수氾水의 위관尉官으로 있을 때 몸가짐을 세심히 보살피지 않아 용표위龍標尉로 좌천되었다고 했으니 과연 부열의 행동이 이러했었는가. 왕창령이 아직 급제하지 못했을 때 잠삼岑參이 지어 보낸 시에서 "잠든 용이 깊이 움츠려 있으니, 황학이 날아오를 날이 아직 늦지 않았다[潛虯且深蟠, 黃鶴擧未晩]"[37]라고 하고, 급제하고 나서 좌천되었을 때 잠삼이 다시 지어 보낸 시에서 "왕형도 좌천이 되니, 가을 구름이 솟아오르는 것을 곧잘 본다. 황학이 두 나래를 드리우고, 배회하며 슬피 울 뿐이다[王兄尙謫官, 屢見秋雲生. 黃鶴垂兩翅, 徘徊但悲鳴]"[38]라고 했다. 뒤에 왕창령이 혼란을 피해 고향으로 돌아갔다가 여구효閭邱曉에게 살해를 당한 것을 보면 이른바 황학은 결국 높이 날지 못한 것이다.

① '馮'과 '元二' 세 글자는 『시화유편』본에 의거하여 보충했다.

蘇子由自績溪被召, 除校書郎, 元祐之初年也. 山谷「和王定國」詩云:"后皇蒔嘉橘, 中歲多成枳. 佳人來何時, 天爲啓玉齒." 言欲子由變熙豐人才也. 「和子由病起被召」詩云:"方來立本朝, 獻納繼晨暝. 必開曲突謀, 滿慰傾耳聽." 言欲子由變熙豐法度也. 其措意如此, 然官不得至侍從, 謫黔移戎, 流離困躓, 豈非命哉. 至建中靖國之初, 雜用熙豐·元祐人才, 山谷喜而成詩云:"維摩老子五十七, 天子大聖初元年. 傳聞有

36 부열(傅說): 은(殷)나라 고종(高宗)의 신하로서 고종을 가르치며 인도했던 인물이다. 『장자』「대종사(大宗師)」에 그가 죽은 뒤 별이 되었다는 내용이 전한다.

37 『어정전당시(御定全唐詩)』 권198, 잠삼(岑參), 「송왕대창령부강녕(送王大昌齡赴江寧)」.

38 『어정전당시』 권198, 잠삼, 「송허자탁제귀강녕배친인기왕대창령(送許子擢第歸江寧拜親因寄王大昌齡)」.

意用幽仄, 病著不能朝日邊.” 後雖有銓曹之召, 不旋踵又有宜州之行, 有才無命, 如山谷者, 眞可憫也.

소철이 적계績溪에서 부름을 받아 교서랑校書郎에 임명된 것은 원우 첫해(1086)이다. 황정견이 「화왕정국和王定國」에서 “황천후토皇天后土께서 아름다운 귤을 심었으나, 중간에 대부분 탱자나무가 되었다. 가인은 언제 오시려나, 하늘이 옥치玉齒[39]를 열어두셨거늘[后皇蒔嘉橘, 中歲多成枳. 佳人來何時, 天爲啓玉齒]”이라고 했는데 소철이 희녕·원풍의 인재를 변모시켜줬으면 한 바람을 나타낸 것이다. 그리고 「화자유병기피소和子由病起被召」에서 “바야흐로 조정에 나가, 밤낮을 이어 정성을 바쳐야 한다. 반드시 간곡한 계책을 세워, 귀 기울이는 마음을 한껏 위로해야 한다[方來立本朝, 獻納繼晨暝. 必開曲突謀, 滿慰傾耳聽]”라고 했는데 소철이 희녕·원풍의 법도를 변모시켰으면 한 바람을 나타낸 것이다. 기대는 이러했지만 소철은 관직이 시종侍從에 이르지 못하고, 검주黔州에 좌천되고 융주戎州로 옮겨지며 유리와 곤궁에 시달렸으니 운명이 아니었겠는가. 건중정국建中靖國(1101) 초에 희녕·원풍·원우의 인재들을 섞어 등용했는데 황정견이 기쁜 마음에 지은 시에서 “유마노인(維摩老人: 황정견) 오십칠 세 때는, 위대하신 천자의 원년이시다. 듣자하니 숨은 인재를 등용한다 하는데, 병든 몸으로 태양 옆을 다가갈 수가 없네[維摩老子五十七, 天子大聖初元年. 傳聞有意用幽仄, 病著不能朝日邊]”[40]라고 했다. 뒤에 전조銓曹[41]의 부름이 있었으나 얼마 되지 바로 의주宜州로 떠나게 되었으니 능력을 갖췄으나 운명이 받쳐주지 않은 황정견 같은 이는 참으로 가엽다 할 것이다.

39 옥치(玉齒): 본래 미인의 아름다운 치아를 형용하는 말이나, 가차하여 ‘입’을 나타내기도 한다. “영비가 날 돌아보고 웃나니, 찬연히 입이 열리는구나.[靈妃顧我笑, 粲然啓玉齒.]” 진(晉) 곽박(郭璞), 「유선시(遊仙詩)」.

40 『산곡집』 권7 「병기형강정즉사십수(病起荊江亭卽事十首)」 제2수.

41 전조(銓曹): 관리의 선발을 담당하는 부서이다.

孔子曰："富貴在天." 則所謂富貴者, 豈可以倖取乎? 潘岳急於進取, 乾沒不休, 與石崇等諂事賈謐, 每候其出, 輒望塵而拜, 其爲人何如也. 觀其作「閒居賦」曰："岳讀「汲黯傳」, 至司馬安四至九卿, 而良史書之, 題爲巧宦之目. 遂慨然歎曰：巧誠有之, 拙亦宜然." 觀岳此語, 尙恨巧之未至邪? 其作「河陽縣」詩則曰："誰謂晉京遠, 室邇身實遼. 誰謂邑宰輕, 令名患不劭." 其作「懷縣」詩則曰："自我違京輦, 四載迄於斯. 器非廊廟姿, 屢出固其宜." 其坐馳京闕, 渴心固已生塵矣. 而仕宦卒不達, 誠可以爲馳騖者之戒也. 嘗自敍云："自弱冠涉於知命之年, 八徙官, 一進階再免, 一除名, 一不拜職, 遷者三而已. 雖通塞有命, 抑拙者之效也." 岳誠知此, 豈肯遽下賈謐之拜哉?

공자는 "부귀는 하늘에 달려있다"[42]라고 했으니 부귀를 어떻게 요행으로 취할 수 있겠는가. 반악潘岳이 관직을 얻는데 급급하여 끊임없이 기회를 틈타고 이익을 엿보며 석숭石崇 등과 함께 가밀賈謐[43]에게 아첨하여, 가밀이 문밖을 나서면 멀리서 바라보고 절을 했으니 그 사람 됨됨이가 어떻다 하겠는가. 그의 「한거부閒居賦」를 보면 "내가 「급암전汲黯傳」을 읽다가, 사마안司馬安이 네 번이나 구경九卿에 이른 것에 대해, 훌륭한 사관이, 기교가 뛰어난 관리의 항목에 자리매김 한 것을 보고, 개연히 탄식하기를, '기교를 정말 가져야 하지만, 옹졸해도 마땅히 그

42 부귀는 하늘에 달려있다 : 공자의 제자 사마우(司馬牛)와 자공(子貢)의 대화에서 나오는 말이다. 공자(孔子)의 제자인 사마우가 일찍이 불량한 자기 형 환퇴(桓魋)를 걱정하며, "남들은 다 형제가 있는데, 나만 형제가 없구나[人皆有兄弟, 我獨亡]"라고 하자, 자공이, "내가 들으니, 죽고 사는 것은 천명에 달렸고, 부와 귀는 하늘에 달렸다고 했다. 군자가 몸가짐을 조심히 하여 실수하지 않고, 남을 대할 때 공손하고 예의 바르게 한다면 이 세상 모두가 형제가 될 것 터인데, 군자가 어찌 형제가 없다고 걱정할 일이 있겠는가"라 했다.[商聞之矣, 死生有命, 富貴在天. 君子敬而無失, 與人恭而有禮, 四海之內皆兄弟也, 君子何患乎無兄弟也.] 『논어(論語)』 「안연(顔淵)」.

43 가밀(賈謐) : 가충(賈充)의 외손자로, 서진(西晉) 혜제(惠帝) 때의 실권자이다. 당시 석숭(石崇), 구양건(歐陽建), 육기(陸機) 등, 이른바 가밀을 추종한 '스물네 명의 벗[二十四友]'이 있었다.

러했을 것이다' 했다[岳讀「汲黯傳」, 至司馬安四至九卿, 而良史書之, 題爲巧宦之目. 遂慨然歎曰 : '巧誠有之, 拙亦宜然']"라고 했다. 반악의 이 말을 보면 아직도 기교가 극진하지 못한 것을 안타까워한 것인가? 「하양현河陽縣」에서 "누가 진晉나라 서울이 멀다고 하는가, 집은 가깝지만 몸은 실로 멀다. 누가 읍의 장이 가벼운 자리라 하는가, 훌륭한 명성이 드러나지 않을까 걱정한다[誰謂晉京遠, 室邇身實遼. 誰謂邑宰輕, 令名患不劭]"라고 하고, 「회현懷縣」에서 "내가 서울을 떠난 뒤, 이곳에서 사 년을 지냈다. 바탕이 낭묘(廊廟 : 조정, 정승)의 그릇이 아니기에, 외직에 자주 나가는 것이 마땅한 일이다[自我違京輦, 四載迄於斯. 器非廊廟姿, 屢出固其宜]"라고 했으니 서울에서 좌치坐馳[44]하고 있을 때 목마른 마음에 나쁜 먼지가 일었던 것이다. 하지만 벼슬길에서 끝내 성공하지 못했으니 참으로 앞만 보고 내달리는 자들의 경계가 될 만하다. 일찍이 자술한 글에서 "약관에서부터 지천명의 나이까지 여덟 번 관직을 옮겼는데, 한 번 진급했다 두 번 면직되고, 한 번은 제명이 되고, 한 번은 관직에 임명되지 않아, 실제 옮긴 것은 세 번뿐이다. 성공과 실패는 운명의 소관이겠지만 이는 옹졸한 자의 결과이다"라고 했으니 반악이 정말로 이를 알았다면 어떻게 가밀의 임명에 갑자기 응했겠는가.

李商隱「九日」詩云 : "曾共山翁把酒時, 霜天白菊繞階墀. 十年泉下無消息, 九日尊前有所思. 不學漢臣栽苜蓿, 空教楚客詠江蘺. 郎君官貴施行馬, 東閤無因再得窺." 蓋令狐楚與商隱素厚, 楚卒, 子綯位致通顯, 略不收顧, 故商隱怨而有作. 然實商隱自取之也. 且商隱妻父王茂元與所依鄭亞皆李德裕黨也. 商隱與二人暱甚, 故綯以爲忘家恩, 放利偸合者, 是綯惡其異己也. 後綯當國, 商隱亦歸窮自解, 綯雖與一太學博

44 좌치(坐馳) : 『장자(莊子)』「인간세(人間世)」에 나오는 말로, 억지로 꼼짝 않고 앉아 있으려 노력하지만 외물로 치달리는 잡념이 그치지 않는 것을 가리킨다.

士, 然商隱亦厚顏矣. 唐之朋黨, 延及縉紳四十年, 而二李爲之首, 至綯而滋熾. 綯之忘商隱, 是不能念親, 商隱之望綯, 是不能揆己也.

이상은은 「구일九日」에서 "일찍이 산옹山翁과 술잔을 나눌 때, 서리 내린 흰 국화가 섬돌을 둘렀다. 십 년 동안 황천에서 소식이 없거니, 구일 술잔 앞에서 새삼 그립다. 한나라 신하 따라 목숙苜蓿[45]을 심지 않았나니, 부질없이 초나라 객에게 강리江蘺[46]를 읊조리게 한다. 높은 관직 낭군께서 말을 타고 가시니, 동쪽 집을 다시 엿볼 일이 없다[曾共山翁把酒時, 霜天白菊繞階墀. 十年泉下無消息, 九日尊前有所思. 不學漢臣栽苜蓿, 空敎楚客詠江蘺. 郞君官貴施行馬, 東閣無因再得窺]"라고 했는데, 이 작품은 영호초가 평소 이상은과 돈독한 관계였는데도 영호초가 죽은 뒤 그의 아들 영호도令狐綯가 높은 지위에 있으면서도 전혀 돌아보지 않았으므로 아쉬운 마음에 지은 것이다. 하지만 이는 사실 이상은이 자초한 것이다. 그리고 이상은의 처부 왕무원王茂元과 그 자신이 의지했던 정아鄭亞는 모두 이덕유李德裕의 당이었다. 이상은이 이 두 사람과 아주 가까웠으므로 영호도는 집안의 은혜를 잊고 이익을 좇아 뭉친 이들이라고 여겨 그들을 미워한 것이다. 뒤에 영호도가 권력의 중심에 섰을 때, 이상은은 곤궁한 처지에서 자신을 해명했다. 이에 영호도는 이상은에게 태학박사太學博士 자리를 주긴 했지만 이상은은 역시 얼굴이 두꺼웠던 것이다. 당나라의 붕당은 사십 년 동안 관료들에게 영향을 미쳤는데, 두 이씨(李氏 : 이종민李宗閔 · 이덕유)가 중심이었고 영호도에 와서 더욱 불꽃을 발했다. 영호도가 이상은을 잊은 것은 부친을 잘 추념하지 못했기 때문이고 이상은이 영호도에게 기댄 것은 자신의 처지를 잘 헤아리지 못

---

45 목숙(苜蓿) : 거여목이라는 풀로, 가난한 자들이 먹는 음식을 대칭한다.

46 강리(江蘺) : 강에서 자라는 향초(香草)로, 현자에 대한 비유로 쓰인다. 굴원의 『이소』의 "강리와 벽지(辟芷)를 몸에 두르고, 가을 난초 엮어서 허리에 차네[扈江蘺與辟芷兮 紉秋蘭以爲佩]"에서 인용된 것이다.

했기 때문이다.

杜子美云："鐘鼎山林各天性." 天性之所欲, 夫豈可强也哉. 白樂天前有「讀史」詩云："馬遷下蠶室, 嵇康就囹圄. 當彼戮辱時, 奮飛無翅羽. 商山有黃綺, 潁川有巢許. 何不從之游, 超然離網罟." 後又有「詠史」詩云："秦磨利刀斬李斯, 齊燒沸鼎烹酈其. 可憐黃綺入商洛, 閑臥白雲歌紫芝." 二詩意絶相類, 但未知樂天果能舍彼而就此不? 世之人乾沒於名利之場, 鮮不陷於禍難, 樂天之論, 眞可書紳.

두보가 이르기를 "종정(鐘鼎 : 관리)과 산림(山林 : 은자)은 천성대로이다[鐘鼎山林各天性]"[47]라고 했는데 천성이 하고 싶어 하는 것을 어찌 억지로 할 수 있겠는가. 백거이가 앞서 지은 「독사讀史」에서 "사마천은 잠실蠶室로 내려가고, 혜강은 영어囹圄로 들어갔다. 모욕을 당할 때는, 활짝 날고 싶어도 날개가 없다. 상산商山에는 황기黃綺가 있고,[48] 영천潁川에는 소보(巢父)와 허유許由가 있다.[49] 어찌 어울려 지내지 않고, 초연히 그물에 걸려들었는가[馬遷下蠶室, 嵇康就囹圄. 當彼戮辱時, 奮飛無翅羽. 商山有黃綺, 潁川有巢許. 何不從之遊, 超然離網罟]"라고 하고, 뒤에 또 지은 「영사詠史」에서 "진나라가 예리한 칼을 갈아 이사李斯를 참수하고,[50] 제나라가 솥에 끓는 물 데워 역이기酈食其를 삶았다.[51] 부럽구나 황기가 상

47 『두시상주』 권22 「청명이수(淸明二首)」 제1수.

48 상산(商山)에는 …… 있고 : 진(秦)나라 말기의 은자였던 상산사호(商山四皓) 중에서 기리계(綺里季)·하황공(夏黃公)이 있었음을 말한 것이다.

49 영천(潁川)에는 …… 있다 : 요임금이 허유에게 제위를 맡기려 하자 허유가 이를 거절하며 영천의 강물에 귀를 씻었고, 이 말을 들은 소보[巢父]가 소에게 그 더러운 물을 마시게 할 수 없다고 하여 소를 끌고 상류로 올라가 물을 먹였다는 고사를 차용한 것이다.

50 진나라가 …… 참수하고 : 진나라 승상 이사가 조고(趙高)의 모략에 의해 역적으로 몰려 살해된 것을 거론한 것이다.

51 제나라가 …… 삶았다 : 진나라 말기의 변론가 역이기의 죽음을 거론한 것이다. 역이기

락商洛에 들어가, 한가히 흰 구름 위에 누워 자지자紫芝歌를 부름이여[秦磨利刀斬李斯, 齊燒沸鼎烹酈其. 可憐黃綺入商洛, 閒臥白雲歌紫芝]"[52]라고 했다. 두 시의 의미는 매우 유사하다. 하지만 백거이가 정말로 저것(관직)을 버리고 이것(은자)을 취할 수 있었을까? 세상 사람들 가운데 명예와 이익의 장에 골몰하였다 재앙에 빠지지 않는 경우가 드무니 백거이의 논평은 참으로 허리띠에 써 놓을 만하다.

意在退處者, 雖饑寒而不辭, 意在進爲者, 雖沓貪而不顧, 皆一曲之士也. 高適嘗云 : "吾謀適可用, 天路豈寥廓. 不然買山田, 一身與耕鑿." 可仕則仕, 可止則止, 何常之有哉? 適有「贈別李少府」云 : "余亦愜所從, 漁樵十二年. 種瓜漆園裏, 鑿井盧門邊." 「贈韋参軍」云 : "布衣不得干明主, 東過梁宋無寸土. 兎苑爲農歲不登, 雁池垂釣心長苦." 其生理可謂窄矣. 及宋州刺史張九皋奇其人, 擧有道科中第, 調封邱尉, 則曰 : "此時也得辭漁樵, 青袍裹身荷聖朝. 牛犁釣竿不復見, 縣人邑吏來相邀." 則是不堪漁樵之艱窘, 而喜末官之微祿也. 一不得志則舍之而去何邪?「封邱」詩云 : "我本漁樵孟瀦野, 一生自是悠悠者. 乍可狂歌草澤中, 寧堪作吏風塵下." 其末句云 : "乃知梅福徒爲爾, 轉憶陶潛歸去來." 則不堪作吏之卑辱, 而復思孟瀦之漁樵也. 韓退之云 : "居閒食不足, 從仕力難任." 其此之謂乎.

생각이 물러나 사는 데에 있는 사람은 굶주림과 추위도 마다하지 않고 생각이 관직에 나아가는 데에 있는 사람은 답답하고 가난함도 개의

가 제나라 왕 전광(田廣)을 설득하여 항복을 받아냈는데 한신이 이를 시기하여 공격하였고, 전광은 역이기가 자신을 속인 줄 알고 그를 솥에 삶아 죽였다고 한다.

52 황기가 …… 부름이여 : 상락은 지명. 자지가는 은자의 노래로, 상산의 사호가 불렀다는 "색깔도 찬란한 영지버섯이여, 굶주린 배를 달랠 수 있으리[曄曄紫芝 可以療飢]"에서 유래한다. 황기는 속세를 버리고 자연을 벗 삼아 산 삶을 가리킨다.

치 않으니 이들은 모두 한쪽에 치우친 사람들이다. 일찍 고적高適이 "나의 구상이 알맞게 쓸 만하다 해도, 하늘 길(관직의 길)은 어찌 저토록 아득한가. 그렇지 않다면 산속의 농토를 사서, 이 한 몸 밭갈이 하며 지내리라[吾謀適可用, 天路豈寥廓. 不然買山田, 一身與耕鑿]"[53]라고 했으니 '벼슬할 만하면 벼슬하고 그만둘 만하면 그만두는 삶'이 어찌 늘 있는 일이겠는가. 고적이 지은 「증별이소부贈別李少府」에서 "나 또한 하고픈 일이 만족스러워, 산림처사의 삶이 십이 년이다. 칠원漆園[54] 안에서 외를 심고, 노문盧門[55] 옆에서 샘을 판다[余亦惬所從, 漁樵十二年. 種瓜漆園裏, 鑿井盧門邊]"라고 하고, 「증위참군贈韋參軍」에서 "포의(布衣 : 평민)로 훌륭하신 군주를 뵐 수 없어, 동쪽으로 양·송梁宋 땅을 찾아갔으나 한 치 땅도 없다. 토원兎苑[56]에서 농사지어도 풍년 들지 않고, 안지雁池[57]에서 낚싯대 드리운 마음 괴롭기만 하다[布衣不得干明主, 東過梁宋無寸土. 兎苑爲農歲不登, 雁池垂釣心長苦]"라고 했으니 그 삶이 궁색하다 할 만하다. 그런데 송주자사宋州刺史 장구고張九皐가 그를 기특하게 여겨 유도과有道科[58]에서 급제시켜 봉구위封邱尉에 임명하자, 그가 이르기를 "지금 산림처사의 삶을 그만두고, 청포(靑袍 : 관복)로 몸을 둘러 성조聖朝의 은혜를 입었다. 소 쟁기와 낚싯대를 다시 볼 일 없을 터, 현 사람과 읍 아전이

53 『고상시집(高常侍集)』 권7 「기상수설삼연겸기곽소부(淇上酬薛三掾兼寄郭少府)」.

54 칠원(漆園) : 전국시대에 장주(莊周)가 관리를 지낸 지역이다. 지금의 하남성 상구시(商丘市) 북쪽이라는 설과 안휘성 정원현(定遠縣) 동쪽이라는 설이 있다.

55 노문(盧門) : 송나라 때 교외에 있는 성문을 가리킨다.

56 토원(兎苑) : '토원(菟苑)'이라고도 하는데, 후한 양기(梁冀)가 하남성 서쪽에 만든 개인 원림(園林)이다. 사방 수십 리였으며, 이곳에 있는 토끼에 표시를 해 두고 이를 잡는 사람을 사형에 처했다고 한다. 『후한서』 권64 「양기열전(梁冀列傳)」.

57 안지(雁池) : 한나라 양효왕(梁孝王) 유무(劉武)가 만든 토원(兎園)의 연못 이름이다. '안지(鴈池)'라고도 한다.

58 유도과(有道科) : 한대의 관리 선발 과목 중 하나이다. 『후한서』 「환송전(桓榮傳)」에 "후에 효렴(孝廉)·유도(有道)·방정(方正)·무재(茂才)·삼공병벽(三公並辟)에서 뽑혔으나 모두 응하지 않았다[後擧孝廉·有道·方正·茂才, 三公並辟, 皆不應]"라는 구절이 보인다.

나와 맞이한다[此時也得辭漁樵, 青袍裹身荷聖朝. 牛犁釣竿不復見, 縣人邑吏來相邀]"[59]라고 했으니 산림처사의 곤궁한 삶을 감내하지 못하고 말단 관직의 작은 녹을 좋아한 것이다. 그런데 한 번의 좌절에 이내 내팽개치고 떠나버린 것은 왜일까? 「봉구封邱」에서 "나는 본디 맹저孟潴의 들판에서 물고기 잡고 땔나무 하던 사람으로, 일생이 그저 여유로웠던 사람이다. 풀잎 연못에서 마음껏 노래 부를지언정, 어떻게 풍진 속에서 관리 노릇 할 수 있으랴[我本漁樵孟潴野, 一生自是悠悠者. 乍可狂歌草澤中, 寧堪作吏風塵下]"라고 하고, 마지막 구절에서 "매복梅福[60]이 한낱 그렇게 한 것임을 알고, 도잠이 돌아온 일(귀거래)을 문득 생각한다[乃知梅福徒爲爾, 轉憶陶潛歸去來]"라고 했으니 아전 생활의 비굴함과 모욕을 감내하지 못하고 맹저에서의 산림 생활을 그리워한 것이다. 한유가 "한가하게 지내자니 먹을 것이 부족하고, 벼슬길 나서자니 맡을 힘이 어렵네[居閒食不足, 從仕力難任]"[61]라고 한 것은 이를 두고 한 말이다.

元和中, 討蔡數不利, 羣臣爭請罷兵, 錢徽·蕭俛力請於前, 逢吉·王涯力請於後, 惟裴度以一病在腹心, 不時去且爲大患. 又自請以身督戰, 誓不與賊俱存. 王建所謂"桐柏水西賊星落, 梟雛夜飛林木惡. 相國刻日波濤清, 當朝自請東西征"是也. 憲宗御通化門, 臨遣賜度通天御帶, 發神策騎三百爲衛. 王建詩所謂"同時賜馬幷賜衣, 御樓看帶弓刀發. 馬前猛士三百人, 金書左右紅旗新"是也. 未幾, 李愬夜入縣瓠城, 縛吳元

59 『고상시집(高常侍集)』 권3 「유별정삼위구겸낙하제공(留別鄭三韋九兼洛下諸公)」.

60 매복(梅福) : 한나라 때 남창현(南昌縣) 현위(縣尉)를 지낸 충신이다. 조정에 왕망의 야심에 관한 글을 여러 번 올렸는데, 왕망이 정권을 잡자 벼슬을 그만두고 비홍산(飛鴻山)과 청운보(青雲譜) 일대에서 은자로 살았다. 송 고종(高宗) 소흥(紹興) 2년(1132)에 이은진인(吏隱眞人)이라는 봉작이 하사되었고 그가 은거했던 비홍산은 뒤에 매령(梅嶺)으로 개칭되었으며 산 정상에 매선정(梅仙亭)이 세워졌다.

61 『어정전당시』 권340, 한유, 「종사(從仕)」.

濟, 度遣馬總先入蔡. 明日, 統洄曲降卒萬人, 徐進撫定. 則韓愈「平淮西碑」言之詳矣. 桃林夜捷, 愈賀度詩云:"手把命珪兼相印, 一時重疊賞元功." 度自蔡入覲, 塗中重拜台司. 愈作詩云:"鵷鷺欲歸仙仗裏, 熊羆還入禁營中." 觀度雋功如此, 憲宗倘能終始用之, 諸藩當股栗不暇, 而敢桀驁乎? 乃信用程异・皇甫鎛之徒, 乘釁鐫詆, 使度卒不能安於相位. 故度嘗有詩云:"有意效承平, 無功答聖明. 灰心緣忍事, 霜鬢爲論兵. 道直身還在, 恩深命轉輕. 鹽梅非擬議, 葵藿是平生. 白日長懸照, 蒼蠅慢發聲. 嵩陽舊田里, 終使謝歸耕." 觀此則已無經世之意也.

원화 연간(806~820)에 채주蔡州를 토벌했으나 계속 불리하자 군신들이 앞다퉈 철병을 요청했다. 전휘錢徽와 소면蕭俛은 앞에서 힘껏 간청하고 이봉길李逢吉과 왕애王涯는 뒤에서 힘껏 요청했지만 배도裴度만은 병이 복심(腹心: 채주)에 있는데 제때 제거하지 않으면 큰 우환이 될 것이라고 했다. 그리고 자청해 앞장서 싸움을 독려하며 절대 적과 함께 살지 않겠다고 맹세했다. 왕건王建이 "동백수桐栢水 서쪽에 적의 별이 떨어지고, 올빼미가 한밤에 날아 숲 속이 음울하다. 상국相國은 물결이 맑아지리라 확신하며, 조정에 앞장서 정벌할 것을 자청했다[桐栢水西賊星落, 梟雛夜飛林木惡. 相國刻日波濤淸, 當朝自請東西征]"[62]라고 한 것은 이를 두고 말한 것이다. 헌종이 통화문通化門에 나아가 파견하는 자리에서 배도에게 통천어대通天御帶를 하사하고 신책군神策軍 팔백 기騎를 호위로 삼아주었으니, 왕건의 시에서 "동시에 말을 하사하고 옷을 하사하며, 누대에 나아가 활과 칼을 차고 출발한 것을 보았다. 말 앞에는 삼백 명의 용사가 있고, 좌우에는 황금색 글씨의 붉은 깃발이 새롭다[同時賜馬並賜衣, 御樓看帶弓刀發. 馬前猛士三百人, 金書左右紅旗新]"[63]라고 한 것은 이를 두고 말한 것이다. 그로부터 얼마 되지 않아 이삭李愬이 한밤에 현

62 『어정전당시』 권2 「동정행(東征行)」.

63 『왕사마집』 권2 「동정행」.

호성縣瓠城으로 쳐들어가 오원제吳元濟를 결박하자 배도는 마총馬揚을 보내 채주로 먼저 쳐들어가게 했다. 이튿날 회곡洄曲의 항복한 병사 만 명을 이끌고 서서히 나아가 주변을 안정시켰으니 한유의 「평회서비平淮西碑」에 관련 내용이 상세히 기록되어 있다. 도림桃林에서 저녁에 승전보를 보고하자 한유는 배도를 축하하며, "손에 명규命珪[64]와 재상의 인장을 들고, 한 시대에 원공元功의 상을 중복해서 받았다[手把命珪兼相印, 一時重疊賞元功]"[65]라고 했다. 채주에서 조정으로 돌아올 때, 배도는 대사台司에 다시 임명되었다. 한유는 "원로鵷鷺[66]가 선장(仙仗 : 궁궐)으로 돌아가려 할 때, 웅비熊羆[67]가 다시 금영(禁營 : 군영)으로 들어가네[鵷鷺欲歸仙仗裏, 熊羆還入禁營中]"[68]라고 했다. 배도가 이처럼 큰 공을 세운 것을 보고 헌종이 시종 중용하였으니 번진들이 자기 몸 사리느라 겨를이 없었을 터인데 감히 준동할 수 있었겠는가. 그런데 정이程异·황보박皇甫鎛 등을 신임하여, 빈틈이 있을 때마다 공격하게 가해서, 결국 재상의 위치에서 안주할 수 없게 했다. 그래서 배도는 일찍이 지은 시에서 "평화의 시대에 몸을 바칠 생각 있으나, 성명(聖明 : 황제)에 답할 공로가 없다. 마음 까맣게 탄 것은 참은 탓이고, 머리 하얗게 된 것은 전쟁 때문이다. 도가 정직해 몸은 아직 남아있지만, 은혜가 깊어도 신임은 갈수록 가볍다. 염매鹽梅[69]는 논하고 싶은 것이 아니고, 규곽葵藿[70]이 본디 삶

---

64 명규(命珪) : 천자가 왕공대신(王公大臣)에게 하사하던 옥규(玉圭)로, '명규(命圭)'라고도 한다.

65 『어정전당시』 권344, 한유, 「도림야하진공(桃林夜賀晉公)」.

66 원로(鵷鷺) : 원추새와 백로. 우아하고 질서가 있다 하여 조정의 백관을 비유하는 말로 쓰였다.

67 웅비(熊羆) : 사나운 곰. 용맹한 군사나 장수를 비유한다.

68 『어정전당시』 권344, 한유, 「진공파적회중배태사이시시막중빈객유봉화(晉公破賊回重拜台司以詩示幕中賓客愈奉和)」.

69 염매(鹽梅) : 재상이 되어 국정을 다스리는 것을 말한다. 『서경(書經)』 「열명 하(說命下)」의, 은나라 고종이 부열을 재상으로 임명하며 "내가 술이나 단술을 만들려고 할 때 그대가 누룩이 되어주고, 내가 국을 끓이려 할 때 그대가 소금과 매실이 되어 간을 맞춰 주오[若作酒醴, 爾惟麴蘗, 若作和羹, 爾惟鹽梅]"라 부탁했다는 말에서 유래한다.

이다. 태양은 오랫동안 허공에서 비추나, 파리는 부질없이 지껄일 뿐이다. 숭양嵩陽의 옛 농토로, 돌아가 밭갈이하며 살리라[有意效承平, 無功答聖明. 灰心緣忍事, 霜鬢爲論兵. 道直身還在, 恩深命轉輕. 鹽梅非擬議, 葵藿是平生. 白日長懸照, 蒼蠅慢發聲. 嵩陽舊田里, 終使謝歸耕]"[71]라고 했다. 이 시를 보면 이미 세상에 나설 마음이 없었던 것이다.

李白「贈王歷陽」詩云："有身莫犯飛龍鱗, 有手莫辮猛虎鬚. 君看昔日汝南市, 白頭仙人隱玉壺." 則意在隱遁也. 又「行路難」云："有耳莫洗潁川水, 有口莫食首陽蕨. 含光混世貴無名, 何用孤高比雲月." 則意在進爲也. 達人大觀, 流行坎止, 何常之有哉?

이백이 「증왕력양贈王歷陽」에서 "몸이 있어도 나는 용의 비늘을 건드리지 말고, 손이 있어도 사나운 범의 수염을 만지지 말라. 보라, 지난날 여남汝南 저자에서, 백발의 신선이 옥호玉壺에 숨은 것[72]을[有身莫犯飛龍鱗, 有手莫辮猛虎須. 君看昔日汝南市, 白頭仙人隱玉壺]"이라고 한 것은 은둔의 삶에 마음이 있었던 것이고, 「행로난行路難」에서 "귀가 있어도 영천潁川의 물[73]에 씻지 말고, 입이 있어도 수양首陽의 고사리[74]를 먹지 말라.

---

70 규곽(葵藿) : 해바라기 꽃이 해를 보고 기우는 것처럼 신하가 임금을 따르는 것을 비유한 표현이다.

71 『어정전당시』 권335, 배도, 「중서즉사(中書卽事)」.

72 지난날 …… 숨은 것 : 여남시(汝南市)의 연리(椽吏)였던 한나라 비장방(費長房)과 관련된 고사이다. 한 노인이 병을 매달아 놓고 약을 팔다가 일이 끝나면 매번 병 속으로 들어갔는데, 비장방이 간청하여 같이 들어가서 화려한 집과 좋은 음식들을 보고나서, 노인이 신선이었음을 알았다고 한다.

73 영천(潁川)의 물 : 요임금이 제위를 맡기려 하자 허유가 이를 거절하고 귀를 씻었다는 강물이다.

74 수양(首陽)의 고사리 : 은나라의 백이(伯夷)와 숙제(叔齊)가 주 무왕(武王)이 은 주왕(紂王)을 치려는 것을 말리다가 무왕이 듣지 않자 수양산(首陽山)으로 들어가 캐먹었다는 고사리이다.

내공 감추고 세상에 섞여 살며 이름나지 않음이 중요할 뿐, 어찌 고고함을 구름 사이 달에 견주며 살 필요가 있으랴[有耳莫洗穎川水, 有口莫食首陽蕨. 含光混世貴無名, 何用孤高比雲月]"라고 한 것은 세상에 나가 사는 삶에 마음이 있었던 것이다. 세상을 꿰뚫어보는 달관의 능력으로 흐름 따라 살아가는 위인이 세상에 어찌 자주 보이겠는가.

東坡以侍讀爲禮部尚書, 時正得志之秋, 而陳無己寄其詩, 乃云 : "經國向來須老手, 有懷何必到壺頭. 遙知丹地開黃卷, 解記清波沒白鷗." 是勸其早休也. 洎坡知定州, 時事變矣, 又爲詩勸之曰 : "功名不朽聊通袖, 海道無違具一舟." 坡未能用其語, 而已有南遷絶海之禍矣. 所謂"海道無違具一舟"者, 蓋用坡所作「八聲甘州」"約他年東還海道, 願謝公雅志莫相違"之意以動公, 而不知二句皆成讖也.

소식이 시독학사侍讀學士에서 예부상서로 임명된 시기는 포부를 한껏 펼칠 시점이었는데, 진사도가 보낸 시에서 "국가 경영은 반드시 노련한 솜씨를 요했나니, 마음에 있다 해도 어찌 호두壺頭[75]에 이를 수 있겠는가. 단지丹地[76]에서 황권(黃卷 : 책) 펼침을 어렴풋이 짐작하고, 푸른 물결에 백구가 몸 묻힘을 이해하리라[經國向來須老手, 有懷何必到壺頭. 遙知丹地開黃卷, 解記清波沒白鷗]"[77]라고 했으니 일찍이 물러나 쉴 것을 권유한 것이다. 소식이 정주定州태수로 있을 때는 시대 상황이 변해 있었는데 또다시 시를 지어 권유하기를 "불후의 공명은 통수(通袖 : 긴소매, 은자의 옷)에 힘입어야 하고, 바닷길은 어김없이 배 한 척을 갖춰야 한다

75 호두(壺頭) : 본래 중국 교지(交趾) 지방에 있는 산 이름인데, 여기에서는 호두산 전투 이후 승승장구하여 신식후(新息侯)에 봉해지는 등 영화를 누린 후한의 장군 마원(馬援)을 가리킨 것으로 보인다. 『후한서』 권24 「마원열전(馬援列傳)」.

76 단지(丹地) : 조정, 궁궐. 임금이 있는 궁궐에 붉은색을 칠한 데에서 붙여진 이름이다.

77 『후산집(後山集)』 권6 「기시독소상서(寄侍讀蘇尚書)」.

[功名不朽聊通袖, 海道無違具一舟]"[78]라고 했지만 소식은 그 말을 듣지 않아 남쪽 바다 끝으로 좌천되는 화를 입었다. "바닷길은 어김없이 배 한 척을 갖춰야한다"는, 소식이 지은 「팔성감주八聲甘州」의 "훗날 동쪽 바닷길로 돌아가면, 사공(謝公 : 사령운)의 평소 삶과 어긋나지 않기를 기약하노라[約他年東還海道, 願謝公雅志莫相違]"라는 내용을 활용하여 공의 마음을 움직이려 한 것인데 두 구절이 모두 예언임을 몰랐던 것이다.

烏重胤之節度河陽也, 求賢者以爲之屬, 乃得石洪處士爲參謀. 韓退之送之序, 又爲詩曰 : "長把種樹書, 人云避世士. 忽騎將軍馬, 自號報恩子." 蓋吏非吏, 隱非隱, 故於洪有譏焉. 後有寄盧仝詩云 : "水北山人得名聲, 去年去作幕下士." 其意與前詩同. 昔人有"門一杜, 其可開"之語, 宜乎韓子以洪與溫造同科, 而獨尊盧仝也.

오중윤烏重胤이 하양河陽절도사로 있을 때 현자들을 찾아 보좌로 삼으려는 생각에서 처사 석홍石洪을 참모로 삼았다. 한유가 석홍 처사를 전송하며 서序를 쓰고 아울러 지은 시에서 "오랫동안 나무 심는 책을 들고 있어서, 사람들이 세상에서 숨은 은자라 했다. 갑자기 장군의 말을 타고서는, 스스로 은혜에 보답하는 사람이라 불렀다[長把種樹書, 人云避世士. 忽騎將軍馬, 自號報恩子]"[79]라고 했는데 이는 관리가 관리가 아니고 은자가 은자가 아닌 사실을 석홍을 빌려 비판한 것이다. 뒤에 노동에게 보낸 시에서는 "물 북쪽 산山사람이 명성을 얻어, 지난해 떠나서 막하의 인사가 되었다[水北山人得名聲, 去年去作幕下士]"[80]라고 했는데 그 의미가 앞의 시와 같다. 옛사람이 "문이 한번 닫혔는데 열 수 있겠

78 『후산집』 권6 「기송정주소상서(寄送定州蘇尙書)」.

79 『어정전당시』 권339, 한유, 「송석홍처사부하양막득기자(送石洪處士赴河陽幕得起字)」.

80 『어정전당시』 권340, 한유, 「기노동(寄盧仝)」.

는가[門一杜, 其可開]"[81]라는 말을 남겼는데, 한유가 석홍을 온조溫造[82]와 같은 부류로 보고 노동을 존중의 대상으로 본 것이 당연하다.

方干隱居鑑湖, 任情於漁釣, 似無心於仕宦者. 觀「山中言事」詩云: "山陰釣叟無知己, 窺鏡擣多鬢欲空", 「別胡中丞」云: "吹噓若自毫端出, 羽翼應從肉上生"等語, 豈全能忘情者邪? 羅隱題其詩云: "九霄無鶴版, 雙鬢老漁樵." 蓋亦惜其隱遁之言爾.

방간方干이 감호鑑湖에서 은거할 때 그곳 삶에 푹 젖어 벼슬에 관심이 없는 듯했다. 그런데 「산중언사山中言事」의 "산음의 어부가 지기가 없어, 거울 보고 뽑아대느라 수염이 없어지려 한다[山陰釣叟無知己, 窺鏡擣多鬢欲空]"와, 「별호중승別胡中丞」의 "만일 숨이 털끝에서 나온다면, 깃도 살로부터 생기리라[吹噓若自毫端出, 羽翼應從肉上生]" 등의 표현을 보면, 어찌 속세를 완전히 잊은 사람이라 하겠는가. 나은羅隱은 그에 대해 지은 시에서 "구중 하늘에는 학판(鶴版 : 황제의 초청문)이 없어, 한 쌍의 살쩍이 은자로 늙는다[九霄無鶴版, 雙鬢老漁樵]"라고 했는데 역시 그의 은둔을 애석해 한 말이다.

王績作「被召謝病」詩云: "橫裁桑節杖, 直剪竹皮巾. 鶴警琴亭夜, 鶯啼酒甕春. 顏回惟樂道, 原憲豈傷貧." 觀此數語, 又豈以招聘爲喜乎?

---

81 『진서(晉書)』 권94 「범등(氾騰)」. 범등은 진(晉)나라 사람. 원래 낭중(郎中)에 임명됐으나 세상이 혼란하자 관직을 버리고 귀향해 유유자적한 삶을 살았다. 훗날 장궤(張軌)가 부(府)의 사마(司馬)로 삼으려 하자, "문이 한번 닫혔는데 열 수 있겠느냐"며 끝내 사양했다.

82 온조(溫造) : 자(字)는 간여(簡輿)로, 왕옥산(王屋山)과 낙양에서 은거하다가 뒤에 예부상서까지 올랐다.

「獨坐」詩云:"託身千載下, 聊游萬物初. 欲令無作有, 翻覺實成虛."
「詠懷」詩云:"故鄕行處是, 虛室坐間同. 日落西山暮, 方知天下空."
「贈薛收」詩云:"賴有此山僧, 敎我以眞如. 使我視聽遺, 自覺塵累祛."
則又知績有得於佛氏者甚深也.

왕적王績이 지은 「피소사병被召謝病」에서 "뽕나무 마디 가로 마름질해 지팡이 삼고, 대껍질 바로 잘라 건을 만든다. 한밤 정자의 거문고 소리에 학이 놀라고, 봄날 술독에 꾀꼬리 우짖는다. 안회顔回[83]는 그저 도를 즐겼나니, 원헌原憲[84]이 어찌 가난을 상심했는가[橫裁桑節杖, 直剪竹皮巾. 鶴警琴亭夜, 鶯啼酒甕春. 顔回惟樂道, 原憲豈傷貧]"라고 했다. 이러한 내용들을 보면 어찌 조정의 부름 받는 것을 기쁨으로 여기겠는가. 「독좌獨坐」에서 "천 년 뒤에 몸을 의탁하여, 애오라지 만물의 시초에 유람한다. 무無를 유有로 짓고자 하며, 문득 실實이 허虛가 된 것을 깨닫는다[託身千載下, 聊遊萬物初. 欲令無作有, 翻覺實成虛]"라고 하고, 「영회詠懷」에서 "발길 닿는 곳이 고향이리니, 텅 빈 방에 앉아 있는 것과 본디 같다. 해가 서산에 지니, 천하가 텅 빈 것임을 비로소 알겠노라[故鄕行處是, 虛室坐間同. 日落西山暮, 方知天下空]"라고 하고, 「증설수贈薛收」에서 "이 산승으로부터, 진여眞如의 가르침을 받았다. 나로 하여금 보고 듣는 것 다 버리고, 누겁을 버리는 걸 자각하게 했다[賴有此山僧, 敎我以眞如. 使我視聽遺, 自覺塵累祛]"라고 했으니 왕적이 불교에 매우 심취했다는 것을 알 수 있다.

---

83 안회(顔回) : 공자의 수제자로, 공자에게서 안빈낙도한다는 칭찬을 받았다. 『논어』「옹야(雍也)」.

84 원헌(原憲) : 공자의 제자이다. 원헌이 노나라에서 곤궁하게 지낼 때 자공(子貢)이 화려한 수레를 타고 찾아가, "아, 선생은 어찌 병들어 지내십니까[嘻, 先生何病]"라고 하자, 원헌이, "내가 들으니 '재물이 없는 것을 가난이라 하고, 배워서 그대로 실천하지 못하는 것을 병들었다 한다'라고 했으니 지금 나는 가난한 것이지 병이 든 것은 아니라오[憲聞之, 無財謂之貧, 學而不能行謂之病, 今憲貧也, 非病也]"라고 했다는 고사가 전한다. 『장자』「양왕(讓王)」.

昔太公釣於渭水之濱, 而李白以爲釣位. 所謂"廣張三千六百釣, 風雅時與文王親"是也. 嚴光釣於七里之瀨, 而滕白以爲釣名. 所謂"祗將溪畔一竿竹, 釣却人間萬古名"是也. 是又烏足以語聖賢.

옛날 강태공이 위수渭水에서 낚시하며 지냈는데, 이백이 낚시터 자리를 만들었으니 "삼천육백 개 낚시터 자리를 널리 펼쳐, 풍아風雅가 마침 문왕과 친하였다[廣張三千六百釣, 風雅時與文王親]"[85]가 그것이다. 엄광嚴光은 칠리탄七里瀨에서 낚시하며 지냈는데, 등백滕白이 낚시터 이름을 지었으니 "시냇가 언덕의 한 칸 대나무로, 만고의 명성을 낚아올렸네[祗將溪畔一竿竹, 釣却人間萬古名]"가 그것이다. 하지만 이것이 어떻게 성현의 본모습을 모두 이야기한 것이라 하겠는가.

85 『이태백문집(李太白文集)』 권2 「양보음(梁甫吟)」.

운어양추韻語陽秋 권12卷十二

不立文字, 見性成佛之宗, 達磨西來方有之, 陶淵明時未有也. 觀其自祭文, 則曰 : "陶子將辭逆旅之館, 永歸於本宅." 其擬挽詞, 則曰 : "有生必有死, 早終非命促." 其作「飮酒」詩, 則曰 : "采菊東籬下, 悠然見南山. 此中有眞意, 欲辨已忘言." 其「形影神」三篇, 皆寓意高遠, 蓋第一達磨也. 而老杜乃謂"淵明避俗翁, 未必能達道"何邪? 東坡諗陶子自祭文云 : "出妙語於纊息之餘, 豈涉生死之流哉." 蓋深知淵明者.

불립문자不立文字,[1] 견성성불見性成佛[2]의 종교는 달마가 서쪽으로부터 오고 나서 있었던 것이고 도잠시대에는 없었다. 그가 직접 지은 제문에서 "도자陶子는 장차 나그네의 집을 떠나, 본래의 집으로 영원히 돌

1 불립문자(不立文字) : 진정한 진리는 말이나 글로 전할 수 없다는 말이다.

2 견성성불(見性成佛) : 본성을 보면 부처가 된다는 불교 용어로, 본마음을 깨치면 바로 깨달음의 경지에 이를 수 있다는 말이다.

아가려 한다"[3]라고 하고, 만사挽詞로 삼은 글에서는 "삶이 있으면 반드시 죽음이 있을 터, 일찍이 생을 마치는 것은 운명의 재촉이 아니다[有生必有死, 早終非命促]"[4]라고 하고, 「음주飮酒」에서 "동쪽 울타리에서 국화잎을 채취하다, 멀리 남산을 바라본다. 이 속에 참뜻이 들어있음을, 말하려다 벌써 말을 잊었다[采菊東籬下, 悠然見南山. 此中有眞意, 欲辨已忘言]"라고 했으며, 「형영신形影神」 3편도 모두 고상하고 심원한 생각을 기탁한 것이니 그는 제1의 달마인 것이다. 그런데 두보가 "속세를 떠난 연명 옹이, 반드시 도에 통달한 것은 아니다[淵明避俗翁, 未必能達道]"[5]라고 한 것은 왜일까? 소식은 도잠이 직접 지은 제문에 대해 논하며, "희미한 숨 쉼(임종)에서 오묘한 말을 내놓았으니, 혹시 생사를 간섭하는 유인가[出妙語於纊息之餘, 豈涉生死之流哉]"라고 했으니 도잠을 깊이 알았던 것이다.

世稱白樂天學佛, 得佛光如滿旨趣, 觀其"吾學空門不學仙, 歸則須歸兜率天"之句, 則豈解脫語邪. 元微之詩雖不及樂天遠甚, 然其得處豈樂天所能及哉? 其「遣病」詩云 : "況我早師佛, 屋宅此身形. 舍彼復就此, 去留何所縈. 前身爲過迹, 來世卽前程. 蛻骨龍不死, 蛻皮蟬自鳴." 則與賈誼"忽然爲人, 何足控摶, 化爲異物, 又何足患"之語何遠邪? 孟郊未嘗留意於此, 而「弔元魯山」詩有"苟含天地秀, 皆是天地身"之句, 亦可嘉矣.

세상에서는 백거이에 대해 불교를 배워 불광佛光[6]을 얻은 것을 제 뜻에 아주 맞는 것처럼 했다고 일컫는데, 그의 "나는 공문空門을 배우고

---

3 『도연명집』 권8 「자제문(自祭文)」.
4 『도연명집』 권4 「의만가사(擬挽歌辭)」 제1수.
5 『두시상주』 권7 「견흥오수(遣興五首)」 제2수.
6 불광(佛光) : 향산사(香山寺)의 불광여만선사(佛光如滿禪師)를 말하는데, 백거이가 이 사람에게서 법(法)을 전수받았다.

선仙을 배우지 않았으니, 돌아간다면 반드시 도솔천兜率天[7]으로 돌아가리라[吾學空門不學仙, 歸則須歸兜率天]"는 혹시 해탈의 표현인가? 원진의 시가 백거이의 시에는 워낙 못 미치지만 그의 득의의 작품은 어찌 백거이가 미칠 수 있겠는가. 「견병遣病」에서 "더구나 내 일찍이 부처를 스승으로 삼아, 이 몸뚱어리의 집으로 삼았다. 그것을 버리고 다시 이것으로 나아갔으니, 가고 머무는 데에 어찌 얽매이겠는가. 전신은 지나간 자취이고, 내세는 다가올 여정이다. 뼈를 벗은 용은 죽지 않고, 가죽을 벗은 매미는 절로 운다[況我早師佛, 屋宅此身形. 舍彼復就此, 去留何所縈. 前身爲過跡, 來世卽前程. 蛻骨龍不死, 蛻皮蟬自鳴]"라고 했으니 가의의 "갑자기 사람이 된다 해도, 어찌 좋다고 여길 일이며, 다른 사물로 변한다 해도, 또 어찌 걱정하겠는가[忽然爲人, 何足控摶, 化爲異物, 又何足患]"[8]의 표현과 어찌 거리가 멀다 하겠는가. 맹교가 일찍이 여기에 마음을 두진 않았지만 「적원로산弔元魯山」에서 "정말로 천지의 수기秀氣를 함유했으니, 모두가 천지의 몸이다[苟含天地秀, 皆是天地身]"라는 구절을 남겼으니 또한 가상하다 하겠다.

杜牧之「郡齋獨酌」詩云: "屈指千萬世, 過如霹靂忙. 人生落其內, 何者爲彭殤." 非心地明了貫穿道·釋者, 不能道也. 及觀其自譔墓誌, 又忍死作別裴相之章, 則知獨酌之詠豈空言哉.

두목의 「군재독작郡齋獨酌」에서 "천만 년을 손꼽아 보니, 천둥처럼 바쁘게 지나간다. 인생이 그 속에 떨어졌으니, 무엇이 팽조(彭祖 : 장수한 자)이고 상자(殤子 : 요절한 자)란 말인가[屈指千萬世, 過如霹靂忙. 人生落其內, 何

7 도솔천(兜率天) : 욕계(欲界) 육천(六天) 가운데 제4천(第四天)으로, 미륵보살(彌勒菩薩)이 머물고 있는 천상(天上)의 정토(淨土)이다.

8 『고금사문류취후집(古今事文類聚後集)』 권47, 가의(賈誼), 「복조부(鵩鳥賦)」.

者爲彭殤]"라고 했는데 도(道 : 도교)·석(釋 : 불교)을 분명하게 꿰뚫은 사람이 아니면 이와 같이 말할 수 없다. 그의 자찬묘지自譔墓誌와, 죽음을 인내하며 정승 배휴裴休와 작별한 글(「인사류별헌염철배상공이십숙忍死留別獻鹽鐵裴相公二十叔」)을 보면 「군재독작」의 내용이 어찌 빈말이라 하겠는가.

李白跌宕不羈, 鍾情於花酒風月則有矣, 而肯自縛於枯禪, 則知淡泊之味賢於啖炙遠矣. 白始學於白眉空, 得"大地了鏡徹, 回旋寄輪風"之旨, 中謁太山君, 得, "冥機發天光, 獨照謝世氛"之旨, 晩見道崖, 則此心豁然, 更無疑滯矣. 所謂"啓開七窗牖, 託宿掣電形"是也. 後又有談玄之作云 : "茫茫大夢中, 惟我獨先覺. 騰轉風火來, 假合作容貌. 問語前後際, 始知金仙妙." 則所得於佛氏者益遠矣.

이백이 질탕하고 얽매임이 없어서 꽃과 술, 풍류와 달 따위에 마음을 둔 것은 있지만, 스스로 고선枯禪[9]에 묶으려 했으니 담박(淡泊 : 탈속)의 맛이 담자(啖炙 : 속세)의 맛보다 훨씬 좋음을 안 것이다. 이백은 처음 백미공白眉空[10]에게서 공부하여 "대지를 거울처럼 훤히 들여다보고, 돌고 도는 윤회의 바람에 기탁한다[大地了鏡徹, 迴旋寄輪風]"[11]는 본지를 터득했고, 중간에 태산군太山君[12]을 알현하여 "명기(冥機 : 천기天機)가 빛을 발하여, 속세의 먼지를 벗은 이를 비춘다[冥機發天光, 獨照謝世氛]"[13]는 본지를 터득했으며, 만년에 도애道崖[14]를 만나서는 마음이 툭 트여 더 이상

9 고선(枯禪) : 앉아서 하는 참선으로, 오랫동안 눕지 않고 앉아있는 것이다. 고목처럼 멍하니 있다 해서 '고목선(枯木禪)'이라고도 한다.

10 백미공(白眉空) : 불교의 선사에 대한 이칭이다.

11 『이태백문집』 권8 「증승애공(贈僧崖公)」.

12 태산군(太山君) : 태산(太山)을 주재하는 신(神)이다. 『광박물지(廣博物志)』에서는 동악태산군(東岳太山君)은 오천구백여 신을 거느리고 생사를 주관하기 때문에 여러 귀신의 수령이라 하였다. 왕기(王琦), 『이태백집주』 권10 「증승애공」.

13 『이태백문집』 권8 「증승애공」.

의심이나 정체되는 것이 없었으니 "일곱 개의 창문을 활짝 열고, 번개처럼 사라질 몸을 의탁한다[啓開七窗牖, 託宿掣電形]"[15]가 그것이다. 뒤에 또 현묘(玄妙 : 진리)를 논한 작품을 지어 "허허로운 큰 꿈속에서, 나만이 홀로 깨침을 얻었다. 휘돌아 오르는 바람과 불이 다가와, 잠시 합쳐 모습을 만들었다. 전후의 즈음을 물으며, 비로소 금선(金仙 : 붓다의 별칭)의 오묘함을 알았다[茫茫大夢中, 唯我得先覺. 騰轉風火來, 假合作容貌. 問語前後際, 始知金仙妙]"[16]라고 했으니 불교에서 얻은 것이 매우 깊었던 것이다.

許渾「送栖元棄釋奉道」詩云 : "仙骨本微靈鶴遠, 法心潛動毒龍驚." 「送勤尊師自邊將入道」詩云 : "蒼鷹出塞胡塵滅, 白鶴還鄉楚水深." 「送李生棄官入道」詩云 : "水深魚避釣, 雲迥鶴辭籠." 皆獎之也. 至「送僧南歸」詩, 則云 : "憐師不得隨師去, 已戴儒冠事素王." 豈渾亦有逃儒之意邪?

허혼許渾의 「송서원기석봉도送栖元棄釋奉道」의 "(나는) 선골仙骨이 본디 미약하여 신령한 학이 멀리 있으나, (그대는) 법심法心이 조용히 움직여 독룡毒龍[17]이 놀란다[仙骨本微靈鶴遠, 法心潛動毒龍驚]", 「송근존사자변장입도送勤尊師自邊將入道」의 "푸른 매 변방을 나서자 호胡 땅의 먼지 사라지고, 흰 학이 고향에 돌아오자 초나라 물이 깊다[蒼鷹出塞胡塵滅, 白鶴還鄉楚水深]", 「송이생기관입도送李生棄官入道」의 "물이 깊어 물고기가 낚시를 피하고, 구름이 아득해 학이 우리를 사양한다[水深魚避釣, 雲迥鶴辭

14 도애(道崖) : 승려 영(英)이다. 『이태백문집』 권8 「증승애공」에 "도애는 승려 영으로, 설법이 바다와 산을 움직였다[道崖乃僧英, 說法動海岳]"라는 구절이 보인다.

15 『이태백문집』 권8 「증승애공」.

16 『이태백문집』 권20 「여원단구방성사담현작(與元丹丘方城寺談玄作)【독중일작선성산사(蜀中一作仙城山寺)】」.

17 독룡(毒龍) : 불교 용어로 사념(邪念)과 망상을 비유한다.

籠]” 등의 표현은 모두 진리의 추구를 장려하는 의미를 담고 있다. 그런데 「송승남귀送僧南歸」에서 “안타깝게도 선사가 선사를 따라가지 못하고, 이미 유관儒冠을 쓰고 소왕素王[18]을 섬기고 있네[憐師不得隨師去, 已戴儒冠事素王]”라고 했으니 혹시 허혼도 유가로 도피하려는 생각을 갖고 있었던 것인가?

錢起「投南山佛寺」云:“洗足解塵纓, 忽覺天形寬. 庶將鏡中像, 盡作無生觀.” 蓋知百骸九竅, 本非天形. 至「悟眞寺」詩云:“更聞東林磬, 可聽不可說. 輿中尋覺花, 寂爾諸象滅.” 蓋知妙明眞心, 不關諸象, 起於是理, 亦可謂超然者矣.

전기의 「투남산불사投南山佛寺」에서 “발을 씻으며 찌든 갓끈을 푸니, 문득 타고난 몸이 넉넉함을 느낀다. 거울 속 형상을 가지고, 무생관無生觀[19]으로 만들고 싶다[洗足解塵纓, 忽覺天形寬. 庶將鏡中像, 盡作無生觀]”라고 했는데 이는 우리 몸의 백해百骸와 구규九竅[20]가 본디 모습이 아님을 알고 있는 것이다. 「오진사悟眞寺」에서 “다시 동림東林의 풍경 소리를 들으니, 들을 수 있을 뿐 말할 수가 없네. 흥취 속에서 각화覺花[21]를 찾으니, 조용히 모든 상이 사라지네[更聞東林磬, 可聽不可說. 輿中尋覺花, 寂爾諸象滅]”라고 했는데 이는 오묘한 밝음(妙明)과 참 마음(眞心)이 제상諸象

18 소왕(素王) : 현실 세계의 황제를 지칭한다. 유가에서는 공자를, 도가에서는 노자를 지칭하기도 한다.

19 무생관(無生觀) : 모든 법(法)의 실상(實相)은 생이 없다고 보는 관점이다. 생이 없다면 멸도 없으니 망상이 없어져 생멸을 초월한다는 의미에서 열반과 법성(法性)에 대한 다른 말로 쓰이기도 한다.

20 백해(百骸)와 구규(九竅) : 백해는 몸에 있는 모든 뼈를 가리키고 구규는 사람의 몸에 있는 눈·코·입·귀·요도·항문의 아홉 구멍을 말한다.

21 각화(覺花) : 정각화(正覺花), 즉 깨달음의 꽃으로, 극락정토의 연꽃을 말한다. 아미타부처가 정각(正覺)을 성취할 때 피어난 꽃이라 하여 붙여진 이름이다.

과 무관하게 이 이치에서 일어남을 안 것이니 또한 초연한 사람이라 할 만하다.

蘇子由病酒, 肺疾發, 東坡告之以修養之道, 有曰 : "寸田可治生, 誰勸耕黃糯. 探懷得眞藥, 不待君臣佐. 初如雪花積, 漸作櫻珠大. 隔牆聞三嚥, 隱隱如轉磨." 此鍊氣法也. 後至海上, 有道人傳以神守氣之訣云 : "但向起時作, 還從作處收." 故「天慶觀乳泉賦」及「養生論」「龍虎鉛汞論」皆析理入微, 則知東坡於養生之道深矣.

소철이 술병으로 폐질肺疾이 발생하자 소식이 수양하는 방법을 일러주며 "한 치의 단전으로 삶을 영위할 수 있거늘, 누가 황나黃糯[22]를 경작하라 권하는가. 가슴속 탐색하면 참다운 약을 얻을 수 있는 터, 군신의 도움도 필요치 않다. 처음에는 눈꽃이 쌓인 듯하다가, 점차 앵두 구슬처럼 커진다. 담 너머 들려오는 세 번의 목 넘김 소리, 은은하게 맷돌을 가는 듯하다[寸田可治生, 誰勸耕黃糯. 探懷得眞藥, 不待君臣佐. 初如雪花積, 漸作櫻珠大. 隔牆聞三嚥, 隱隱如轉磨]"[23]라고 했는데 이는 기를 단련하는 법이다. 훗날 바닷가에 이르렀을 때 어느 도인이 신神으로 기氣를 지키는 비결을 전하며 "처음 일어날 때에 행동으로 옮겨야 하고, 다시 행동으로 옮길 때에 거둬들여야 한다[但向起時作, 還從作處收]"[24]라고 했다. 그래서 그의 「천경관유천부天慶觀乳泉賦」와 「양생론養生論」·「용호연홍론龍虎鉛汞論」 등이 모두 이치를 분석하여 미묘한 것까지 파헤쳤으니 소식이 양생의 도에 조예가 깊었다는 것을 알 수 있다.

---

22 황나(黃糯) : 찰기장쌀을 말한다. 『본초』에서는 기장과 비슷하나 알이 잘다고 했으며 황미(黃米)라고도 하는데 술을 만드는 데 제일 좋은 곡식이라 했다.

23 『동파전집』 권12 「차운자유병주폐질발(次韻子由病酒肺疾發)」.

24 『동파전집』 권28 「해상도인전이신수기결(海上道人傳以神守氣訣)」.

子由誦『楞嚴經』, 悟一解六亡之義, 自言於此道更無疑. 然其作「風痹」詩, 乃有"數盡吾則行, 未應墮冥漠"之句, 則於理尚有礙也. 而東坡乃謂子由聞道先我何邪? 東坡「奉新別子由」詩云 : "何以解我憂, 粗了一事大." 「哭遯兒」詩云 : "中年忝聞道, 夢幻講已詳." 故「贈錢道人」詩云 : "首斷故應無斷者, 冰消那復有冰知. 主人苦苦令儂認, 認主人人竟是誰." 又云 : "有主還須更有賓, 不知無鏡自無塵. 只從半夜安心後, 失却當年覺痛人." 「贈東林總老」詩云 : "溪聲便是廣長舌, 山色豈非清淨身. 夜來四萬八千偈, 他日如何擧似人." 如此等句, 雖宿禪老衲, 不能屈也.

소철이 『능엄경楞嚴經』을 읽은 뒤, 일해육망一解六亡[25]의 의미를 깨닫고 이 진리에 대해 더 이상 의심할 것이 없다고 했다. 하지만 그의 「풍비風痹」에서 "운수가 다해도 나는 실행할 터, 아득한 곳에 떨어지진 않으리라[數盡吾則行, 未應墮冥漠]"라는 구절을 남겼으니 그 진리를 아직 깨닫지 못한 면이 있는 것이다. 그런데 소식이 소철은 자기보다 먼저 도를 깨쳤다고 한 것은 왜일까? 소식은 「봉신별자유奉新別子由」에서 "어찌하면 나의 걱정을 해소하여, 대략이나마 큰일을 마칠 수 있을까[何以解我憂, 粗了一事大]"라고 하고, 「곡돈아哭遯兒」에서 "중년에 부끄럽게 도를 들어, 꿈속에서도 강론이 상세하다[中年忝聞道, 夢幻講已詳]"라고 했다. 그래서 「증전도인贈錢道人」에서 "머리가 끊어졌으므로 응당 끊을 것이 없을 터, 얼음이 사라졌는데 어찌 다시 얼음을 알 일이 있겠는가. 주인이 애써 날 알게 했으나, 주인을 알아보는 사람은 결국 누구란 말인가[首斷故應無斷者, 冰消那復有冰知. 主人苦苦令儂認, 認主人人竟是誰]"라

25 일해육망(一解六亡) : 1은 일건(一巾)으로, 열반을 비유하고, 6은 육결(六結)로, 눈·귀·코·혀·몸·생각의 육근(六根)이 모여 생사를 나타내는 것을 비유한다. 생사와 열반은 상대적 개념에서 느껴지는 것인데, 생사의 육결을 벗어버리면[六解] 열반의 일건도 사라진다[一亡]는 말이다.

고 하고, 또 "주인이 있으면 반드시 객이 있어야 할 터, 거울이 없으면 절로 먼지도 없음을 잘 모른다. 한밤에 마음을 안정시키고 나서야, 고통을 느꼈던 때를 다 잃어버렸다[有主還須更有賓, 不知無鏡自無塵. 只從半夜安心後, 失却當年覺痛人]"[26]라고 하고, 「증동림총로贈東林總老」에서 "시냇물 소리는 장황하게 펼쳐진 혀이고, 산의 모습은 청정한 몸이 아니겠는가. 밤새 들은 사만팔천의 게송을, 훗날 어떻게 사람들에게 말해줄까[溪聲便是廣長舌, 山色豈非淸淨身. 夜來四萬八千偈, 他日如何擧似人]"라고 했다. 이러한 내용은 비록 노숙한 선사와 승려라도 능히 굴복시키지 못할 것이다.

柳展如, 東坡甥也. 不問道於東坡而問道於山谷, 山谷作八詩贈之, 其間有"寢興與時俱, 由我屈伸肘. 飯羹自知味, 如此是道否"之句, 是告之以佛理也, 其曰, "咸池浴日月, 深宅養靈根. 胷中浩然氣, 一家同化元." 是告之以道敎也, "聖學魯東家, 恭惟同出自. 乘流去本遠, 遂有作書肆." 是告之以儒道也.

유전여(柳展如 : 유굉柳閎)는 소식의 생질이다. 그런데 소식에게 도를 묻지 않고 황정견에게 도를 물었는데, 황정견이 8수의 시를 지어 그에게 주었다. 그 가운데 "잠자고 일어남을 시절과 함께 하나니, 나로 말미암아 팔을 굽히고 편다. 밥과 국에서 스스로 맛을 아나니, 이와 같은 것이 도일까[寢興與時俱, 由我屈伸肘. 飯羹自知味, 如此是道否]"[27]라는 구절은 불교의 이치로 일러준 것이고, "함지咸池[28]에서 해와 달에 목욕하고,

26 『동파전집』 권5 「전도인유시운직수인취주인옹작량절희지(錢道人有詩云直須認取主人翁作兩絶戲之)」 제2수로 바로 앞에 '「증전도인(贈錢道人)」에서'라고 되어 있는데 이 편명을 축약하여 말한 것이며, 그 시구는 제1수에 해당된다.

27 『산곡집』 권2 「유굉전여소자첨생야 기재덕심미 유의어학 고이도리불언하자성혜팔자 작시증지(柳閎展如蘇子瞻甥也其才德甚美有意於學故以桃李不言下自成蹊八字作詩贈之)」.

28 함지(咸池) : "해는 양곡에서 떠올라 함지에서 목욕한다[日出於暘谷, 浴於咸池]"라는 구

깊은 집에서 신령의 근원을 함양한다. 가슴속 호연浩然의 기는, 온 집안을 원래의 기로 동화시킨다[咸池浴日月, 深宅養靈根. 胸中浩然氣, 一家同化元]"[29]는 도교의 가르침으로 일러준 것이고, "성인의 학문 가진 노나라의 동쪽 집안, 모든 것이 이로부터 나왔다. 지류를 타면 근본과 거리가 멀어지기에, 결국 책방을 만들었다[聖學魯東家, 恭惟同出自. 乘流去本遠, 遂有作書肆]"[30]는 유가의 가르침으로 일러준 것이다.

歐陽永叔素不信釋氏之說, 如「酬淨照師」云"佛說吾不學, 勞師忽款關. 我方仁義急, 君且水雲閒",「酬惟悟師」云"子何獨吾慕, 自忘夷其身. 韓子亦嘗謂, 收斂加冠巾"是也. 旣登二府, 一日被病亟, 夢至一所, 見十人端冕環坐, 一人云 : "參政安得至此, 宜速反舍." 公出門數步, 復往問之, 曰 : "公等豈非釋氏所謂十王者乎." 曰 : "然." 因問 : "世人飯僧造經, 爲亡人追福, 果有益乎." 答云 : "安得無益." 旣寤, 病良已. 自是遂信佛法. 文康公得之於陳去非, 去非得之於公之孫恕, 當不妄. 葉少蘊守汝陰, 謁見永叔之子棐, 久之不出. 已而棐持數珠出, 謝曰 : "今日適與家人共爲佛事." 葉問其所以, 棐曰 : "先公無恙時, 薛夫人已如此, 公弗之禁也."

구양영숙(歐陽永叔 : 구양수)은 평소 석가의 설을 믿지 않았다. 예컨대 「수정조사酬淨照師」에서 "나는 부처의 설을 배우지 않았는데, 선사께서 갑자기 찾아오셨다. 나는 인仁과 의義가 급하거니, 그대는 물과 구름 사

절에서 나오는 말로, 해가 지는 서쪽의 큰 연못을 뜻한다. 『회남자(淮南子)』「천문훈(天文訓)」.

29 『산곡집』 권2 「유굉전여소자첨생야기재덕심미 유의어학 고이도리불언하자성혜팔자 작시증지(柳閎展如蘇子瞻甥也其才德甚美有意於學故以桃李不言下自成蹊八字作詩贈之)」.

30 『산곡집』 권2 「유굉전여소자첨생야기재덕심미 유의어학 고이도리불언하자성혜팔자 작시증지(柳閎展如蘇子瞻甥也其才德甚美有意於學故以桃李不言下自成蹊八字作詩贈之)」.

이에서 노닐지어다[佛說吾不學, 勞師忽款關. 我方仁義急, 君且水雲閒]”라고 하고, 「수유오사酬惟悟師」에서 “그대는 어찌 자신만 사모하여, 스스로 그 몸 잃는 것을 잊는 건가. 한자(韓子 : 한유)도 일찍이 이야기했거니, 수렴하여 관冠과 건巾을 쓰라고[子何獨吾慕, 自忘夷其身. 韓子亦嘗謂, 收斂加冠巾]”라고 한 것이 그것이다. 그가 이부二府[31]에 오르고 나서 어느 날 병세가 몹시 위급했는데 다음과 같은 꿈을 꾸었다. 어떤 곳을 찾아가니 열 사람이 단면(端冕 : 예복)을 차리고 빙 둘러 앉아 있었다. 그 가운데 한 사람이 “참정參政이 어떻게 여기까지 오셨소. 속히 숙사로 돌아가시지요”라고 했다. 공이 문밖으로 몇 걸음 나서다가 다시 찾아가 묻기를 “공 등은 혹시 불교에서 말한 십왕十王이 아니오?”라고 하자, “그렇습니다”라고 했다. 그래서 묻기를 “세상 사람들이 승려에게 밥을 공양하고 경전을 제조하며 망자를 위해 복을 비는데 정말 효과가 있는 것이오?”라고 하자, 대답하기를 “어찌 효과가 없을 수 있겠소”라고 했다는 것이다. 꿈에서 깨어난 뒤 병이 벌써 사라졌고 이때부터 결국 불교를 믿었다 한다. 문강공(文康公 : 갈승중葛勝仲)이 이를 진거비(陳去非 : 진여의陳與義)에게 들었고 진여의는 공의 손자 구양서歐陽恕에게 들었으므로 허황된 말이 아닐 것이다. 섭소온(葉少蘊 : 섭몽득)이 여음汝陰태수로 있을 때, 구양수의 아들 구양비歐陽棐를 알현하여 오랫동안 나오지 않았다. 이윽고 구양비가 몇 개의 구슬을 내놓으며 사례하기를 “오늘 마침 집안 사람과 불사佛事를 함께 하려 한다”라고 하여 섭몽득이 그 이유를 묻자 말하기를 “선공(선친)이 별 탈이 없으실 때 설부인(薛夫人 : 구양수의 부인)이 이미 이렇게 했는데 공이 그것을 금하지 않았다”라고 했다.

歐公常爲「感事」詩曰 : “仙境不可到, 誰知仙有無. 或乘九斑虯, 或駕

---

31 이부(二府) : 정부의 주요 기관으로, 군사를 담당하는 추밀원(樞密院 : 서부(西府))과 정무를 담당하는 중서문하(中書門下 : 동부(東府))를 가리킨다.

五雲車. 往來幾萬里, 誰復遇諸途." 又爲「仙草」詩曰 : , "世說有仙草, 得之能隱身. 仙書已怪妄, 此事況無文." 則凡神仙之說, 皆在所麾也. 而「贈石唐山人」詩, 乃云"我昔曾爲洛陽客, 偶向岩前坐盤石. 四字丹書萬仞崖, 神清之洞鎖樓臺. 雲深路絶無人到, 鸞鶴今應待我來"何邪? 蔡約之云 : "公守亳社日, 有許昌齡者, 得神仙之術, 來游太清宮, 公邀致州舍與語, 豁然有悟. 一日, 公問道, 許告以公屋宅已壞, 難復語此, 但明了前境, 猶庶幾焉." 所謂「石唐山人」詩, 乃公臨終寄許之作也.

구양수공이 일찍이 지은 「감사感事」에서 "선경仙境에 갈 수 없는데, 누가 신선의 유무를 알겠는가. 누구는 구반규九斑虯[32]를 타고, 누구는 오운거五雲車[33]를 부린다. 오가는 길이 몇만 리인데, 어떻게 다시 길에서 만날까[仙境不可到, 誰知仙有無. 或乘九斑虯, 或駕五雲車. 往來幾萬里, 誰復遇諸途]"라고 하고, 또 「선초仙草」에서 "세상에서 선초가 있다는데, 그걸 얻으면 몸을 숨길 수 있다 한다. 선서仙書는 이미 괴이하고 허망한데, 이 내용은 관련 글도 없지 않은가[世說有仙草, 得之能隱身. 仙書已怪妄, 此事況無文]"라고 했으니 신선에 관한 이야기에 대해 모두 손사래를 치고 있는 것이다. 그런데 「증석당산인贈石唐山人」에서 "내 일찍이 낙양에 객으로 있을 때, 우연히 바위 앞 반석盤石에 앉아 있었네. 만 길 낭떠러지에 붉게 쓴 네 글자가 쓰여 있고, 신비하고 청정한 골짜기에 누대는 잠겨 있었네. 구름 깊고 길 끊겨 찾아오는 이 없는데, 난새와 학은 지금 내가 오기를 기다릴 것이네[我昔曾爲洛陽客, 偶向岩前坐磐石. 四字丹書萬仞崖, 神淸之洞鎖樓臺. 雲深路絶無人到, 鸞鶴今應待我來]"라고 한 것은 왜일까? 채약지(蔡約之 : 채조蔡絛)가 이르기를 "공이 박사亳社태수로 있을 때 허창령許昌齡이라는 사람이 신선술을 터득해 태청궁太淸宮을 유람했는데, 공이 그를 주州의 관사로 초치하여 함께 이야기를 나누고는 크게 깨쳤다.

32 구반규(九斑虯) : 전설 속에 나오는, 여러 채색이 섞여 빛나는 용.
33 오운거(五雲車) : 신선이 타는 오색구름의 수레.

어느 날 공이 도道를 묻자, 허창령이 답하기를 '공의 집이 이미 무너져 다시 이를 이야기하기 어렵다. 하지만 전경(前境 : 미래)을 분명히 알면 그래도 가능합니다'라고 했다" 하였다. 「증석당산인」은 바로 공이 임종할 때 허창령에게 보낸 작품이다.

余曾祖通議, 楊寘榜登科, 未四十致政, 享年八十七. 居江陰軍青陽之上湖, 自號草堂逸老. 參佛日契嵩, 遂悟眞諦. 嘗與嵩詩云 : "山禽啼曉四時別, 林藪戰秋千里空." 又云 : "我悟儻來空世界, 師知休去忘形骸." 又「與智能上人」詩云 : "色空了了空還執, 體相如如相卽非." 則知所得深矣. 又讀『道藏』一過, 故見於篇詠者, 多眞仙語. 如 : "仙莖屢隕三危露, 眞館常開四照花. 鵲渚曉煙飛玉洞, 琅池秋水接星槎." 又云 : "鍊成眞氣發雙華, 還向囊中祕玉霞. 咒水夜潭龍怖劍, 弄雲秋嶺鶴看家." 皆佳句也. 有注「證道歌方外言詮」行於世. 『上湖集』二十卷 · 『弋陽酬倡』三卷 · 『隱居唱和』十卷藏於家.

나의 증조 통의공(갈밀)은 양치楊寘가 발표한 방榜에서 급제했으나 사십이 안 돼 관직에서 물러났고 향년은 팔십칠 세셨다. 강음군江陰軍 청양靑陽의 상호上湖에 사시며 스스로 초당일로草堂逸老라 부르셨다. 불일 계숭佛日契嵩 선사에게 참구하여 결국 진체(眞諦 : 진리)를 깨우치셨다. 일찍이 불일 계숭에게 보낸 시에서 "새벽 산새의 지저귐은 계절마다 다르고, 가을 숲 속의 전쟁에 천 리가 공허하다[山禽啼曉四時別, 林藪戰秋千里空]"라고 하고, 또 "내가 우연히 공空의 세계를 깨칠 때, 선사는 편하게 망해形骸를 잊는 걸 아시네[我悟儻來空世界, 師知休去忘形骸]"라고 하고, 또 「여지능상인與智能上人」에서 "색色과 공空이 분명한데 공을 다시 붙들고, 체體와 상相이 그대로이나 상은 곧 아니다[色空了了空還執, 體相如如相卽非]"라고 하셨으니 터득한 것이 깊으셨음을 알 수 있다. 또

『도장道藏』을 두루 독파하였으므로 산문이나 시에 선仙과 관련된 표현이 많다. 예컨대 "신선 줄기에 여러 번 삼위로三危露[34]가 떨어지고, 진리의 집에는 언제나 사조화四照花[35]가 피었다. 작저(鵲渚 : 은하수)의 새벽 안개는 옥동玉洞을 날아가고, 낭지琅池의 가을 물에 성사星槎[36]를 만났네[仙莖屢隕三危露, 眞館常開四照花. 鵲渚曉煙飛玉洞, 琅池秋水接星槎]"라고 하고, 또 "참 기를 단련하여 한 쌍의 꽃을 피운 뒤, 다시 주머니 안에 옥빛 노을을 감추었네. 한밤 주문 외는 연못에서 용은 칼을 두려워하고, 가을 구름 농하는 산마루에서는 학이 집을 바라본다[鍊成眞氣發雙華, 還向囊中祕玉霞. 呪水夜潭龍怖劍, 弄雲秋嶺鶴看家]"는 모두 좋은 시구이다. 『증도가방외언전證道歌方外言詮』에 대한 주석이 세상에 전하며 『상호집上湖集』 20권·『익양수창弋陽酬倡』 3권·『은거창화隱居唱和』 10권이 집안에 소장되어 있다.

王勃「示知己」詩云 : "客書同十奏, 臣劍已三奔." 則不爲無意於功名者, 「夢游仙」詩云 : "乘月披金枝, 連星解瓊珮." 則不爲無意於神仙者, 是以登葛幘山而思武侯之功,① 宿仙居觀而思霓衣之侶也. 又觀「述懷擬古」詩云 : "僕生二十祀, 有志十數年. 下策圖富貴, 上策懷神仙." 而二志竟不遂, 可勝歎哉.

① '幘'字原缺, 據類編補.

---

34 삼위로(三危露) : 길운초(吉雲草)의 검고 푸르고 누른 세 색깔의 이슬이다. 동박삭(東方朔)이 이 이슬을 오합(五合)씩 나누어 황제에게 바쳤는데, 하사받은 여러 신하들이 이것을 복용하자 모두 병이 나았다고 한다. 곽헌(郭憲), 『동명기(洞冥記)』.

35 사조화(四照花) : 중국 초요산(招搖山)에 곡(穀)과 같은 나무가 있는데 그 나무의 꽃이다. 이 꽃은 사방을 환하게 비춘다고 한다. 『산해경』 「남산경(南山經)」.

36 성사(星槎) : 은하수로 가는 뗏목을 말한다. 전설에 의하면 바다가 은하수와 통해 있어 한나라 때 어떤 사람이 바다에 뗏목을 띄웠다가 은하수에 당도하여 견우와 직녀를 보았다 한다. 장화(張華)의 『박물지(博物志)』 참고.

왕발은 「시지기示知己」에서 “객의 글은 함께 열 번을 상주했고, 신의 검은 이미 세 번 분망했다[客書同十奏, 臣劍已三奔]”라고 했으니 공명에 대한 생각이 없는 사람이라 할 수 없고, 「몽유선夢遊仙」에서 “달빛을 타고 황금가지를 헤치고, 별과 연계해 경패瓊珮를 풀었다[乘月披金枝, 連星解瓊珮]”라고 했으니 신선에 대한 생각이 없다 할 수 없다. 그래서 갈책산葛幘山에 올라가 무후(武侯 : 제갈량)의 공적을 생각하고 선거관仙居觀에 묵으며 예의(霓衣 : 신선)의 무리를 떠올린 것이다. 또 「술회의고述懷擬古」를 보면 “내가 태어난 뒤 이십 년 동안, 뜻을 품은 것이 십수 년이다. 하책은 부귀를 도모한 것이고, 상책은 신선을 꿈꾼 것이다[僕生二十祀, 有志十數年. 下策圖富貴, 上策懷神仙]”라고 했는데 두 뜻이 결국 이루어지지 않았으니 그 안타까움을 이루 말할 수 있겠는가.

① ‘幘’자는 본래 누락되어 있었는데 『시화유편』본에 의거하여 보충했다.

漢武好大喜功, 黷武嗜殺, 而乃齋戒求仙, 畢生不倦, 亦可謂癡絶矣. 李頎「王母歌」云 : “武皇齋戒承華殿, 端拱須臾王母見. 手指元梨使帝食, 可以長生臨宇縣.” 又云 : “若能鍊魄去三尸, 後當見我天皇所.” 觀武帝所爲, 是能鍊魄去三尸者乎? 善哉東坡之論也, “安期與羨門, 乘龍安在哉. 茂陵秋風客, 勸爾麾一杯. 帝鄕不可期, 楚些招歸來.” 言武帝非得仙之姿也. 又有「安期生」詩云 : “嘗干重瞳子, 不見龍準翁. 茂陵秋風客, 望祀猶蟻蜂. 海上如瓜棗, 可聞不可逢.” 言安期尚不見高祖, 而肯見武帝乎? 其薄武帝甚矣. 吳筠「覽古」詩云 : “嘗稽眞仙道, 淸淑祕衆煩. 秦皇及漢武, 焉得游其藩. 旣欲先宇宙, 仍規後乾坤. 崇高與久遠, 物莫能兩存. 矧乃恣所欲, 荒淫伐靈根. 安期反蓬萊, 王母還崑崙.” 此詩殆與東坡之旨合.

한 무제는 큰일을 좋아하고 성공을 기뻐하며 전쟁을 독촉하고 살육을 즐겼지만, 몸과 마음을 다스려 신선이 되려는 생각은 일생 동안 거두지 않았으니 치절癡絶[37]이라 할 만하다. 이기李頎는 「왕모가王母歌」에서 "무황(武皇 : 한 무제)이 승화전承華殿에서 재계할 때, 팔을 공손히 하고 있으니 서왕모西王母[38]가 잠시 나타났네. 손으로 원리元梨[39]를 가리켜 황제에게 먹게 하며, 장생하여 우주에 임할 수 있으리라 했네[武皇齋戒承華殿, 端拱須臾王母見. 手指元梨使帝食, 可以長生臨宇縣]"라고 하고, 또 "만일 혼백을 단련하여 삼시三尸[40]를 제거할 수 있다면, 훗날 천황天皇이 있는 곳에서 날 보게 되리라[若能鍊魄去三尸, 後當見我天皇所]"라고 했다. 그러나 한 무제가 한 행동을 보면 혼백을 단련하여 삼시를 제거한 사람인가. 훌륭하구나, 소식의 논평이여! "안기생安期生과 선문羨門[41]이, 용을 타고 어디에 있는 것인가? 가을 무릉茂陵의 나그네가, 그대에게 술 한 잔을 권하네. 제향(帝鄕 : 천당)은 기약할 수 없는 터, 초사楚些[42]가 돌아가자고 부르네.[安期與羨門, 乘龍安在哉. 茂陵秋風客, 勸爾麾一杯. 帝鄕不可期, 楚些招歸來.]"[43] 이는 한 무제가 신선이 될 자세가 아니었음을 거론한 것이다. 또 「안기생安期生」에서 "일찍이 눈동자가 두 개인 사람(항우)에게 찾아갔으나, 용준(龍準 : 훤칠한 미모)의 노옹(한 고조)은 만나지 못했네. 무릉의 가을바람 나그네가, 바라보고 제사 지내기를 개미와 벌처럼 하네. 바다 위에서 오이나 대추만 해, 들을 수는 있어도 만날 수가 없네[嘗

37 치절(癡絶) : 바보스럽기 그지없다는 말이다.

38 서왕모(西王母) : 중국 도교 신화에 나오는 불사(不死)의 여왕이다.

39 원리(元梨) : 일종의 선과(仙果)로, 신선이 먹는다는 배이다.

40 삼시(三尸) : 도교에서 사람의 몸 안에 있다고 말하는 세 마리의 벌레이다. 사람의 오장육부를 꿰뚫고 다니며 그 사람의 수명・질병・욕망 등을 좌우하며, 경신일(庚申日) 밤이 되면 몸에서 몰래 빠져나와 천제에게 올라가 자신이 머물렀던 사람의 잘못을 일러바친다고 한다.

41 안기생(安期生)과 선문(羨門) : 모두 신선 이름이다.

42 초사(楚些) : 초나라 민간에서 유행하던 초혼사(招魂詞)의 형식을 빌며 구(句) 말미에 모두 '사(些)' 자를 붙인 『초사(楚辭)』「초혼(招魂)」을 가리킨다. 후에는 초혼가(招魂歌)를 가리키거나 초나라 지역의 악조(樂調) 혹은 『초사』를 칭하기도 한다.

43 『동파전집』 권15 「과내주설후망삼산(過萊州雪後望三山)」.

千重瞳子, 不見龍準翁. 茂陵秋風客, 望祀猶蟻蜂. 海上如瓜棗, 可聞不可逢]"라고 했으니 이는 안기생이 한 고조도 만나지 않았는데 한 무제를 만나려 했겠냐는 말이다. 한 무제를 대단히 얕잡아 본 것이다. 오균吳筠이 「남고覽古」에서 "일찍이 진선眞仙의 도를 들여다보았는데, 맑고 깨끗함이 수많은 번뇌를 사라지게 했네. 진시황과 한 무제가, 어떻게 가장자리나마 찾아갈 수 있으랴. 이미 우주보다 앞서려 했는데, 또 건곤 뒤를 엿보려 하네. 숭고함과 장구함을, 사물은 다 가질 수가 없네. 더구나 마음껏 욕구를 부려, 황음荒淫이 영근靈根을 쳤음에랴. 안기생이 봉래산으로 돌아가고, 서왕모가 곤륜산으로 돌아가네[嘗稽眞仙道, 淸淑祕衆煩. 秦皇及漢武, 焉得遊其藩. 旣欲先宇宙, 仍規後乾坤. 崇高與久遠, 物莫能兩存. 矧乃恣所欲, 荒淫伐靈根. 安期反蓬萊, 王母還崑崙]"라고 했는데 이 시는 소식 시의 본지와 부합된다.

遠師作白蓮社, 與謝靈運·陸修靜等十八人爲社客, 獨陶淵明不肯入社, 視衆人固已高矣. 無爲子楊次公又從而笑之, 其作「廬山五笑」, 於陶有曰: "我笑陶彭澤, 聞鐘暗皺眉. 籃輿息回去, 已是出山遲." 視彭澤又高一著矣.

혜원법사慧遠法師가 백련사白蓮社를 지어 사령운·육수정陸修靜 등 십팔 인을 백련사의 객으로 삼았지만 도잠만은 사社에 들어가려 하지 않았다. 여느 사람보다도 고상했던 것이다. 무위자無爲子 양차공(楊次公 : 양걸楊傑)이 그들을 비웃고 「여산오소廬山五笑」를 지었는데, 도잠에 대해서는 "나는 도팽택陶彭澤이, 종소리 듣고 눈썹 주름 어두워진 것을 비웃노라. 남녀(籃輿 : 가마)가 쉬고 나서 돌아가니, 이미 산을 나선 것이 더딘 것이다[我笑陶彭澤, 聞鐘暗皺眉. 籃輿息回去, 已是出山遲]"라고 했으니 도잠보다 한층 더 격이 높은 것이다.

佛氏經律論, 合五千四十八卷, 置之大藏, 所以傳佛心印, 作將來眼, 所補大矣. 樂天詩詞, 其間何所不有, 而置大藏何邪? 東都聖善寺・蘇州南禪院各有之, 且自著集序. 李公垂作詩美之曰 : "永添鴻寶集, 莫雜小乘經." 所謂盜憎主人者邪? 又觀「題文集」云 : "身是鄧伯道, 世無王仲宣. 只應分付女, 留與外孫傳." 於身後名亦太孜孜矣.

불교의 경經・율律・논論은 모두 오천사십팔 권으로 대장大藏에 배치됐으니 부처의 정맥을 전수하여(傳佛心印) 장래의 안목을 짓는 것으로 그 도움되는 바가 크다. 백거이의 시와 사詞가 어느 곳에든 없으랴만 대장에까지 배치된 것은 왜일까? 동도東都 성선사聖善寺와 소주蘇州 남선원南禪院에 각각 배치돼 있고 자신이 직접 문집의 서문을 썼다. 이공수(李公垂 : 이신李紳)가 시를 지어 찬미하기를 "위대한 모음집에 영원히 들어있으니, 소승小乘의 경전과 뒤섞지 말라[永添鴻寶集, 莫雜小乘經]"[44] 라고 했는데 이른바 도둑이 주인을 미워하는 격인가? 또 「제문집題文集」에서 "몸은 등백도(鄧伯道 : 등유鄧攸)이나, 세상에 왕중선(王仲宣 : 왕찬)이 없다. 그저 딸에게 분부하여, 외손에게 전하게 할 뿐이다[身是鄧伯道, 世無王仲宣. 只應分付女, 留與外孫傳]"라고 했으니 죽은 뒤의 명성에 너무 관심이 많았다고 하겠다.

自左元放蟬蛻之後, 金丹九轉之妙不聞. 葛玄之弟子鄭隱得其訣, 玄之從孫諱洪, 乃加赤袒肘伏之禮而師之, 於是密訣再傳. 按『九域志』, 葛洪鍊丹之處, 在天下者十有三, 湖州烏程縣葛山者, 其一也. 山之上, 丹竈尚存. 人傳風雨之夕, 有大毬呑吐巖谷間, 其徒以爲丹光, 亦異矣. 山之麓有普照觀, 主者浩然, 頗有道業, 余嘗贈之四絶句云 : "餐霞吸瀣

44 『어정전당시』 권483, 이신(李紳), 「제백거이문집(題白樂天文集)」.

烱方瞳, 時著青裙拜木公. 玉女投壺天爲笑, 却來繡嶺伴仙翁.", "丹成誰羨伯陽仙, 白犬騰空恐浪傳. 未似尊師得丹訣, 火毬呑吐葛山前.", "靈桃入手亦艱勤, 正一門中近策勳. 未說趙昇王長在, 鵲鳴衣鉢已輸君.", "舊得『陰符』虎口岩 : 『素書』添軸玉函緘. 君方濡筆書靈篆, 已有飛來靑鳥銜." 山之下號菁村, 蓋仙翁手蒔黃精, 取以壽其鄰里者, 故以名云.

좌원방(左元放 : 좌자左慈)이 세상을 떠나고 나서 금단金丹을 아홉 번 제련하는 묘법이 전하지 않는다. 갈현葛玄의 제자 정은鄭隱이 그 비결을 터득했는데 갈현의 종손 갈홍葛洪이 상의를 벗고 팔꿈치로 엎드리는 예를 표하며 스승으로 모실 것을 청해 결국 비결이 다시 전해졌다. 『구역지九域志』에 의하면, 갈홍이 금단을 단련한 곳은 모두 열세 곳인데 호주湖州 오정현烏程縣 갈산葛山이 그중 하나이다. 산 위에는 단조丹竈가 아직 남아있다. 전하는 말에 의하면, 비바람이 몰아치는 밤에 큰 공이 골짜기 안에서 튀어나오는데 종도들은 이를 단광丹光이라 한다 하니 참 기이한 일이다. 산기슭에 보조관普照觀이 있는데 주지는 호연浩然으로 상당한 도업道業을 갖고 있다. 내 일찍이 지어 보낸 4수의 절구에서 "노을 먹고 이슬 마시며 눈동자 반짝이고, 때론 푸른 치마 입고 목공木公[45]에게 절을 하네. 옥녀가 투호를 하자 하늘이 웃음 지으며, 문득 수령繡嶺에서 신선과 짝한 노옹이 찾아오네[餐霞吸瀣烱方瞳, 時著青裙拜木公. 玉女投壺天爲笑, 却來繡嶺伴仙翁]", "금단을 완성한 백양伯陽 신선을 누가 부러워하는가, 흰 개가 허공을 나는 것이 낭설로 전할까 두렵네. 존사께서 금단의 비결을 터득하여, 불공이 갈산 앞에서 토해내는 것과 같지 않네[丹成誰羨伯陽仙, 白犬騰空恐浪傳. 未似尊師得丹訣, 火毬呑吐葛山前]", "영도靈桃[46]를 손에 넣은 것도 어려운 일이거늘, 정일문正一門[47]에서 공로를

45 목공(木公) : 선도(仙道)를 체득한 도사를 일컫는다.

46 영도(靈桃) : 도교에서 이야기하는 선도(仙桃)로, 삼천 년에 한 번 맺는 열매라 한다.

47 정일문(正一門) : 당나라 초기에 도교의 도사 유해(劉海)가 세운 도교 종파 중 하나이다.

기록할 만하네. 조승趙昇과 왕장王長[48]을 거론하지 않아도, 곡명산鵠鳴山[49]의 의발衣鉢이 이미 그대에게 전해졌네[靈桃入手亦艱勤, 正一門中近策勳. 未說趙昇王長在, 鵠鳴衣缽已輸君]", "지난날 호구암虎口岩에서 『음부경陰符經』을 얻어, 『소서素書』를 첨가해 옥함에 넣어두었었네. 그대가 붓에 먹물 적셔 신령한 전서篆書를 쓰니, 벌써 날아온 푸른 새가 입에 머금고 있네[舊得『陰符』虎口岩 : 『素書』添軸玉函緘. 君方濡筆書靈篆, 已有飛來青鳥銜]"라고 했다. 산 아래에는 청촌菁村이라는 마을이 있는데, 선옹(仙翁 : 도사)이 손수 황정黃精[50]을 심어서 그것으로 이웃 사람들을 장수하게 했으므로 그렇게 명명하였다.

大觀中, 吳興郡有邵宗益者, 剖蚌將食, 中有珠現羅漢像, 偏袒右肩, 矯首左顧, 衣紋畢具. 僧俗創見, 遂奉以歸慈感寺. 寺臨溪流. 建炎間, 憲使楊應誠與客傳玩之次, 不覺越檻躍入水中, 亟禱佛求之, 於烟波渺茫之中, 一索而獲. 噫, 亦異矣. 葉少蘊有詩云 : "九淵幽怪舞垂涎, 游戲那知我獨尊. 應跡不辭從異類, 藏身何意戀窮源. 歸來自說龍宮化, 久住方驚鷲嶺存. 此話須逢老摩詰, 圓通無礙本無門." 曾公衮云 : "不知一殼幾由旬, 能納須彌不動尊. 疑是吳興清霅水, 直通方廣古靈源. 月沉濁水圓明在, 蓮出汙泥實性存. 隱現去來初一致, 莫將虛幻點空門." 一時名公和篇甚衆, 今藏慈感寺.

대관(大觀 : 1107~1110) 연간에 오흥군吳興郡에 소종익邵宗益이라는 사람이 있었다. 그가 조개를 벌려 먹으려는데 오른쪽 어깨를 드러내고 머

48 조승(趙昇)과 왕장(王長) : 모두 동한시대의 도사들로, 곡명산(鵠鳴山)에서 수도하여 오두미도(五斗米道)를 세운 장도릉(張道陵)의 제자이다.

49 곡명산(鵠鳴山) : 사천성(四川省) 숭경현(崇慶縣)에 있는 산으로 도교의 성지이다.

50 황정(黃精) : 다년생 식물로, 줄기가 1~2척 정도 되는데 약으로 쓰인다. 도가에서는 이것을 복용하면 신선이 될 수 있다고 한다.

리를 들어 왼쪽을 돌아보는, 옷 문양이 모두 구비된 나한상 형상의 구슬이 그 안에 들어있었다. 이것은 승려나 속인이 처음 본 것이어서 결국 자감사慈感寺로 봉안해 갔다. 그 절은 시냇물을 굽어보고 있었다. 건염(建炎 : 1127~1130) 연간에 헌사憲使 양응성楊應誠이 객과 함께 이것을 감상하는데 아차 하는 순간에 구슬이 난간을 넘어 물속으로 빨려 들어갔다. 그래서 부처에게 찾아줄 것을 간절히 기도하여 아련한 물속에서 한 번에 되찾았다. 아, 이 역시 참 기이한 일이다. 이에 대해 섭몽득이 지은 시에서 "그윽하고 기괴한 깊은 연못에 물결이 춤을 추나니, 유희에서 어떻게 나만 홀로 위대하다(유아독존)는 것을 알까? 자취에 호응할 때 다른 유로 나타나는 것을 마다하지 않고, 몸을 감출 때 어찌 궁극의 근원을 사모할 필요가 있겠는가. 돌아와 스스로 용궁의 변화를 이야기하나니, 오래 머물고서야 비로소 취령鷲嶺[51]의 존재에 놀란다. 이는 반드시 노마힐(老摩詰 : 왕유)을 만나 이야기해야 하나니, 원통圓通은 장애가 없고 본디 문이 없다[九淵幽怪舞垂涎, 遊戲那知我獨尊. 應跡不辭從異類, 藏身何意戀窮源. 歸來自說龍宮化, 久住方驚鷲嶺存. 此話須逢老摩詰, 圓通無礙本無門]"라고 하고, 증공곤(曾公袞 : 증우曾紆)은 "겁질 하나에 몇 번의 유순由旬[52]이 지나서, 수미산須彌山 부동존不動尊[53]을 받아들이는 것일까? 아마도 오흥의 맑은 삽수霅水[54]만이, 바로 반듯하고 넓은 옛 영원靈源에 통하리라. 달은 탁한 물에 잠겨도 원만한 밝음 그대로이고, 연꽃은 진흙 속

---

51 취령(鷲嶺) : 영취산(靈鷲山)으로, 석가가 불법을 설파한 곳이다.

52 유순(由旬) : 옛날 인도에서 거리를 재던 단위. 소달구지가 하루에 갈 수 있는 거리로서 팔십 리인 대유순, 육십 리인 중유순, 사십 리인 소유순 등 세 가지가 있다.

53 부동존(不動尊) : 팔대 명왕(八大明王)의 하나로, 중앙을 지키며 일체의 악마를 굴복시키는 왕이다. 보리심이 흔들리지 않는다 하여 이런 이름이 붙여졌다. 오른손에 칼, 왼손에 오라를 잡고 불꽃을 등진 채 돌로 된 대좌에 앉아 성난 모습을 하고 있다.

54 삽수(霅水) : 삽계(霅溪)로, 지금의 절강성 호주시(湖州市)에 있다. 남조(南朝) 양(梁) 고야왕(顧野王)의 『여지지(輿地志)』에 "삽수는 약수(若水)의 다른 이름인데 수심을 헤아릴 수가 없다. 세상에서 삽수라고 한다[霅水亦, 若水之異名也, 水深不可測. 俗謂之霅水]"라는 구절이 보인다.

에서 나와도 진실한 본성이 존재한다. 숨음과 드러남 가고 옴은 원래 하나이니, 텅 빈 허깨비로 공空의 문을 점령하지 말라[不知一穀幾由旬, 能納須彌不動尊. 疑是吳興淸雪水, 直通方廣古靈源. 月沉濁水圓明在, 蓮出汙泥實性存. 隱現去來初一致, 莫將虛幻點空門]"라고 하는 등, 당시 명사들이 이 구슬과 관련해 주고받은 시가 매우 많다. 지금 자감사에 소장되어 있다.

有唐中葉, 浮圖中有四澄觀, 架支提以舍僧伽者, 洛中之澄觀也. 故退之元和五年爲洛陽令, 與之詩云: "火燒水轉掃地空, 突兀便高三百尺. 洛陽窮秋厭窮獨, 丁丁啄門疑啄木. 有僧來訪呼使前, 伏犀插腦高頰顴"者也. 參無名大師, 爲『華嚴疏』主譯經潤文者, 會稽之澄觀也. 故裴休爲其塔銘云: "元和五年, 授僧統印, 歷九宗聖世, 爲七帝門師, 俗壽一百二者也." 『傳燈錄』有鎭國大師澄觀『答皇太子問心要』, 有"心心作佛, 無一心而非佛心, 處處成道, 無一塵而非佛國"之句. 所造超詣, 豈若前二澄觀, 布金植福, 算沙窮海者之比哉. 又有曹溪別出第二世五臺山華嚴澄觀大師, 旣有"華嚴"二字, 又有無名禪師法嗣之言, 似卽會稽之澄觀, 然錄云無機緣語句可錄, 則又非也.

당나라 중엽 때이다. 부도(浮圖 : 사찰, 불교계) 안에 네 사람의 징관澄觀이 있었으니 지제支提[55]를 짓고 절을 건축한 사람은 낙양의 징관이었다. 그래서 한유가 원화 5년(810)에 낙양령洛陽令을 역임할 때 지어준 시에서 "불이 타오르고 물이 휘돌아 모든 것이 텅 빈 곳에, 삼백 척이나 홀로 우뚝 높다. 쓸쓸한 낙양의 가을에 곤궁한 고독이 싫거늘, 딱딱 문

55 지제(支提) : 차이티야의 음역으로, 지제(支帝), 지제(脂帝)라고도 하며 흙이나 돌, 벽돌을 쌓아 올려서 무더기를 이룬 것을 말한다. 본래 사리(舍利)가 들어 있는 것은 탑파, 사리가 없는 것은 지제라고 구분하였으나 후대에 이르러 그 구분이 없어졌다. 지제의 범위는 매우 넓으며 전당(殿堂), 묘우(廟宇)까지 포함한다.

을 쪼는 것이 딱따구리 아닐까 싶구나. 어느 승려가 찾아와 일보는 사람을 부르나니, 복서伏犀[56]를 뇌에 꽂고 뺨과 이마를 높이 쳐들었다[火燒水轉掃地空, 突兀便高三百尺. 洛陽窮秋厭窮獨, 丁丁啄門疑啄木. 有僧來訪呼使前, 伏犀揷腦高頰顴]"[57]라고 했다. 무명대사無名大師에게 참구參究하여 『화엄소華嚴疏』의 번역과 윤문을 주관한 이는 회계會稽의 징관이다. 배휴가 지은 그의 탑명塔銘에서 "원화 5년에 통인統印을 수여 받고 구종九宗의 성세聖世를 지내오며 일곱 황제의 스승이 되었고 속수俗壽는 백이 세이다"라고 했다. 그리고 『전등록傳燈錄』에 진국대사鎭國大師 징관의 『답황태자문심요答皇太子問心要』가 실려 있는데 "마음마다 부처가 되면, 어떤 마음도 부처의 마음 아닌 것이 없고, 곳곳마다 도를 이루면, 하나의 먼지도 부처의 나라 아닌 것이 없다[心心作佛, 無一心而非佛心, 處處成道, 無一塵而非佛國]"라는 구절이 있으니 이룩한 초월의 경지가 어찌 황금을 베풀어 복을 심고 외진 바다에서 모래알이나 세는 앞의 두 징관과 비교할 수 있겠는가. 또 조계曹溪의 별도 지파의 제2세 '오대산五臺山 화엄징관대사澄觀大師'가 있는데, '화엄' 두 자가 있고, 또 무명선사無名禪師의 법사(法嗣 : 법을 계승한 제자)라는 말이 있는 것을 보면 회계의 징관인 듯하다. 하지만 기록에서 수록할 만한 기연機緣[58]의 말이나 글이 없다고 했으니 그도 아닌 것이다.

白日昇天之說, 上古無有也, 老子爲道家之祖, 未嘗言飛昇. 後之學道者, 稍知淸虛寡欲, 則好事者, 必以白日上昇歸之, 見於仙記者, 抑何多

56 복서(伏犀) : 정수리에서 이마까지 뼈가 볼록 튀어나온 것인데, 모양이 무소뿔 같다 해서 생긴 이름이다.

57 『어정전당시』 권342, 한유, 「송승징관(送僧澄觀)」.

58 기연(機緣) : 부처님의 가르침을 희구하는 동기이다. 부처님의 가르침을 받고 도통하는 사람은 그 사람 마음속에 부처님의 가르침에 반응하는 '기(機)'가 있는데, 불법을 받을 인연이 그 사람에게 본래 있었다는 뜻으로 기연이라 한다.

邪? 如淮南王安, 漢史以爲自殺, 而『神仙傳』以爲白日昇天, 有雞鳴天上, 犬吠雲中之語, 其妄乃爾. 韓退之集載謝自然詩曰 : "須臾自輕擧, 飄若風中煙." 人多以爲上昇, 而不知自然爲魅所著也. 故其末云 : "噫乎彼寒女, 永託異物羣." 鮑溶「寄陽鍊師」詩云 : "道士夜誦『蕊珠經』, 白鶴下繞香烟聽. 夜移經盡人上鶴, 仙風吹入秋冥冥." 雖一時褒拂鍊師之言, 然亦豈儒者所當道哉? 曾南豐稱溶詩清約謹嚴, 違理者少, 觀此詩於理似未醇.

대낮에 승천했다는 설은 상고시대에 없었다. 노자가 도가의 시조임에도 일찍이 날아오른 것을 이야기한 적이 없다. 후대에 도를 배우는 자가 청허淸虛와 과욕寡欲을 어느 정도 알고 나서부터 호사가들이 반드시 이를 대낮에 승천하는 것으로 귀결시켰으니 관련된 이야기가 선가의 기록에 얼마나 많은가. 회남淮南 왕안王安은 한나라 사서史書에서 자살했다고 기록했는데, 『신선전神仙傳』에서는 대낮에 승천했다고 하며 "닭이 하늘에서 울고 개가 구름 속에서 짖었다"는 말을 하고 있으니 그 허황됨이 이러하다. 한유의 문집에 수록된 「사자연시謝自然」에서 "순간 가볍게 일어나, 마치 바람 속 연기처럼 사뿐히 날아간다[須臾自輕擧, 飄若風中煙]"라고 했는데 사람들은 이를 대부분 승천한 것이라 보지만 사자연은 도깨비의 현신임을 모르는 것이다. 그래서 마지막 구절에서 "아, 저 한미한 여인이! 이물異物의 무리에 영원히 의탁했네[噫乎彼寒女, 永託異物羣]"라고 한 것이다. 포용鮑溶의 「기양련사寄陽鍊師」에서 "도사가 한밤에 『예주경蕊珠經』을 읽자, 백학이 내려와 향연香煙 속에서 듣네. 밤 지나 경 읽기 끝나자 사람이 학을 타니, 선풍仙風이 아득한 가을로 스며든다[道士夜誦『蕊珠經』, 白鶴下繞香烟聽. 夜移經盡人上鶴, 仙風吹入秋冥冥]"라고 했는데 연사(鍊師 : 도사)를 찬양하는 말이긴 하지만 그렇다고 어떻게 유학자가 거론할 만한 내용이겠는가. 증남풍(曾南豐 : 증공)은 포용의 시에 대해 맑고 간소하고 근엄하며 사리에 벗어난 것이 적다고 평했는데 이 시를 보면 사리에 완전하지는 못한 듯하다.

唐張鍊師不知何人, 觀唐人贈其詩, 若有譏誚. 錢起云 : "仙侶披雲集, 霞盃達曉傾. 同歡不可再, 朝夕赤龍迎." 劉禹錫云 : "金縷機中拋錦字, 玉清臺上著霓衣. 雲衢不要吹簫伴, 只擬乘鸞獨自飛." 其華山女之流乎?

당나라 장련사張鍊師는 어떤 사람인지 잘 모르는데 당나라 시인이 그에게 써준 시를 보면 비난이 들어있는 듯하다. 전기는 "신선의 무리들이 구름을 헤치고 모여, 노을 술잔을 새벽까지 기울이네. 함께 누리는 기쁨이 다시 올 수는 없는 터, 머지않아 적룡赤龍[59]이 맞이하리라[仙侶披雲集, 霞盃達曉傾. 同歡不可再, 朝夕赤龍迎]"[60]라고 하고, 유우석은 "황금 실 베틀 위의 비단을 버리고, 옥청대玉清臺 위의 예의霓衣[61]를 입었네. 운구雲衢[62]에서는 퉁소 부르는 무리를 요하지 않아, 난새를 타고 홀로 날아가려 하네[金縷機中拋錦字, 玉清臺上著霓衣. 雲衢不要吹簫伴, 只擬乘鸞獨自飛]"[63]라고 했으니 혹시 화산녀華山女[64]와 같은 무리인가?

『金光明經』載, 流水長者子以象負水救十千魚, 生叨利天, 可謂悲濟之極, 報驗之速矣. 厥後見於記傳, 有放蝙得金, 放龜得印者, 其類甚多, 遂使上機生無緣之慈, 下士冀有因之果, 皆流水長者子之慈意也. 余居

59 적룡(赤龍) : 적색의 용으로, 황제나 태양 등을 가리키는 말로 사용된다. 도가에서는 혀를 가리키기도 한다.

60 『어정전당시』 권237, 전기, 「연울림관장도사방(宴鬱林觀張道士房)」.

61 예의(霓衣) : 천녀(天女)가 입는 무지개 옷이다.

62 운구(雲衢) : 청운의 뜻을 펼치는 거리라는 뜻으로 벼슬길 또는 관직을 뜻한다.

63 『유빈객문집(劉賓客文集)』 권24 「증동악장련사(贈東岳張鍊師)」.

64 화산녀(華山女) : 화산의 여도사이다. 한유가 「화산녀(華山女)」에서 요녀로 묘사했다.

泛金溪上, 暇日率同志拏小舟, 載魚鼈蝦蟹, 命五比丘誦寶勝佛名, 若十二因緣法, 作梵唄, 捨之溪中. 坐間有請作詩以紀一時之事者, 余輒爲書云: "漁師竟日漁, 水族作斤賣. 小捐使鬼兄, 滿載獲鱗介. 鯤鯨未易羅, 所得亦殊態. 青蛙盡公私, 朱鮪兼小大. 霜鱸尙貫鉤, 土負或黏塊. 輪囷積文螺, 郭索走蒼蟹. 濕沫相呴濡, 自分煮薑芥. 豈知惻隱人, 規作江湖貸. 因呼小青翰, 收留舞澎湃. 趺坐延黑衣, 號佛指淸瀨. 經飛流水篇, 梵起魚山唄. 傾盆帶寒藻, 圉圉看于邁. 驚疑或依蒲, 喜躍或生喝. 快若鷹避韝, 歡如囚破械. 定非校人池, 恐是餘不派. 願汝藉佛力, 永脫鉤網債. 口腹聊爾耳, 香餌莫巨愛."

『금광명경金光明經』에 의하면, 유수장자流水長者[65]의 아들이 코끼리 등에 물을 지고 와 수천 마리의 물고기를 구제하여 도리천忉利天[66]에서 살게 했으니 자비로운 구제의 극치이고 보답의 신속한 증명이라 할 만하다고 했다. 그 뒤 기록에 보인 것을 보면 개구리를 놓아주어 황금을 얻고 거북을 놓아주어 도장을 얻었다는 등의 이야기가 매우 많아서, 결국 상등의 지혜를 가진 자는 인연 없는 자비를 생성하고 하등의 인물은 원인 있는 결과를 기대하도록 했으니 이는 모두 유수장자 아들의 자비로운 마음에서 우러난 것이다. 내가 범금계泛金溪에 살 때, 한가한 날 동지들과 함께 작은 배를 잡아타고 배 위에 물고기와 자라, 새우와 게 등을 싣고서 다섯 비구比丘에게 보승불寶勝佛을 외우게 하며 십이인연법十二因緣法[67]과 같이 범패를 지어 시내 위에 놓아주었다. 함께 자리

65 유수장자(流水長者) : 석가모니(釋迦牟尼)의 전생(前生)이다.

66 도리천(忉利天) : 육욕천(六欲天)의 둘째 하늘이다. 수미산 꼭대기에 있는데 가운데에 제석천(帝釋天)이 있고 그 사방에 하늘 사람들이 거처하는 여덟 개씩의 성이 있다.

67 십이인연법(十二因緣法) : 십이연기법(十二緣起法)이라고도 한다. 중생과 세계가 생겨나는 이치를 말한 것으로 모든 것은 인연으로부터 일어났다가 인연이 다하면 멸하여 공(空)이 된다는 설법이다. 여기에서 십이는 무명(無明) · 행(行) · 식(識) · 명색(名色) · 육처(六處) · 촉(觸) · 수(受) · 애(愛) · 취(取) · 유(有) · 생(生) · 노사(老死)의 십이지(支)를 가리킨다.

한 사람 중에 내게 시를 지어 이 일을 기록할 것을 청한 사람이 있어 다음과 같이 썼다. "어부가 하루 종일 물고기를 잡아, 물고기들을 근으로 팔아 넘겼다. 작은 것은 버려 귀신에게 떠받들게 삼고, 물고기며 조개들을 가득 실었다. 곤어와 고래는 쉽게 걸리지 않아도, 얻은 것들은 또한 남다른 모양들이다. 푸른 개구리는 공과 사를 다하고, 붉은 다랑어는 크고 작은 것이 포함됐다. 서리 노어는 여전히 갈고리가 꿰어 있어, 흙을 등지거나 흙덩이가 붙어 있다. 윤균(輪囷 : 구불구불)[68] 무늬 있는 소라가 쌓여 있고, 곽색(郭索 : 사근사근)[69] 푸른 게가 기어 다닌다. 거품으로 서로 불며 적시나니, 생강과 겨자와 함께 삶는 것이 제 분수였다. 측은해하는 사람이, 강호에 임대해 줄 대상으로 삼을 줄 어찌 알았으랴. 그래서 작은 배를 불러, 거두어들여서 한껏 춤추게 한다. 가부좌를 틀고 늘어선 승려들이, 보승불寶勝佛이라 부르며 푸른 여울을 가리킨다. 경문은 유수편流水篇[70]을 날리고, 범패는 어산패魚山唄[71]를 시작한다. 동이를 기울이자 차가운 마름을 단 채, 어릿어릿 앞으로 나가는 것을 바라본다. 깜짝 놀라며 부들에 기대기도 하고, 기쁘게 날뛰며 소리치기도 한다. 빠르기는 매가 깍지를 벗어난 듯하고, 기쁘기는 죄수가 수갑을 깨부순 듯하다. 정녕 인간의 연못에 비교한지는 않겠지만, 무리들이 널리 퍼지지 않을까 두렵다. 부디 너희가 부처의 힘을 빌려, 갈고리와 그물의 빚으로부터 영원히 벗어나거라. 배를 채우는 이들은 애오라지

---

68 윤균(輪囷) : 굴곡진 모습이나 높고 큰 모양을 가리킨다.

69 곽색(郭索) : 게가 기어오르는 모양이나 게가 기어갈 때 나는 소리를 가리킨다.

70 유수편(流水篇) : 고산유수(高山流水)로, 옛 금곡(琴曲)의 이름이다. 금곡을 범칭하는 말로도 쓰인다.

71 어산패(魚山唄) : 범패. 『법원주림(法苑珠林)』 권49의 "진사왕(陳思王 : 조식)이 일찍이 어산(魚山)에서 노니는데 갑자기 허공에서 범천(梵天)의 소리가 들려왔다. 청아하고 슬프고 구성진 소리가 마음을 감동시켜 한참을 들었다. …… 바로 그 소리를 본떠서 범패를 만들었으며, 글을 짓고 음을 만들어 후식(後式)으로 전했. 범성(梵聲)이 세상에 나온 것이 여기에서 시작되었다[陳思王曹植嘗遊魚山, 忽聞空中梵天之響, 淸雅哀婉, 其聲動心, 獨聽良久…… 乃摹其聲節, 寫爲梵唄, 撰文製音, 傳爲後式. 梵聲顯世, 始於此焉]"라는 구절에서 연유한다.

그러하나니, 향기로운 먹이를 너무 사랑하지 말거라.[漁師竟日漁, 水族作斤賣. 小捐使鬼兄, 滿載獲鱗介. 鯤鯨未易羅, 所得亦殊態. 青蛙盡公私, 朱鮪兼小大. 霜鱸尚貫鉤, 土負或黏塊. 輪囷積文螺, 郭索走蒼蟹. 濕沫相呴濡, 自分煮薑芥. 豈知惻隱人, 規作江湖貸. 因呼小青翰, 收留舞澎湃. 趺坐延黑衣, 號佛指清瀨. 經飛流水篇, 梵起魚山唄. 傾盆帶寒藻, 圉圉看于邁. 驚疑或依蒲, 喜躍或生噶. 快若鷹避韝, 歡如囚破械. 定非校人池, 恐是餘不派. 願汝藉佛力, 永脫鉤網債. 口腹聊爾耳, 香餌莫巨愛.]”

운어양추韻語陽秋 권13卷十三

杜甫詩云："萬古仇池穴, 潛通小有天." 則仇池者必眞仙所舍之地. 東坡在潁州, 夢至一官府, 顧視堂上, 榜曰仇池. 自後作詩, 往往自稱仇池. 如"記取和詩三益友, 他年弭節過仇池." 按『唐書·志』, 成州同谷縣有仇池, 與秦州接壤, 故老杜「秦州雜詩」嘗曰："藏書聞禹穴, 讀記憶仇池."「送韋十六赴同谷郡」嘗曰："受詞太白脚, 走馬仇池頭"是已. 歐陽仲醇父語人曰："嘗夢上帝命我爲長白山主, 此何祥也." 明年, 仲醇父亡. 故東坡有詩云："死爲長白主, 名字書絳闕."「松漠紀聞」云："長白山在冷山東南, 白衣觀音所居, 其山禽獸皆白, 人或穢其間, 則致蛇虺之害." 則知福地何處無之. 白樂天之蓬萊山, 王平甫之靈芝宮, 歐陽永叔之神清洞, 皆有詩章以紀其異, 其亦仇池·長白之類與.

두보의 시에서 "만고의 구지혈仇池穴은, 조용히 소유천小有天[1]과 통한다[萬古仇池穴, 潛通小有天]"[2]라고 했으니 구지仇池는 분명히 참 신선이 머무는 곳일 것이다. 소식이 영주潁州에 있을 때, 꿈에 어느 관청을 찾아 갔는데 당 위를 뒤돌아보니 구지라고 써 붙여져 있었다. 그 이후 시를 지을 때 이따금 구지라 자칭했으니 "세 익우益友에게 화답한 시를 기억하노니, 훗날 수레를 몰아 구지를 찾아오리라[記取和詩三益友, 他年弭節過仇池]"[3]라고 했다. 『당서唐書』 「지志」를 살펴보면 성주成州 동곡현同谷縣에 구지가 있었는데 진주秦州와 인접하고 있었다. 두보의 「진주잡시秦州雜詩」의 "갖고 있는 책에서 우혈禹穴[4]의 이야기를 듣고, 기록한 것을 읽으며 구지를 떠올린다[藏書聞禹穴, 讀記憶仇池]"와 「송위십육부동곡군送韋十六赴同谷郡」의 "태백산太白山 아래에서 글을 받고, 구지의 머리에서 말을 달린다[受詞太白脚, 走馬仇池頭]"는 이를 두고 말한 것이다. 구양중순歐陽仲醇의 아버지가 사람들에게 "일찍이 꿈을 꾸었는데, 상제가 내게 장백산長白山의 주인이 되라고 명했으니 이는 무슨 상서로움인가?"라고 한 뒤, 이듬해 세상을 떠났다. 그래서 소식이 지은 시에서 "죽어서 장백산의 주인이 되어, 그 이름 붉은 궁궐에 써놓았다[死爲長白主, 名字書絳闕]"[5]라고 했다. 「송막기문松漠紀聞」에서 "장백산은 냉산冷山 동남쪽에 있고, 백의관음白衣觀音이 살고 있으며, 그 산의 동물들은 모두 희다. 사람들이 그곳을 더럽히면 뱀과 독충 등으로부터 해를 당한다"라고 했으니 복된 땅이 어느 곳인들 없겠느냐는 걸 알게 된다. 백거이가 봉래산에 대해, 왕평보(王平甫 : 왕안국王安國)가 영지궁靈芝宮에 대해, 그리고 구양수가 신청동神清洞에 대해 모두 시와 글을 지어 기이함을 기록하고 있는데, 그 또한 구지 · 장백산과 같은 부류일 것이다.

1 소유천(小有天) : 신선이 사는 곳으로, 도가의 삼십육동천(三十六洞天) 가운데 첫 번째이다.

2 『두시상주』 권7 「진주잡시이십수(秦州雜詩二十首)」 제14수.

3 『동파전집』 권21 「견화구지(見和仇池)」.

4 우혈(禹穴) : 우(禹)임금의 유적. 절강성 회계산(會稽山)에 있다는 말이 전한다. 『사기(史記)』 「태사공자서(太史公自序)」.

5 『동파전집』 권19 「송구양추관부화주감주(送歐陽推官赴華州監酒)」.

王仲致嘗奉使過仇池, 有九十九泉, 萬山環之, 可以避世如桃源. 而老杜「仇池」詩乃謂“近接西南境, 長懷十九泉”何邪?

왕중치王仲致가 일찍이 명을 받들어 구지를 찾아갔는데, 아흔 아홉 개의 샘물이 있고 수많은 산이 두르고 있어서 도화원처럼 세상을 피할 만했다. 그런데 두보가 「구지」에서 “서남쪽 경계와 가까이 접하여, 열아홉 개의 샘물을 오랫동안 생각한다[近接西南境, 長懷十九泉]”라고 한 것은 왜일까?

『史記・蒙恬傳』: “秦幷天下, 使恬將三十萬衆, 北逐夷狄, 築長城, 延袤萬餘里.” 酈道元『水經注』亦云: “蒙恬築長城, 起首臨洮, 至於碣石, 東曁遼海, 西並陰山, 凡萬餘里.” 而魏陳琳作「飮馬長城窟行」乃云: “長城何連連, 連連三千里.” 王翰「古長城吟」“云富國强兵二十年, 斂怨興徭九千里.” 何邪?

『사기』「몽염전蒙恬傳」에서 “진나라가 천하를 병합한 뒤, 몽염으로 하여금 삼십만의 무리를 이끌고 북쪽의 오랑캐를 내쫓은 뒤 장성을 쌓아 만여 리에 이르게 했다”라고 하고, 역도원酈道元의 『수경주水經注』에서도 “몽염이 장성을 쌓았는데 임조臨洮에서 시작해 갈석碣石에 이르며 동쪽으론 요해遼海에 이르고 서쪽으론 음산陰山까지 뻗어 만 여리에 이른다”라고 했는데 위魏 진림陳琳이 지은 「음마장성굴행飮馬長城窟行」에서는 “장성은 어찌하여 이어져 있는가, 이어진 거리가 삼천 리이다[長城何連連, 連連三千里]”라고 하고, 왕한王翰의 「고장성음古長城吟」에서는 “부국과 강병을 일삼은 이십 년, 원망을 사며 요역을 일으킨 구천 리[富國强兵二十年, 斂怨興徭九千里]”라고 한 것은 왜일까?

汝人多苦癭, 故歐公「汝癭」詩云 : "傴婦垂甕盎, 嬌嬰包卵轂. 無由辨肩頸, 有類龜縮殼." 梅聖俞詩云 : "或如雞嗉滿, 或若蝯嗛並. 女慚高掩襟, 男衣闊裁領." 東坡「量移汝州」詩云 : "闊領先裁蓋癭衣." 又云 : "汝陽甕盎吾何恥." 魯直「汝州葉縣」詩亦云 : "癭民見我亦悠悠." 余嘗侍先人知汝州, 見州治諸井, 皆以夾錫錢鎮之, 每井率數十千. 問其故, 一老兵曰 : "此邦饒風沙, 沙入井中, 人飲之則成癭, 夾錫錢所以制沙土也." 因思無錫惠山泉, 淸甘甲於二浙者, 以有錫也. 則老兵之言不妄矣.

여주汝州 사람들 가운데 몸에 혹이 나는 고통을 안고 있는 이들이 많다. 그래서 구양수공의 「여영汝癭」에서 "곱추 아낙은 독을 드리우고, 예쁜 여아는 알을 안고 있다. 어깨와 목을 구분할 수 없으니, 거북이 껍질을 움츠리고 있는 것 같다[傴婦垂甕盎, 嬌嬰包卵轂. 無由辨肩頸, 有類龜縮殼]"라고 하고, 매요신은 "어떤 이는 닭의 모이주머니가 가득 찬 듯하고, 어떤 이는 긴팔원숭이의 턱주머니가 합쳐진 듯하다. 여인은 옷깃을 높게 덮는 것을 부끄러워하고, 사내는 옷깃을 넓게 마름질한 옷을 입는다[或如雞嗉滿, 或若蝯嗛併. 女慚高掩襟, 男衣闊裁領]"[6]라고 하고, 소식의 「양이여주量移汝州」에서는 "옷깃을 넓게 해 먼저 혹을 덮을 옷을 짓는다[闊領先裁蓋癭衣]"라고 하고, 또 "여양汝陽의 동이를 내 어찌 부끄러워할쏘냐[汝陽甕盎吾何恥]"[7]라고 하고, 황정견의 「여주섭현汝州葉縣」에서도 "혹 달린 백성은 날 보고도 무덤덤하다[癭民見我亦悠悠]"라고 했다. 내가 일찍이 여주 지사로 계시는 선인(부친)을 모시고 있었는데 주州에서 샘물을 파는데 모두 협석전夾錫錢[8]으로 밑을 메웠으니 샘물마다 들어간 돈의 수가 수천 개였다. 그 까닭을 묻자 한 노병이 이르기를 "이 지

6 『완릉집(宛陵集)』 권27 「화왕중의영영이십운(和王仲儀詠癭二十韻)」.

7 『동파전집』 권14 「송침규부광남(送沈逵赴廣南)」.

8 협석전(夾錫錢) : 송 휘종(徽宗) 때 채경(蔡京)이 주청(奏請)하여 주조한 일종의 동석합금(銅錫合金)의 화폐이다. 동(銅)의 품질이 낮아 백성들이 쓰려하지 않았다.

방은 모래바람이 많이 부는데 모래가 샘물 속으로 들어가서 사람들이 그 물을 마시면 혹이 생기니, 협석전은 모래를 제어하려는 것입니다" 라고 했다. 그래서 생각하기를, '무석無錫의 혜산천惠山泉이 맑고 달콤하기로 두 절강에서 으뜸인 것은 주석 때문이었구나'라고 했다. 따라서 노병의 말은 허위가 아닌 것이다.

曹操入荊州, 孫權遣周瑜與劉備併力逆曹公, 遇於赤壁, 曹公軍馬燒溺死者甚衆, 軍遂大敗. 蓋謂鄂州蒲圻縣赤壁也. 黃州亦有赤壁, 但非周瑜所戰之地, 東坡嘗作賦曰 : "西望夏口, 東望武昌, 非孟德之困於周郎者乎." 蓋亦疑之矣. 故作長短句云 : "人道是三國周郎赤壁." 謂之人道, 是則心知其非矣. 韓子蒼知黃州日, 聞賊起旁郡, 有詩云 : "齊安城畔山危立, 赤壁磯頭水倒流. 此地能令阿瞞走, 小偸何敢下蘆洲." 遂直以齊安赤壁爲周瑜所戰之地, 豈非因東坡之語邪?

조조가 형주荊州로 쳐들어갈 때, 손권이 주유周瑜를 보내 유비와 힘을 합쳐 조조를 맞게 했는데, 적벽에서 그들을 맞아 싸워, 조조의 군사와 말들이 불에 타 죽거나 물에 빠져 죽은 수가 매우 많았다. 여기서의 적벽은 악주鄂州 포기현蒲圻縣의 적벽을 말한다. 황주黃州에도 적벽이 있지만 주유가 싸웠던 곳은 아니다. 소식이 일찍이 지은 「적벽부赤壁賦」에서 "서쪽으로 하구夏口를 바라보고, 동쪽으로 무창武昌을 바라보니, 조맹덕(曹孟德 : 조조)이 주유에게 곤궁을 당한 곳이 아닌가?[西望夏口, 東望武昌, 非孟德之困於周郎者乎]"라고 했으니 이는 의문을 품고 있는 것이다. 그래서 지은 장단구에서 "사람들이 삼국시대 주랑의 적벽이라고 한다[人道是三國周郎赤壁]"[9]라고 했는데, "사람들이 말한다"고 했으니 이는 마

9 『동파사(東坡詞)』「염노교(念奴嬌)【적벽회고(赤壁懷古)】」.

음속으로 사실이 아니라고 본 것이다. 한자창(韓子蒼 : 한구韓駒)이 황주 태수로 있을 때 주변 군에서 도적이 발생했다는 이야기를 듣고 지은 시에서는 "제안齊安의 성 위로 산이 높이 솟고, 적벽의 돌부리 머리로 물이 거꾸로 흐른다. 이곳은 아만(阿瞞 : 조조의 아명)에게 달려가게 할 수는 있으나, 좀도둑이 어찌 감히 노주蘆洲를 내려오랴[齊安城畔山危立, 赤壁磯頭水倒流. 此地能令阿瞞走, 小偸何敢下蘆洲]"라고 해서 결국 제안의 적벽을 주유가 전쟁했던 곳으로 보았으니 혹시 소식의 의견을 따른 것이 아닐까?

俗言"腰纏十萬貫, 騎鶴上揚州", 言揚州天下之樂國. 如韋應物詩云"雄藩鎭楚郊, 地勢鬱岧嶤. 嚴城動寒角, 曉騎踏霜橋", 杜牧云"秋風放螢苑, 春草鬪雞臺", "二十四橋明月夜, 玉人何處敎吹簫"等句, 猶未足以盡揚州之美. 至張祜詩云 : "十里長街市井連, 月明橋上看神仙. 人生只合揚州死, 禪智山光好墓田." 則是戀嫪此境, 生死以之者也. 隋煬帝不顧天下之重, 千乘萬騎, 錦纜牙檣, 來遊此都, 竟藏骨於雷塘之下, 眞所謂"禪智山光好墓田"者邪.

세속에 전하는 말에 "돈 십만 꾸러미를 허리에 차고, 학을 타고 양주揚州로 간다[腰纏十萬貫, 騎鶴上揚州]"라고 했는데 양주가 천하의 낙원임을 이야기한 것이다. 예컨대 위응물의 시의 "웅장한 번진은 초나라 들판을 진압하고, 땅의 형세는 드높게 펼쳐졌다. 엄숙한 성곽에는 찬 피리 소리 울려 퍼지고, 새벽 기마는 서리 다리를 밟는다[雄藩鎭楚郊, 地勢鬱岧嶤. 嚴城動寒角, 曉騎踏霜橋]"[10]와, 두목의 "가을바람 형원螢苑[11]에 불

10 『어정전당시』 권194, 위응물(韋應物), 「광릉행(廣陵行)」.

11 형원(螢苑) : 수 양제가 일찍이 성 서북쪽 구릉 지대의 대의향(大儀鄕)에 지었다는 동산이다. 여름과 가을밤이면 이곳을 노닐며 반딧불과 수곡(數斛 : 명주)을 널리 구해, 즐겼

고, 봄풀은 계대鬪雞臺[12]에서 다투네[秋風放螢苑, 春草鬪雞臺]",[13] "이십사교二十四橋[14] 달 밝은 밤에, 옥인은 어느 곳에서 퉁소를 불게 하나[二十四橋明月夜, 玉人何處教吹簫]"[15] 따위의 구절로는 양주의 아름다움을 다 표현하지 못한다. 그런데 장호張祜의 시에서 "십 리 긴 거리에는 시정이 이어지고, 월명교月明橋[16] 위에서 신선을 본다. 사람이 태어나면 양주에서 죽는 것이 좋을 터, 선지禪智와 산광山光[17] 무덤이 곱나니[十里長街市井連, 月明橋上看神仙. 人生只合揚州死, 禪智山光好墓田]"[18]라고 했으니 이는 이곳을 사랑한 나머지 삶과 죽음도 함께 하고자 한 것이다. 수 양제가 중요한 천하를 돌아보지 않고 천승千乘과 만기萬騎를 이끌고서 황금 닻줄과 상아 노를 저으며 이곳을 유람하다가 결국 뇌당雷塘 아래에 뼈를 묻었으니, 이것이 진정 "선지산 풍광에 무덤이 곱다"는 것인가.

錢塘風物湖山之美, 自古詩人, 標榜爲多, 如謝靈運云"定山緬雲霧, 赤亭無滯薄", 鄭谷云"潮來無別浦, 木落見他山", 張祜云"青壁遠光凌鳥峻, 碧湖深影鑑人寒", 錢起云"漁浦浪花搖素壁, 西陵樹色入秋窗"之類, 皆錢塘城外江湖之景, 蓋行人客子於解鞍繫纜頃刻所見爾. 城中之景, 惟

다고 한다.

12 계대(雞臺) : 양주에 있는 누대 이름이다. 수 양제가 이곳에서 노닐었다는 말이 전한다.

13 『어정전당시』 권522, 두목, 「양주삼수(揚州三首)」 제2수.

14 이십사교(二十四橋) : 강소성 양주의 수서호(瘦西湖)라는 호수의 중간쯤에 있는 다리이다. 이십사교라는 이름의 유래에 대해서는 스물네 개의 다리를 통칭한다는 설과, 홍약교(紅藥橋) 또는 오가전교(吳家磚橋)라고 하는데 옛날 미인 스물네 명이 여기서 퉁소를 불어서 생긴 이름이라는 설이 있다. 두목은 후자를 믿고 있었던 모양이다.

15 『어정전당시』 권523, 두목, 「기양주한작판관(寄揚州韓綽判官)」.

16 월명교(月明橋) : 선지사(禪智寺) 앞에 있던 절인데, 지금은 전하지 않는다.

17 선지(禪智)와 산광(山光) : 모두 절 이름이다. 선지사는 일명 상방사(上方寺)로, 양주 동북쪽 오 리에 있었다. 원래 수 양제의 궁이었으나 후에 버려져 절이 되었다. 산광사는 본래 과승사(果勝寺)라 불렸고 양주 동북쪽 만두진(灣頭鎭) 앞에 있었다. 원래 수 양제의 행궁(行宮)이었으나 후에 버려져 절이 되었는데 지금은 전하지 않는다.

18 『어정전당시』 권511, 장호, 「종유회남(縱遊淮南)」.

白樂天所賦最多, 所謂"潮聲夜入伍員廟, 柳色春藏蘇小家", "大屋簷多裝雁齒, 小航船亦畫龍頭", "燈火萬家城四畔, 星河一道水中央", 至今尙有可考.

전당錢塘의 풍물과 호수와 산의 아름다움은 예로부터 많은 시인들이 거론했다. 예컨대 사령운의 "정산定山은 구름과 안개가 두르고, 적정赤亭은 조금도 엉켜있는 것이 없다[定山緬雲霧, 赤亭無滯薄]"[19]와, 정곡의 "조수가 밀려와도 별도의 포구는 없고, 잎이 지고 나면 다른 산을 본다[潮來無別浦, 木落見他山]"와, 장호의 "푸른 벽 먼 빛은 새를 매섭게 압박하고, 푸른 호수 깊은 그림자는 사람을 차갑게 비춘다[青壁遠光凌鳥峻, 碧湖深影鑒人寒]"와, 전기의 "포구의 물결 꽃은 흰 벽을 흔들고, 서릉西陵의 나무 색은 가을 창으로 들어온다[漁浦浪花搖素壁, 西陵樹色入秋窗]" 등은 모두 전당성 밖 강호의 풍경으로, 행인과 나그네가 안장을 풀고 닻줄을 묶는 순간에 보이는 것들이다. 성 안 풍광에 대해서는 백거이가 묘사한 것이 가장 많다. "조수 소리는 한밤 오원묘伍員廟[20]로 들어오고, 버들색은 봄날 소소가蘇小家[21]에 숨겨져 있다[潮聲夜入伍員廟, 柳色春藏蘇小家]", "큰 집 처마는 다들 기러기 치아처럼 장식돼 있고, 작은 배에도 용의 머리가 그려져 있다[大屋簷多裝雁齒, 小航船亦畫龍頭]", "등불은 성 사방 수많은 집들에서 반짝이고, 은하는 물 중앙에 바로 놓였다[燈火萬家城四畔, 星河一道水中央]" 등으로, 오늘날에도 할 만하다.

荊州者, 上流之重鎭, 詩人賦詠多矣. 韓退之云 : "窮冬或搖扇, 盛夏

19 장부(張溥), 『한위육조백삼가집(漢魏六朝百三家集)』 권66, 사령운, 『송사령운집(宋謝靈運集)』, 「부춘저(富春渚)」.

20 오원묘(伍員廟) : 춘추시대 오나라의 대부인 오자서(伍子胥)의 사당이다.

21 소소가(蘇小家) : 소소(蘇小)는 남조 제나라시대 전당의 명기 이름인데, 여기서는 가기와 무녀들이 사는 집들을 가리킨다.

或重裘." 言氣候之不正. 劉夢得云 : "渚宮楊柳暗, 麥城朝雉飛." 言城郭之荒涼. 張說云 : "旃裘吳地盡, 髫薦楚言多." 言蠻夷之與鄰. 張九齡云 : "枕席夷三峽, 關梁豁五湖." 言道路之四達. 若其邑屋之繁富, 山川之秀美, 則罕有言之者. 蓋自秦幷楚之後, 宮室盡爲禾黍, 未易興復, 而況秦楚之後, 代代爲百戰爭奪之場邪. 故東坡「渚宮」詩備言楚王宮室之盛, 而繼之以"秦兵西來取鐘虡, 故宮禾黍秋離離. 千年壯觀不可復, 今之存者蓋已卑. 池空野迥樓閣小, 惟有深竹藏狐狸"之句.

형주는 양자강 상류의 중요한 진鎭으로, 시인들이 노래한 작품이 많다. 한유의 "한겨울에도 부채를 부치고, 무더운 여름에도 겹 갖옷을 입는다[窮冬或搖扇, 盛夏或重裘]"[22]는 기후의 불균형을 거론한 것이고, 유우석의 "저궁渚宮[23]에 버드나무는 어둡고, 맥성麥城[24]에 아침 꿩이 난다[渚宮楊柳暗, 麥城朝雉飛]"[25]는 성곽의 황량함을 거론한 것이고, 장열張說의 "전구旃裘[26]를 입고 오나라 땅 다 다녀봐도, 어린 애들도 초나라 말 하는 경우가 많다[旃裘吳地盡, 髫薦楚言多]"[27]는 오랑캐와 이웃하고 있음을 거론한 것이고, 장구령의 "생활은 삼협三峽에서 평온하고, 관문과 나루는 오호五湖에서 넓다[枕席夷三峽, 關梁豁五湖]"[28]는 도로가 사방으로 두루 통함을 거론한 것이다. 그런데 성 내의 번화한 집들과 빼어난 산천

22 『어정전당시록(御定全唐詩錄)』 권46, 한유(韓愈) 「부강릉도중기증왕이십보궐리십일습유리이십륙원외한림삼학사애건정(赴江陵途中寄贈王二十補闕李十一拾遺李二十六員外翰林三學士涯建程)」.

23 저궁(渚宮) : 초나라의 별궁(別宮)을 말한다. 전국시대 초나라 왕의 궁전이 물가에 있었기에 붙여진 이름이다.

24 맥성(麥城) : 옛날 성(城)의 이름이다. 초 소왕(昭王)이 지었다는 말이 전한다. 옛터가 지금의 하북 당양(當陽) 동남쪽, 저수(沮水)와 장수(漳水) 사이에 있다. 동한(東漢) 건안(建安) 24(219)년에 촉한의 대장 관우가 오의 장수 여몽(呂蒙)에게 패하여 피신한 곳이다.

25 『유빈객문집(劉賓客文集)』 권26 「형주가 이수(荊州歌二首)」 제1수.

26 전구(旃裘) : 모직물로 만든 갖옷으로, 북쪽 지역 사람들이 입는 옷이다.

27 『장연공집(張燕公集)』 권8 「형주정입조(荊州亭入朝)」.

28 『곡강집(曲江集)』 권3 「등형주성루(登荊州城樓)」.

에 대해 거론한 경우는 드물다. 이는 진나라가 초나라를 병합한 이후 궁궐 등이 모두 농토가 되어 다시 일으키기가 쉽지 않았을 뿐더러, 더구나 진나라 초나라 이후에도 대대로 수많은 전쟁이 펼쳐졌으니 더 말할 나위가 있겠는가. 그래서 소식이 「저궁」에서 초왕의 성대한 궁궐을 다 거론한 뒤, "진나라 병사가 서쪽에서 와 종거(鍾虡 : 쇠북을 거는 틀)를 탈취한 뒤, 가을 고궁에는 벼와 기장만이 드리워졌다. 천 년 장관을 회복할 길 없어, 오늘날 남은 것은 하찮은 것들이다. 연못은 텅 비고 들판은 아득하고 누각은 보잘것없는데, 대숲에만 여우 살쾡이들이 살고 있다[秦兵西來取鍾虡, 故宮禾黍秋離離. 千年壯觀不可復, 今之存者蓋已卑. 池空野迥樓閣小, 惟有深竹藏狐狸]"는 구절을 뒤에 붙였다.

漣水軍有眞君泉, 在軍治園中. 東坡嘗題字於石欄, 又作長短句, 所謂 "倦客塵埃何處洗, 眞君堂下寒泉水"是也. 又有藍家井亦佳絶. 二水清甘無比, 嘗以惠山泉比試, 而惠泉翻不及. 余隨侍文康公僑寄此軍二年, 每日烹茶, 更用二水, 遂擯惠泉不用. 信知陸鴻漸『茶經』, 張又新『水記』皆虛語耳. 山谷「省城烹茶」詩云 : "閤門井不落第二, 竟陵谷簾定誤書." 亦謂此也. 歐公「再至汝陰」詩云 : "水味甘於大明井." 則知天下甘泉不爲陸・張所錄者, 何可勝數哉?

연수군漣水軍에 진군천眞君泉[29]이 있는데 군이 관할하는 원園 안에 있다. 소식이 일찍이 돌난간에 글씨를 쓰고 장단구를 지었는데, "피곤한 객의 찌든 때를 어느 곳에서 씻을까, 진군당眞君堂[30] 아래 차가운 샘물이다[倦客塵埃何處洗, 眞君堂下寒泉水]"[31]가 그것이다. 그 밖에도 남가정藍

29 진군천(眞君泉) : 강소성 연수현(漣水縣)에 있는 샘으로, 진(晉)나라 원진천(袁眞泉)이 이곳에 단약을 넣었다 해서 '단정(丹井)'이라 부르기도 한다.

30 진군당(眞君堂) : 진나라의 도사 원진천의 당호이다.

家井이 있는데 물맛이 아주 훌륭하다. 두 지역 물은 비할 수 없을 정도로 맑고 달콤한데, 일찍이 혜산천惠山泉[32]과 견주어 마셔봤더니 혜산천이 이만 못했다. 내가 문강공(文康公 : 갈승중)을 수행하여 이 군에서 이 년을 살았는데 매일 차를 끓일 때 두 물을 더 많이 쓰면서 혜산천은 결국 쓰지 않았다. 그리고 정말 육홍점(陸鴻漸 : 육우陸羽)의 『다경茶經』과 장우신張又新의 『전다수기煎茶水記』가 모두 허언임을 알게 되었다. 황정견이 「성성팽다省城烹茶」에서 "합문정閤門井[33]은 두 번째에 떨어지지 않나니, 경릉(竟陵 : 육우)의 곡렴천谷簾泉[34]은 정녕 잘못 쓴 것이다[閤門井不落第二, 竟陵谷簾定誤書]"라고 한 것은 이를 두고 말한 것이다. 구양수공이 「재지여음再至汝陰」에서 "물맛이 대명정大明井보다도 달콤하다[水味甘於大明井]"라고 했으니 세상의 감천甘泉 가운데 육홍점과 장우신이 기록하지 않은 것이 어찌 한둘이겠는가.

白樂天「九江春望」詩云 : "鑪烟豈異終南色, 盆草寧殊渭北春." 蓋不忘蔡渡舊居也. 老杜「偶題」云 : "故山迷白閣, 秋水憶皇陂." 蓋不忘秦中舊居也. 東坡「橫翠閣」詩云 : "已見西湖懷濯錦, 更看橫翠憶峨眉." 殆亦此意.

백거이의 「구강춘망九江春望」에서 "화로 연기가 어찌 종남산終南山의 색과 다르며, 화분의 풀이 어찌 위북渭北의 봄과 다른가[鑪烟豈異終南色,

31 『동파사(東坡詞)』「접련화(蝶戀花)」.

32 혜산천(惠山泉) : 5대 명천(名泉) 가운데 하나로, 진강(鎭江)의 중냉천(中冷泉)에 이어 천하제이천(天下第二泉)이라 불린다.

33 합문정(閤門井) : 남송의 수도 임안(臨安 : 항주)의 궁궐 내 문덕전(文德殿)의 좌액(左掖 : 궁궐 정문 좌측의 작은 문) 동쪽 위 합문의 동쪽에 있는 샘이다.

34 경릉 …… 곡렴천(谷簾泉) : 육우가 『자다기(煮茶記)』에서 이십 곳의 물을 품평하면서 여산(廬山) 강왕곡(康王谷)의 곡렴천을 일등으로 품평한 데서 나온 말이다.

盆草寧殊渭北春]"라고 한 것은 채도蔡渡의 옛집을 잊지 못한 것이며, 두보의 「우제偶題」에서 "고향의 백각산白閣山이 희미하게 떠오르고, 가을물의 황자피皇子陂가 그립다[故山迷白閣, 秋水憶皇陂]"라고 한 것은 진중秦中의 옛집을 잊지 못한 것이다. 소식의 「횡취각橫翠閣」에서 "서호를 보고 나니 금강錦江이 그립고, 다시 횡취각橫翠閣을 보니 아미산이 떠오른다[已見西湖懷濯錦, 更看橫翠憶峨眉]"도 이와 같은 뜻이다.

蘇東坡兄弟, 以仕宦久, 不得歸蜀, 懷歸之心, 屢見於篇詠. 東坡「金山」詩云: "江山如此不歸山, 江神見怪驚我頑. 我謝江神豈得已, 有田不歸如江水." 「送程六表弟」詩云: "憑君寄謝江東叟, 念我空見長安日. 浮江泝蜀有成言, 江水在此我不食." 子由「汝南遷居」詩云: "病暑暑已退, 思歸未成歸." 「初得南園」云: "千里故園魂夢裏, 百年生事寂寥中." 及子由潁濱買宅, 坡又和其詩云: "劍關大道車方軌, 君自不歸歸何難. 山中故人應大笑, 築室種柳何時還." 則二蘇未嘗一日不懷歸也. 嘉祐丙申歲, 老蘇在京師, 乃有厭蜀之意. 嘗有意嵩山之下, 洛水之上, 買地築室而居. 故爲詩曰: "岷山之陽土如腴, 江水清清多鯉魚. 古人居之富者衆, 我獨厭倦思移居." 是時鄕人陳景回自蜀居蔡, 故以是詩告之. 則是二蘇欲歸蜀, 而老蘇欲出蜀也. 厥後老蘇葬於蜀, 而治命指其墓旁庚壬地爲二子之藏, 而二子終不得歸焉, 信知人事不可期也. 又歐陽永叔居官之日多, 然志未嘗一日不在潁也. 「下直」詩云: "終當自駕柴車去, 獨結茅廬潁水西." 「齋宮偶書」云: "誰爲寄聲清潁客, 此生終不負漁竿." 「呈同行三公」云: , "買地淮山北, 垂竿潁水東." 「秋懷」詩云: "鹿車終自駕, 歸去潁東田." 「送職方」云: "三年解組來歸日, 吾已先耕潁水頭." 「書懷」云: "潁水多年已結廬, 白首歸來一鹿車." 「表海亭」云: "潁田二頃春蕪沒, 安得柴車自駕還." 「青州書事」云: "君恩天地不違物, 歸去行歌潁水傍." 「謝石扴蘄簟」詩云: "終當卷簟攜歸去, 築室買田清潁尾."

「淸明日」詩云：“有田淸潁間，尙可事桑麻．安得一黃犢，幅巾駕柴車．” 「送祖擇之」云：“待君今日我何爲，手把鉏犂汝陰叟．” 「歸田樂」云：“我已買田淸潁上，更欲臨流作釣磯．” 觀其思歸之言，重複如是，豈懷祿固位者哉？老杜云：“非無江海志，瀟洒送日月．生逢堯舜君，不忍便永決．” 此永叔志也．

소식 형제가 오랫동안 벼슬살이하며 촉에 돌아갈 수 없었는데, 이때 고향에 돌아가고 싶어한 마음이 시에 자주 보인다. 소식이 「금산金山」에서 “강산이 이러한데 고향 산에 돌아가지 못하니, 강의 신이 기괴함을 보여 나의 어리석음을 일깨운다. 강의 신과 이별함을 내 어찌 마다하랴만, 고향이 있어도 돌아가지 못하는 것이 강물과 같구나[江山如此不歸山, 江神見怪驚我頑. 我謝江神豈得已, 有田不歸如江水]”라고 하고, 「송정육표제送程六表弟」에서 “그대를 통해 강동의 노옹에게 글을 보내나니, 날 그리며 공연히 장안의 해를 보리라. 강물에 배를 띄워 촉으로 거슬러 오른다는 말이 있어, 강물이 여기 있어도 나는 마시지 않는다[憑君寄謝江東叟, 念我空見長安日. 浮江泝蜀有成言, 江水在此我不食]”라고 하고, 소철이 「여남천거汝南遷居」에서 “더위에 병이 들고 더위가 물러났으나, 돌아가고 싶어도 돌아가지 못하네[病暑暑已退, 思歸未成歸]”라고 하고, 「초득남원初得南園」에서 “천 리 고향은 꿈속에 있고, 백 년 삶은 아득함 속에 있네[千里故園魂夢裏, 百年生事寂寥中]”라고 했다. 소철이 영수潁水 주변에 집을 사자, 소식이 그의 시에 화답하며 “검문관劍門關 큰 길에 수레바퀴가 확연한데, 그대 돌아가지 않으니 돌아감이 어찌 그리 어려운가. 고향 친구들은 크게 웃을 터인데, 집을 짓고 버드나무 심으며 언제 돌아가려는가[劍關大道車方軌, 君自不歸歸何難. 山中故人應大笑, 築室種柳何時還]”[35]라고 했으니 소철은 일찍이 하루도 돌아가고픈 마음을 갖지 않

35 『동파전집(東坡全集)』 권8 「화자유여안장도동유백보홍상지축정종(柳和子由與顔長道同遊百步洪相地築亭種柳)」.

은 적이 없는 것이다. 가우(嘉祐 : 1056~1063) 병신년(1056)에 소식이 서울에 있었는데 촉을 싫어하는 마음이 생겼다. 일찍이 숭산嵩山 아래와 낙수洛水 위에 땅을 매입해서 집을 짓고 살 마음이 있었다. 그래서 지은 시에서 "민산岷山 남쪽은 흙이 기름지듯 하고, 강물은 맑아 잉어가 많다. 옛사람이 이곳에 살며 부자가 많으니, 나 홀로 싫증이 나 옮겨 갈 것을 생각한다[岷山之陽土如腴, 江水淸淸多鯉魚. 古人居之富者衆, 我獨厭倦思移居]"[36]라고 했다. 당시 고향 사람인 진경회陳景回가 촉에서 채蔡로 이사왔으므로 이 시를 그에게 들려준 것이다. 그렇다면 소철은 촉으로 돌아오고 싶어 했지만 소식은 촉을 떠나고 싶어 한 것이다. 그 뒤에 소식이 촉에 묻혔는데 자신의 묘 옆 경임庚壬 자리를 동생의 장지로 삼으라고 유언했지만 소철이 끝내 돌아가지 못했으니 사람의 일이란 참으로 기약할 수 없는 것이다. 또 구양수도 관직에 있는 날이 많았지만 일찍이 마음은 단 하루도 고향 영수潁水에 가 있지 않은 적이 없었다. 「하직下直」에서 "결국 스스로 나무 수레를 타고 가, 홀로 영수 서쪽에 초가집을 지리라[終當自駕柴車去, 獨結茅廬潁水西]"라고 하고, 「재궁우서齋宮偶書」에서 "맑은 영수의 나그네에게 누가 말을 전할까, 이 생은 결국 고기잡이 삶을 저버리지 않으리라[誰爲寄聲淸潁客, 此生終不負漁竿]"라고 하고, 「정동행삼공呈同行三公」에서 "회산 북쪽에 땅을 매입하고, 영수 동쪽에서 낚시 드리우리라[買地淮山北, 垂竿潁水東]"라고 하고, 「추회秋懷」에서 "결국 사슴 수레를 타고, 영수 동쪽 전원으로 돌아가리라[鹿車終自駕, 歸去潁東田]"라고 하고, 「송직방送職方」에서 "삼 년의 관직 마치고 돌아가는 날, 나는 벌써 영수의 언덕 머리에서 경작하리라[三年解組來歸日, 吾已先耕潁水頭]"라고 하고, 「서회書懷」에서 "여러 해 동안 영수에 집을 지었으니, 백발에 사슴 수레 끌고 돌아가리라[潁水多年已結廬, 白首歸來一鹿車]"하고 하고, 「표해정表海亭」에서 "영수의 두 이랑 전원이 봄날 풀로

---

36 『가우집(嘉祐集)』 권16 「고인거지부자중 …… 비희운이(古人居之富者衆 …… 非戲云爾)」.

뒤덮였는데, 어찌하면 나무 수레 끌고 돌아갈 수 있을까[潁田二頃春蕪沒, 安得柴車自駕還]"라고 하고, 「청주서사青州書事」에서 "임금의 은혜는 사물의 뜻을 어기지 않으시니, 영수로 돌아가 노래 부르리라[君恩天地不違物, 歸去行歌潁水傍]"라고 하고, 「사석요기점謝石抗蘄簟」에서 "결국 자리를 말아 갖고 가서, 맑은 영수 끝에 집을 짓고 전답을 사리라[終當卷簟攜歸去, 築室買田淸潁尾]"라고 하고, 「청명일淸明日」에서 "맑은 영수 가에 전답이 있어, 뽕나무 삼 따위를 심을 만하다. 어찌하면 누런 소 한 마리 얻어, 폭건에 나무 수레 이끌고 갈 수 있을까[有田淸潁間, 尙可事桑麻. 安得一黃犢, 幅巾駕柴車]"라고 하고, 「송조택지送祖擇之」에서 "그대 기다리는 오늘 내 무엇을 하랴, 손수 쟁기를 든 여음汝陰의 늙은이라네[待君今日我何爲, 手把鉏犁汝陰叟]"라고 하고, 「귀전락歸田樂」에서 "내 이미 맑은 영수 가에 전답을 사놨으니, 다시 물가로 가서 낚시터를 만들고 싶다[我已買田淸潁上, 更欲臨流作釣磯]"라고 했다. 돌아가고 싶어하는 말이 이처럼 반복되고 있는 것을 보면 그가 어떻게 녹봉을 생각하고 관직을 지키려는 사람이라 하겠는가. 두보가 "강호에 뜻을 두고, 소쇄하게 세월을 보내고 싶지 않은 것은 아니다. 허나 요순의 임금을 만나서, 차마 영원히 떠날 수가 없다[非無江海志, 瀟洒送日月. 生逢堯舜君, 不忍便永訣]"라고 했는데 이는 구양수와 같은 생각을 갖고 있었던 것이다.

晉孝武初奉佛法, 立精舍於殿內, 引沙門居之, 故今人皆以佛寺爲精舍. 殊不知精舍者, 乃儒者教授生徒之處. 『後漢』包咸·檀敷·劉淑傳, 皆有立精舍教授生徒之文. 謝靈運「石壁精舍」詩曰: "披拂趨南徑, 愉悅偃東扉." 皆靈運所居之境, 非佛寺也. 故李善注云: "精舍者, 今讀書齋是也." 葉少蘊所居號石林精舍, 蓋用此義.

진晉 효무제孝武帝가 처음 불법을 높이 받들어 궁궐 안에 정사精舍를 짓고 사문(沙門 : 승려)을 데려와 살게 했다. 지금 사람들은 모두 절을 정사라고 하는데, 사실 정사는 유학자들이 생도들을 가르치는 처소임을 모르는 것이다. 『후한서』의 「포함전包咸傳」·「단부전檀敷傳」·「유숙전劉淑傳」에 모두 정사를 지어 생도들을 가르쳤다는 내용이 있다. 사령운의 「석벽정사石壁精舍」에서 "휘 헤치며 남쪽 길을 나서고, 뿌듯하게 동쪽 집에서 눕는다[披拂趨南徑, 愉悅偃東扉]"라고 했는데 이는 사령운이 거처한 공간이지 절이 아니다. 그래서 이선李善의 주석에서 "정사란 오늘날 서재書齋이다"라고 했다. 섭몽득이 자신의 거처를 석림정사石林精舍라고 했는데 이런 뜻을 인용한 것이다.

白樂天所至處必築居, 在渭上有蔡渡之居, 在江州有草堂之居, 在長安有新昌之居, 在洛中有履道之居, 皆有詩以紀勝. 故其自謂云 : "余自幼迨老, 若白屋, 若朱門, 凡所止雖一日二日, 輒覆簣土爲臺, 聚拳石爲山, 環斗水爲池." 所謂君子之居, 一日必葺者邪?

백거이는 머무는 곳마다 반드시 집을 지었으니 위수渭水에는 채도蔡渡라는 집이 있고, 강주江州에는 초당草堂이라는 집이 있고, 장안長安에는 신창新昌이라는 집이 있고, 낙양에는 이도履道라는 집이 있어 모두 그 풍경을 적은 시가 있다. 그래서 그는 스스로 이르기를 "나는 어려서부터 늙을 때까지 초가이건 저택이건 머무른 시간이 단 하루 이틀이라도 한 삼태기 흙을 모아 축대를 만들고 한 주먹의 돌을 모아 산을 만들고 한 말의 물을 둘러 연못을 만들었다"[37]라고 했으니 이른바 군자가 머무는 곳에는 하루라도 반드시 집을 가꾼다는 것인가?

37 『백씨장경집』 권43 「초당기(草堂記)」.

梅聖兪「寄題歐公醉翁亭」詩云："日暮使君歸, 野老紛紛至. 但留山鳥啼, 與伴松間吹. 借問結廬何, 使君遊息地, 借問醉者何, 使君閒適意, 借問鐫者何, 使君自爲記." 全體歐公「醉翁亭記」而作. 余謂滁之山水, 得歐文而愈光, 歐公之文, 得梅擬而愈重.

매요신의 「기제구공취옹정寄題歐公醉翁亭」에서 "해 저물녘 사군(使君 : 태수 또는 자사)이 돌아오자, 시골 노인들이 연이어 찾아오네. 지저귀는 산새만 머물게 하고, 소나무에 부는 바람과 짝하였네. 집 지은 이 누구인가, 사군이 놀며 쉬는 곳이라네. 취한 이가 누구인가, 사군의 한적한 마음이 담겨있다네. 글을 새긴 이 누구인가, 사군이 스스로 쓴 것이라네[日暮使君歸, 野老紛紛至. 但留山鳥啼, 與伴松間吹. 借問結廬何, 使君遊息地, 借問醉者何, 使君閒適意, 借問鐫者何, 使君自爲記]"라고 했는데 구양수의 「취옹정기醉翁亭記」를 완전히 체화하여 지은 것이다. 나는 제주滁州의 산수는 구양수의 글을 통해 더욱 빛나고 구양수의 문장은 매요신의 의작擬作을 통해 더욱 중요해졌다고 생각한다.

晉謝安居金陵之冶城. 洎廢, 李太白嘗營園其上, 賦詩云："冶城訪古跡, 猶有謝安墩. 梧桐識佳木, 蕙草留芳根." 後爲王荊公之居, 公爲詩曰："我名公字偶相同, 我屋公墩在眼中. 公去我來墩屬我, 不應墩姓尚隨公." 至於敍其所居草木, 則又有詩云："千枚孫嶧陽, 萬本母「淇奧」. 滿門陶令株, 彌岸韓侯萩. 跳鱗出重錦, 舞羽墮輭玉." 此等句抑可以想像其林巒之盛, 今復爲瓦礫之場矣, 可勝嘆哉.

진晉나라 사안謝安이 금릉金陵의 야성冶城에 살았었다. 그곳이 폐허가 된 뒤, 이백이 일찍이 그곳에 전원을 꾸미며 지은 시에서 "야성의 옛터를 찾으니, 아직도 사안의 돈대(墩臺 : 사공돈謝公墩)가 남아 있다. 오동이 좋은 나무임을 알게 되고, 혜초蕙草는 향기로운 뿌리를 남겼다[冶城訪古跡, 猶有謝安墩. 梧桐識佳木, 蕙草留芳根]"[38]라고 했다. 뒤에 왕안석의 거처가 되었는데, 왕안석이 지은 시에서 "나의 이름(安石)과 공의 자(安石)가 우연히 같거늘, 나의 집과 공의 돈대가 눈 안에 있다. 공은 떠나고 내가 와 돈대가 내 것이 되니, 돈대의 성씨(사공돈謝公墩)가 여전히 공을 따르진 않으리라[我名公字偶相同, 我屋公墩在眼中. 公去我來墩屬我, 不應墩姓尙隨公]"[39]라고 했다. 그곳 초목에 대해 서술하면서 지은 시에서는 "수천 그루 오동은 역양嶧陽[40]의 손자가 되고, 수만 본 대나무는 「기욱淇奧」[41]을 어머니로 한다. 문 가득 도령(陶令 : 도잠)의 버드나무가 있고, 언덕 가득 한후(韓侯 : 한신)의 푸성귀가 넘친다. 뛰어오른 물고기는 귀중한 비단을 드러내고, 춤추는 새는 부드러운 옥을 떨어뜨린다[千枚孫嶧陽, 萬本母「淇奧」. 滿門陶令株, 彌岸韓侯蔌. 跳鱗出重錦, 舞羽墮軟玉]"[42]라고 했다. 이러한 시구에서 성대했던 전원을 상상할 수 있는데 지금은 기왓장 나뒹구는 폐허가 되어버렸으니 안타까움을 이루 금할 수 있겠는가.

韓文公宦遊四方, 險阻艱難, 莫甚於登華山泛洞庭之時. 「答張徹」詩云 : "洛邑得休告, 華山窮絶陘. 倚巖睨海浪, 引袖拂天星. 磴蘚澾拳跼, 梯飇颭伶俜." 「贈張十一」詩云 : "蒼茫洞庭岸, 與子維雙舟. 霧雨晦爭泄, 波濤怒相投. 雞犬斷四聽, 糧絶誰與謀." 觀此尙可寒心也.

---

38 『이태백문집』 권18 「등금릉야성서북사안돈(登金陵冶城西北謝安墩)」.

39 『임천문집(臨川文集)』 권28 「사안돈이수(謝安墩二首)」 제1수.

40 역양(嶧陽) : 역산(嶧山)의 양지바른 곳을 뜻하며 이곳에 특이한 오동나무가 많이 자란다고 한다.

41 「기욱(淇奧)」 : 『시경』 「위풍(衛風)」의 편명이다. 기수(淇水) 물가의 울창한 대나무를 비유어로 거론했다. "저 기수가의 언덕을 보니, 푸른 대나무가 무성하다.[瞻彼淇奧 綠竹猗猗.]"

42 『임천문집』 권1 「초약지직방병시정보서기(招約之職方并示正甫書記)」.

한유공이 사방에서 관직 생활을 할 때 험난하고 지난하기로는 화산華山에 오르고 동정호洞庭湖에 배를 띄웠을 때만한 것이 없었다. 「답장철答張徹」에서 "낙읍에서 휴직을 고한 뒤, 화산의 막다른 길에 이르렀다. 바위에 기대 바다 물결을 바라보고, 소매를 들어 하늘의 별을 스쳤다. 돌비탈에 이끼 미끄러워 몸을 구부리고, 사다리는 폭풍에 흔들려 위태롭기만 하다[洛邑得休告, 華山窮絶陘. 倚岩睨海浪, 引袖拂天星. 磴蘚澾拳跼, 梯飇颭伶俜]"라고 하고, 「증장십일贈張十一」에서 "아득한 동정호의 언덕, 그대와 함께 한 쌍의 배를 타고 간다. 안개비에 어둠이 다투어 밀려오고, 파도는 분노로 몸을 던진다. 닭과 개의 울음소리 사방에 끊겼으니, 떨어진 양식을 누구와 도모할까[蒼茫洞庭岸, 與子維雙舟. 霧雨晦爭泄, 波濤怒相投. 雞犬斷四聽, 糧絶誰與謀]"라고 했으니 이 시를 보면 아직도 마음이 싸늘하다.

韋應物「聽嘉陵江聲」云: "水性自云靜, 石中本無聲. 如何兩相激, 雷轉空山鳴." 「贈李儋」云: "絲桐本異質, 音響合自然. 吾觀造化意, 二物相因緣." 二詩意頗相類, 然應物未曉所謂非因非緣, 亦非自然者.

위응물의 「청가릉강성聽嘉陵江聲」에서 "물의 본성은 스스로 고요하다 하고, 돌은 본디 아무 소리가 없거늘. 어찌하여 둘이 서로 부딪히면, 우레처럼 공산空山이 울리는가[水性自云靜, 石中本無聲. 如何兩相激, 雷轉空山鳴]"라고 하고, 「증이담贈李儋」에서 "실과 오동은 본디 바탕이 다르지만, 음향은 자연스레 합치된다. 내 조화(자연)의 뜻을 살펴보니, 두 사물은 서로 인연을 갖고 있다[絲桐本異質, 音響合自然. 吾觀造化意, 二物相因緣]"라고 했다. 두 작품은 의미가 퍽 유사하다. 하지만 위응물은 이른바 인因도 아니고 연緣도 아니며 또한 자연自然도 아니라는 것을 깨치지 못한 것이다.

皇祐三年, 荊公倅舒, 與道人文銳·弟安國擁火遊石牛洞, 玩李習之題字, 聽泉而歸. 故有詩曰："水泠泠而北出, 山靡靡而旁圍. 欲窮源而不得, 竟悵望而空歸." 元豐間, 魯直嘗至其處, 亦題詩云："司命無心播物, 祖師有記傳衣. 白雲橫而不度, 高鳥倦而猶飛." 蓋效其作也. 晁无咎「續楚詞」載荊公詞, 以爲二十四言具六藝羣言之遺味, 故與經學典策之文俱傳, 未曉其說也.

황우(皇祐 : 1049~1054) 3년(1051)에 왕안석이 서주통판舒州通判이었을 때, 도인道人 문예文銳, 아우 왕안국과 함께 횃불을 들고 석우동石牛洞을 유람하여, 이습지(李習之 : 이고李翺)가 쓴 글씨를 구경한 뒤 샘물 소리를 들으며 돌아왔다. 그래서 그때 지은 시에서 "물은 차갑게 북쪽으로 흘러가고, 산은 희미하게 주위를 둘렀다. 근원까지 닿고 싶었으나 그러지 못하고, 끝내 아쉬워하며 빈 걸음으로 돌아왔다[水泠泠而北出, 山靡靡而旁圍. 欲窮源而不得, 竟悵望而空歸]"[43]라고 했다. 원풍 연간(1078~1085)에 황정견이 일찍이 그곳에 가 지은 시에서 "사명(司命 : 자연의 주재자)은 사물을 전파할 마음이 없고, 조사祖師는 의발衣鉢을 전한 기록이 있다. 흰 구름은 가로지른 채 지나가지 않고, 높이 나는 새는 힘이 들어도 날아간다[司命無心播物, 祖師有記傳衣. 白雲橫而不度, 高鳥倦而猶飛]"[44]라고 했는데 앞의 작품을 모방한 것이다. 조무구(晁无咎 : 조보지晁補之)가 「속초사續楚詞」에 왕안석공의 사詞를 실으며 "스물네 자에 육예(六藝 : 육경六經)의 내용을 구비하고 있으므로 경학經學의 주요 글과 함께 전해져야 한다"라고 했는데 그 말뜻을 이해할 수 없다.

43 『임천문집』 권12 「제서주산곡사석우동천혈(題舒州山谷寺石牛洞泉穴)【황우삼년구월십육일 자주지태호 과회녕현산곡건원사숙 여도인문예제안국옹화유석우동 견이고습지서 청천구지 명일부유내각습지후(皇祐三年九月十六日 自州之太湖 過懷寧縣山谷乾元寺宿 與道人文銳弟安國擁火遊石牛洞 見李翺習之書 聽泉久之 明日復遊乃刻習之後)】」.

44 『산곡집』 권12 「제산곡석우동(題山谷石牛洞)」.

烟霞泉石, 隱遁者得之, 宦游而癖此者鮮矣. 謝靈運爲永嘉, 謝玄暉爲宣城, 境中佳處, 雙旌五馬, 游歷殆遍, 詩章吟詠甚多, 然終不若隱遁者藜杖芒鞋之爲適也. 玄暉「敬亭山」詩云: "我行雖紆組, 兼得尋幽蹊." 「板橋」詩云: "旣歡懷祿情, 復叶滄洲趣." 自謂兩得之者. 其後又有「鼓吹登山」之曲. 且松下喝道, 李商隱猶謂之殺風景, 而況於鼓吹乎? 韋應物·歐陽永叔皆作滁州太守, 應物「遊琅琊山」則曰: "鳴騶響幽澗, 前旌耀崇岡." 永叔則不然, 「遊石子澗」詩云: "麏麚魚鳥莫驚怪, 太守不將車騎來." 又云: "使君厭騎從, 車馬留山前. 行歌招野叟, 共步青林間." 遊山當如是也.

자연의 연하烟霞와 천석泉石은 은둔자만이 가질 수 있고 벼슬하면서 여기에 푹 빠진 사람은 드물다. 사령운이 영가永嘉태수가 되고, 사현휘謝玄暉가 선성宣城태수가 되었을 때, 그곳 풍경을 한 쌍의 깃발에 다섯 필의 말을 이끌고 두루 찾아다니며 읊은 시문들이 매우 많다. 하지만 결국 은둔자가 청려장靑藜杖과 짚신을 신고 나설 때의 적합한 모습과는 달랐다. 사현휘가 「경정산敬亭山」에서 "나의 행차는 관리의 모습이지만, 그윽한 시내까지 찾게 되었다[我行雖紆組, 兼得尋幽蹊]"라고 하고, 「판교板橋」에서 "녹봉을 가진 것이 기쁘거늘, 창주滄洲의 취향과도 부합한다[旣歡懷祿情, 復葉滄洲趣]"라고 하여 스스로 양자를 다 얻었다고 생각했다. 그 후에 또다시 「고취등산鼓吹登山」이라는 곡을 짓기도 했다. 이상은은 소나무 아래에서 소리 지르는 것을 살풍경이라 했는데 고취鼓吹야 더 말할 나위가 있겠는가. 위응물과 구양수는 모두 저주滁州태수로 있었는데 위응물의 「유낭야산遊琅琊山」에서는 "말 울음소리는 그윽한 시내에 울려 퍼지고, 앞 깃발은 드높은 산등성이에 빛나네[鳴騶響幽澗, 前旌耀崇岡]"라고 했으나, 구양수는 이렇게 하지 않고 「유석자간遊石子澗」에서 "노루 사슴 물고기 새들아 깜짝 놀라지 말거라, 태수는 수레를 타고 오지 않으리라[麏麚魚鳥莫驚怪, 太守不將車騎來]"라고 하고, 또

"사군(使君 : 고을의 장)이 기마가 뒤따르는 걸 싫어하여, 수레와 말을 산 앞에 멈춰두었다. 노래 부르며 시골 노인을 불러, 푸른 숲 사이를 함께 걷는다[使君厭騎從, 車馬留山前. 行歌招野叟, 共步青林間]"[45]라고 했으니 산의 유람은 마땅히 이렇게 해야 한다.

虞巡之事遠矣, 後世莫能知其詳也. 若周穆王者, 勞民費財, 從事於八荒之遠, 豈人君之美事乎? 顏延年「應詔觀北湖」詩乃云 : "周御窮轍跡, 夏載歷山川. 蓄軫豈明懋, 善遊皆聖仙." 「侍遊曲阿」詩又云 : "虞風載帝狩, 夏諺頌王遊. 春方動宸駕, 望幸傾五州." 是開人君遊豫流亡之心, 非所謂告以善道者也.

우제(虞帝 : 순임금)가 순행巡行한 이야기는 아주 오래전이어서 후세에 자세한 내용을 알 수 없다. 그런데 주 목왕穆王의 경우는 백성을 힘들게 하고 재물을 낭비하며 먼 팔황八荒[46]까지 나섰으니 이것이 어찌 임금의 미덕이라 하겠는가. 안연년(顏延年 : 안연지)이 「응조관북호應詔觀北湖」에서 "주나라는 수레바퀴 닿은 곳까지 찾아 나섰고, 하나라는 산천을 두루 열람했다. 수레만 쌓아두는 것이 어찌 현명한 노력이랴, 훌륭한 유람 나선 이들은 모두 성선聖仙들이셨다[周御窮轍跡, 夏載歷山川. 蓄軫豈明懋, 善遊皆聖仙]"라고 하고, 「시유곡아侍遊曲阿」에서는 "우虞나라 풍요風謠에는 순임금의 순수巡狩 내용이 실려 있고, 하나라 속담에서는 왕의 유람을 칭송했다. 봄에 바야흐로 어가가 움직이니, 부디 오주五州를 두루 살피소서[虞風載帝狩, 夏諺頌王遊. 春方動宸駕, 望幸傾五州]"라고 했는데, 이는 임금이 멋대로 즐기며 노는 방탕의 마음을 열어주는 것으로, 이른바 선한 방향을 제시해주는 것이 아니다.

45 『문충집』 권3 「유낭야산(遊瑯琊山)」.
46 팔황(八荒) : 팔방(八方)의 먼 끝, 즉 온 세상과 같다.

扈從明皇南出雀鼠谷, 張說作詩, 和章甚衆, 皆不若王丘之作爲工. 如 "花縟前茅仗, 霜嚴後殿戈. 戍雲開晉嶺, 江雁入汾河. 北土分堯俗, 南風動舜歌"之句, 未有及之者. 唐朝推燕·許, 而王丘不以詩名, 觀燕·許之作, 慚於丘多矣. 至王光庭云 : "寒隨汾谷盡, 春逐晉郊來." 而趙冬曦復云 : "寒依汾谷去, 春入晉郊來." 更相剽竊如此, 又不足論也.

당 현종을 호종하여 남쪽의 작서곡雀鼠谷을 나설 때를 주제로 한 장열張說의 시에 대해 화답한 작품이 매우 많지만 모두 왕구王丘의 작품만 못하다. 예컨대 "전모(前茅 : 선발부대)의 의장은 꽃처럼 흐드러지고, 후전(後殿 : 후미 부대)의 창은 서릿발처럼 차갑네. 수戍자리 구름은 진晉의 고개에서 열리고, 강 기러기는 분하汾河로 들어가네. 북쪽 땅은 요堯의 풍속으로 분류되고, 남쪽 바람은 순舜의 노래가 울려퍼지네[花縟前茅仗, 霜嚴後殿戈. 戍雲開晉嶺, 江雁入汾河. 北土分堯俗, 南風動舜歌]"[47]라는 구절은 따라갈 사람이 없다. 당나라에서는 연燕·허許[48]를 추대하고 왕구는 시인으로 명명하지 않았는데, 연·허의 작품을 보면 왕구보다 훨씬 못하다. 한편 왕광정王光庭이 "추위는 분수汾水의 골짜기를 따라 사라지고, 봄은 진晉의 교외를 쫓아온다[寒隨汾谷盡, 春逐晉郊來]"[49]라고 했는데 조동희趙冬曦가 다시 "추위는 분수汾水의 골짜기를 따라가고, 봄은 진晉의 교외로 들어온다[寒依汾谷去, 春入晉郊來]"라고 하여, 서로의 표절이 이 정도까지 이른 것은 더 이상 논할 것이 없다.

47 『어정전당시』 권111, 왕구(王丘), 「봉화성제답장열호종남출작서곡지작(奉和聖製荅張說扈從南出雀鼠谷之作)」.

48 연(燕)·허(許) : 당나라 때의 시인인 장열과 소정(蘇頲). '장(張)·소(蘇)'라고도 한다. 장열은 연국공(燕國公), 소정은 허국공(許國公)에 책봉된 데에서 나온 말이다. 두 사람은 당시에 '연허대수필(燕許大手筆)'이라 불렸다.

49 『어정전당시』 권111, 왕광정(王光庭), 「봉화성제답장열호종남출작서곡(奉和聖製荅張說扈從南出雀鼠谷)」.

徐凝「瀑布」詩云 : "千古猶疑白練飛, 一條界破青山色." 或謂樂天有賽不得之語, 獨未見李白詩耳. 李白「望廬山瀑布」詩云 : "飛流直下三千尺, 疑是銀河落九天." 故東坡云 : "帝遣銀河一派垂, 古來惟有謫仙詞." 以余觀之, 銀河一派, 猶涉比類, 未若白前篇云 : "海風吹不斷, 江月照還空." 鑿空道出, 爲可喜也.

서응徐凝의 「폭포瀑布」에서 "오랜 세월 백련白練이 난다고 여겼으나, 한 가닥 경계가 청산의 색을 깨뜨린 것이다[千古猶疑白練飛, 一條界破青山色]"라고 했다. 혹자는 백거이가 겨룰 수 없는 시어를 남겼다고 하지만 그는 아직 이백의 시를 보지 못한 것일 뿐이다. 이백의 「망여산폭포望廬山瀑布」에서 "삼천 척 나는 물줄기가 곧장 떨어지니, 아마도 은하수가 구천에서 떨어지는 건가 보다[飛流直下三千尺, 疑是銀河落九天]"라고 했으므로 소식이 "상제가 은하 한 줄기를 내려주었는데, 예로부터 적선(謫仙 : 이백)의 글만이 남아있다[帝遣銀河一派垂, 古來唯有謫仙詞]"[50]라고 했다. 내가 보기에는 '은하 한 줄기'란 표현은 여전히 비교의 부류에 속하니, 공허에서 끄집어내어 독자에게 진한 감흥을 일으키는 이백의 전편,[51] "바닷바람은 끊임없이 불고, 강물 위 달은 비춰도 다시 공허하다[海風吹不斷, 江月照還空]"라는 구절만 못하다.

張又新品天下甘泉, 以常州惠山泉爲第二. 東坡謂"獨攜天上小團月, 來試人間第二泉"是也. 荊門軍亦有惠泉, 李德裕有詩題於泉上云 : "兹

50 『동파전집』 권13 「세전 서응폭포시운 일조계파청산색 지위진루 우위작낙천시 칭미차구 유새불득지어 낙천수섭천역 연기지시재 내희작일절(世傳 徐凝瀑布詩云 一條界破青山色 至爲塵陋 又僞作樂天詩 稱美此句 有賽不得之語 樂天雖涉淺易 然豈至是哉 乃戲作一絶)」.

51 앞서 소개된 시구는 「망여산폭포수(望廬山瀑布水)」 기이(其二)에 해당되고, 지금 소개되는 시구는 「망여산폭포수」 기일(其一)에 해당된다.

泉由太潔, 終不蓄纖鱗. 到底清何益, 涵虛祗自貧." 至今碑版存焉. 小說載德裕在中書, 置水遞以取惠山泉, 一僧指昊天觀井, 謂與惠山水脈相通, 辨之味同, 遂停水遞. 其好水殆成癖矣. 荊門惠泉, 本名蒙泉, 沈傳師有"蒙泉聊息駕, 可以洗君心"之句. 而德裕乃直名曰惠泉, 豈非思惠山泉不可得, 求其似者而强名之與? 然德裕嘗令所親取揚子江中泠水, 其人醉忘, 乃汲石城水以給之, 德裕能辨其非是. 審爾, 其可以蒙泉爲惠泉而自欺乎?

장우신이 세상의 감천을 품평하여 상주常州의 혜산천을 두 번째로 꼽았다. 소식이 "홀로 천상의 작은 달을 이끌고, 인간의 두 번째 샘물을 찾아 시음한다[獨攜天上小團月, 來試人間第二泉]"[52]가 그것이다. 형문군荊門軍에도 혜천이 있는데 이덕유가 샘물 위에 쓴 시에서 "이 샘물은 너무나 깨끗해서, 끝내 작은 물고기 하나 기르지 않는다. 허나 깨끗한들 무슨 보탬이 있겠는가, 텅 빔을 함유한 것은 단지 스스로 가난함이다[玆泉由太潔, 終不蓄纖鱗. 到底淸何益, 涵虛祗自貧]"라고 했으니 현재까지도 비판碑版이 남아있다. 소설에 의하면 이덕유가 중서성中書省에 있을 때 수체水遞[53]를 설치하여 혜산천을 가져 왔는데, 어떤 승려가 호천관昊天觀의 샘을 가리키며 혜산천의 수맥과 통한다고 하여 맛이 같은 것을 확인하고 결국 수체를 철거했다 하니, 그가 물을 좋아하는 것이 거의 버릇이 된 것이다. 형문군의 혜천은 본명이 몽천蒙泉인데, 심전사沈傳師가 "몽천에서 애오라지 발길을 멈추면, 그대의 마음 씻을 수 있네[蒙泉聊息駕, 可以洗君心]"[54]라는 구절을 남김으로 인해 이덕유가 바로 혜천이라

52 『동파전집』 권5 「혜산알전도인팽소룡단등절정망태호(惠山謁錢道人烹小龍團登絶頂望太湖)」.

53 수체(水遞) : 당 무종(唐武宗) 때 정승을 지낸 이덕유(李德裕)가 경성(京城)의 물을 마시지 않고 꼭 혜산의 샘물을 길어 오도록 한 데서 생긴 호칭이다. 그 뒤 어떤 승려가 이덕유에게 인격을 손상시키는 일이라고 하면서 혜산의 수맥이 통하는 도성 호천관(昊天觀) 뒤의 물줄기 하나를 소개해 준 뒤에야 수체를 폐지했다고 한다. 『지전록(芝田錄)』.

명명했으니 혹시 혜산천이 그리웠지만 얻을 수 없게 되자 그와 유사한 것을 찾아 억지로 명명한 것은 아닐까? 하지만 이덕유가 일찍이 가까운 사람을 시켜 양자강의 중령수中泠水를 떠오도록 했는데, 그가 술에 취해 중간에 잃어버리고 석성石城의 물을 몰래 길어다 주니, 이덕유가 물맛을 보고 사실을 밝혀냈다 한다. 그것이 사실이라면 그가 몽천을 혜천이라 하여 스스로를 속일 수 있었을까.

元次山結屋浯溪之上, 有三吾焉 : 因水而吾之, 則曰浯溪, 因屋而吾之, 則曰吾亭, 因石而吾之, 則曰峿臺, 蓋取吾所獨有之義. 故自爲銘曰 : "命之曰吾, 莅吾獨有." 噫, 次山何其不達之甚邪? 且身非我有, 是天地之委形, 生非我有, 是天地之委和, 性命非我有, 是天地之委順, 孫子非我有, 是天地之委蛻. 而次山乃區區然認山川叢薄之微, 惑其靈臺, 認爲我有, 抑可哀也已. 莊子曰 : "獨往獨來, 是謂獨有. 獨有之人, 是謂至貴." 次山儻知此乎? 司馬溫公有園名獨樂. 嘗爲記云 : "叟之所樂者, 寂寞固陋, 皆衆所鄙笑, 雖推以予人, 人且不取, 安得强之乎. 必也有人肯同此樂, 則再拜而獻之, 豈能專哉." 故東坡爲賦詩云 : "雖云與衆樂, 中有獨樂者, 才全德不形, 所貴知我寡." 惟溫公獨有之道, 蘊於胸中, 故東坡獨樂之章形于筆下, 與次山所見, 殆霄壤矣.

원진이 오계浯溪 위에 집을 짓고 세 개의 오吾를 두었는데, 수水와 연계시켜 오吾라 한 것을 오계浯溪라 하고, 옥屋과 연계시켜 오라 한 것을 오정吾亭이라 하고, 석石과 연계시켜 오라 한 것을 어대峿臺라 했으니 자기만 홀로 소유했다는 뜻을 취한 것이다. 그래서 스스로 지은 명銘에서 "명명하기를 오라 한 것은, 나의 소유여서이다[命之曰吾, 莅吾獨有]"라고

54 『어정전당시』 권466, 심전사(沈傳師), 「몽천(蒙泉)」.

했다. 아, 원진은 어찌 이토록 깨치지 못했단 말인가! 몸은 나의 소유가 아니라 하늘과 땅이 맡겨 놓은 형체이고, 삶은 나의 소유가 아니라 하늘과 땅이 맡겨 놓은 온화이며, 성명性命은 나의 소유가 아니라 하늘과 땅이 맡겨 놓은 순응이며, 손자는 나의 소유가 아니라 하늘과 땅이 맡겨 놓은 허물(蛻)인데, 원진은 구구하게 산천초목의 미묘한 것들에게 영대(靈臺 : 마음)가 현혹되어 자신의 소유라 인식했으니 아, 구슬픈 일이다. 장자가 "홀로 갔다 홀로 오는 것을, 독유獨有라 하니. 독유한 사람을, 지귀至貴라 한다[獨往獨來, 是謂獨有. 獨有之人, 是謂至貴]"[55]라고 했는데 원진이 혹시 이것을 알고 있었던 것인가? 사마광이 독락원獨樂園이란 이름의 전원을 갖고 있었는데 일찍이 지은 기문(「독락원기獨樂園記」)에서 "늙은이가 즐겨하는 것은 적막과 고루함으로, 뭇 사람들이 모두 하찮아하고 비웃는 것들이다. 사람들에게 내준다 해도 사람들이 취하지 않을 터인데 어떻게 억지로 줄 수 있겠는가. 반드시 이런 즐거움을 함께 하고자 하는 사람이 있다면 재배를 올리고 바칠 터인바, 어찌 나 혼자 독차지할 수 있겠는가"라고 했다. 그래서 소식이 시를 짓기를 "뭇 사람들과 함께 즐긴다고 해도, 그 안에 홀로 즐거운 것이 있다. 재능이 온전해도 덕은 나타나지 않으니, 중요한 것은 나를 아는 이가 적다는 것이다[雖云與衆樂, 中有獨樂者, 才全德不形, 所貴知我寡]"[56]라고 했다. 사마광이 홀로 갖고 있는 도는 가슴속에 온축되어 있는 것이므로 소식의 독락獨樂에 대한 글이 붓 끝에서 우러나온 것이니 원진이 터득한 것과는 거의 하늘과 땅 차이다.

空同山, 汝州岷州皆有之, 老杜「送高適書記赴武威」詩云："空同小麥熟, 且願休王師." 又以詩寄之云："主將收才子, 空同足凱歌." 皆謂岷

55 『장자외편(莊子外篇)』「재유(在宥)」.

56 『동파전집』 권8 「사마군실독악원(司馬君實獨樂園)」.

州之空同也. 杜乃用之於武威之詩何哉? 蓋武威, 唐爲涼州都督府, 與岷州俱隸隴右道, 則送適詩雖及之無傷也. 『莊子』載黃帝見廣成子於空同之上, 『史記』亦載黃帝西至於空同. 成玄英疏『莊子』, 謂在京西北界, 則是以爲汝州之空同. 韋昭注『史記』, 乃謂在隴右, 則是以爲岷州之空同, 將孰信邪? 余謂莊生述黃帝問道, 又言遊襄城, 登具茨, 訪大隗, 其地皆與汝州接, 則是汝州空同無疑矣. 余嘗至汝, 登茲山而訪遺迹, 有所謂廣成澤者, 有所謂廣成城者, 有所謂廣成廟者. 宣和間, 太守林時敷嘗以是奏請建道觀, 詔從之. 其考之詳矣. 『寰宇記』又載涇州保定縣有笄頭山, 一名空同山, 亦以爲黃帝問道之地, 益無的據. 而盧正援『爾雅』之說, 謂北戴斗極爲空同, 其地遠, 華夏之君所不到, 此又荒忽怪誕之言也.

공동산空同山은 여주와 민주岷州에 모두 있다. 두보의 「송고적서기부무위送高適書記赴武威」에서 "공동산에 소맥이 익었으니, 왕의 군사가 쉬었으면 하네[空同小麥熟, 且願休王師]"라고 하고, 또 시를 지어 보내기를 "주장主將이 재자才子들을 거두어, 공동산이 개선가로 넘치네[主將收才子, 空同足凱歌]"[57]라고 한 것은 모두 민주의 공동산을 말한 것이다. 그런데 두보가 무위武威의 시에서 이를 인용한 것은 왜일까? 무위는 당나라 때 양주도독부涼州都督府로서 민주와 함께 농우도隴右道에 소속되어 있었으니 고적을 전송한 시에서 이를 언급했어도 문제가 될 것이 없는 것이다. 『장자』에 황제黃帝가 광성자廣成子를 공동산 위에서 보았다고 기술되어 있고 『사기』에도 황제가 서쪽 공동산에 이르렀다고 기술되어 있다. 성현영成玄英이 쓴 『장자』의 주석에서 경京 서북 경계에 있다고 했으니 이는 여주의 공동산으로 본 것이다. 그런데 위소韋昭가 『사기』의 주석에서, 농우에 있다고 했다면 이는 민주의 공동산으로 본 것

57 『두시상주』 권3 「기고삼십오서기(寄高三十五書記)」.

이니, 어떤 것을 믿어야 할까? 나는 장자가, 황제黃帝의 道를 물은 것을 기술하고 또 양성襄城을 유람하고 구자具茨에 오르고 대괴大隗를 방문했다고 했는데, 그 지역이 모두 여주와 인접해 있다면 여주의 공동산임에 의심할 나위가 없다. 내가 일찍이 여주에 가서 이 산에 올라 유적을 찾았는데, 광성택廣成澤이니, 광성성廣成城이니, 광성묘廣成廟니 하는 것들이 있었다. 선화(宣和 : 1119~1125) 연간에 태수太守 임시부林時敷가 일찍이 이러한 이유로 도관道觀을 세우자고 조정에 주청하자 그렇게 하라는 조칙이 내려졌으니 그 고찰이 정확한 것이다. 『환우기寰宇記』에서 "경주涇州 보정현保定縣에 계두산笄頭山이 있는데 공동산이라고도 하며 역시 황제가 도를 물은 곳이다"라고 기록되어 있는데, 이는 더더욱 정확한 증거가 없다. 노정盧正이 『이아』의 설을 인용하여 북쪽으로 북두성과 북극성을 머리에 이고 있는 것이 공동산으로, 지역이 멀리 떨어져 있어서 중화의 임금이 이르지 못한다고 했는데 이것은 또 황망하고 기괴한 주장이다.

운어양추韻語陽秋 권14卷十四

本朝書, 米元章·蔡君謨爲冠, 餘子莫及. 君謨始學周越書, 其變體出於顔平原. 元章始學羅遜濮王【諱讓】書, 其變體出於王子敬. 君謨泉州橋柱題記, 絶過平原, 元章鎭江焦山方丈六版壁所書, 與子敬行筆絶相類, 藝至於此, 亦難矣. 東坡「贈六觀老人」詩云: “草書非學聊自悟, 落筆已喚周越奴.” 則越之書未甚高也. 「襄陽學記」乃羅遜書, 元章亦襄陽人, 始效其作. 至於筆挽萬鈞, 沉著痛快處, 遜法豈能盡邪?

본조本朝의 글씨는 미원장(米元章 : 미불米芾)과 채군모(蔡君謨 : 채양蔡襄)가 으뜸이며 나머지는 미칠 수 없다. 채양은 처음에는 주월周越에게 글씨를 배웠고 그의 변모된 서체는 안평원(顔平原 : 안진경顔眞卿)에게서 나왔다. 미불은 처음에는 나손羅遜과 복왕(濮王 : 조윤양趙允讓)【휘는 양讓】에게서 글씨를 배웠고 그의 변모된 서체는 왕자경(王子敬 : 왕헌지王獻之)에게서 나왔다. 채양이 천주泉州의 다리 기둥에 쓴 글씨는 안진경보다 훨씬 뛰어나며 미불이 진강鎭江 초산방장焦山方丈 안의 여섯 판벽版壁에 쓴 글씨는 왕헌지의 행서와 매우 유사하니 기예가 여기에까지 이르는 것은 또한 어려운 일이다. 소식의 「증육관노인贈六觀老人」에서 "초서는 배운 것이 아닌 애오라지 스스로 깨친 것, 글씨를 쓸 때 이미 주월을 종이라 불렀다[草書非學聊自悟, 落筆已喚周越奴]"라고 했으니 주월의 글씨는 그다지 고상하지 못했던 것이다. 「양양학기襄陽學記」는 나손이 쓴 것인데 미불 역시 양양 사람이므로 처음에는 그의 글씨를 모방한 것이다. 붓 끝에 수만 근의 무게를 싣고 침착함과 통쾌함을 담는 점에 있어서는 나손의 법이 어찌 따를 수 있겠는가.

東坡詩云 : "元章作書日千紙, 平生自苦誰與美. 畫地爲餠未必似, 要令癡兒出饞水." 如此等句, 似非知元章書者. 晩年尺牘中語乃不然, 所謂"嶺海八年, 念我元章, 邁往凌雲之氣, 清雄絶俗之文, 超邁入神之字, 何時見之, 以洗瘴毒." 又云 : "恨二十年相從, 知元章不盡." 所謂"畫地爲餠未必似"者, 其知元章不盡者與?

소식이 지은 시에서 "미불이 날마다 천 장의 종이에 글씨를 쓰며, 평생 홀로 고심해 이룬 것을 누가 겨룰 수 있겠는가. 땅에 떡을 그릴 때 반드시 꼭 닮진 않지만, 어린아이에게는 먹고 싶어 침이 나오게 할 수 있다[元章作書日千紙, 平生自苦誰與美. 畫地爲餠未必似, 要令癡兒出饞水]"[1]라고 했는데 이런 표현은 미원장의 글씨를 잘 아는 사람이 아닌 듯하다. 그런데 만년의 편지글에서는 이렇게 이야기하지 않았으니 이른바 "영해嶺海에 있는 팔 년 동안, 우리 미불만 생각했으니, 세차게 구름을 헤치고 나서는 기개와, 맑고 웅장하여 세속과 단절된 문장과, 초월적이

1 『동파전집』 권17 「차운미불이왕서발미이수(次韻米黻二王書跋尾二首)」 제2수.

어서 신의 경지에 도달한 글씨를, 언제 다시 보고 이 장독瘴毒을 씻는단 말인가"[2]라고 했다. 또 이르기를 "이십 년 동안 어울렸지만, 미불을 다 알지 못한 것이 한스럽다[恨二十年相從, 知元章不盡]"[3]라고 했는데, "땅에 떡을 그리면 반드시 꼭 닮지 않지만[畫地爲餠未必似]"이란 것은 미불을 다 알지 못한 것에 해당하는 것일까?

王摩詰自謂:"宿世謬詞客, 前身應畫師." 故竇蒙所著「畫拾遺」稱之云:"詩合「國風」公幹之能, 畫關山水子華之聖. 加以心融物外, 道契玄微, 則其用筆清潤秀整, 豈他人之可並哉." 余在毗陵, 見孫潤夫家有王維畫孟浩然像, 絹素敗爛, 丹青已渝. 維題其上云:"維嘗見孟公吟曰:'日暮馬行疾, 城荒人住稀.' 又吟云:'掛席數千里, 名山都未逢. 泊舟潯陽郭, 始見香爐峰.' 余因美其風調, 至所舍圖於素軸." 又有太子文學陸羽鴻漸序云:"昔周王得駿馬, 山谷之人獻神馬八匹, 葉公好假龍, 庭下見眞龍一頭, 顔太師好異典, 郭山人閟贈金匱文, 李洪曹好古篆, 莫居士贈玉筯字. 此四者, 得非氣合不召而至焉. 中園生舊任杞王府戶曹, 任廣州司馬. 金陵崔中字子向, 家有古今圖畫一百餘軸, 其石上蕃僧·岩中二隱·西方無量壽佛, 天下第一. 余有王右丞畫「襄陽孟公馬上吟詩圖」並其記, 此亦謂之一絶. 故贈焉, 以裨中園生畫府之闕. 唐貞元年正月二十有一日誌之." 後有本朝張洎題識云:"癸未歲, 余爲尚書郞, 在京師, 客有好事者, 浚儀橋逆旅, 見王右丞「襄陽圖」, 尋訪之, 已爲人取去. 他日, 有吳僧楚南挈圖而至. 問其所來, 卽浚儀橋之本也. 雖縑軸塵古, 尚可窺覽, 觀右丞筆迹, 窮極神妙. 襄陽之狀, 頎而長, 峭而瘦, 衣白袍,

2 『동파전집』 권85 「여미원장구수(與米元章九首)」 제1수. 글자에 다소 출입이 보인다. "嶺海八年, 親友曠絶, 亦未嘗闕念. 獨念吾元章, 邁往淩雲之氣, 淸雄絶世之文, 超妙入神之字, 何時見之, 以洗我積歲瘴毒耶. 今眞見之矣, 餘無足云者."

3 『동파전집』 권85 「여미원장구수(與米元章九首)」 제2수.

靴帽重戴, 乘欵段馬, 一童總角, 提書笈負琴而從, 風儀落落, 凜然如生. 復觀陸文學題記, 詞翰奇絶. 金匱文, 前史遺事. 中園生, 彼何人斯? 按孟君當開元天寶之際, 詩名籍甚, 一遊長安, 右丞傾蓋延譽. 或云, 右丞見其勝己, 不能薦於天子, 因坎坷而終. 故襄陽別右丞詩云 : '當路誰相假, 知音世所希.' 乃其事也. 余頃在金城, 亦曾見一圖, 蓋傳寫之本. 所題詩後有'水落魚梁淺, 天寒夢澤深'之句, 今眞本卽無, 故事存焉, 以遺來者. 孟冬十有一日南譙張洎題." 潤夫謂此畫是維親筆無疑, 余謂曰 : 此俗工摹本也. 張洎謂襄陽之狀頎而長, 峭而瘦, 今所繪乃一矮肥俗子爾. 徐觀其題識三篇, 字皆一體, 魯魚之誤尤多, 信非維筆. 潤夫然之, 因以題識書於此.

왕유가 스스로 이르기를 "숙세(宿世 : 전생)에 사객詞客은 잘못 알려진 것일 뿐, 전신은 응당 화사畫師였으리라[宿世謬詞客, 前身應畫師]"[4]라고 했다. 그래서 두몽竇蒙이 지은 『화습유록畫拾遺錄』에서 그를 평하기를 "시는 「국풍國風」과 공간(公幹 : 유정劉楨)의 능력에 부합되고 산수의 그림은 양자화楊子華의 성스러움과 연관된다. 이에 더하여 마음이 사물 밖과 융화되고 도가 현묘함과 일치하니 그 운필의 맑고 윤택하고 우월하고 정제됨을 타인들이 어떻게 가질 수 있겠는가"라고 했다. 내가 비릉毗陵에 있을 때 손윤부孫潤夫의 집에서 왕유가 그린 맹호연의 초상을 보았는데, 견絹 바탕이 해지고 단청이 이미 바랬다. 왕유는 이 그림에 쓴 글에서 "유維가 일찍이 맹호연이 읊은 '해가 저물자 말의 걸음이 빠르고, 황폐한 성에 사람 사는 집이 드물다[日暮馬行疾, 城荒人住稀]'[5]와 '수천 리에 자리를 걸어놓았으나, 명산을 도무지 만나지 못했다. 심양潯陽 성곽에 배를 정박하고서야, 비로소 향로봉香爐峯을 보았다[掛席數千里, 名山都未逢. 泊舟潯陽郭, 始見香爐峯]'[6]를 보았다. 그의 시풍을 찬미한 나는 묵는

4 『어정전당시』 권125, 왕유, 「우연작육수(偶然作六首)」 제6수.

5 『맹호연집(孟浩然集)』 권3 「채양관(蔡陽館)」.

곳에 이르러 흰 비단 축에 이 그림을 그린다"라고 했다. 또 태자문학太子文學 홍점鴻漸 육우가 지은 서문에서 "옛날 주 목왕이 준마를 얻자 산골 사람들이 신마神馬 여덟 필을 바쳤고, 섭자고葉子高가 가상으로 만든 용을 좋아했는데 마당에서 진짜 용 한 마리를 보았고, 안태사(顔太師 : 안진경)가 특이한 전적을 좋아했는데 산인山人 곽굉郭閎이 금궤金匱의 글을 기증했고, 이홍조李洪曹가 고전古篆을 좋아했는데 막거사莫居士가 옥저전玉箸篆[7]를 기증했다. 이 네 가지는 기운이 서로 부합하여 부르지 않아도 다가온 것이 아니겠는가. 중원생中園生이 지난날 기왕부杞王府 호조戶曹로 있다가 광주사마廣州司馬로 임명되었다. 금릉金陵에 자字가 자향子向인 최중崔中의 집 역대의 그림 백여 축이 있었는데 그 가운데 석상번승石上蕃僧・암중이은岩中二隱・서방무량수불西方無量壽佛 그림이 천하제일이었다. 내게 왕유가 화제와 함께 그린 「양양맹공마상음시도襄陽孟公馬上吟詩圖」가 있는데 이 또한 절품이라 할 만하다. 그래서 이것을 기증하여 중원생의 화부(畫府 : 화방)의 모자람을 보충하려 한다. 당나라 정원 정월 21일에 쓴다"라고 했다. 뒤에 본조의 장계張洎가 쓴 글에서 "계미년(983)에 내가 상서랑尙書郎으로 서울에 있을 때, 호사가인 어느 객이 준의교浚儀橋의 여관에서 왕유가 그린 「양양도襄陽圖」를 보았다고 하여 찾아갔더니 벌써 누군가가 갖고 가버렸다. 훗날 오吳 지역의 승려 초남楚南이 그림을 갖고 왔는데 내원을 물으니 바로 준의교에 있었던 그 그림이었다. 낡고 먼지가 묻긴 했으나 여전히 살펴볼 만해서 왕유의 필적이 신의 오묘함에 도달했음을 살필 수 있었다. 양양(맹호연)의 모습은 훤칠하게 큰 키와 비쩍 마른 몸에 백포白袍를 입고 가죽 신발에 중층의 모자를 쓴 채 관단마款段馬를 타고 있었으며, 총각 동자 하나가 책보자기를 들고 금琴을 등에 진 채 뒤따르고 있었는데 기품이 당당한 것이 마

6 『맹호연집』 권1 「만박심양망향로봉(晩泊潯陽望香鑪峯)」.

7 옥저전(玉箸篆) : 고대의 화폐에 새긴 서체의 하나로, 획이 젓가락처럼 길게 늘어진 모양을 하고 있다 해서 붙여진 이름이다.

치 살아있는 듯했다. 그리고 육유가 쓴 기문을 보니 문장이 매우 훌륭했다. 금궤의 글은 기록에 나와 있지 않다. 중원생은 누구일까? 기록을 살펴보면, 맹호연은 개원과 천보 연간에 시인의 명성이 자자해서 장안으로 발길을 옮기자 왕유가 정성을 다해 대접하고 칭찬해 마지않았다. 혹자는 왕유가 자신보다 맹호연이 훌륭한 것을 보고 천자에게 천거하지 않아 맹호연이 험난한 삶을 살다가 생을 마쳤으며, 그래서 맹호연이 왕유와 헤어지며 지은 시에서 '힘 있는 누가 관심을 보일까, 지음은 세상에 드물다[當路誰相假, 知音世所希]'[8]라고 한 것이 바로 그것을 말한 것이라고 했다. 내가 얼마 전 금성金城에 있을 때 한 폭의 그림을 보았는데 전사본傳寫本이었다. 그림에 쓰인 시의 뒷부분에 '물이 떨어져 어량魚梁[9]은 얕고, 하늘 차가워 운몽택雲夢澤[10]은 깊다[水落魚梁淺, 天寒夢澤深]'[11]라는 구절이 있었으니 이는 지금의 진본에는 없는 것이므로 이 내용을 적어 후인들에게 알리는 바이다. 맹동(10월) 11일에 남초南譙 장계 쓰다"라고 했다. 손윤부는 이 그림이 왕유의 친필임에 의심의 여지가 없다고 하지만 나는 이 그림이 후대 어느 화공의 모사본이라고 본다. 장계가 맹호연의 모습은 훤칠하게 큰 키에 비쩍 말랐다고 했는데 지금 이 그림은 왜소하고 살찐 속세인일 뿐이다. 그 제지題識 세 편을 가만히 살펴보면 글자가 모두 한 서체이고 비슷한 글자들에 대한 오류가 특히 많으니 실로 왕유의 친필이 아니다. 손윤부도 나의 의견에 수긍했으므로 그 내용을 여기에 쓴다.

---

8 『맹호연집』 권3 「유별왕유(留別王維)」.

9 어량(魚梁) : 물이 한군데로 흐르도록 만들어놓고 그곳에 통발 따위를 놓아 고기를 잡는 장치이다.

10 운몽택(雲夢澤) : 운몽대택(雲夢大澤)이라고 하며, 호북성 강한평원(江漢平原) 주변 옛 호수들에 대한 총칭이다.

11 『맹호연집』 권3 「여제자등현산(與諸子登峴山)」.

韓幹畫馬, 妙絕一時, 杜子美嘗贊之云:“韓幹畫馬, 毫端有神, 驊騮老大, 腰裹清新.” 此畫與贊, 舊藏李後主家. 其後李伯時得之, 則馬四足已敗爛. 伯時題之云:“此馬雖無追風奔電之足, 然甚有生氣.” 因自作四足以補之, 遂爲伯時家畫譜中第一. 一日, 出以示王公明之祖, 祖甚愛之. 時祖有商鼎, 亦甚珍惜. 王曰:,“如能以韓畫相易, 不敢靳也.” 於是贈商鼎而得其畫, 今見藏公明家. 余婿沈子直嘗見, 極愛之, 爲余言此. 余因作六字四言云:“刖足俄然增足, 蹶蹄那害全蹄. 還解追風奔電, 不妨一躍檀溪.” 後見張文潛集有「蕭朝散韓幹馬圖亡後足」詩, 殆與此相類. 豈幹之畫馬, 尤妙於足, 天工敕六丁雷電下取將邪.

한간韓幹의 말 그림은 한 시대를 풍미해서 두보가 일찍이 찬탄하기를 “한간의 말 그림은, 붓 끝에 신묘함이 깃들고, 노숙하고 큰 화류驊騮는, 허리에 청신함이 배어있다[韓幹畫馬, 毫端有神, 驊騮老大, 腰裹清新]”[12]라고 했다. 이 그림과 찬贊은 이후주(李後主 : 이욱李煜)의 집에 구장舊藏되어 있었다. 그 뒤 이백시(李伯時 : 이공린李公麟)가 손에 넣었을 때는 말의 네 발이 이미 문드러져 사라져 있었다. 이공린이 이에 대해 제題하기를 “이 말은 바람을 뒤쫓고 번개처럼 내달리는 발은 없지만 생기가 아주 넘친다”라고 했다. 그리고 직접 네 개의 발을 보완해서 이공린의 집안 화보畫譜 가운데 첫 손가락으로 꼽는 작품이 되었다. 어느 날 이것을 왕공명王公明의 조부에게 보이자 조부가 매우 좋아했다. 당시 왕공명의 조부에게는 상商나라시대의 정鼎이 있었는데 매우 진귀한 것이었다. 왕공명이 “만일 한간의 그림과 바꾼다면 감히 아끼지 않겠습니다”라고 하여 결국 정을 주고 그 그림을 얻었으며, 현재 왕공명의 집에 이 그림이 소장되어 있다. 나의 사위 심자직沈子直이 일찍이 이 그림을 보고 매우 좋아하며 내게 이 이야기를 해주었다. 그래서 내가 이에 대해 육

12 『두시상주』 권24 「화마찬(畫馬讚)」.

자사언六字四言 구를 지었다. "잘려진 발에 갑자기 발이 더해졌으니, 온전한 발임에 무슨 문제가 되겠는가. 여전히 바람을 뒤쫓고 번개처럼 달릴 수 있으니, 단계檀溪[13]를 뛰어오르는 데 아무 문제없으리라(刖足俄然增足, 蹶蹄那害全蹄. 還解追風奔電, 不妨一躍檀溪)"라고 하였다. 뒤에 장문잠(張文潛 : 장뢰)의 문집에서 「소조산한간마도망후족蕭朝散韓幹馬圖亡後足」을 보았는데, 이 작품과 매우 유사했다. 혹시 한간이 말을 그릴 때 말의 발을 더욱 오묘하게 그려서 천공(天工 : 상제)이 육정六丁과 뇌전雷電을 시켜[14] 그 발을 가져오게 한 것은 아닐까.

張長史以醉故, 草書入神, 老杜所謂"楊公拂篋笥, 舒卷忘寢食. 念昔揮毫端, 不獨觀酒德"是也. 許道寧以醉故, 畫入神, 山谷所謂"往逢醉許在長安, 蠻溪大硯摩松烟" · "醉拈枯筆墨淋浪, 勢若山崩不停手"是也. 大抵書畫貴胷中無滯, 小有所拘, 則所謂神氣者逝矣. 鍾 · 王 · 顧 · 陸不假之酒而能神者, 上機之士也. 如張 · 許輩非酒安能神哉.

장장사(張長史 : 장욱張旭)는 술에 취함으로써 초서가 신의 경지에 들었으니 두보가 말한 "양공(楊公 : 양감楊監)이 책 상자를 뒤져, 두루마리 펼치면 침식을 잊네. 지난날 붓 휘두른 걸 떠올리며, 주덕酒德만을 살피지

---

13 단계(檀溪) : 양양성(襄陽城) 서쪽의 지명이다. 유비가 유표(劉表)의 연회에 초청을 받고 갔다가 유표가 자신을 해치려 한다는 것을 미리 알고 적로(的盧)라는 말을 타고 몰래 도망가다가 양양성 서쪽의 단계에 빠졌다. 유비가 다급하여 "적로야! 위급하다, 힘을 내라"라고 하니 적로가 단번에 세 길을 솟구쳐 올라 무사히 건너갔다는 고사가 전한다. 『촉지(蜀志)』「선주유비전(先主劉備傳)」.

14 천공 …… 시켜 : 육정은 육갑(六甲) 가운데 여섯 정(丁)의 신(神)인데, 이 구절은 다음의 고사를 활용한 것이다. "도사 왕원지(王遠知)가 『주역』 15권을 짓자, 어느 날 우레가 일고 번개가 치더니 한 노인이 나타나 왕지원에게 '천기를 누설한 책이 어디에 있느냐? 옥황상제가 나에게 육정신과 뇌전(雷電)을 거느리고 가서 가져오도록 했다'라고 했다." 『이인기(異人記)』.

않네[楊公拂篋笥, 舒卷忘寢食. 念昔揮毫端, 不獨觀酒德]"[15]가 그것이다. 허도녕許道寧은 술에 취함으로써 그림이 신의 경지에 들었으니 황정견이 거론한 "지난날 장안에서 술에 취한 허공을 만났는데, 만계(蠻溪 : 단계端溪)의 큰 벼루에 송연묵松烟墨을 갈았네[往逢醉許在長安, 蠻溪大硯摩松烟]"[16]와 "술에 취해 마른 붓에 묵을 흠뻑 묻혀, 기세가 산이 무너져도 멈추지 않는 솜씨 같네[醉拈枯筆墨淋浪, 勢若山崩不停手]"[17]가 그것이다. 무릇 글씨와 그림은 가슴에 막힘이 없는 것이 중요하니 조금이라도 구애되는 것이 있으면 신기神氣라는 것이 사라진다. 종요種繇·왕희지·고개지顧愷之·육탐미陸探微가 술의 힘을 빌리지 않고도 신묘할 수 있었던 것은 상등의 자질을 가졌기 때문이다. 장욱·허도녕 등은 술이 아니면 어떻게 신묘할 수 있었겠는가.

祕省古今名畫, 殆充棟宇. 余在省歲久, 與同舍郎日取數軸評玩, 殆有啗炙之味. 如所用絹素, 凡涉名筆, 必密緻緊厚, 蓋慮其易敗也. 老杜「戲韋偃爲雙松歌」云: "我有一匹好東絹, 重之不減錦繡段. 請君放筆爲直幹." 則偃筆之妙, 非好東絹不與也. 米元章『畫史』云: "古畫唐初皆生絹, 後來皆以熟湯半熟入粉槌如銀版, 故作人物精彩. 今人收唐畫, 必以絹辨, 見文粗便謂不唐, 非也." 余謂用粉槌絹固善, 然視他絹, 丹青尤易渝也.

비서성祕書省은 고금의 명화들로 거의 가득 찼다. 내가 오랫동안 비서성에 있으면서 동료들과 날마다 서화 축들을 가져와 감상하고 논평했는데 마치 산자를 씹는 듯한 맛이 있었다. 사용된 견絹 바탕은 명필

15 『두시상주』 권15 「전중양감견시장욱초서도(殿中楊監見示張旭草書圖)」.
16 『산곡외집』 권3 「답왕도제사승관허도녕산수도(答王道濟寺丞觀許道寧山水圖)」.
17 『산곡외집』 권3 「답왕도제사승관허도녕산수도(答王道濟寺丞觀許道寧山水圖)」.

의 것인 경우 반드시 매우 촘촘하고 단단했으니 쉽게 망가질 것을 염려했기 때문이다. 두보가 「희위언위쌍송가戲韋偃爲雙松歌」에서 "내게 한 필의 좋은 동견東絹이 있는데, 값이 수놓은 비단에 뒤지지 않는다. 그대여 붓을 들어 쭉 뻗은 줄기를 그려보게나[我有一匹好東絹, 重之不減錦繡段. 請君放筆爲直幹]"라고 한 것은 위언의 오묘한 필치가 좋은 동견이 아니면 드러나지 않는다는 말이다. 미불의 『화사畫史』에서 "고화는 당나라 초기에는 모두 생견生絹을 사용했지만 후대에는 끓는 물로 반쯤 익힌 뒤 분粉을 넣어 은판銀版처럼 방망이질을 한 것을 사용했다. 그래서 인물 묘사가 정채하다. 지금 사람들이 당나라 때의 그림을 수집할 때 반드시 견에 기준하여 문양이 거칠면 당나라 때의 것이 아니라고 하는 것은 잘못이다"라고 했다. 내가 보기엔 분을 넣고 견을 두드리는 것이 본디 좋긴 하지만 다른 견에 비해 단청이 더욱 쉽게 변한다.

魯直云 : "小字莫作癡凍蠅, 「樂毅論」勝『遺敎經』." 又嘗云 : "『遺敎經』或云羲之書, 在楷法中小不及「樂毅論」, 然清新方重, 度越蕭子雲數等. 則是小字中「樂毅論」爲冠絶也." 米氏『書畫史』云 : "「樂毅論」智永跋云, 梁世摹出, 天下珍之. 內書誤兩字, 以雌黃塗定. 世無此本. 余於杭州天竺僧處得一本, 有改誤兩字, 又不闕唐諱, 是梁本也."

황정견이 "작은 글씨는 뻣뻣하게 얼어붙은 파리처럼 쓰지 말아야 할 터, 「악의론樂毅論」이 「유교경遺敎經」보다 앞선다[小字莫作癡凍蠅, 「樂毅論」勝「遺敎經」]"[18]라고 하고, 또 일찍이 이르기를 "「유교경」을 혹자는 왕희지가 쓴 것이라고도 하는데 해서의 법에 있어서는 「악의론」에 약간 못 미친다. 하지만 청신함이 뛰어나 소자운蕭子雲보다는 몇 등급을

18 『산곡집』 권28 「제악의론후(題樂毅論後)」.

앞선다. 따라서 작은 글씨에 있어서는 「악의론」이 으뜸이 된다"[19]라고 했다. 미불의 『서화사書畫史』에서는 "「악의론」에 대한 지영智永의 발문에서, '양梁나라 때에 모사한 것을 세상이 진귀하게 여기고 있는데, 내용 가운데 두 글자를 잘못 써서 자황雌黃[20]을 사용하여 교정했다. 현재 세상에 이 본이 없다'라고 했다. 내가 항주 천축사의 스님에게서 한 본을 얻었는데 두 글자를 고쳤고 또 당나라 황제의 휘諱를 궐필闕筆하지 않았으니 양나라본이다"라고 했다.

唐明皇使韓幹師陳閎畫馬, 及畫成, 明皇怪不與閎同. 幹奏曰: "臣之師, 卽陛下內廏馬也." 上異之. 其後畫入神品. 按老杜「丹青引贈曹霸」云: "弟子韓幹早入室, 亦能畫馬窮殊相." 則幹之師乃曹霸爾. 孰謂師內廏馬, 便能盡毫端之妙乎? 世傳「職貢圖」, 乃閻立本所畫, 東坡作詩, 亦云立本筆. 所謂"音容獊獰服奇庬, 橫絶嶺海逾濤瀧. 珍禽瑰產爭牽扛, 名王解辮却蓋幢"者也. 按朱景玄『畫錄』, 謂「職貢圖」乃其弟立德所作, 立本所畫諸國王粉本爾.

당 현종이 한간으로 하여금 진굉陳閎을 스승으로 삼아 말을 그리도록 했는데, 그림이 완성된 뒤 진굉의 것과 달라서 당 현종이 의아해했다. 한간이 아뢰기를 "신이 스승 삼은 것은 바로 폐하의 내구內廏에 있는 말입니다"라고 하자, 당 현종은 남다르게 생각했고 그 뒤에 그 그림은 신품에 들었다. 그런데 두보의 「단청인증조패丹青引贈曹霸」를 보면 "제자 한간이 일찍이 문하에 들어와, 말을 그리면서 남다른 형상을 궁구해냈다(弟子韓幹早入室, 亦能畫馬窮殊相)"라고 했으니 한간의 스승은 조

19 『산곡집』 권28 「서유교경후(書遺教經後)」.

20 자황(雌黃): 유황과 비소의 혼합물. 옛날 글씨의 잘못된 곳을 정정할 때 사용했던 재료이다.

패曹霸인 것이다. 내구의 말을 스승 삼은 것이 필치의 오묘함을 다 발휘한 것이라고 누가 말한 것인가. 그리고 세상에 전하는 「직공도職貢圖」는 염립본閻立本이 그린 것으로, 소식이 지은 시에서도 염립본의 그림이라 했으니 "알아들을 수 없는 말에 기묘한 옷을 입고, 물결을 헤치고 산과 바다를 건너왔네. 진귀한 새와 보물을 앞다퉈 가져오니, 명왕名王이 끈을 풀고 수레덮개를 벗기네[音容獊獰服奇庬, 橫絶嶺海逾濤瀧. 珍禽瑰産爭牽杠, 名王解辮却蓋幢]"[21]가 그것이다. 주경현朱景玄의 『화록畫錄』을 보면 「직공도」는 그의 아우 염립덕閻立德이 그린 것이며 염립본이 그린 것은 각 국 왕들의 분본(粉本 : 초벌그림)일 뿐이라고 했다.

薛稷不特以書名, 而畫亦居神品. 老杜所謂"我遊梓州東, 遺迹涪江邊. 畫藏青蓮界, 書入金牓懸"是也. 杜又有「薛少保畫鶴」一篇, 所謂"薛公十一鶴, 皆寫青田眞"是也. 余謂陸探微作一筆畫, 實得張伯英草書訣, 張僧繇點曳斫拂, 實得衛夫人「筆陣圖」訣, 吳道子又授筆法於張長史. 信書畫用筆, 同一三昧. 薛稷書法, 雁行褚河南, 而丹青之妙, 乃復如詩, 當是書法三昧中流出也.

설직薛稷은 글씨로 유명할 뿐만 아니라 그림 역시 신품에 드니, 두보가 말한 "내가 재주梓州 동쪽을 유람할 때, 부강涪江 가에 유적이 있었네. 그림은 청련靑蓮[22]의 경계에 소장돼 있고, 글씨는 내건 금첩金牒[23]에 들어가네[我遊梓州東, 遺迹涪江邊. 畫藏青蓮界, 書入金牒懸]"[24]라고 했다. 두보는 또 「설소보화학薛少保畫鶴」이라는 작품을 지었으니 "설공薛公의 열한

21 『동파전집』 권20 「염립본직공도(閻立本職貢圖)」.

22 청련(青蓮) : 범어 우발라(優鉢羅)라는 꽃의 번역명이다. 여기서는 사찰에 대한 의미로 쓴 것이다.

23 금첩(金牒) : 황금방(黃金榜)이라고도 하는데, 주요 내용을 게시하는 궁 밖의 표지판이다.

24 『두시상주』 권11 「관설직소보서화벽(觀薛稷少保書畫壁)」.

마리 학은, 모두 청전靑田[25]의 참모습을 그린 것이네[薛公十一鶴, 皆寫靑田眞]"가 그것이다. 내가 생각하건대 육탐미陸探微가 쓴 필획은 실로 장백영(張伯英 : 장지張芝)의 초서에서 그 비결을 터득한 것이며, 장승요張僧繇가 점을 찍고 가르고 펼친 획은 실로 위부인衛夫人의 「필진도筆陣圖」에서 그 비결을 터득한 것이며, 오도자吳道子는 다시 장욱張旭에게 그 필법을 전수한 것이다. 참으로 글씨와 그림의 경지는 같은 범위 내에 있다. 설직의 서법은 저하남(褚河南 : 저수량諸遂良)과 어깨를 나란히 하지만 단청의 오묘함은 그의 시詩의 경지와 유사하니 서법 삼매의 경지에서 우러나온 것이다.

"先帝天馬玉花驄, 畫工如山貌不同. 是日牽來赤墀下, 迥立閶闔生長風." 此老杜「贈曹將軍」詩也. 張彥遠『畫記』乃云, 曹霸仕至太府寺丞, 杜甫嘗贈之歌. 明皇御廄有馬名玉花驄, 詔令圖之, 誤矣. 又南齊謝赫作『古畫品錄』云 : "曹弗興之迹, 殆莫復傳, 惟祕閣之內一龍而已." 而裴孝源『公私錄畫』, 乃有曹弗興畫二卷, 謂「九州名山圖」·「秦皇東遊圖」. 如此將孰信邪?

"선제(先帝 : 당 현종)가 타시던 천마(天馬 : 하늘이 내린 말) 옥화총玉花驄은, 산처럼 많은 화공들이 그렸으나 모습이 같지 않았네. 이날 붉은 섬돌 아래로 끌고 나와, 멀리 창합(閶闔 : 궁궐 정문)을 향해 서자 장풍이 일었네[先帝天馬玉花驄, 畫工如山貌不同. 是日牽來赤墀下, 迥立閶闔生長風]"는 두보의 「증조장군贈曹將軍」이다. 장언원張彥遠의 『화기畫記』에서 "조패曹霸는 관직이 태부시승太府寺丞에 이르렀으며 두보가 일찍이 노래를 지어주었다. 당 현종의 어구御廄에 옥화총이라는 말이 있었는데 조칙을 내

25 청전(靑田) : 영가군(永嘉郡)에 있다는 지명으로, 이곳에 청지(靑芝)가 자라고 학이 산다는 말이 전해진다.

려 이 말을 그리게 했다고 한 것은 잘못된 사실이다"라고 했다. 또 남제南齊 사혁謝赫이 지은 『고화품록古畫品錄』에서 "조불흥曹弗興의 유작은 거의 전해지는 것이 없으며, 비각祕閣[26]에 있는 용 그림 하나뿐이다"라고 하고, 배효원裴孝源의 『정관공사록화貞觀公私錄畫』에서는 "조불흥이 그린 그림 두 점이 있는데 「구주명산도九州名山圖」와 「진황동유도秦皇東遊圖」이다"라고 했다. 이처럼 내용이 다르니 어떤 것을 믿어야 하는가?

歐陽文忠公詩云: "古畫畫意不畫形, 梅詩寫物無隱情. 忘形得意知者寡, 不若見詩如見畫." 東坡詩云: "論畫以形似, 見與兒童鄰. 賦詩必此詩, 定知非詩人." 或謂: "二公所論, 不以形似, 當畫何物." 曰: "非謂畫牛作馬也, 但以氣韻爲主爾." 謝赫云: "衛協之畫, 雖不該備形妙, 而有氣韻, 凌跨雄傑." 其此之謂乎? 陳去非作「墨梅」詩云: "含章檐下春風面, 造化工成秋兔毫. 意得不求顔色似, 前身相馬九方皐." 後之鑑畫者, 如得九方皐相馬法, 則善矣.

구양수의 시에서 "고화古畫는 내용을 그리고 겉모습을 그리지 않으며, 매화시는 사물을 묘사할 때 내면의 정을 숨기지 않는다. 겉모습을 잊고 내용을 얻는 것에 대해 아는 자가 적으니, 시를 볼 때 그림을 보듯 하는 것이 중요한 것이다[古畫畫意不畫形, 梅詩寫物無隱情. 忘形得意知者寡, 不若見詩如見畫]"[27]라고 하고, 소식의 시에서 "형사形似만으로 그림을 논하니 안목이 어린아이에 가깝다. 시가 반드시 이런 시라면, 결코 시인이 아니다[論畫以形似, 見與兒童鄰. 賦詩必此詩, 定知非詩人]"[28]라고 했다. 혹

26 비각(祕閣) : 북송 송 태종 단공(端拱) 원년(988)에 숭문원(崇文院) 중당(中堂)에 지었던 건물이다. 삼관(三館)의 서적 진본(眞本)과 궁정(宮廷)의 고화(古畫)·묵적(墨跡) 등을 보관하였으며 직비각(直祕閣)·비각교리(祕閣校理) 등의 관리가 있었다.

27 『문충집』 권6 「반차도(盤車圖)」.

28 『동파전집』 권16 「서언릉왕주부소화절지이수(書鄢陵王主簿所畫折枝二首)」.

자가 "두 분의 논평은 형사를 하지 말라는 것인데, 그렇다면 어떤 사물을 그려야 한단 말인가"라고 하여 "소를 그리고 말을 그리는 것을 두고 말하는 것이 아니라, 기운氣韻을 주로 삼아야 한다는 것이다. 사혁謝赫이 '위협衛協의 그림은 외형의 오묘함을 두루 갖추진 못했지만, 기운이 들어 있어 훤칠한 모습을 보이고 있다'라고 한 것이 이를 두고 말한 것이리라"라고 답해주었다. 진거비(陳去非 : 진여의陳與義)가 지은 「묵매墨梅」에서 "고운 처마 밑에 봄바람 얼굴을 하고, 조화(자연)의 기교는 가을 토끼의 털을 완성했네. 내용의 터득은 겉모습의 유사함을 추구하지 않나니, 전신은 말 관상 보던 구방고九方皐[29]이리라[含章檐下春風面, 造化工成秋兎毫. 意得不求顔色似, 前身相馬九方皐]"라고 했는데 후대에 그림을 감상하는 이들이 구방고가 말 관상을 보는 것처럼 한다면 참 좋을 것이다.

自古畫維摩詰者多矣, 陸探微・張僧繇・吳道子皆筆法奇古, 然不若顧長康之神妙. 故老杜「送許八歸江寧」詩云："虎頭金粟影, 神妙獨難忘." 言長康畫維摩詰在焉故也. 維摩詰號金粟如來, 虎頭者, 長康小字也. 而釋者乃謂"虎頭"爲維摩相., "金粟"者, 釋有金粟, 豈不誤哉. 江寧瓦棺寺, 建康府城之西南, 今戒壇寺卽遺基也. 按「京師寺記」云："興寧中, 瓦棺寺初置, 士大夫捐金帛, 未有過十萬者. 長康素貧, 遂鳴刹注百萬, 人皆疑之. 已而於北殿畫維摩像一軀, 與戴安道所爲文殊對峙, 佛光照耀, 觀者如堵, 遂得錢百萬." 則虎頭筆迹, 爲當時所宗重可知矣. 荐更

29 구방고(九方皐) : 춘추시대에 말의 관상을 잘 보던 인물이다. 진 목공이 구방고에게 천리마를 구해 오게 했는데 삼 개월이 지나서야 천리마를 얻었다고 했다. 진 목공이 어떤 말이냐고 묻자 누런 암말이라고 했는데 사람을 시켜 살펴보니 검은 수말이었다. 진목공이 구방고를 추천한 백락(伯樂)을 불러 따지기를 "그대가 추천한 사람은 말의 색깔도, 암수도 구분 못하는데, 무슨 말을 잘 안단 말인가"라고 하자, 백락이 말하기를 "구방고가 본 것은 곧 천기(天機)입니다. 정(精)한 것만 얻고 추(麤)한 것은 버리며 내면을 중시하고 외형을 가볍게 여긴 것입니다"라고 했는데 막상 말을 데려와 자세히 살펴보니 과연 천하의 명마였다고 한다. 『열자(列子)』「설부(說符)」.

兵火, 壁旣不存, 而畫亦不可得見. 近歲京口都聖與來爲建康總領, 首詢維摩不存之因, 寺僧莫能答. 因語之曰 : "某守南雄, 嘗有人示石碣云, 唐會昌中, 杜牧嘗寄瓦棺維摩摹本於陳穎, 張彦遠刻於郡齋. 某因求陳穎之本, 又刻於南雄. 尚有墨本在篋笥, 當以付子. 宜刻之戒壇, 庶幾舊物復歸, 而觀者皆知顧筆神妙果如此, 亦可以爲戒壇之異事." 僧乃刻之.

예로부터 유마힐維摩詰을 그린 그림이 많아서 육탐미・장승요・오도자 등의 그림이 모두 필법이 오묘하고 예스럽지만 고장강(顧長康 : 고개지顧愷之)의 신묘함에는 미치지 못한다. 그래서 두보가 「송허팔귀강녕送許八歸江寧」에서 "고호두顧虎頭의 금속여래金粟如萊 영정은, 신묘하여 잊을 수가 없네[虎頭金粟影, 神妙獨難忘]"라고 한 것은 아직 남아있는 고개지의 유마힐 그림을 두고 말한 것이다. 유마힐의 호는 금속여래金粟如來이며 호두는 고개지의 어렸을 때 자字이다. 그런데 이 시를 해석한 이들이 '호두'를 유마維摩의 상이라 하고 '금속金粟'을 금속이 있다고 해석하니, 어찌 잘못된 해석이 아니겠는가. 강녕江寧 와관사瓦棺寺는 건강부建康府의 성곽 서남쪽에 있었으니 지금의 계단사戒壇寺가 바로 그 유적지이다. 「경사사기京師寺記」에 의하면 "흥녕(興寧 : 363~365) 연간에 와관사를 처음 지을 때 사대부의 출연금이 십만을 넘은 자가 없었다. 그런데 평소 가난했던 고개지가 이 절의 불사에 백만금을 모으겠다고 공표하자 사람들이 모두 의심했다. 그런데 그가 절의 북전北殿에 유마상을 그려 대안도戴安道가 그린 문수보살상과 대치시키자 불광이 밝게 빛났고 이를 구경하려는 자들이 넘쳐나서 결국 백만금을 얻었다"라고 했다. 이는 고개지의 그림이 당시에 매우 중시되었다는 사실을 알려주고 있다. 그 뒤 연이은 전화로 벽이 남아있지 않고 그림 또한 볼 수가 없다. 근래에 경구京口의 도성여都聖與가 건강총령建康總領으로 와서 맨 처음 유마상이 존재하지 않는 이유를 물었으나 절의 승려가 대답하지 못했다. 그가 말하기를 "내가 남웅南雄태수로 있을 때 어떤 사람이 돌에 새긴 글을 보여주었는데, '당나라 회창(會昌 : 841~846) 연간에 두목이 와관사의 유마상 모본摹本을 진영陳穎에게 부쳤는데 장언원이 군재(郡齋 : 군 청사)에서 각을 했다'라고 되어 있었다. 그래서 내가 진영의 모본을 구하여 남옹南雄에 각을 해 두었다. 아직 상자 안에 탁본이 있어 그대에게 전해줄 테니 계단戒壇에 새겨 두면 옛것이 다시 돌아온 것이 되고, 아울러 이를 보는 이들이 모두 고개지의 신묘한 필치가 정말 이렇다는 것을 알 수 있을 뿐만 아니라 계단의 특별한 이야깃거리도 될 것이오"라고 해서 승려가 그 말에 따라 계단에 이를 새겼다.

顏平原書妙天下, 迹其所自, 雖受法於其舅殷仲容, 然究其妙處, 得於張顚爲多. 余家舊藏數碑, 皆用筆淸勁, 而剛方之氣, 如其爲人, 眞山谷所謂"筆法錐沙屋漏, 心期曉日秋霜"者邪.

안진경의 글씨는 천하에 으뜸인데 그 연원을 추적하면 그의 외구 은중용殷仲容에게서 전수받은 것이긴 하지만, 오묘한 부분을 자세히 살펴보면 장전(張顚 : 장욱張旭)에게서 얻은 것이 많다. 나의 집에 전해오는 몇 종의 비문이 있는데 모두 운필이 맑고 힘차서 굳건하고 방정한 기개가 그 사람을 닮았으니 황정견이 말한 "필법은 추획사錐劃沙[30] 옥루흔屋漏痕[31]을 법으로 삼고, 마음은 새벽 태양과 가을 서리를 목표로 했다[筆法錐沙屋漏, 心期曉日秋霜]"[32]인 것이다.

---

30 추획사(錐劃沙) : 송곳으로 모래에 획을 긋는 것과 같이 붓 끝을 종이 위에 수직으로 세워 붓끝이 붓 가운데에 감추어져 움직이는 것이다.

31 옥루흔(屋漏痕) : 빗물이 벽 사이에 스며들어 물방울이 되어 흘러내릴 때 곧바로 떨어지는 것이 아니라 반드시 좌우로 요동하면서 흐르다가 수직으로 떨어져 벽에 흔적을 남기는 것처럼, 획을 내려 그을 때 손을 전후좌우로 멈춰가며 긋는 것이다.

32 『산곡외집』 권7 「제마당산로망정사수(題馬當山魯望亭四首)」.

漢張芝嘗自品其書云:“上比崔・杜不足, 下方羅・趙有餘.” 故世之言惡札者, 必曰羅・趙. 東坡贈孫莘老詩云:“龔・黃側畔難言政, 羅・趙前頭且衒書.” 言 羅・趙者, 譏莘老書不工也. 羅謂羅暉, 趙謂趙襲. 按張彦遠『法書要錄』云:“襲與暉並以能草見重關西, 矜巧自衒, 衆頗惑之.” 則謂之惡札亦冤矣.

한나라 장지張芝가 일찍이 스스로 쓴 글씨에 대해 품평하기를 “최원崔瑗과 두도杜度에 견주기는 부족하지만 나羅와 조趙에 견주면 여유가 있다”라고 했다. 그래서 세상에서 나쁜 글씨를 이야기할 때 반드시 나・조가 있다고 한다. 소식이 손신로(孫莘老 : 손각孫覺)에게 써준 시에서 “공수龔遂와 황패黃霸 옆에서 정치를 말하기 어렵고, 나와 조 앞에서 글씨를 자랑할 만하네[龔・黃側畔難言政, 羅・趙前頭且衒書]”[33]라고 했는데 나・조를 거론한 것은 손각의 글씨가 뛰어나지 못한 것을 비판한 것이다. 나는 나혼羅暉을 말하고 조는 조습趙襲을 말한다. 장언원의 『법서요록法書要錄』에서 “조습과 나혼이 모두 관서關西에서 초서에 능하다는 평가를 받아 기교를 자랑하고 솜씨를 뽐내어 많은 이들이 빠져들었다”라고 했으니 나쁜 글씨라고 말한 것은 또한 억울한 일이다.

竇臮作「述書賦」於前, 而竇永作「述書賦」於後, 凡能書之士, 殆無遺矣. 永稱其兄蒙書云:“包雜體, 冠衆賢. 手運目擊, 瞬息彌年.” 而蒙亦稱永云:“翰墨廝張王, 文章凌班馬, 詩藻雄贍, 草隸精深.” 後永亡, 蒙有詩云:“季江留被在, 子敬與琴亡.” 其傷之深矣. 若二人者, 游藝絶倫, 友誼尤篤, 眞難兄難弟哉. 米芾『書畫史』載, 晉庾翼眞蹟在張齊賢・孫直清家, 古黃麻紙全幅, 上有竇蒙審定印. 則知蒙精鑑博識舊矣.

33 『동파전집』 권4 「차운손신로견증시신로이려주인이별지(次韻孫莘老見贈時莘老移廬州因以別之)」.

두기竇臮가 앞서 「술서부述書賦」를 짓고 두영竇永이 뒤에 「술서부」를 지었는데 글씨에 능한 인물들을 거의 빠뜨리지 않았다. 두영이 그의 형 두몽竇蒙의 글씨를 일컬어 "뭇 서체를 포괄하여, 뭇 현자들의 으뜸이었네. 손을 움직이고 눈으로 보며, 순식간에 세월이 흘러버렸네[包雜體, 冠衆賢. 手運目擊, 瞬息彌年]"라고 하고, 두몽 역시 두영의 글씨에 대해 일컫기를 "글씨는 장지와 왕희지를 앞지르고, 문장은 반고와 사마천을 뛰어넘으며, 시문은 웅장하며 넉넉하고, 초서와 예서는 정밀하고 심오하네[翰墨廝張王, 文章凌班馬, 詩藻雄贍, 草隸精深]"라고 했다. 뒤에 두영이 죽자 두몽이 지은 시에서 "계강季江이 이불만 남기고 가고,[34] 자경子敬이 금琴과 함께 사라졌다[季江留被在, 子敬與琴亡]"[35][36]라고 한 것은 깊은 슬픔을 나타낸 것이다. 두 사람은 기예가 빼어나고 우의 또한 돈독했으니 참으로 난형난제였던 것이다. 미불의 『서화사』에 의하면, 진晉나라 경익庾翼의 진적眞蹟이 장제현張齊賢과 손직청孫直淸의 집에 있었는데 전폭이 고황마지古黃麻紙이며 그림 위에 두몽의 심정인審定印이 날인되어 있었다고 했다. 두몽이 정밀한 감식안과 고화에 대한 해박한 지식을 갖고 있었음을 이를 통해 알 수 있다.

韓退之云:"凡爲文詞, 宜略識字." 遂從歸登學科斗書, 則知留意字學者, 當以識字爲本也. 顔魯公書蹟冠當代, 有「干祿字樣」行於世者, 畏學書者不識字爾. 退之詩云:"阿買不識字, 頗知書八分. 詩成使之寫,

34 계강(季江)이 …… 가고: 계강은 후한시대 강굉(姜肱)의 막내 아우를 말하는데, 이 구절과 관련하여 둘째 중해(仲海)와 함께 삼형제가 한 이불을 덮고 사이좋게 지냈다는 고사가 전한다.

35 자경(子敬)이 …… 사라졌다: 자경은 왕헌지의 자(字)이며, 이 구절과 관련하여 다음과 같은 고사가 전한다. 왕헌지는 평소 금(琴)을 좋아했는데, 그가 죽자 그의 형 왕휘지(王徽之)가 그의 금을 어루만지며 슬퍼했다 한다.

36 『어정전당시』 권262, 두몽, 「제제기술서부후(題弟臮述書賦後)」.

亦足張我軍.” 豈非貶之之詞邪? 又按擇木以八分受知於明皇, 固嘗與蔡有鄰·顧文學並直供侍, 故老杜有“分日示諸王, 鉤深法更祕”之語, 而謂之不識字可乎? 以是二說校之, 則知阿買非擇木明矣.

한유가 “무릇 문장을 다루려면, 글자를 대략은 알아야한다[凡爲文詞, 宜略識字]”[37]라고 하고 결국 귀등歸登에게 과두서科斗書[38]를 배웠으니 자학字學에 관심이 있는 사람은 글자에 대한 이해를 근본으로 삼아야 한다는 것을 알 수 있다. 안진경의 글씨는 당시에 으뜸이었다. 세상에 그의 「간록자양干祿字樣」이 전하고 있는데 글씨를 배우는 이들이 글자를 모를까 우려해서다. 한유의 시에서 “아매阿買[39]가 글자는 모르지만, 팔분八分은 쓸 줄 안다. 시가 지어지면 그에게 쓰도록 하니, 나의 군사의 하나로 삼을 만하다[阿買不識字, 頗知書八分. 詩成使之寫, 亦足張我軍]”[40]라고 했는데 어찌 폄하한 표현이 아니겠는가. 또 기록을 살펴보면, 한택목韓擇木이 팔분 글씨로 당 현종에게 인정을 받아 일찍이 채유린蔡有鄰·고문학(顧文學 : 고계사顧誡奢)과 함께 당 현종을 모셨다. 그래서 두보가 “날을 나누어 제왕諸王들에 보이니, 가鉤[41]가 깊어 법이 더욱 오묘했네[分日示諸王, 鉤深法更祕]”[42]라고 했으니 그가 글자를 몰랐다 할 수 있겠는가. 이 두 설을 비교해보면 아매는 택목이 아닌 것이 분명하다.

米元章書畫奇絕, 從人借古本自臨搨, 臨竟, 併與臨本眞本還其家, 令自擇其一, 而其家不能辨也. 以此得人古書畫甚多. 東坡屢有詩譏之.

---

37 위중거(魏仲擧), 『오백가주창려문집(五百家注昌黎文集)』 권13 「과두서후기(科斗書後記)」.
38 과두서(科斗書) : 올챙이처럼 글자의 머리가 굵고 끝이 가는 서체이다.
39 아매(阿買) : 한유 조카의 어렸을 때의 이름이다.
40 『어정전당시』 권337, 한유, 「취증장비서(醉贈張秘書)」.
41 가(鉤) : 필법의 하나로, 가운뎃손가락으로 붓대 앞쪽을 누르고 쓰는 법이다.
42 『어정전당시』 권223, 두보, 「송고팔분문학적홍길주(送顧八分文學適洪吉州)」.

二王書跋尾則云:“錦囊玉軸來無趾, 粲然奪眞擬聖智.” 又云:“巧偸豪奪古來有, 一笑誰似癡虎頭.” 山谷亦有戲贈云:“澄江靜夜虹貫月, 定是米家書畫船.” 余謂人之嗜好耽著, 乃至於此. 元章嘗以九物換劉季孫「子敬帖」, 不獲, 其意歉然. 張芸叟作詩云:“請君出奇帖, 與此九物幷. 今日投卞水, 明日到滄溟.” 又有“破紙博珠玉”之句. 此詩亦可以警膏肓於書畫者.

미불의 글씨와 그림은 매우 뛰어나다. 어떤 사람에게 고화를 빌려 이를 임모한 뒤 임모본과 진본을 빌린 사람에게 돌려주며 그 가운데 하나를 고르도록 하자 그가 구분해내지 못했다. 이렇게 해서 사람들에게 고서화를 얻은 것이 매우 많았고, 소식이 여러 차례 시를 지어 비판했다. 미불이 이왕(二王 : 왕희지 · 왕헌지)의 글씨 끝에 쓴 발문에 대해서 “비단 주머니와 옥 두루마리가 발 없이 오고, 찬연히 진적을 빼앗으며 성스럽고 지혜로우려 한다[錦囊玉軸來無趾, 粲然奪眞擬聖智]”[43]라고 하고, 또 “교묘하게 훔치고 기세 좋게 빼앗는 것은 예로부터 있어 왔나니, 하하, 어리숙한 호두(虎頭 : 고개지)를 닮은 자 누구인가[巧偸豪奪古來有, 一笑誰似癡虎頭]”[44]라고 했으며, 황정견도 농 삼아 지어 보낸 시에서 “맑은 강 조용한 밤에 무지개가 달을 꿰니, 이는 분명 미가米家의 서화가 실린 배이리라[澄江靜夜虹貫月, 定是米家書畫船]”[45]라고 했으니 사람의 기호와 탐욕이 이런 지경에까지 이른 것이다. 미불이 일찍이 아홉 종의 물품으로 유계손劉季孫의 「자경첩子敬帖」과 바꾸려다가 성사가 되지 않자 매우 아쉬워했다. 장운수(張芸叟 : 장순민張舜民)가 이에 대해 시를 짓기를 “그대여 기묘한 첩을 내놓게나, 이 아홉 가지 물품과 함께. 오늘 변수卞水에 던져 놓으면, 내일 푸른 바다에 이를 것이네[請君出奇帖, 與此九物幷,

43 『동파전집』 권17 「차운미불이왕서발미이수(次韻米黻二王書跋尾二首)」 제2수.
44 『동파전집』 권17 「차운미불이왕서발미이수(次韻米黻二王書跋尾二首)」 제1수.
45 『산곡집』 권9 「희증미원장이수(戲贈米元章二首)」 제1수.

今日投卞水, 明日到滄溟]"라고 하고, 또 "해진 종이에 주옥이 널렸다[破紙博珠玉]"라는 시구를 남겼다. 이 시 역시 서화에 푹 빠진 사람을 경계할 만하다.

『左傳』云"周成王蒐於岐陽", 而韓退之「石鼓歌」則曰宣王, 所謂"宣王憤起揮天戈", "蒐於岐陽騁雄俊"是也. 韋應物「石鼓歌」則曰文王, 所謂"周文大獵岐之陽, 刻石表功何煒煌"是也. 唐『蘇氏載記』云: "石鼓文謂周宣王「獵碣」, 共十鼓." 東坡「石鼓」詩亦云: "憶昔周宣歌鴻雁, 方召聯翩賜圭卣." 不知韋詩云"周文"安據乎? 歐陽永叔云: "前世所傳古遠奇怪之事, 類多虛誕而難信, 況傳記不載, 不知韋蘇二君何據而有此說也." 梅聖俞亦有詩云: "傳至我朝一鼓亡, 九鼓缺剝文失行. 兵人偶見安碓床, 云鼓作臼剗中央. 心喜遺篆猶在旁, 以臼易臼庸何傷, 神物會合居一方." 此與延平寶劍何異哉.

『좌전』에서 "주 성왕成王이 기양岐陽에서 수집했다"라고 했는데 한유의 「석고가石鼓歌」에서는 '선왕宣王'이라고 했으니 "선왕이 분기하여 하늘의 창을 휘둘렀다[宣王憤起揮天戈]", "기양에서 수집하여 웅준을 펼쳤다[蒐於岐陽騁雄俊]"가 그것이다. 위응물의 「석고가」에서 거론한 문왕文王은 이른바 "주 문왕이 기산岐山 남쪽에서 큰 사냥을 하여, 돌에 새겨 드러낸 공로가 어찌 그토록 빛나는가[周文大獵岐之陽, 刻石表功何煒煌]"가 그것이다. 당나라의 『소씨재기蘇氏載記』에서 "석고문은 주 선왕의 「엽갈獵碣」을 말하며, 모두 열 개의 북이다"라고 했다. 소식의 「석고」에서도 "지난날 주 선왕이 홍안鴻雁을 노래할 때, 방소方召에게 연이어 규유圭卣를 하사했네[憶昔周宣歌鴻雁, 方召聯翩賜圭卣]"라고 했는데 위응물이 거론한 '주 문왕'은 어디에 근거한 것인지 알 수 없다. 구양수가 "전해오는 원고시대의 기괴한 이야기들은 대부분 공허하여 믿기 어려운데,

더구나 전기傳記에도 실리지 않은 경우는 더 말할 나위가 없다. 그런데 위응물과 소식 두 군君이 무엇에 근거하여 이런 말을 한 것인지 알 수 없다"라고 했다. 매요신 또한 시에서 "우리 조대朝代에 와서 북 하나를 잃어서, 아홉 개의 북이 결렬돼 문장이 행을 잃었다. 병사가 우연히 보고 방앗대 위에 안치한 뒤, 북을 절구로 만들겠다며 중앙을 파냈다. 전서가 아직 남은 것이 기쁘거니와, 절구로 절구를 바꾸는데 무슨 문제가 되겠는가, 신과 사물이 하나가 돼 한 지역에 있다[傳至我朝一鼓亡, 九鼓缺剥文失行. 兵人偶見安碓床, 云鼓作臼刳中央. 心喜遺篆猶在旁, 以臼易臼庸何傷, 神物會合居一方]"[46]라고 했는데 이는 연평延平의 보검[47]의 내용과 뭐가 다르겠는가.

東坡許張顚·懷素草書云: "張顚醉素兩禿翁, 追逐世好稱書工, 有如市娼抹靑紅." 卑之甚矣. 至評六觀老人草書, 則云: "心如死灰實不枯, 逢場作戱三昧俱. 蒼鼠奮髯飮松腴, 剡溪玉腋開雪膚. 夏雲飛天萬人呼, 莫作羞癡楊氏姝." 則知坡之所喜者, 貴於自然, 琱鐫而成者, 非所貴也. 然張顚自言, 見公主擔夫爭道, 而得筆法, 觀公孫大娘舞劍器, 而得神俊. 僧懷素自言, 我觀夏雲多奇峯, 輒師之. 謂夏雲因風變化無常勢, 草書亦當爾. 則二人筆法固亦出於自然, 而坡去取之異如此, 何邪? 李頎贈顚詩云: "皓首窮草隸, 時稱太湖精." 則知顚又精於隸書. 錢起贈素詩曰: "能翻梵王字, 妙盡伯英書" 則知素又精於梵字. 苑舍人亦能梵字, 故王維贈詩云: "楚詞共許勝揚馬, 梵字何人辨魯魚." 言世人識梵字者少也.

---

46 『완릉집(宛陵集)』 권59 「뇌일로이방석고문견유인정제주오공(雷逸老以仿石鼓文見遺因呈祭酒吳公)」.

47 연평(延平)의 보검: 진(晉)나라 장화(張華)와 뇌환(雷煥)이 용천(龍泉)과 태아(太阿)의 두 보검을 소유하고 있었는데 그들이 죽고 나서 두 보검이 절로 연평진(延平津) 속으로 날아 들어가서 두 마리 용으로 바뀐 채 유유히 모습을 감췄다는 전설과 관련 있는 단어이다. 『진서(晉書)』 「장화열전(張華列傳)」; 『습유기(拾遺記)』.

소식이 장욱과 회소懷素의 초서를 평하며 "장전과 술 취한 회소 이 몹쓸 늙은이들이, 세상의 기호를 뒤쫓으며 글씨에 뛰어나다 일컬어지니, 마치 저잣거리 창녀가 연지곤지 바른 것과 같다[張顚醉素兩禿翁, 追逐世好稱書工, 有如市娼抹青紅]"[48]라고 한 것은 매우 비하한 것이다. 육관노인六觀老人[49]의 초서를 비평할 때는 "죽은 재와 같은 마음이 실제로는 마르지 않아, 펼친 자리에서 솜씨를 뽐내면 삼매三昧가 갖춰진다. 파란 쥐가 수염 치켜세운 채 소나무 기름을 마시고, 섬계剡溪의 옥 같은 물이 눈처럼 하얀 살결을 연다. 여름 구름 하늘을 날 때 사람들 부르짖나니, 양씨楊氏의 누이를 부끄럽게 할 일을 하지 말라[心如死灰實不枯, 逢場作戲三昧俱. 蒼鼠奮髯飮松腴, 剡溪玉腋開雪膚. 夏雲飛天萬人呼, 莫作羞癡楊氏姝]"[50]라고 했으니 소식이 좋아한 것은 자연스러움이고, 조탁을 통해 완성한 것은 그가 중시한 것이 아니었던 것이다. 하지만 장욱은 스스로 "공주公主의 짐꾼이 말다툼하는 것을 보고서 필법을 얻고, 공손대낭公孫大娘이 검무 추는 것을 보고서 신묘함과 준엄함을 얻었다"라고 했다. 승려 회소도 스스로 "나는 기특한 산봉우리 모습의 여름 구름을 보고 스승으로 삼았다"라고 했다. 여름 구름이 바람으로 인해 변화무상의 형세를 보이는데 초서도 마땅히 그래야 한다는 말이라면, 두 사람의 필법도 본디 자연에서 나온 것인데 소식이 이와 같이 다르게 본 것은 왜일까. 이기李頎가 장욱에게 지어 보낸 시에서 "백발이 되도록 초서 예서에 전념하여, 당시에 태호太湖의 정수라 일컬었다[皓首窮草隸, 時稱太湖精]"[51]라고 했으니 장욱은 예서에도 뛰어났음을 알 수 있다. 전기가 회소에게 지어 보낸 시에서 "범왕梵王의 글자(범어)를 능히 알아차리고, 장

48 『동파전집』 권15 「제왕일소첩(題王逸少帖)」.

49 육관노인(六觀老人) : 『동파전집』의 주석에 의하면, 육관(六觀)은 금강경(金剛經)의 몽환(夢幻) 등 육물(六物)을 가리키며, 노인(老人)은 승려 요성(了性)으로 의학에 정통했고 초서(草書)를 잘 썼던 인물을 말한다.

50 『동파전집』 권19 「육관당노인초서시(六觀堂老人草書詩)」.

51 『어정전당시』 권132, 이기, 「증장욱(贈張旭)」.

지의 서법을 오묘하게 펼쳤다[能翻梵王字, 妙盡伯英書]"[52]라고 했으니 회소가 범어에도 뛰어났다고 할 수 있다. 원사인(苑舍人 : 원함苑咸) 역시 범어에 능해서 왕유가 그에게 지어준 시에서 "초나라 글은 양웅·사마상여가 뛰어나다 인정하지만, 범어는 어느 누가 내용을 알아볼까[楚詞共許勝揚馬, 梵字何人辨魯魚]"[53]라고 했으니 범어를 아는 사람들이 적다는 것을 말한 것이다.

韓擇木作八分書, 師蔡邕法, 風流閒媚, 號伯喈中興. 蔡有鄰亦善八分, 其始拙弱, 至天寶遂精. 故杜子美「贈李潮八分歌」云 : "尙書韓擇木, 騎曹蔡有鄰, 開元 以來數八分, 潮也奄有二子成三人." 又有「送顧八分適洪吉州」詩, 亦引二人者以比顧, 所謂"昔在開元中, 韓蔡同贔屭. 三人並入直, 恩澤各不二"是也. 明皇八分師擇木, 嘗於彩牋上書, 以賜張說.

한택목韓擇木의 팔분서八分書는 채옹蔡邕의 법을 스승으로 삼아 기풍이 여유롭고 아름다워서 백개(伯喈 : 채옹)가 다시 태어났다고 했다. 채유린 역시 팔분에 뛰어났는데, 처음에는 졸렬하고 나약했으나 천보 연간에 이르러 결국 정밀해졌다. 그래서 두보가 「증이조팔분가贈李潮八分歌」에서 "상서 한택목과, 기조騎曹 채유린은, 개원 이후 팔분에 뛰어났는데, 이조李潮 또한 앞의 두 사람과 함께 세 명가를 이루었네[尙書韓擇木, 騎曹蔡有鄰, 開元以來數八分, 潮也奄有二子成三人]"라고 했다. 또 「송고팔분적홍길주送顧八分適洪吉州」에서 두 사람을 인용해 고계사顧誡奢에게 견주었으니 "지난 개원 연간에, 한택목·채유린과 어깨를 나란히 했네. 세 사람이 함께 조정에 들어갔으니, 은혜가 각기 다르지 않았네[昔在開元

52 『어정전당시』 권238, 전기, 「송외생회소상인귀향시봉(送外甥懷素上人歸鄉侍奉)」.

53 『어정전당시』 권128, 왕유, 「원사인능서범자겸달범음 개곡진기묘 희위지증(苑舍人能書梵字兼達梵音皆曲盡其妙戲爲之贈)」.

中, 韓蔡同贔屭. 三人並入直, 恩澤各不二]"가 그것이다. 당 현종의 팔분은 한택목을 스승으로 삼았는데, 일찍이 채전彩牋에 쓴 글씨를 장설에게 하사했다.

僧惠崇善爲寒汀烟渚, 蕭灑虛曠之狀, 世謂"惠崇小景", 畫家多喜之, 故魯直詩云 : "惠崇筆下開江面, 萬里晴波向落暉. 梅影橫斜人不見, 鴛鴦相對浴紅衣." 東坡詩云 : "竹外桃花三兩枝, 春江水暖鴨先知. 蔞蒿滿地蘆芽短, 正是河豚欲上時." 舒王詩云 : "畫史紛紛何足數, 惠崇晚出我最許. 沙平水澹西江浦, 鳧鴈靜立將儔侶." 皆謂其其工小景也.

승려 혜숭惠崇은 안개 자욱한 차가운 물가와 소쇄하고 광활한 풍경을 잘 묘사하여 '혜숭소경惠崇小景'이라 불렀으며 화가들이 많이 좋아했다. 그래서 황정견은 "혜숭의 붓끝에서 강의 모습이 열려, 만 리 맑은 물결이 석양빛을 향한다. 가로 지른 매화 그림자에 사람은 보이지 않고, 원앙만 어울려 붉은 옷을 목욕한다[惠崇筆下開江面, 萬里晴波向落暉. 梅影橫斜人不見, 鴛鴦相對浴紅衣]"[54]라고 하고, 소식은 "대나무 너머 복사꽃 두세 가지, 봄 강물 따스한 것을 오리가 먼저 안다. 쑥대는 땅에 가득하고 갈대는 키가 작으니, 하돈(河豚 : 복어)이 강물 거슬러 올라오려는 때이다[竹外桃花三兩枝, 春江水暖鴨先知. 蔞蒿滿地蘆芽短, 正是河豚欲上時]"[55]라고 하고, 서왕(舒王 : 서주舒州 왕안석)은 "화사畫史에서 그 많은 인물들을 어찌 다 세랴만, 늦게 태어난 혜숭을 나는 가장 인정하노라. 모래 편편하고 물 맑은 서강西江의 포구에, 오리와 기러기 조용히 서서 짝을 기다린다[畫史紛紛何足數, 惠崇晚出我最許. 沙平水澹西江浦, 鳧鴈靜立將儔侶]"[56]라고 했으니 그가 소경小景에 뛰어났음을 거론한 것이다.

54 『산곡집』 권9 「제혜숭화선(題惠崇畫扇)」.
55 『동파전집』 권15 「혜숭춘강효경이수(惠崇春江曉景二首)」 제1수.

王荊公題燕侍郎山水詩, 有“燕公侍書燕王府, 王求一筆終不與”之句, 故燕畫之在世者甚鮮. 學士院亦有燕侍郎畫圖, 荊公有一絶云:“六幅生綃四五峯, 暮雲樓 閣有無中. 去年今日長干里, 遙望鍾山與此同.” 張天覺有詩跋其後云:“相君開卷憶江東, 彷彿鍾山與此同. 今日還爲一居士, 翛然身在畫圖中.”

왕안석이 연시랑(燕侍郎 : 연숙燕肅)의 산수화에 쓴 시에서 “연공이 연왕(燕王 : 조원엄趙元儼)의 부府에서 글씨를 쓸 때, 왕이 작품 하나를 요구했으나 끝내 주지 않았네[燕公侍書燕王府, 王求一筆終不與]”[57]라는 구절이 있는 걸 보면 세상에 남아 있는 연숙의 그림이 매우 적은 것이다. 학사원學士院에 연숙이 그린 그림이 있는데 왕안석이 지은 절구에서 “여섯 폭 생견生綃에 그린 네다섯 봉우리는, 석양 구름에 누각이 보일 듯 말 듯하다. 지난해 오늘 장간長干에서, 멀리 종남산鍾南山을 바라봤던 광경이 이 그림과 같다[六幅生綃四五峰, 暮雲樓閣有無中. 去年今日長干里, 遙望鍾山與此同]”[58]라고 하고, 장천각(張天覺 : 장상영張商英)이 그 뒤에 발문으로 쓴 시에서 “상군(相君 : 재상)이 그림을 펼쳐 강동江東을 떠올리니, 종남산의 모습이 이것과 유사했네. 오늘 또다시 한 사람의 거사가, 홀연 그림 속에 들어있네[相君開卷憶江東, 彷彿鍾山與此同. 今日還爲一居士, 翛然身在畫圖中]”[59]라고 했다.

余時隨家先文康公至汝州, 嘗至龍興寺觀吳道子畫兩壁. 一壁作維摩示疾, 文殊來問, 天女散花, 一壁作太子遊四門, 釋迦降魔成道. 筆法奇

56 『임천문집』 권1 「순보출석혜숭화요여작시(純甫出釋惠崇畫要予作詩)」.

57 『임천문집』 권1 「연시랑산수(燕侍郎山水)」.

58 『임천문집』 권30 「학사원연시랑화도(學士院燕侍郎畫圖)」.

59 진사(陳思) 편(編), 진세륭(陳世隆) 보(補), 『양송명현소집(兩宋名賢小集)』 권108 「관연공산수화후유안안석공제시(觀燕公山水畫後有王荊公題詩)」.

絶. 壁用黃沙搗泥爲之, 其堅如鐵. 然土人不知愛重, 宣和間, 家先公到官, 始命脩整, 置關鎖, 納匙於郡治. 後劉元忠傳得東坡寄子由詩, 方知子由曾施百縑, 所謂"似聞遺墨留汝海, 古壁蝸蜒可垂涕. 力捐金帛扶棟宇, 錯落浮雲捲新霽"是也. 坡集載「鳳翔普門開元吳畫」詩, 所謂"亭亭雙林間, 彩暈扶桑暾. 中有至人談寂滅, 悟者悲涕迷者手自捫. 蠻君鬼伯千萬萬, 相排競進頭如黿." 當是作釋迦涅槃相爾. 恨不得一見之.

내가 선군 문강공(갈승중)을 따라 여주에 갔었는데, 일찍이 찾아간 용흥사龍興寺에서 오도자가 그림을 그린 두 개의 벽을 보았다. 한쪽 벽에는 유마거사가 질병을 보여주는 장면, 문수보살이 찾아와 묻는 장면, 천녀天女가 꽃을 뿌리는 장면을 그렸고, 한쪽 벽에는 태자가 네 문을 유람하고 석가모니가 마귀를 내려 보내 도를 성취하는 장면을 그렸는데 필법이 절묘했다. 벽은 황사黃沙로 진흙을 이겨 만들었는데 강철처럼 단단했다. 하지만 이 지역 사람들이 중시하지 않았는데, 선화(1119~1125) 연간에 이곳에 부임한 선군께서 잘 수리, 정돈하도록 명하고 자물쇠를 설치하여 열쇠는 관아에 보관하도록 했다. 후에 유원충劉元忠이 소식이 소철에게 보낸 시를 전해 받은 뒤, 비로소 소철이 비단 백 필을 시주했음을 알았으니 이른바 "유묵이 여주 바닷가에 남아 있다는 말 들은 듯했거늘, 옛 벽 위에 달팽이 도마뱀이 눈물 흘리게 했구나. 힘써 자금 기부하여 건물을 보완했으니, 잘못된 떨어진 구름이 걷혀 맑게 사라졌다[似聞遺墨留汝海, 古壁蝸蜒可垂涕. 力捐金帛扶棟宇, 錯落浮雲卷新霽]"[60]가 그것이다. 소식의 시집에 「봉상보문개원오화鳳翔普門開元吳畫」가 있어 "우뚝한 두 숲 사이에, 채색이 부상扶桑의 햇빛에 빛난다. 그 가운데 적멸을 이야기하는 지인至人이 있는데, 깨친 자는 눈물 흘리고 혼미한 자는 손으로 만진다. 오랑캐며 도깨비의 수많은 무리들이, 자라 같은 머

60 『동파전집』 권22 「자유신수여주룡흥사오화벽(子由新修汝州龍興寺吳畫壁)」.

리를 밀치고 앞다퉈 나온다[亭亭雙林間, 彩暈扶桑暾. 中有至人談寂滅, 悟者悲涕迷者手自捫. 蠻君鬼伯千萬萬, 相排競進頭如黿]"라고 했다. 이는 석가열반상釋迦涅槃相을 거론한 것으로 봐야 하는데 한 번 보지 못한 것이 안타깝다.

운어양추韻語陽秋 권15卷十五

「霓裳羽衣舞」, 始於開元, 盛於天寶, 今寂不傳矣. 白樂天作歌和元微之云 : "今年五月至蘇州, 朝鐘暮角催白頭. 貪看案牘常侵夜, 不聽笙歌直到秋. 秋來無事多閒悶, 忽憶「霓裳」無處問. 聞君部內多樂徒, 問有「霓裳舞」者無? 答云十縣十萬戶, 無人知有「霓裳舞」. 惟寄長歌與我來, 題作「霓裳羽衣譜」." 想其千姿萬狀, 綴兆音聲, 具載於長歌, 按歌而譜可傳也. 今元集不載此, 惜哉. 賴有白詩, 可見一二爾., "虹裳霞帔步搖冠, 鈿瓔纍纍佩珊珊"者, 言所飾之服也. 又曰 : "散序六奏未動衣, 中序擘騞初入拍, 繁音急節十二遍, 唳鶴曲終長引聲." 言所奏之曲也. 而『唐會要』謂「破陣樂」·「赤白桃李花」·「望瀛」·「霓裳羽衣」, 總名法曲. 今世所傳「望瀛」, 亦十二遍, 散序無拍曲, 終亦長引聲. 若樂奏「望瀛」, 亦可髣髴其遺意也. 又曰 : "君言此舞難得人, 須是傾城可憐女." 言所用之人也. 然所用之人, 未詳其數. 若曰 : "玉鉤欄下香案前, 案前舞者顏如玉." 則疑用一人. 若曰 : "李娟張態君莫嫌, 亦擬隨宜且教取." 則又疑用二人. 然明皇每用楊太眞舞, 故「長恨詞」云: "風吹仙袂飄飄擧, 猶似「霓裳羽衣舞」." 則當以一人爲正. 鄭嵎「津陽門」詩註, 葉法善引明皇入月宮, 聞樂歸, 笛寫其半. 會西涼府楊敬述進「婆羅門曲」, 聲調脗合, 按之便韻, 乃合二者製「霓裳羽衣」之曲. 沈存中云: 「霓裳曲」用葉法善月中所聞爲散序, 以楊敬述所進爲其腔. 未知所據也. 又謂「霓裳」乃道調法曲. 若以爲道調, 則誤矣. 樂天「高陽觀夜奏霓裳」云: "開元遺曲自淒涼, 況近秋天調是商." 則「霓裳」用商調, 非道調明矣. 厥後文人往往指「霓裳」爲亡國之音, 故杜牧詩云: "「霓裳」一曲千峯上, 舞破中原始下來."

「예상우의무霓裳羽衣舞」는 개원에서 시작해 천보에서 성황을 이뤘는데 지금은 전혀 전하지 않는다. 백거이가 원진에게 화답한 노래에서 "올해 5월에 소주에 갔거늘, 아침 종소리 저녁 풍각 소리가 백발을 재촉했네. 관 문서 보느라 공무는 밤까지 이어지고, 음악 소리 듣지 못한 채 어느새 가을이 되었네. 가을 되자 별 일 없어 무료하게 보내는데, 갑자기 애상곡霓裳曲 떠올랐으나 물을 곳이 없었네. 그대 부서 안에 음악도들 많다는 말 듣고, 애상무霓裳舞 추는 자 있는 지 물었더니, 열 개 현 십만 호 안에, 애상무 아는 자가 하나도 없다고 하고, 장편의 노래를 내게 보내며, 「예상우의보霓裳羽衣譜」라고 이름붙였네[今年五月至蘇州, 朝鍾暮角催白頭. 貪看案牘常侵夜, 不聽笙歌直到秋. 秋來無事多閒悶, 忽憶「霓裳」無處問. 聞君部內多樂徒, 問有「霓裳舞」者無? 答云十縣十萬戶, 無人知有「霓裳舞」. 惟寄長歌與我來, 題作「霓裳羽衣譜」]"[1]라고 했다. 음악에 점철된 천태만상이 모두 장가에 실려 있고, 그 노래에 따라 악보가 전할 만했으리라고 생각된다. 하지만 지금 원진의 시집에는 이 내용이 실려 있지 않으니 애석한 일이다. 다만 백거이의 시를 통해 한두 가지 면모를 엿볼 수 있

1 『백씨장경집』 권21 「예상우의가(霓裳羽衣歌)【화미지(和微之)】」.

으니 "무지개 치마 노을 배자에 보요관(步搖冠 : 관의 일종)을 쓰고, 여러 갈래 늘어진 황금 갓끈에 산호를 찼네[虹裳霞帔步搖冠, 鈿瓔纍纍佩珊珊]"[2]는 장식한 복장에 대한 이야기이고 "산서散序[3] 6장 연주할 때 옷도 움직이지 않고, …… 중간쯤 돼 딩동대며 박자가 시작되며, …… 변화한 음 빠른 박자로 12장이 연주되고, …… 학의 울음소리 곡이 끝날 때 길게 여음이 이어진다[散序六奏未動衣, 中序擘騞初入拍, 繁音急節十二遍, 唳鶴曲終長引聲]"[4]는 연주한 곡에 대한 이야기이다. 『당회요唐會要』에서 「파진악破陣樂」·「적백도리화赤白桃李花」·「망영望瀛」·「예상우의霓裳羽衣」는 모두 법곡法曲[5]의 이름이라 했다. 지금 세상에 전하는 「망영」 역시 12장인데 산서散序에 박자 곡이 없고 종장 역시 여음이 길게 이어진다. 만일 「망영」을 음악으로 연주한다면 원래의 것에 비슷하게 다가갈 수 있을 것이다. 또 "그대가, 이 춤은 사람을 얻기가 어려운 터, 반드시 온 성에서 가장 어여쁜 사람이어야 한다고 했다[君言此舞難得人, 須是傾城可憐女]"[6]는 등장하는 인물에 대해 이야기이다. 하지만 등장하는 인물의 숫자에 대해서는 자세하지 않다. 예컨대 "옥 갈고리 난간 아래 향 놓은 책상 앞, 책상 앞에 춤추는 이는 얼굴이 옥과 같네[玉鉤欄下香案前, 案前舞者顔如玉]"[7]라고 한 것은 한 사람이 등장한 것 같고, "아리따운 이李와 자태고운 장張에 혐의두지 말라, 그대로 놓아두고 가르쳐보려 한다[李娟張態君莫嫌, 亦擬隨宜且教取]"[8]라고 한 것은 두 사람이 등장한 것 같기도

---

2 『백씨장경집』 권21 「예상우의가(霓裳羽衣歌)【화미지(和微之)】」.

3 산서(散序) : 수(隋) 당(唐) 연악대곡(燕樂大曲)의 개시 부분을 말한다. 산판(散板 : 대곡을 전후해서 연주하는 자유곡)은 연주가 자유롭고 독주·윤주(輪奏) 또는 합주로 이루어진다.

4 『백씨장경집』 권21 「예상우의가(霓裳羽衣歌)【화미지(和微之)】」.

5 법곡(法曲) : 가무대곡(歌舞大曲)의 한 부분으로, 수(隋) 당(唐) 궁정연악(宮廷燕樂)의 중요 형식이다. 법악(法樂)이라고도 한다. 동진(東晉)의 『법현전(法顯傳)』에서 처음 보이는데, 불교 법회에서 쓰였기 때문에 수나라에서 법곡이라 명명했다.

6 『백씨장경집』 권21 「예상우의가(霓裳羽衣歌)【화미지(和微之)】」.

7 『백씨장경집』 권21 「예상우의가(霓裳羽衣歌)【화미지(和微之)】」.

8 『백씨장경집』 권21 「예상우의가(霓裳羽衣歌)【화미지(和微之)】」.

하다. 하지만 당 현종이 매번 양귀비의 춤을 등장시켰으므로 「장한사長恨詞」에서 "바람에 고운 소매 들어 펼치니, 마치 「예상우의무」와 같네[風吹仙袂飄飄擧, 猶似「霓裳羽衣舞」]"라고 한 것은 한 사람으로 보아야 할 것 같다. 정우鄭嵎가 지은 시 「진양문津陽門」의 주석에서 '섭법선葉法善이 당 현종을 인도해 월궁月宮에 들어가고 음악을 듣고 돌아가는 전 과정에서 젓대가 과정의 절반을 묘사했다. 마침 서량부西涼府의 양경술楊敬述이 「바라문곡婆羅門曲」을 진상했는데 성조聲調가 잘 맞아, 어울리는 운韻에 맞추도록 한 뒤 두 가지를 하나로 합쳐 「예상우의곡」을 만들었다'라고 했다. 심존중沈存中이 '「예상곡」은 섭법선이 월궁에서 들은 내용을 산서散序로 삼고 양경술이 진상한 것을 공腔으로 삼았다'라고 했는데, 무엇에 근거한 것인지 알 수 없다. 또 '「예상」은 도조법곡道調法曲[9]의 법곡'이라 했는데 도조라고 한 것은 잘못이다. 백거이의 「고양관야주예상高陽觀夜奏霓裳」에서 "개원시대 유곡遺曲은 절로 처량하거늘, 더구나 가을에 가깝고 음조가 상성商聲임에랴[開元遺曲自淒涼, 況近秋天調是商]"라고 했으니 「예상」은 상조商調를 사용한 것이어서 도조가 아님이 분명하다. 그 뒤에 문인들이 「예상」을 망국의 음으로 간주하기도 했으므로 두목은 "높은 봉우리 위의 「예상곡」, 춤으로 중원을 헤치며 내려왔네[「霓裳」一曲千峰上, 舞破中原始下來]"[10]라고 했다.

『明皇雜錄』云：天寶中, 上命宮中女子數百人爲梨園弟子, 皆居宜春北院. 上素曉音律, 時有馬仙期・李龜年・賀懷智皆洞知律度, 而龜年恩寵尤盛. 自祿山之亂, 散亡無幾. 老杜「逢李龜年」云："岐王宅裏尋常見, 崔九堂前幾度聞. 正是江南好風景, 落花時節又逢君." 白樂天云：

9 도조법곡(道調法曲) : 당나라 때 만든 법곡으로, 중간에 도가의 신선사상이 들어있다. 그 밖에 도조와 법곡을 별도로 보는 설도 있다.

10 『어정전당시』 권521, 두목, 「과화청궁절구삼수(過華淸宮絶句三首)」.

"白頭病叟泣且言, 祿山未亂入梨園. 歡娛未足燕寇至, 萬人死盡一身存." 又有「梨園弟子」詩云:"白頭垂淚語梨園, 五十年前雨露恩. 莫問華清今日事, 滿山紅葉鎖宮門." 讀之可爲悽愴.

『명황잡록明皇雜錄』에 의하면 "천보 연간에 황제가 궁중 여인 수백 명을 이원제자梨園弟子로 삼아 모두 의춘궁宜春宮 북원北院에 거처하도록 했다. 황제가 본디 음률에 밝았는데 당시 마선기馬仙期·이귀년(李龜年)·하회지賀懷智가 모두 음률에 정통했는바, 이귀년에 대한 은총이 가장 성대했다. 그러다 안록산의 난이 있은 뒤로 거의 흩어졌다. 두보가 지은 「봉이귀년逢李龜年」에서 '기왕岐王의 집에서 늘상 보았고, 최구崔九의 당 앞에서 몇 번이나 들었던가. 마침 풍경 고운 강남의, 꽃 지는 계절에 다시 그대를 만났구려[岐王宅裏尋常見, 崔九堂前幾度聞. 正是江南好風景, 落花時節又逢君]'라고 하고, 백거이가 '백발의 병든 늙은이가 울며 말하길, 안록산의 난이 일어나기 전에 이원에 들어갔다오. 채 기쁨도 누리지 못해 연燕 땅 외구가 들이닥쳐, 수많은 사람 다 죽고 이 몸만 남았다오[白頭病叟泣且言, 祿山未亂入梨園. 歡娛未足燕寇至, 萬人死盡一身存]'[11]라고 하고, 또 「이원제자梨園弟子」에서는 '백발의 늙은이 눈물 떨구며 이원을 거론하길, 오십 년 전에는 성은이 넘쳤다오. 이제 화청궁華淸宮 이야기를 묻지 말라, 산 가득 단풍잎이 궁문을 잠궜나니[白頭垂淚語梨園, 五十年前雨露恩. 莫問華淸今日事, 滿山紅葉鎖宮門]'라고 했으니 내용을 읽노라면 처량한 마음이 인다"라고 했다.

書生作文, 務强此弱彼, 謂之尊題. 至於品藻高下, 亦略存公論可也. 白樂天在江州, 聞商婦琵琶, 則曰:"豈無山歌與村笛, 嘔啞嘲哳難爲聽.

11 『백씨장경집』 권12 「강남우천보악수(江南遇天寶樂叟)」.

今夜聞君琵琶語, 如聽仙樂耳暫明.” 「在巴峽聞琵琶」云 : “絃淸撥利語錚錚, 背却殘燈就月明. 賴是無心惆悵事, 不然爭奈子絃聲.” 至其後作「霓裳羽衣歌」乃曰 : “湓城但聽山魈語, 巴峽惟聞杜鵑哭.” 乍賢乍佞, 何至如此之甚乎? 韓退之美石鼓之篆, 至有“羲之俗書逞姿媚”之語, 亦强此弱彼之過也.

문인이 글을 쓸 때 이것을 강조하고 저것을 약화시키는 데 힘쓰는 것을 존제尊題[12]라 한다. 품평하고 등급을 나눔에 있어서는 공적인 논의를 약간 남겨두는 것이 옳다. 백거이가 강주江州에 있을 때 상부(商婦 : 상녀, 기녀)의 비파소리를 듣고 “어찌 산골 노래와 시골 피리 소리가 없으랴만, 조잘대고 떠벌이는 것이 듣기에 거북하다. 오늘밤 그대의 비파소리를 들으니, 마치 신선의 음악을 듣는 듯해 귀가 잠시 밝아지누나[豈無山歌與村笛, 嘔啞嘲哳難爲聽. 今夜聞君琵琶語, 如聽仙樂耳暫明]”[13]라고 하고, 「재파협문비파在巴峽聞琵琶」[14]에서 “맑은 현이 예리하게 울려 퍼지며, 희미한 등불을 등지고 밝은 달로 나아가네. 서글퍼서 무심한 것에 의탁하노니, 그렇지 않으면 그대의 현을 어찌 듣는가[絃淸撥利語錚錚, 背却殘燈就月明. 賴是無心惆悵事, 不然爭奈子絃聲]”라고 하고, 뒤에 지은 「예상우의가霓裳羽衣歌」에서 “분성湓城에서는 산 귀신의 이야기 소리만 듣고, 파협巴峽에서는 두견의 울음소리만 들었네[湓城但聽山魈語, 巴峽惟聞杜鵑哭]”라고 했으니 칭찬과 아부의 변덕이 어찌 이토록 심하단 말인가. 한유가 석고石鼓의 전서篆書를 찬미하며 “왕희지의 세속적인 글씨

12 존제(尊題) : 당시(唐詩)에서 구(句)를 다듬는 방법이다. 주제를 돌출시키기 위해 어떤 한 면을 두드러지게 만들려고 다른 면을 극도로 과장되게 폄하하는 것이다. 예를 들어 한유는 『석고가』를 쓸 때 석고문 내용의 주요 부분을 돌출시키기 위해 공자가 염치없다고 욕하는 것을 서슴지 않았으며, 석고문 서법의 좋은 점을 돌출하기 위해서는 왕희지의 서법을 욕하는 것을 서슴지 않았다.

13 『백씨장경집』 권12 「비파인(琵琶引)」.

14 「재파협문비파(在巴峽聞琵琶)」 : 『백씨장경집』 권19에 수록된 작품으로, 원제는 「비파(琵琶)」이다.

는 아침 떠는 모습만 드러냈네[羲之俗書逞姿媚]"[15]라고 한 것 또한 이것을 강조하고 저것을 약화시키려는 데에서 온 과오이다.

許渾「韶州夜讌」詩云 : "鸜鵒未知狂客醉, 鷓鴣先聽美人歌." 「聽歌鷓鴣詞」云 : "南國多情多艶詞, 鷓鴣清怨繞梁飛." 又有「聽吹鷓鴣」一絶, 知其爲當時新聲, 而未知其所以. 及觀李白詩云 : "客有桂陽至, 能吟山鷓鴣. 清風動窗竹, 越鳥起相呼." 鄭谷亦有"佳人才唱翠眉低"之句, 而繼之以"相呼相應湘江闊", 則知「鷓鴣曲」效鷓鴣之聲, 故能使鳥相呼矣.

허혼許渾의 「소주야연韶州夜讌」에서 "구관조는 광객이 취한 줄 모르는데, 자고가 미인의 노래를 먼저 듣네[鸜鵒未知狂客醉, 鷓鴣先聽美人歌]"라고 하고, 「청가자고사聽歌鷓鴣詞」에서 "다정한 남국은 염사艶詞가 많아, 자고가 청원清怨을 품고 기둥을 돌아 날아가네[南國多情多艶詞, 鷓鴣清怨繞梁飛]"라고 했다. 그 밖에도 절구 「청취자고聽吹鷓鴣」가 있어서 당시의 신성新聲이었을 것으로 짐작되는데 그 내역은 알 수 없다. 그런데 이백의 시에서 "계양桂陽에서 온 객이, 산에 사는 자고를 읊을 줄 안다. 청풍이 창 앞 대나무를 움직이자, 월越나라 새들이 서로 지저귄다[客有桂陽至, 能吟山鷓鴣. 清風動窗竹, 越鳥起相呼]"[16]라고 하고, 정곡도 "가인이 노래 부르자 푸른 눈썹이 나즉해진다[佳人才唱翠眉低]"[17]라는 구절에 이어 "상강 드넓은 곳에서 서로 우짖는다[相呼相應湘江闊]"[18]라고 했다. 따라서 「자고곡鷓鴣曲」은 자고의 소리를 흉내 내는 것이므로 새들에게 그 소리에 따라 지저귀도록 했다는 것을 알 수 있다.

15 『어정전당시』 권340, 한유, 「석고가」. 원문에는 "羲之俗書趁姿媚"라고 되어 있다.

16 『이태백문집』 권17 「추포청계설야대주객유창자고자(秋浦清溪雪夜對酒客有唱鷓鴣者)【추포(秋浦)】」.

17 『어정전당시』 권675, 정곡, 「자고」.

18 『어정전당시』 권675, 정곡, 「자고」.

劉夢得「竹枝」九篇, 其一云 : “白帝城頭春草生, 白鹽山下蜀江清.” 其一云 : “瞿塘嘈嘈十二灘, 此中道路古來難.” 其一云 : “城西門前灩澦堆, 年年波浪不曾摧.” 又言昭君坊・瀼西春之類, 皆夔州事. 乃夢得爲夔州刺史時所作. 而史稱夢得爲武陵司馬, 作「竹枝詞」, 誤矣. 郭茂倩『樂府詩集』言 : “唐貞元中, 劉禹錫在沅湘, 以俚歌鄙陋, 乃依騷人「九歌」, 作「竹枝詞」九章.” 則茂倩亦以爲武陵所作, 當是從史所書也.

유우석이 9편의 「죽지사竹枝詞」를 지었는데 그 가운데 한편에서 “백제성白帝城 위에 봄풀이 자라고, 백염산白鹽山 아래 촉강蜀江이 푸르다[白帝城頭春草生, 白鹽山下蜀江淸]”라고 하고, 다른 한 편에서 “구당협瞿塘峽에는 열두 줄기 여울이 콸콸 흐르나니, 이곳 길은 예로부터 험난했다[瞿塘嘈嘈十二灘, 此中道路古來難]”라고 하고, 다른 한 편에서는 “성 서쪽 문 앞 염예퇴灩澦堆는, 해마다 물결이 재촉하며 흐르진 않았네[城西門前灩澦堆, 年年波浪不曾摧]”라고 했다. 그 밖에도 소군방昭君坊과 양서춘瀼西春 등을 거론했는데 모두 기주夔州의 내용이다. 따라서 이 작품은 유우석이 기주자사夔州刺史로 있을 때 지은 것이다. 그런데 사서에서 유우석이 무릉사마武陵司馬일 때 「죽지사」를 지었다고 한 것은 잘못이다. 곽무청이 『악부시집』에서 “당 정원 연간에 유우석이 원상沅湘에 있을 때 세속의 노래가 누추하다고 하여 『이소』의 「구가九歌」에 의거해 「죽지사」 9장을 지었다”라고 했다. 곽무청 역시 무릉시절에 지은 것으로 본 것이니 사서의 기록에 따른 것이다.

王維因鼓「鬱輪袍」登第, 而集中無琵琶詩. 畫思入神, 山水平遠, 雲勢石色, 繪者以爲天機所到. 而集中無畫詩. 豈非藝成而下不欲言邪? 抑以樂而娛貴主, 以畫而奉崔圓, 而不欲言邪?

왕유가 「울륜포鬱輪袍」[19]를 연주해서 과거에 급제했다고 한다. 그의 시집에는 비파와 관련된 작품이 없고 그림은 신의 경지에 들어 멀리 펼쳐진 산수와 구름과 바위 색 등에 대해 화가들이 천기天機가 도달한 것이라 했다. 시집에 그림에 대한 시도 없으니 기예로 이룬 것에 대해 말하고 싶지 않았던 것일까? 아니면 음악으로 귀주(貴主 : 태평공주太平公主)를 즐겁게 하고 그림을 그려 재상 최원崔圓에게 바친 사실을 거론하고 싶지 않았던 것일까?

張衡作「南都賦」云 : "怨西荊之折盤." 李善云 : "卽楚舞也. 折盤, 舞貌." 余謂盤有兩義, 亦有槃舞也. 張衡「七盤舞賦」云 : "歷七盤而縱躡." 鮑照詩云 : "七盤起長袖." 樂府詩云 : "姸袖陵七盤."『宋書・樂志』曰 : "盤舞, 漢曲也. 漢有柈舞, 而晉加之以盃, 言接盃盤於手上而反覆之, 至危也." 凡此者, 皆謂用槃而舞, 非盤旋之義.

장형張衡의 「남도부南都賦」에서 "서형西荊의 절반折盤을 원망한다[怨西荊之折盤]"라고 한 것에 대해 이선李善은 "이것은 초나라의 무용이며 절반은 춤추는 모습이다"라고 했다. 나는 반盤에는 두 가지 의미가 있다[20]고 생각되며 이 밖에 반무槃舞가 있기도 하다. 장형張衡의 「칠반무부七盤舞賦」에서 "일곱 개의 쟁반을 늘어놓고 자유로이 밟는다[歷七盤而縱躡]"라고 하고, 포조의 시에서 "일곱 개 쟁반 위에 긴 소매를 일으킨다[七盤起長袖]"[21]라고 하고, 악부시에서 "고운 소매가 일곱 개의 쟁반을 억누

19　「울륜포(鬱輪袍)」: 왕유가 지었다고 전해지는 악곡의 이름이다. 당시 명성이 자자했던 장구고(張九皐)가 공주와 내통하여 향시 급제가 결정될 상황이었는데, 왕유가 기왕(岐王 : 이범(李範))의 계책대로 비파를 들고 공주 앞에서 「울륜포」를 연주하여 결국 장구고 대신 일등으로 급제했다고 한다.

20　반(盤)에는 …… 있다 : 명사로서 '쟁반'이란 의미와 동사로서 '회전하다'는 의미가 반(盤)에 있다는 뜻이다.

른다[妍袖陵七盤]"라고 하고, 『송서宋書』「악지樂志」에서 "반무는 한나라 시대의 곡이다. 한대에 반무柈舞가 있었는데 진晉나라 때 배杯를 첨가시켰으니(杯柈舞), 손 위에 잔 받침을 올려놓는 것을 반복하는 것으로, 매우 아슬아슬하다"라고 했다. 이러한 내용들은 모두 쟁반을 이용하여 춤을 춘다는 것이지 반선(盤旋 : 회전)의 의미가 아닌 것이다.

『宋書・樂志』有「白紵舞」, 「樂府解題」譽白紵曰 : "質如輕雲色如銀, 製以爲袍餘作巾, 袍以光軀巾拂塵." 王建云 : "新縫白紵舞衣成, 來遲邀得吳王迎." 元稹云 : "西施自舞王自管, 白紵翻翻鶴翎散." 則白紵, 舞衣也. 王建云 : "新換「霓裳」月色裙." 豈「霓裳羽衣舞」亦用白邪?「柘枝舞」起於南蠻諸國, 而盛於李唐. 得於今者, 尙其遺制也. 章孝標云 : "「柘枝」初出鼓聲招, 花鈿羅裙聳細腰." 言當招之以鼓. 張承福云 : "白雪慢回抛舊態, 黃鶯嬌囀唱新詞." 言當雜之以歌. 今制亦爾. 而鄭在德詩云 : "三敲畫鼓聲催急, 一朶紅蓮出水遲." 則所用者一人而已. 法振詩云 : "畫鼓催來錦臂攘, 小娥雙起整霓裳." 則所用者又二人. 按樂苑用二女童, 帽施金鈴, 抃轉有聲. 其來也, 於二蓮花中藏花, 析而後見, 則當以二人爲正. 今或用五人, 與古小異矣.

『송서』「악지」에 「백저무白紵舞」가 기술되어 있다. 「악부해제樂府解題」에서 백저에 대해 예찬하기를 "바탕은 옅은 구름과 같고 색은 은빛 같은데, 마름질하여 두루마기를 만들고 나머지로 건巾을 만드니, 두루마기는 몸을 빛나게 하고 건은 먼지를 터네[質如輕雲色如銀, 製以爲袍餘作巾, 袍以光軀巾拂塵]"라고 하고, 왕건은 "백저로 무용복을 새롭게 만들어, 서서히 걸어와 오왕吳王을 맞이하네[新縫白紵舞衣成, 來遲邀得吳王迎]"[22]라

21 『한위육조백삼가집』 권69 『포조집(鮑照集)』 「수시(數詩)」.

22 『왕사마집(王司馬集)』 권2 「백저가이수(白紵歌二首)」 제1수.

고 하고, 원진은 “서시西施가 춤을 추고 왕이 지켜고 있을 때 , 백저가 펄럭이며 학의 날개 흩어지네[西施自舞王自管, 白紵翻翻鶴翎散]”[23]라고 했으니 백저는 무도복인 것이다. 왕건이 “「예상霓裳」의 달빛 치마를 새로 바꾼다[新換「霓裳」月色裙]”[24]라고 했으니 「예상우의무霓裳羽衣舞」도 백저를 사용한 것일까? 「자지무柘枝舞」는 남만南蠻의 국가들에서 시작되어 당나라에서 성행했는데 오늘날 보이는 것도 여전히 그 영향을 받은 것이다. 장효표章孝標가 “「자지」는 처음 나올 때는 북소리로 불러내, 꽃 비녀와 비단 치마에 가는 허리가 위로 솟네[「柘枝」初出鼓聲招, 花鈿羅裙聳細腰]”[25]라고 한 것은 북으로 불러냈음을 말한 것이며, 장승복張承福의 “백설白雪이 넌지시 돌며 구태를 벗고, 꾀꼬리가 어여삐 지저귀며 새로운 가사를 부르네[白雪慢回抛舊態, 黃鶯嬌囀唱新詞]”는 노래가 섞여 있음을 말한 것이다. 지금의 내용도 마찬가지이다. 그런데 정재덕鄭在德의 시에서 “화고畫鼓를 세 번 치며 장단이 급해지자, 붉은 연꽃 한 송이가 서서히 물 밖으로 나오네[三敲畫鼓聲催急, 一朶紅蓮出水遲]”라고 한 것은 등장인물이 한 사람인 것이고, 법진法振의 시에서 “화고가 재촉하자 비단 팔을 펄럭이며, 한 쌍의 어린 여인이 나와 붉은 치마를 여미네[畫鼓催來錦臂攘, 小娥雙起整霓裳]”[26]라고 한 것은 등장인물이 두 사람인 것이다. 악원樂苑에서 두 동녀童女가 모자에 황금방울을 달고 흔들어 소리를 내는데, 그들이 나올 때 두 개의 연꽃 안에 숨어 있다가 연꽃이 열리면서 나타나는 것이 확인된다면 두 사람이 맞을 것이다. 지금은 간혹 다섯 사람이 등장하는데 옛것과 약간 차이가 있는 것이다.

23 『원씨장경집(元氏長慶集)』 권23 「동백저(冬白紵)」.

24 『왕사마집』 권8 「예상사십수(霓裳詞十首)」 제8수.

25 『어정전당시』 권506, 장효표(章孝標), 「자지(柘枝)」.

26 『어정전당시』 권811, 법진(法振), 「구(句)」.

「鳳將雛曲」, 吳競『樂府題要』云 : "漢世樂曲名也." 而郭茂倩『樂府詩集』中無此詞. 獨『通典』載應璩「百一」詩云 : "爲作「陌上桑」, 反言「鳳將雛」." 張正見「置酒高殿上」云 : "「琴挑」「鳳將雛」." 當是用相如鼓「琴挑」云, "鳳兮歸故鄕, 四海求其凰"之義, 則此曲其來久矣. 按『晉書・樂志』, 吳聲十曲 : 一曰「子夜」, 二曰「上柱」, 三曰「鳳將雛」. 此三曲自漢至梁有歌, 今不傳矣. 故東坡「寄劉孝叔」詩云 : "平生學問止流俗, 衆裏笙竽誰比數. 忽令獨奏「鳳將雛」, 倉卒欲吹那得譜." 言古有名而今無譜也. 岑參「蓋將軍歌」云 : "美人一雙閑且都, 朱唇翠眉映明矑. 淸歌一曲世所無, 今日喜聞「鳳將雛」." 非謂歌「鳳將雛」也, 但取世所無之義爾.

「봉장추곡鳳將雛曲」에 대해 오경吳競의 『악부제요樂府題要』에서 "한대의 악곡樂曲 이름이다"라고 했는데 곽무청의 『악부시집』에는 이 가사가 없다. 다만 『통전通典』에 응거應璩의 시 「백일百一」의 "「맥상상陌上桑」을 지으며, 도리어 「봉장추」를 이야기하네[爲作「陌上桑」, 反言「鳳將雛」]"와, 장정견張正見의 「치주고전상置酒高殿上」의 "「금도琴挑」와 「봉장추」[「琴挑」「鳳將雛」]"가 실려 있는데, 이것은 사마상여가 「금도」를 연주하며 "봉鳳이 고향으로 돌아가자, 온 세상이 황凰을 구하네[鳳兮歸故鄕, 四海求其凰]"[27]라고 한 내용을 인용한 것이므로 곡의 유래가 오래된 것이다. 『진서晉書』 「악지樂志」에 의하면 오성吳聲 열 곡에서 한 곡은 「자야子夜」, 두 곡은 「상주上柱」, 세 곡은 「봉장추」인데 이 세 곡은 한대에서부터 양대梁代까지는 가사가 있었으나 지금은 전하지 않는다. 그래서 소식의 「기유효숙寄劉孝叔」에서 "평생 학문이 속세의 것뿐이나, 수많은 것 중에서 생笙과 우竽를 누가 다 구분하랴.[28] 갑자기 「봉장추」를 독주하게

27 장부, 『한위육조백삼가집』 권3 『사마상여집(司馬相如集)』 「금가이수(琴歌二首)」 제1수.

28 생(笙)과 …… 구분하랴 : 생(笙)과 우(竽)는 모두 형태가 비슷한 악기로, 그 형태가 비슷해서 구분하기 어려운 것에 대한 비유로 쓰이기 때문에 이렇게 말한 것이다.

해, 경황없이 부르려니 악보를 어찌 얻으라[平生學問止流俗, 衆裏笙竽誰比數. 忽令獨奏「鳳將雛」, 倉卒欲吹那得譜]"라고 했으니 예전에는 이름이 있었는데 지금은 악보가 없는 것을 거론한 것이다. 잠삼의 「개장군가蓋將軍歌」에서 "한 쌍의 미인이 여유롭고 아름다워, 붉은 입술과 푸른 눈썹이 밝은 눈매를 비추네. 좋은 노래 한 곡이 세상에 없으나, 오늘 「봉장추」를 더 듣고 싶네[美人一雙閒且都, 朱脣翠眉映明矑. 淸歌一曲世所無, 今日喜聞「鳳將雛」]"라고 한 것은 「봉장추」를 노래 부른 것을 거론한 것이 아니라 세상에 없다는 의미를 강조한 것일 뿐이다.

『文選』載石季倫「明君詞」云 : "昔公主嫁烏孫, 令琵琶馬上作樂, 以慰其道路之思." 明君亦然. 則馬上彈琵琶, 非昭君自彈也, 故孟浩然「涼州詞」云 : "故地迢迢三萬里, 那堪馬上送明君." 而東坡「古纏頭曲」乃云 : , "翠鬟女子年十七, 指法已似呼韓婦." 梅聖兪「明妃曲」亦云 : "月下琵琶旋製聲, 手彈心苦誰知得."則皆以爲昭君自彈琵琶, 豈別有所據邪?

『문선』에 실린 석계륜石季倫의 「명군사明君詞」에서 "옛날 공주가 오손烏孫에게 시집갈 때, 말 위에서 비파를 연주하게 해, 먼 길을 위로했다[昔公主嫁烏孫, 令琵琶馬上作樂, 以慰其道路之思]"라고 했는데 명군明君[29] 역시 마찬가지이다. 따라서 말 위에서 비파를 연주한 것은 명군(왕소군)이 스스로 연주한 것이 아니다. 그래서 맹호연의 「양주사涼州詞」에서 "고향 땅은 아득한 삼만 리인데, 어떻게 말 위에서 명군을 전송하라[故地迢迢三萬里, 那堪馬上送明君]"라 한 것이다. 그런데 소식이 「고전두곡古纏頭曲」에서 "푸른 머리 열일곱 살 여인이, 손가락 연주법이 호한呼韓의 아낙을 닮았네[翠鬟女子年十七, 指法已似呼韓婦]"라고 하고, 매요신의 「명

29 명군(明君) : 왕소군(王昭君)을 말한다. 소군(昭君)의 '昭'가 진 문제(晉文帝) 사마소(司馬昭)의 '昭'와 같다 해서 진나라 사람들이 명군이라 부른 것이다.

비곡明妃曲」에서도 "달빛 아래서 곧장 비파로 곡을 만들어, 손수 연주하는 괴로움을 누가 알까[月下琵琶旋製聲, 手彈心苦誰知得]"라고 했으니 이는 모두 명군이 스스로 비파를 연주한 것으로 본 것이니 혹시 별도의 근거가 있었던 것일까?

歐陽永叔「見楊直講女奴彈琵琶」云 : "嬌兒兩幅青布裙, 三脚木牀坐調曲. 雖然可愛眉目秀, 無奈長飢頭項縮." 梅聖兪和篇亦云 : "不肯那錢買珠翠, 任從堆插階前菊. 功曹時借乃許出, 他日求官龜殼縮." 亦可以想見風采矣. 永叔倒殘壺得酒, 於筐筥間得枯魚, 强飲疾醉之時, 亦有小婢鳴弦佐酒. 所謂"小婢立我前, 赤脚兩髻丫. 軋軋鳴雙弦, 正如艣嘔啞." 議者謂亦與楊家嬌兒不遠. 余謂永叔作此詩時, 已爲內相. 觀其所作長短句, 皆富艷語, 不應當此以汙尊俎, 永叔特自謙之詞爾. 梅聖兪嘗和其詩云 : "公家八九姝, 鬒髮如盤鴉. 朱唇白玉膚, 參年始破瓜." 則永叔所言赤脚者, 非誠語無疑矣.

구양수가 「견양직강여노탄비파見楊直講女奴彈琵琶」에서 "교아嬌兒가 두 폭의 청포 치마를 입고, 다리 세 개 목상 위에 앉아 곡을 연주하네. 빼어난 눈매가 참 어여쁘나, 오랜 굶주림에 목이 오그라든 것은 어쩔 수 없네[嬌兒兩幅青布裙, 三脚木牀坐調曲. 雖然可愛眉目秀, 無奈長飢頭項縮]"라고 하고, 매요신이 화답해 지은 시에서도 "돈으로 구슬이며 비취를 사고 싶어 하지 않아, 섬돌 앞 국화를 아무렇게나 꽂았네. 공조功曹에서 허락받아 밖으로 나왔으나, 훗날 관리에게 굽실거릴 때는 거북 껍질 오므라들 듯하리라[不肯那錢買珠翠, 任從堆插階前菊. 功曹時借乃許出, 他日求官龜殼縮]"[30]라고 했으니 그 모습을 떠올릴 수가 있다. 구양수가 남은 술병을

30 『완릉집(宛陵集)』 권55 「의운화영숙희작(依韻和永叔戲作)」.

술잔에 따르고 광주리에서 마른 물고기를 찾아 억지로 마시며 빨리 취할 때에도 역시 어린 여종이 현을 연주하며 술자리를 도왔으니 "어린 계집종이 내 앞에 서서, 맨발에 머리를 양쪽에 세웠네. 한 쌍의 현을 연주하니, 상앗대 젓는 소리가 들리는 듯했네[小婢立我前, 赤脚兩髻丫. 軋軋鳴雙弦, 正如艣嘔啞]"[31]가 그것이다. 논자들은 이 여종이 양직강楊直講 집의 교아와 비슷할 것이라고 했다. 나는 이렇게 생각한다. 구양수가 이 시를 지을 때는 이미 내상(內相 : 한림학사)이었다. 그가 지은 장·단편의 작품들이 모두 풍성하고 미려한 시어로 이루어졌음을 감안하면 이처럼 아무렇게나 술을 마시지 않았을 것이니, 이것은 구양수가 겸손의 의미로 한 표현일 것이다. 매요신 일찍이 그의 시에 화답한 시에서 "공의 집안 여덟아홉의 아리따운 여인들은, 까만 머리가 반아盤鴉[32]를 닮았네. 붉은 입술에 백옥 같은 살결은, 삼 년이 지나 비로소 파조破瓜[33]가 되었네[公家八九姝, 鬒髮如盤鴉. 朱唇白玉膚, 參年始破瓜]"[34]라고 했으니 구양수가 말한 맨발은 실제 이야기가 아님이 분명하다.

唐明皇酷好羯鼓, 汝陽王璡精於其事, 明皇喜之, 屢有賞賚. 東坡所謂"汝陽眞天人, 破帽揷紅槿. 纏頭三百萬, 不買一笑哂"是也. 杜甫嘗以詩二十韻贈之, 有云 : "聖情常有眷, 朝退若無凭. 仙醴來浮蟻, 奇毛或賜鷹." 則當時恩寵之盛可知矣. 又曰 : "筆飛鸞聳立, 章罷鳳騫騰." 美其書翰之妙也. 又有詩稱之曰 : "箭出飛鞚內, 上又回翠麟." 美其射御之精也. 則其可喜處, 豈特羯鼓而已哉.

---

31 『문충집』 권8 「기각색연인서소견봉정성유(旣覺索然因書所見奉呈聖兪)」.

32 반아(盤鴉) : 여인들이 검은머리를 말아 올려 만든 낭자이다.

33 파조(破瓜) : 자조지년(破瓜之年)의 준말로, 십육 세를 가리킨다. '瓜'를 횡으로 파자(破字)하며 두 개 '八'이 돼서 8+8=16이 된 데에서 유래한다.

34 『완릉집(宛陵集)』 권19 「차운화수영숙(次韻和酬永叔)」.

당 현종이 갈고羯鼓[35]를 아주 좋아했는데 여양왕汝陽王 이진李璡이 그것에 정통하여 당 현종이 기쁜 나머지 그에게 여러 차례 상을 하사했으니 소식이 거론한 "여양왕은 참으로 하늘이 내린 사람으로, 해진 모자에 붉은 무궁화를 꽂았네. 삼백만의 전두纏頭[36]도, 한 번의 웃음을 사지 못했네[汝陽眞天人, 破帽揷紅槿. 纏頭三百萬, 不買一笑哂]"[37]가 그것이다. 두보가 일찍이 20수의 시를 지어주었는데 그중 1수에서 "성상은 언제나 돌보았지만, 조정에서 물러나면 의지할 데 없는 듯했네. 거품이 떠 있는 선계의 단술이 내려오고, 기묘한 털의 매를 하사하기도 했네[聖情常有眷, 朝退若無凭. 仙醴來浮蟻, 奇毛或賜鷹]"[38]라고 했으니 당시 성대했던 은총을 짐작할 수 있다. 두보가 일찍이 지은 시에서 "붓이 날아갈 때는 난새가 우뚝 서고, 장이 끝날 때는 봉황이 훨훨 날아가네[筆飛鸞聳立, 章罷鳳騫騰]"[39]는 오묘한 글씨와 글을 찬미한 것이고, 또 그를 칭송한 시에서 "내달리는 말에서 화살을 꺼내면, 성상께서 또다시 푸른 기린을 되돌리네[箭出飛鞚內, 上又回翠麟]"[40]는 정묘한 활솜씨를 찬미한 것이다. 그렇다면 좋아하는 것이 어찌 갈 지역의 북뿐이겠는가.

『晉書·阮咸傳』云, 咸善琵琶. 今有圓槽而十三柱者, 世號"阮", 亦謂"阮咸", 相傳謂阮咸所作, 故以爲名, 而咸傳乃不及此. 山谷「聽宋宗儒摘阮歌」云:"手揮琵琶送飛鴻, 促弦聒醉驚客起. 圓壁庚庚有橫理, 閉

35 갈고(羯鼓) : 칠통(漆桶)처럼 만든 갈 지역의 북이다. 당 현종이 양귀비와 함께 갈고를 두드리며 모든 음악의 으뜸이라 했다 한다.

36 전두(纏頭) : 예인(藝人)이 가무를 끝내고 나면 관객들이 그 대가로 주는 예물이다.

37 『동파전집』 권11 「이공택과고우견시대부여손신로상화시 억여복거세회우팽문절화궤순고사 작시이십사운견희 의운봉답 역이일희공택운이(李公擇過高郵見施大夫與孫莘老賞花詩憶與僕去歲會于彭門折花餽筍故事作詩二十四韻見戲依韻奉荅亦以一戲公擇云爾)」.

38 『두시상주』 권1 「증특진여양왕이십운(贈特進汝陽王二十韻)」.

39 『두시상주』 권1 「증특진여양왕이십운」.

40 『두시상주』 권16 「증태자태사여양군왕진(贈太子太師汝陽郡王璡)」.

門三月傳國工, 身今親見阮仲容." 則亦以爲仲容所作. 豈咸用琵琶餘製而作"阮"邪? 又有所謂"五絃"者, 『唐書·樂志』云: "如琵琶而小, 北國所出. 樂工裴神符初以手彈, 太宗悅甚, 後人習爲搊琵琶." 則五絃之製, 亦出於琵琶也. 樂天有「五絃彈」詩云: "趙壁知君入骨愛, 五絃一一爲君調." 又云: "惟憂趙壁白髮生, 老死人間無此聲." 想其搊彈之妙, 冠古絶今, 人未易企及也. 嘗觀『國史補』云: "人問壁彈五絃之術, 壁曰: '我之於五絃也, 始則神遇之, 終則天隨之, 眼如耳, 耳如鼻, 不知五絃之爲壁, 壁之爲五絃也.'" 其莊周所謂"用志不紛, 乃疑於神"者乎? 韋應物云: "古刀幽磬初相觸, 千珠貫斷落寒玉." 張祜云: "小小月輪中, 斜抽半袖紅." 元稹云: "促節頻催漸繁撥, 珠幢斗絶金鈴掉." 亦可見五絃聲韻製作之彷彿矣.

『진서晉書』「완함전阮咸傳」에서 완함은 비파를 잘 탄다고 했다. 지금 둥근 구유 모양의 기둥 열세 개가 있어 이를 '완阮', 또는 '완함阮咸'이라 부르는데, 완함이 만든 것이어서 그렇게 부른 것이라고 하지만 「완함전」에는 관련 기록이 없다. 황정견의 「청송종유적완가聽宋宗儒摘阮歌」에서 "손으로 비파를 타며 나는 기러기를 전송할 때, 빠른 현의 소리가 술 취해 떠드는 객도 깜짝 놀라게 했네. 가로 결이 있는 둥근 구슬을, 삼 개월간 문을 닫고 나라장인(國工)에 전했거늘, 지금 직접 완중용(阮仲容: 완함)을 보네[手揮琵琶送飛鴻, 促弦聒醉驚客起. 圓璧庚庚有横理, 閉門三月傳國工, 身今親見阮仲容]"라고 했으니 역시 완함이 만든 것으로 본 것이다. 혹시 완함이 비파의 제조법을 응용하여, '완'을 만든 것일까? 그 밖에, '오현五絃'[41]이라는 것이 있는데 『당서唐書』「악지樂志」에 의하면 "비파와 비슷하지만 작고, 북쪽 나라에서 생산된 것이다. 악공 배신부裴神符가 처음 연주했는데 태종이 매우 좋아했고, 후인들이 이것을 익혀 비

41 오현(五絃): 오현비파(五弦琵琶)의 약칭이다. 중국 북방민족이 사용하던 현악기로, 당나라 때 특히 성행했다.

파를 연주했다"라고 했으니 '오현'의 제작도 비파에서 나온 것이다. 백거이가 「오현탄五絃彈」에서 "조벽趙璧[42]이 그대가 뼛속 깊이 사랑한 줄 알고, 그대를 위해 세심히 오현을 연주하네[趙璧知君入骨愛, 五絃一一爲君調]"라고 하고, 또 "조벽에 백발이 생길까 걱정하노니, 늙어 죽도록 세상에 이런 소리가 없네[惟憂趙璧白髮生, 老死人間無此聲]"[43]라고 했는데 연주의 오묘함이 고금에 으뜸이어서 사람들이 쉽게 다가갈 수 없었음을 알 수 있다. 일찍이 『국사보國史補』에서 "어떤 사람이 조벽에게 오현을 타는 법에 대해 묻자, 조벽이 '나는 오현에 대해, 처음에는 신과 조우하고 끝날 때는 하늘이 뒤따라서 눈이 귀와 같고 귀가 코와 같아서 오현이 조벽인지 조벽이 오현인지 모른다'라고 했다" 하였으니 장자가 말한 "생각이 흐트러지지 않아, 신인가 의심된다[用志不紛, 乃疑於神]"[44]의 경지인 것인가? 위응물이 "고대의 칼과 그윽한 경쇠가 막 부딪히고, 구슬 수천 꿰미가 끊어지며 차가운 옥이 떨어지는 듯하네[古刀幽磬初相觸, 千珠貫斷落寒玉]"[45]라고 하고, 장호가 "작고 작은 달무리 속에서, 절반 붉은 소매를 비스듬히 꽂았네[小小月輪中, 斜抽半袖紅]"[46]라고 하고, 원진이 "짧은 가락이 빨라지며 점차 긴박해지자, 구슬 장식 깃발이 휘날리고 황금 방울이 요동치네[促節頻催漸繁撥, 珠幢斗絶金鈴掉]"[47]라고 했는데 오현의 성聲과 운韻의 전반적인 면모를 엿볼 수 있다.

"「清廟」之瑟, 朱絃而疏越, 一倡而三歎", 豈若後世務爲哇淫綺靡之音哉? 楊惲云 : "家本秦也, 能爲秦聲, 婦, 趙女也, 雅善鼓瑟." 韓愈曰 :

42 조벽(趙璧) : 당나라의 때의 악사로, 특히 오현 연주에 뛰어났다.
43 『백씨장경집』 권3 「오현탄(五絃彈)」 「오정지탈아야(惡鄭之奪雅也)」.
44 『장자(莊子)』 「달생(達生)」.
45 『위소주집(韋蘇州集)』 권10 「오현행(五絃行)」.
46 『어정전당시』 권510, 장호, 「오현」.
47 『원씨장경집』 권24 「오현탄(五絃彈)」.

"已令孺人戞鳴瑟, 更遣稚子傳清盃." 杜甫云:"何時詔此金錢會, 暫醉佳人錦瑟旁." 是皆作於婦人之手, 而用於酒酣之時, 已非朱弦疏越之意矣. 錢起爲「湘靈鼓瑟」詩云:"馮夷空自舞, 楚客不堪聽." 鮑溶云:"絲減悲不減, 器新聲更古. 一弦有餘哀, 何況二十五." 二公之詠, 於一倡三歎之旨幾矣. 善哉白樂天之論也, "正始之音其若何, 朱弦疏越「清廟」歌. 一彈一曲再三歎, 曲淡節稀聲不多. 人情重今多賤古, 古琴有弦人不撫. 自從趙璧藝成來, 二十五絃不如五."

"「청묘淸廟」[48]의 슬瑟은 붉은 현으로 되어 있고 소리가 느릿하여 한 사람이 선창하면 세 사람이 화답한다"[49]라고 했으니 질탕하고 화려함을 힘쓰는 후대의 음악과 어찌 같겠는가. 양운楊惲은 "나의 집은 본디 진秦 지역이어서 진의 음악을 잘 다루며, 부인은 조趙 지역 여인이어서 평소 슬을 잘 연주한다"라고 했고, 한유는 "유인孺人에게 슬을 연주하게 하고, 다시 어린아이를 보내 맑은 술잔을 전하게 하네[已令孺人戞鳴瑟, 更遣稚子傳淸盃]"[50]라고 하고, 두보는 "언제 (황제가 군신에게) 돈을 뿌렸다는 모임이 다시 열려, 금슬錦瑟 타는 가인 옆에서 잠시 취해볼까[何時詔此金錢會, 暫醉佳人錦瑟旁]"[51]라고 했는데 이는 모두 부인의 손에 의해 연주된 것이고 술이 얼큰할 때에 사용된 것으로, "붉은 현에 소리가 느릿하다"는 것의 본디 뜻이 아니다. 전기가 「상령고슬湘靈鼓瑟」에서 "풍이馮夷[52]가 공연히 혼자 춤을 추니, 초객楚客이 들을 수가 없네[馮夷空自舞, 楚客不堪聽]"라고 하고, 포용鮑溶이 "현은 줄어도 슬픔은 줄지 않고,

48 「청묘(淸廟)」: 청명(淸明)한 덕을 가진 분에게 제사 지내는 사당이란 뜻으로, 주 문왕의 사당을 가리킨다. "청묘의 비파는 붉은 줄에 너른 구멍을 밑바닥에 뚫었으며, 한 사람이 연주를 하면 세 사람이 따라서 감탄하는데, 이는 선왕의 남긴 소리가 있는 것이다.[淸廟之瑟 朱絃而疏越 壹倡而三歎 有遺音者矣]" 『예기』「악기」.

49 『예기』「악기」.

50 『어정전당시』 권339, 한유(韓愈), 「감춘오수(感春五首)」.

51 『두시상주』 권6 「곡강대우(曲江對雨)」.

52 풍이(馮夷): 전설 속에 나오는 황하(黃河)의 수신(水神) 하백(河伯)을 가리킨다.

악기가 새로울수록 소리는 더욱 예스럽네. 하나의 현에도 슬픔이 묻어 있거늘, 스물다섯 개의 현이야 말할 나위 있으랴[絲減悲不減, 器新聲更古. 一弦有餘哀, 何況二十五]"[53]라고 했는데 두 분의 노래가 '한 사람이 선창하면 세 사람이 화답한다'의 본지에 거의 가까운 것이다. 따라서 백거이의 다음 논평은 참 훌륭하다. "정시正始의 음악은 어떠했던가? 붉은 현에 느릿한 소리의 「청묘」이어라. 곡조 한 번 타면 재삼 감탄했나니, 곡이 담백하고 가락이 단순해 소리가 복잡하지 않았네. 사람들이 지금을 중시하고 옛것을 천시해, 옛 금琴에 현이 있어도 만지지를 않네. 조벽의 기예가 완성되고 나서부터, 이십오 현은 오 현만 못했네.[正始之音其若何, 朱弦疏越「淸廟」歌. 一彈一曲再三歎, 曲淡節稀聲不多. 人情重今多賤古, 古琴有絃人不撫. 自從趙璧藝成來, 二十五弦不如五.]"[54]

彈絲之法, 妙在左手, 脫右優而左劣, 亦何足論乎? 嘗觀『琵琶錄』云: "元和中, 曹保有子善才, 善才有子綱, 皆能琵琶. 又有裴興奴長於攏撚, 時人謂綱有右手, 興有左手. 蓋攏撚在左手也." 綱劣於左手, 則琵琶之妙處逝矣. 白樂天有「聽彈琵琶示重蓮」詩云: "誰能截此曹綱手, 插向重蓮紅袖中." 惜乎樂天未知截興奴妙手之妙也.

현을 탈 때 가장 중요한 포인트는 왼쪽 손에 있는데 만일 오른쪽이 좋고 왼쪽이 좋지 않다면 어찌 더 논할 것이 있겠는가. 일찍이 『비파록琵琶錄』에서 "원화 연간에 조보曹保에게 아들 조선재曹善才가 있고, 조선재에게 아들 조강曹綱이 있었는데 모두 비파에 능했다. 또 배흥노裴興奴가 손가락 연주에 뛰어났는데, 당시 사람들이 조강에게는 오른손이 있고 배흥노에게는 왼손이 있다고 했다. 손가락 연주가 왼쪽 손으로 이

53 『어정전당시』 권485, 포용(鮑溶), 「추회오수(秋懷五首)」 제2수.
54 『백씨장경집』 권3 「오현탄(五絃彈)」 「악정지탈아야(惡鄭之奪雅也)」.

루어졌던 것이다"라고 했는데 조강이 왼쪽 손에 문제가 있었다면 비파의 오묘한 연주는 끝나버린 것이다. 그런데 백거이가 「청탄비파시중련聽彈琵琶示重蓮」에서 "누가 조강의 손을 끊어, 중련重蓮의 붉은 소매 속에 꽂을 수 있을까[誰能截此曹綱手, 揷向重蓮紅袖中]"라고 했는데, 백거이가 배흥노의 오묘한 손의 오묘함을 끊는다는 사실을 모른 것이 애석한 일이다.

自周陳以上, 雅・鄭殽雜而無別. 隋文帝始分雅俗, 工部雅樂八十四調, 而俗樂止於二十八. 琵琶非古雅樂也, 而元微之詩乃云"琵琶宮調八十一, 旋宮三調彈不出"何邪? 按賀懷智『琵琶譜』云: "琵琶有八十四調, 內黃鍾・太蔟・林鍾宮聲彈不出." 則微之之言信矣. 然琵琶用於今者, 止於二十八調, 豈唐琵琶曲聲與今不同邪? 沈存中云: "懷智『琵琶譜』, 格調與今樂全不同, 今之燕樂. 古聲多亡, 而新聲大率皆無法度." 觀此則存中亦有疑於其間. 殊不知今之琵琶, 皆用俗樂調也.

북주北周와 남진南陳(남북조) 이전에는 아악雅樂과 정악鄭樂이 뒤섞여 구분이 없었다. 수 문제가 비로소 아악과 속악을 구분하여, 공부工部에서 아악은 팔십사 조調로 엮고 속악은 이십팔 조로만 묶었다. 비파는 원래 옛 아악이 아닌데 원진이 시에서 "비파의 궁조는 팔십일 개로, 선궁旋宮[55]의 삼 조는 연주하지 않네[琵琶宮調八十一, 旋宮三調彈不出]"[56]라고 한 것은 무엇 때문일까? 자료를 살펴보면 하회지賀懷智의 『비파보琵琶譜』에서 "비파에는 팔십사 조가 있는데 그 가운데 황종黃鍾・태주太蔟・임종林鍾 등의 궁성宮聲은 연주하지 않는다"라고 했으니 원진의 말

55 선궁(旋宮) : 십이 율을 칠 음(音)에 배합하여 돌려가며 궁성(宮聲)이 되게 하는 것을 가리키는데, 이를 합치면 모두 팔십사 조(調)가 된다.

56 『원씨장경집』 권26 「비파가(琵琶歌)」.

이 신빙성이 있는 것이다. 하지만 오늘날 사용되고 있는 비파는 이십팔 조에 그치고 있으니 혹시 당나라 비파곡의 내용이 지금과 달랐던 것일까? 심괄이 "하회지의 『비파보』는 그 격조가 지금의 음악과는 전혀 다르다. 지금의 연악燕樂에서는 옛 곡조가 대부분 망실되었으며 새로운 음악은 대부분 법도가 없다"라고 했는데 이러한 내용으로 보면 심괄 역시 의심을 보이고 있는 것이다. 하지만 그는 오늘날의 비파가 모두 속악의 곡조를 사용하고 있다는 사실을 모르고 있다.

「後庭花」, 陳後主之所作也. 主與倖臣各製歌詞, 極於輕蕩. 男女倡和, 其音甚哀, 故杜牧之詩云 : "煙籠寒水月籠沙, 夜泊秦淮近酒家. 商女不知亡國恨, 隔江猶唱「後庭花」." 「阿濫堆」, 唐明皇之所作也. 驪山有禽名阿濫堆, 明皇御玉笛, 將其聲翻爲曲, 左右皆能傳唱, 故張祜詩云 : "紅葉蕭蕭閣半開, 玉皇曾幸此宮來. 至今風俗驪山下, 村笛猶吹「阿濫堆」." 二君驕淫侈靡, 躭嗜歌曲, 以至於亡亂. 世代雖異, 聲音猶存, 故詩人懷古, 皆有 "猶唱" • "猶吹"之句. 嗚呼, 聲音之入人深矣.

「후정화後庭花」는 진 후주(陳後主 : 진숙보陳叔寶)의 작품이다. 군주와 총애를 받는 신하가 각각 가사를 지었는데 경박함과 방탕함이 극에 이르렀고 남녀가 서로 화답하며 불렀는데 그 음조가 매우 슬펐다. 그래서 두목의 시에서 "차가운 물에 안개 자욱하고 모래 위에 달빛 흩어졌는데, 한밤 술집 가까운 진회秦淮에 정박한다. 술집 여인은 망국의 한이 서린 줄 모르고, 강 건너에서 「후정화」를 부르고 있다(煙籠寒水月籠沙, 夜泊秦淮近酒家. 商女不知亡國恨, 隔江猶唱「後庭花」)"[57]라고 했다. 「아람퇴阿濫堆」는 당 현종의 작품이다. 여산驪山에 '아람퇴'라는 새가 있었는데 당

57 『어정전당시』 권523, 두목(杜牧), 「박진회(泊秦淮)」.

현종이 이 새의 소리를 옥적玉笛의 곡으로 번안했고 좌우 신하들이 서로 전하며 노래로 불렀다. 그래서 장호의 시에서 "단풍잎 쓸쓸하고 누각이 절반쯤 열렸을 때, 옥황(玉皇 : 당 현종)께서 일찍이 이 궁에 찾아오셨네. 지금도 여산 아래에선, 마을 사람들이 젓대로 「아람퇴」를 연주하네[紅葉蕭蕭閣半開, 玉皇曾幸此宮來. 至今風俗驪山下, 村笛猶吹「阿濫堆」]"[58] 라고 했다. 두 군주는 교만과 음탕함과 사치를 일삼으며 노래를 탐닉하다가 결국 혼란과 멸망에 이르고 말았다. 시대는 달라도 음악은 여전히 남아 있으므로 시인들이 지난날을 회상할 때 모두 '아직도 노래한다(猶唱)'느니, '아직도 연주한다(猶吹)'느니 하는 구절을 쓰고 있는 것이다. 아, 음악이 사람의 마음에 끼치는 영향은 깊다 하겠다.

白樂天云 : "「河滿子」, 開元中, 滄州歌者臨刑進此曲以贖死, 竟不得免." 故樂天爲詩曰 : "世傳滿子是人名, 臨就刑時曲始成. 一曲四詞歌八疊, 從頭便是斷腸聲." 張祜集載武宗疾篤, 孟才人以歌笙獲寵, 密侍左右. 上目之曰 : "我當不諱, 爾何爲哉." 才人指笙囊泣曰 : "請以此就縊." 復曰 : "妾嘗藝歌, 願歌一曲." 上許之, 乃歌一聲「河滿子」, 氣亟立殞. 上令醫候之, 曰 : "脈尙溫而腸已絶." 則是「河滿子」眞能斷人腸者. 祜爲詩云 : "偶因歌態詠嬌嚬, 傳唱宮中十二春. 却爲一聲「河滿子」, 下泉須弔舊才人." 又有"故國三千里, 深宮二十年. 一聲「河滿子」, 雙淚落君前"之詠. 一稱十二春, 一稱二十年, 未知孰是也. 杜牧之有酬祜長句, 其末句云 : "可憐故國三千里, 虛唱歌詞滿六宮." 言祜詩名如此, 而惜其未遇也. 元微之嘗於張湖南座爲唐有態作「河滿子」歌云 : "梨園弟子奏明皇, 一唱承恩羈網緩. 使將河滿爲曲名, 御譜親題樂府纂. 魚家入內本領絶, 葉氏有年聲氣短." 又敍製曲之因, 與樂天之說同.

58 『어정전당시』 권511, 장호, 「화청궁사수(華清宮四首)」 제3수.

백거이가 "「하만자河滿子」는 개원 연간에 창주滄州의 가객이 처형되기에 앞서 이 곡을 지어 올려 죽음에 값하려 했으나 끝내 사면 받지 못했다"라고 했다. 그래서 백거이가 시를 지어 "전하는 말에 만자는 사람 이름으로, 처형을 당하려 할 때 곡이 완성되었다 한다. 곡은 네 개의 사詞와 여덟 첩疊의 노래로 이루어져, 처음부터 애끊는 소리가 이어진다[世傳滿子是人名, 臨就刑時曲始成. 一曲四詞歌八疊, 從頭便是斷腸聲]"[59]라고 했다. 장호의 시집에 의하면 "무종武宗이 병이 위급할 때 맹재인孟才人이 노래와 생황 연주로 총애를 받아 가까이 모시게 되었다. 무종이 그를 보고 '내가 세상을 떠나면 너는 어찌하겠느냐'라고 하자, 맹재인이 울며 생황 주머니를 가리키기를 '이것으로 목을 매겠습니다'라고 했다. 그러고 나서 다시 '제가 일찍이 노래를 배웠으니 한 곡조를 불러드릴까 합니다'라고 하자, 무종이 그렇게 하라고 했는데 「하만자」를 부르다가 그만 기가 막혀 숨이 멎어버렸다. 무종이 의원을 불러 진단하게 하자, 의원이 '맥은 아직 따뜻하나 장腸이 이미 끊어졌습니다'라고 했다"라고 했으니 「하만자」는 정말 사람의 애(腸)를 끊는 노래인 것이다. 장호가 지은 시에서 "수심 어린 얼굴로 노래 부르는데, 궁중에서 십이 년을 전해온 것이다. 문득 「하만자」가 들려왔으니, 구천에 내려가 옛 재인을 위로하리라[偶因歌態詠嬌嚬, 傳唱宮中十二春. 却爲一聲「河滿子」, 下泉須弔舊才人]"[60]라고 하고, 또 "고국은 삼천 리인데, 깊은 궁궐에서 이십 년을 지냈네. 「하만자」를 부르며, 두 줄 눈물이 임금 앞에 떨어지네[故國三千里, 深宮二十年. 一聲「河滿子」, 雙淚落君前]"[61]라고 했다. 한 곳에서는 십이 춘春이라 하고 한 곳에서는 이십 년이라 하는데 어떤 것이 맞는지 알 수 없다. 두목이 장호의 시에 화답한 장편을 지었는데, 마지막 구절

59 『백씨장경집』 권35 「하만자(何滿子)【개원중창주유가자하만자 임형진차곡이속사 상경불면(開元中滄州有歌者何滿子臨刑進此曲以贖死上竟不免)】」.
60 『어정전당시』 권511, 장호, 「맹재인탄(孟才人歎)」.
61 『어정전당시』 권511, 장호, 「궁사이수(宮詞二首)」 제1수.

에서 "그리운 고국 삼천 리, 하염없이 부르는 노랫소리만 육궁에 가득하다[可憐故國三千里, 虛唱歌詞滿六宮]"[62]라고 했으니 시인 장호의 명성이 이토록 대단함에도 시대를 얻지 못한 것을 애석해 한 것이다. 원진이 일찍이 장호남張湖南이 마련한 자리에서 당유태唐有態를 위해 「하만자」 노래를 지었는데 "이원梨園의 제자들이 현종을 위해 연주할 때, 한 곡조 노래로 성은을 받아 단속이 느슨했네. 하만을 곡명으로 만들게 하고, 어보御譜를 친히 지어 악부에 넣게 했네. 어씨魚氏는 이곳에 들어와 본령이 끊어지고, 섭씨葉氏는 세월이 오래임에도 명성이 짧았네[梨園弟子奏明皇, 一唱承恩羈網緩. 使將河滿爲曲名, 御譜親題樂府纂. 魚家入內本領絶, 葉氏有年聲氣短]"[63]라고 했다. 그리고 곡을 지은 이유를 서술했는데 그 내용이 백거이의 이야기와 같다.

62 『어정전당시』 권523, 두목, 「수장호처사견기장구사운(酬張祜處士見寄長句四韻)」.

63 『원씨장경집』 권26 「하만자가(何滿子歌)【장호남좌위당유웅작(張湖南座爲唐有熊作)】」.

운어양추韻語陽秋 권16卷十六

老杜詩云: "東閣官梅動詩興, 還如何遜在揚州." 按遜傳無揚州事, 而遜集亦無揚州梅花詩, 但有「早梅」詩云: "兎園標物序, 驚時最是梅. 銜霜當露發, 映雪凝寒開. 枝橫却月觀, 花繞凌風臺. 應知早飄落, 故逐上春來." 杜公前詩乃逢早梅而作詩, 故用何遜事, 又意却月凌風, 皆揚州臺觀名爾. 近時有妄人假東坡名, 作『老杜事實』一編, 無一事有據. 至謂遜作揚州法曹, 廨舍有梅一株, 遜吟詠其下, 豈不誤學者?

두보의 시에서 "동각東閣의 관매官梅가 시흥을 일으키니, 양주에서의 하손何遜을 문득 닮았네[東閣官梅動詩興, 還如何遜在揚州]"[1]라고 했다. 그런데 하손의 전기에 의하면 양주에 관한 이야기가 없고 하손의 시집에도 양주에서의 매화시가 없다. 다만 「조매早梅」에서 "토원兎園은 사물의

1 『두시상주』 권9 「화배적등촉주동정송객봉조매상억견기(和裴迪登蜀州東亭送客逢早梅相憶見寄)」.

계절을 표시하는데, 가장 깜짝 놀라는 것은 매화이다. 서리 머금은 채 이슬 앞에서 피고, 눈에 비추며 차가움 안고 핀다. 가지는 각월관却月觀에 가로지르고, 꽃은 능풍대凌風臺를 둘렀다. 바람에 날려 떨어질 줄 알고, 일부러 상춘(上春 : 초봄)에 찾아왔다[兎園標物序, 驚時最是梅. 銜霜當露發, 映雪凝寒開. 枝橫却月觀, 花繞凌風臺. 應知早飄落, 故逐上春來]"라고 했다. 두보의 앞 시는 이른 매화를 보고 시를 지은 것이므로 하손의 (「조매」) 고사를 인용한 것이다. 그리고 각월과 능풍은 단지 양주의 대臺와 관觀의 이름일 뿐이다. 근래에 어떤 망령된 자가 소식의 이름을 빌려 『노두사실老杜事實』 1편을 지었는데 하나도 근거가 없다. 그 책에서 하손이 양주법조揚州法曹로 있을 때 관사에 매화 한 그루가 있어 그 아래에서 시를 읊었다고까지 했으니 어찌 학자들을 오도한 것이 아니겠는가.

白樂天詩多說別花, 如「紫薇花」詩云 : "除却微之見應愛, 世間少有別花人." 「薔薇花」詩云 : "移他到此須爲主, 不別花人莫使看." 今好事之家, 有奇花多矣, 所謂別花人, 未之見也. 鮑溶作「仙檀花」詩寄袁德師侍御, 有"欲求御史更分別"之句, 豈謂是邪?

백거이의 시에 꽃을 잘 아는 사람에 대한 이야기가 많은데 예컨대 「자미화紫薇花」에서 "보고 사랑스러워할 원진 말고는, 세상에 꽃을 잘 아는 사람이 적다[除却微之見應愛, 世間少有別花人]"라고 하고, 「장미화薔薇花」에서 "그것을 이곳으로 옮겨오면 주인공이 될 터, 별화인이 아니면 보지 못하게하리라[移他到此須爲主, 不別花人莫使看]"라고 했다. 지금 호사가들 중에 특별한 꽃(奇花)를 갖고 있는 사람이 많지만, 꽃을 잘 아는 사람은 보지 못했다. 포용鮑溶이 시어侍御 원덕사袁德師에게 보낸 「선단화仙檀花」에서 "어사께 이 꽃을 다시 감식하고자 한다[欲求御史更分別]"[2]라고 한 구절이 있는데, 혹시 이것을 말하는 것일까?

白樂天作中書舍人, 入直西省, 對紫薇花而有詠曰 : "絲綸閣下文章靜, 鐘鼓樓中刻漏長. 獨坐黃昏誰是伴? 紫薇花對紫薇郎." 後又云 : "紫薇花對紫薇翁, 名目雖同貌不同." 則此花之珍艷可知矣. 爪其本則枝葉俱動, 俗謂之"不耐癢花." 自五月開, 至九月尚爛熳, 俗又謂之"百日紅." 唐人賦詠, 未有及此二事者. 本朝梅聖兪時注意此花, 一詩贈韓子華, 則曰 : "薄膚癢不勝輕爪, 嫩幹生宜近禁廬." 一詩贈王景彝, 則曰 : "薄薄嫩膚搔鳥爪, 離離碎葉剪城霞." 然皆著不耐癢事, 而未有及百日紅者. 胡文恭在西掖前亦有三詩, 其一云 : "雅當翻藥地, 繁極曝衣天." 注云 : "花至七夕猶繁." 似有百日紅之意. 可見當時此花之盛. 省吏相傳, 咸平中, 李昌武自別墅移植於此. 晏元獻嘗作賦題於省中, 所謂 "得自羊墅, 來從召園. 有昔日之絳老, 無當時之仲文"是也.

백거이가 중서사인이 되어 서성(西省 : 중서성中書省)에 입직할 때 자미화를 보고 지은 시에서 "사륜각絲綸閣 아래 문장은 조용하고, 중고루鍾鼓樓 안 물시계는 하염없네. 홀로 앉은 황혼에 누가 짝이 되는가? 자미화가 자미랑(紫薇郎 : 백거이의 자칭)을 마주하네[絲綸閣下文章靜, 鍾鼓樓中刻漏長. 獨坐黃昏誰是伴? 紫薇花對紫薇郎]"[3]라고 하고, 그 뒤에 또 "자미화가 자미옹(紫薇翁 : 백거이의 자칭)을 마주하니, 이름은 같지만 모습은 다르다네[紫薇花對紫薇翁, 名目雖同貌不同]"[4]라고 했으니 이 꽃이 아름답고 진귀하다는 것을 알 수 있다. 뿌리를 간질거리면 가지와 잎이 모두 움직여서 사람들은 '간지럼을 참지 못하는 꽃'이라고 부른다. 5월에 피면 9월까지도 시들지 않아서 사람들이 '백일홍百日紅'이라 부르기도 한다. 당나라 시인들의 시에서는 위 두 가지 내용에 대해 언급한 것이 없다. 본

2 『어정전당시』 권487, 포용(鮑溶), 「견원덕사시어설강남유선단화 인이희증(見袁德師侍御說江南有仙檀花因以戲贈)」.

3 『백씨장경집』 권19 「자미화」.

4 『백씨장경집』 권24 「자미화」.

조本朝의 매요신이 이따금 이 꽃에 관심을 기울였는데 한자화(韓子華 : 한강韓絳)에게 지어준 한 수의 시에서는 "얇은 껍질은 가는 손톱의 간지럼도 참지 못하고, 여린 가지는 궁 가까이 자라기에 알맞다[薄膚癢不勝輕爪, 嫩幹生宜近禁廬]"[5]라고 하고, 왕경리(王景彝 : 왕주王疇)에게 지어 보낸 한 수의 시에서는 "엷고 엷은 여린 살결이 새의 발톱에 긁히면, 주르륵 부서진 잎이 성 위 노을을 가른다[薄薄嫩膚搔鳥爪, 離離碎葉剪城霞]"[6]라고 했다. 하지만 여기에서도 간지럼을 참지 못한 내용만 거론했을 뿐, 백일홍에 대해서는 언급하지 않았다. 호문공(胡文恭 : 호숙胡宿)이 서액(西掖 : 중서성) 앞에서 3수의 시를 지었는데 그 가운데 한 수에서 "약이 펄럭이는 땅에 고아하게 서있고, 옷을 말린 하늘에 화려하게 피었네[雅當翻藥地, 繁極曝衣天]"[7]라고 하고, 그 주석에서 "꽃이 칠석에도 여전히 화려하다"라고 하여 백일홍에 대한 내용이 담긴 듯하니 당시 이 꽃이 많은 사랑을 받았음을 알 수 있다. 성省 관리들 사이에 전하는 말에 의하면, 함평 연간에 이창무(李昌武 : 이종악李宗諤)가 별장에서 가져와 이곳에 심은 것이라 했다. 안원헌(晏元獻 : 안수晏殊)이 일찍이 부賦를 지어 성 안에 써놓았으니 "양서羊墅에서 얻고, 소원召園에서 왔네. 지난날의 강로絳老[8]만 있고, 당시의 중문仲文[9]은 없네[得自羊墅, 來從召園. 有昔日之絳老, 無當時之仲文]"가 그것이다.

---

5 『완릉집(宛陵集)』 권19 「차운화한자화내한어이우승가이홍미자종학사원(次韻和韓子華內翰於李右丞家移紅薇子種學士院)」.

6 『완릉집』 권21 「차운경이각후자미화성개(次韻景彝閣後紫薇花盛開)」.

7 『문공집(文恭集)』 권5 「각전자미화(閣前紫薇花)」.

8 강로(絳老) : 강현노인(絳縣老人). 춘추시대 진(晉)나라 강현 사람으로, 장수를 누려 사백사십오 세를 살았다고 한다.

9 중문(仲文) : 동진(東晉)의 관리 은중문(殷仲文)을 말한다. 그는 대사마(大司馬) 환온(桓溫)의 관부에 있는 늙은 홰나무를 보고 탄식하기를 "나무가 늙어서 다시 살 기색이 없구나"라고 하며 자신의 불우함을 투영시켰다고 한다.

杜子美居蜀累數年, 吟詠殆遍, 海棠奇艷, 而詩章獨不及何邪? 鄭谷詩云"浣花溪上堪惆悵, 子美無情爲發揚"是已. 本朝名士賦海棠甚多, 往往皆用此爲實事. 如石延年云: "杜甫句何略, 薛能詩未工." 錢易詩云: "子美無情甚, 都官著意頻." 李定詩云: "不需工部風騷力, 猶占勾芒造化權." 獨王荊公詩用此作梅花詩, 最爲有意. 所謂"少陵爲爾牽詩興, 可是無心賦海棠." 近於曾大父酬倡集中, 有「凌景陽」一絶句, 亦似有意. 末句云: "多謝許昌傳雅釋, 蜀都曾未識詩人." 不道破爲尤工也.

두보가 촉에서 여러 해를 보내며 많은 작품을 남겼는데 아름다운 해당화에 대해 언급하지 않은 것은 왜일까? 정곡의 시에서 "완화계浣花溪에서 서글펐을 터인데, 자미(子美: 두보)는 읊을 마음이 없었네[浣花溪上堪惆悵, 子美無情爲發揚]"[10]가 그것이다. 본조의 명사들이 해당화를 묘사한 작품이 매우 많은데 이따금 이 내용을 인용하여 실제의 것으로 보았다. 예컨대 석연년石延年은 "두보의 시에서는 어찌 그토록 생략했나, 설능薛能의 시는 뛰어나지 못하다[杜甫句何略, 薛能詩未工]"라고 하고, 전이錢易는 "자미는 무정함이 심하고, 도관(都官: 정곡)은 관심이 잦았네[子美無情甚, 都官著意頻]"라고 하고, 이정李定은 "두보 시의 혼이 깃들진 않았어도, 자연의 구망勾芒[11] 권력을 차지했다[不需工部風騷力, 猶占勾芒造化權]"[12]라고 했다. 왕안석의 시만 매화를 읊으면서 이것을 인용했는데 가장 의미가 있으니 "두보가 너 때문에 시흥이 일었어도, 해당화에 대해서 읊을 마음이 없었단다[少陵爲爾牽詩興, 可是無心賦海棠]"[13]가 그것이다. 근래에 증대부(曾大父: 갈밀葛密)의 수창집酬倡集에서 능경양凌景陽이

10 『어정전당시』 권675, 정곡(鄭谷), 「촉중상해당(蜀中賞海棠)」.

11 구망(勾芒): 봄 또는 나무를 맡은 신(神)이다. 나무가 처음 생길 때 갈고리[勾]와 가시[芒]를 닮았다 해서 붙여진 이름이다.

12 이상 석연년, 전이, 이정의 시는 해당화를 주제로 지은 것으로, 송나라 문인 진사(陳思)가 편찬한 『해당보(海棠譜)』에서도 거론된다.

13 『임천문집』 권20 「여미지동부매화득향자삼수(與微之同賦梅花得香字三首)」 제2수.

지은 절구 1수를 보았는데, 역시 의미가 있는 듯했다. 그 마지막 구절에서 "허창許昌이 바른 해석 전한 것에 감사하거니와, 촉도蜀都(의 해당화)가 일찍이 시인을 알아보지 못했구나[多謝許昌傳雅釋, 蜀都曾未識詩人]"라고 했으니 에둘러 말한 것이 더욱 기묘하다.

江南野中有小白花, 本高數尺, 春開極香, 土人呼爲瑒花. 瑒, 玉名, 取其白也. 魯直云: "荊公欲作詩而陋其名, 余謂名曰山礬, 野人取其葉以染黃, 不借礬而成色, 故以名爾." 嘗有絶句云"高節亭邊竹已空, 山礬獨自倚春風"是也. 近見曾端伯『高齋詩話』云, 此花卽唐昌玉蘂花, 所謂"一樹瓏鬆玉刻成, 飄廊點地色輕輕"者. 以余觀之, 恐未必然爾. 玉蘂, 佳名也, 此花自唐流傳至今, 當以玉蕊得名, 不應舍玉蕊而呼瑒, 魯直亦不應舍玉蕊而名山礬也. 豈端伯別有所據邪?

강남의 들판에 작은 백화白花가 피는데 크기가 몇 자 정도 되고 봄에 꽃이 피면 향기가 진하다. 그 지역 사람들이 창화瑒花라 부르는데 '창瑒'은 옥의 이름인바, 백옥의 의미를 가져온 것이다. 황정견이 "왕안석이 시를 지으려다 그 이름을 누추해했다. 그래서 내가 산반山礬이라 했으니 그곳 사람들이 잎을 따다가 노란 물감을 들이는데 백반을 쓰지 않고도 색을 만들어냈으므로 그렇게 명명한 것이다"라고 했으니 일찍이 지은 절구絶句에서 "정자 옆 고상한 절개의 대나무는 이미 텅 비었거늘, 산반은 홀로 봄바람을 기대고 있네[高節亭邊竹已空, 山礬獨自倚春風]"[14]가 그것이다. 근래에 증단백(曾端伯: 증조曾慥)의 『고재시화高齋詩話』를 보았는데 "이 꽃은 바로 당창관唐昌觀의 옥예화玉蘂花로, 이른바 '한 그루 어여쁜 나무 옥으로 새겨놓은 듯, 사랑 앞에 나부끼며 하늘하

14 『산곡집』 권11 「화이불연하이관음로인단좌불거야(花爾不然何以觀音老人端坐不去耶)」.

늘 가볍다[一樹瓏鬆玉刻成, 飄廊點地色輕輕]'[15]가 그것이다"라고 했다. 하지만 내가 보기에는 꼭 그렇지만은 않은 듯하다. 옥예玉蘂는 좋은 이름이다. 이 꽃이 당나라 때부터 지금까지 전해오고 있다면 옥예라고 부르는 것이 마땅하지 옥예를 두고 석瑒이라 불러서는 안되며, 황정견 역시 옥예를 두고 산반이라 명명하진 않았을 것이다. 혹시 증조가 별도로 근거삼은 것이 있었던 것일까?

瓊花惟揚州后土祠中有之, 其他皆聚八仙, 近似而非也. 鮮于子駿嘗有詩云 : "百蕩天下多, 瓊花天上希. 結根託靈祠, 地著不可移. 八蓓冠羣芳, 一株攢萬枝." 而宋次道『春明退朝錄』乃云 : 瓊花一名玉蕊. 按唐朝唐昌觀有玉蕊花, 王建詩所謂"女冠夜覺香來處, 唯見階前碎月明"是也. 長安觀亦有玉蕊花, 劉禹錫所謂"玉女來看玉樹花, 異香先引七香車"是也. 唐內苑亦有玉蕊花, 李德裕與沈傳師草詔之夕, 屢同賞玩, 故德裕詩云 : "玉蕊天中木, 金閨昔共窺." 而沈傳師和篇亦云"曾對金鑾直, 同依玉樹陰"是也. 招隱山亦有玉蕊花, 李德裕所謂"吳人初不識, 因余賞玩乃得此名"是也. 由是論之, 則玉蕊花豈一處有哉? 其非瓊花明矣. 東坡「瑞香詞」有"后土祠中玉蕊"之句者, 非謂玉蕊花, 止謂瓊花如玉蕊之白爾.

경화瓊花는 오직 양주揚州의 후토사后土祠에만 있으며 그 밖의 것은 모두 취팔선聚八仙으로, 유사해 보일 뿐 다른 것이다. 선우자준(鮮于子駿 : 선우신鮮於侁)이 일찍이 지은 시에서 "세상에 수많은 꽃이 많지만, 경화는 세상에 드물다. 뿌리를 영험한 사당에 의탁했거늘, 땅과 하나 돼 옮길 수가 없다. 여덟 꽃봉오리는 뭇 꽃들의 으뜸이고, 한 기둥은 수많은

15 송나라 문인 주필대(周必大)가 편찬한 『문충집』 권184에는 이 시구가 왕건이 지은 것으로 표기되어 있다.

가지를 모았다[百藕天下多, 瓊花天上希. 結根託靈祠, 地著不可移. 八蓓冠羣芳, 一株攢萬枝]"라고 했고, 송차도(宋次道 : 송민구宋敏求)는 『춘명퇴조록春明退朝錄』에서 "경화는 일명 옥예이다"라고 했다. 살펴보면 당나라 때 당창관唐昌觀에 옥예화가 있었으니 왕건의 시에서 말한 "여관女冠[16]이 한밤 향기가 스며오는 곳을 알아차렸으나, 섬돌 앞에 달빛 부서지는 것만 보였네[女冠夜覺香來處, 唯見堦前碎月明]"[17]가 그것이다. 장안관長安觀에도 옥예화가 있었으니 유우석이 노래한 "옥녀가 찾아와 옥수화玉樹花[18]를 보며, 남다른 향의 칠향거七香車[19]를 끌고 가네[玉女來看玉樹花, 異香先引七香車]"[20]가 그것이다. 당나라 내원內苑에도 옥예화가 있었으니 이덕유와 심전사沈傳師가 조칙의 초고를 만드는 밤에 여러 번 함께 감상했으므로 이덕유의 시에서 "옥예화는 하늘의 나무로, 황금 규방을 지난날 함께 엿보았네[玉蕊天中木, 金閨昔共窺]"[21]라고 하고, 심전사가 화답한 시에서 "일찍이 금난전金鑾殿의 숙직에서 마주하고, 옥수玉樹의 그늘에서 함께 의지했네[曾對金鑾直, 同依玉樹陰]"[22]라고 했다. 초은산招隱山에도 옥예화가 있었으니 이덕유가 말한 "오吳 땅 사람들은 애초에 알지 못했고, 내가 감상하면서 이 이름을 얻게 되었다"가 그것이다. 위에서 거론한 것을 보니 옥예화가 어찌 한 곳에만 있겠는가? 따라서 경화가 아님이 분명하다. 소식의 「서향사瑞香詞」에 "후토사 안의 옥예[后土祠中玉蕊]"

---

16 여관(女冠) : 도교의 수도자인 여도사(女道士). '여황관(女黃冠)'이라고도 한다.

17 『왕사마집』 권8 「당창관옥예화(唐昌觀玉蘂花)」.

18 옥수화(玉樹花) : 진(晉)나라의 사안(謝安)이 조카 사현(謝玄)에게 사람들은 왜 자신의 자제가 훌륭하기를 바라는가라고 묻자, 사현이 지란(芝蘭)과 옥수(玉樹)가 자기 정원에서 자라기를 바라는 것과 같다고 답한 데서 유래한 말로, 훌륭한 인물이나 자제를 가리킨다. 『진서晉書』 권79 「사안전」.

19 칠향거(七香車) : 각종 향나무로 만든 귀인이 타는 수레이다.

20 『어정전당시』 권365, 유우석, 「화엄급사문당창관옥예화하유유선이절(和嚴給事聞唐昌觀玉蘂花下有游仙二絶)」 제1수.

21 『어정전당시』 권475, 이덕유, 「초은산관옥예수희서즉사봉기강서침대부각로(招隱山觀玉蘂樹戲書卽事奉寄江西沈大夫閣老)」.

22 『어정전당시』 권466, 심전사, 「화이덕유관옥예화견회지작(和李德裕觀玉蘂花見懷之作)」.

라는 구절이 있는데 이는 옥예화를 말하는 것이 아니라 경화가 옥예화처럼 희다는 것을 말한 것일 뿐이다.

『山海經』云 : "崑崙之墟, 北有珠樹・文玉樹・玕琪樹, 皆寶樹也."① 詩家用琪樹多矣, 往往以爲仙樹, 不易得見, 故孫綽「天台賦」云 : "琪樹璀璨而垂珠." 蕭防云 : "桂宮露冷鶴歸早, 琪樹風淸鸞去遲." 武伯奮云 : "琪樹年年玉蕊新, 洞宮長閉綵霞春." 蔡隱邱「詠琪樹」詩云 : "山上天將近, 人間路漸遙. 誰當雲裏見, 知欲度仙橋." 是人間未必有此樹也. 而『六朝事迹』載, 寶林寺有琪樹, 在法堂前. 梅摯有詩云 "影借金田潤, 香隨璧月流. 遠疑元帝植, 近想誌公遊"何邪?

① '寶'原作'實', 據類編本改.

『산해경』에 의하면 "곤륜산崑崙山 북쪽에 주수珠樹・문옥수文玉樹・우기수玕琪樹가 있는데 모두 귀한 나무이다"라고 했다. 시인들이 기수琪樹를 인용한 경우가 많은데 선계仙界의 나무여서 쉽게 볼 수 없다고들 했다. 그래서 손작孫綽의 「천대부天台賦」에서 "기수가 찬란하게 구슬을 드리웠다[琪樹璀璨而垂珠]"라고 하고, 소방蕭防이 "계궁桂宮의 차가운 이슬에 학이 일찍이 돌아가고, 기수의 맑은 바람에 난새가 더디 간다[桂宮露冷鶴歸早, 琪樹風淸鸞去遲]"라고 하고, 무백분(武伯奮 : 무원형武元衡)이 "기수는 해마다 옥 같은 꽃술이 새롭고, 동궁洞宮은 오랫동안 빛나는 노을의 봄으로 닫혔다[琪樹年年玉蕊新, 洞宮長閉綵霞春]"[23]라고 하고, 최은구蔡隱邱의 「영기수詠琪樹」에서 "산은 하늘이 가까워, 인간과는 점차 멀어진다. 누가 구름 속에 보이는 건가, 신선의 다리 건너려한 줄 아네[山上天將近, 人間路漸遙. 誰當雲裏見, 知欲度仙橋]"라고 했으니 인간 세상에는 이

23 『만수당인절구(萬首唐人絶句)』, 무원형(武元衡), 「당창옥예화(唐昌玉蘂花)」.

나무가 없을 것이라는 말이다. 그런데 『육조사적六朝事迹』에 의하면 "보림사寶林寺에 기수가 있는데, 법당 앞에 서있다"라고 하고, 매지梅摯가 지은 시에서 "그림자는 황금 밭을 빌려 윤택하고, 향기는 구슬 달을 따라 흐른다. 멀리는 원제(元帝 : 진 원제晉元帝 사마예司馬睿)가 심은 것인 듯싶고, 가까이는 지공(誌公 : 지공志公 화상)이 유람했으리라 생각된다[影借金田潤, 香隨璧月流. 遠疑元帝植, 近想誌公遊]"[24]라고 한 것은 왜일까?

① '寶'는 본래 '實'로 돼 있었는데 『시화유편』본에 의거하여 고쳤다.

『後漢·和帝紀』言南海舊獻荔枝, 十里一置, 五里一堠, 奔騰阻險, 死者堆路. 故東坡詩云: "十里一置飛塵灰, 五里一堠兵火催. 顚阬仆谷相枕藉, 知是荔枝龍眼來." 而張九齡作「荔枝賦」序云: "南海郡荔枝壯甚瓌詭, 余往在西掖, 嘗盛稱之, 諸公莫有知者, 惟舍人劉侯知之, 作賦以誇大, 以爲甘旨之極." 則是九齡乃創見也. 議者謂楊妃酷好, 安知非九齡有以啓之. 鮑防「雜感」詩云: "五月荔枝初破顔, 朝離象郡夕函關. 雁飛不到桂陽嶺, 馬走皆從林邑山." 則當時征求之急, 亦可見矣. 十里一置(驿站), 五里一堠(瞭望堡).

『후한서』「화제기和帝紀」에 의하면 "남해南海에서 지난날 여지荔枝를 헌상할 때, 십 리마다 역참을 두고 오 리마다 봉화대를 두었는데, 험난한 곳을 달리느라 죽은 자가 길에 쌓였다"라고 했다. 그래서 소식이 지은 시에서 "십 리 역참에는 먼지가 날고, 오 리 봉화대에는 봉화를 재촉하네. 구덩이에 넘어지고 엎어지는 죽음들 사이에서, 여지와 용안(龍眼 : 계원桂圓)이 전해온 것인 줄 알겠네[十里一置飛塵灰, 五里一堠兵火催. 顚阬仆谷相枕藉, 知是荔枝龍眼來]"[25]라고 했다. 그런데 장구령이 지은 「여지부荔

24 장돈이(張敦頤)는 『육조사적편류(六朝事迹編類)』 권하(卷下) 「보림사(寶林寺)」편에서 법당 앞에 기수가 있었음을 말하고 이와 관련된 매지의 시를 소개했다.

枝賦」 서序에서는 "남해군의 여지는 매우 아름답고 근사해서 내가 지난날 서역에 있을 때 대단히 칭찬했다. 제공 가운데 이를 알아보는 이가 없었는데 사인舍人 유후劉侯만이 알아차리고 부賦를 지어 대단히 과시하며 단맛의 최고라 했다"라고 했으니 이는 장구령이 처음 발견한 것이다. 논자들이 양귀비가 여지를 매우 좋아했다고 하는데 장구령의 소개에서 시작한 것이 아니라고 누가 장담하겠는가. 포방鮑防이 「잡감」에서 "5월에 여지가 얼굴을 펴면, 아침에 상군象郡을 떠나 저녁에 함곡관에 이른다. 기러기도 계양령桂陽嶺을 날지 못하는데, 말들이 모두 임읍산林邑山을 달린다[五月荔枝初破顔, 朝離象郡夕函關. 雁飛不到桂陽嶺, 馬走皆從林邑山]"라고 했으니 당시 여지를 시급히 찾았던 단면을 볼 수 있다.

『楚辭』云: "折疏麻兮瑤華, 將以遺兮離居." 瑤華謂麻之華白也. 『詩』載木桃·木李·握椒·芍藥之類, 皆相贈問之物. 所謂疏麻者, 所以贈問離居也. 謝靈運「南樓遲客」詩云: "瑤華未堪折, 蘭苕已屢摘. 路阻莫贈問, 何以慰離析." 「越嶺溪行」云: "握蘭徒勤結, 折麻心莫展." 駱賓王「思家」詩云: "旅行悲泛梗, 離恨斷疏麻." 錢起「題輞川」詩云: "折麻定延竚, 乘月期相尋." 皆用『楚辭』意, 用於離居. 至於起「贈趙給事」詩, 乃云: "不惜瑤華報木桃." 則是以瑤華爲玉, 誤矣.

『초사』에서 "하얀 꽃 소마(疏麻: 신마神麻)를 꺾어, 멀리 계신 임에게 보내리라[折疏麻兮瑤華, 將以遺兮離居]"라고 했는데 요화瑤華는 마麻의 흰 꽃이다. 『시경』에 실려 있는 목도木桃·목리木李·악초握椒·작약芍藥 등은 모두 주고받는 선물이다. 소마는 떨어져 있는 이에게 보내는 선물인 것이다. 사령운이 「남루지객南樓遲客」에서 "요화는 꺾을 수 없고, 난

25 『동파전집』 권23 「여지탄(荔支歎)」.

초蘭茗는 여러 번 채취했네. 길이 막혀 보낼 수 없으니, 어떻게 떨어진 님을 위로할까[瑤華未堪折, 蘭茗已屢摘. 路阻莫贈問, 何以慰離析]"라고 하고, 「월령계행越嶺溪行」에서 "난초를 쥐고 그저 애만 태우고, 삼을 꺾은 마음 전할 수 없네[握蘭徒勤結, 折麻心莫展]"라고 하고, 낙빈왕이 「사가思家」에서 "나그네 발길 표류가 슬프고, 한스런 이별 소마가 끊겼네[旅行悲泛梗, 離恨斷疏麻]"라고 하고, 전기가 「제망천題輞川」에서 "삼을 꺾으며 우두커니 서 있고, 달 아래서 서로 찾기로 하네[折麻定延竚, 乘月期相尋]"라고 한 것은 모두 『초사』의 내용을 인용하여 이별에 활용한 것이다. 그런데 전기의 「증조급사贈趙給事」에서 "요화를 아끼지 않고 목도에 보답하네[不惜瑤華報木桃]"라고 한 것은 요화를 옥으로 본 것으로, 잘못이다.

東坡「賞枇杷」詩曰："魏花眞老伴, 盧橘認鄕人." 又曰："客來茶罷空無有, 盧橘楊梅尙帶酸." 則皆以盧橘爲枇杷也. 彼徒見「上林賦」有盧橘夏熟之語, 遂以爲枇杷. 審爾, 則夏熟之下, 不當復有黃甘・枇杷・橪柿之品. 然唐子西「李氏山園記」言有一物而爲二物者, 如「上林賦」所謂盧橘夏熟, 又言枇杷・橪柿是也. 若據子西言, 則盧橘卽枇杷矣. 李白「宮中行樂詞」云："盧橘爲秦樹." 許渾「送表兄奉使南海」云："盧橘花香拂釣磯." 若以爲枇杷, 則何獨秦中南海有邪? 錢起「送陸贄」詩云："思親盧橘熟." 用陸績懷橘事, 則又以爲木奴, 益無按據.

소식이 「상비파賞枇杷」에서 "위화(魏花 : 위자魏紫)는 참으로 늙은이의 반려이고, 노귤(盧橘 : 감귤)에서 고향 사람임을 아네[魏花眞老伴, 盧橘認鄕人]"라고 하고, 또 "객과 차를 마신 뒤 아무것 없어도, 아직 신맛 도는 노귤과 양매楊梅가 있네[客來茶罷空無有, 盧橘楊梅尙帶酸]"[26]라고 했으니 노

26 『동파전집』 권10 「증혜산승혜표(贈惠山僧惠表)」.

귤을 비파枇杷로 본 것이다. 그는 「상림부上林賦」의 '노귤하숙'(盧橘夏熟 : 노귤과 여름에 익는 과일)이란 표현을 보고 비파로 생각해버린 것이다. 만일 그렇다면 하숙 아래에 더 이상 황감黃甘·비파·연시橪柿 등의 품목이 있어서는 안 될 것이다. 그러나 당자서唐子西의 「이씨산원기李氏山園記」에서 하나의 물체를 두 가지 물체로 간주한 것이 있으니 「상림부」에서 거론한 '노귤·하숙'이 그것이고, 또 비파·연시가 그것이라 했다. 만일 당자서의 말에 따른다면 노귤이 곧 비파인 것이다. 이백의 「궁중행악사宮中行樂詞」에서 "노귤은 진秦 지역 나무이다[盧橘爲秦樹]"라고 하고, 허혼의 「송표형봉사남해送表兄奉使南海」에서 "노귤의 꽃향기가 낚시 자리를 스친다[盧橘花香拂釣磯]"라고 했는데 만일 이것을 비파로 본다면 어찌 진 지역과 남해에만 있겠는가? 전기의 「송육지送陸贄」에서 "노귤이 익을 때 어버이를 그리네[思親盧橘熟]"라고 하여 육적陸績[27]이 귤을 가슴에 품었던 고사를 인용했으니 이는 노귤을 목노(木奴 : 귤노橘奴)로 본 것으로 더욱더 근거가 없다.

白樂天賦「有木」八章, 其六章託弱柳·櫻桃·枳橘·杜梨·野葛·水檉以諷在位者, 至第七章則曰: "有木名凌霄, 擢秀非孤標. 偶依一株樹, 遂抽百尺條. 自謂得其勢, 無因有動搖. 一旦樹摧倒, 獨立忽飄颻. 疾風從東來, 吹折不終朝." 專又以諷附麗權勢者. 其八章則曰: "有木名丹桂, 四時香馥馥. 風影清如水, 霜華冷如玉. 獨占小山幽, 不容凡鳥宿. 重任雖大過, 直心自不曲. 縱非梁棟材, 猶勝尋常木." 蓋樂天自謂也. 樂

27 육적(陸績) : 삼국시대 오나라 사람. 육적이 육 세 되던 해에 원술(袁術)을 찾아가자, 원술이 귤을 주었다. 육적이 귤 세 개를 품속에 몰래 넣어 두었는데 떠나려고 절을 할 때 귤이 땅에 떨어졌다. 원술이, "육랑(陸郎)이 남의 집에 손님으로 와서 귤을 품속에 몰래 감췄단 말인가?"라고 추궁하자, 육적이 무릎을 꿇으며 "돌아가서 어머니께 드리려 했습니다"라고 하니, 원술이 대단히 기특하게 여겼다는 이야기가 전한다. 『삼국지(三國志)』「오지(吳志)」「육적전(陸績傳)」.

天素善李紳而不入德裕之黨, 素善牛僧孺·楊虞卿而不入宗閔之黨, 素善劉禹錫而不入伾文之黨, 中立不倚, 峻節凜然. 於八木之中, 而自比於桂, 殆未爲過也.

백거이가 지은 「유목有木」 8장 가운데 앞 6장은 약유弱柳·앵도櫻桃·지귤枳橘·도리杜梨·야갈野葛·수정水檉 등을 통해 관리들을 풍자한 것이고, 제7장에서 "능소凌霄란 나무가 있는데, 매우 훌륭하지만 홀로 드러나는 것이 아니네. 우연히 한 그루 나무에 기대어, 결국 백 척의 가지를 뻗었네. 스스로 그 세력을 얻어, 동요가 있을 수 없다고 여겼네. 어느 날 그 나무가 꺾이자, 홀로 서서 바람에 나부꼈네. 세찬 바람이 동쪽으로부터 불어오자, 하루도 못가 꺾여버렸네[有木名凌霄, 擢秀非孤標. 偶依一株樹, 遂抽百尺條. 自謂得其勢, 無因有動搖. 一旦樹摧倒, 獨立忽飄颻. 疾風從東來, 吹折不終朝]"라고 하여 권력에 빌붙은 자를 풍자했다. 제8장에서 "단계丹桂란 나무가 있는데, 사계절 내내 향기를 풍기네. 바람에 흔들리는 그림자는 물처럼 맑고, 흰 꽃은 옥처럼 차갑네. 그윽한 산을 홀로 차지하여, 뭇 새들이 머무는 것을 허락지 않네. 중한 책무가 과하긴 해도, 올곧은 마음은 굽히지 않네. 동량의 재목은 못되지만, 여느 나무들보다는 낫네[有木名丹桂, 四時香馥馥. 風影淸如水, 霜華冷如玉. 獨占小山幽, 不容凡鳥宿. 重任雖大過, 直心自不曲. 縱非梁棟材, 猶勝尋常木]"라고 했는데 이는 백거이 자신을 두고 말한 것이다. 백거이는 평소 이신李紳과 가깝지만 이덕유의 당에 들어가지 않고, 우승유·양우경楊虞卿과 가깝지만 이종민李宗閔의 당에 들어가지 않고, 유우석과 가깝지만 당왕비黨王伾·이숙문李叔文의 당에 들어가지 않으며 누구에게도 의지하지 않는 중립의 자세를 철저히 지켰다. 따라서 여덟 그루의 나무들 가운데서 스스로를 계수에 견준 것이 지나친 것은 아니다.

『酉陽雜俎』言, 隋朝種植法七十卷, 不說牡丹, 則隋朝花藥中所無也. 然北齊楊子華在隋朝之前, 乃有"畫牡丹處極分明"之句, 何邪? 至唐則此花盛矣. 柳子厚『龍城錄』載, 宋單父能種藝之術, 牡丹變易千種. 上皇召至驪山, 種花萬本, 色樣各不同. 信乎人力或能勝天工也. 歐陽永叔「洛陽牡丹圖」詩云 : "當時絶品可數者, 魏紅窈窕姚黃妃. 壽安細葉開尚少, 朱砂玉版人未知. 四十年間花百變, 最後最好潛溪緋." 自唐天寶至本朝熙豐間, 三百餘年, 宜其花種日盛, 然見於圖者九十種而已, 豈能登萬樣之數哉. 柳淳詩云 : "近來無奈牡丹何, 數十千錢買一窠. 今朝始得分明見, 也共戎葵較幾多." 王文康公詩云 : "棗花至小能成實, 桑葉雖柔解吐絲. 堪笑牡丹如斗大, 不成一事只空枝." 皆激逐末之弊者也.

『유양잡조酉陽雜俎』에서 "수나라의 종식법種植法에 관한 칠십 종의 책에서 모란을 이야기하지 않은 것은 수나라의 꽃과 약초 가운데 모란이 없었던 것"이라고 했다. 하지만 북제北齊 양자화楊子華는 수나라 이전에 산 사람인데 "모란을 그린 곳이 매우 분명하다[畫牡丹處極分明]"라는 구절을 남긴 것은 왜일까? 당나라 때 와서는 이 꽃이 아주 성행했다. 유종원의 『용성록龍城錄』에 의하면 "송단보宋單父가 화초를 심는 법에 능하여 모란의 변종이 천 종에 달하였다. 황제가 그를 여산驪山으로 불러 만 그루의 꽃을 심었는데 색과 모양이 각기 달랐다"라고 했으니 참으로 인간의 힘이 자연보다 앞섰을 수 있을 것이다. 구양수의 「낙양목단도洛陽牡丹圖」에서 "당시의 빼어난 품목에 넣을 수 있는 것은 그윽한 '위홍(魏紅 : 위자魏紫)' 그리고 '요황비姚黃妃'이다. 수안壽安의 가는 잎은 핀 것이 아직 적고, '주사朱砂'와 '옥판玉版'은 아는 사람이 없다. 사십 년 동안 꽃이 갖가지로 변했는데, 최후에 가장 좋은 것은 '잠계비'(潛溪緋 : 화련금단火煉金丹)이다[當時絶品可數者, 魏紅窈窕姚黃妃. 壽安細葉開尚少, 朱砂玉版人未知. 四十年間花百變, 最後最好潛溪緋]"라고 했는데 당의 천보에서 본조의 희녕·원풍에 이르는 삼백여 년 동안에 꽃의 품종이 많이 늘었겠지만 도판에 나와 있는 것은 구십 종일 뿐인데 어떻게 만 가지나 될 수 있겠는가. 유녕柳濘의 시에서 "근래 모란을 어찌할 수 없나니, 수십 전의 돈으로 한 그루만 살 수 있네. 오늘 비로소 분명히 보았으니, 융계戎葵보다 나을게 뭐 있는가[近來無奈牡丹何, 數十千錢買一窠. 今朝始得分明見, 也共戎葵較幾多]"[28]라고 하고, 왕문강공(王文康公 : 왕악王鶚)의 시에서 "대추 꽃은 아주 작아도 열매를 만들고, 뽕잎은 부드럽지만 실을 토해내네. 우습게도 말짝만 한 모란은, 하나도 이루지 못한 채 빈 가지만 남겼네[棗花至小能成實, 桑葉雖柔解吐絲. 堪笑牡丹如斗大, 不成一事只空枝]"[29]라고 한 것은 모두 말단을 뒤쫓는 폐해를 지적한 것이다.

歐公在揚州, 暑月會客, 取荷花千朶插畫盆中, 圍繞坐席. 又命坐客傳花, 人摘一葉, 盡處飮以酒. 故「答呂通判」詩云 : "千頃芙渠蓋水平, 揚州太守舊多情. 畫盆圍處花光合, 紅袖傳來酒令行." 然維揚芍藥妙天下, 可以奴視荷花, 而是時歐公不聞有芍藥勝會何邪? 東坡在東武, 四月, 大會於南禪資福兩寺, 剪芍藥置甁盎中, 供佛外以供賞玩, 不下七千餘朶. 有白花獨出於衆花之上, 圓如覆盂, 因有"兩寺裝成寶瓔珞, 一枝爭看玉盤盂"之詠. 惜乎歐公未知出此.

구양수가 양주에 있을 때 여름 달빛 아래에서 객들과 모임을 가지면서 천 송이 연꽃을 꺾어 화분에 꽂아두고 빙 둘러 앉았다. 또 좌객들에게 서로 꽃을 전하며 한 사람이 잎 하나씩을 따게 해, 마지막으로 잎을 따는 사람에게 술을 마시게 했다. 그래서 「답여통판答呂通判」에서 "천 이랑 부용이 물 위를 덮었으니, 양주의 태수는 예부터 정이 많았네. 화분 둘러앉은 곳에 꽃과 하나돼, 붉은 소매로 전해오며 주령酒令[30]이 행

28 『어정전당시』 권196, 유혼(柳渾), 「모란」.

29 『고금사문류취후집(古今事文類聚後集)』 권30, 왕문강(王文康), 「모란」.

해졌네[千頃芙渠蓋水平, 揚州太守舊多情. 畫盆圍處花光合, 紅袖傳來酒令行]" 라고 했다. 그런데 유양維揚의 작약은 천하의 으뜸으로 연꽃을 하찮게 여길 만한데도 당시 구양수가 작약에 관한 모임을 가졌다는 이야기가 들리지 않는 것은 왜일까? 소식이 동무東武에 머무를 때, 4월에 남선사南禪寺와 자복사資福寺 두 절에서 큰 모임을 가지며 작약을 꺾어 화병에 꽂아서 부처에 공양하기도 하고 완상용으로 활용하기도 했는데 수량이 칠천여 그루에 달하였다. 흰 꽃이 뭇 꽃들 사이에서 홀로 피고 엎어놓은 사발처럼 둥글어서 "두 절이 화려한 보물로 장식되어으나, 옥쟁반 위의 가지를 앞다퉈 보네[兩寺裝成寶瓔珞, 一枝爭看玉盤盂]"[31]라는 구절을 남겼다. 구양수가 이것의 출현을 보지 못한 것이 애석하다.

杜子美「古柏行」云: "霜皮溜雨四十圍, 黛色參天二千尺." 沈存中『筆談』云: "無乃太細長乎." 余謂詩意止言高大, 不必以尺寸計也. 『詩評』載王郊「大夫竹」詩示東坡, 其一聯云: "葉排千口劍, 榦聳萬條槍." 坡曰: "十條竹一個葉也." 若郊者又何足以語詩乎? 坡公云: "人看王郊詩, 若能忍笑, 誠爲難事." 蓋謂此爾.

두보가 「고백행古柏行」에서 "서리 가죽에 빗물이 스민 사십 아름이고, 붉은빛 하늘에 닿은 삼천 척이다[霜皮溜雨四十圍, 黛色參天二千尺]"라고 한 데 대해 심괄의 『몽계필담』에서 "너무 과장한 것이 아닌가"라고 했는데 나는 시의 본지는 높고 큰 것을 표현하는 것이므로 반드시 수

30 주령(酒令): 연회에서 주흥(酒興)을 돕기 위한 일종의 유희로서, 한 사람을 영관(令官)으로 삼아 주령을 어긴 자에게 벌주를 마시게 했던 것을 말한다. 진(晉)나라 석숭(石崇)이 자신의 정원인 금곡원(金谷園)에서 빈객들과 연회를 열고 시를 짓지 못한 사람에게는 세 말의 벌술을 내렸다는 고사가 전한다. 『리태백집주(李太白集注)』 권27 「춘야연도리원서(春夜宴桃李園序)」.

31 『동파전집』 권7 「옥반우이수(玉盤盂二首)」 제1수.

치로 논해서는 안 된다고 생각한다. 『시평詩評』[32]에 의하면, 왕교王郊가 「대부죽大夫竹」이라는 시를 소식에게 보여주었는데 그 1연에서 "잎은 천구千口의 검을 배열하고, 가지는 만 가닥 창이 솟구쳤네[葉排千口劍, 幹聳萬條槍]"라고 한 데 대해, 소식이 "열 그루의 대나무에 한 개의 잎이다"라고 했으니 (심괄의 말대로라면) 왕교 같은 이가 어찌 시를 논할 수 있겠는가. 소식이 "왕교의 시를 보고 웃음을 참아내는 것은 참 어려운 일이다"라고 한 것은 이를 두고 말한 것이다.

珍木奇卉, 生於深山窮谷之中, 不遇賞音, 與凡木俱腐, 好事者之所深惜也. 唐招賢寺有山花, 色紫氣香, 穠麗可愛, 以託根招提, 偶赦於樵斧, 固爲幸矣, 而人莫有知其名者. 白樂天一日過之, 而標其名曰"紫陽." 於是天下識所謂紫陽花者, 其珍如是也. 豈不爲尤幸乎. 樂天之詩曰 : "何年植向仙壇上, 早晩移栽到梵家. 雖在人間人不識, 與君名作紫陽花." 忠州鳴玉溪有花如蓮, 葉如桂, 香色艶膩, 當時亦無有識之者. 樂天又賦詩云 : "如折芙蓉栽旱地, 似抛芍藥掛高枝. 雲埋人隔無人識, 惟有南賓太守知." 嗚呼. 抱道懷才之士, 埋光鏟采於山林皐壤之間, 如此花者多矣, 求如樂天之賞鑑者, 孰謂無其人乎.

진귀한 나무와 기이한 꽃이 깊은 산 외진 골짜기에서 자라며 알아주는 이를 만나지 못한 채 여느 나무들과 함께 썩는 것은 호사가들이 매우 애석해하는 일이다. 당나라 초현사招賢寺에 산꽃이 자라는데, 붉은색에 향기가 나서 참 아름다웠다. 사찰 안에 자라서 초동의 도끼질을 벗

32 『시평(詩評)』 : 송나라 문인 호자(胡仔)가 편찬한 『어은총화전집(漁隱叢話前集)』 권55에 의하면, 이는 『왕직방시화(王直方詩話)』를 가리킨다. "王直方詩話云, 東坡有言世間事忍笑爲易, 惟讀王祈大夫詩, 不笑爲難. 祈嘗謂東坡云, 有竹詩兩句, 最爲得意, 因誦曰 : '葉垂千口劍, 幹聳萬條槍.' 坡曰 : '好則極好, 只是十條竹竿一箇葉兒也.'"

어나 있는 것이 다행스러웠었는데 이름을 아는 자가 없었다. 백거이가 어느 날 이 꽃을 보고 '자양紫陽'이라고 명명했다. 이렇게 해서 자양화라는 꽃이 참 진귀하다는 것을 알게 되었으니 어찌 아주 다행스러운 일이 아닌가. 백거이의 시에서 "언제 선계의 단 위에 심어졌던가, 사찰 안에 다시 옮겨졌네. 인간 세계에 있어도 사람들이 모르니, 네게 자양화란 이름 지어주노라[何年植向仙壇上, 早晩移栽到梵家. 雖在人間人不識, 與君名作紫陽花]"[33]라고 했다. 충주忠州 명옥계鳴玉溪에 연꽃을 닮은 꽃잎과 계수를 닮은 잎에 향이 짙고 색이 농염한 꽃이 있었는데 당시에 이름을 아는 자가 없었다. 그래서 백거이가 또다시 지은 시에서 "마치 부용을 꺾어 가뭄 든 땅에 심은 듯하고, 작약을 던져 높은 가지에 걸어놓은 듯하네. 구름에 묻히고 사람에 가로막혀 아는 이 없고, 남빈南賓의 태수만 알고 있다네[如折芙蓉栽旱地, 似抛芍藥掛高枝. 雲埋人隔無人識, 惟有南賓太守知]"[34]라고 했다. 아, 도道를 안고 능력을 갖춘 식자가 이 꽃처럼 산속 깊은 곳에서 빛을 묻고 광채를 숨기며 지내는 경우가 많은데, 알아주는 백거이 같은 이를 찾으려 한다면 어찌 그런 사람이 없다 하겠는가.

皮日休嘗謂宋廣平正資勁質, 剛態毅狀, 宜其鐵腸石心, 不解吐婉媚辭. 然其所爲「梅花賦」清便富艷, 得南朝徐・庾體, 殊不類其人, 故東坡亦有"請君援筆賦梅花, 未害廣平心似鐵"之句. 近見葉少蘊效楚人「橘頌」體作「梅頌」一篇, 以謂梅於窮冬嚴凝之中, 犯霜雪而不慴, 毅然與松栢並配, 非桃李所可比肩, 不有鐵腸石心, 安能窮其至? 此意甚佳. 審爾, 則惟鐵腸石心人可以賦梅花, 與日休之言異矣.

---

33 『백씨장경집』 권20 「자양화(紫陽花)【초현사유산화일수 무인지명 색자기 향방려 가애파류선물 인이자양화명(招賢寺有山花一樹無人知名色紫氣香芳麗可愛頗類仙物因以紫陽花名)】」.

34 『백씨장경집』 권18 「동성춘의(東城春意)」.

피일휴가 일찍이 송광평(宋廣平 : 송경宋璟)에 대해 평하기를 "바르고 곧은 바탕에 태도가 굳건해서, 철석같은 모습이 어울리고 부드럽고 고운 말을 할 줄 모른다. 하지만 그가 지은 「매화부梅花賦」는 맑고 편하고 풍성하고 요염하여 남조南朝의 서릉徐陵·유신庾信의 궁체宮體를 터득했지만 특별히 그들을 닮진 않았다. 그래서 소식 또한 '그대여 붓을 들고 매화를 읊게나, 철석같은 광평의 마음도 문제될 게 없네[請君援筆賦梅花, 未害廣平心似鐵]'[35]라는 구절을 남긴 것이다"라고 했다. 근래 섭몽득이 초 지역 사람이 지은 「귤송橘頌」체를 모방해 「매송梅頌」이라는 작품을 쓰면서 "매화는 한겨울 매서운 추위가 깃든 곳에서 눈보라를 맞으면서도 두려워하지 않고 의연하게 송백과 짝하고 있어서 복사꽃 오얏꽃이 견줄 수 있는 것이 아니니, 철석같은 심장을 갖고 있지 않다면 어떻게 그 극도의 경지에 다가갈 수 있겠는가"라고 했으니 그 의미가 참 좋다. 만일 그렇다면 철석같은 심장을 가진 사람만이 매화를 지을 수 있다는 것이니 이는 피일휴의 말과 다른 것이다.

『文選·海賦』云"雲錦散文於沙汭之際", 故謝靈運詩有"赤玉隱瑤溪, 雲錦被沙汭"之句. 觀其語意, 正言沙石五色, 如雲錦被於岸爾. 世見韓退之作「曲江荷花行」云 : "撑舟昆明度雲錦." 遂謂退之以雲錦二字狀荷花, 其實非也. 謂之度雲錦, 言舟行於五色沙石之際, 豈謂荷花哉?

『문선』「해부海賦」에서 "모래여울 위에 구름 비단이 무늬를 흩어놓는다[雲錦散文於沙汭之際]"라고 했다. 그래서 사령운이 "붉은 옥은 옥 시내에 숨고, 구름 비단이 모래여울을 입혔네[赤玉隱瑤溪, 雲錦被沙汭]"[36]라는 구절을 남긴 것이다. 시어의 내용은, 오색 모래가 마치 구름 비단이

35 『동파전집』 권8 「장질부기혜최휘진(章質夫寄惠崔徽眞)」.

36 『문선(文選)』 권31 「사림천(謝臨川)」.

언덕 위에 덮여 있는 것처럼 보인다는 것이다. 사람들이 한유가 지은 「곡강하화행曲江荷花行」에서 "곤명에서 배를 타고 노를 저어 구름 비단을 지난다[撐舟昆明度雲錦]"라는 구절을 보고 한유가 운금雲錦 두 글자로 연꽃을 형상화한 것이라고 했는데 사실은 그렇지 않다. 도운금度雲錦이란 배가 오색의 모래 위를 지난 것을 표현한 것이지 어찌 연꽃을 말한 것이겠는가.

竹固多種, 所謂桃枝竹者, 叢生而節疏, 亦謂之慈竹, 言生不離本也. 王勃所謂"宗生族茂, 天長地久. 萬柢爭盤, 千株競糺"者, 梁簡文「答獻簞書」云"五離九 折, 出桃枝之翠筍", 皆言桃枝竹也. 若桃竹則異是矣. 老杜「桃竹杖引」云 : "江心磻石生桃竹, 斬根削皮如紫玉." 則其色正紫. 今桃枝竹不然, 東坡援柳子厚詩云 : "'盛時一失貴反賤, 桃笙葵扇安可常.' 初不知桃笙爲何物. 偶閱『方言』, 宋魏之間, 謂簞爲笙, 方悟桃笙以桃竹爲簞也." 坡又云 : "桃竹葉如椶, 身如竹, 密節而實中, 犀理瘦骨." 豈非以此竹爲簞邪? 梅聖兪云 : "誰知廣文直, 桃簞冷如冰." 恐亦是用此竹.

대나무는 본디 품종이 많은데, 이른바 도지죽桃枝竹은 잎이 촘촘하고 마디가 성기다. 자죽慈竹이라 부르기도 하는데 태어날 때 뿌리를 떠나지 않는다는 말이다. 왕발이 "종족끼리 무성하게 자라, 하늘과 땅처럼 장구하다. 수만 가지가 쟁반에 옹기종기 모여 있고, 수천 그루가 얽히고 설켰다[宗生族茂, 天長地久. 萬柢爭盤, 千株競糺]"[37]라고 한 것과, 양 간문제(梁簡文帝 : 소강蕭綱)의 「답헌점서答獻簞書」에서 "다섯 번 벌어지고 아홉 번 꺾여, 도지桃枝의 푸른 죽순이 돋았다[五離九折, 出桃枝之翠筍]"라고

37 『왕자안집(王子安集)』 권2 「자죽부(慈竹賦)」.

한 것은 모두 도지죽을 두고 말한 것이다. 도죽桃竹은 이것과 다르다. 두보가 「도죽장인桃竹杖引」에서 "강 한가운데 반석 위에 도죽이 자라니, 뿌리를 베고 가죽을 벗기자 자옥紫玉과 같네[江心磻石生桃竹, 斬根削皮如紫玉]"라고 했으니 색이 자색인 것이다. 지금의 도지죽은 그렇지 않으니 소식이 유종원의 시를 인용하며 이르기를 "'잘 나가던 시절 잃고 나면 귀한 것이 천해지나니, 도생桃笙과 계화 부채가 어찌 늘 곁에 있겠는가[盛時一失貴反賤, 桃笙葵扇安可常]'라고 했는데 처음에는 도생이 어떤 것인지 몰랐다. 우연히 『방언方言』을 봤는데, 송宋·위魏 연간에 대자리(簟)를 생笙이라 한 것을 보고 도생은 도죽으로 만든 대자리라는 것을 알게 됐다"라고 했다. 소식이 또 이르기를 "도죽은 잎은 종려와 같고 몸은 대나무와 같으며, 마디가 조밀하고 속이 차 있으며, 무소뿔 결에 마른 골격을 갖고 있다"라고 했으니 대자리를 만든 대나무가 바로 이 대나무가 아니겠는가. 매요신이 "누가 숙직하는 광문관廣文館에, 도점桃簟이 얼음처럼 차갑다는 걸 알까[誰知廣文直, 桃簟冷如冰]"[38]라고 한 것도 이 대나무를 인용한 것이 아닐까 싶다.

『成都記』: 杜宇又曰杜主, 自天而降, 稱望帝, 好稼穡, 治郫城. 後望帝死, 其魂化爲鳥, 名曰杜鵑. 故老杜云: "昔日蜀天子, 化爲杜鵑似老烏." 又曰: "古時杜鵑稱望帝, 魂作杜鵑何微細." 又曰: "我見常再拜, 重是古帝魂." 『博物志』稱杜鵑生子, 寄之他巢, 百鳥爲飼之. 故老杜云: "生子百鳥巢, 百鳥不敢嗔. 仍爲餧其子, 禮若奉至尊." 又云: "寄巢生子不自啄, 羣鳥至今與哺雛." 老杜集中杜鵑詩行凡三篇, 皆以杜鵑比當時之君, 而以哺雛之鳥譏當時之臣, 不能奉其君, 曾百鳥之不若也. 最後一篇, 徒言杜鵑垂血, 上訴不得其所, 蓋說明皇蒙塵之時也, 故末句云:

38 『완릉집』 권54 「팔월십야광문직문영숙내당(八月十夜廣文直聞永叔內當)」.

"豈思舊日居深宮, 嬪嬙左右如花紅."

『성도기成都記』에 의하면 "두우杜宇는 두주杜主라고도 하며, 하늘로부터 내려와서 사람들이 망제望帝라 불렀고 농사짓기를 좋아하여 비성郫城을 통치했다. 뒤에 망제가 죽자 그 넋이 새로 환생했으니 두견杜鵑이라 한다"고 했다. 그래서 두보가 "옛날 촉의 천자가, 늙은 까마귀 같은 두견으로 환생했네[昔日蜀天子, 化爲杜鵑似老烏]"[39]라고 하고, 또 "옛날 두견은 망제라 일컬었는데, 어찌 넋이 미물의 두견으로 환생한 것인가[古時杜鵑稱望帝, 魂作杜鵑何微細]"[40]라고 하고, 또 "내 올 때마다 재배하는 것은, 옛 황제의 넋이라 중시해서다[我見常再拜, 重是古帝魂]"[41]라고 했다. 『박물지博物志』에 의하면, 두견이 새끼를 낳으면 다른 새집에 넣어 많은 새들이 길러준다고 했다. 그래서 두보가 "새끼를 낳아 백조의 집에 넣어두면, 백조가 감히 화내지 못한다. 그냥 자식인 양 먹여 키우며, 지존을 받들 듯 예우한다[生子百鳥巢, 百鳥不敢嗔. 仍爲餧其子, 禮若奉至尊]"[42]라고 하고, 또 "새끼 낳아 스스로 돌보지 않고 다른 집에 넣어두어, 뭇새들이 지금까지도 돌봐주네[寄巢生子不自啄, 羣鳥至今與哺雛]"[43]라고 했다. 두보의 시집에 있는 두견과 관련된 시는 모두 세 편인데, 두견을 당시의 임금에 견주고 새끼를 돌보는 새를 당시의 신하에 견주어, 그 임금을 잘 받들지 못해 여느 새들만 못하다고 비판하고 있다. 가장 마지막에 지은 작품은 두견이 피를 토하며 제자리를 찾지 못한 것을 호소하는 모습을 묘사했는데, 당 현종이 몽진蒙塵한 시절을 이야기한 것이

39 『두시상주』 권10 「두견행」. 『두시상주』에는 "君不見昔日蜀天子, 化爲杜鵑似老烏."로 되어 있다.

40 『두시상주』 권10 「두견행」. 『두시상주』에는 "古時杜宇稱望帝, 魂作杜鵑何微細."로 되어 있다.

41 『두시상주』 권14 「두견」.

42 『두시상주』 권14 「두견」.

43 『두시상주』 권10 「두견행」. 『두시상주』에는 "寄巢生子不自啄, 羣鳥至今爲哺雛"로 되어 있다.

다. 그래서 마지막 구절에서 "어찌 지난날 깊은 궁에서 지낼 때, 꽃처럼 아리따운 궁녀들을 생각하라[豈思舊日居深宮, 嬪嬙左右如花紅]"[44]라고 했다.

元微之謫通州, 白樂天有詩云 : "寅年籬下多逢虎, 亥日沙頭始賣魚." 後人有「東南行」云 : "亥日饒蝦蟹, 寅年足虎貙." 張籍云 : "江村亥日長爲市." 山谷亦有"魚收亥日妻到市"之句.

원진이 통주通州에 좌천될 때 백거이가 지은 시에서 "인寅의 해에 울타리 아래서 범을 만난 일이 많았는데, 해亥의 날에 백사장 위에서 고기를 팔기 시작했네[寅年籬下多逢虎, 亥日沙頭始賣魚]"[45]라고 하고, 후인이 지은 「동남행東南行」에서 "해의 날에 새우와 게가 풍족하고, 인의 해에 범과 맹수가 풍족하네[亥日饒蝦蟹, 寅年足虎貙]"[46]라고 하고, 장적은 "강마을 해亥의 날에 오랫동안 시장이 서네[江村亥日長爲市]"[47]라고 하고, 황정견 또한 "물고기 거두는 해의 날에 아내가 저자에 가네[魚收亥日妻到市]"[48]라는 구절을 남겼다.

---

44 『두시상주』 권10 「두견행」. 『두시상주』에는 "豈思昔日居深宮, 嬪嬙左右如花紅"으로 되어 있다.

45 『백씨장경집』 권15 「득미지도관후서 비지통주지사 창연유감 인성사장(得微之到官後書備知通州之事悵然有感因成四章)」.

46 『백씨장경집』 권16 「동남행일백운기통주원구시어풍주리십일사인과주최이십이사군개주위대원외유삼십이보궐두십사습유리이십조교원외두칠교서(東南行一百韻寄通州元九侍御澧州李十一舍人果州崔二十二使君開州韋大員外庾三十二補闕杜十四拾遺李二十助教員外竇七校書)」. 『백씨장경집』에는 "亥日饒鰕蟹, 寅年足虎貙"로 되어 있다.

47 『장사업집(張司業集)』 권2 「강남곡(江南曲)」.

48 『산곡외집』 권13 「고어부(古漁父)」. 『산곡외집』에는 "漁收亥日妻到市"로 되어 있다.

人之悲喜, 雖本於心, 然亦生於境. 心無繫累, 則對境不變, 悲喜何從而入乎? 淵明見林木交蔭, 禽鳥變聲, 則歡然有喜, 人以爲達道. 余謂尚未免著於境者. 歐陽永叔先在滁陽, 有「啼鳥」一篇, 意謂緣巧舌之人謫官, 而今反愛其聲. 後考試崇政殿, 又有「啼鳥」一篇, 似反滁陽之詠, 其曰: "提葫蘆, 不用沽美酒, 宮壺日賜新撥醅, 老病足以扶衰朽.", "百舌子, 莫道泥滑滑, 宮花正好愁雨來, 暖日方催花亂發." 末章云: "可憐枕上五更聽, 不似滁州山裏聞." 蓋心有中外枯菀之不同, 則對境之際, 悲喜隨之爾. 啼鳥之聲, 夫豈有二哉?

인간의 슬픔과 기쁨은 마음에 뿌리를 두고 있지만 외부 환경에서 생기기도 한다. 마음에 얽매임이 없으면 외부 환경을 마주해도 변하지 않는데 슬픔과 기쁨이 어떻게 들어올 수 있겠는가. 도잠이, 나무들이 그늘을 이루고 새들의 소리가 변하는 것을 보고 환희를 나타낸 것에 대해 사람들은 달관이라고 하지만, 나는 아직 외부 환경에의 집착을 벗어나지 못한 것이라고 생각한다. 구양수가 일찍이 저양滁陽에 있을 때 「제조啼鳥」 1편을 지었는데 뛰어난 말솜씨를 가진 사람 때문에 좌천되었지만 이젠 도리어 그 소리를 사랑한다는 내용이다. 뒤에 숭정전崇政殿에서 시험을 치를 때 또다시 「제조」 1편을 지었는데 저양의 내용과는 상반된 듯하다. "호로葫蘆를 들고, 좋은 술을 살 필요가 없다. 새로 익은 궁호(宮壺: 궁에서 사용하는 술병)를 날마다 하사 받으니, 늙고 병든 몸이 시든 삶을 부축할 만하다[提葫蘆, 不用沽美酒, 宮壺日賜新撥醅, 老病足以扶衰朽]", "백설자(百舌子: 백설조百舌鳥)여, 진흙이 미끄럽다고 말하지 말라. 궁 안에 꽃이 한창일 때 우수의 비가 내리고, 햇살이 참 좋을 때 꽃이 만발한다[百舌子, 莫道泥滑滑, 宮花正好愁雨來, 暖日方催花亂發]"라고 하고, 마지막 구절에서 "베갯머리에서 오경의 종소리를 듣는 것은, 저주의 산속에서 들은 것과 다르다[可憐枕上五更聽, 不似滁州山裏聞]"라고 했다. 마음속에 환경에 따라 변하는 것이 존재하면 외부 환경을 마주할 때 슬픔과 기쁨이 뒤따른다. 새의 소리에 어찌 두 가지가 있겠는가.

老杜「白小」詩云 : "白小羣分命, 天然二寸魚. 細微霑水族, 風俗當園蔬." 言白小與菜無異, 豈復有厚味哉? 故白樂天亦有"下飯腥鹹白小魚"之句. 余謂魚始二寸已就烹, 魚之窮也. 寒士又從而食之, 其窮抑甚. 梅聖兪有「琴高魚」詩云 : "大魚人騎上天去, 留得少鱗來按觴." 又有「針口魚賦」云 : "有魚針喙形甚小, 常乘春波來不少. 取之一掬, 不重銖秒." 則白小之魚, 尙爲丈人行也.

두보의 「백소白小」에서 "백소(白小 : 빙어)는 뭇 사물의 하나, 두 치 크기의 물고기다. 물에 사는 아주 작은 족속으로, 전원의 채소에 해당한다[白小羣分命, 天然二寸魚. 細微霑水族, 風俗當園蔬]"라고 했으니 백소는 나물과 다름없는데 어찌 후한 맛이 들어있겠느냐는 말이다. 그래서 백거이도 "비리고 짠 백소어를 먹는다[下飯腥鹹白小魚]"[49]라는 시구를 남겼다. 물고기가 두 치 정도인데 잡혀서 삶음을 당하니 물고기의 곤궁함이며, 한사寒士가 또다시 이를 먹고 있으니 그 곤궁함이 심한 것이다. 매요신이 지은 「금고어琴高魚」에서 "큰 물고기는 사람이 타고 하늘로 날아가고, 작은 물고기는 남겨두어 술안주로 삼네[大魚人騎上天去, 留得少鱗來按觴]"라고 하고, 또 「침구어부針口魚賦」에서 "바늘 주둥이의 아주 작은 물고기가 있는데, 언제나 봄 물결을 타고 적지 않게 찾아온다. 한 움큼 움켜쥐어도, 무게가 얼마 되지 않는다[有魚針喙形甚小, 常乘春波來不少. 取之一掬, 不重銖秒]"라고 했으니 백소라는 물고기는 그래도 어른 축에 드는 것이다.

49 『백씨장경집』 권18 「즉사기미지(卽事寄微之)」. 『백씨장경집』에는 "飯下腥鹹白小魚"라고 되어 있다.

縮項鯿出襄陽，以禁捕，遂以槎斷水，因謂之槎頭縮項鯿。孟浩然云："魚藏縮項鯿。" 老杜云："謾釣槎頭縮項鯿。" 皆言縮項。而東坡乃謂"一鉤歸釣縮頭鯿。" 或疑坡爲平側所牽迺爾，殊不知長腰粳米・縮頭鯿魚，楚人語也。

축항편縮項鯿[50]이 양양襄陽에서 나오는데 포획을 금지하자 (그걸 보기 위해) 결국 뗏목으로 물을 가로막았다 해서 사두축항편槎頭縮項鯿이라 부른다. 그래서 맹호연이 "물고기 축항편을 저장한다[魚藏縮項鯿]"[51]라고 하고 두보가 "그저 사두축항편을 낚시질한다[謾釣槎頭縮項鯿]"[52]라고 한 것은 모두 축항편을 두고 말한 것이다. 소식이 "축두편縮頭鯿을 낚아 돌아가네[一鉤歸釣縮頭鯿]"[53]라고 한 데 대해 혹자는 소식이 평측운(측운 項을 평운 頭로 바꿈)에 구애되어 그렇게 한 것이 아닐까 하는데, 이는 장요갱長腰粳이라는 쌀과 축두편縮頭鯿이라는 물고기가 초 지역 사람의 언어임을 모르고 한 말이다.

『文房四譜』載，段成式以雲藍紙贈溫庭筠，有詩云："三十六鱗充使時，數番猶得裹相思。" 謂鯉魚三十六鱗，充使，謂憑鯉魚寄書也，用『文選』"呼兒烹鯉魚，中有尺素書"之義。沈存中『筆談』云："鯉魚當脅一行三十六鱗，鱗有黑文如十字，故謂之鯉。" 二宋亦嘗用此而聞其說，元獻云："私書一紙離懷苦，望斷波中六六鱗。" 景文云："君軒戀結蕭蕭馬，尺素愁凭六六魚。" 謂六六三十六也。

50 축항편(縮項鯿) : 머리가 납작하고 목이 오그라든 형상의 물고기로, 방어(魴魚)류에 속하며 사람들이 많이 애호했다.

51 『맹호연집』 권2 「동지후과오장이자단계별업(冬至後過吳張二子檀溪別業)」.

52 『두시상주』 권17 「해민십이수(解悶十二首)」.

53 『동파전집』 권6 「퇴포(退圃)」.

『문방사보文房四譜』에 의하면 단성식段成式이 운람지雲藍紙를 온정균에게 주며 지은 시에서 "삼십육 비늘이 사신이 될 때, 몇 번은 그리운 마음을 싸 넣을 수 있네[三十六鱗充使時, 數番猶得裹相思]"[54]라고 했는데 삼십육 비늘은 잉어 삼십육 비늘을 말하는 것이고 충사充使는 잉어에게 편지를 부친다는 말로서 『문선』의 "아이더러 잉어를 삶게 했더니, 그 안에 편지가 있었네[呼兒烹鯉魚, 中有尺素書]"[55]라는 의미를 인용한 것이다. 심괄의 『몽계필담』에서 "잉어는 갈비 한 줄에 서른여섯 개의 비늘이 있고 비늘에는 십자十字 같은 검은 무늬가 있으므로 잉어(鯉)라 한다"라고 했는데 두 송宋씨 역시 이를 인용하여 그 내용을 들려주었다. 송원헌(宋元獻 : 송상宋庠)은 "한 장의 사서私書 편지에는 이별의 괴로움이 담겨 있고, 먼 물결 위로 육육六六의 물고기가 있네[私書一紙離懷苦, 望斷波中六六鱗]"[56]라고 하고, 송기宋祁는 "그대의 집은 쓸쓸한 말(馬)에 그리움이 맺혔고, 한 자 편지는 시름하며 육육의 물고기에 기대네[君軒戀結蕭蕭馬, 尺素愁凭六六魚]"[57]라고 했는데 여기서의 육육은 6×6=36을 이른 것이다.

柳子厚有「放鷓鴣詞」, 人徒知其不肯以生命供口腹, 其仁如是也. 余謂此詞乃作於詔追之時, 有自悔前失之意, 故前言"徇媒得食不復慮", 後言"同類相呼莫相顧." 媒與類皆謂伾文也.

유종원이 지은 「방자고사放鷓鴣詞」에 대해 사람들은 단지 생명을 먹잇감으로 삼으려 하지 않은 것이 그토록 인자할 수 없다고 생각하고 있

54 『어정전당시』 권584, 단성식(段成式), 「기온비경전지(寄溫飛卿牋紙)」.

55 소통 편, 이선 주, 『문선』 권27 「음마장성굴행(飮馬長城窟行)」.

56 『원헌집(元憲集)』 권13 「춘제한남등루망회중씨자경(春霽漢南登樓望懷仲氏子京)」.

57 『경문집(景文集)』 권16 「지답태부등국장상공(祗答太傅鄧國張相公)」. 『경문집』에는 "君軒戀結蕭蕭馬, 客素愁憑六六魚"로 되어 있다.

다. 이 사詞는 조추詔追의 시절[58]에 지은 것으로, 스스로 이전의 과실을 뉘우치는 의미가 담겨 있다. 그래서 앞에서 "매개(媒)를 따라 먹이를 얻으며 더 이상 걱정하지 않는다[徇媒得食不復慮]"라고 하고, 뒤에서 "같은 무리(類)끼리 어울릴 때 때 서로 돌보지 말라[同類相呼莫相顧]"라고 말한 것이니 매媒와 유類는 모두 왕숙문王叔文과 왕비王伾를 가리킨 것이다.

湖州上强精舍寺有陳朝觀音, 殷仲容書寺額, 三門高百尺, 謂之三絶. 又池有金鯽魚, 數年一現, 故白樂天詩有"惟有上强精舍寺, 最堪遊處未曾遊"之句, 蓋謂此 也. 臨安六和寺亦有金鯽池. 蘇子美「六和寺」詩云 : "松橋待金鯽, 竟日獨遲留." 亦以其出有時, 故竟日待之云爾. 自子美之後四十年, 東坡始遊玆寺, 嘗投餠餌待之, 迺略出, 不食復入. 坡以爲此魚難進易退, 而不妄食, 宜其壽若此. 其語深有味也.

호주湖州의 상강 정사사上强精舍寺에 진대陳代의 관음상과 은중용殷仲容이 쓴 절 편액과 백 척 높이의 세 문이 있는데 이를 이곳의 삼절이라 한다. 또 연못에 금즉어金鯽魚가 있는데 몇 년 만에 한 번 나타난다. 백거이의 시에서 "오직 상강 정사사는, 가장 유람하고픈 곳이나 유람하지 못했네[惟有上强精舍寺, 最堪遊處未曾遊]"[59]라고 했는데 이를 두고 말한 것이다. 임안臨安의 육화사六和寺에도 금즉어가 사는 연못이 있는데 소자미(蘇子美 : 소순흠蘇舜欽)가 지은 「육화사六和寺」에서 "송교松橋가 금즉어를 기다리며, 하루 내내 홀로 서성이네[松橋待金鯽, 竟日獨遲留]"라고 했으니 나오는 때가 있으므로 하루 내내 기다렸던 것이다. 소순흠으로부터 사십 년 뒤에 소식이 이 절에 놀러와 일찍이 떡밥을 던지며 그것이

58 조추(詔追)의 시절 : 영주(永州)에 있던 유종원이 원화 10년(815) 1월에 임금의 명을 받들어 장안에 온 시절을 말한다.

59 『어정전당시』 권462, 백거이(白居易), 「기제상강산정사사(寄題上强山精舍寺)」.

나오기를 기다렸는데, 잠시 나왔다가 먹지 않고 다시 들어가버렸다. 소식은 이에 대해 이 물고기는 어렵게 나왔다 쉽게 물러나며 함부로 먹지 않으니 장수를 누리는 것이 당연하다고 했으니 그 말에 깊은 의미가 담겨 있다.

운어양추韻語陽秋 권17卷十七

『古今詩話』載, 杜少陵因見病瘧者曰, 誦我詩可療. 令誦"子章髑髏血糢糊, 手提擲還崔大夫"之句, 病遂愈. 余謂子美固嘗病瘧矣, 其詩云: "患瘧三秋孰可忍, 寒熱百日相攻戰." 又云: "三年猶瘧疾, 一鬼不銷亡. 隔日搜脂髓, 增寒抱雪霜. 徒然潛隙地, 有靦屢紅粧." 子美於此時, 何不自誦其詩而自己疾邪? 是靈於人而不靈於己也.

『고금시화』에 의하면 두보가 학질을 앓고 있는 사람을 보고서 자기 시를 외우면 치료될 것이라고 하고 "자장(子章: 단자장段子章)의 해골에 피가 흥건해, 손으로 움켜쥐어 최 대부(崔大夫: 최광원崔光遠)에게 던져준다[子章髑髏血糢糊, 手提擲還崔大夫]"[1]라는 구절을 외우게 해서 병이 결국 치료됐다고 했다. 두보도 일찍이 학질을 앓아서 그 시에서 "삼추에 걸

1 『두시상주』 권10 「희작화경가(戲作花卿歌)」.

친 역병을 누가 참을 수 있겠는가, 백 일 동안 오한과 열이 치고 싸운다[患癘三秋孰可忍, 寒熱百日相攻戰]"[2]라고 하고, 또 "삼 년 동안 학질을 앓아, 이 놈의 병마귀가 사라지지 않는다. 하루걸러 욱신욱신 쑤셔 오고, 눈서리 안은 듯 오슬오슬 떤다. 그저 보이지 않는 곳에 숨어서, 곧잘 얼굴에 분칠해 마귀를 피할 뿐이다[三年猶瘧疾, 一鬼不銷亡. 隔日搜脂髓, 增寒抱雪霜. 徒然潛隙地, 有靦屢紅粧]"[3]라고 했다. 그런데 두보가 이때 왜 직접 그 시를 되뇌어서 자신의 병을 낫게 하지 않았던 것일까? 이는 다른 사람에게는 영험하지만 자신에게는 영험하지 않았던 것이다.

山谷平生爲目所苦, 故和東坡詩有"請天還我讀書眼, 欲載軒轅乞鼎湖"之句. 其攝養禁忌之法, 論之詳矣, 故「次韻元實病目」詩云: "道人常恨未灰心, 儒士苦愛讀書眼. 要須玄覽照鏡空, 莫作白魚鑽蠹簡." 病者苟能知此, 其賢於金篦刮膜遠矣. 大抵書生牽於習氣, 不能割愛於書冊, 故爲目害尤甚. 唐張籍, 好學業文之士也, 中年病目失明, 議者謂不能損讀之過. 孟郊嘗贈之詩云: "西明寺後窮瞎張太祝, 縱爾有眼誰能珍. 天子咫尺不得見, 不如閉口且養眞." 蓋非特傷籍, 而郊亦自傷雖有眼而不得見君也.

황정견은 일생 동안 안질을 안고 있었다. 그래서 소식에게 화답한 시에서 "하늘께 글 읽을 눈 돌려달라기 위해, 헌원軒轅을 싣고 정호鼎湖에 빌려 하오[請天還我讀書眼, 欲載軒轅乞鼎湖]"[4][5]라는 구절을 남겼다. 그

2 『두시상주』 권3 「병후과왕의음증가(病後過王倚飮贈歌)」.

3 『두시상주』 권8 「기팽주고삼십오사군적괵주잠이십칠장사참삼십운(寄彭州高三十五使君適虢州岑二十七長史參三十韻)」.

4 헌원(軒轅)을 …… 하오: 이 구절과 관련하여 다음의 고사가 전한다. 황제가 형산(荊山) 아래서 솥[鼎]을 주조할 때 수염을 드리운 용이 내려와 황제를 맞았다. 황제가 이 용을 타고 올라갈 때 주요 신하들과 후궁 칠십여 명이 함께 탔는데, 나머지 신하들은 다 타지 못

리고 섭생과 요양과 금기의 법에 대해 상세하게 논했다. 그래서 「차운원실병목次韻元實病目」에서 "도인은 언제나 재가 되지 못한 마음[6]을 한스러워하고, 유자는 글 읽을 눈을 애써 아낀다. 현묘한 눈으로 텅 빈 거울을 비출 일이지, 책벌레(白魚)[7]가 책을 파고드는 일일랑 하지 말아야겠다[道人常恨未灰心, 儒士苦愛讀書眼. 要須玄覽照鏡空, 莫作白魚鑽蠹簡]"라고 했으니 질병이 있는 자가 이와 같이 할 수만 있다면 금비金篦[8]로 안막을 제거하는 것보다도 훨씬 좋을 것이다. 대개 서생들은 관습에 얽매여서 서책에 대한 사랑을 줄이지 못하기에 눈의 피해가 더욱 심한 것이다. 당나라 장적은 학문을 좋아하고 문학을 업으로 삼은 사람인데, 중년에 안질에 걸려 실명하자, 사람들이 글 읽기를 줄이지 못한 과실이라고 지적했다. 맹교가 일찍이 그에게 지어 보낸 시에서 "서명사西明寺 뒤 눈이 나쁜 장태축張太祝[9]은, 눈이 있다 한들 누가 귀하게 여기랴. 천자가 지척에 있는 인재도 보지 못하니, 입을 닫고 진원을 함양한만 못하리라[西明寺後窮瞎張太祝, 縱爾有眼誰能珍. 天子咫尺不得見, 不如閉口且養眞]"[10] 했으니 이는 장적의 처지를 가슴아파한 것일 뿐만 아니라, 맹

해 용의 수염을 붙잡았다가 수염이 뽑혀 떨어졌고 이때 황제의 활과 칼도 함께 떨어졌다. 이에 백성들은 활과 칼 수염 등을 끌어안고 슬프게 울었다. 그래서 후대에 이곳을 정호(鼎湖)라 불렀다 한다. 『사기』 권7 「봉선서(封禪書)」.

5 『산곡집』 권3 「자첨이자하구명견희료부희답(子瞻以子夏丘明見戲聊復戲荅)」.

6 재가 되지 못한 마음 : 원문은 '미회심(未灰心)'인데, 여기에서 회심(灰心)은 도를 깨치는 마음으로, 외부의 사물에 흔들리지 않고 재처럼 마음의 안정을 유지하는 것이다. "몸을 마른 나무처럼 만들 수 있고 마음을 죽은 재처럼 만들 수 있겠는가.[形固可使如槁木, 而心固可使如死灰乎.]" 『장자』 「제물론(齊物論)」.

7 책벌레[白魚] : 백어는 책벌레로, 의어(衣魚)・두어(蠹魚)・벽어(壁魚)라고도 한다.

8 금비(金篦) : 금으로 만든 빗으로, 고대 인도에서 의사가 맹인의 안막(眼膜)을 제거할 때 사용한 도구이다. 불교에서 중생들의 눈을 가리는 무지의 막을 제거해 준다는 뜻으로도 사용한다.

9 눈이 …… 장태축(張太祝) : 여기에서 '태축'은 태상시(太常寺)에 속한 관직명이다. 장적이 태축에 임명된 지 십 년 되는 해에 안질로 거의 실명 상태에 이르자, 사람들이 '눈이 나쁜 장태축[窮瞎張太祝]'이라고 불렀다.

10 『맹동야시집(孟東野詩集)』 권7 「기장적(寄張籍)」.

교 또한 눈이 있어도 임금을 만날 수 없음을 안타까워한 것이다.

賈誼曰："古之聖人, 不居朝廷, 必在醫卜." 則從事於醫卜者, 未可輕也. 京兆杜嬰能讀書, 其言近『莊子』, 而自託於此, 豈足以病嬰之高乎? 故荊公有詩傷之云："叔度醫家子, 君平卜肆翁. 蕭條昨日事, 彷彿古人風." 梅聖俞贈何山人詩亦云："日聞古賢哲, 必與醫卜鄰." 宋景文云："醫卜之事, 士君子能之, 則不迂不泥, 不矜不神, 小人能之, 則迂而入諸拘礙, 泥而弗通大方, 矜以誇己, 神以誣人." 眞名言哉.

가의가 "옛 성인은 조정에 있지 않으면 반드시 의원이나 점술가로 있었다"라고 했으니 의술과 점술에 종사하는 것을 가볍게 여길 수 없다. 많은 독서를 하고 그 주장이 『장자』에 가까웠던 경조京兆의 두영杜嬰은 스스로 이 일에 기탁했지만 어찌 그 고상함에 문제가 될 수 있었겠는가. 그래서 왕안석이 그를 가슴 아파 하며 지은 시에서 "숙도叔度는 의술인의 후예이고,[11] 군평君平은 점술가의 노옹이다.[12] 쓸쓸한 지난날의 일들은, 옛사람의 기풍을 닮았다[叔度醫家子, 君平卜肆翁. 蕭條昨日事, 彷彿古人風]"[13]라고 하고, 매요신이 하산인何山人에게 지어 보낸 시에서도 "옛 현자와 철인들은, 반드시 의술이나 점술에 가까웠다 했다[日

11 숙도(叔度)는 …… 후예이고 : 숙도는 후한시대 황헌(黃憲)의 자(字)로, 학문과 덕망을 갖춰 많은 사람으로부터 추앙을 받았다. 그런데 그의 아버지는 소의 병을 치료하는 우의(牛醫)였다. 『후한서』 권204 「황헌열전(黃憲列傳)」.

12 군평(君平)은 …… 노옹이다 : 군평은 전한(前漢)시대 은사 엄준(嚴遵)의 자이다. 그는 촉에 은거해 살며 생계수단으로 성도(成都)의 저잣거리에서 점을 쳤는데, 사람들에게는 충효와 신의를 강조하며 하루에 백 전만 벌면 자리를 거둬 돌아갔다고 한다. 『한서』 권204 「왕공양공포전(王貢兩龔鮑傳)」.

13 『임천문집』 권16 「경조두영대순능독서 기언근장 기위인광달이염청 자탁어의무귀천청지첩왕 졸야 이시이수상지(京兆杜嬰大醇能讀書其言近莊其爲人曠達而廉淸自托於醫無貴賤請之輒往卒也以詩二首傷之)」 제2수.

聞古賢哲, 必與醫卜鄰]"[14]라고 했으며, 송경문(宋景文 : 송기)은 "의술과 점술을, 사군자가 능하면, 허황되지 않고 혼탁하지 않으며, 자랑하지 않고 신비롭지 않은데, 소인이 능하면, 허황돼 구속과 장애로 빠져들고, 치우쳐서 큰 방향을 잃으며, 자랑으로 자신을 과시하고, 신비로 사람을 속인다[醫卜之事, 士君子能之, 則不迂不泥, 不矜不神, 小人能之, 則迂而入諸拘礙, 泥而弗通大方, 矜以誇已, 神以誣人]"[15]라고 했으니 참으로 명언이다.

退之云 : "腦脂遮眼臥壯士, 大弨掛壁誰能彎." 謂張籍也. 杜牧之「乞湖啓」云 : "弟顗久病眼, 醫者石公集云, 是狀也, 腦積毒熱, 脂融流下, 蓋塞瞳子, 名爲內障." 則籍之所苦, 乃內障也.

한유가 "뇌의 기름이 눈을 가려 장사를 눕게 했으니, 벽에 걸어 놓은 큰 활을 누가 당길 수 있겠는가[腦脂遮眼臥壯士, 大弨掛壁誰能彎]"[16]라고 한 것은 장적을 두고 말한 것이다. 두목의 「걸호계乞湖啓」에서 "아우 두의杜顗가 오랫동안 안질을 앓고 있었는데, 의원 석공집石公集이, '이 증상은 뇌에 독한 열이 쌓임으로 인해 지방이 아래로 녹아 흘러 눈동자를 덮은 것으로 내장內障이라 한다'고 했다"면 장적이 앓고 있었던 것은 내장이었던 것이다.

凡物皆可占, 非特蓍龜也. 市中亦有聽聲而知禍福者, 莫知其所自. 余觀王建集有「聽鏡詞」云 : "重重摩挲嫁時鏡, 夫婿遠行凭鏡聽." 豈今聽聲之類邪? 『大涅槃經』云 : "不以瓜鏡・芝草・楊枝・鉢盂・髑髏而

14 『완릉집』 권6 「독사마계주전증하산인(讀司馬季主傳贈何山人)」.

15 송기, 『당서』 권204 「열전(列傳)」 제129 〈방기(方技)〉.

16 『어정전당시』 권342, 한유, 「설후기최이십육승공(雪後寄崔二十六丞公)」.

作卜筮." 則鏡能占卜信矣.

시초와 거북뿐만 아니라 여타의 사물들도 모두 점을 칠 수 있다. 저잣거리에는 소리만 듣고도 화복을 아는 사람이 있는데 무엇에 근거한 것인지는 알 수 없다. 왕건의 시집에 있는 「청경사聽鏡詞」에서 "시집 올 때의 거울을 거듭 닦으며, 먼 길 떠난 남편을 거울을 통해 듣는다[重重摩挲嫁時鏡, 夫婿遠行凭鏡聽]"라고 했는데 혹시 오늘날의 소리를 듣고 화복을 점치는 유에 해당하는 것일까? 『대열반경大涅槃經』에서 "과경(瓜鏡 : 거울)과 지초芝草와 버들가지와 발우鉢盂와 촉루髑髏로 점치는 일을 해서는 안 된다"라고 했으니 거울로 점을 칠 수 있었던 것이 분명하다.

楸花色香俱佳, 又風韻絶俗, 而名不編於花譜何哉? 老杜云 : "要把楸花媚遠天." 言其色也. 又曰 : "楸樹馨香倚釣磯." 言其香也. 梅聖兪「楸花」詩云 : "圖出帝宮樹, 聳向白玉墀. 高艷不近俗, 直許天人窺." 言其韻也. 是二子但知楸花色香韻勝, 而未知其療病之工也. 汝州楸樹極多, 富鄭公知州時, 手植數百本於後圃. 後人思其政, 建鄭公堂於楸林之下. 宣和間, 先人知州日, 聽政燕客俱在焉. 一日, 廉訪使周詢來訪, 因云 : "立秋日太陽未升, 采其葉熬爲膏, 傅瘡瘍立愈, 謂之'楸葉膏.'" 抵晩, 客使王偉來訪, 因道詢語. 偉曰 : "有人患發背, 腸胃可窺, 百方不差者. 一醫者敎用楸葉膏傅其外, 又用雲母膏作小丸, 服盡四兩止. 不累日, 雲母透出膚外, 與楸葉膏相著, 瘡遂差." 功亦奇矣. 余欲廣傳此方, 以拯病苦者, 故因言楸花之美, 而併及之.

추화(楸花 : 개오동나무꽃)는 색과 향기가 모두 훌륭하고, 또 운치가 압권인데도 화보花譜에 열거되지 않은 것은 왜일까? 두보가 "추화를 들고 하늘에 아양 떨고 싶다[要把楸花媚遠天]"[17]라고 한 것은 그 색에 대한 것이고 "개오동나무 향기 맡으며 낚시터 자리에 기대었다[楸樹馨香倚釣磯]"[18]라고 한 것은 그 향기에 대한 것이다. 매요신의 「추화」에서 "황궁의 나무들을 그릴 때, 백옥 섬돌 위에 우뚝 솟았다. 고상한 자태는 세속에 가깝지 않아, 천인天人만이 엿보는 것을 허락한다[圖出帝宮樹, 聳向白玉墀. 高艷不近俗, 直許天人窺]"라고 한 것은 그 운치에 대한 것이다. 그런데 두 분은 추화의 색과 향기와 운치가 뛰어난 것만 알 뿐, 병을 치료하는 효과에 대해서는 모르고 있다. 여주에는 개오동나무가 아주 많은데 부정공(富鄭公: 부필富弼)이 여주를 맡아 다스릴 때 후원에 수백 그루의 개오동나무를 손수 심었다. 그가 떠난 뒤 후인들이 그의 치적을 기려 개오동나무 숲 아래에 정공당鄭公堂을 건립했다. 선화宣和 연간에 선인께서 이 주州를 맡아 다스리실 때, 정책을 청취하는 객들이 모두 함께 했었다. 하루는 염방사廉訪使 주순周詢이 찾아와 "입춘 날 태양이 떠오르기 전에 그 잎을 채취해 볶아서 기름으로 만들어 종기에 붙이면 종기가 바로 치유되니 이를 '추엽고楸葉膏'라 합니다"라고 했다. 저녁 무렵 객사客使 왕위王偉가 찾아와, 주순의 이야기를 전하자, 왕위는 "어떤 사람이 등에 종기가 생겨서 내장이 다 보일 정도였는데 수많은 처방에도 차도가 없었습니다. 그런데 어떤 의원이 추엽고를 환부에 바르고 운모고雲母膏를 작은 환으로 만들어 네 냥 정도 복용토록 했는데, 며칠이 지나지 않아 운모가 피부 밖으로 튀어나와 추엽고와 서로 붙음으로써 종기가 마침내 나았습니다"라고 했으니 효험이 참 기특한 것이다. 내가 이 처방을 널리 알려 병으로 고통 받는 사람을 구제하려는 뜻에서 추화의 아름다움에 대해 이야기하며 치료 효능까지 함께 언급한다.

退之「三星行」云: "我生之辰, 月宿南斗." 以五星法準之, 則知退之以

17 『두시상주』 권14 「십이월일일삼수(十二月一日三首)」 제1수.
18 『두시상주』 권14 「삼절구(三絶句)」.

磨蠍爲身宮. 又云:"牛奮其角, 箕張其口. 牛不見服箱, 斗不挹酒漿, 箕獨有神靈, 無時停簸揚. 無善名已聞, 無惡身已謹." 則知太陰在磨蠍者, 主得謗譽. 東坡嘗援退之「三星行」之句, 以謂僕以磨蠍爲命, 殆與退之同病. 然觀東坡「謝生日啓」云:"攝提正於孟陬, 已光初度, 月宿直於南斗, 更借虛名." 則是東坡亦磨蠍爲身宮, 而乃云磨蠍爲命, 豈非身與命同宮乎? 尋常算五星者, 以爲命宮災福, 不及身宮之重, 東坡以身命同宮, 故謗譽尤重於退之. 職鑾坡而代言, 犯鯨波而遠謫, 退之之榮悴, 未至如是也. 孔子曰:"不知命無以爲君子." 所謂知命者, 不爲名利所汩, 而能安時處順者也. 後世貪求之士, 不能自安分義, 徒知金印艾綬之榮, 而不知苟得爲可愧, 於是君平之肆, 許負之廬, 衣冠盈矣. 劉夢得「和蘇十郎中」詩云:"菱花照後容雖改, 蓍草占來命已通." 武伯奮「長安述懷」詩云:"聞說唐生子孫在, 何當一爲問窮通." 觀此又奚知孔子所謂命也哉? 劉孝標作「辨命論」, 言壽夭窮達, 一歸之命, 可以使人杜奔競僭偪之患. 蕭瑀「非辨命論」, 言人之禍福, 一本之人事, 可以使人起修身累善之心. 二人皆非以甲乙丙丁休囚旺相而求吉凶者也.

한유의 「삼성행三星行」에서 "내가 태어난 때에, 월月이 남두南斗[19]에 있었다[我生之辰, 月宿南斗]"라고 했는데 오성五星의 법을 준거로 삼는다면 한유가 마갈磨蠍[20]로 신궁身宮[21]을 삼았음을 알 수 있다. 또 "소(牛 : 우성牛星)가 뿔을 세우고, 키(箕 : 기성箕星)가 그 입을 활짝 폈네. (그러나) 소가 짐을 싣지 못하고, 구기가 국물을 뜨지 못하거늘, 키만 홀로 신령함 가

19 남두(南斗) : 이십팔 수의 하나인 두수(斗宿)로, 북두(北斗)이남에 있으며 모양이 구기를 닮았다 해서 붙여진 이름이다. 점성학에서 남두는 작녹(爵祿)이나 재상의 지위를 관장한다고 한다.

20 마갈(磨蠍) : 황도(黃道) 십이궁(宮)의 열 번째 궁인 마갈궁(磨羯宮)을 말한다. 동지(冬至)에서 대한(大寒)까지 태양이 이 궁에 있게 된다.

21 신궁(身宮) : 명궁(命宮)을 보조하는 궁원(宮垣)으로, 후천적 운세를 대표한다. 십이궁위(宮位) 중에서 신궁은 반드시 명궁(命宮)·부처(夫妻)·재백(財帛)·천이(遷移)·관록(官祿)·복덕궁(福德宮)과 동궁(同宮)으로 정해진다.

져, 끊임없이 키질을 하네. 선행이 없다고 이미 알려졌으나, 악이 없다는 것에 기쁘네[牛奮其角, 箕張其口. 牛不見服箱, 斗不挹酒漿, 箕獨有神靈, 無時停簸揚. 無善名已聞, 無惡身已讙]"라고 했으니 태음(太陰 : 월月)이 마갈궁에 있는 경우 명예의 방해를 주도한다는 것을 알 수 있다. 소식이 일찍이 한유의 「삼성행」의 구절을 인용하며 "내가 마갈궁으로 명궁命宮[22]을 삼아, 한유와 거의 같은 병을 앓고 있다"라고 했다. 하지만 소식의 「사생일계謝生日啓」에서 "섭제(攝提 : 인년寅年)가 맹추(孟陬 : 정월)에 태어나, 처음에 빛을 발했으나, 월이 남두에 자리하여, 다시 허명만 빌렸네[攝提正於孟陬, 已光初度, 月宿直於南斗, 更借虛名]"라고 했으니 소식 역시 마갈궁을 신궁으로 삼은 것인데, 마갈궁을 명궁으로 삼았다고 한 것은 어찌 신궁과 명궁이 같은 것이지 않겠는가. 일반적으로 오성을 계산하는 이들은 명궁의 재앙과 복이 신궁의 중요함에는 미치지 못한다고 보는데 소식은 신과 명이 같은 궁에 있었으므로 명예에 대한 훼방이 한유보다 더욱 무거운 것이다. 난파(鑾坡 : 한림원)의 직책을 맡아 대신 상소하고 큰 파도를 범하여 멀리 좌천되었으니 한유의 영광과 쇠락은 이 정도에 이르지 않았다. 공자가 "명命을 알지 못하면 군자가 될 수 없다"[23]라고 했는데 '명을 안다'는 것은 명예와 이익에 골몰하지 않고 변화에 따라 순조롭게 대응하며 지내는 것이다. 후세에 출세를 탐하는 이들은 스스로 주어진 분수와 의리를 받아들이지 않은 채 황금 인장과 쑥빛 끈(관직)의 영광만을 알았지 구차하게 얻는 것이 부끄러운 줄은 몰랐다. 그래서 엄군평嚴君平[24]의 점포와 허부許負[25]의 집에 의관을 차린

---

22 명궁(命宮) : 중국 술수학(術數學) 중 『자미두수(紫微斗數)』에 나오는 전문용어로, 정신・의지・개성・희로애락 등을 좌우한다.

23 명(命)을 …… 없다 : 『논어』 「요왈(堯曰)」에 나오는 말이다. "명(命)을 알지 못하면 군자가 될 수 없으며, 예를 알지 못하면 설 수 없으며, 말[言]을 알지 못하면 사람을 알 수 없다.[不知命, 無以爲君子也. 不知禮, 無以立也. 不知言, 無以知人也.]"

24 엄군평(嚴君平) : 한나라 때의 은사인 엄준(嚴遵)의 자이다. 그는 일찍부터 벼슬을 포기하고 성도(成都)에 은거하면서 복서(卜筮)를 업으로 삼고 살다가 일생을 마쳤다. 『한서』 권72.

사람들이 넘쳤다. 유우석이 「화소십랑중和蘇十郎中」에서 "능화(菱花 : 능화경菱花鏡, 거울)에 비출 때 얼굴이 바랬으나, 시초(蓍草 : 주역점을 칠 때 사용하는 풀)로 점을 칠 때 운명이 형통했네[菱花照後容雖改, 蓍草占來命已通]"라고 하고, 무백분(武伯奮 : 무원형武元衡)이 「장안술회長安述懷」에서 "당생唐生[26]의 자손이 살아 있다 하니, 어찌하면 운명의 성쇠를 물을 수 있을까[聞說唐生子孫在, 何當一爲問窮通]"라고 했는데 이러한 것을 보면 그들이 어떻게 공자가 말한 명을 알았겠는가. 유효표(劉孝標 : 유준劉峻)가 「변명론辨命論」을 지어서 수요壽夭와 궁달窮達을 모두 명에 귀결시키면 사람들에게 분쟁과 참람함과 핍박의 우환을 막을 수 있다고 했고, 소우蕭瑀의 「비변명론非辨命論」에서는 인간의 화복을 인간 자신에 근거를 두면 사람들이 몸을 닦고 선을 쌓는 마음을 일으키게 할 수 있다고 했으니 두 사람은 모두 명리학에서의 갑을병정甲乙丙丁이나 휴수왕상休囚旺相[27] 따위로 길흉을 구한 사람이 아니었다.

古今人賦棋詩多矣. "幾局賭山果, 一先饒海僧"者, 鄭谷之詩也. "雁行布陣衆未曉, 虎穴得子人皆驚"者, 劉夢得之詩也. "古人重到今人愛, 萬局都無一局同"者, 歐陽炯之詩也. 觀諸人語意, 皆無足取, 獨愛荊公「贈葉致遠」之作, 其略云 : "或撞關以攻, 或覷眼而擪, 或羸形伺擊, 或猛出追躡. 垂成忽破壞, 中斷俄連接. 或外示閒暇, 或事先和燮. 或冒突超越, 鼓行令震疊, 或粗見形勢, 驅除令遠蹀, 或開拓疆境, 欲幷包總攝.

25 허부(許負) : 진나라 말경에 출생하였으며 당대의 영걸이던 한신의 상을 잘 봐준 덕에 부와 권세를 누렸다고 전해지는 인물이다. 한나라 고제(高帝)는 허부를 명자후(鳴雌侯)에 봉하기도 했다.

26 당생(唐生) : 전국시대 양나라 사람 당거(唐擧)를 가리킨다. 관상을 통해 사람의 장래를 점쳤다고 한다.

27 휴수왕상(休囚旺相) : 오행에서 운명의 성쇠를 분류하는 법칙의 하나로, 쇠락의 상태를 휴수라 하고 득의의 상태를 왕상이라 한다.

或慚如告亡, 或喜如獻捷. 諱輸寧斷頭, 悔誤乃披頰." 可謂曲盡圍棋之態. 非筆力可以回萬鈞, 豈易至此. 取退之「南山」詩讀之, 若可齊驅並駕也. 王無功亦有圍棋長篇云 "雙關防易斷, 隻眼畏難全. 魚鱗張九拒, 鶴翅擁三邊"等句, 鋪敍類荊公, 而其他句猥雜處尚衆. 東坡「白鶴觀」四言詩云 : "小兒近道, 剝啄信指. 勝固欣然, 敗亦可喜." 夫恣貪欲於指顧, 爭勝負於毫釐, 業棋者之常情, 而坡乃置之膜外, 亦可見其胸中翛然者矣. 荊公亦有"棋罷兩匳收白黑, 一枰何處有虧成"之句.

바둑에 관한 역대 시인들의 시가 많다. "산과山果를 걸고 몇 판을 벌였던가, 한 번 이겨 해승海僧을 넉넉하게 했네[幾局賭山果, 一先饒海僧]"[28]는 정곡의 시이고, "기러기 행렬 포진을 사람들이 모르다가, 호랑이 굴에서 호랑이를 잡자 사람들이 깜짝 놀라네[雁行布陣衆未曉, 虎穴得子人皆驚]"[29]는 유우석의 시이고, "고인이 중시한 것을 지금도 사랑하거니와, 수많은 대국에서 같은 대국 하나도 없네[古人重到今人愛, 萬局都無一局同]"[30]는 구양형歐陽炯의 시이다. 여타 시인들의 시들은 취할 만한 것이 없지만 왕안석의 「증섭치원贈葉致遠」은 아주 볼만하다. 그 대략은 이렇다. "관문을 쳐서 공격하기도 하고, 눈을 흘기며 압박하기도 하고, 지는 형국으로 공격을 기다리기도 하고, 맹렬하게 나가 추격하기도 한다. 거의 이길 즈음에 갑자기 파국이 되고, 단절되었는데 어느덧 이어진다. 겉으로 한가함을 보이기도 하고, 먼저 평화를 일삼기도 한다. 힘차게 돌격하여, 북을 치며 진통케도 하고, 간략히 형세를 내보이며, 뒤좇아 멀리 물러서게도 하고, 영토를 개척하여, 널리 포섭하려 하기도 한다. 죽음을 고하듯 처참해하기도 하고, 승리를 헌상하듯 기뻐하기도 한다. 지는 것이 싫어 머리를 끊고 싶어 하고, 그르친 것을 후회해 뺨을

28 『어정전당시』 권674, 정곡, 「기기객(寄棊客)」.
29 『유빈객문집(劉賓客文集)』 권29 「관기가송현사서유(觀棋歌送儇師西遊)」.
30 『어정전당시』 권761, 구양형(歐陽烱), 「구(句)」.

내리친다.[或撞關以攻, 或覷眼而擊, 或羸形伺擊, 或猛出追躡. 垂成忽破壞, 中斷俄連接. 或外示閒暇, 或事先和燮. 或冒突超越, 鼓行令震疊, 或粗見形勢, 驅除令遠蹀, 或開拓疆境, 欲幷包總攝. 或慚如告亡, 或喜如獻捷. 諱輸寧斷頭, 悔誤乃披頰.]" 바둑 두는 모습을 곡진히 표현했다 할 수 있으니 만 근 무게를 되돌릴 만한 필력이 아니면 어떻게 쉽게 도달할 수 있는 경지이겠는가. 한유의 「남산南山」 시와 함께 읽으면 어깨를 나란히 할 만할 것이다. 왕무공(王無功 : 왕적)도 역시 바둑에 대한 장편의 시를 남겼으니 "한 쌍의 관문은 쉽게 단절되는 것을 방어함이요, 외눈은 배치가 온전치 않을까 우려돼서다. 물고기 비늘 형국으로 아홉 가로막을 펼치고, 학의 날개로 세 변을 껴안는다[雙關防易斷, 隻眼畏難全. 魚鱗張九拒, 鶴翅擁三邊]"[31] 등의 구절은 구성이 왕안석과 유사하지만, 그 밖의 구절은 잡다한 점이 많다. 소식의 사언시 「백학관白鶴觀」에서 "애들의 놀이와 가까운 것으로, 딱딱 손가락 가는 대로 둔다. 이기는 것이 본디 흔쾌한 일이지만, 패한 것 또한 기쁜 일이다[小兒近道, 剝啄信指. 勝固欣然, 敗亦可喜]"라고 했는데 손가락 가는 길에 탐욕을 부리고 털끝만큼에서 승부를 겨루는 것이 바둑을 업으로 하는 사람들의 마음이긴 하지만 소식은 이를 관심 밖에 배치해버렸으니 거침없이 큰 가슴을 엿볼 수 있다. 왕안석 역시 "바둑 마치고 두 함에 흰 돌 검은 돌을 담나니, 한 판의 대국에 망가짐과 이루어짐이 어디 있겠는가[棊罷兩匳收白黑, 一枰何處有虧成]"[32]라는 구절을 남겼다.

魯直詩云 : "眼見人情如格五, 心知外物等朝三." 又云 : "肉食傾人如出九, 藜羹飯我等朝三." 兩聯之意, 雖不相遠, 然似不若前句之無斧鑿痕也. 『漢書』, 吾邱壽王以善格五待詔, 劉德謂格五棊, 行以塞法. 『齊

31 『어정전당시』 권37, 왕적, 「구(句)」.

32 『임천문집』 권27 「기(棊)」.

書』沈文季善塞, 其法用五子, 沈存中『筆談』云 : "格五卽今之簺融, 其法以己常有餘, 而致敵人於險." 『酉陽雜俎』亦云 : "於棋局中各用五子, 共行一道, 以角遲速." 則格五也, 塞也, 簺融也, 名雖不同, 其制一而已. 彼蘇林以爲五博之類, 不用箭, 但行梟散, 未知所據. 出九亦賭博之法, 詳見『刑統』.

황정견의 시에서 "인정이란 격오格五[33]같이 보이고, 외부 사물이란 조삼朝三[34]과 닮았음을 알겠다[眼見人情如格五, 心知外物等朝三]"[35]라고 하고, 또 "육식이 사람 경도시키는 것은 출구出九[36]와 같고, 여뀌 국이 날 먹여주는 것은 조삼과 닮았다[肉食傾人如出九, 蓼羹飯我等朝三]"[37]라고 했는데 두 연의 내용이 큰 차이가 없지만, (뒤 구절은) 부착斧鑿의 흔적이 없는 앞 구절만 못한 듯하다. 『한서』에 의하면, 오구수왕吾邱壽王이 격오를 잘해서 대조待詔가 되었다 했고, 유덕劉德은, 격오기格五棋는 새塞[38]의 법칙이 적용된다고 했다. 『제서齊書』에 의하면 심문계沈文季가 새를 잘하는데 그 규칙은 다섯 개의 돌을 사용한다 했고, 심괄의 『몽계필담』에서는 "격오는 지금의 축융簺融[39]이며 그 규칙은, 자기 쪽은 항시 여유를 갖고 상대방을 험난한 상태에 빠트리는 것이다"라고 했으며 『유양잡조』에서도 "바둑판 위에 각기 다섯 개의 돌을 사용하여 함께 한 길을 가면서 그 지속을 겨룬다"라고 했다. 따라서 격오와 새와 축융

33 격오(格五) : 옛날 박희(博戲)의 일종으로, 오늘날의 장기와 비슷한 놀이를 말한다.

34 조삼(朝三) : 저공(狙公)이 도토리를 주는 숫자로 원숭이를 속인 조삼모사(朝三暮四)의 준말이다.

35 『산곡외집』 권13 「만서정중모(漫書呈仲謀)」.

36 출구(出九) : 모여서 도박을 하거나, 또는 도박장을 제공하는 사람이다. 『송형통(宋刑統)』에 의하면, 이들 가운데 금액이 구 이상이면 일정한 형벌을 가한다고 했다.

37 『산곡외집』 권14 「만흥(漫興)」.

38 새(塞) : 새(簺)로도 읽으며, 격오와 비슷한 놀이이다.

39 축융(簺融) : 고대의 바둑놀이 중의 하나로 흑백의 바둑돌 각각 다섯 개로 중간의 길을 다투어 가는 것인데, 한 칸씩 가다가 상대방의 돌을 만나면 뛰어넘게 된다. 그리하여 먼저 상대방의 영역에 도착하면 승자가 된다. 축융(簺戎)이라고도 한다.

은 명칭은 다르지만 제도는 같은 것이다. 소림蘇林이 격오는 오박五博[40]과 같은 종류로서 전箭을 사용하지 않고 효산梟散[41]만 움직인다고 한 것은 무엇에 근거한 것인지 모르겠다. 출구는 도박의 형벌이며 자세한 것은 『송형통宋刑統』에 보인다.

子由「煎茶」詩云 : "煎茶舊法出西蜀, 水聲火態猶能諳. 相傳煎茶只煎水, 茶性仍存偏有味." 此茶之佳者也. 又云 : "北方俚人茗飮無不有, 鹽酪椒薑誇滿口." 茶出南方, 北人罕得佳品, 以味不佳, 故雜以他物煎之. 陳後山茶詩云 : "愧無一縷破雙團, 慣下薑鹽枉肺肝." 東坡「和寄茶」詩亦云 : "老妻稚子不知愛, 一半已入薑鹽煎." 若茶品自佳, 雜以他物, 適敗其味爾. 茶性冷, 鹽導入下經, 非養生所宜. 山谷謂寒中瘠氣, 莫甚於茶, 或濟以鹽, 勾賊破家. 薛能「鳥觜茶」詩, 亦有"鹽損添宜戒, 薑宜著更誇"之句, 則知以鹽煎茶, 誠無益於養生也.

소철의 「전다煎茶」에서 "차를 끓이는 옛 법은 서촉西蜀에서 시작했으니 물소리와 불의 내용을 잘 알고 있다. 차를 끓이는 것이란 물을 끓이는 것이어서, 차의 본성이 그대로 유지돼야 차 맛이 난다 했다[煎茶舊法出西蜀, 水聲火態猶能諳. 相傳煎茶只煎水, 茶性仍存偏有味]"라고 했는데 이것은 차 가운데 좋은 것이다. 또 "북방 사람들은 차를 마실 때 없는 것이 없어서, 소금 우유 산초 생강 등을 입안 가득 먹는다[北方俚人茗飮無不有, 鹽酪椒薑誇滿口]"[42]라고 했다. 차는 남쪽 지역에서 생산되고 북쪽 사람들은 좋은 품질의 차를 얻기가 힘들다. 그래서 차 맛이 좋지 않은 탓에 다

---

40 오박(五博) : 고대 박희(博戲)의 일종이다. 나무나 옥(玉)이나 돌을 사용해 다섯 개를 만들어서 던져 따내는 것으로 승패를 갈랐다.

41 효산(梟散) : 고대 박희(博戲)의 일종이다. 효와 산은 본래 두 가지 문양의 이름으로, 효는 점수가 높았고 산은 점수가 낮았다.

42 『난성집(欒城集)』 권4 「화자첨전다(和子瞻煎茶)」.

른 식품을 넣어서 끓여 마신다. 진사도가 차에 대해 지은 시에서 "한 오라기 실로 깨부술 한 쌍의 단차團茶 없는 것이 부끄럽거니와, 생강과 소금을 넣어서 폐와 간을 그르치네[愧無一縷破雙團, 慣下薑鹽枉肺肝]"[43]라고 하고, 소식이 화답하며 보낸 차와 관련된 시에서도 "늙은 아내와 어린아이는 사랑할 줄 몰라, 절반은 이미 생강과 소금이 함께 달여졌네[老妻稚子不知愛, 一半已入薑鹽煎]"[44]라고 했으니 차의 품질이 좋은데 다른 식품을 넣으면 그 맛만 망가뜨릴 뿐이다. 차의 성질은 차갑고 소금은 하부로 인도하는 것이어서 양생에 좋지 않다. 황정견은 찬 것 가운데 기氣를 수척하게 하는 것으로 차보다 더한 것이 없는데 만일 소금을 첨가하게 되면 적을 끌어들여 집을 파괴시키는 격이라고 했다. 설능薛能의 「조자다鳥觜茶」에서도 "소금은 손상시키므로 첨가를 경계해야 하고, 생강은 적당하므로 더욱더 자랑해야 한다[鹽損添宜戒, 薑宜著更誇]"라는 구절이 있으니 소금을 첨가해 차를 끓이는 것은 정말 양생에 보탬이 되지 않는다는 것을 알 수 있다.

蒙恬造筆,『博物志』云 : 以狐狸毛爲心, 兔毛爲副, 心柱遒勁, 鋒鋩調利, 故難乏而易使. 白樂天作『雞距筆賦』云 : "中山之明, 視勁而俊, 汝陰之翰, 音勇而雄. 雙美是合, 兩揆相同. 不得兔毛, 無以成起草之用, 不爲雞距, 無以表入墨之功." 蓋亦兼而用之也. 近世作筆, 專用兔毛, 而好奇者, 或屏兔毛不用, 更以他毫爲之. 晉王隱『筆銘』云 : "豈其作筆, 必兔之毫? 調利難禿, 亦有鹿毛." 而王羲之·鍾繇·張芝皆用鼠鬚筆. 錢穆父奉使高麗, 得猩猩毛筆, 甚珍之, 嘗以分贈山谷. 山谷所謂"愛酒醉魂在, 能言機事疏. 平生幾兩屐, 身後五車書"是也. 『嶺表錄』云 : "嶺外無兔, 郡守偶得兔毫, 令匠者作筆. 匠者偶因醉遺墜, 惶懼無以爲計,

43 『후산집』 권8 「기예장공삼수(寄豫章公三首)」 제2수.
44 『동파전집』 권7 「화장기기다(和蔣夔寄茶)」.

遂以己鬚制之, 反佳. 其後遂戶料人鬚一合." 此殆好事者說爾.

몽염蒙恬이 붓을 만들었는데 『박물지博物志』에 의하면 "여우 털을 중심에 두고 토끼의 털을 부가하면 중심의 기둥이 굳건하고 붓끝이 조화롭고 예리하다. 그래서 궁핍하긴 어렵고 부리긴 쉽다"라고 했다. 백거이가 지은 『계거필부雞距筆賦』에서는 "중산中山[45]의 밝은 눈은, 시야가 곧고 준수하며, 여음汝陰의 서한書翰은, 음률이 용맹하고 웅장하다. 쌍의 아름다움이 하나가 되고, 두 규칙이 함께 했다. 토끼털을 얻지 못하면, 초안을 만들 도구가 될 수 없고, 계거雞距[46]가 아니면, 먹으로 쓰는 공로를 나타낼 수 없다[中山之明, 視勁而俊, 汝陰之翰, 音勇而雄. 雙美是合, 兩揆相同. 不得兎毛, 無以成起草之用, 不爲雞距, 無以表入墨之功]"라고 했으니 이는 두 가지를 합쳐 사용한 것이다. 근세에는 붓을 만들 때 토끼털만 사용하는데, 호기심 많은 사람들이 간혹 토끼털을 사용하지 않고 다른 동물의 털을 사용하기도 한다. 진晉 왕은王隱의 『필명筆銘』에서 "어찌 붓을 만들 때, 반드시 토끼털을 쓸 필요가 있겠는가. 조화롭고 예리하여 쉽게 뭉뚝하지 않은 것으로, 사슴 털도 있다[豈其作筆, 必兎之毫? 調利難禿, 亦有鹿毛]"라고 했고, 왕희지 · 종요 · 장지張芝는 모두 서수필鼠鬚筆을 사용했다. 전목보(錢穆父 : 전협錢勰)가 고려에 사신으로 가서 성성이 털로 만든 붓을 얻어왔는데 매우 진귀하게 여겨 일찍이 황정견에게 나누어 주었으니 황정견이 거론한 "(성성이가) 술을 좋아해 취한 넋이 담겨 있고, 말에 능하여 기밀이 쉬 드러난다. 평생 몇 개의 신발을 신었던가, (성성이가) 죽고 나면 다섯 수레의 책만 남으리라[愛酒醉魂在, 能言機事疏. 平生幾兩屐, 身後五車書]"[47][48]가 그것이다. 『영표록嶺表錄』에서 "영嶺 너머

45 중산(中山) : 지금의 선성(宣城) 율수현(溧水縣)에 있는 산 이름인데 이곳에서 자라는 토끼의 털로 만든 붓은 예로부터 유명하다.

46 계거(雞距) : 본래 수탉의 뒷발톱을 가리키는데 봉(鋒)이 짧은 붓을 비유하기도 한다.

47 술 …… 남으리라 : 이 시의 내용과 관련하여 배염(裴炎) 「성성설(猩猩說)」에 다음의 고사가 전한다. 완연(阮研)이 봉계(封溪)로 사행(使行)을 나갔는데 마을 사람들이 이렇게

에는 토끼가 없는데 군수가 우연히 토끼털을 얻어 장인에게 붓을 만들도록 했다. 그런데 장인이 술에 취한 나머지 이를 잃어버렸고 벌벌 떨며 어떻게 해야 줄 모르다가 결국 자신의 수염으로 만들었는데 오히려 더 좋았다. 그 뒤에 결국 호료戶料와 수염을 하나로 합쳤다"라고 했는데 이는 그저 호사가의 이야기일 뿐이다.

樗蒱用博齒五枚, 如銀杏狀, 各上黑下白, 內取二黑刻爲犢, 其背刻爲雉, 故李翺『五木經』云 : "樗蒱五木黑白判, 厥二作雉背作牛"是也. 以盧白雉犢四爲王采, 取其全, 它八采爲甿者, 惡其駁也. 按前史, 三擲三盧如慕容寶, 五擲五盧如李安人, 王思政之擲印爲盧, 劉裕之喝盧勝雉, 皆以爲前途富貴之先兆. 卒之其應如響, 亦可謂異矣. 鄭谷詩云 : "能消永日是樗蒱, 坑塹由來似宦途. 兩擲未離㨶撅內, 坐中何惜爲呼盧." 然盧可呼而得, 官可倖而致乎? 觀谷此言, 似未知安時處順者.

저포樗蒱는 박치博齒[49] 다섯 매를 사용하는데 모양이 은행과 같으며 위는 검고 아래는 흰데 가운데 두 개의 검은 것에는 송아지를 새겨 넣고 등 쪽에는 꿩을 새겨 넣는다. 그래서 이고李翺의 『오목경五木經』에서 "저포의 오목은 검은색과 흰색으로 나뉘고, 가운데 둘은 꿩을 새기고

말하였다. "산에 성성이가 무리를 지어 사는데 술과 신발을 좋아했다. 그것들을 유인하기 위해 술과 신발을 몰래 가져다 놓자, 처음에는 자기들을 잡으려는 것이라며 그걸 가져다 둔 사람의 이름을 부르며 욕을 했지만 결국 유혹을 못 떨친 채 술을 마시다 취하고 신발을 신으며 허둥대다 사람들에게 잡히고 말았다."

48 『산곡집』 권9 「화답전목부영성성모필(和答錢穆父詠猩猩毛筆)」.

49 박치(博齒) : 투자(骰子)로, 박륙채(博陸采)라고도 한다. 박희(博戲)는 나무로 만든 투자 다섯 개를 갖고 하는데, 각 투자마다 양면 중에 한쪽에는 흑색을 칠하고 송아지를 그렸으며, 다른 한쪽에는 흰색을 칠하고 꿩을 그렸다. 이 다섯 투자를 던졌을 때 모두 흑색이면 노(盧)라 외치며 채(彩) 십육이고, 꿩이 둘이고 흑색이 셋이면 채 십사고, 송아지가 둘이고 백색이 셋이면 송아지가 돼 채 십이고, 전체가 백색이면 채 팔이 된다 한다.

등짝에는 소를 새긴다[樗蒲五木黑白判, 厥二作雉背作牛]"라고 한 것이 그것이다. 노盧와 백白과 꿩과 송아지 네 개를 왕채王采라 하는데 온전함을 취한 것이고, 기타의 여덟 채는 맹甿이라 하는데 잡다함을 문제 삼은 것이다. 지난 기록에 의하면 세 번 던져 세 번 노盧였던 모용보慕容寶,[50] 다섯 번 던져 다섯 번 노였던 이안인李安人[51]의 경우와, 왕사정王思政이 인장을 던져 노로 만들고, 유유劉裕가 소리쳐 노로 만들어 꿩을 이긴[52] 것 등은 모두 미래에 부귀를 이룰 조짐이라고 했는데 결국 실제의 호응이 음향과 같았으니 기이한 일이라 하겠다. 정곡의 시에서 "시간을 보낼 수 있는 것은 저포이니, 갱坑과 참塹[53]은 본디 벼슬길을 닮았네. 두 번 던져 효㩭와 궐撅[54]을 떠나지 않으니, 좌중이 노라 부르는 것을 어찌 아끼랴[能消永日是樗蒲, 坑塹由來似宦途. 兩擲未離㩭撅內, 坐中何惜爲呼盧]"[55]라고 했다. 그러나 노는 불러서 얻을 수 있지만 관직은 요행으로 차지

---

50 세 번 …… 모용보(慕容寶) : 모용보, 즉 후연(後燕)의 혜민제(惠湣帝)와 관련 깊은 고사이다. 모용보가 제위에 오르기 전 한황(韓黃), 이근(李根) 등과 저포놀이를 하며 다짐하기를 "저포에도 신이 있다 하니 부귀를 가질 수 있다면 세 번 노(盧)를 얻으리라"라고 한 뒤 세 번 던졌는데 모두 노였고 결국 제위에 올랐다 한다. 『진서(晉書)』「모용보전(慕容寶傳)」.

51 다섯 …… 이안인(李安人) : 남조 유송(劉宋)의 무장이었던 이안인과 관련된 고사이다. 송 명제(明帝)가 전승을 기념해 신정루(新亭樓)에서 축하연을 열었을 때 저포놀이가 벌어졌는데, 이안인이 다섯 번 던져 모두 노가 나오자 명제가 깜짝 놀라며 "경의 얼굴이 전답처럼 반듯하니 제후에 책봉될 상이다"라는 말을 남겼고, 훗날 상서 좌복야尙書左僕射까지 역임했다 한다. 『남제서(南齊書)』「이안인전(李安人傳)」.

52 유유(劉裕)가 …… 이긴 : 남조(南朝) 송나라의 유유(劉裕)와 유의(劉毅)에 얽힌 고사이다. 유유와 유의가 서로 자웅을 겨루던 어느 날 동부(東府)에 저보(樗蒲)놀이가 크게 벌어졌다. 먼저 유의가 투자를 던져 꿩을 얻자 환호를 질렀다. 그런데 뒤이어 던진 유유의 투자가 네 개는 모두 흑이고 한 개는 중간 위치에 서서 내용이 확정되지 않자 유유가 크게 소리를 치니 노가 돼버렸고 결국 유의를 이겼다 한다. 『진서』「유의전(劉毅傳)」.

53 갱(坑)과 참(塹) : 저포놀이에 쓰이는 용어이다. 저포놀이에 있어 관(關)을 지나는 것이 어려운데 관 바로 앞에 있는 것이 '갱'이고 관 뒤에 있는 것이 '참'이다. 매우 위험한 상황에 처한 것을 나타낸다.

54 효(㩭)와 궐(撅) : 백색이 셋이고 흑색이 둘인 것을 '궐', 백색이 둘이고 흑색이 셋인 것을 '효'라 한다.

55 『어정전당시』 권676, 정곡, 「영일유회(永日有懷)」.

할 수 있겠는가. 정곡의 이 말을 보면 시대의 변화를 편안하게 받아들이는 것을 모르는 듯하다.

傀儡之戲舊矣, 自周穆王與盛姬觀偃師造倡於崑崙之道, 其藝已能奪造化通神明矣. 晏元獻公嘗爲「傀儡賦」云 "外眩刻琱, 內牽纏索, 朱紫坌並, 銀黃煜爚, 生殺自口, 榮枯在握"者, 可謂曲盡其態. 李義山作「宮妓」一絶云: "朱箔輕明拂玉墀, 披香新殿鬪腰支. 不須更看魚龍戲, 終恐君王怒偃師." 是以觀倡不如觀舞也. 然唐明皇好舞「霓裳」, 以至於亂, 杜牧所謂"「霓裳」一曲千峯上, 舞破中原始下來"是也. 漢高祖白登之圍, 以刻木爲美人而圍解, 「樂錄」謂卽今之傀儡. 則是舞或亂唐, 而刻木或可以興漢, 義山之詩異矣.

괴뢰희傀儡戲가 생긴 지는 오래되었다. 주 목왕이 성희盛姬와 더불어 언사偃師[56]가 곤륜산 길 위에서 만든 가창假倡[57]을 구경한 것에서부터 시작된 이 기예는 이미 조화의 능력을 빼앗고 신명에 통했다. 안수가 일찍이 지은 「괴뢰부傀儡賦」에서 "밖으로 조각된 구슬이 빛나고, 안으로 묶은 끈을 당기며, 주색과 자색이 어울리고, 은빛과 황금색이 빛나며, 살리고 죽이는 것이 입으로부터 시작되고, 영광과 고사가 손아귀에 있다[外眩刻琱, 內牽纏索, 朱紫坌並, 銀黃煜爚, 生殺自口, 榮枯在握]"라고 했으니 그 모습을 곡진하게 표현했다 할 만하다. 이상은이 지은 절구 「궁기宮妓」에서 "붉은 발이 가볍게 옥빛 섬돌을 스치고, 새로 지은 피향전披香殿에 허리와 다리가 겨룬다. 다시 어룡희魚龍戲[58]를 보지 말하야

56 언사(偃師) : 고대 전기(傳奇)에 나오는 기기 제작사로, 산 사람과 다름없는 인형을 만들었다 한다.

57 가창(假倡) : 사람 목소리를 내며 노래를 부르는 목제 기구이다.

58 어룡희(魚龍戲) : 고대 백희(百戲)의 하나로, 어룡잡희(魚龍雜戲)라고도 한다.

함은, 군왕이 언사에게 노할까[59] 두려워서라네[朱箔輕明拂玉墀, 披香新殿鬪腰支. 不須更看魚龍戲, 終恐君王怒偃師]"라고 했으니 이는 노래 구경이 춤 구경만 못하다고 본 것이다. 하지만 당 현종이 예상무霓裳舞를 좋아하다 혼란에 빠지고 말았으니 두목이 말한 "높은 봉우리 위의 「예상곡」, 춤으로 중원을 깨트리며 내려왔네[「霓裳」一曲千峯上, 舞破中原始下來]"[60]가 그것이다. 한 고조가 백등白登에서 포위당할 때 나무로 미인을 조각해 포위에서 풀려났는데 「악록樂錄」에서 이것은 지금의 괴뢰라고 했다. 그렇다면 이 춤은 당나라를 혼란하게 했지만 조각한 나무는 한나라를 일으키기도 했으니 이상은의 시가 기이한 것이다.

『楚詞』云: "菎蔽象棋, 有六簙些. 分曹並進, 遒相迫些." 王逸謂投六箸行六棋, 故謂之六簙, 言以菎蔽作箸, 象牙爲棋也. 而『楚辭補注』乃引『列子』擊博樓上, 謂擊打也, 如今之雙陸棋也. 余謂雙陸之制, 初不用棋, 俱以黑白小棒槌, 每邊各十二枚, 主客各一色, 以骰子兩隻擲之, 依點數行, 因有客主相擊之法. 故趙摶「雙陸」詩云: "紫牙鏤合方如斗, 二十四星銜月口. 貴人迷此華筵中, 運木手交如陣鬪." 今六簙旣行六棋, 則非雙陸明矣.

『초사』에 의하면 "곤폐菎蔽[61]와 상아로 만든 장기가 있고, 아울러 육박이 있다. 두 패로 나누어 서로 진격하여, 쌍방이 맞붙어 치고받는다

59 군왕이 …… 노할까 : 이와 관련한 다음의 고사가 전한다. 주 목왕이 서쪽을 순행하다가 언사라는 장인을 만났는데, 언사가 특별히 '가창(假倡)'이라는 기구를 바쳤다. '가창'이 노래도 잘 부르고 춤도 잘 춰서 목왕이 아주 좋아했지만 인지 능력이 없는 가창이 예의 없이 굴며 목왕의 시첩을 범하자 목왕이 매우 불쾌해하며 언사에게 그 죄를 물으려 했다. 언사가 대중 앞에서 이 기구를 해체해 사실을 공개함으로써 다행히 목숨은 부지했다 한다. 『열자』「탕문(湯問)」.

60 『어정전당시』 권521, 두목, 「과화청궁절구삼수(過華淸宮絶句三首)」 제2수.

61 곤폐(菎蔽) : 옥으로 장식한 화살주머니이다. 곤(菎)은 곤(琨)과 통용된다.

[菎蔽象棋, 有六簙些. 分曹並進, 遒相迫些]"라고 했는데 왕일王逸은 '여섯 개의 젓가락(箸)을 던지고 여섯 개의 장기(棋)를 사용하므로 육박이라 하며, 곤폐로 젓가락을 만들고 상아로 장기를 만들었다'라고 했다. 『초사보주楚辭補注』에서는 『열자』의 '누상樓上에서 박(博: 簙과 같음)을 치다'[62]를 인용하며 '격擊은 치는 것이니 지금의 쌍육기雙陸棋와 같은 것'이라고 했다. 이에 대해 나는 다음과 같이 생각한다. 쌍육의 제도는 애초에는 장기를 사용하지 않고 흑백의 작은 막대기(棒槌) 각 열두 매를 갖추고 주와 객이 각기 한 가지 색을 가진 뒤 골자骰子를 두 짝 씩 던져서 점수에 따라 진행하는데 이때 주인과 객이 서로 치는 법이 생긴 것이다. 그래서 조단趙摶의 「쌍육雙陸」에서 "붉은 상아를 새겨 하나로 합치니 말짝 만하고, 스물네 개의 별이 달 입을 물었다. 귀인이 이 화려한 연회에서 빠져, 나무를 움직이며 손을 교차하는 것이 진지에서 싸우는 것과 같다[紫牙鏤合方如斗, 二十四星銜月口. 貴人迷此華筵中, 運木手交如陣鬪]"라고 했다. 지금 육박이 육기로 진행되고 있다면 쌍육이 아닌 것이 분명하다.

『周官』方相氏以黃金四目, 玄衣朱裳, 執戈揚盾, 以索室毆疫, 謂之時儺. 釋者謂四時皆作也. 攷之『月令』, 乃作於三時, 而於夏則闕, 何邪? 蓋夏當陽盛之時, 陰慝不敢作, 故闕之爾. 今春秋無儺, 惟於除夕有之. 孟郊所謂"驅儺擊鼓歔長笛, 瘦鬼染面唯齒白. 暗中窣窣拽茅鞭, 裸足朱褌行戚戚. 相顧笑聲衝庭燎, 桃弧棘矢時獨叫." 王建亦云: "金吾除夜進儺名, 畫袴朱衣四隊行." 皆謂除夕大儺也. 其塗飾之制, 若驅禳之儀, 與『周官』略相類. 政和中, 徽宗新創禁中儺儀, 有旨令翰苑撰文. 時翟公巽當直, 其略云: "南正司天, 無俾神人之雜, 夏后鑄鼎, 以紀山林

62 『열자』「설부(說符)」.

之姦. 茍非聖神, 孰知情狀." 被旨, 頃刻進入, 人服其敏而工.

『주관周官』에 의하면 "방상씨方相氏가 네 개의 황금 눈과 검은 상의에 붉은 치마를 입고 창을 들고 방패를 저으며 방을 찾아가 역병을 물리치니 이를 시나時儺라 한다"라고 했는데 이에 대해 주석가들은 사계절마다 모두 행한다고 했다. 하지만 『월령月令』을 살펴보면, 세 계절만 시행하고 여름에는 시행하지 않고 있는데 이것은 왜일까? 이는 여름이 양陽이 성행한 때여서 음陰이 숨어서 감히 나서지 못하므로 빠뜨린 것이다. 지금은 봄가을에는 시나가 없고 오직 섣달 그믐날 밤에만 시행한다. 맹교가 지은 "나귀를 좇느라 북을 치고 긴 젓대를 불며, 파리한 귀신 얼굴에 물감을 칠하고 치아는 희게 한다. 어둠 속에서 소곤소곤 띠풀 채찍을 끌고, 맨발에 붉은 치마를 입고 훠이훠이 나선다. 서로들 쳐다보며 웃음소리가 마당 위 모닥불과 어울릴 때, 복숭아 활과 가시 화살을 들고 홀로 소리친다[驅儺擊鼓歙長笛, 瘦鬼染面唯齒白. 暗中窣窣拽茅鞭, 裸足朱裈行戚戚. 相顧笑聲衝庭燎, 桃弧棘矢時獨叫]"[63]라고 하고, 왕건도 "섣달 그믐날 금오위金吾衛에서 나례를 올릴 때, 화려한 치마와 붉은 상의를 입은 네 개의 대오가 나선다[金吾除夜進儺名, 畫袴朱衣四隊行]"[64]라고 한 것은 모두 섣달 그믐달의 대나大儺를 두고 말한 것이다. 얼굴에 바르고 몸을 치장하는 것은 재액을 구축(驅禳)하는 의식과 같아서 『주관』의 내용과 대략 유사하다. 정화 연간에 휘종徽宗이 궁 안에 나례 의식을 새로 만들며 명을 내려 한림원으로 하여금 글을 짓도록 했다. 당시 적공손(翟公巽 : 적여문翟汝文)이 숙직을 서고 있었는데 그 대략은 다음과 같다. "남정南正[65]이 하늘을 맡을 때, 신과 사람의 뒤섞임이 없도록 했고, 하후夏后가 정鼎을 주조할 때, 산림의 문제를 기록했으니,[66] 참으로 성스러움과 신묘함

63 『맹동야시집』 권1 「현가행(絃歌行)」.

64 『왕사마집』 권8 「궁사일백수(宮詞一百首)」 제90수.

65 남정(南正) : 상고시대 관직명으로, 하늘과 관련된 일을 맡아 다스렸다.

이 아니면, 누가 그 정상을 알겠는가[南正司天, 無俾神人之雜, 夏后鑄鼎, 以紀山林之姦. 苟非聖神, 孰知情狀]" 명을 받자마자 짧은 시각에 바로 지어 올렸지만 기민하면서도 내용이 훌륭한 것에 모두 탄복했다.

『帝王世紀』及「逸士傳」載, 帝堯之時, 天下大和, 有八九十老人, 擊壤而歌於康衢, 其詞曰 : "日出而作, 日入而息, 鑿井而飮, 耕田而食, 帝何力於我哉." 初不知壤爲何物, 因觀『藝經』云, 壤以木爲之, 前廣後銳, 長尺四寸, 闊三寸, 其形如履. 將戲, 先側一壤於地, 遠三四十步, 以手中壤擊之, 中者爲上. 蓋古戲也.

『제왕세기帝王世紀』와 「일사전逸士傳」에 의하면, 요임금시대에 천하가 아주 평화로워 80~90세의 노인이 양壤을 치며 강구康衢에서 노래했는데 그 내용에서 "해가 뜨면 일하고, 해가 지면 쉬며, 샘물을 파서 마시고, 밭을 경작하여 먹고사니, 임금이 내게 무슨 힘이 된단 말인가[日出而作, 日入而息, 鑿井而飮, 耕田而食, 帝何力於我哉]"라고 했다. 처음에는 양이 어떤 것인 줄 몰랐으나 『예경藝經』을 살펴보니 "양은 나무로 만드는데 앞부분은 넓고 뒷부분은 뾰족하며 길이는 4치, 넓이는 3치이며 모양은 신발과 같다. 놀이하기에 앞서 양 하나를 땅 위에 비스듬하게 세워두고 30~40보 쯤 떨어진 곳에서 손에 있는 양으로 쳐서 맞힌 사람이 최고가 된다"라고 했으니 고대의 놀이였던 것이다.

---

66 하후(夏后)가 …… 기록했으니 : 하후는 하나라를 개국한 우제(禹帝)이고, 정은 우제의 정치 행적을 기록한 것으로, 내용 가운데 산림과 하천의 무단 침입을 거론했다. 『좌전』 「선공삼년(宣公三年)」.

운어양추韻語陽秋 권18券十八

余嘗謂知人雖堯帝猶以爲難, 而杜子美之曾老姑乃能知唐太宗於側微之時, 識房・杜輩於賤貧之日. 子美載其語云 : "向竊窺數公, 經綸亦俱有. 次問最少年, 虬髯十八九. 子等成大名, 皆因此人手." 噫, 一何異邪. 唐史載王珪微時, 母李氏嘗云 : "子必貴, 但未見與汝游者." 珪一日引房・杜過之, 母曰 : "汝貴無疑." 余嘗觀子美「贈王砯使南海」詩, 然後知史所書皆誤也. 砯, 珪之玄孫也, 謂珪爲高祖. 其曰 : "我之曾老姑, 爾之高祖母", 則砯之高祖母乃姓杜, 非姓李也. 其曰 : "爾祖未顯時, 歸爲尚書婦." 珪嘗爲禮部尚書, 則尚書婦乃珪之妻, 非珪之母也. 故詩之中章云 : "及乎貞觀初, 尚書踐台斗. 夫人嘗肩輿, 上殿稱萬壽. 至尊均嫂叔, 盛事垂不朽." 皆謂珪妻爾. 人徒見詩中有剪髻之事, 有同乎陶母, 故謂珪母. 審爾, 豈不與尚書婦之句相抵梧哉?

내가 일찍이 다음과 같이 말했다. 사람을 알아보는 것은 요임금도 어려워했는데 두보의 증노고(曾老姑 : 증고모)가 한미한 시절의 당 태종을 알아보고 미천한 때의 방현령房玄齡·두여회杜如晦도 알아봤다고 했다. 두보가 그 말을 전하기를 "지난날 살며시 여러 공들을 살펴보니, 모두 경륜을 갖추고 있었다. 순서에 따라 가장 어린 소년에게 물었으니 규염虯髯[1]이 있는 18, 19세였다. 그대들이 큰 명성을 얻는 것은, 모두 이 사람의 손에 의할 것이다[向竊窺數公, 經綸亦俱有. 次問最少年, 虯髯十八九. 子等成大名, 皆因此人手]"[2]라고 했으니 아, 이 얼마나 기묘한 일인가! 당나라 역사서에 의하면, 왕규가 한미했던 시절에 어머니 이씨李氏가 "네가 반드시 귀하게 되겠지만 아직 너와 어울리는 사람을 보지 못했다"라고 했다. 왕규가 어느 날 방현령·두여회를 데리고 찾아가자 어머니가 "너는 틀림없이 귀하게 될 것이다"라고 했다. 그런데 내가 일찍이 두보의 「증왕례사남해贈王砅使南海」를 보고나서 위 역사 기록이 모두 잘못됐다는 것을 알았다. 왕례王砅는 왕규의 현손으로서 왕규를 고조라 불렀다. 두보의 시에서 "나의 증고모는, 너의 고조모이다[我之曾老姑, 爾之高祖母]"[3]라고 했으니 왕례의 고조모는 성이 두杜이지 이李가 아닌 것이다. 그리고 "너의 조모가 세상에 널리 알려지기 전에, 시집가 상서尙書의 부인이 되었다[爾祖未顯時, 歸爲尙書婦]"[4]라고 했던바, 왕규가 일찍이 예부상서를 역임했다면 상서의 부인은 왕규의 처이지 왕규의 어머니가 아닌 것이다. 그래서 시의 중간 부분에서 "정관 초에 이르러, 상서가 재상의 자리에 올랐다. 부인이 일찍이 가마를 타고 궁전에 올라 황제의 만수무강을 외쳤다. 지존이 수숙(嫂叔 : 형제의 아내와 남편의 형제)에게 균등하게 대해, 그 성대한 일이 영원히 전할 것이다[及乎貞觀初, 尙書踐台斗. 夫人嘗肩輿, 上殿稱萬壽. 至尊均嫂叔, 盛事垂不朽]"[5]라고 했는데 모

1 규염(虯髯) : 용처럼 위로 돌돌 말려 올라간 수염으로, 당 태종을 가리킨다.
2 『두시상주』 권23 「송중표질왕례평사사남해(送重表姪王砅評事使南海)」.
3 『두시상주』 권23 「송중표질왕례평사사남해」.
4 『두시상주』 권23 「송중표질왕례평사사남해」.
5 『두시상주』 권23 「송중표질왕례평사사남해」.

두 왕규의 처를 두고 말한 것이다. 사람들은 단지 시 안에 낭자를 자른 내용을 보고 도간陶侃의 어머니[6]와 유사하다고 여겨, 왕규의 어머니일 것으로 판단한 것이다. 만일 그렇다면 어찌 상서의 부인이란 구절과 서로 모순되지 않겠는가.

寇忠愍少知巴東縣, 有"野水無人渡, 孤舟盡日橫"之句, 固以公輔自期矣, 奈何時未有知者. 東坡「巴東訪萊公遺迹」詩云:"江山養豪俊, 禮數困英雄. 執版迎官長, 趨塵拜下風. 當年誰刺史, 應未識三公." 公以瓌奇忠諒之才, 而當路者秪以常輩遇之, 信乎知人之難也. 李太白「梁甫吟」云:"大賢虎變愚不測, 當年頗似尋常人." 蓋謂此也.

구충민(寇忠愍 : 구준寇準)이 젊어서 파동현巴東縣을 맡아 다스릴 때 "들판 강물 위에는 건너는 사람이 없어, 배 한 척만 하루 내내 가로 놓였다[野水無人渡, 孤舟盡日橫]"라는 구절을 남기며 스스로 공보公輔[7]를 기대했는데 어찌하여 당시에 이를 아는 자가 없었던 것인가. 소식의 「파동방내공유적巴東訪萊公遺迹」에서 "강산이 호걸을 길렀거늘, 예의 따위가 영웅을 곤란하게 했네. 사판仕版을 들고 장관을 맞이하고, 뒤를 따르며 하위직에 허리를 숙였네. 당시의 자사가 누구였던가, 응당 삼공三公도 몰랐으리라[江山養豪俊, 禮數困英雄. 執版迎官長, 趨塵拜下風. 當年誰刺史, 應未識三公]"라고 했으니 공은 남다르고 충성스럽고 믿음 있는 자질을 갖췄지만 당시에 집권자들이 일상의 인물로 대우했으니 참으로 사람을 알아본다는 것은 어려운 일이다. 이백이 「양보음梁甫吟」에서 "대현大賢의

6 도간(陶侃)의 어머니 : 진(晉)나라 도간의 어머니와 관련하여 다음과 같은 고사가 전한다. 도간이 일찍이 아버지를 잃고 홀어머니 밑에서 고을 아전 일을 하며 어렵게 살았다. 어느 날 범규(范逵)가 찾아왔는데 갑자기 대접할 것이 없자 어머니가 머리를 잘라 가체(假髢)를 만든 뒤 이것을 술 등과 바꿔 아주 즐겁게 대접했다 한다.

7 공보(公輔) : 삼공(三公)과 사보(四輔)로 임금을 보필하는 중요한 관직을 말한다.

호변虎變[8]을 어리석게 헤아리지 못해, 당시에 여느 사람처럼 닮았다고 여겼네[大賢虎變愚不測, 當年頗似尋常人]"라고 한 것은 이를 두고 말한 것이다.

先文康公知汝州日, 段寶臣爲教官, 富季申爲魯山主簿, 而陳去非以太學錄持服來寓. 先公語人曰 : "是三子者, 非凡偶近器也." 是時, 富在外邑, 則以職事處之 於城中. 列三人者薦於朝, 以爲可用, 仍以去非「墨梅」詩繳進. 於是去非除太學博士, 季申除京西漕屬, 寶臣亦相繼褒擢. 初, 寶臣字去塵, 先公一日謂之曰 : "君, 廊廟具也, 宜改字寶臣, 取荀卿輔拂之人爲國寶之義." 且作序而衍其意. 及三人者俱貴, 先公喜曰 : "吾未嘗讀玉管之書, 亦未嘗究金書之義, 而能逆知其必大者, 獨以其所爲知之耳. 汝輩勉其在我者, 在人者不問可也." 先公晚年寓居湖州之寶溪, 季申旣罷樞筦, 亦挈家來寓, 一觴一詠, 必與之俱. 季申嘗有十絶, 其一云 : "青衫短簿汝陽天, 鶚牘當時誤薦賢. 承乏西樞了無補, 還依丈席聽韋編." 其二云 : "洛陳花骨巧裁詩, 曾把梅篇薦玉墀. 未說他年調鼎事, 只今身已鳳凰池." 其三云 : "陳君談論席生風, 段子文詞氣吐虹. 參朮腴膄皆入篋, 知人誰過葛仙翁." 餘七篇不錄. 陳君名恬, 字叔易, 有高節, 貧甚. 先公命公庫以酒肉薪米日給之. 嘗謝以詩云 : "不是故人供祿米, 初非縣令給猪肝. 養賢禮厚隆三簋, 拜賜恩深艷一簞." 建炎初, 召赴行在, 直秘閣.

선인 문강공(文康公 : 갈승중葛勝仲)이 여주를 맡아 다스리실 때 단보신

8 호변(虎變) : 호랑이 등의 무늬가 다채롭게 변하듯 대인이 악을 버리고 선으로 옮겨 그 미덕이 더욱 드러남을 뜻하는데, 큰 인물의 출처와 행동은 그 변화를 헤아릴 수 없음을 비유하는 말로 쓰인다. "구오는 대인이 범이 변하듯 함이니 점치지 않아도 믿음이 있다[九五 大人虎變 未占有孚]"『주역』「혁괘(革卦)」.

段寶臣은 교관敎官, 부계신(富季申 : 부직유富直柔)은 노산주부魯山主簿, 진거비(陳去非 : 진여의陳與義)는 태학록太學錄의 직책으로 찾아와 머물고 있었는데 선공(선친)이 사람들에게 이야기하기를 “이 세 사람은 범상한 그릇이 아니다”라고 했다. 당시 부직유는 외읍外邑에 관직이 있었으나 직책과 관련된 일로 성안에 머물고 있었다. 위 나열한 세 사람을 조정에 쓸 만하다고 추천했고 진여의의 「묵매墨梅」를 함께 올렸다. 그리하여 진여의는 태학박사太學博士에 임명되었고, 부직유는 경서조속京西漕屬에 임명되었으며, 단보신도 뒤이어 발탁되었다. 애초에 단보신의 자字는 거진去塵이었는데 선공이 어느 날 그에게 이르기를 “그대는 조정을 도울 인물이니, 순자의 ‘보완하고 도울 인물을 국가의 보물로 삼아야 한다’는 의미를 취하여 보신寶臣으로 자를 바꾸어야 한다”라고 하시고 서문을 지어 그 의미를 해석해주셨다. 세 사람이 모두 높은 직책을 얻자, 선공께서 기뻐하시며 “내 일찍이 옥관玉管[9]의 책을 읽은 적이 없고 또한 금서金書[10]의 의의를 연구해본 적이 없지만 반드시 크게 되리라고 예상했던 것은 그대들의 태도 때문이었다. 그대들은 자기가 갖고 있는 것만을 힘쓸 뿐, 남에게 있는 것은 묻지 않아도 되다”라고 하셨다. 선공께서 만년에 호주湖州 보계寶溪에 우거하셨는데 부직유가 중요 직책에서 물러난 뒤 식구들을 이끌고 이곳에 와 지내며 술잔을 나누고 시를 읊조릴 때면 반드시 선공과 함께 했다. 부직유가 일찍이 10수의 절구를 남겼는데 그 첫 번째에서 “푸른 적삼 단주부短主簿가[11] 여양汝陽에 있을 때, 당시 악독鶚牘[12]은 현자를 잘못 추천했네. 잠시 서추(西樞 : 추밀

9 옥관(玉管) : 옥(玉)으로 만든 열두 개의 율관(律管)이다. 이 율관의 끝 부분에 갈대를 태운 재를 넣어서 밀실(密室) 안 목안(木案) 위에 안치해 놓고 재가 날리는 율관을 통해 절기를 파악했다. 예를 들어 자월(子月)에 속하는 황종(黃鐘)을 표기한 율관에 넣었던 재가 날면, 십일월이 되었음을 알았다.

10 금서(金書) : 도교 또는 불교의 경전을 말한다.

11 단주부(短主簿) : 주부(主簿)의 별칭이다. 당시 부직유는 노산주부(魯山主簿)로 있었다.

12 악독(鶚牘) : 악천(鶚薦)이라고도 하는데 뛰어난 인재를 추천하는 글이다. 악(물수리)은 뛰어난 인재에 대한 비유로, 후한 공유(孔融)의 「천녜형표(薦禰衡表)」의 “맹금이 수백

사樞密使) 맡을 때 아무 도움 주지 못하고, 어르신을 의지해 위편(韋編 : 서적)의 말씀을 듣네[靑衫短簿汝陽天, 鶚牘當時誤薦賢. 承乏西樞了無補, 還依丈席聽韋編]"라고 하고, 두 번째에서 "낙진(洛陳 : 낙양의 진여의)이 꽃의 정신을 기묘하게 시로 엮어, 일찍이 「묵매」를 옥섬돌(조정)에 추천했네. 조정調鼎[13]의 이야기를 거론하지 말라, 지금 이미 봉황지(鳳凰池 : 중서성中書省)에 있으니[洛陳花骨巧裁詩, 曾把梅篇薦玉墀. 未說他年調鼎事, 只今身已鳳凰池]"라고 하고, 세 번째에서 "진군陳君이 담소하는 자리에서 바람이 일고, 단자(段子 : 단보신)의 문장은 기운이 무지개를 내뿜네. 인삼과 백출(白朮 : 몸을 치료하는 약제) 해이(腴胰 : 육포로서 몸을 보호하는 보양제)가 모두 상자 안에 들어있으니, 누가 갈선옹(葛仙翁 : 갈승중)보다 사람을 잘 알아보랴[陳君談論席生風, 段子文詞氣吐虹. 參朮腴胰皆入篋, 知人誰過葛仙翁]"라고 했다. 나머지 7편은 수록하지 않는다. 진군의 이름은 염恬이고 자는 숙이叔易이며 고상한 절의가 있었는데 매우 가난했다. 선공께서 공고(公庫 : 관의 창고)에 명하여 술과 고기, 땔감과 곡식 등을 날마다 제공하도록 했다. 그가 일찍이 감사의 뜻을 담아 보낸 시에서 "친구로서 녹봉의 쌀을 제공한 것[14]도 아니고, 현령이 돼지의 간을 내준 것도 아니다.[15] 현자를 돌보는 예우가 세 소쿠리에 융성하여, 한 그릇에[16]에 빛나는 깊은

마리라 해도 물수리 한 마리만 못하네[鷙鳥累百, 不如一鶚]"에서 인용된 것이다.

13 조정(調鼎) : 조갱(調羹)이라고도 하는데 소금과 매실로 음식 맛을 조절한다는 말로, 재상으로서 국정에 임하는 것을 뜻한다. 『서경』 「열명 하(說命下)」에서 고종이 부열에게 "내가 국을 요리하거든 그대가 소금과 매실이 되거라[爾惟麴糵 若作和羹 爾惟鹽梅]"고 한 데서 유래하였다.

14 친구로서 …… 것 : 두보의 「강촌(江村)」의 "녹봉을 나누어줄 친구만 있다면[但有故人供祿米]"을 인용한 것으로, 녹봉을 나누어 줄 친구 사이가 아니라는 의미이다.

15 현령이 …… 아니다 : 후한시대의 인물로 절의를 지켰던 민공(閔貢)이 안읍현(安邑縣)에 있을 때 노병에다 집이 가난해 고기를 제대로 사먹을 수 없는 상황에서 날마다 푸줏간에 가서 돼지 간 한 점씩만 사먹었다. 안읍 현령이 그 사실을 듣고 소속 아전을 시켜 항상 돼지 간을 제공토록 했다. 『후한서』 「주황서강신도전서권(周黃徐薑申屠傳序卷)」.

16 한 그릇 : 한 그릇 밥과 한 표주박 물[一簞食一瓢飮]의 준말로, 안빈낙도의 삶을 사는 안회(顔回)를 공자가 칭찬하면서 표현한 말이다. 『논어』 「옹야(雍也)」.

은혜에 감사를 표하네[不是故人供祿米, 初非縣令給猪肝. 養賢禮厚隆三篚, 拜賜恩深艷一簞]"[17]라고 했다. 건염建炎 초에 부름을 받고 행재소로 가 직비각直秘閣에 임명되었다.

張安道以異議出守宛丘, 次守南都, 蘇子由皆從之游. 元豐初, 子由謫筠州酒稅, 安道凄然不樂, 手寫詩爲別曰:"可憐萍梗漂浮客, 自歎匏瓜老病身. 從此空齋掛塵榻, 不知重掃待何人." 後十五年, 子由方和其詩云:"少年便識成都尹, 中歲仍爲幕下賓. 待我江西徐孺子, 一生知己有斯人.

장안도(張安道:장방평張方平)가 다른 의견의 개진으로 인해 완구宛丘태수로 나가고 그다음에 남도南都태수로 나갔는데 소철이 모두 그와 함께 어울렸다. 원풍 초에 소철이 균주주세筠州酒稅로 좌천될 때 장방평이 매우 처량해하며 손수 송별의 시를 써주었다. "부평초처럼 떠도는 나그네가 가엽고, 포과匏瓜[18]처럼 늙고 병든 몸이 안타깝다. 이제부턴 텅 빈 방에 먼지 낀 책상만 놓여 있을 터, 다시 먼지 닦으며 누구를 기다린단 말인가[可憐萍梗漂浮客, 自歎匏瓜老病身. 從此空齋掛塵榻, 不知重掃待何人]"[19]라고 했다. 그로부터 십오 년 뒤 소철이 비로소 그 시에 화답했다. "소년시절에는 성도부윤(成都府尹:장방평)만을 알았고, 중년에는 막하의 빈객이 되었네. 날 강서의 서유자徐孺子[20]로 대우했으니, 일생의 지

17 『송시기사(宋詩紀事)』 권37, 진염(陳恬), 「사갈여주녕경유공고주육신미(謝葛汝州寧卿遺公庫酒肉薪米)」.

18 포과(匏瓜): 뒤웅박으로, 움직이지 못하고 고정되어 있는 것을 비유한다. 『논어』 「양화(陽貨)」의 "내 어찌 뒤웅박처럼 한곳에 매달린 채 먹지도 못하는 그런 사람이 되어야 하겠는가[吾豈匏瓜也哉 焉能繫而不食]"에서 인용되었다.

19 『송시기사』 권11, 장방평(張方平), 「송소자유감균주주세(送蘇子由監筠州酒稅)」.

20 서유자(徐孺子): 유자는 동한시대 서치(徐穉)의 자이다. 조정의 부름에 응하지 않은 채 절의를 지키며 살았다. 예장태수(豫章太守) 진번(陳蕃)이 그를 특별히 대우하여 그가 올

기는 이 분뿐이네.[少年便識成都尹, 中歲仍爲幕下賓. 待我江西徐孺子, 一生知己有斯人.]"[21]

王介甫·蘇子瞻皆爲歐陽文忠公所收, 公一見二人, 便知其他日不在人下. 「贈介甫」詩云: "老去自憐心尚在, 後來誰與子爭先." 子瞻登乙科, 以書謝歐公, 歐公語梅聖兪曰: "老夫當避此人, 放出一頭地." 當是時, 二人俱未有聲, 而公知之於未遇之時, 如此所以爲一世文宗也與. 東坡跋梅聖兪詩後云: "先君與梅二丈遊時, 軾與子由弟年甚少, 未有知者. 家有老泉公作詩云: '歲月不知老, 家有雛鳳凰. 百鳥戢羽翼, 不敢呈文章.'" 則二蘇當少年時, 已擅文價矣.

왕안석과 소식은 모두 구양수가 거둬들였으니 구양수는 두 사람을 보자마자 훗날 남들 밑에 있지 않으리라는 걸 알았다. 「증개보贈介甫」에서 "늙어서도 마음속에는 여전히 남아 있으니, 훗날 누가 그대와 앞을 다툴까[老去自憐心尚在, 後來誰與子爭先]"라고 했다. 소식이 을과乙科에 급제한 뒤 편지로 구양수에게 사례를 표하자, 구양수는 매요신에게 "늙은이가 마땅히 이 사람을 피하여 자리를 내주어야겠다"라고 했다. 당시에 두 사람은 모두 이름이 드러나지 않았지만 구양수는 그들이 세상에 드러나기 전부터 이처럼 한 시대의 문종(文宗: 문학의 종주)이 될 수 있음을 알았던 것이다. 소식이 매요신의 시 뒤에 쓴 발문에서 "선군(소순蘇洵)이 매이장(梅二丈: 매요신)과 함께 어울리실 때 식軾과 아우 철轍이 매우 어려서 아는 사람이 없었다. 우리 집에 있는 노천공(老泉公: 소순)이 지으신 시에서 '흐르는 세월에 늙는 줄도 모르거니와, 집안에는 어린 봉황이 있다. 온갖 새들이 나래를 접어, 감히 무늬를 드러내지 못한다

때면 특별한 상을 준비해 맞았다고 한다. 『후한서』「진번열전(陳蕃列傳)」.

21 『난성제삼집(欒城第三集)』 권1 「추화장공안도증별절구(追和張公安道贈別絶句)」.

[歲月不知老, 家有雛鳳凰. 百鳥戢羽翼, 不敢呈文章]'[22]라고 했다"고 했으니 두 소씨(소식과 소철)가 소년시절부터 이미 문가文價를 뽐냈던 것이다.

郭子稍學作小詩, 嘗賦「梅花」云: "玉屑裝龍腦, 雲衣覆麝臍. 何堪夜來雪, 香色兩凄迷." 「留友人」詩云: "良友間何闊, 春事遽如許. 勞君下鷗沙, 一葉擊春渚. 昨夢墜前世, 再見欣欲舞. 聊呼花底盃, 酒面點紅雨. 狂歌謝貫珠, 清論雜揮麈. 驪駒未可歌, 妙句須君吐." 觀此數語, 似粗知詩家畦徑, 學之不已必佳, 但恐其中墮爾.

곽자추郭子稍가 짧은 시 짓는 법을 배울 때 지은 「매화」에서 "옥가루가 용뇌(龍腦: 용뇌향)를 장식하고, 구름옷이 사향 배꼽을 덮었네. 지난밤 내린 눈에, 향과 색이 모두 스산해진 것을 어찌할까[玉屑裝龍腦, 雲衣覆麝臍. 何堪夜來雪, 香色兩凄迷]"라고 하고, 「유우인留友人」에서 "좋은 친구는 그토록 오래 떨어지고, 봄은 갑자기 그렇게 찾아온 것인가. 기러기 백사장에 내려오는 그대를 위로하나니, 일엽편주가 봄날 물가를 헤치고 간다. 지난밤 전생으로 떨어진 꿈을 꾸었는데, 다시 보니 기뻐서 어깨가 들썩이려 한다. 애오라지 꽃 밑 술잔을 가져오게 하니, 술 마신 얼굴에 붉은 빗물이 젖는다. 함부로 부른 노래를 관주貫珠[23]한 것에 감사하고, 청정한 논의는 휘주揮麈[24]가 어울렸네. 여구驪駒[25]를 노래할 수

22 『송시기사』 권20, 막타압(莫打鴨), 「영노인천(詠老人泉)」.

23 관주(貫珠): 좋은 글의 오른편에 주묵(朱墨)으로 동그라미를 표시해 해당 내용을 높이 평가하는 것이다.

24 휘주(揮麈): 고라니 꼬리털[麈尾]을 매단 불자(拂子)를 흔든다는 말이다. 이 불자는 위진 시대 때 청담을 즐기던 사람들이 많이 갖고 다녔던바, 그들의 청담을 나누는 모습을 대변하는 의미로 쓰인다.

25 여구(驪駒): 『대대례(大戴禮)』에 있는 일시(逸詩)의 편명으로, 손님이 떠나려 하면서 이별의 정을 표시하는 노래이다. 손님이 "검정 망아지 문밖에 있고 마부 모두 대기하오. 검정 망아지 길 위에 있고 마부 멍에 올리었소[驪驅在門, 僕夫具存. 驪驅在路, 僕夫整駕]"

없으니, 기묘한 시구를 그대가 토해다오[良友間何闊, 春事遽如許. 勞君下鷗沙, 一葉擊春渚. 昨夢墜前世, 再見欣欲舞. 聊呼花底杯, 酒面點紅雨. 狂歌謝貫珠, 淸論雜揮麈. 驪駒未可歌, 妙句須君吐]"라고 했다. 이 시어들을 보면 시인의 경계를 대략 알고 있는 듯해서 중단 없이 배우면 반드시 좋은 작품을 남기리라 보이는데 중간에 그만둘까 우려된다.

歐公與尹師魯・蘇子美俱出杜祁公之門. 歐公雖貴, 猶不替門生之禮, 和祁公詩云: "麈柄屢揮容請益, 龍門雖峻許先登. 立朝行己師資久, 寧止篇章此服膺." 又云: "公齋每偸暇, 師席屢攻堅. 善誨常無倦, 餘談亦可編." 又云: "昔日靑衫遇知己, 今來白首再升堂." 蓋未嘗一日忘祁公也. 張芸叟有荊公哀詞四首, 有"慟哭一聲惟有弟, 故時賓客合如何." 又云: "今日江湖從學者, 人人諱道是門生." 蓋深病人情之薄也. 其歐公之罪人哉.

구양수와 윤사노(尹師魯: 윤수尹洙)・소자미(蘇子美: 소순흠)는 모두 두기공(杜祁公: 두연杜衍)의 문하에서 배출되었다. 구양수는 높은 지위에 올라가서도 여전히 제자의 예를 지켰다. 두연에게 화답한 시에서 "먼지떨이 자루 흔들며 가르침 청함을 받아들여, 용문龍門이 드높아도 먼저 올라가게 하셨네. 조정에서의 몸가짐에 스승 도움 많았으니, 어찌 지으신 글만 가슴속에 담을 뿐이겠는가[麈柄屢揮容請益, 龍門雖峻許先登. 立朝行己師資久, 寧止篇章此服膺]"[26]라고 하고, 또 "공관에서 매번 여가를 내어, 스승의 자리를 자주 찾아갔네. 싫어함 없이 잘 일러주시고, 여담 또한 책으로 엮을 만했네[公齋每偸暇, 師席屢攻堅. 善誨常無倦, 餘談亦可編]"[27]

라고 노래를 부르면, 주인은 '손님이여 돌아가지 마오'라는 뜻의 「객무용귀곡(客無庸歸曲)」을 불렀다 한다. 『한서』 「왕식전(王式傳)」.

26 『문충집』 권12 「사태부두상공총시가편(謝太傅杜相公寵示嘉篇)」.

라고 하고, 또 "지난날 푸른 소매(청년)가 지기를 만났는데, 오늘 백발로 다시 당 위에 오르네[昔日青衫遇知己, 今來白首再升堂]"[28]라고 했으니 이는 하루도 두연을 잊지 못한 것이다. 장운수(張芸叟 : 장순민張舜民)가 왕안석을 애도하는 4수를 남겼는데 "통곡의 소리를 아우만 내고 있나니, 지난날 빈객들은 어떻게 된 것인가[慟哭一聲惟有弟, 故時賓客合如何]"[29]라고 하고, 또 "오늘 강호의 학자들은, 누구의 문생이라는 말 다들 꺼린다[今日江湖從學者, 人人諱道是門生]"[30]라고 했으니 이는 야박한 인정을 크게 지적한 것인바, 구양수에게 죄를 지은 사람인 것이다.

歐公贈介甫詩云 : "翰林風月三千首, 吏部文章二百年." 可謂極其褒美. 世傳介甫猶以歐公不以孔孟許之爲恨, 故作報詩云 : "他日若能窺孟子, 終身何敢望韓公." 恐未必然也. 嘗讀曾子固集, 見子固與介甫書云 : "歐公更欲足下少開廓其文, 勿爲造語及模擬前人. 孟韓文雖高, 不必似之, 但取其自然." 蓋荊公之文, 因子固而授於歐公者甚多, 則知介甫歸附歐公, 非一日也. 葉少蘊以爲荊公自期於孟子, 而處歐公以韓愈, 恐未必然爾.

구양수가 왕안석에게 보낸 시에서 "한림의 풍월 담긴 삼천 수, 이부의 문장으로 이백 년[翰林風月三千首, 吏部文章二百年]"[31]이라고 했으니 그 찬미가 최고에 이르렀다 할 만하다. 사람들은 왕안석이 구양수가 자신을 공맹孔孟으로 인정하지 않은 것을 한으로 여겨서, 구양수에게 답한 시에서 "훗날 맹자를 넘볼 수 있다 해도, 일생 동안 어찌 감히 한공을

27 『문충집』 권12 「답태부상공견증장운(答太傅相公見贈長韻)」.
28 『문충집』 권12 「기덕진정상치정태부두상공이수(紀德陳情上致政太傅杜相公二首)」 제2수.
29 『화만집(畫墁集)』 권4 「애안안석공(哀王荊公)」 제1수.
30 『화만집(畫墁集)』 권4 「애안안석공(哀王荊公)」 제3수.
31 『문충집』 권57 「증왕개보(贈王介甫)」.

바라랴[他日若能窺孟子, 終身何敢望韓公]"[32]라고 했다 하는데, 이는 아마 사실이 아닐 것이다. 일찍이 증공의 문집을 읽은 적이 있는데, 증공이 왕안석에게 보낸 글에서 "구양수공께서는 족하가 문장을 조금 더 활짝 열어서 조어가 이전 사람들 것을 모방하지 말았으면 했습니다. 맹자와 한유의 문장이 고상하긴 하지만 반드시 유사할 필요는 없으며 다만 그 자연스러움만 취하면 될 것입니다"[33]라고 했으니, 왕안석의 문장이 증공을 통해 구양수로부터 전수받은 것이 아주 많다고 한다면 왕안석이 구양수에게 의지한 것이 하루 이틀이 아니었음을 알 수 있다. 섭몽득이 "왕안석은 스스로 맹자를 기대하고 구양수를 한유에 견주었다"라고 했는데 그것은 아마 사실이 아닐 것이다.

王逢原以書上介甫, 且以「南山」之詩求學於荊公. 師資之禮已定, 故逢原未死以前, 荊公贈之詩曰:"梗柟豫章概白日, 只要匠石聊穿裁." 逢原旣死之後, 荊公思之曰:"便恐世間無妙質, 鼻端從此罷揮斤." 皆以師道自任也. 然觀逢原寄介甫詩云:"天門廉陛鬱巍巍, 勢利寧無澹泊譏. 豈與跖徒爭有道, 盍思吾黨自言歸. 古人踽踽今何取, 天下滔滔昔已非. 終見乘桴去滄海, 好留餘地許相依." 則識度之遠, 又過荊公矣. 又作荊公書皆稱介甫, 作詩皆稱君, 所謂"行藏願與君同道, 祇恐蹉跎我獨羞." 又云:"想今愈有江湖興, 亦欲同君一釣綸." 所謂師資者, 果如何邪? 山谷嘗避暑李氏園, 題詩於壁云:"題詩未有驚人句, 喚取謫仙蘇二來." 秦少游言於東坡曰:"以先生爲蘇二, 人似相薄." 則又甚於逢原稱介甫矣.

왕봉원(王逢原: 왕령王令)이 편지를 써 왕안석에게 올리고, 또 「남산南山」이라는 시로 왕안석에게 가르침을 구했다. 스승으로 모시는 예가

32 『임천문집』 권22 「봉수영숙견증(奉酬永叔見贈)」.

33 『원풍류고(元豐類藁)』 권16 「여왕안석제일서(與王介甫第一書)」.

이미 정해졌으므로 왕령이 세상을 떠나기 전 왕안석이 지어 보낸 시에서 "예장豫章의 편남楩柟[34]이 태양 아래 있으니, 장인이 뚫고 마름질하는 것만 필요하네[楩柟豫章概白日, 只要匠石聊穿裁]"[35]라고 하고, 왕령이 죽은 뒤 왕안석이 그를 생각하며 "문득 세상에 좋은 바탕이 없어, 코끝에 도끼 휘두르는 걸[36] 멈추게 될까 걱정이네[便恐世間無妙質, 鼻端從此罷揮斤]"[37]라고 했으니 이는 스승으로 자임한 것이다. 하지만 왕령이 왕안석에게 보낸 시에서 "천문天門의 염폐(廉陛 : 계단)는 드높게 솟았거늘, 권세와 이익에 어찌 담박한 꾸지람이 없을쏜가. 어찌 도척의 무리들과 말싸움 하며, 어찌 우리 당 생각하며 스스로 돌아간다 말하지 않으랴. 고인의 발자취를 지금 어찌 취하랴, 세상이 도도함은 벌써부터 잘못되었거늘. 결국 뗏목을 타고 푸른 바다로 떠났으니, 남은 땅에 남아 서로 의지했으면 하네[天門廉陛鬱巍巍, 勢利寧無澹泊譏. 豈與跖徒爭有道, 盍思吾黨自言歸. 古人踽踽今何取, 天下滔滔昔已非. 終見乘桴去滄海, 好留餘地許相依]"[38]라고 한 것을 보면, 식견과 도량의 원대함이 왕안석보다 앞선 것이다. 또 왕안석에게 보낸 편지에서 모두 개보介甫라 칭하고 시에서도 모두 군君이라 칭하여 "삶에서 그대와 한 길을 걷고자 하나, 나만 넘어져 홀로 부끄러울까 두렵네[行藏願與君同道, 祇恐蹉跎我獨羞]"라고 하고, 또 "지금 강호의 흥취가 더욱 일 터, 그대와 함께 낚시를 드리우고 싶네[想今愈有江湖興, 亦欲同君一釣綸]"라고 했으니 이른바 스승의 의미가 어디에 있는 것일까? 황정견이 일찍이 이씨李氏 동산에서 피서하며 지낼 때 담장에 쓴 시에서 "시를 지을 때 사람을 깜짝 놀라게 할 구절이

34 편남(楩柟) : 좋은 재목감이 되는 편나무와 녹나무로, 훌륭한 인재를 뜻하기도 한다.

35 『임천문집』 권7 「기왕봉원(寄王逢原)」.

36 코끝에 …… 걸 : 글을 잘 고치거나 학문을 맘껏 발휘하는 것을 가리킨다. 옛날 영(郢)지방 사람이 백토(白土)를 자기 코끝에 엷게 바르고 장석(匠石)이라는 사람에게 깎도록 했는데, 장석이 자귀를 휘둘러 조금의 상처도 없이 백토를 깎아냈다는 고사에서 나온 말이다. 『장자』 「서무귀(徐无鬼)」.

37 『임천문집』 권20 「사왕봉원삼수(思王逢原三首)」 제1수.

38 『송원시회(宋元詩會)』 권30, 왕령(王令), 「기개보(寄介甫)」.

없어, 선계에서 좌천된 소이(蘇二: 소식)를 불러낸다[題詩未有驚人句, 喚取謫仙蘇二來]"[39]라고 했는데 진관이 소식에게 "선생을 소이라고 한 것은 사람이 야박한 듯합니다"라고 했으니 이는 왕량이 개보라 호칭한 것보다 더 심한 것이다.

汲引之恩, 不可忘也, 一日得志, 思有以報之, 亦人情之常也. 王稽薦范雎於秦, 而昭王以爲相, 其後稽爲河東守者, 因雎之言也. 魏無知薦陳平於漢, 而高祖用之, 其後賞無知者, 因平之言也. 唐馬周以一介草茅, 遭遇太宗, 不累年而致位卿相, 皆由常何之一言. 而身貴得志之時, 於何不聞有報何邪? 李邦直詩云: "底事馬周身富貴, 不聞推寵報常何"是已. 張文潛詩云: "馬周未遇蚪髯公, 布衣落魄來新豐. 一尊獨酌豈無意, 俗子不解知英雄." 蓋周雖緣常何之一言, 而其智謀忠亮, 亦自有以取之. 如疏宗室世守居藩, 樂工鳴玉曳履, 皆切中時病者也. 史臣至比之爲築巖釣渭, 亦過矣哉. 岑文本云: "周鳶肩火色, 騰上必速, 但不能久." 其後周年止五十, 志不盡行, 文本殆如著龜矣.

이끌어준 은혜는 잊어서는 안 되며 도움을 받아 하루라도 뜻을 펼쳤다면 보답을 생각하는 것이 인간이 갖는 기본 생각이다. 왕계王稽가 범수范雎를 진秦나라에 추천하여 진 소왕昭王이 재상으로 삼았는데, 그 뒤에 왕계가 하동태수河東太守가 된 것은 범수의 건의 때문이었다. 위무지魏無知가 진평陳平을 한나라에 추천하여 한 고조가 그를 등용했는데 그 뒤에 위무지에게 상을 내린 것은 진평의 건의 때문이었다. 당나라 마주馬周는 한낱 풀포기 같은 존재였지만 당 태종을 만나 몇 년이 안 돼 정승의 자리에 오르게 된 것은 모두 상하常何의 한 마디 말에 의한 것이

39 『산곡외집』 권6 「피서이씨원이수(避暑李氏園二首)」 제2수.

었다. 하지만 자신이 높은 지위에 올라 뜻을 펼칠 때 상하에게 보답했다는 말이 들리지 않은 것은 왜인가? 이방직李邦直의 시에서 "어찌하여 마주는 부와 귀를 얻고 나서, 상하에게 보답했다는 이야기가 들리지 않는 것인가[底事馬周身富貴, 不聞推寵報常何]"가 이를 두고 말한 것이다. 장뢰의 시에서 "마주가 규염공(虯髯公 : 당 태종)을 만나지 못할 때, 포의의 축 처진 몸으로 신풍新豐에 왔다. 홀로 술잔 기울이는 것에 어찌 뜻이 들어있지 않겠는가, 속인은 영웅을 알아보지 못한 법이었다[馬周未遇虯髯公, 布衣落魄來新豐. 一尊獨酌豈無意, 俗子不解知英雄]"[40]라고 했는데 이는 마주가 상하의 한 마디 말에 기대 발탁되긴 했지만 그 지혜와 충성과 믿음이 그것을 스스로 취해 얻기도 한 것이다. 예컨대 종실이 대대로 번진을 지키는 문제와 악공이 옥 소리 울리며 신발을 끄는[41] 문제에 대한 상소는 모두 시대의 병폐를 절실하게 지적한 것이다. 하지만 사관史官이 그를 축암築巖과 조위釣渭[42]에 비교한 것은 또한 지나치다. 잠문본岑文本이 이르기를 "마주가 양 어깨가 위로 올라가 얼굴이 붉은 빛이어서, 올라갈 때는 반드시 빠르겠지만, 오래가지 못할 것이다[周鳶肩火色, 騰上必速, 但不能久]"라고 했는데 마주가 수명이 오십에 그치며 뜻을 모두 펼치지 못했으니 잠문본은 시구蓍龜[43]와 거의 같았다.

開元天寶之際, 孟浩然詩名籍甚, 一遊長安, 王維傾蓋延譽, 然官卒不顯何哉? 或謂維見其勝己, 不肯薦於天子, 故浩然別維詩云 : "當路誰相假,

40 『가산집(柯山集)』 권11 「마주(馬周)」.

41 악공이 …… 끄는 : 명옥예리(鳴玉曳履)는 옥 장식을 차고 실로 짠 신발을 끈다는 뜻으로, 부유한 삶을 비유한다.

42 축암(築巖)과 조위(釣渭) : 축암은 부암(傅巖)의 들판에서 무너진 길을 고쳐지었던 은 고종의 재상 부열을 가리키고, 조위는 위수(渭水)에서 낚시질하다가 문왕과 무왕을 보필하여 주를 건국한 태공망(太公望)을 말한다.

43 시구(蓍龜) : 점칠 때 사용하는 시초(蓍草)와 거북으로, 국가에서 믿고 의지하는 원로를 비유하기도 한다.

知音世所希." 史載維私邀浩然於苑, 而遇明皇, 遂伏於牀下. 明皇見之, 使誦其所爲詩, 至有"不才明主棄"之句, 明皇云: "卿不求仕, 朕未嘗棄卿." 因放還. 使維誠有薦賢之心, 當於此時力薦其美, 以解明皇之慍, 迺爾嘿嘿, 或者之論, 蓋有所自也. 厥後雖寵鳳林之墓, 繪孟亭之像, 何所補哉.

개원·천보 연간에 맹호연이 시로 명성이 자자해서 장안에 나설 때면 왕유가 정성을 다해 맞이했지만, 관직이 끝내 높이 오르지 못한 것은 무엇 때문일까? 혹자는 왕유가 자신보다 나은 것을 보고 천자에게 추천하려 하지 않아서이며, 그래서 맹호연이 왕유와 헤어지며 지은 시에서 "권력의 중심에 있는 어느 누가 빈자리를 내어줄까, 지음은 세상에 드물다[當路誰相假, 知音世所希]"[44]고 했다 하였다. 기록에 의하면 왕유가 개인적으로 맹호연을 궁원에 초대했는데 당 현종을 맞닥뜨리자 평상 아래로 몸을 숨겼다고 한다. 현종이 그를 발견하고 지은 시를 외워 보도록 해 "재능 없는 몸 현명한 군주가 버렸네[不才明主棄]"[45]란 구절에 이르자 현종이 "경이 벼슬을 구하지 않았던 것이지, 짐은 일찍이 경을 버리지 않았다"라고 하고 그대로 놓아주었다. 만일 왕유가 정말로 현자를 추천할 마음이 있었다면 이때 그의 훌륭한 점을 적극 거론하여 현종의 노여움을 풀어주어야 했음에도 아무 말 없이 지켜만 보고 있었으니 혹자의 논평은 근거가 있기도 하다. 그 뒤에 비록 봉림산鳳林山 무덤에 사랑을 보이고[46] 맹정孟亭에 그림을 그렸다[47] 해도 무슨 도움이 되었겠는가.

---

44 『맹호연집』 권3 「류별왕유(留別王維)」.

45 『맹호연집』 권3 「세모귀남산(歲暮歸南山)」.

46 봉림산(鳳林山) …… 보이고: 맹호연이 죽은 뒤 양양절도사 번택(樊澤)이 봉림산의 무덤에 비문을 세우고 성대한 제례를 거행한 고사를 말한 구절이다.

47 맹정(孟亭)에 …… 그렸다: 맹호연 사후에 왕유가 영주자사정(郢州刺史亭) 안에 맹호연의 초상을 그려 봉안했는데, 이 정자를 후에 '맹정(孟亭)'이라 불렀다는 사실을 말한 구절이다.

韓退之於崔立之厚矣, 立之所望於退之者宜如何. 然集中所答三詩, 皆未有慰薦之意何邪? 其曰:"幾欲犯嚴出薦口, 氣象硉兀未可攀." 又云:"東・馬・嚴・徐已奮飛, 枚皋卽召窮且忍." 知識當要路, 正賴汲引, 隱情惜己, 殆同寒蟬, 古人之所惡也.

한유가 최립지(崔立之 : 최사립崔斯立)를 후하게 대했으니 한유가 최사립에게 기대한 것이 어떠했겠는가. 하지만 시집 안 답장으로 보낸 3수의 시에 모두 따뜻한 위로가 들어있지 않은 것은 왜일까? "몇 번을 감히 나서 추천해 달라 싶었으나, 기상이 특별하여 다가설 수 없었네[幾欲犯嚴出薦口, 氣象硉兀未可攀]"[48]라고 하고, "동방삭東方朔 사마상여 엄조嚴助 사락徐樂[49]은 이미 훨훨 날아가고, 곤궁하고 힘든 매고枚皐[50]도 곧장 불렀네[東・馬・嚴・徐已奮飛, 枚皐卽召窮且忍]"[51]라고 했으니 알고 지내는 사람 가운데 한 사람이 요직을 맡았다면 마땅히 알고 있는 사람을 이끌어줘야지, 울지 않는 매미처럼 마음을 숨기고 몸을 아끼는 것은 옛 사람들이 싫어했다.

余家自曾伯祖侍郎諱宮以甲科起家, 至慶曆中, 曾大父通議楊寘榜相繼及第, 爾後世世有人. 大父清孝公余中榜, 先人文康公何昌言榜, 某黃公度榜, 至小子邲朱待問榜, 連五世矣. 當時尊長皆有詩以紀慶. 曾大

---

48 『어정전당시』 권342, 한유, 「설후기최이십육승공(雪後寄崔二十六丞公)」.

49 동방삭(東方朔) …… 사락(徐樂) : 네 사람은 모두 문재(文才)가 출중하여 한 무제에게 중시 받고 비교적 높은 관직을 역임했으므로, 후에 중용된 문인과 재사(才士)를 가리키는 말로 활용되었다.

50 매고(枚皐) : 자는 소유(少孺)이며, 매승(枚乘)의 서자(庶子)이다. 십칠 세 때 양나라 공왕(共王)에게 글을 올려 낭관(郎官)에 임명됐지만 그 뒤 실각해 곤궁한 삶을 살았다. 그러다가 당시 매승의 후예를 찾던 한 무제에게 자신의 존재를 직접 알려, 환대를 받으며 다시 낭관에 임명됐다.

51 『어정전당시』 권339, 한유, 「증최립지평사(贈崔立之評事)」.

父贈先祖詩云："傳家何用富金籯, 教子何如只一經. 慶曆科名今已繼, 更教來葉嗣前馨." 先大父贈先人及伯父詩云："廣場筆陣數千人, 喜汝穿楊箭鏃親. 慶緒綿長時幸會, 文科興後事還新. 昔年繼榜熙寧歲, 今偶同科紹聖春. 從此莫教書種斷, 孫曾應復値昌辰." 文康公賜某詩云："兒曹春榜預言揚, 竊吹知難復士鄉. 黃絹未能摛好語, 靑氈偶幸繼前芳. 穿楊喜共東牀客[女夫章倧同榜], 攀桂同標北寺房. 聖世選才如華岳, 積塵曾不愧毫芒." 余嘗贈邲詩云："吾家五世十三人, 競擷丹枝撼月輪. 慶曆賢科開後裔, 隆興儒業繼前塵. 泥金帖報家庭喜, 燒尾筵中帝里春. 從此傳芳應未艾, 桂香應已襲天倫." 通議之子若孫若曾孫在桂籍者, 於今已十有三人, 故言之於前. 長子邲亦不廢學業, 故期之於後. 其他宗從登科者甚多, 各有詩紀慶, 不暇錄.

우리 집안은 증백조曾伯祖 시랑侍郎 갈궁葛宮께서 갑과甲科에 급제하신 때부터 집안이 부흥해 경력(慶曆 : 1041~1048) 연간에 증대부(曾大父 : 증조부) 통의(通議 : 갈밀葛密)는 양치楊寘의 방榜에 계속해서 급제하셨고 그 뒤 대대로 인물이 배출되었다. 대부(大父 : 조부) 청효공(淸孝公 : 갈서사葛書思)은 여중余中의 방에, 선인先人 문강공(文康公 : 갈승중)은 하창언何昌言의 방에, 나는 황공도黃公度의 방에, 아들 갈필葛邲은 주대문朱待問의 방에 급제해 5대가 연이어 급제했다. 당시 웃어른들이 모두 시를 지어 이를 경축했다. 증대부께서 선조께 지어주신 시에서 "집안에 많은 돈을 전할 필요 있으랴, 자식 가르침에 경전만한 게 있겠는가. 경력의 등과登科 명성이 계승되었으니, 후손이 선대의 향기를 잇게 해야 하리라[傳家何用富金籯, 教子何如只一經. 慶曆科名今已繼, 更教來葉嗣前馨]"라고 하시고, 선대부께서 선인과 백부에게 지어주신 시에서는 "넓은 과장 수천 명이 붓을 든 곳에서, 버들을 뚫은 화살촉[52]과 가까운 너희를 기뻐하노라.

52 버들을 …… 화살촉 : 백보천양(百步穿楊), 즉 백 보 밖에서 버들잎을 뚫는다는 활의 명수라는 뜻으로, 뛰어난 솜씨를 가진 사람에 대한 비유로 쓰인다. 춘추시대 초나라의 대

경사의 실마리가 이어진 것을 다행스레 만나고, 문과에 급제하여 일들이 새롭구나. 지난날 희녕(熙寧 : 1068~1077)의 급제가 계승되고, 지금 소성(紹聖 : 1094~1098)의 봄에 함께 합격했구나. 이로부터 학문의 씨앗이 단절되지 않고, 후손들이 계속해서 번창해야 하리라[廣場筆陣數千人, 喜汝穿楊箭鏃親. 慶緖綿長時幸會, 文科興後事還新. 昔年繼榜熙寧歲, 今偶同科紹聖春. 從此莫敎書種斷, 孫曾應復値昌辰]"[53]라고 하시고, 문강공이 내게 내려주신 시에서는 "아이들이 봄철 과거에서 이름 떨치리라 예언했으나, 살며시 어려우리라 짐작하고 시골로 돌아갈 것을 속삭였다. 황금 비단에 좋은 말을 넣을 수는 없으나,[54] 푸른 담요[55]에는 우연히 지난 향기를 계승했다. 버들을 뚫은 기쁨을 동상객(東床客 : 사위)과 함께하고(사위 장종章倧이 함께 합격했다), 계화를 들고 북시北寺[56]의 방에 함께 나타났다. 성세聖世의 인재 선발은 화악華岳과 같아서, 지금까지 털끝만큼도 부끄럽지가 않다[兒曹春榜預言揚, 竊吹知難復士鄕. 黃絹未能摛好語, 靑氈偶幸繼前芳. 穿楊喜共東床客[女夫章倧同榜], 攀桂同標北寺房. 聖世選才如華岳, 積塵曾不愧毫芒]"라고 하셨다. 그리고 내가 갈필에게 지어준 시에서 "우리 집안 5대에 걸친 열세 사람이, 앞다퉈 붉은 계수桂樹를 움켜쥐려 달을 흔들었다. 경력의 현량과賢良科에서 후손의 길을 열어주셨고, 융흥(隆興 : 1164~1164)의 유업儒業[57]은 이전의 자취를 계승했다. 금니金泥로 쓴 첩보

부 양유기(養由基)가 활을 잘 쏘아 백 보 밖에서 버들잎을 맞혔다는 고사에서 연유한다.

53 『송시기사』 권25, 갈서사(葛書思), 「희자승중등제(喜子勝仲登第)」.

54 황금 …… 없으나 : 황견외손(黃絹外孫). 후한시대 채옹(蔡邕)이 「조아비문(曹娥碑文)」을 보고는 그 비석 배면에 은어(隱語)로 '황견유부외손자구(黃絹幼婦外孫齏臼)' 여덟 글자를 새겨 놓았는데, 뒤에 양수(楊脩)가 이것을 해석하기를 "황견은 색사(色絲)이니 글자로는 절(絶)이고, 유부는 소녀(少女)이니 글자로는 묘(妙)이고, 외손은 여자(女子)이니 글자로는 호(好)이고, 자구는 매운 맛을 받는 것이니 글자로는 사(辭)이므로, 절묘호사(絶妙好辭)라는 뜻이다"라고 한 데서 온 말로, 전해오는 뛰어난 문장(文章)을 의미한다.

55 푸른 담요 : 원문은 '청전(靑氈)'으로, 가보(家寶) 또는 가학(家學)을 비유한다. 진(晉)나라 때 왕헌지가 자기 집에 들어온 도둑에게 "청전은 우리 집의 구물(舊物)이니 그것만은 두고 가라"라고 한 고사에서 유래한다.

56 북시(北寺) : 환관들이 머무는 곳이다. 일반 관리들이 머무는 곳은 남시(南寺)라 한다.

帖報[58]에 집안에서는 기뻐하고, 효미燒尾의 잔치[59]에 도성이 봄을 맞는다. 이로부터 전해질 미명 응당 끝이 없으리니, 계화桂花 향기 벌써 천륜을 적셨으리라[吾家五世十三人, 競擷丹枝摭月輪. 慶曆賢科開後裔, 隆興儒業繼前塵. 泥金帖報家庭喜, 燒尾筵中帝里春. 從此傳芳應未艾, 桂香應已襲天倫]"[60]라고 했다. 통의의 아들, 손자, 증손으로서 과거에 급제한 이들이 열세 사람이므로 앞에서 언급한 것이며 큰 아들 갈부葛郛 또한 학업을 멈추지 않고 있으므로 뒷부분에서 기대를 나타낸 것이다. 그 밖에 과거에 급제한 종친들이 매우 많고 각기 시를 지어 경축했지만 미처 다 적지 못한다.

郯始留意星曆學, 紹興癸酉取解漕臺問「斗爲帝車賦」, 省試復以"日星爲紀三台色齊"爲詩賦題, 其所爲貫穿甘石之學甚詳. 小孫女夜夢郯登樓至十六級而止, 筮之, 爲省闈第十六人之祥, 已而果然. 余作詩贈之曰 : "張鈴走幟到金谿, 喜子文闈預品題. 名字巍峨先蕊榜, 詞章斐亹動文奎. 階梯已合嬰兒夢, 星斗先分天老題. 後日臚傳當第一, 天倫科甲尚爲低." 時郯弟王佐榜甲科第七人.

갈담葛郯이 처음에 성력학星曆學에 관심을 두어 소흥 계유년(1153)에 조대(漕臺 : 조운총독漕運總督)에서 문제로 낸 「두위제고부斗爲帝車賦」에서 해액解額[61]을 취득했고, 성시省試에서 다시 "일성日星을 기로 삼고 삼태

57 유업(儒業) : 과거 준비를 위한 학업이다.

58 첩보(帖報) : 과거시험의 합격을 알리는 통지서이다.

59 효미(燒尾)의 잔치 : 과거시험에 합격하거나 관직에 임명 또는 영전될 때 동료들이 마련한 축하의 자리이다. 잉어가 용문(龍門)을 뛰어오를 때 번개가 잉어의 꼬리를 쳐서 잉어가 용이 되었다는 등용문의 고사에서 유래한다.

60 『송시기사』 권45, 갈립방, 「희자필등제(喜子泌登第)」.

61 해액(解額) : 향시에 합격한 사람인 해인(解人)의 총수이다. 진사가 지방[鄕]에서 발탁되는 경우 본주(本州)에서 해장(解狀)을 주기 때문에 해인이라고 한 것이다.

성三台星의 색이 가지런하다[日星爲紀三台色齊]"로 시부詩賦의 제목을 삼았으니 감석甘石[62]의 학문을 매우 상세히 꿰뚫고 있었던 것이다. 어린 손녀가 밤에 꿈을 꾸었는데 갈담이 누대를 오르다가 십육 층에서 멈췄다. 그리고 이것으로 점을 쳐 성위省闈[63] 제16등이라는 결과가 나왔는데, 실제 시험에서 정말 그렇게 되었다. 내가 그에게 시를 지어주기를 "방울 흔들고 기치 들어 금계金谿[64]에 이르니, 네가 문위(文闈 : 과거시험장)에서 급제함을 기뻐한다. 드높은 명성은 예방蕊榜[65]에 앞자리를 차지하고, 빛나는 문장은 문규文奎[66]가 움직인다. 등수는 이미 어린 손녀의 꿈과 부합하고, 별자리는 천로天老[67]가 쓴 제목에서 먼저 파악했다. 훗날 여전臚傳[68]에서 일등이 될 터, 천륜(아우)의 갑과는 아직 낮다[張鈴走幟到金谿, 喜子文闈預品題. 名字巍峨先蕊榜, 詞章斐亹動文奎. 階梯已合嬰兒夢, 星斗先分天老題. 後日臚傳當第一, 天倫科甲尚爲低]"라고 했다. 당시 갈담의 아우(갈태葛部)가 왕좌王佐의 방에서 제7등으로 급제했다.

孟郊「落第」詩曰 : "棄置復棄置, 情如刀刃傷." 「再下第」詩曰 : "一夕九起嗟, 夢短不到家." 「下第東南行」曰 : "江蘺伴我泣, 海月投人驚." 愁有餘矣. 「下第留別長安知己」云 : "豈知鶗鴂鳴, 瑤草不得春." 「失意投劉侍御」云 : "離婁豈不明, 子野豈不聰? 至寶非眼別, 至音非耳通." 「歎

62 감석(甘石) : 전국시대 천문학에 뛰어났던 제나라 감공(甘公)과 위나라 석신(石申)을 합칭한 말이다.
63 성위(省闈) : 진사시험을 주관하는 상서성 예부이다. 예위(禮闈)라고도 한다.
64 금계(金谿) : 금계현(金谿縣)으로, 강서성에 속한 지명이다.
65 예방(蕊榜) : 과거시험에 합격한 명단을 적은 방이다.
66 문규(文奎) : 규성(奎星)이라고 하며, 이십팔 수(宿)의 하나로 문학을 상징하는 별이다.
67 천로(天老) : 상고시대 황제(黃帝)를 보좌하던 신하인데, 후대에 임금을 보좌하는 신하의 의미로 사용했다.
68 여전(臚傳) : 전시(殿試)에서 장원(狀元) · 방안(榜眼) · 탐화(探花) 3갑(甲)을 선정한 뒤, 조서(詔書)를 발표하며 그 이름을 부르는 것이다.

命」云：“題詩怨還怨, 問『易』蒙復蒙. 本望文字達, 今因文字窮.” 怨有餘矣. 至登科後詩, 則云：“昔日齷齪不足誇, 今朝放蕩思無涯. 春風得意馬蹄疾, 一日看盡長安花.” 議者以此詩驗郊非遠器. 余謂郊偶不遂志, 至於屢泣, 非能委順者, 年五十始得一第, 而放蕩無涯, 哦詩誇詠, 非能自持者, 其不至遠大, 宜哉.

맹교가 「낙제落第」에서 “두어야지 그만 두어야지, 이 마음 칼로 에인 듯하구나[棄置復棄置, 情如刀刃傷]”라고 하고, 「재하제再下第」에서 “하룻밤에 아홉 번 일어나 탄식하느라, 꿈이 짧아 집에 가지 못했다[一夕九起嗟, 夢短不到家]”라고 하고, 「하제동남행下第東南行」에서 “강가의 피는 나와 함께 울고, 바다 위 달은 사람을 놀라게 한다[江蘺伴我泣, 海月投人驚]”라고 한 것은 시름이 남아있는 것이고, 「하제유별장안지기下第留別長安知己」에서 “두견의 울음소리를 어찌 감지하랴, 꽃다운 풀도 봄을 얻지 못했다[豈知鶗鴂鳴, 瑤草不得春]”라고 하고, 「실의투유시어失意投劉侍御」에서 “이루離婁[69]가 어찌 눈이 밝지 못하며, 자야子野[70]가 어찌 귀가 밝지 못하랴. 큰 보물은 눈으로 구별할 수 있는 것이 아니고, 훌륭한 음은 귀로 들을 수 있는 것이 아니다[離婁豈不明, 子野豈不聰? 至寶非眼別, 至音非耳通]”라고 하고, 「탄명歎命」에서 “시를 지으며 원망 또 원망하고, 『역』에 점괘 물으니 혼몽 또 혼몽하다. 본디 문자로 통달하길 기대했으나, 이제 문자로 인해 곤궁하다[題詩怨還怨, 問『易』蒙復蒙. 本望文字達, 今因文字窮]”라고 한 것은 원망이 남아있는 것이다. 급제하고 나서 지은 시에서는 “지난날 악착같음은 자랑할 것이 못 되나, 오늘 방탕의 생각은 하염없이

---

69 이루(離婁) : 눈이 아주 밝았던 사람이다. “이루의 밝은 시력과 공수자(公輸子)의 교묘한 솜씨로도 규구(規矩)를 이용하지 않으면 방원(方圓 : 모난 것과 둥근 것)을 이루지 못한다.[孟子曰 : “離婁之明, 公輸子之巧, 不以規矩, 不能成方圓.]” 『맹자』 「이루장구 상(離婁章句上)」.

70 자야(子野) : 춘추시대 진(晉)나라의 악사인 사광(師曠)의 자이다. 사광은 소리 분별을 잘하여 길흉을 점쳤다고 한다. 저서에 『금경(禽經)』이 있다.

이어진다. 봄바람에 활기찬 말발굽이 빨라, 하루 만에 장안의 꽃을 모두 구경했다[昔日齷齪不足誇, 今朝放蕩思無涯. 春風得意馬蹄疾, 一日看盡長安花]"[71]라고 했는데 논자들은 이 시를 들어 맹교가 원대한 포부를 가진 인물이 아님을 증명했다. 나는 맹교가 어쩌다 뜻을 이루지 못해 누차 눈물을 흘리기까지 했으므로 순리에 맡기는 사람이 아니었고, 오십에 비로소 급제하여 끝없는 방탕을 부리고 시를 읊으며 자랑했으므로 능히 자신을 가다듬는 자가 아니었으니 원대한 데에 이르지 못한 것이 당연하다고 생각한다.

今之新進士, 不問科甲高下, 唱名出皇城, 則例喝狀元, 莫知其端. 唐鄭谷登第後宿平康里, 嘗作詩曰:"春來無處不閒行, 楚潤相看別有情. 好是五更殘酒醒, 耳邊聞喚狀元聲." 則新進士例呼狀元, 舊矣. 鄭谷, 趙昌翰榜第八名也.

오늘날 새로 진사가 된 이들이 급제의 고하를 막론하고 급제자의 이름이 도성에서 발표되면 으레 장원이라 내세우는데 이것이 어디서 시작된 것인지 알 수 없다. 당나라 정곡이 급제한 뒤 평강리平康里에서 하루를 묵으며 지은 시에서 "봄이 오자 어느 것 하나 한가롭지 않은 곳이 없거니와, 초윤楚潤[72]을 만나자 특별한 정이 감돈다. 오경 술에서 막 깨어날 무렵, 장원이라 외치는 소리가 귓가에 들린다[春來無處不閒行, 楚潤相看別有情. 好是五更殘酒醒, 耳邊聞喚狀元聲]"[73]라고 했으니 새로 진사가 된 사람에게 으레 장원이라 부른 것이 오래된 것이다. 정곡은 조창한趙

71 『맹동야시집』 권3 「등과후(登科後)」.

72 초윤(楚潤): 당나라의 명기(名妓) 초아(楚兒)를 가리킨다. 초아는 자가 윤랑(潤娘)이어서 '초윤'이라 불렸는데, 후대에 명기를 비유하는 말로 사용되기도 했다.

73 『어정전당시』 권667, 정합(鄭合), 「급제후숙평강리시(及第後宿平康里詩)」.

昌翰의 방에서 8등으로 급제했다.

杜荀鶴老而未第, 求知己甚切, 「投裴侍郎」云: “只望至公將卷讀, 不求朝士致書論.” 「投李給事」云: “相知不相薦, 何以自謀身.” 「投所知」云: “知己雖然切, 春官未必私. 寧教讀書眼, 不有看花期.” 「投崔尚書」云: “閉戶十年專筆硯, 仰天無處認梯媒.” 如此等句, 幾於哀鳴矣. 『本事詩』載, 裴晉公於興化里鑿池起臺榭, 賈島方下第怨憤, 題詩亭中云: “破却千家作一池, 不栽桃李種薔薇. 薔薇花落秋風後, 荊棘滿亭君始知.” 人皆惡其不遜, 則荀鶴之哀鳴, 猶爲可憐也.

두순학이 늙어서도 급제하지 못하자 지기에게 매우 간절하게 요청했다. 「투배시랑投裴侍郎」에서 “아주 공평하게 시권試券을 읽어주기만 바랄 뿐, 조정의 인사들이 편지 보내 거론하는 것까진 구하지 않네[只望至公將卷讀, 不求朝士致書論]”라고 하고, 「투이급사投李給事」에서 “아는 이가 추천해주지 않으니 어떻게 스스로 도모하겠는가[相知不相薦, 何以自謀身]”라고 하고, 「투소지投所知」에서 “지기가 간절히 원한다 해도, 춘관(春官: 예조禮曹)이 반드시 사사로이 할 수는 없다. 어찌하여 책 읽는 눈으로 하여금, 꽃을 볼 기약이 없게 하는가[知己雖然切, 春官未必私. 寧教讀書眼, 不有看花期]”라고 하고, 「투최상서投崔尚書」에서 “십 년을 문 닫고 공부에 전념했거늘, 다리 놔줄 사람 찾을 길 없음이 안타깝네[閉戶十年專筆硯, 仰天無處認梯媒]”라고 했으니 이러한 구절들은 거의 애원에 가깝다. 『본사시本事詩』에 의하면, 배진공(裴晉公: 배도裵度)이 흥화리興化里에 연못을 파고 누대를 세웠는데, 가도가 낙방한 뒤 원망과 분노에 젖어 그 정자에 쓴 시에서 “수많은 집을 무너뜨려 연못을 만든 뒤, 복숭아 오얏은 심지 않고 장미만 심었네. 장미꽃 지고 가을바람 불면, 정자에 가시만 가득하단 걸 그대 비로소 알리라[破却千家作一池, 不栽桃李種薔薇.

薔薇花落秋風後, 荊棘滿亭君始知"[74]라고 하여 사람들이 모두 그 불손함을 미워했으니 두순학의 애원은 그래도 가엾은 것이다.

瓊州進士姜唐佐, 東坡極愛之, 贈之詩曰 : "滄海何曾斷地脈, 白袍端合破天荒." 且告之曰 : "子異日登科, 當爲子成此篇." 及唐佐預廣州計偕, 過汝陽, 見子由, 時東坡已下世矣. 子由因爲足成其篇云 : "生長茅間有異方, 風流稷下古諸姜. 適從瓊筦魚龍窟, 秀出羊城翰墨場. 滄海何曾斷地脈, 白袍端合破天荒. 錦衣他日千人看, 始信東坡眼力長." 唐佐是年省闈不利, 則有負於錦衣之祝矣. 東坡嘗書唐佐課冊云 : "雲興天際, 倏若車蓋. 凝矓未瞬, 瀰漫霮䨴. 驚雷出火, 喬木糜碎. 懸霤緪縋, 日中見沫. 移晷而收, 野無全塊." 今亦刊集中, 乃戲書劉夢得「楚望賦」也.

경주瓊州의 진사 강당좌姜唐佐를 소식이 매우 사랑하여 그에게 지어 준 시에서 "드넓은 바다 어찌 일찍이 지맥이 끊기랴, 흰 두루마기 분명 천황天荒을 깨뜨리리라[滄海何曾斷地脈, 白袍端合破天荒]"[75][76]라고 하고, 또 이르기를 "그대가 훗날 급제하면, 그대를 위해 이 시편을 완성하겠다"라고 했다. 강당좌가 광주廣州의 계해計偕[77]에 참여하여 여양汝陽을 지나며 소철을 만났는데, 당시 소식은 이미 세상을 떠났다. 그래서 소철이

74 『어정전당시』 권574, 가도, 「제흥화원정(題興化園亭)」.

75 천황(天荒)을 깨뜨리리라 : 원문은 '파천황(破天荒)'으로, 예전에 볼 수 없던 일이 처음으로 출현하는 것을 말한다. 당나라 때 형주(荊州)에서 해마다 향시에 합격한 공생(貢生)을 서울로 보내도 대과(大科)에 급제한 사람이 나오지 않았으므로 천황(天荒)이라고 불렀는데 사인(舍人) 유예(劉蛻)가 결국 급제를 하자 천황을 깨뜨렸다는 의미에서 파천황이라고 일컬었다. 『당척언(唐摭言)』 「해술해송(海述解送)」.

76 『송시기사』 권21, 소식, 「증강공필(贈姜公弼)」.

77 계해(計偕) : 해마다 지방관이 회계문서를 조정에 올리는데 그것을 갖고 가는 아전을 계리(計吏)라 하고, 지방에서 조정에 추천하는 선비를 계리와 함께 보내는데 그것을 계해(計偕)라 했다.

그 시편을 완성하기를 "초가에서 자랐으나 남다른 방책을 가진, 풍류어린 직하稷下의 옛 강씨였다.[78] 마침 경완瓊莞[79]의 물고기 노니는 곳에서 지내다가, 양성羊城[80] 한묵의 장에서 우뚝 솟았다. 드넓은 바다 어찌 일찍이 지맥이 끊기랴, 흰 두루마기 분명 천황天荒을 깨뜨리리라. 훗날 비단옷을 사람들이 보게 되면, 동파의 긴 안목을 비로소 믿으리라[生長茅間有異方, 風流稷下古諸姜. 適從瓊莞魚龍窟, 秀出羊城翰墨場. 滄海何曾斷地脈, 白袍端合破天荒. 錦衣他日千人看, 始信東坡眼力長]"[81]라고 했다. 그런데 강당좌가 이해에 성위(省闈 : 회시會試)에서 성공하지 못했으니 이는 '비단옷'의 축하를 저버린 것이다. 소식이 일찍이 강당좌의 과책課冊에 쓰기를 "구름이 하늘 끝에서 일어, 어느덧 수레 덮개가 되었다. 눈 깜박거리지 않고 응시하니, 구름이 자욱하다. 불꽃을 튀기며 우레가 치자, 큰 나무가 쓰러진다. 물줄기가 길게 늘어지며, 햇빛 아래서 거품이 인다. 시간이 흐르며 모두 거둬들이자, 들판에는 온전한 땅이 없다[雲興天際, 倏若車蓋. 凝矑未瞬, 瀰漫霮䨴. 驚雷出火, 喬木糜碎. 懸霤綆縆, 日中見沫. 移晷而收, 野無全塊]"[82]라고 했다. 지금 문집 안에 들어있는데, 유우석의 「초망부楚望賦」를 농 삼아 쓴 것이다.

秦太虛擧進士不得, 東坡詩曰 : "底事秋來不得解, 定中試與問諸天."

---

78 풍류어린 …… 강씨였다 : 여기에서 직하는 전국시대 제나라 도성 서쪽 문인 직문(稷門) 부근의 지역을 말하며, 옛 강씨는 제나라에 처음 책봉된 강태공 여상(呂尙)을 말한다. (그래서 흔히 제나라를 강제(姜齊)라 한다) 전국시대 제나라 위왕(威王)과 선왕(宣王)이 이곳에 학궁(學宮)을 짓고 선비들을 많이 불러 모아 이곳이 학문의 중심지가 되도록 했다. 강당좌의 성씨와 학문 성취도를 표현하기 위해 '직하의 옛 강씨'란 말을 쓴 것이다.

79 경완(瓊莞) : 소철의 시집 등에는 경관(瓊管)으로 돼 있는데, 옛 경주부(琼州府 : 지금의 광동성 해남도)의 별칭이다.

80 양성(羊城) : 오양성(五羊城)으로, 광주(廣州)의 별칭이다. 옛날 다섯 신선이 다섯 마리 양을 타고 이곳에 왔다 해서 붙여진 이름이다.

81 『난성후집(欒城後集)』 권3 「보자첨증강당좌수재(補子瞻贈姜唐佐秀才)」.

82 『동파전집』 권30 「발강군필과책(跋姜君弼課冊)」.

深爲稱屈也. 李方叔省試不得第, 而東坡領貢擧, 嘗有詩贈之云: "平生漫說古戰場, 過眼終迷日五色. 我慚不出君大笑, 行止皆天子何責." 山谷和云: "今年持橐佐春官, 遂失此人難塞責." 座主歸過於己, 門生歸命於天, 俱一世之賢也.

진태허(秦太虛 : 진관)가 진사시험에서 급제하지 못하자 소식이 쓴 시에서 "어찌하여 가을이 왔는데 해장解狀[83]을 얻지 못한 것인가, 시험의 합격을 하늘에 물어야 하리라[底事秋來不得解, 定中試與問諸天]"[84]라고 한 것은 매우 억울해한 것이다. 이방숙李方叔이 성시省試에서 급제하지 못했는데 당시 시험을 주관하던 소식이 그에게 지어준 시에서 "일생 동안 옛 전장에 대해 이야기했으나, 눈앞에서는 결국 오색 태양처럼 혼미하다. 나는 부끄러워 나가지 못하는데 그대는 크게 웃으며, 모든 건 하늘의 뜻이거늘 그대를 어찌 탓하겠는가 한다[平生漫說古戰場, 過眼終迷日五色. 我慙不出君大笑, 行止皆天子何責]"[85]라고 하고, 황정견이 화답한 시에서는 "오늘 전대를 들고 춘관을 보좌했는데, 결국 이 사람을 놓친 책임을 면키 어렵구나[今年持橐佐春官, 遂失此人難塞責]"[86]라고 해서 좌주座主[87]는 자신에게 허물을 돌리고 문생[88]은 하늘에 운명을 돌렸으니 모두 한 시대의 현자들이다.

梅聖兪「送方干下第」云: "竭澤古所戒, 但飽腹中書. 風雷變有時, 且

83 해장(解狀) : 급제한 사람에게 주는 합격증이다.

84 『동파전집』 권10 「차운참요사기진태허삼절구 시진군거진사 부득(次韻參寥師寄秦太虛三絶句時秦君擧進士不得)」 제1수.

85 『동파전집』 권17 「여여이치방숙상지구의 영공거사이이부득제 괴심 작시송지(余與李廌方叔相知久矣領貢擧事而李不得第愧甚作詩送之)」.

86 『산곡집』 권4 「차운자첨송리치(次韻子瞻送李豸)」.

87 좌주(座主) : 과거시험에서 시험참가자가 주 고시관을 부르는 존칭이다.

88 문생 : 과거시험에서 시험에 참가한 자가 자신을 부르는 호칭이다.

復歸孟潴." 「送蔡驛下第」詩云:"爾持金錯刀, 不入鵝眼貫. 懷之歸河朔, 愼勿輒鎔鍛." 蓋人士切於得失, 一不得意, 則必變所學, 以求媚於有司, 此學者之大病也, 故聖兪以是戒之.

매요신의 「송방간하제送方干下第」에서 "연못을 모두 비우는 것[89]은 예부터 전해오는 경계인 터, 배 속은 글 배만 부르면 될 일이다. 바람과 우레가 변하는 건 때가 있는 법, 우선 맹저孟潴[90]로 돌아갈지어다[竭澤古所戒, 但飽腹中書. 風雷變有時, 且復歸孟潴]"라고 하고, 「송채역하제送蔡驛下第」에서 "그대 금착도金錯刀[91]를 가지고, 아안鵝眼[92]을 꿰지 말라. 가슴에 품고 하삭河朔으로 돌아가선, 부디 녹여 없애지 말라[爾持金錯刀, 不入鵝眼貫. 懷之歸河朔, 愼勿輒鎔鍛]"라고 했다. 학자들이 득실에만 골몰해 한 번 실패하면 반드시 그동안 가졌던 삶의 태도를 바꿔 기관 담당자들에게 굽실거리는데 이는 학자의 큰 병폐이다. 그래서 매요신이 이렇게 경계한 것이다.

唐曹鄴「及第」詩云:"白日探得珠, 不待驪龍睡. 忽忽出九衢, 僮僕顔色異." 是生敬於僮僕也. 施肩吾「及第」詩云:"今日步春早, 復來經此道. 江神也世情, 爲我風光好." 是改觀於江神也. 蓋其心之喜自生疑爾,

---

89 연못을 …… 것 : 연못의 물을 다 빼내고 물고기를 잡는다[竭澤而漁]는 뜻으로, 눈앞의 이익에만 몰두하는 것을 비유한다. "연못물을 다 빼내고 물고기를 잡는다면 어찌 많이 잡지 못하랴만 그다음 해에는 어떻게 하겠는가.[竭澤而漁, 豈不獲得, 而明年無魚.]" 『여씨춘추』 「의상(義賞)」.

90 맹저(孟潴) : 맹저(孟豬)라고도 쓰는데, 옛 연못의 이름으로, 지금의 하남성 상구(商丘) 동북쪽과 우성(虞城) 서북쪽에 있다.

91 금착도(金錯刀) : 황금으로 장식한 패도(佩刀)이다. 후한 환제(桓帝) 때 거기장군(車騎將軍) 풍곤(馮緄)에게 남정(南征)을 명하면서 하사했던 칼로, 남에게 선사하는 예물의 의미로 쓰인다.

92 아안(鵝眼) : 남북조시대 송나라에서 주조한 구멍이 뚫린 돈이다.

僮僕江神豈遽如是哉. 鄴又云:"故衣未及換, 尚有去年淚." 肩吾云:"憶昔將貢年, 把愁此江邊." 二子所作, 皆以今年之喜而思昔日之愁也, 是豈能置得喪於膜外者乎?

당나라 조업曹鄴의 「급제及第」에서 "한낮에 구슬을 얻어, 여룡驪龍이 잠드는 걸 기다리지 않노라.[93] 서둘러 도성의 거리를 나서니, 종들의 안색이 다르다[白日探得珠, 不待驪龍睡. 忽忽出九衢, 僮僕顔色異]"라고 한 것은 종들에게서 존경심이 우러나는 것이고, 시견오施肩吾의 「급제及第」에서 "오늘 이른 봄 맞아 길을 나서며, 다시 이 길을 경유한다. 강신江神도 세간의 정을 가져서, 날 위해 좋은 풍광을 펼쳐주누나[今日步春早, 復來經此道. 江神也世情, 爲我風光好]"라고 한 것은 강신을 새롭게 본 것이다. 이는 기쁜 마음이 그런 상황을 만들어낸 것이지 종들과 강신이 어찌 실제로 그와 같이 했겠는가. 조업이 또 "옛 옷을 미처 바꾸지 못했거니, 아직도 지난날의 눈물이 묻어 있다[故衣未及換, 尚有去年淚]"[94]라고 하고, 시견오가 "지난날 과거 시험을 보던 해에, 시름을 안고 이 강을 지났다[憶昔將貢年, 把愁此江邊]"[95]라고 했는데 두 사람의 글은 모두 올해의 기쁨으로 지난날의 시름을 떠올린 것이니 어찌 경계 밖에 득실을 버려둔 것이라 할 수 있겠는가.

文闈有挾書傳義之禁, 舊矣. 竊怪李揆爲考官, 大陳經史於庭, 令學者縱觀. 和凝爲考官, 開門徹棘, 令學者自便. 如此則眞賢實能孰辨邪. 余知其故矣. 蓋自唐以來, 主司重素望, 故文場一啓, 而投遞紛然, 擧子之

93 여룡(驪龍)이 …… 않노라: 여룡 즉 흑룡(黑龍)이 턱 밑에 진귀한 구슬을 갖고 있는데 이 구슬을 훔치기 위해서는 그 용이 잠든 틈을 타 깊은 바닷속으로 들어가야 한다고 한다. 『장자』 「열어구(列禦寇)」.

94 『조사부집(曹祠部集)』 권1 「행원석상동년(杏園席上同年)」.

95 『어정전당시』 권494, 시견오(施肩吾), 「급제후과양자강(及第後過楊子江)」.

升黜固自有定議矣, 雖禁挾書傳義奚爲哉. "朝向公卿說, 暮向公卿說. 誰謂黃鐘管, 化爲君子舌." 此孟郊有祈於知己也, 而呂渭取之. "擬動如浮海, 凡言似課詩. 終身事知己, 此後復何爲." 此杜荀鶴有祈於知己也, 而裴贄取之. "砌下芝蘭新滿徑, 門前桃李舊成陰. 却應回念江邊草, 放出春烟一寸心." 此鄭谷有祈於知己也, 而柳玭取之. 擧子祈之於前, 主司錄之於後, 公論何在乎. 長慶初, 錢徽爲考官, 取鄭明等三十三人, 以所取不當, 再命白居易試「孤行管賦」, 試者皆不知本事, 遂落十一人, 而錢徽貶江州刺史. 當時詔書, 以謂浮薄之徒, 扇爲朋黨, 以撓主司, 每歲策名, 無不先定. 則陳書徹棘之擧, 殆無足怪也.

문위(文闈 : 과거시험장)에서 책을 몰래 갖고 있거나 시험 내용을 서로 전달하는 것을 금지한 것은 오래되었다. 그런데 이규李揆가 시험관이었을 때 마당 위에 경사經史 서적을 펼쳐놓고 응시생에게 마음대로 보게 하고, 화응和凝이 시험관이었을 때 문을 열고 가로막을 철수하여 응시생이 마음대로 출입하게 한 것이 참 이상했으니 이렇게 하면 진정으로 뛰어난 사람을 어떻게 구분해낼 수 있겠는가. 나는 그 이유를 알고 있다. 당나라 이후로 주시관이 평소의 여망을 중시했으므로 문과 시험이 열리면 여기저기 공문이나 사신들이 오고가 응시생의 합격 여부가 벌써 정해졌다. 그러니 책을 몰래 갖고 있거나 시험 내용의 전달을 금지한다 해도 무슨 효과가 있었겠는가. "아침에도 공경公卿에게 이야기하고, 저녁에도 공경에게 이야기하네. 누가 황종관黃鍾管[96]이, 군자의 혀가 되었다고 하는가[朝向公卿說, 暮向公卿說. 誰謂黃鐘管, 化爲君子舌]"[97] 이는 맹교가 지기知己에게 청탁한 것인데 여위呂渭가 이를 받아들인 것

96 황종관(黃鍾管) : 황종율관(黃鐘律管)을 말한다. 황종은 십이 율(律)의 첫 번째이고, 율관은 음악의 기본음을 정하기 위해 음을 불어낼 원통형의 대나무 관이다. 고대에 황종율관의 길이를 척도의 기준으로 삼은 데에서 사물의 척도나 기준의 의미로 쓰인다.

97 『맹동야시집』 권3 「투소지(投所知)」.

이다. "움직이기를 바다에 뜬 것처럼 하고, 일상의 말을 일과 삼아 쓴 시처럼 하리다. 일생 동안 지기를 섬길 뿐, 그 밖에 무엇을 더 하리까.[擬動如浮海, 凡言似課詩. 終身事知己, 此後復何爲.]"[98] 이것은 두순학이 지기에게 청탁한 것인데 배지裴贄가 받아들인 것이다. "섬돌 아래 길에는 지초와 난초가 새로 가득하고, 문 앞에는 복사꽃 오얏꽃이 이전부터 그늘을 이루었다. 문득 강변의 풀을 생각하며, 봄 안개 같은 마음을 내주시리다[砌下芝蘭新滿徑, 門前桃李舊成陰. 却應回念江邊草, 放出春烟一寸心]"[99] 이는 정곡이 지기에게 청탁한 것인데 유빈柳玭이 받아들인 것이다. 응시자가 앞에서 청탁을 하고 주시관이 뒤에서 수록하는데 공론이 어디에 있겠는가. 장경(長慶 : 821~824) 초에 전휘錢徽가 시험관이었을 때 정명鄭明 등 서른세 명을 선발했는데 선발이 부당하다 하여 다시 백거이에게 명하여 「고행관부孤行管賦」로 시험을 보게 했다. 이때 응시자들이 모두 본 내용을 몰라 결국 열한 사람이 낙방했고 전휘는 강주자사江州刺史로 좌천되었다. 당시 조서詔書에서 "부박浮薄한 무리들이 선동해서 붕당을 만들고 주시관을 흔들어, 매년 합격자의 이름이 먼저 정해지지 않은 적이 없다"라고 했으니 책을 몰래 갖고 있거나 시험 내용을 서로 전달하는 것을 금지한 것은 특별히 이상해 할 것도 없다.

98 『어정전당시』 권691, 두순학, 「근시투소지(近試投所知)」.

99 『어정전당시』 권675, 정곡, 「투소지(投所知)」.

운어양추韻語陽秋 권19券十九

歲時有祓除不祥之具，而元日尤多，如桃版・韋索・磔雞之類是也. 飮屠蘇酒，亦所以祓瘟禳惡，而法必自幼飮何邪? 顧光「歲日口號」云："還丹寂寞羞明鏡，手把屠蘇先少年." 白樂天「元日贈劉夢得」詩亦云："與君同甲子，歲酒合誰先." 元日飮酒，則先卑而後尊，自唐以來已如此矣. 「四時月令」云："進椒酒次第當從小起." 而董勛告晉海西令云："小者得歲，故先酒賀之，老者失歲，故後與酒." 似亦不爲無理.

세시歲時에 불길한 것을 제거하는 도구들이 있는데 새해 첫날에는 이런 것이 더욱 많으니 도판桃版[1]・위색韋索[2]・책계磔雞[3] 등이 그것이다.

1 도판(桃版) : 신의 형상을 그린 복숭아나무 널판인 '도경(桃梗)'을 말하는 듯하다. 전설에 중국 도삭산(度朔山)에 큰 복숭아나무가 있었는데 그 나무 밑에 사는 신도(神荼)와 울뢰(鬱櫑)라는 두 신이 온갖 잡귀를 잡아먹는다는 설이 있으므로 민간에서 정월 초하루에 복숭아나무 널판에 두 신의 형상을 그려 문 위에 걸어놓아서 잡귀를 물리쳤다고 한다. 『형초세시기(荊楚歲時記)』 참고.

도소주屠蘇酒[4]를 마시는 것도 역병을 물리치고 나쁜 것을 제거하는 의미를 지니고 있는데 그 규칙에 있어 반드시 어린 사람부터 마시도록 한 것은 무엇 때문일까? 고광顧光의 「세일구호歲日口號」에서 "환단還丹[5]은 아득하고 밝은 거울에 부끄러워, 손수 도소주를 들어 소년에게 먼저 마시게 한다[還丹寂寞羞明鏡, 手把屠蘇先少年]"라고 하고, 백거이의 「원일증유몽득元日贈劉夢得」에서도 "그대와 동갑인데, 새해 술을 누가 먼저 마셔야 하는가[與君同甲子, 歲酒合誰先]"라고 했는데 새해 첫날 술을 마실 때 어린 사람이 먼저하고 윗사람이 뒤에 한 것은 당나라 때부터 이미 그러했던 것이다. 『사시월령四時月令』에서 "초주椒酒를 마실 때는 어린 사람부터 시작한다"라고 하고, 동훈董勛이 진晉 해서령(海西令 : 유진劉臻)에게 고하기를 "어린 사람은 한 해를 얻음으로 술을 먼저 주어 축하하는 것이고, 노인은 한 해를 잃으므로 술을 뒤에 주는 것이다"라고 했는데 일리가 없지는 않은 듯하다.

『荊楚記』云 : "屈原以五月五日投汨羅而死, 人傷之, 以舟檝拯焉. 故武陵競渡, 用五月五日, 蓋本諸此." 劉夢得云 : "今擧檝相和之音, 皆曰'何在', 蓋所以招屈原也." 詩曰 : "沉江五月平隄流, 邑人相將浮彩舟. 靈均何年歌已矣, 哀謠振檝從此起."

『형초기荊楚記』에서 "굴원이 5월 5일 멱라수에 몸을 던져 죽었는데

---

2 위색(葦索) : 갈[葦]을 엮어 만든 밧줄로, 문에 걸어 재앙을 쫓는다. 위교(葦茭)라고도 한다.

3 책계(磔雞) : 옛 풍습으로, 정월 1일에 닭을 죽여 문에 걸어두던 일을 말한다. 이렇게 하면 상서롭지 않은 것을 제거할 수 있다고 믿었다.

4 도소주(屠蘇酒) : 설날에 마시는 약주의 이름으로, 이 술을 마시면 질병과 사악한 기운을 없앤다는 전설이 있다.

5 환단(還丹) : 도가에서 먹는 단약으로, 아홉 차례에 걸쳐 제련하며 이 약을 먹으면 신선이 될 수 있다고 한다.

사람들이 이를 슬퍼하여 노를 저어 그를 찾았다. 그래서 무릉武陵에서 배 경주 시합을 할 때 5월 5일을 택한 것은 여기에 근거를 두고 있는 것이다"라고 하고, 유우석이 "오늘날 노를 들며 주고받는 소리를 모두 '하재'(何在 : 어디 있는가)라고 하는데, 이는 굴원을 부르는 것이다"라고 했다. 그러면서 지은 시에서 "5월 잠긴 강물이 둑과 나란히 할 때, 마을 사람들이 화려한 배들을 물에 띄운다. 영균(靈均 : 굴원)의 노래는 언제나 멈출까, 구슬픈 노래에 노를 흔드는 것은 이로부터 시작되었다[沉江五月平隄流, 邑人相將浮彩舟. 靈均何年歌已矣, 哀謠振檝從此起]"[6]라고 했다.

又有「招屈亭」詩, 所謂"曲終人散空愁暮, 招屈亭前水東注"是也. 今江浙間競渡多用春月, 疑非屈原之義. 及考沈佺期「三月三日獨坐驩州」詩云 : "誰念招魂節, 翻爲禦魅囚." 王績「三月三日賦」亦云 : "新開避忌之席, 更作招魂之所." 則以元巳爲招屈之時, 其必有所據也. 余觀「琴操」云 : "介子推五月五日焚林而死, 故是日不得發火." 而「異苑」以謂寒食始禁烟. 蓋當時五月五日, 以周正言之爾, 今用夏正, 乃三月也. 屈原以五月五日死, 而佺期・王績以元巳爲招魂之節者, 亦豈是邪?

그 밖에 「초굴정招屈亭」이 있는데 "노래 끝나고 사람 흩어져 허전한 시름만 남은 석양에, 초굴정招屈亭 앞 물은 동쪽으로 흐른다[曲終人散空愁暮, 招屈亭前水東注]"가 그것이다. 그런데 오늘날 강소성과 절강성 등지에서 배 경주 시합을 할 때 대부분 춘월(春月 : 봄철)을 택하는 것은 아마 굴원에게서 그 의의를 취택한 것이 아닐 듯싶다. 하지만 심전기의 「삼월삼일독좌환주三月三日獨坐驩州」에서 "누가 넋을 부르는 계절에, 잡귀를 막는 죄수가 돼버린 몸을 생각할까[誰念招魂節, 翻爲禦魅囚]"라고 하

6 『유빈객문집(劉賓客文集)』 권26 「경도곡(競渡曲)」.

고, 왕적의 「삼월삼일부三月三日賦」에서도 "기피의 자리를 새로 열고, 넋을 부르는 장소를 다시 만든다[新開避忌之席, 更作招魂之所]"라고 했으니 원사(元巳 : 3월 3일)를 굴원을 부르는 시기로 삼은 것이니 반드시 그 근거가 있을 것이다. 채옹의 『금조琴操』를 보면 "개자추介子推가 5월 5일 숲에서 불에 타 죽었으므로 이날 불을 사용하지 않는다"라고 했고, 『이원異苑』에서는 "한식에 비로소 불을 금한다"고 했다. 당시의 5월 5일은 주나라의 정월[7]을 기준으로 말한 것이며 지금 사용하는 하夏나라의 정월[8]로 계산하면 3월이 된다. 굴원이 5월 5일에 죽었는데 심전기와 왕적이 원사를 초혼招魂의 시기로 삼은 것은 혹시 여기에 근거한 것일까?

自冬至一百有五日至寒食, 故世言寒食皆稱一百五. 杜子美「一百五日夜對月」云 : "無家對寒食, 有淚如金波." 姚合「寒食書事」詩云 : "今朝一百五, 出戶雨初晴." 則是詩人例以百五日爲寒食也. 或者乃謂自冬至至淸明凡七氣, 至寒食止百三日. 殊不知曆家以餘分演之也. 司馬彪『續漢書』云 : "介子推焚林而死, 故寒食不忍擧火, 至今有禁烟之說." 盧象所謂"子推言避世, 山火遂焚身. 四海同寒食, 千秋爲一人"是也. 太原一郡, 舊俗禁烟一月. 周擧爲郡守, 以人多死, 移書子推, 祇禁烟三日. 子美「淸明」詩云 : "朝來新火起." 又云 : "家人鑽火用靑楓." 皆在寒食三日之後, 則知禁烟止於三日也. 而韓翃有「寒食卽事」詩, 乃云 : "春城無處不飛花, 寒食東風御柳斜. 日暮漢宮傳蠟燭, 輕烟散入五侯家." 不待淸明, 而已傳新火何邪? 元微之「連昌宮詞」云 : "初過寒食一百六, 店舍無烟宮樹綠. 念奴覓得又連催, 時勅宮中許燃燭." 乃一時之權宜. 爾雅云 : "龍星, 木之位也, 春屬東方, 心爲大火, 懼火盛故禁火, 是以寒食有

7　주나라의 정월 : 건자월(建子月 : 북두칠성의 자루가 자방(子方)을 가리키는 달), 즉 11월이다. 주나라는 동지를 설로 삼았다.

8　하나라의 정월 : 건인월(建寅月 : 북두칠성의 자루가 인방(寅方)을 가리키는 달)이다.

龍忌之禁." 則所謂禁烟, 又未必爲子推設也.

동지부터 백오 일이 지나면 한식이 되므로 세상에서 한식을 모두 '일백오'라 부른다. 두보의 「일백오일야대월一百五日夜對月」에서 "한식을 마주할 집은 없고, 황금물결 같은 눈물만 있네[無家對寒食, 有淚如金波]"라고 하고, 요합姚合의 「한식서사寒食書事」에서 "오늘 일백오에, 문을 나서니 비가 막 개었다[今朝一百五, 出戶雨初晴]"라고 했으니 시인들이 으레 백오 일을 한식으로 본 것이다. 혹자는 동지부터 청명까지는 모두 일곱 절기이고 한식까지는 백삼 일뿐이라고 하는데 이는 역가曆家들이 여분을 연역한 것을 모르는 것이다. 사마표司馬彪의 『속한서續漢書』에서 "개자추가 숲에서 불타 죽었으므로 한식에 차마 불을 지피지 못하고 오늘날까지도 불을 금하는 설이 있게 된 것이다"라고 했는데 노상盧象이 "개자추가 세상을 피한다 하며, 산불로 결국 몸을 태웠네. 온 세상이 한식을 함께 하는 것은, 천추의 한 사람을 위함이네[子推言避世, 山火遂焚身. 四海同寒食, 千秋爲一人]"[9]가 그것이다. 태원군太原郡에서는 옛 풍습에 일 개월 동안 불을 금했는데 주거周擧가 군수로 오면서 풍습으로 인해 죽는 사람이 많자 개자추에게 전하는 글을 쓰고 삼 일만 금하게 했다. 두보의 「청명淸明」에서 "아침에 새로 불을 일으킨다[朝來新火起]"라고 하고, 또 "집안에서 불을 피울 때 푸른 단풍나무를 사용한다[家人鑽火用靑楓]"[10]가 모두 한식 삼 일 이후에 있었으니 불을 금하는 것이 삼 일뿐이었음을 알 수 있다. 그런데 한굉翰翃의 「한식즉사寒食卽事」에서 "봄 깃든 성곽에는 꽃이 날지 않는 곳이 없고, 한식날 봄바람에 궁 안 버드나무가 휘날린다. 해 저물자 한궁漢宮에서는 밀납 촛불을 전하며, 희미한 연기가 오후五侯의 집으로 흘러 들어간다[春城無處不飛花, 寒食東風御柳斜. 日暮漢宮傳蠟燭, 輕烟散入五侯家]"라고 해서 청명을 기다

9 『어정전당시』 권122, 노상(盧象), 「한식(寒食)」.
10 『두시상주』 권22 「청명이수(淸明二首)」 제2수.

리지도 않고 벌써 새 불을 전한 것은 왜일까? 원진의 「연창궁사連昌宮詞」에서 "한식이 막 지난 백육 일에, 점포에는 연기가 없고 궁궐 나무만 푸르다. 염노念奴[11]가 찾고 연이어 재촉할 즈음, 마침 궁중에 칙서가 내려와 촛불 켜는 것을 허락했다[初過寒食一百六, 店舍無烟宮樹綠. 念奴覓得又連催, 時勑宮中許燃燭]"라고 했으니 이는 일시적인 조처이다. 『이아爾雅』에 의하면 "용성龍星은 목木의 위치이고 봄은 동방東方에 속하며 마음은 대화大火이니, 불이 성대한 것을 우려하므로 불을 금한 것이다. 그래서 한식에 용기龍忌[12]라는 금화禁火가 있는 것이다"라고 했으니 이른바 불을 금하는 것은 반드시 개자추 때문에 생겨난 것은 아닌 것이다.

上巳日於流水上洗濯, 祓除去宿垢, 故謂之祓禊. 禊者, 潔也. 王逸少作「蘭亭序」云:"永和九年, 歲在癸丑, 會於山陰之蘭亭, 修禊事也." 當其羣賢畢集, 遊目騁懷之際, 而感慨係之, 乃有"一死生爲虛誕, 齊彭殤爲妄作"之語. 議者以此咎羲之之未達也.

상사上巳[13]일에 흐르는 물가에서 몸을 씻으며 묵은 때를 제거하므로 이를 불계祓禊라 하니 계禊는 깨끗함이다. 왕희지가 「난정서蘭亭序」에서 "영화永和 9년(353) 세재계축(歲在癸丑: 세성歲星이 계축에 자리함)에 산음현山陰縣의 난정蘭亭에 모여 계회禊會를 치렀다"라고 했다. 뭇 현자들이 모두 모여 광경을 마음껏 구경하고 심회를 한껏 펼칠 즈음에 감개를 나타내기를 "죽고 사는 것을 하나로 보는 것은 허망이고, 팽조(彭祖: 장수한 사람)와 상자(殤子: 요절한 사람)를 같이 보는 것은 망령이다[一死生爲虛誕, 齊

11 염노(念奴): 당 현종 때의 기녀로, 노래를 아주 잘 불렀다 한다. 후대에는 노래를 잘 부르는 기녀를 통칭했다.

12 용기(龍忌): 불 피우는 것을 금하는 것으로, 금화와 같은 뜻이다.

13 상사(上巳): 음력 3월 첫 번째 사(巳)일인데, 삼월 삼짇날을 지칭하기도 한다.

彭殤爲妄作"[14]라는 말을 했는데 논자들은 이것으로 왕희지가 경지에 도달하지 못했다고 문제 삼았다.

先文康公晩歲卜居於寶溪之上, 建觀禊堂於水濱. 紹興癸丑, 與客泛舟, 脩禊甚樂, 距永和癸丑, 不知其幾癸丑也. 因與客相與推算, 自永和九年歲甲子一週爲晉義熙九年, 又一週爲宋元徽元年, 自後梁大通元年, 隋開皇十三年, 唐永徽四年, 開元元年, 大曆八年, 大和七年, 景福二年, 周顯德二年, 本朝祥符六年, 熙寧六年, 皆歲在癸丑. 凡七百八十年矣. 迺作詩以紀其事云: "快雨霽亭午, 晴曦作春姸. 鄰曲饒勝士, 共開浮棗筵. 中流恢嘯詠, 隱浪金壺偏. 紅艾初出水, 捧劍疑來前. 緬懷蘭亭會, 七百八十年. 可憐右軍癡, 生死情纏綿. 由來彭殤齊, 顧或謂不然. 吾黨殆天放, 卜夜就管弦. 尺六細腰女, 舞袖輕回旋. 且畢今日歡, 不期來日傳."

선인 문강공(文康公 : 갈승중)께서 만년에 보계寶溪 위에 터를 잡고 물가에 관계당觀禊堂을 지으셨다. 소흥 계축년(1133)에 찾아온 객들과 함께 강물에 배를 띄우고 매우 즐겁게 계를 치르셨는데, 영화永和 계축년과 몇 번의 계축년이 있었는지 궁금했다. 그래서 객들과 추산해보니 영화 9년(353)부터 육십 년이 돌면 진晉 의희義熙 9년(413)이 되고, 또 한 번 돌면 송 원휘元徽 원년(473)이 되고, 후량後梁 대통大通 원년533, 수 개황開皇 13년(593), 당 영휘永徽 4년(653), 개원 원년(713), 대력大曆 8년(773), 대화大和 7년(833), 경복景福 2년(893), 주周 현덕顯德 2년(953), 본조本朝 상부祥符 6년(1013), 희녕熙寧 6년(1073)은 모두 계축으로 총 칠백팔십 년이 된다. 그래서 내 시를 지어 그 이야기를 기록한다. "비가 맑게 갠 정오에, 맑은 빛

14 『한위륙조백삼가집(漢魏六朝百三家集)』 권59 「왕희지집(王羲之集)」 「난정서(蘭亭集)序」.

이 어여쁜 봄을 만든다. 고을에 훌륭한 인사가 많아, 부조浮棗[15]의 연회를 함께 연다. 강물 중간에서 시 읊기가 알맞으며, 은은한 물결에 황금 술병이 기운다. 붉은 쑥이 막 물에서 올라오니, 칼을 들고 앞으로 나온 듯하다. 난정에서의 모임을 떠올리니, 칠백팔십 년이 흘렀다. 가엾게도 어리석은 왕희지가, 살고 죽음에 얽매였다. 본디 팽조와 상자는 같은 것이거늘, 그렇지 않다고 말했다. 우리들은 하늘이 놓아준 것이어서, 밤을 점지해 관현을 울린다. 한 자 여섯 치의 가는 허리 여인이, 춤 소매 흔들며 가볍게 돈다. 오늘의 기쁨을 마치고나면, 기약하지 않아도 내일에 전해진다.[快雨霽亭午, 晴曦作春妍. 鄰曲饒勝士, 共開浮棗筵. 中流愜嘯詠, 隱浪金壺偏. 紅艾初出水, 捧劍疑來前. 緬懷蘭亭會, 七百八十年. 可憐右軍癡, 生死情纏綿. 由來彭殤齊, 顧或謂不然. 吾黨殆天放, 卜夜就管弦. 尺六細腰女, 舞袖輕回旋. 且畢今日歡, 不期來日傳.]"

白樂天居洛陽履道里, 與胡杲・吉皎・鄭據・劉眞・盧眞・張渾・狄兼謨・盧貞燕集, 皆高年不事事者, 人慕之, 繪爲「九老圖」. 至本朝李昉再入相, 以司空致仕, 慕樂天之爲, 得宋琪等八人, 年七十餘, 將爲九老會, 未果而卒. 自後洛中諸公, 圖形普明僧舍. 文潞公留守西都, 富鄭公納政居里第, 與席汝言・王尚恭・趙丙・劉几・馮行己・楚建中・王愼言・王拱辰・張問・張燾・司馬光共十三人, 置酒相樂, 謂之耆英會, 劉几詩所謂"制擧省元推二相, 龍頭昔日屬宣猷. 人間盛事并遐算, 一席幾盈九百籌"是也. 後潞公與程伯溫・司馬伯康・席君從之又作同甲會,① 潞公詩所謂"四人三百十二歲, 況是同生丙午年. 招得梁園同賦客, 合成商嶺采芝仙"是也. 潞公又與范鎭・張宗益・張周・史招爲五老會, 公詩所謂"四個老兒三百歲, 當時此會已離倫. 如今白髮游河

15 부조(浮棗) : 유조부란(流棗浮卵)을 말한다. 상사일에 행하는 민간 풍습의 하나로, 강물에 대추나 계란을 띄워 아들 낳기를 기원하는 것이다.

叟, 半是清朝解紱人"是也. 潞公以勳德享大耋, 功成名遂, 優游皐壤, 日與賢士大夫讌笑, 而飮食起居, 端類少壯, 非天畀全福, 疇能若是. 司馬溫公在洛, 作眞率會, 杜祁公在睢陽, 作五老會, 趙閱道在三衢, 作三老會, 各有詩詠傳焉.

① '之', 疑衍. 類編本作'等', 按下文正作'四人', '等'字亦衍.

백거이가 낙양洛陽 이도리履道里에 살 때 호고胡杲·길교吉皎·정거鄭據·유진劉眞·노진盧眞·장혼張渾·적겸모狄兼謨·노정盧貞 등과 함께 어울렸는데 모두 나이가 많아 일을 하지 않는 이들이었다. 사람들이 그들을 흠모하여 「구로도九老圖」를 그렸다. 본조의 이방李昉이 두 번 재상이 되고 사공司空으로 퇴임했는데 백거이가 한 것을 사모하여 송기宋琪 등 팔 인을 모았는데 나이가 칠십여 세였고 구로회를 만들려다가 실행하지 못한 채 세상을 떠났다. 그 후 낙중洛中의 제공들이 보명승사普明僧舍에 모임을 가진 인물들의 그림을 그렸다. 또한 문로공(文潞公: 문언박文彦博)이 서도(西都: 낙양)를 맡아 다스릴 때, 부정공(富鄭公: 부필富弼)이 관직을 그만두고 고향집에 머물며 석여언席汝言·왕상공王尙恭·조병趙丙·유궤劉几·풍행기馮行己·초건중楚建中·왕신언王愼言·왕공신王拱辰·장문張問·장도張燾·사마광司馬光 등 열세 사람과 함께 술자리를 마련하고 서로 어울려 기영회耆英會라 명명했으니 유궤의 시에서 "제거(制擧: 과거科擧)의 성원省元[16]으로 두 재상을 추대하고, 용의 머리는 지난날 계책을 마련하는 자리에 속해 있었네. 인간의 성대한 일(나이)을 모두 계산해보니, 한 자리에 구백 개(구백 세) 주판이 거의 차네(制擧省元推二相, 龍頭昔日屬宣猷. 人間盛事幷遐算, 一席幾盈九百籌)"[17]가 그것이다. 후에 문언박이 정백온程伯溫·사마백강司馬伯康·석군종席君從과 함께 다

16 성원(省元): 예부 진사시험에서의 일등을 가리킨다. 예부는 상서성에 속하므로 성(省)이라 한 것이다. 성괴(省魁)라고도 한다.

17 『송시기사』 권12, 유궤(劉几), 「기영회(耆英會)」.

시 동갑회同甲會를 만들었으니, 문언박의 시에서 말한 “네 사람이 합쳐 삼백십이 세인데, 병오년에 함께 태어나기까지 했네. 양원梁園에 불러 함께 시를 지으며, 모두 상령(商嶺 : 상산商山)의 지초 캐는 신선이 되었네[四人三百十二歲, 況是同生丙午年. 招得梁園同賦客, 合成商嶺采芝仙]”가 그것이다. 문언박이 또다시 범진范鎭·장종익張宗益·장주張周·사초史招와 함께 오로회五老會를 만들었으니 공의 시에서 말한 “네 사람 늙은이의 나이는 삼백 세, 당시의 이 모임은 예를 찾기 어렵다. 지금 백발에 하수河水를 노니는 늙은이 가운데, 절반은 청정한 조정에서 관직을 그만둔 분들이다[四個老兒三百歲, 當時此會已離倫. 如今白髮游河叟, 半是淸朝解紱人]”[18]가 그것이다. 문언박이 국가에 대해 쌓은 공로와 쌓은 인품으로 장수를 누리고, 공로가 완성되고 명성이 완수된 뒤, 편하게 언덕을 노닐며 날마다 훌륭한 사대부들과 담소를 나누고, 먹고 지내는 일상이 마치 젊은이와 닮았으니 하늘이 온전한 복을 주지 않았다면 어떻게 이처럼 할 수 있었겠는가. 사마온공(司馬溫公 : 사마광)이 낙양에 있을 때 진솔회眞率會를 만들고, 두기공(杜祁公 : 두연杜衍)이 수양睢陽에 있을 때 오로회를 만들고, 조열도(趙閱道 : 조변趙忭)가 삼구三衢에 있을 때 삼로회三老會를 만들었는데 당시에 지은 시들이 전하고 있다.

① ‘之’는 연문衍文이지 않을까 싶다. 『시화유편』에서는 ‘等’으로 썼는데 다음 문장에서 ‘四人’으로 쓴 것을 보면 ‘等’ 자 또한 연문이다.

張衡曰 : “客賦醉言歸, 主稱露未晞.” 王式曰 : “客歌驪駒, 主人歌客無庸歸.” 賓主之情, 可謂粲然者. 至李太白·陶淵明則不然. 李嘗以陶語爲詩曰 : “我醉欲眠君且去.” 雖曰任眞之言, 然亦太無主人之情矣. 司馬溫公「北園樂飮」云 : “浩歌縱飮任天機, 莫使歡娛與性違. 玉枕醉人

18 『노공문집(潞公文集)』 권7 「어소거소원작동갑회(於所居小園作同甲會)」.

從獨臥, 金羈倦客聽先歸." 其亦二子之意也. 白樂天「招客飮」云:"客告暮將歸, 主稱日未仄. 又命小奚輩, 長跪謝貴客."① 其視張衡・王式尤爲有委曲相者. 然「置酒送呂漳州」詩乃曰:"獨醉似無名, 借君作題目." 又何與「招客飮」之詩異乎? 東坡「醉眠亭」詩云:"醉中對客眠何害, 須信陶潛未若賢." 山谷云:"欲眠不遣客, 佳處更難忘." 如是則旣不失賓主之禮, 而又可以適我之情, 是賓主之情兩得也.

① '仄'原作'斜', '小奚輩'原作'小青賦', 均據類編本改.

장형張衡이 "객이 취해 돌아가겠다고 하자, 주인이 이슬이 마르지 않았다고 하네[客賦醉言歸, 主稱露未晞]"[19]라고 하고, 왕식王式이 "객이 「여구驪駒」[20]를 노래하자, 주인이 객은 돌아갈 필요가 없다고 노래하네[客歌驪駒, 主人歌客無庸歸]"라고 했으니 손님과 주인의 정이 찬란하다고 말할 만하다. 그런데 이백과 도잠은 그렇지 않다. 이백이 일찍이 도잠의 말[21]로 지은 시에서 "내가 취해 잠들려 하니 그대는 떠나게나[我醉欲眠君且去]"라고 했는데 비록 진솔한 표현이긴 하지만 주인의 정이 너무 없다. 사마광의 「북원낙음北園樂飮」에서 "타고난 대로 마음껏 노래하고 마시며, 기쁨이 본성과 어긋나게 하지 말라. 옥베개에 취한 사람은 누워있도록 두고, 황금 굴레의 피곤한 객은 먼저 돌아가도록 둔다[浩歌縱飮任天機, 莫使歡娛與性違. 玉枕醉人從獨臥, 金羈倦客聽先歸]"라고 한 것도 앞두 사람과 같은 내용이다. 백거이의 「초객음招客飮」에서 "해 저물어 객이 돌아가겠다고 하자, 주인이 해가 기울지 않았다고 하네. 그리고 어린 종에게 명하여, 무릎 꿇고 귀객에게 인사하라 하네[客告暮將歸, 主稱日未仄. 又命小奚輩, 長跪謝貴客]"라고 한 것은 장형・왕식보다 더욱더 완

19 『어정역대부휘(御定歷代賦彙)』 권32, 장형, 「남도부(南都賦)」.

20 여구(驪駒): 일시(逸詩)의 편명으로, 고별의 내용을 담고 있다.

21 도잠의 말: 『송서(宋書)』 「은일전(隱逸傳)」에 관련 내용이 보인다. "도잠이 만일 먼저 취하면 객에게 '내가 취해 잠에 들려 하니 그대 떠나게나'라고 했다.[潛若先醉, 便語客: '我醉欲眠, 卿可去'.]"

곡한 내용이 들어있는 것이다. 그러나 「치주송여장주置酒送呂漳州」에서 "홀로 취해 이름이 없는 듯하니, 그대에게 제목을 쓰게 하노라[獨醉似無名, 借君作題目]"라고 한 것은 「초객음」의 내용과 어찌 다른 것인가. 소식의 「취면정醉眠亭」에서 "술에 취해 객을 두고 잠자는 것이 무슨 문제이랴, 도잠이 현자(그대)만 못함을 믿을지어다[醉中對客眠何害, 須信陶潛未若賢]"라고 하고, 황정견이 "잠자고 싶어도 객을 보내지 못한, 그 미덕을 더욱 잊기 어렵네[欲眠不遣客, 佳處更難忘]"[22]라고 했으니 이렇게 하면 손님과 주인의 예절을 잃지도 않고, 또 나의 마음에 적합하기도 하니 손님과 주인의 정, 둘 다를 얻은 것이다.

① '仄'은 본래 '斜'로 돼있었고 '小奚輩'는 본래 '小青賦'로 돼 있었는데 모두 『시화유편』본에 의거하여 고쳤다.

酒之種類多矣, 有以綠爲貴者, 白樂天所謂"傾如竹葉盈尊綠"是也. 有以黃爲貴者, 老杜所謂"鵝兒黃似酒"是也. 有以白爲貴者, 樂天所謂"玉液黃金巵"是也. 有以碧爲貴者, 老杜所謂"重碧酤新酒"是也. 有以紅爲貴者, 李賀所謂"小槽酒滴珍珠紅"是也. 今則廣閩所釀酒謂之紅酒,① 其色殆類胭脂. 『酉陽雜俎』載, 賈琳家蒼頭能別水, 常乘小艇於黃河中, 以瓠瓟接河源水以釀酒, 經宿酒如絳, 名爲崑崙觴, 是又紅酒之尤者也.

① '則廣閩'原作'聞廣間', 據類編本改.

술은 종류가 많은데 푸른 것을 중시한 것이 있으니 백거이가 말한 "술병 가득 죽엽처럼 푸른 것을 기울인다[傾如竹葉盈尊綠]"[23]가 그것이고, 황색을 중시한 것이 있으니 두보가 말한 "거위가 술처럼 노랗다[鵝

22 『산곡집』 권4 「와도헌(臥陶軒)【위조무구작(爲晁無咎作)】」.

23 『백향산시집(白香山詩集)』 권20 「전호주이약하주 이소주이오두주 상차기도무인동음료영소회(錢湖州以箬下酒李蘇州以五酘酒相次寄到無因同飲聊詠所懷)」.

兒黃似酒]"[24]가 그것이고, 흰 것을 중시한 것이 있으니 백거이가 말한 "옥액의 황금 술잔[玉液黃金卮]"[25]이 그것이고, 벽색碧色을 중시한 것이 있으니 두보가 말한 "짙푸른 새 술을 산다[重碧酤新酒]"가 그것이고, 붉은 것을 중시한 것이 있으니 이하李賀가 말한 "작은 술통 술 방울은 진주처럼 붉다[小槽酒滴珍珠紅]"[26]가 그것이다. 지금 광廣·민閩 지역에서 빚는 술을 홍주紅酒라 하는데 그 빛깔이 거의 연지胭脂를 닮았다. 『유양잡조』에 의하면, 가장賈瑠의 집에서 일하는 종이 물맛을 잘 감별해서 언제나 작은 배를 타고 황하로 나가 바가지로 황하의 원수源水를 길어와 술을 빚었는데, 하룻밤을 묵고 나면 술이 붉게 변해서 이를 곤륜상崑崙觴이라 한다 했으니 이는 홍주 가운데 더욱 좋은 것이다.

① '則廣閩'은 본래 '聞廣間'으로 돼 있었는데, 『시화유편』본에 의거하여 고쳤다.

『酉陽雜俎』載, 鄭公慤嘗於使君林避暑, 取蓮葉以簪刺其心, 令與柄通, 屈莖如象鼻, 傳酒吸之, 名爲碧筩. 蓋取蓮葉芳馨之氣, 雜於酒中, 爲可喜也. 故東坡詩云: "碧筩時作象鼻彎, 白酒微帶荷心苦"是已. 大抵醪醴之妙, 藉外而發其中, 則格高而味可, 如大宛之葡萄, 大官之桐馬, 皆藉他物而成者. 趙德麟以黃柑釀酒, 東坡嘗作「洞庭春色賦」遺之, 所謂"命黃頭之千奴, 卷震澤而俱還." 坡亦以松明釀酒, 所謂"味甘餘而小苦, 嘆幽姿之獨高." 二酒至今有用其法而爲之者. 至坡在黃州, 自作蜜酒, 惠州自作桂酒, 皆一試而止, 蓋出於一時之戲劇, 未必皆中節度耳.

『유양잡조』에 의하면, 정각鄭慤공이 일찍이 사군림使君林에서 더위를 피해 지낼 때 연꽃잎을 취한 뒤 비녀로 한가운데를 뚫어 연꽃자루 부

24 『두시상주』 권12 「주전소아아(舟前小鵝兒)」.
25 『백향산시집』 권5 「효도잠체시십육수(効陶潛體詩十六首)」 제4수.
26 『창곡집(昌谷集)』 권4 「장진주(將進酒)」.

분과 통하게 하고 코끼리 코처럼 그 줄기를 구부린 뒤, 연잎 쪽에 술을 부어 빨아마시게 했으니 그 이름이 벽통碧筩이었다. 이는 연잎의 향기로운 냄새를 술과 섞은 것으로, 재미있는 일이라 하겠다. 그래서 소식이 지은 시에서 "벽통이 굽은 코끼리 코가 되어, 백주白酒에 연꽃의 쓴맛이 약간 담겼다[碧筩時作象鼻彎, 白酒微帶荷心苦]"[27]라고 하였다. 무릇 술의 오묘한 맛이 다른 사물을 빌려 그 내용을 드러낸다면 격조가 높고 맛도 좋으니 대완大宛의 포도주와 대관大官의 동마桐馬[28]는 모두 다른 사물을 빌려 완성된 것이다. 조덕린趙德麟이 황감黃柑을 이용해 술을 빚었는데 소식이 일찍이 「동정춘색부洞庭春色賦」를 지어 그에게 주었으니 "노란 머리 수천 노비에게 명하여, 진택震澤[29]을 모두 거두어 돌아오게 했다[命黃頭之千奴, 卷震澤而俱還]"가 그것이다. 소식 역시 송명松明[30]으로 술을 빚었으니 이른바 "단맛이 돌며 쓴맛이 적으니, 그윽한 자태가 홀로 드높음에 감탄하노라[味甘餘而小苦, 嘆幽姿之獨高]"[31]가 그것이다. 이 두 종류의 술은 오늘날까지도 정해진 법에 따라 만드는 사람이 있다. 소식이 황주黃州에 있을 때 직접 밀주蜜酒를 만들고 혜주惠州에서는 계주桂酒를 만들었지만 모두 한 번 시음하고 말았으니 이는 심심풀이 삼아 만들어본 것이어서 꼭 법도에 맞는 것은 아니었다.

蜀中食品, 南方不知其名者多矣, 而況其味乎? 東坡所謂"豆莢圓且小, 槐牙細而豐"者, 巢菜也. 所謂"贈君木魚三百尾, 中有鶯黃子魚子"

27 『동파전집』 권11 「범주성남회자오인분운부시득인개고염자사수(泛舟城南會者五人分韻賦詩得人皆苦炎字四首)」.

28 대관(大官)의 동마(桐馬) : 동마관(桐馬官)의 동마주(桐馬酒)를 말한다. 『설문(說文)』에서 "한나라 때 동마관이 있었는데 말술을 만들었다[漢有桐馬官, 作馬酒]"라고 하였다.

29 진택(震澤) : 양자강 하류에 있는 옛 연못으로, 구구(具區) 또는 입택(笠澤)이라 한다.

30 송명(松明) : 송진이 엉긴 소나무의 가지나 옹이다.

31 『동파전집』 권33 「중산송료부(中山松醪賦)」.

者, 椶筍也. 是此物者, 蜀川甚貴重. 東坡在黃州時, 去鄕已十五年, 思巢菜而不可得, 會巢元修自蜀來, 使歸致其子而種之東坡之下. 又作椶筍, 蜜煮酢浸, 可致千里外, 嘗以餉殊長老. 則此二物之珍可知矣. 蒟醬, 蜀醬也, 「蜀都賦」所謂"蒟醬流味"是也. 苞蘆, 蜀鮓也, 老杜所謂"香飯兼苞蘆"是也.

촉의 식품 가운데 남방에서는 그 이름을 알 수 없는 것이 많은데 그 맛에 있어서야 말할 나위가 있겠는가. 소식이 말한 "두협(豆莢 : 콩꼬투리)은 둥글면서 작고, 괴아槐牙[32]는 가늘면서 풍성하다[豆莢圓且小, 槐牙細而豐]"[33]는 소채(巢菜 : 완두)에 대한 것이고 "그대에게 삼백미의 목어木魚[34]를 주노니, 그 안에는 담황색의 물고기가 있다[贈君木魚三百尾, 中有鵞黃子魚子]"[35]는 종순椶筍[36]에 대한 것이다. 이런 식물들은 촉에서 매우 귀하다. 소식이 황주에 있을 때 고향을 떠난 지 십오 년이 돼 소채가 생각났으나 얻을 수가 없었는데, 마침 소원수巢元修가 촉에서 오자, 돌아가서 그 씨앗을 보내게 하여 동쪽 언덕(東坡) 아래에 이를 심었다. 또 종순을 만들었는데, 꿀에 삶고 초酢에 담가두면 천 리 먼 곳까지 보낼 수 있어서 일찍이 수장로殊長老[37]에게 제공했다. 따라서 이 두 식물의 진귀함을 짐작할 수 있다. 구장蒟醬은 촉의 장이니 좌사의 「촉도부蜀都賦」에서 "구장의 맛이 흐르다[蒟醬流味]"가 그것이고, 포로苞蘆는 촉의 젓갈이니 두

32 괴아(槐牙) : 소채(巢菜 : 완두)이다. 연한 줄기와 잎사귀는 나물로 먹을 수 있고, 씨앗도 먹을 수 있다.

33 『동파전집』 권13 「원수채(元脩菜)」.

34 목어(木魚) : 불가(佛家)에서 쓰는 법기(法器)를 말한다. 나무를 깎아 둥근 물고기 모양으로 만들고 속을 판 다음에 독경(讀經) · 예불(禮佛) 등의 일로 승려들을 모을 때 두들겨 소리를 냈다.

35 『동파전집』 권18 「종순(椶筍)」.

36 종순(椶筍) : 종순(棕筍)이라고도 하는데 종려나무의 꽃떡잎이다.

37 수장로(殊長老) : 호가 중수(仲殊)이가 자가 사리(師利)인 송나라 때 승천사(承天寺)의 승녀를 가리킨다. 시사(詩詞)에 능하였으며 소식과 교유했다. 저서에 『보월집(寶月集)』이 있다. 꿀을 좋아하였으므로 밀수(蜜殊)라고도 불렀다.

보가 말한 "향기로운 밥에 포로를 겸한다[香飯兼苞蘆]"[38]가 그것이다.

晉史稱何劭驕奢簡貴, 衣裘服玩, 新故巨積, 食必盡四方珍異, 一日之供, 以錢二萬爲限. 而曾所食不過萬錢, 是劭之自奉侈於父也. 而劭「贈張華」詩乃云 : "周旋我陋圃, 西瞻廣武廬. 旣貴不忘儉, 處約能存無. 鎭俗在簡約, 塞門焉足摹." 是以姬孔爲法, 以管氏爲戒也. 審能如是, 則史所書又何如邪? 以史爲正, 則劭所言誣矣. 東坡「擷菜」詩云 : "秋來霜露滿東園, 蘆菔生兒芥有孫. 我與何曾同一飽, 不知何苦食雞豚." 苟能如此, 則豈肯縱嗜欲於口腹之間哉?

진晉의 사서에서, 하소何劭에 대해 서술하길, 교만과 사치와 부귀를 일삼아 갖옷과 완상물 등 옛것과 새 것을 엄청나게 쌓아두고 밥을 먹을 때는 반드시 세상 진미들을 모두 갖추게 해 하루 음식 값을 이만 전으로 정했다고 했다. 그의 아버지 하증何曾의 음식비가 일만 전에 지나지 않았던 것에 비하면 하소가 그의 아버지보다도 훨씬 호사스러웠다. 그런데 하소가 지은 「증장화贈張華」에서 "나의 누추한 정원을 거닐며, 서쪽 광무廣武의 집을 바라본다. 귀한 뒤 검소함을 잊지 말아야 하고, 간소하게 지내야만 잘 보존할 수 있다. 세상 위에 서는 것은 간소하고 소략한 데 있으니, 색문塞門[39]을 어찌 본받으라[周旋我陋圃, 西瞻廣武廬. 旣貴不忘儉, 處約能存無. 鎭俗在簡約, 塞門焉足摹]"라고 했으니 이는 희공(姬孔 : 주공과 공자)을 법으로 삼고 관씨(管氏 : 관중)를 경계로 삼은 것이다.[40] 정말 이 시에 근거한다면 위 역사의 기록은 어떻게 된 것인가? 역사의

38 『두시상주』 권19 「괴엽냉도(槐葉冷淘)」.

39 색문(塞門) : 대문 뒤에 세우는 병장(屛帳)이나 작은 문으로, 바깥에서 안이 보이지 않게 하는 역할을 한다. 제후국의 군주만 이를 갖출 수 있었다.

40 관씨 …… 것이다 : 춘추시대 제나라 재상인 관중이 제후가 아님에도 색문을 소유한 것에 대해, 공자가 예의를 모른다며 비판한 내용을 거론한 것이다. 『논어』 「팔일(八佾)」.

기록을 기준으로 삼는다면 하소가 말한 것은 거짓인 것이다. 소식의 「힐채擷菜」에서 "가을 들어 서리와 이슬이 동쪽 동산에 가득 내려, 노복(蘆菔 : 무)은 새끼가 태어나고 겨자는 손자가 태어났다. 나는 하증과 똑같이 배가 부르거늘, 어찌 애써 닭이며 돼지를 먹는단 말인가[秋來霜露滿東園, 蘆菔生兒芥有孫. 我與何曾同一飽, 不知何苦食雞豚]"라고 했으니 정말 그렇다면 어찌 구복口腹 따위에 욕심을 부릴 필요가 있겠는가.

唐御食, 紅綾餠餤爲上. 光化中, 放進士裴格・盧延遜等二十八人宴於曲江, 勅太官賜餠餤, 止二十八枚而已. 延遜後入蜀, 頗爲蜀人所易, 嘗有詩云 : "莫欺零落殘牙齒, 曾喫紅綾餠餤來." 其爲當世所貴重如此. 『酉陽雜俎』載, 衣冠家有蕭家餫飩, 庾家粽子, 韓約櫻桃饆饠, 又有胡突鱠, 䴵皮索餠之類, 號爲名食, 不至於甚侈而美有餘, 亦紅綾餠餤之類也.

당나라 황실 음식 중에서 홍릉병담紅綾餠餤[41]을 최고로 친다. 광화(光化 : 898~901) 연간에 진사에 급제한 배격裴格・노연손盧延遜 등 스물여덟 명을 위해 곡강曲江에서 연회를 베풀 때, 태관太官[42]에게 명을 내려 병담을 하사하게 했는데 수량이 스물여덟 개뿐이었다. 노연손이 후에 이걸 갖고 촉에 들어가자 촉 사람이 바꾸자고 퍽 졸라댔다. 일찍이 이에 대해 시를 짓기를 "영락한 여남은 치아를 기만하지 말라, 일찍이 홍릉병담을 먹었느니라[莫欺零落殘牙齒, 曾吃紅綾餠餤來]"[43]라고 했으니 당시에 매우 중시받은 것이다. 『유양잡조』에 의하면 의관을 갖춘 집안 가운데

41 홍릉병담(紅綾餠餤) : 붉은 비단으로 겉을 싼 떡의 일종으로, 중국의 왕이나 귀족들이 주로 먹던 고급 음식이다.

42 태관(太官) : 황제의 음식과 연회를 주관하던 관직의 이름이다.

43 『어정전당시』 권715, 노연양(盧延讓), 「구(句)」.

소蕭씨 집안의 운돈餫飩, 유庾씨 집안의 종자粽子, 한약韓約의 앵도필라櫻桃饆饠, 그 밖에 호돌회胡突膾, 장피색병䴵皮索餅 따위가 있었다고 하는데, 모두 유명한 음식이라 일컬어진 것이며 아주 호사스럽지 않으면서도 맛이 있었으니 홍릉병담과 같은 부류였다.

周顒有云："性命之在彼極切, 滋味之於我可賒." 今人以活臠而資口腹者, 比比皆是也, 是誠何心哉? 或曰："羊豕大身, 難於刺割, 蚶蛤微命, 易於烹熬"如是, 則性命之小者尤不幸也. 鍾岏嘗告其師何子季曰："車螯蚶蠣, 眉目內闕, 唇吻外緘, 不悴不榮, 曾草木之不若, 無聲無臭, 與瓦礫其何異?① 故可長充庖廚, 永爲口實." 何其仁於大而忍於細與? 山谷信佛甚篤, 而晚年酷好食蟹, 所謂"寒蒲束縛十六輩, 已覺酒興生江山." 又云："雖爲天上三辰次, 未免人間五鼎烹." 乃果於殺如此, 何哉? 東坡在海南, 爲殺雞而作疏, 張乖崖之在成都, 爲刲羊而轉經, 是豈愛物之仁, 不能勝口腹之欲邪? 山谷談無礙禪, 蘇·張行有爲法, 亦各其所見爾.

① '異'原作'算', 據類編本改.

주옹周顒이 "저기에 있는 생명은 지극히 간절한 것이나, 내게 있는 음식은 외상으로 살 만하다[性命之在彼極切, 滋味之於我可賒]"[44]라고 했는데 요즘은 기름진 생고기로 배를 채우려는 이들이 대부분이니 아, 정말 무슨 생각을 갖고 있는 것일까. 혹자가 "양과 돼지는 몸뚱어리가 커서 가르기 어렵지만, 조개 따위는 하찮은 것이어서 삶기 쉽다[羊豕大身, 難於刺割, 蚶蛤微命, 易於烹熬]"라고 했는데 그렇다면 생명을 가진 것 가운데 작은 것은 더욱더 불행한 것이다. 종완鍾岏이 일찍이 스승 하자계

44 석도선(釋道宣), 『광홍명집(廣弘明集)』, 주옹(周顒), 「여하윤론지살서(與何胤論止殺書)」.

何子季에게 아뢰기를 "차오車螯와 감려蚶蠣[45]는 눈이 안쪽으로 들어가 있고 입술이 밖으로 봉합되어 있어서 걱정하지도 않고 영화스럽지도 않다. 초목만 못하고, 소리도 없고, 냄새도 없으니 기와 조각과 무슨 차이가 있겠는가. 그래서 오랫동안 부엌에 제공돼 영원히 입의 먹을거리가 되고 있다"라고 했으니 어찌 그토록 큰 것에는 인자하고 작은 것에는 잔인하단 말인가. 황정견이 불교를 매우 독실하게 믿었지만 만년에는 게를 매우 좋아하여 "차가운 포구에서 열여섯 마리를 묶었으니, 벌써 강산에 주흥이 인다[寒蒲束縛十六輩, 已覺酒興生江山]"[46]라고 하고, 또 "비록 천상의 삼진三辰 별자리[47]를 차지한다 해도, 인간의 오정五鼎에 삶은 것을 모면하지 못한다[雖爲天上三辰次, 未免人間五鼎烹]"[48]라고 하여 죽이는 것에 이처럼 과감했던 것은 왜일까? 소식이 해남海南에 있을 때 닭을 죽이며 「천계소薦雞疏」를 짓고, 장괘애(張乖崖 : 장영張詠)가 성도成都에 있을 때 양을 걸어놓고 전경轉經[49]을 했으니 이것이 어찌 사물을 사랑하는 마음이 배를 채우는 욕심을 이겨내지 못한 것에 해당되겠는가. 황정견은 이야기를 나눌 때 선禪에 구애됨이 없었고 소식과 장영은 행동에 규칙이 있었으니 저마다 견해가 있었던 것이다.

① '異'는 본래 '算'으로 돼 있었는데, 『시화유편』본에 의거하여 고쳤다.

45 차오(車螯)와 감려(蚶蠣) : 모두 조개의 일종이다. 여기에서 감려는 감합(蚶蛤)이라는 참조개(명주(明州)에서 세공(歲貢)으로 바치던 조개)와 모려(牡蠣)라는 굴조개를 말한다.

46 『산곡집』 권8 「사하십삼송해(謝何十三送蟹)【의(顗)】」.

47 삼진(三辰) 별자리 : 이십팔 수 가운데 정성(井星)과 귀성(鬼星)에 해당하는 거해궁(巨蟹宮)을 가리킨다.

48 『산곡집』 권11 「추동지간 악저절시무해 금일우득수매 토매상유 내가민소 희성소시삼수(秋冬之間鄂渚絶市無蟹今日偶得數枚吐沫相濡乃可憫笑戲成小詩三首)」 제1수.

49 전경(轉經) : 불교에서 경문(經文)을 띄엄띄엄 가려 읽는 것을 말한다. 경전의 각 권마다 처음, 가운데, 끝의 중요한 대문이나 제목, 품명만을 읽으며 나머지는 책장을 넘기기만 한다.

柳比婦人尚矣, 條以比腰, 葉以比眉, 大垂手・小垂手以比舞態, 故自古命侍兒, 多喜以柳爲名. 白樂天侍兒名柳枝, 所謂"兩枝楊柳小樓中, 嫋嫋多年伴醉翁"是也. 韓退之侍兒亦名柳枝, 所謂"別來楊柳街頭樹, 擺撼春風只欲飛"是也. 洛中里娘亦名柳枝, 李義山欲至其家久矣, 以其兄讓山在焉, 故不及昵. 義山有「柳枝」五首, 其間怨句甚多, 所謂"畫屛繡步障, 物物自成雙. 如何湖上望, 只是見鴛鴦"之類是也. 嗚呼, 天倫同氣之重, 共聚於子女揉雜之所, 已爲名敎之罪人, 而一不得其欲, 又作爲詩章, 顯形怨讟, 且自彰其醜, 遺臭無窮, 所謂滅天理而窮人欲者, 無大於此. 如李商隱者, 又何足道哉.

버드나무를 여인에 비유하는 것은 오래된 일이다. 가지는 허리에, 잎은 눈썹에, 크게 드리운 손과 작게 드리운 손은 춤추는 모습에 비유했다. 그래서 예로부터 시중드는 아이의 이름을 지을 때 대부분 버드나무로 이름 짓기를 좋아했다. 백거이의 시중드는 아이의 이름은 유지柳枝이니 "작은 누대 안에 두 가지 버드나무가, 여러 해 동안 정성스레 취한 늙은이와 함께 했다[兩枝楊柳小樓中, 嫋嫋多年伴醉翁]"[50]가 그것이고, 한유의 시중드는 아이의 이름 역시 유지였으니 "헤어진 거리 위의 버드나무를, 봄바람 일으켜 날게 하고 싶네[別來楊柳街頭樹, 擺撼春風只欲飛]"[51]가 그것이다. 낙중洛中에 유지라는 이름을 가진 아가씨가 있었는데 이상은이 오랫동안 그 집을 찾아가고 싶었지만 당형 이양산李讓山이 이웃에 살고 있어서 가까이 할 수 없었다. 이상은이 다섯 수의 「유지柳枝」를 남겼는데 그 안에는 원망의 구절이 매우 많으니 "보장步障[52]에 수놓은 그림은, 저마다 짝을 이루었거늘. 어찌하여 호수를 바라볼 때, 원앙만 보이는 것인가[畫屛繡步障, 物物自成雙. 如何湖上望, 只是見鴛鴦]" 등이 그것이다.

---

50 『백씨장경집』 권35 「별유지(別柳枝)」.

51 『어정전당시』 권344, 한유, 「진주초귀(鎭州初歸)」.

52 보장(步障) : 외출할 때 바람과 먼지를 막기 위해 사용하던 이동식 가리개이다.

아, 천륜의 형제가 여인들이 어울린 곳에 함께 있는 것만으로도 이미 성인의 가르침을 위반한 죄인인데, 그 욕구를 충족하지 못하자 시를 지어 원망을 나타내고, 또 추한 모습을 드러내 악취가 끝없이 진동하니 이른바 천리天理를 멸하고 인욕人欲을 부리는 것 가운데 이보다 더 큰 잘못은 없다. 이상은과 같은 이는 어찌 거론할 것이 있겠는가.

張子野年八十五猶聘妾, 東坡作詩所謂"詩人老去鶯鶯在, 公子歸來燕燕忙"是也. 荊公亦有詩云 : "篝火尙能書細字, 郵筩還肯寄新詩." 其精力如此, 宜其未能息心於粉白黛綠之間也. 坡復有「贈張刁二老」詩, 有"共成一百七十歲"之句, 則子野年益高矣. 故其末章云 : "惟有詩人被磨折, 金釵零落不成行."

장자야(張子野 : 장선張先)가 팔십오 세에 첩을 맞았으니 소식이 지은 시에서 "시인이 늙어도 앵앵鶯鶯이 있고, 공자公子가 돌아오자 연연燕燕[53]이 바쁘네[詩人老去鶯鶯在, 公子歸來燕燕忙]"[54]라고 한 것이 그것이다. 왕안석도 시에서 "불빛 아래에서 여전히 작은 글씨를 쓸 수 있고, 우통郵筩[55]에도 새로운 시를 부치고 싶다[篝火尙能書細字, 郵筩還肯寄新詩]"[56]라고 했는데 정력이 이러하다면 여인에게서 마음이 떠날 수 없었을 것이다. 소식이 또 지은 「증장조이로贈張刁二老」에 "함께 백칠십 세가 된다[共成一百七十歲]"라는 구절이 있으니 장선의 나이가 더 많은 것이다. 그래서 그 마지막 장에서 "시인이 꺾임을 당하고 나면, 황금 비녀가 땅에

53 앵앵(鶯鶯)이 …… 연연(燕燕) : 앵앵과 연연은 모두 여인의 이름인데, 희첩(姬妾)이나 기녀를 비유하기도 한다.

54 『동파전집』 권5 「장자야년팔십오상문매첩술고령작시(張子野年八十五尙聞買妾述古令作詩)」.

55 우통(郵筩) : 서신을 담는 죽통(竹筒)을 말한다.

56 『임천문집』 권19 「기장선랑중(寄張先郎中)」.

떨어져 줄을 이루지 못한다[惟有詩人被磨折, 金釵零落不成行]"라고 한 것이다.

老杜「麗人行」專言秦虢宴游之樂, 末章有"當軒下馬立錦茵, 愼莫近前丞相嗔"之句, 當是謂楊國忠也. 韓退之「華山女」末章, 亦言"雲窗霧閣事慌惚, 重重翠幙深金屛. 仙梯難攀俗緣重, 浪凭青鳥通丁寧." 此言不知爲何人發也.

두보의 「여인행麗人行」에서 진괵秦虢이 연회를 열고 노는 즐거움을 거론하며 그 마지막 장에서 "마당 앞에 이르면 말에서 내려와 비단 방석 위에 서서, 삼가 앞으로 나아가 승상의 노여움을 받지 말라[當軒下馬立錦茵, 愼莫近前丞相嗔]"라고 했는데 양국충(楊國忠 : 양쇠楊釗)을 두고 말한 것이리라. 한유의 「화산녀華山女」 마지막 장에서도 "구름 창문 안개 누각은 황홀하기만 한데, 겹겹 푸른 장막과 황금 병풍은 깊기만 하다. 붙들기 어려운 선계의 계단에 속세의 인연이 중하기만 하니, 그저 청조青鳥[57]를 통해 간곡한 마음을 전할 뿐이다[雲窗霧閣事慌惚, 重重翠幙深金屛. 仙梯難攀俗緣重, 浪凭青鳥通丁寧]"라고 했는데 이 내용은 누구를 지칭해서 말한 것인지 모르겠다.

李白「送姪良攜二妓赴會稽」云 : "遙看二桃李, 雙入鏡中開." 「別河西劉少府」云 : "自有兩少妾, 雙騎駿馬行." 以是知劉・李二君, 皆不羈之

57 청조(青鳥) : 원래는 선녀 서왕모(西王母)의 사신인데, 임금의 사신을 뜻하는 말로 쓰인다. 한나라 반고의 『한무고사(漢武故事)』에 "홀연 푸른 새 한 마리가 서쪽에서 날아와 전각 앞에 이르렀다. 임금이 동방삭에게 묻자, 동방삭이 '이는 서왕모가 오려는 것입니다'라고 대답했다. 얼마 뒤 서왕모가 도착하였다[忽有一青, 鳥從西方來, 集殿前, 上問東方朔, 朔曰 : '此西王母欲來也.' 有頃, 王母至]"라는 구절이 보인다.

士也. 東坡作「臨江仙」有“細馬遠馱雙侍女, 紅巾玉帶紅靴”之語, 其斯人之徒與.

이백이 「송질량휴이기부회계送姪良攜二妓赴會稽」에서 “멀리 보니 복사꽃과 오얏꽃이, 짝을 이뤄 거울 속으로 들어가네[遙看二桃李, 雙入鏡中開]”라고 하고, 「별하서유소부別河西劉少府」에서 “스스로 소첩 둘을 데리고 있어서, 짝을 이뤄 준마를 타고 가네[自有兩少妾, 雙騎駿馬行]”라고 한 것을 보면, 유소부劉少府와 이량李良 두 사람은 모두 얽매이지 않은 인물임을 알 수 있다. 소식의 「임강선臨江仙」의 “작은 말이 저 멀리 한 쌍의 시녀를 태우고 있는데, 붉은 수건과 옥띠에 붉은 신발을 신었다[細馬遠馱雙侍女, 紅巾玉帶紅靴]”라는 표현은, 위에서 거론한 이들과 같은 예라 할 것이다.

韓退之作「歐陽詹哀詞」, 言其事父母至孝. 又曰:“讀其書, 知其於慈孝最隆.” 又曰:“詹舍朝夕父母之養而來京師, 其心將以有得而歸, 爲父母榮也.” 及觀「閩川名士傳」載,① 詹溺太原之妓, 未及迎歸, 而有京師之行. 旣愆期而妓病革, 將死, 割髻付女奴以授詹, 詹一見大慟, 亦卒. 集中載「初發太原寄所思」詩, 所謂“高城已不見, 況復城中人”者, 乃其人也. 豈退之以同榜之故, 而固護其短, 飾詞以解人之疑與? 嗚呼. 詹能義何蕃之不從亂, 而不能割愛於一婦人, 能薦韓愈之賢, 而不能以貽親憂爲念, 殆有所蔽而然也. 如「樂津北樓」絶句與「聞唱涼州」詩, 皆賦情不薄, 有以知其享年之不長也.

① ‘閩’原作‘國’, 據太平廣記卷二七四引改.

한유가 「구양첨애사歐陽詹哀詞」를 지었는데 지극한 효성으로 부모를 섬긴 것을 이야기했다. 또 “그의 글을 읽으면, 어머니에 대한 효심이 가장 컸음을 알게 된다"라고 하고, 또 "구양첨이 잠시 부모 봉양을 멈추고 서울로 왔지만 그의 마음은 목표를 이룬 뒤 돌아가서 부모의 영광으로 삼으려 했다"라고 했다. 그런데 「민천명사전閩川名士傳」에 실린 내용을 보면 구양첨이 태원太原의 기생에게 푹 빠진 뒤, 미처 그녀를 데려가지 못하고 혼자 서울로 가게 되었다. 그 뒤 기생과의 약속을 어겨 기생이 심한 병을 앓았고 기생이 죽기에 앞서 쪽을 잘라 계집종을 시켜 구양첨에게 전하게 했다. 구양첨은 그것을 받아보고 매우 애통해하다 역시 죽었다고 한다. 그의 시집에 실린 「초발태원기소사初發太原寄所思」의 "높은 성도 볼 수 없는데, 더구나 성 안 사람이랴[高城已不見, 況復城中人]"는 바로 그것을 두고 말한 것이다. 혹시 한유가 동방(同榜: 급제동기생)이라는 이유로 그의 단점을 보호하고 수식의 말로 남들의 의심을 해소시키려 한 것일까? 아, 구양첨이, 하번何蕃이 반란을 따르지 않은 것을 의롭게 여기면서도 한 명의 아녀자에게는 미련을 버리지 못하고, 훌륭한 한유는 그를 추천하면서도 부모에게 걱정 끼친 것을 염두에 두지 않은 것은 모두 마음에 장막이 쳐졌기 때문인 것이다. 절구 「낙진북루樂津北樓」와 「문창양주聞唱涼州」에서 모두 서정이 진한 것을 보면 그의 수명이 길지 않으리라는 것을 짐작할 수 있다.

① '閩'은 본래 '國'으로 돼 있었는데, 『태평광기』 권274에 의거하여 고쳤다.

古今人詠王昭君多矣, 王介甫云: "意態由來畫不成, 當時枉殺毛延壽." 歐陽永叔云: "耳目所及尙如此, 萬里安能制夷狄." 白樂天云: "愁苦辛勤顦顇盡, 如今却似畫圖中." 後有詩云: "自是君恩薄於紙, 不須一向恨丹靑." 李義山云: "毛延壽畫欲通神, 忍爲黃金不爲人." 意各不同, 而皆有議論, 非若石季倫·駱賓王輩徒序事而已也. 邢惇夫十四歲作「明君引」, 謂"天上仙人骨法別, 人間畫工畫不得." 亦稍有思致.

고금에 왕소군王昭君[58]을 노래한 사람이 많다. 왕안석은 "인물의 정신까지는 본래 그릴 수 없는데, 당시에 모연수毛延壽[59]를 잘못 죽였네[意態由來畫不成, 當時枉殺毛延壽]"[60]라고 하고, 구양수는 "이목이 닿는 것도 이러한데, 만 리 밖 이적을 어찌 제어할 수 있겠는가[耳目所及尙如此, 萬里安能制夷狄]"[61]라고 하고, 백거이는 "수심과 고통과 신산함으로 다 지쳐서, 지금은 문득 그림 속의 모습을 닮았네[愁苦辛勤顦顇盡, 如今却似畫圖中]"[62]라고 하고, 그 뒤에 지은 시에서는 "임금의 은혜가 종이보다 박한 것일 뿐, 그림만 한스러워할 일이 아니네[自是君恩薄於紙, 不須一向恨丹靑]"[63]라고 했으며, 이상은은 "모연수의 그림은 신의 경지에 이르려 했으나, 차마 황금을 위했지 사람을 위하지는 못했네[毛延壽畫欲通神, 忍爲黃金不爲人]"[64]라고 했다. 내용이 각기 다르고 저마다의 논점이 있어서, 석계륜(石季倫 : 석숭石崇)과 낙빈왕駱賓王이 그저 서사序事에 그친 것과는 다르다. 형순부(邢惇夫 : 형거실邢居實)가 열네 살 때 지은 「명군인明君引」에서 "천상의 신선은 뼈대가 달라서, 인간의 화공이 그릴 수 없네[天上仙人骨法別, 人間畫工畫不得]"라고 한 것에도 약간의 의미가 들어있다.

---

58 왕소군(王昭君) : 한나라 원제(元帝)의 후궁 중에서 미색이 가장 뛰어났던 여인이다. 원제는 화공 모연수가 그린 궁녀의 용모를 보고 합방을 했기에 모든 궁녀들이 화공에게 뇌물을 바쳐 잘 그려줄 것을 청탁했는데, 왕소군은 뇌물을 바치지 않아 임금의 은총을 입지 못했다. 뒤에 흉노 호한야선우(呼韓邪單于)가 찾아와 미인을 요구하자, 원제가 왕소군을 지목하여 흉노에게 시집가게 되었고 떠나는 길에 그녀는 비파를 타며 비탄의 정을 하소연했다고 한다.

59 모연수(毛延壽) : 한나라 때의 화가로 특히 인물화에 뛰어났다. 왕소군이 뇌물을 주지 않아서 그녀의 상을 일부러 추하게 그렸는데 훗날 이것이 들통 나 결국 기시(棄市)의 형을 당했다.

60 『임천문집』 권4 「명비곡이수(明妃曲二首)」 제1수.

61 『문충집』 권8 「재화명비곡(再和明妃曲)」.

62 『백씨장경집』 권14 「왕소군이수(王昭君二首)【시년십칠(時年十七)】」 제1수.

63 『백씨장경집』 권16 「소군원(昭君怨)」.

64 『이의산시집(李義山詩集)』 권중 「왕소군(王昭君)」.

人君不能制欲於婦人, 以至溺惑廢政, 未有不亂亡者. 桀奔南巢, 禍階妹喜, 魯威滅身, 惑始齊姜. 妲己・褒姒以至張・孔・楊妃之徒皆是也. 吳之於西施, 王之耽惑不減於諸后, 一夕越兵至而王不知也. 鄭寂夫詩云 : "十重越甲夜成圍, 宴罷君王醉不知. 若論破吳功第一, 黃金只合鑄西施." 謂非西施則吳不亡, 吳不亡則安得以黃金鑄范蠡之容哉? 而東坡「范蠡」詩云 : "誰將射御教吳兒, 長笑申公爲夏姬. 却遣姑蘇有麋鹿, 更憐夫子得西施." 言楚申公欲弱楚而強吳者, 以夏姬之故, 曾不如范蠡滅吳霸越而坐得西施也.

임금이 여인에 대한 욕구를 제어하지 못해 유혹에 빠지고 정사를 망가뜨리면 혼란과 패망에 이르지 않는 이가 없다. 걸왕桀王이 남소南巢로 도망간 것은 매희妹喜에게서 재앙이 시작된 것이고, 노나라 위왕威王이 망한 것은 제강齊薑에게서 유혹이 시작된 것이다. 달기妲己와 포사褒姒, 장려화張麗華・공귀빈孔貴嬪・양귀비 등이 모두 이에 해당된다. 오나라의 경우 서시에 대한 왕의 탐닉과 현혹이 다른 왕들에 뒤지지 않아서 간밤에 월나라 병사가 쳐들어온 것도 왕은 모르고 있었다. 정적부(鄭寂夫 : 정해鄭獬)의 시에서 "월나라 병사가 밤중에 열 겹을 포위해도, 잔치를 마친 임금은 술에 취해 모르고 있었네. 오나라를 격파한 일등공신을 논한다면 황금으로 서시를 주조하는 것이 맞으리라[十重越甲夜成圍, 宴罷君王醉不知. 若論破吳功第一, 黃金只合鑄西施]"[65]라고 했으니, 서시가 아니면 오나라가 멸망하지 않았고 오나라가 멸망하지 않았다면 어찌 황금으로 범려范蠡의 상을 주조할 일이 있었겠느냐는 말이다. 그런데 소식의 「범려」에서 "누가 활쏘기와 말 타기를 오나라 친구에게 가르쳤던가, 신공 무신申公巫臣이 하희夏姬만을 생각한 것에 웃음이 나올 뿐이다. 고소성(姑蘇城 : 오나라의 성)에 사슴을 보냈으니 부자(夫子 : 범려)가 서

65 『운계집(鄖溪集)』 권28 「조범려(嘲范蠡)」.

시를 얻은 것이 더욱 부럽네[誰將射御教吳兒, 長笑申公爲夏姬. 却遣姑蘇有麋鹿, 更憐夫子得西施]"[66]라고 했으니 초나라 신공이 초나라를 약화시키고 오나라를 강화시키려 했던 것은 하희 때문으로, 이는 범려가 오나라를 멸망시키고 월나라를 승리하게 한 뒤 가만히 앉아 서시를 얻은 것만 못하다는 말이다.

銅雀伎, 古人賦詠多矣. 鄭愔云 : "舞餘依帳泣, 歌罷向陵看." 張正見云 : "雲慘當歌日, 松吟欲舞風." 賈至云 : "靈几臨朝奠, 空牀卷夜衣." 王勃云 : "妾本深宮伎, 曾城閉九重. 君王歡愛盡, 歌舞爲誰容." 沈佺期云 : "昔年分鼎地, 今日望陵臺. 一旦雄圖盡, 千秋遺令開." 皆佳句也. 羅隱云 : "强歌强舞竟難勝, 花落花開淚滿繒. 祇合當年伴君死, 免敎憔悴望西陵." 似比諸人差有意也. 魏武陰賊險狠, 盜有神器, 實竊英雄之名, 而臨死之日, 乃遺令諸子, 不忘於葬骨之地, 又使伎人著銅雀臺上以歌舞其魂, 亦可謂愚矣. 東坡云 : "操以病亡, 子孫滿前, 而咿嚶涕泣, 留連妾婦, 分香賣履, 區處衣物, 平生奸僞, 死見眞性." 眞名言哉.

동작銅雀의 기예技藝에 대해 고인들이 많은 시를 남겼다. 정음鄭愔의 "춤을 춘 뒤 휘장 옆에서 눈물 흘리고, 노래 부른 뒤 능을 향해 바라본다[舞餘依帳泣, 歌罷向陵看]",[67] 장정견張正見의 "노래 부르는 날 구름이 슬프고, 춤추려는데 솔바람 소리 들린다[雲慘當歌日, 松吟欲舞風]",[68] 가지賈

66 고소성 …… 부럽네 : 다음의 고사와 관련 깊은 구절이다. 춘추시대에 오나라와 월나라가 처음 싸울 때 월나라가 패하고 오나라가 승리했다. 이에 월나라의 지략가 범려가 미인계의 일환으로 서시를 오나라에 보냈는데, 오나라 왕이 서시에 매혹돼 고소대를 짓고 그곳에서 종일 연희를 즐기며 정사를 돌보지 않았다. 이때 오나라 대신 오자서가 오나라 왕에게 "제가 사슴이 고소대에 뛰어다니는 걸 보겠습니다"라고 간언했으니 머지않아 오나라가 망하여 고소대가 사슴들의 놀이터가 될 거라는 뜻이었다. 결국 예상대로 오나라가 망하자 범려가 서시를 다시 데려갔다.

67 『어정전당시』 권19, 정음, 「동작대(銅雀臺)」.

至의 "영궤靈几는 아침 음식 올리는 자리에 임하고, 빈 평상에 밤 옷을 말아둔다[靈几臨朝奠, 空牀卷夜衣]",[69] 왕발의 "첩은 본디 깊은 궁궐 기인伎人인데, 겹겹의 성벽은 아홉 겹으로 닫혀있다. 군왕의 사랑이 끝나고 나면, 누구를 위해 노래하고 춤을 출까[妾本深宮伎, 曾城閉九重. 君王歡愛盡, 歌舞爲誰容]",[70] 심전기의 "지난날 정鼎을 나누던 땅이, 오늘은 능을 바라보는 누대가 되었네. 하루아침에 웅장한 계획이 사라지고, 천추에 유언의 명령만 남았다[昔年分鼎地, 今日望陵臺. 一旦雄圖盡, 千秋遺令開]"[71]는 모두 좋은 시들이다. 나은羅隱의 "억지로 부르는 노래와 춤은 결국 훌륭하기 어려울 터, 꽃 지고 꽃피는 때 눈물만 비단옷에 가득하다. 당시에는 임금과 함께 죽는 것이 마땅할 터, 초췌하게 서릉만 바라보는 것을 모면했으리라[强歌强舞竟難勝, 花落花開淚滿繒. 祇合當年伴君死, 免教憔悴望西陵]"[72]는 다른 시인들의 작품에 비해 조금은 의의가 있는 듯하다. 위 무제(조조)가 음흉한 도적으로 신기(神器 : 왕위)를 훔쳐 실로 영웅의 이름을 절취했지만 임종하는 날 자식들에게 유언을 남겨, 뼈를 묻은 땅을 잊지 말도록 하고, 또 예인들로 하여금 동작대 위에 서서 춤과 노래로 자신의 넋을 위로케 했으니 어리석다 할 만하다. 소식이 "조조가 병으로 죽을 때 자손들이 모두 모여 눈물을 흘렸지만 남겨진 첩과 여인들은 향을 나누고 신발을 팔며 옷가지 등을 처리했으니 일생의 간계한 본성을 죽어서 볼 수 있다"라고 한 것은 참으로 명언이다.

高祖「大風」之歌, 雖止於二十三字, 而志氣慷慨, 規模宏遠, 凜凜乎已有四百年基業之氣. 『史記·樂書』謂之「三侯章」. 令沛得以四時歌

68 곽무천(郭茂倩), 『악부시집』 권31, 장정견, 「동작대(銅雀臺)」.
69 『어정전당시』 권19, 가지, 「동작대(銅雀臺)」.
70 『어정전당시』 권19, 왕발, 「동작기(銅雀妓)」.
71 『어정전당시』 권19, 심전기, 「동작기(銅雀妓)」.
72 『어정전당시』 권656, 나은, 「동작대(銅雀臺)」.

舞宗廟, 蓋欲使後之子孫, 知其祖創業之勤, 不可怠於守成爾. 武帝「秋風辭」·「瓠子歌」已無足道, 及爲賦以傷悼李夫人, 反覆數百言, 綢繆眷戀於一女子, 其視高祖豈不愧哉. 「藝文志」, 上自造賦二篇, 其一不得而見邪.

한 고조의 「대풍가大風歌」는 스물세 자뿐이지만 의지와 기개가 넘치고 규모가 크고 넓어서 이미 사백 년 제업의 기운이 들어있다. 『사기』「악서樂書」에서 이를 「삼후장三侯章」이라 했다. 패현沛縣으로 하여금 사계절마다 종묘에서 가무를 열게 했는데, 후대의 자손이 선조의 창업이 근면했음을 알게 하여 수성守成에 태만해서는 안 된다는 뜻을 알리려 한 것이다. 한 무제의 「추풍사秋風辭」와 「호자가瓠子歌」는 논할 것도 없고, 이부인李夫人을 애도하며 지은 「도이부인부悼李夫人賦」는 수백 자가 반복돼 한 여인에 대한 그리움을 엮어내고 있으니 한 고조에게 견주어 어찌 부끄럽지 않은가. 『한서』「예문지」에서 "성상이 직접 부 두 편을 지었다"라고 했는데, 그중 한 편은 볼 수가 없다.

老杜「北征」詩云 : "憶昨狼狽初, 事與古先別. 不聞夏殷衰, 中自誅褒妲." 其意謂明皇英斷, 自誅妃子, 與夏商之誅褒妲不同. 老杜此語, 出於愛君, 而曲文其過, 非至公之論也. 白樂天詩云 : "六軍不發無奈何, 宛轉蛾眉馬前死." 非逼迫而何哉? 然明皇能割一己之愛, 使六軍之情帖然, 亦可謂知所輕重矣. 故前輩有詩云 : "畢竟聖明天子事, 景陽宮井是何人?"① 小說「盧環抒情」載, 唐僖宗幸蜀, 詞人題於馬嵬驛云 : "馬嵬烟柳正依依, 重見鑾輿幸蜀歸. 泉下阿瞞應有語, 這回休更怨楊妃." 雖一時戲語, 亦無乃厚誣阿瞞乎?

① '宮'原作'赴', 據類編本改.

두보의 「북정北征」에서 "지난날 막 낭패를 당할 때, 일처리가 옛날과 달랐다. 하나라와 은나라가 쇠퇴하기에 앞서, 포사와 달기를 처벌했다는 말을 듣지 못했다[憶昨狼狽初, 事與古先別. 不聞夏殷衰, 中自誅褒妲]"라고 했는데, 당 현종이 영단을 내려 스스로 귀비를 죽인 것이 하나라와 상나라가 포사와 달기를 죽인 것과 다름을 말한 것이다. 두보의 이 말은 임금을 사랑한 데서 나온 것이지만 임금의 과실을 안보이게 꾸민 것은 공정한 논평이 아니다. 백거이가 "육군六軍이 진격하지 않음에 어쩔 수 없어, 아리따운 얼굴이 말 앞에서 죽었네[六軍不發無奈何, 宛轉蛾眉馬前死]"[73]라고 한 것은 핍박이 아니고 무엇이겠는가. 하지만 당 현종이 사랑한 여인에 대한 미련을 버리고 육군의 마음을 안정시켰으니 일의 경중을 안다고 할 만하다. 그래서 지난날 시인이 지은 시에서 "결국 성스럽고 현명하신 천자의 일인 터, 경양궁景陽宮의 샘물은 누구였던가[畢竟聖明天子事, 景陽宮井是何人?]"[74](정전鄭畋, 마외파馬嵬坡)라고 했다. 소설 『노환서정盧環抒情』에 의하면 당 희종唐僖宗이 난을 당해 촉으로 행행行幸할 때 어느 문인이 마외역馬嵬驛에서 쓴 시에서 "마외역의 안개 낀 버들은 변함없는데, 난여鑾輿[75]가 촉으로 행행하는 모습을 다시 본다. 구천의 아만阿瞞[76]이 응당 말을 할 터, '이번에는 더 이상 ① 양귀비楊貴妃를 원망하지 말라'[馬嵬烟柳正依依, 重見鑾輿幸蜀歸. 泉下阿瞞應有語, 這回休更怨楊妃]"[77]라고 했으니 한때의 농담이긴 하지만 아만을 너무 기만한 것이 아닌가.

① '宮'는 본래 '赴'로 돼 있었는데, 『시화유편』본에 의거하여 고쳤다.

---

73 『백씨장경집』 권12 「장한가(長恨歌)」.

74 경양궁(景陽宮)의 …… 누구였던가 : 남조의 진 후주(陳後主)가, 총애하던 장려화·공귀빈과 함께 경양궁의 샘물에 숨었다가 결국 수나라 병사에게 사로잡힌 사실을 거론한 것이다. 당 현종이 마외파에서 양귀비가 자살하도록 한 것과 대비시켜 당 현종에 대한 은근한 풍자를 드러냈다.

75 난여(鑾輿) : 임금이 타는 수레이다.

76 아만(阿瞞) : 당 현종의 어렸을 때 이름이다.

77 『어정전당시』 권688, 적귀창(狄歸昌), 「제마외역(題馬嵬驛)【나은(羅隱)의 시라고도 함】」.

운어양추韻語陽秋 권20卷二十

李白詩云："朝發汝海東, 暮棲龍門中." 又云："朝別淩煙樓, 暝投永華寺." 又云："朝別朱雀門, 暮栖白鷺洲." 又云："雞鳴發黃山, 暝投蝦湖宿." 可見其常作客也. 范傳正言白偶乘扁舟, 一日千里, 或遇勝境, 終年不移, 往來牛斗之分,① 長江遠山, 一泉一石, 無往而不自得也. 則白之長作客, 乃好遊爾, 非若杜子美爲衣食所驅者也. 李陽冰論白云："王公趨風, 列嶽結軌, 羣賢翕習, 如鳥歸鳳." 魏顥論白云："携駿馬美妾, 所適二千石郊迎, 飮數斗徑醉." 夫豈有衣食之迫哉?

① '分'原作'間', 據范傳正序改.

이백이 시에서 "아침에 여해汝海 동쪽을 떠나, 저녁에 용문龍門에 도착했네[朝發汝海東, 暮棲龍門中]",[1] "아침에 능연루淩煙樓를 떠나, 저녁에

1 『이태백문집』 권10 「추야숙룡문향산사봉기왕방성십칠장봉국형상인종제유성령문(秋夜宿龍門香山寺奉寄王方城十七丈奉國瑩上人從弟幼成令問)【낙양(洛陽)】」.

영화사永華寺에 투숙했네[朝別凌煙樓, 暝投永華寺]",[2] "아침에 주작문朱雀門을 떠나, 석양에 백노주白鷺洲에 깃드네[朝別朱雀門, 暮棲白鷺洲]",[3] "새벽닭 울 때 황산黃山을 떠나, 저녁에 하호鰕湖에 묵었네[雞鳴發黃山, 暝投鰕湖宿]"[4]라고 한 데에서 그가 언제나 나그네로 살았음을 알 수 있다. 범전정范傳正이 이백의 묘지墓誌에서 "이백은 우연히 조각배를 타고 하루에 천 리 길을 가고 어쩌다 좋은 경관을 만나면 한 해 내내 옮기지 않았다. 견우와 북두성 사이를 오가기도 하고 유장한 강물과 먼 산, 샘물과 돌 등 어느 것 하나 자득하지 않은 것이 없었다"라고 말한 것을 보면 이백이 오랫동안 나그네 생활을 한 것은 유람을 좋아해서이지 두보처럼 의식주에 급급한 경우가 아니었다. 이양빙李陽氷이 이백을 논하여 "왕과 공경이 풍모를 뒤좇고 늘어선 산들이 궤를 맺으며 새가 봉황에게 모여들 듯 뭇 현자들이 모여든다"(『초당집서草堂集序』)라고 하고, 위호魏顥가 이백을 논하여 "준마와 미녀를 거느리고 가는 곳마다 이천 석二千石 고관들이 교외에서 마중 나오며 몇 말 술을 마시고 이내 취한다"(「이한림집서李翰林集序」)라고 했으니 어찌 의식주에 얽매였겠는가.

① '分'은 원래 '間'으로 돼 있었는데 「범정전서范傳正序」[5]에 의거해 바꿨다.

今人作詩, 自述則稱我, 謂人則稱君, 往往相習皆然. 杜子美「送孔巢父」詩云: "道甫問信今何如." 「墜馬諸公携酒相看」詩云: "甫也諸侯老賓客." 「過王倚飮」云: "在於甫也何由羨." 則自述乃稱名. 「送樊侍御」云: "至尊方旰食, 仗爾布嘉惠." 「寄李白」云: "昔年有狂客, 號爾謫仙人." 「送竇九」云: "非爾更持節, 何人符大名." 則謂人乃稱爾. 若謂尊

2 『이태백문집』 권11 「유야랑영화사기심양군관(流夜郎永華寺寄潯陽羣官)【류야랑(流夜郎)】」.
3 『이태백문집』 권11 「숙백로주기양강녕(宿白鷺洲寄楊江寧)」.
4 『이태백문집』 권19 「숙하호(宿鰕湖)」.
5 기존 자료에 「범정전서(范傳正序)」가 별도로 존재하지 않은 것으로 봐서는 범전정이 지은 이백의 묘지를 가리킨 것으로 추측된다.

之甚則稱名, 則前三人皆非通貴之士, 若謂卑之甚則稱爾, 以後三人皆非稗孺之列. 蓋其詩格變態如是, 恐不繫重輕也.

지금 사람들이 시를 지을 때 자신을 나타낼 때는 아我라 하고 남을 말할 때는 군君이라 하는 것이 종종 관례가 되곤 한다. 두보의 「송공작보送孔巢父」에서 "보甫에게 지금 어떻게 지내느냐고 묻네[道甫問信今何如]", 「추마제공휴주상간墜馬諸公携酒相看」에서 "보 또한 제후의 원로 빈객이다[甫也諸侯老賓客]", 「과왕의음過王倚飮」에서 "보에게야 무슨 부러울 게 있으랴[在於甫也何由羨]"라고 한 것을 보면 자신을 나타낼 때 자신의 이름을 쓴 것이고, 「송번시어送樊侍御」에서 "지존께서 늦은 식사를 하시며, 그대(爾)를 통해 은혜를 베푸시네[至尊方旰食, 仗爾布嘉惠]", 「기이백寄李白」에서 "지난날 광객狂客이 있었으니, (그대 : 爾) 이름하여 적선인謫仙人이라 한다[昔年有狂客, 號爾謫仙人]", 「송두구送竇九」에서 "그대(爾)가 다시 임명받지 않으면, 누가 큰 이름에 부합하랴[非爾更持節, 何人符大名]"라고 한 것을 보면 남을 말할 때 이(爾 : 그대)라고 일컬은 것이다. 하지만 아주 귀한 사람 앞에서 자신의 이름을 나타낸다는 기준에서 보면 앞 세 사람이 아주 귀한 경우는 아니고 아주 낮을 때 너(爾)라고 부르는 관례에 따른다면 뒤 세 사람이 모두 하찮은 인물은 아니다. 이는 시격의 변화 양상에 속하므로 정해진 틀에 얽매여서는 안 되는 것이다.

心醉六經, 尙友千載, 謂之好古可也. 今之好古者乃不然, 書畫貴整, 而必取腐爛陳暗者以爲奇, 器物貴新, 而必取穿漏弇薄者以爲異, 曰是古也. 乃不靳貲費而求之, 何其不思之甚邪. 書畫貴古, 猶欲識其筆法之淵源, 以穿漏弇薄之器而珍之, 此何理哉? 嘗觀老杜「銅甁」詩云 : "亂後碧井廢, 時淸瑤殿深." 其末云 : "蛟龍雖缺落, 猶得折黃金." 則以古物而要厚貲, 自古而然.

육경六經에 심취하여 지난 역사를 벗 삼는 것에 대해서는 옛것을 좋아한다 할 수 있을 것이다. 그런데 오늘날 호고好古하는 자들은 그렇지 않아서 글씨와 그림은 보관 상태가 좋은 것이 중요한데 반드시 썩고 문드러지고 삭고 흐릿한 것을 취하여 기묘한 것이라 하고, 기물은 새로운 것을 중시하는데 반드시 뚫리고 새고 비뚤어지고 엷은 것을 취하여 남다른 것이라 하며 '옛것이다'라고 한다. 그리하여 자금을 아끼지 않고 구하고 있으니 아, 어찌 그토록 생각이 짧단 말인가. 서화에서 옛것을 중시하는 것은 그 필법의 연원을 알고 싶어서라고 할 수 있지만, 뚫어지고 새고 비뚤어지고 덮개가 엷은 기물을 진귀하게 여기는 것은 무슨 까닭이란 말인가. 일찍이 두보의 「동병銅甁」에서 "혼란이 있은 뒤 푸른 샘물이 닫혔다가, 시대가 평온하자 옥 같은 궁전이 깊네[亂後碧井廢, 時淸瑤殿深]"라고 하고, 마지막 구절에서 "용머리가 떨어졌다 해도, 여전히 황금에 견줄 만하네[蛟龍雖缺落, 猶得折黃金]"라고 했으니 옛 기물에 후한 값을 매기는 것은 예로부터 그러했던 것이다.

張景陽「七命」有"浮三翼, 泛中沚"之句, 故詩家多用三翼爲輕舟, 如梁元帝"日華三翼舸", 元微之"光陰三翼過"是也. 按『越絶書』,「伍子胥水戰兵法內經」曰 : 大翼一艘, 廣一丈五尺二寸, 長十丈. 中翼一艘, 廣一丈三尺五寸, 長五丈六尺. 小翼一艘, 廣一丈九尺, 長二丈. 所謂三翼者, 皆巨戰船也. 用爲輕舟, 誤矣.

장경양(張景陽 : 장협張協)의 「칠명七命」에서 "삼익三翼을 띄워, 모래섬에 나선다[浮三翼, 泛中沚]"라고 한 내용에 의거해 시인들이 대부분 삼익을 가벼운 배로 여겼으니 양 원제元帝의 "삼익의 배에 태양이 빛나고[日華三翼舸]", 원진의 "시간이 삼익처럼 지난다[光陰三翼過]"가 그것이다. 그런데 『월절서越絶書』의 「오자서수전병법내경伍子胥水戰兵法內經」에 의하면 대익大翼의 배는 넓이가 일 장 오 척 이 촌에 길이가 십 장이며, 중익中翼의 배는 넓이가 일 장 삼 척 오 촌에 길이가 오 장 육 척이며, 소익의 배는 넓이가 일 장 구 척에 길이가 이 장이라 했으니 이른바 삼익은 모두 큰 규모의 전선이었다. 따라서 가벼운 배로 본 것은 잘못이다.

舒王作「前元豐行」云 : "倒持龍骨挂屋敖." 「後元豐行」云 : "龍骨長乾挂梁梠." 龍骨, 水車也. 是歲豐稔, 故龍骨掛而不用. 又有「寄楊德逢」詩云 : "遙聞靑秧底, 復作龜兆坼. 翛翛兩龍骨, 豈得長挂壁." 是歲亢旱, 故反前詠爾. 東坡亦有「水車」詩云 : "翻翻聯聯銜尾鴉, 犖犖确确蛻骨蛇. 分畦翠浪走雲陣, 刺水綠鍼抽稻芽. 天公不念老農泣, 喚取阿香推雷車." 言水車之利不及雷車所需者廣也.

서왕(舒王 : 이의李誼)이 지은 「전왕풍행前元豐行」에서 "용골龍骨을 거꾸로 들어 창고에 건다[倒持龍骨挂屋敖]"라고 하고, 「후원풍행後元豐行」에서는 "용골을 오래 말려 처마 밑에 건다[龍骨長乾挂梁梠]"라고 했는데 용골은 물수레이다. 이해에 풍년이 들었으므로 용골을 걸어두고 사용하지 않은 것이다. 또 「기양덕봉寄楊德逢」에서 "듣자하니 푸른 벼 밑이, 다시 거북 등처럼 갈라진다 한다. 훤칠한 두 용골을, 어찌 오랜 시간 벽에 걸어둘 수 있겠는가[遙聞靑秧底, 復作龜兆坼. 翛翛兩龍骨, 豈得長挂壁]"라고 했는데 이해에는 가뭄이 심했으므로 앞의 노래와 정반대가 된 것이다. 소식도 「수거水車」에서 "번쩍이며 이어진 꼬리 문 까마귀이고, 마르고 딱딱한 허물 벗은 뱀이다. 푸른 물결이 도랑을 나눌 때 구름장이 내달리고, 푸른 바늘이 물을 찌르자 벼 이삭이 솟는다. 하느님은 왜 늙은 농부의 눈물을 생각하여, 아향阿香을 불러 뇌거雷車를 밀게 하지[6] 않으신

6 아향(阿香)을 …… 하지 : 여기에서 아향은 선녀이고, 뇌거는 뇌신(雷神)의 수레를 말한다. 아향이 뇌거를 밀면 큰 비가 내린다 한다. 산 이름으로 강소성 오현(吳縣)에 있다.

건가[翻翻聯聯銜尾鴉, 犖犖確確蛻骨蛇. 分畦翠浪走雲陣, 刺水綠鍼抽稻芽. 天公不念老農泣, 喚取阿香推雷車]"라고 했는데 물수레의 기능이 뇌거의 큰 기능만 못하다고 말한 것이다.

瓢之爲器, 貧者所用, 故顔子以一瓢飮, 而揚子比之山雌. 文康公築室泛金溪上, 闔門千指, 朝虀暮鹽, 未嘗敢以貧爲病. 嘗因溪結亭, 號曰瓢飮, 蓋欲少見慕賢好古安貧樂道之意. 余嘗有詩云: "我不學許由隱烟霧, 得瓢不飮惟挂樹, 又不學德義居虎邱, 帶瓢入市多騎牛. 分無玉甌囊古錦, 病渴文園只瓢飮. 下瞰金溪新結亭, 未須引吸如長鯨. 但願金溪化爲酒, 歲歲持瓢醉花柳."

표주박이란 그릇은 가난한 사람들이 사용하는 것이다. 그래서 안자(顔子: 안회)는 표주박 하나로 물 마시는 안빈낙도의 삶을 살았고 양자(揚子: 양웅)는 이를 꿩에 비유했다.[7] 문강공(文康公: 갈승중)이 범금계泛金溪 위에 집을 짓고 수많은 식구들이 아침에는 무친 채소를 먹고 저녁에는 절인 음식을 먹으며 지냈으나 일찍이 어느 누구도 가난을 탓하지 않았다. 일찍이 시냇가에 정자를 짓고 이름을 표음瓢飮이라 하셨는데 현자를 사모하고 옛것을 좋아하며 가난을 편안하게 받아들이고 도를 즐긴다는 의미를 조금이나마 보여주고 싶으셨던 것이다. 내가 일찍이 다음과 같이 시를 지었다. "나는 허유許由[8]가 노을 속에 숨어, 표주박을 얻어도 마시지 않고 나무에 걸어두는 것을 배우지 않고, 또 사덕의史德義가 호구산虎邱山에 살며, 표주박 걸친 채 소를 타고 저자에서 노니는 것[9]을

7 양자 …… 비유했다: 양웅이 안회의 안빈낙도의 삶을 유유자적한 꿩에 비유한 것을 말한다. 『양자법언(揚子法言)』「수신(修身)」.

8 허유(許由): 요임금시대의 고사(高士)이다. 요임금이 천하를 양보하려 하자 거절하고 기산(箕山)에 숨었으며, 또 구주(九州)의 장(長)으로 삼으려 하자 영수(潁水) 물가로 가서 귀를 씻었다고 한다.

배우지 않았다. 본분에 옛 비단에 감싼 옥구玉甌[10]가 없고, 문원文園[11]의 목마른 병으로 표주박 물을 마실 뿐이다. 금계에 새로 지은 정자를 굽어보나니, 고래처럼 허겁지겁 들이마시지 말아야 한다. 다만 금계가 술로 변하여, 해마다 표주박 들고 꽃과 버드나무에 취했으면 좋겠다[我不學許由隱烟霧, 得瓢不飮惟挂樹, 又不學德義居虎邱, 帶瓢入市多騎牛. 分無玉甌囊古錦, 病渴文園只瓢飮. 下瞰金溪新結亭, 未須引吸如長鯨. 但願金溪化爲酒, 歲歲持瓢醉花柳]"

君子爲小人誣蠛沮抑, 則其詩怨, 故寓之於物以舒其憤, 如朱書「古鏡」詩所謂"我有古時鏡, 初自壞陵得. 蛟龍猶泥蟠, 魑魅幸月蝕"是也. 小人旣敗, 君子得志之秋, 則其詩昌, 故寓之於物以快其志, 如劉禹錫「磨鏡篇」所謂"萍開綠池滿, 暈盡金波溢. 山神妖氣沮, 野魅眞形出"是也. 黃子虛作「妬佳月篇」云: "狂雲妬佳月, 怒飛千里黑. 佳月了不嗔, 曾何汚潔白. 支頤少待之, 寒光淨無迹. 燦燦黃金盤, 獨照一天碧." 殆亦二子之意.

군자가 소인으로부터 모함과 억압을 당하면 그 시가 원망을 담고 있다. 그래서 사물에 기탁하여 그 분노를 나타내는데 주서朱書의 「고경古鏡」에서 "내게 옛날 거울이 있으니, 애초에 파인 능에서 얻은 것이다. 용이 여전히 서려 있고, 산도깨비(魑魅)는 다행히 달이 먹어버렸다[我有古時鏡, 初自壞陵得. 蛟龍猶泥蟠, 魑魅幸月蝕]"라고 한 것이 그것이다. 소인이 패하고 군자가 뜻을 얻을 즈음이면 그 시가 기운이 넘친다. 그래서

---

9 사덕의(史德義)가 …… 것: 사덕의는 당나라 때의 은자인데, 호구산(무구산(武丘山)이라고도 함)에 은거하며 유유자적한 삶을 살았다. 『신당서』「열전」 121 「은일(隱逸)」.

10 옥구(玉甌): 벽옥으로 만든 술잔이다.

11 문원(文園): 한나라 때의 문인 사마상여로, 효문원령(孝文園令)을 지냈으므로 문원이라 불렀다. 문장이 훌륭하였으며 평소 소갈병을 앓았다.

사물에 기탁하여 그 뜻을 크게 펼치니 유우석의 「마경편磨鏡篇」에서 "부평이 피자 푸른빛이 연못에 가득하고, 해무리가 다하자 황금물결이 넘친다. 산신이 요기를 막자, 들도깨비 본모습이 나타난다[萍開綠池滿, 暈盡金波溢. 山神妖氣沮, 野魅眞形出]"가 그것이다. 황자허黃子虛가 지은 「투가월편妬佳月篇」에서 "광폭한 구름이 아름다운 달을 질투해, 천 리 검은 빛을 분노하며 날린다. 아름다운 달은 전혀 화내지 않으니, 일찍이 결백에 무슨 오점이 있겠는가. 턱을 괴고 잠시 기다리니, 차가운 빛이 해맑아 아무런 흔적이 없다. 빛나는 황금 쟁반 위에, 홀로 푸른 하늘을 비춘다[狂雲妬佳月, 怒飛千里黑. 佳月了不嗔, 曾何汚潔白. 支頤少待之, 寒光淨無迹. 燦燦黃金盤, 獨照一天碧]"라고 했는데 앞에서 거론한 두 시인의 생각과 거의 같다.

郎基在潁川, 不置木枕, 裴潛在兗州, 不取胡牀, 居官淸操, 要當如是. 白樂天在杭州, 取天竺片石, 受代携歸, 故其詩曰: "三年爲刺史, 飮氷復食蘗. 惟向天竺山, 取得兩片石. 此抵有千金, 無乃傷淸白." 曁守吳門, 復取洞庭雙石, 一以支琴, 一以貯酒, 故「雙石」詩有"萬古遺水濱, 一朝入吾手"之句. 洎罷府, 支琴石遂歸履道舊居, 故作詩云: "天上定應勝地上, 支機未必及支琴." 嗚呼, 泉石膏肓, 人士之逸韻, 若樂天者, 豈潘子義所謂風流罪過也邪.

낭기郎基가 영천潁川에 있을 때 목침 하나 가지지 않았고 배잠裴潛이 연주兗州에 있을 때는 호상(胡牀: 휴대용 의자)을 취하지 않았으니 관직에 있을 때의 깨끗한 몸가짐이 마땅히 이러해야 한다. 백거이가 항주에 있을 때는 천축산天竺山의 돌조각을 취해 이임할 때 갖고 갔다. 그래서 시에서 "삼 년을 자사로 지내며, 얼음을 마시고 나무 싹을 먹었다. 오직 천축산으로 가, 돌 조각 두 편을 취했다. 이것은 천 금 값에 해당하니, 청백함을 해치지는 않을까[三年爲刺史, 飮冰復食檗. 惟向天竺山, 取得兩片石. 此抵有千金, 無乃傷淸白]"[12]라고 했다. 오문태수吳門太守로 있을 때는 동정호의 돌 한 쌍을 취하여 하나는 금琴의 좌대로 쓰고, 하나는 술을 저장하는 용도로 썼다. 그래서 「쌍석雙石」에서 "만년을 물가에 버려져 있던 것이, 어느 날 내 손에 들어왔네[萬古遺水濱, 一朝入吾手]"라는 시구를 남긴 것이다. 오문을 떠날 즈음에 금의 좌대는 결국 이도리履道里의 옛집으로 갖고 돌아왔다. 그래서 그 시에서 "천상은 응당 지상보다 나을 터이나, 베틀의 좌대[13]는 필경 금을 지탱하는 것만은 못하리라[天上定應勝地上, 支機未必及支琴]"[14]라고 했다. 아, 천석(泉石 : 산수, 자연)에 눈이 먼 것은 식자들의 고상한 운치이니 백거이 같은 이는 아마 반자의潘子義가 말한 풍류의 죄인일 것이다.

李白作「蜀道難」以罪嚴武, 其末云 : "所守或匪親, 化爲狼與豺. 朝避猛虎, 夕避長蛇. 磨牙吮血, 殺人如麻. 錦城雖云樂, 不如早還家." 則武待客之禮, 未必優也. 武與杜甫情好甚厚, 一朝以飮酒過度, 而武幾殺之, 則不如早還家之說, 乃白先見之明爾. 陸暢謁韋皐於蜀郡, 暢感韋之遇己, 遂反其詞, 作「蜀道易」云 : "蜀道易, 易於履平地."

이백이 「촉도난」을 지어 엄무嚴武의 잘못을 물었으니 그 마지막 부분에서 "지키는 자가 가까운 사람이 아니면, 여우와 승냥이로 변한다. 아침에는 사나운 호랑이를 피하고, 저녁에는 기다란 뱀을 피해야 한다. 이빨을 갈아 피를 빨아먹으며, 죽인 사람이 삼대처럼 많다. 금성(錦城 : 성도成都)이 즐겁다 하지만, 일찍이 귀가하는 것만 못하다[守或匪親,

12 『백향산시집』 21권 「삼년위자사이수(三年爲刺史二首)」 제2수.

13 베틀의 좌대 : 일명 지기석(支機石)으로, 천상의 직녀가 사용하는 베틀의 좌대이다.

14 『백향산시집』 32권 「문지금석(問支琴石)」.

化爲狼與豺. 朝避猛虎, 夕避長蛇. 磨牙吮血, 殺人如麻. 錦城雖云樂, 不如早還家]"라고 했으니 엄무가 객을 대접하는 자세가 반드시 넉넉하진 않았던 것이다. 엄무는 두보와 매우 가까웠지만 어느 날 과도한 음주로 엄무가 거의 죽일 뻔했으니 일찍이 집으로 돌아가는 것만 못하다는 이백의 말은 미래를 간파한 뛰어난 안목이었다. 육창陸暢이 촉군蜀郡에서 위고韋皐를 찾아뵈었는데 육창은 위고의 우대에 감격하여 위의 가사를 뒤집어 지은 「촉도이蜀道易」에서 "촉도가 평이하기란, 평지를 밟는 것보다 쉽다[蜀道易, 易於履平地]"라고 했다.

忘年交, 謂雖年齒尊幼不侔, 而道義可爲友也. 如張鎰之於陸贄, 崔郭之於李謙是已. 魯直云 : "逐貧不去與忘年." 便以忘年作朋友用, 蓋有來處也. 老杜「過孟倉曹」詩云 : "清談見滋味, 爾輩可忘年." 則山谷所用, 豈苟云乎哉?

망년의 교유란 나이 차이가 나지만 도의道義로 벗 삼을 만한 관계를 말한다. 장일張鎰과 육지陸贄, 최곽崔郭과 이겸李謙이 이에 해당된다. 황정견이 "가난은 내쫓아도 망년은 버리지 않네[逐貧不去與忘年]"[15]라고 하여 망년을 친구로 사용했는데, 그 내원이 있는 것이다. 두보가 「과맹창조過孟倉曹」에서 "청담淸談에 자미滋味가 보이니, 그대들은 망년이 될 만하네[清談見滋味, 爾輩可忘年]"라고 했으니 황정견이 인용한 것이 어찌 구차하게 말한 것이라 하겠는가.

鄭虔受安祿山僞命, 洎賊平, 與張通・王維並囚宣陽里. 因善畫, 祈

15 『산곡외집』 권3 「기장의부(寄張宜父)」.

於崔圓, 遂得免死. 老杜所謂"今如罝中兎", "子雲識字終投閣"是也. 及虔貶台州, 有詩云 : "可念此公懷直道, 也霑新國用輕刑." 如虔者, 可謂之懷直道乎? 當是愛忘之言爾. 「八哀」詩亦云 : "反覆歸聖朝, 點染無滌蕩. 老蒙台州掾, 泛泛浙江槳." 蓋傷之也.

정건鄭虔이 안록산의 잘못된 명을 받아들였다가 난이 평정된 뒤 장통張通·왕유와 함께 선양리宣陽里에 갇혔다. 그림을 잘 그린 그들은 (그림을 요청한 최원崔圓에게 온 정성을 다해 그림을 그려주고) 최원에게 간곡히 부탁해 결국 죽음을 모면할 수 있었으니 두보가 말한 "지금 그물 속의 토끼와 같다[今如罝中兎]"[16]와 "글 잘 아는 자운(子雲 : 양웅)은 결국 천록각天祿閣을 뛰어내렸다[子雲識字終投閣]"[17][18]가 그것이다. 정건이 태주台州로 좌천되었을 때 두보가 지은 시에서 "이 분(정건)은 정직한 도를 품었다 할 수 있을 터, 새로운 나라 은혜 입어 가벼운 형벌이 적용되었네[可念此公懷直道, 也霑新國用輕刑]"[19]라고 했는데 정건 같은 사람을 정직한 도를 품었다 할 수 있겠는가. 이는 그를 사랑한 나머지 잘못을 잊은 표현일 뿐이다. 「팔애八哀」에서는 또 "되돌아 성조聖朝로 돌아왔으나, 한 점 씻어낼 흠이 없네. 늘그막에 태주의 관직을 받아서, 절강浙江에 배를 띄웠네[反覆歸聖朝, 點染無滌蕩. 老蒙台州掾, 泛泛浙江槳]"라고 한 것은 가슴 아파한 것이다.

杜甫「悲陳濤」詩云 : "野曠天淸無戰聲, 四萬義軍同日死." 言房琯之

16 『어정전당시』 권280, 두보, 「유회태주정십팔사호(虔有懷台州鄭十八司戶虔)」.
17 천록각(天祿閣)을 뛰어내렸다 : 양웅의 제자 유분(劉棻)이 왕망에게 체포되었을 때, 양웅 또한 연루되어 옥리가 그를 체포하러 갔다. 양웅은 마침 천록각(天祿閣)에서 책을 교정하고 있다가 결국 죽음을 면치 못할까 두려워 거기서 그대로 뛰어내려 거의 죽을 뻔했다.
18 『어정전당시』 권216, 두보, 「취시(가醉時)歌」.
19 『어정전당시』 권225, 두보, 「제정십팔저작건(題鄭十八著作虔)」.

敗也. 琯臨敗猶持重, 而中人邢延恩促戰, 遂大敗, 故甫深悲之. 甫爲右拾遺, 會琯罷相, 上疏力救琯, 肅宗大怒, 詔三司推問, 宰相張鎬救之, 獲免. 故「洗兵馬」云 : "張公一生江海客, 身長九尺鬚眉蒼." 蓋感其救己也. 張無盡「孤憤吟」云 : "房琯未相日, 所談皆皐夔. 一朝陳濤下, 覆沒十萬師. 中原已紛潰, 老杜尙嗟咨." 則老杜救琯之章, 豈亦出於私情乎?

두보의 「비진도悲陳濤」에서 "휑한 들판 맑은 하늘 아래 전쟁의 소린 없고, 사만 의병이 같은 날 전사했네[野曠天淸無戰聲, 四萬義軍同日死]"는 방관房琯의 패전을 이야기한 것이다. 방관이 패전에 앞서 자중하였는데 중인中人 형연은邢延恩이 싸움을 재촉해 결국 크게 패했으므로 두보가 이를 매우 슬퍼한 것이다. 두보가 우습유右拾遺로 있을 때 방관이 재상에서 물러나게 됐는데 소疏를 올려 방관을 적극 구하려했다. 그러나 숙종이 크게 노하여 삼사三司에 조칙을 내려 그 죄를 추궁토록 했지만 재상 장호張鎬가 구제해 모면할 수 있었다. 그래서 「세병마洗兵馬」에서 "장공은 일생을 강호의 객으로 지내며, 구 척의 몸에 푸른 수염과 눈썹을 가졌네[張公一生江海客, 身長九尺鬚眉蒼]"라고 한 것은 자신을 구제해준 데 대해 고마워 한 것이다. 장무진(張無盡 : 장상영張商英)의 「고분음孤憤吟」에서 "방관이 정승이 되기 전, 나눈 이야기는 모두 고요皐陶와 기夔[20]였다. 하루아침에 진도陳濤 아래에서, 십만의 군사가 몰살당했다. 중원은 이미 궤멸되었으나, 두보는 여전히 한숨을 쉬었다[房琯未相日, 所談皆皐夔. 一朝陳濤下, 覆沒十萬師. 中原已紛潰, 老杜尙嗟咨]"라고 했으니 두보가 방관을 구제하기 위해 쓴 글이 어찌 사적인 감정에 의한 것이었겠는가.

建安七子, 惟劉公幹獨爲諸王子所親. 曹操威燄蓋世, 甄夫人出拜, 諸

20 고요(皐陶)와 기(夔) : 모두 순임금 때의 훌륭한 신하이다. 고요는 법의 집행을 맡은 사(士)였고, 기는 교육과 음악을 전담한 전악(典樂)이었다.

人皆伏, 而公幹獨平視, 雖輸作而不悔, 亦可嘉矣. 故梅聖兪詩云 : "公幹才俊或欺事, 平視美人曾不起. 自茲不得爲故人, 輸作左校瀕於死." 公幹嘗有「贈從弟」詩云 : "亭亭山上松, 瑟瑟谷中風. 風聲一何盛, 松枝一何勁." 其寄意如是, 豈肯少屈於操哉? 末篇又託興鳳凰, 有"何時當來儀, 將須聖明君"之句, 則不以聖明待操矣.

건안칠자建安七子 가운데 유공간劉公幹만이 홀로 여러 왕족들과 친한 사이였다. 조조의 위엄이 하늘을 찔러서 견부인甄夫人[21]이 나와 절을 할 때는 사람들이 모두 엎드렸지만 유공간은 홀로 서서 보았고 죄를 범해 벌로 노역을 했어도 후회하지 않았으니 가상하다 할 만하다. 그래서 매요신의 시에서 "공간의 빼어난 재능은 일을 속이기도 했으나, 미인을 가만히 서서 보며 일찍이 일어나지 않았다. 이때부터 친구가 될 수 없었고, 그 벌로 좌교左校가 돼 죽음에 가까이 다가갔다[公幹才俊或欺事, 平視美人曾不起. 自茲不得爲故人, 輸作左校瀕於死]"[22]라고 했다. 유공간이 일찍이 지은 「증종제贈從弟」에서 "우뚝 선 산 의 소나무, 솔솔 부는 골짜기의 바람. 바람 소리 얼마나 세찬가, 소나뭇가지 얼마나 굳센가[亭亭山上松, 瑟瑟谷中風. 風聲一何盛, 松枝一何勁]"라고 했으니 기탁한 뜻이 이러하다면 어찌 조조에게 조금이라도 굴복하려 했겠는가. 마지막 부분에서 또다시 봉황에 기탁하여 "언제 내려올 것인가? 성스럽고 현명한 임금을 기다릴 것이네[何時當來儀, 將須聖明君]"라고 했으니 조조를 성스럽고 현명한 자로 보지 않은 것이다.

---

21 견부인(甄夫人) : 조조의 아들 조비와 조식이 함께 사모하던 여인이다. 견씨는 결국 형인 조비에게 시집갔는데, 조비가 황제로 즉위한 후 다른 여자를 사랑하자 원망하는 말을 하다가 사약을 받고 죽었다. 조식은 「낙신부(洛神賦)」를 지어 견씨를 낙수(洛水)의 신녀에 비유하기도 했다.

22 『완릉집』 권11 「업중행(鄴中行)」.

老杜「課伯夷辛秀伐木」, 則曰 : "報之以微寒, 共給酒一斛." 遣信行修水筒, 則以浮瓜裂餠以答其恭謹. 陶淵明告其子, 則曰 : "輒遣一力助汝薪水之勞, 亦人子也, 可善遇之." 蓋古人之役僕夫, 其忠厚率如此. 『初學記』載王褒買便了爲奴, 作約使苦作, 以致聽券而淚下, 鼻涕長一尺, 有"不如早歸黃土陌, 令蚯蚓鑽額"之語, 其少陵・柴桑之罪人哉.

두보가 「과백이신수벌목課伯夷辛秀伐木」에서 "볼품없는 것으로 보답하며, 술 일곡一斛을 보낸다[報之以微寒, 共給酒一斛]"라고 하고, 신행信行을 보내 수통水筒을 수리하게 하면서는(「신행원수수통信行遠修水筒」) 부과浮瓜[23]와 열병裂餠[24]으로 그의 공손하고 근실함에 보답했다. 도잠은 아들에게 이른 말에서 "사람 하나를 보내 너의 삶의 노고를 돕게 하니, 또한 좋은 사람이므로 잘 대하도록 하거라"라고 했으니 옛사람들은 종을 부림에 있어 이처럼 진실하고 후하게 대했던 것이다. 『초학기初學記』에 의하면 왕포王褒가 편료便了를 사들여 종으로 삼으며 힘든 일을 시킬 것이라는 계약서를 쓰자, 계약서의 내용을 들은 편료가 눈물과 콧물을 한 자나 늘어지도록 흘리며 "차라리 황토 언덕으로 돌아가, 지렁이가 이마를 뚫게 하는 것이 낫겠다"라고 했으니[25] 두보와 시상柴

23 부과(浮瓜) : '물에 띄운 외'라는 말로, 침리(沈李 : 물에 담겨진 오얏)와 함께 더위를 물리치는 찬 과일이다. 위나라 조비가 오질(吳質)에게 보낸 편지에서 "단 외는 맑은 샘에 띄우고, 붉은 오얏은 찬물에 담가놓았다[浮甘瓜於淸泉, 沈朱李於寒水]"라고 한 데서 유래했다.

24 열병(裂餠) : 분병(分餠 : 떡을 둘로 나누는 것)과 비슷한 말이다. 아끼는 물건을 남에게 나누어 주는 것을 이르기도 한다.

25 왕포(王褒)가 …… 했으니 : 이는 왕포의 「동약(僮約)」에 나오는 내용으로, 다음과 같이 요약된다. 왕포가 어느 날 양혜(楊惠)라는 과부의 집에 들렀다가 그 집 종 편려에게 술을 사오도록 시키자, 편료가 자기는 무덤만 지키기로 했지 다른 사람의 술심부름은 하지 않기로 했다며 심부름을 거부했다. 화가 난 왕포가 "그럼 내가 너를 사버리겠다"라고 하자, 편료는 "저를 사서 심부름 시키려면 계약서를 써야 합니다"라고 버텼다. 결국 왕포가 주인에게 돈을 주고 계약서를 썼는데 그 내용이 아주 힘든 일을 하고 이를 어기면 중한 벌을 받는다는 것이었다. 계약서 내용을 들은 편료가 눈물을 흘리고 용서를 빌며 "정말 그러시다면 차라리 황토 언덕으로 돌아가, 지렁이가 이마를 뚫게 하는 것이 낫겠습니다. 제가 잘

桑[26]의 죄인인 것이다.

白樂天作「八漸偈」云:"苦旣非眞, 悲亦是假." 則世間悲歡人我, 必能忘情. 始憲宗欲以樂天爲刺史, 王涯以資淺爲言, 遂得江州司馬. 及涯敗, 作詩快之, 有"當君白首同歸日, 是我青山獨往時"之句. 李德裕於樂天, 不見有隙, 德裕貶崖州, 亦作三絶快之. 其一篇云:"樂天嘗任蘇州日, 要勒須敎用禮儀. 從此結成千萬恨, 今朝果中白家詩." 蓋嘗以唐史考之, 樂天卒於會昌之初, 武宗時也. 而德裕之貶, 乃在宣宗大中年, 則德裕之謫, 樂天死已久, 非樂天之詩明矣. 以是準之, 快王涯之句, 恐亦未必然也.

백거이가 「팔점게八漸偈」에서 "고통이 진실이 아니듯, 슬픔 또한 거짓이다[苦旣非眞, 悲亦是假]"라고 했으니 세상의 슬픔과 기쁨, 너와 나의 경계를 반드시 벗어버릴 수 있을 것이다. 당 헌종이 백거이를 자사로 삼으려 하자 왕애王涯가 자급資級이 낮다고 해 결국 강주사마江州司馬가 되었다. 이후 왕애가 실패에 이르자 백거이는 쾌재를 부르며 "그대가 백발이 돼 함께 돌아갈 때, 나는 홀로 청산을 갈 것이다[當君白首同歸日, 是我青山獨往時]"[27]라는 시구를 남겼다. 이덕유는 백거이에게 틈을 보이지 않았지만 그가 애주崖州로 좌천될 때 백거이는 3수의 절구시를 지어 상쾌해했다. 그 1수에서 "낙천이 일찍이 소주에 부임했을 때, 반드시 예의를 차릴 것을 강요했다. 이로부터 수많은 한이 맺혔는데, 오늘 정말 백가(白家: 백거이 본인)의 시에 적중했다[樂天嘗任蘇州日, 要勒須敎用禮儀.

못했으니 술심부름을 하고 감히 멋대로 행동하지 않겠습니다"라고 했다 한다.

26 시상(柴桑): 강서성 구강현(九江縣)에 있는 산 이름으로, 도잠이 만년에 은거한 곳이다. 여기서는 도잠에 대한 대칭으로 쓰였다.

27 『백씨장경집』 권32 「구년십일월이십일일감사이작(九年十一月二十一日感事而作)【기일독유향산사(其日獨遊香山寺)】」.

從此結成千萬恨, 今朝果中白家詩"(「리덕유상공폄애주 3수李德裕相公貶崖州三首」) 라고 했다. 당나라의 역사서를 살펴보면 백거이가 회창(會昌 : 841~846) 초에 세상을 떠났으니 이는 당 무종의 시대이며, 이덕유의 좌천이 선종宣宗 대중(大中 : 847~860) 연간에 있었다면 이덕유가 좌천되었을 때 백거이는 죽은 지 이미 오래였으므로 백거이의 시가 아님이 분명하다. 이것을 준거로 삼으면 백거이가 왕애의 실패를 상쾌하게 여겼다는 시 역시 필경 사실이 아닐 가능성이 높다.

東坡文章妙一世, 然在掖垣作「呂吉甫謫詞」, 繼而呂復用, 遂納告毁抹. 在翰苑作「上淸儲祥碑」, 繼而蔡元長復作, 遂遭磨毁. 非特此也, 蘇叔黨云 : "昔公爲『藏經記』, 初傳於世, 或以爲非. 在惠州作「梅花」詩, 至有以爲笑." 此皆士大夫以文鳴者, 其說能使人必信, 乃謬妄如此, 信知識「古戰場文」者鮮矣. 子由嘗跋東坡遺稿云 : "展卷得遺草, 流涕濕冠纓. 斯文久衰弊, 流涇自爲淸. 科斗藏壁間, 見者空歎驚. 廢興自有時, 詩書付西京."

소식의 문장은 한 시대를 풍미했다. 하지만 액원(掖垣 : 한림원)에서 여길보(여혜경呂惠卿)를 원흉이라 지탄하는 「여길보적사呂吉甫謫詞」를 지었다가 그 뒤 여길보가 다시 등용됨으로써 결국 제거를 당했고, 또 한림원에서 「상청저상비上淸儲祥碑」를 지었다가 그 뒤 채원장(蔡元長 : 채경蔡京)이 다시 등용됨으로써 결국 실각을 당했다. 이뿐만이 아니다. 소숙당(蘇叔黨 : 소과蘇過)이 "지난날 공이 지은 「장경기藏經記」가 처음에는 세상에 전해졌으나 혹자가 이를 비난했고 혜주惠州에 있을 때 지은 「매화梅花」는 웃음거리가 되기에 이르렀다"라고 했으니 이는 모두 사대부로서 문명을 가진 이들이 그 말을 사람들이 반드시 믿게 함으로써 이처럼 거짓과 망령이 벌어진 것이다. 이를 통해 정말 「조고전장문吊古戰場

文」[28]을 아는 이가 드물다는 것을 알 수 있다. 소철이 일찍이 소식의 유고에 쓴 발문에서 "책을 펼치다 유고를 얻어, 눈물이 갓끈을 적신다. 사문(斯文 : 인문, 예의제도)이 오랫동안 쇠퇴하고 망가져, 경수涇水[29]가 그래도 맑다. 벽 사이에 감춰졌던 과두科斗[30]를, 보는 이들이 그저 깜짝 놀랐다. 흥하고 폐하는 건 때가 있는 법, 시서를 서경(西京 : 장안)에 붙인다[展卷得遺草, 流涕濕冠纓. 斯文久衰弊, 流涇自爲淸. 科斗藏壁間, 見者空歎驚. 廢興自有時, 詩書付西京]"(「제동파유묵권후題東坡遺墨卷後」)라고 했다.

傳曰 : 學士大夫, 則知尊祖矣. 族之所在, 祖之所自出也, 其可以不敬乎? 陶淵明有「贈長沙公詩序」云 : "余於長沙公爲族祖, 同出大司馬, 昭穆旣遠, 以爲路人." 故其詩云 : "同源分流, 人易世疏. 慨然寤歎, 念斯厥初. 禮服遂悠, 歲月眇徂. 感彼行路, 眷焉踟躕." 蓋深傷之也. 長沙公於淵明如此, 而淵明乃以尊祖自任, 其臨別贈言之際, 有"進簣雖微, 終焉爲山"之句. 嗚呼. 淵明亦可謂賢矣. 杜子美數訪從孫濟, 而不免於防猜, 故其詩云 : "所來爲宗族, 亦不爲盤飧. 勿受外嫌猜, 同姓古所敦." 觀長沙與濟, 尊祖之義掃地矣.

전(傳 : 『의례儀禮 · 상복喪服』 「자하전子夏傳」)에 의하면 "학사學士와 대부大夫는 조상을 존중할 줄 안다"라고 했다. 가족이란 조상으로부터 온 것인데 공경하지 않아서야 되겠는가. 도잠이 「증장사공시서贈長沙公詩序」

28 「조고전장문(弔古戰場文)」 : 당나라의 시인 이화(李華)가 쓴 한 편의 변부(騈賦)이다. 옛 전쟁터의 황폐하고 처량한 풍경을 읊어 전쟁의 참혹함과 백성들의 고난을 이야기했다.

29 경수(涇水) : 섬서성(陝西省)에 있는 강으로, 위수(渭水)가 맑은 데 비해 탁한 물의 대명사로 곧잘 쓰인다.

30 벽 사이에 …… 과두(科斗) : 과두는 고대의 문자이다. 한나라 경제(景帝) 때 노 공왕(魯恭王)이 집을 확장하는 공사를 하는 중에 공자의 구택을 허물자 벽 속에서 『상서』와 『논어』, 『효경』 등이 나왔는데 모두 선진의 과두문자로 기록되어 있었다 한다.

에서 “나는 장사공(長沙公 : 도연수陶延壽)에게 족조族祖가 되며 대사마공(大司馬公 : 도간陶侃)에서 함께 나왔지만 소昭와 목穆[31]이 멀어지며 남이 되었다”라고 했다. 그래서 시에서 “같은 근원에서 물줄기가 나뉘며, 사람이 바뀌고 세대가 소원해졌다. 개연히 탄식을 하며, 그 처음을 떠올린다. 예복이 결국 멀어지고, 세월도 아득히 흘렀다. 저 가는 길을 떠올리며, 한참을 머뭇거린다[同源分流, 人易世疏. 慨然寤歎, 念斯厥初. 禮服遂悠, 歲月眇徂. 感彼行路, 眷焉踟躕]”[32]라고 했으니 매우 가슴 아파한 것이다. 도연수가 도잠에게 이와 같은 관계이고 도잠이 존조尊祖로 자임하였지만 이별에 앞서 송별의 말을 전할 때는 “드린 삼태기가 비록 미약하지만, 결국 산이 될 것입니다[進簣雖微, 終焉爲山]”[33]라는 구절을 남겼으니 아, 도잠은 훌륭하다 할 것이다. 두보는 종손 두제杜濟를 여러 번 찾아갔지만 시기와 거부를 면치 못했다. 그래서 시에서 “유래를 보면 한 종친이나, 또한 밥상도 차려놓지 않는다. 혐의와 시기를 받지 말아야 하는 것은, 동성은 예로부터 돈독해서다[所來爲宗族, 亦不爲盤飧. 勿受外嫌猜, 同姓古所敦]”[34]라고 했다. 장사공과 두제를 보면 존조의 의미가 전혀 다르다.

賢者豹隱墟落, 固當和光同塵, 雖舍者爭席奚病, 而況於盃酒之間哉? 陶淵明·杜子美皆一世偉人也, 每田父索飮, 必使之畢其歡而盡其情而後去. 淵明詩云 : “清晨聞叩門, 倒裳往自開. 問子爲誰與? 田父有好懷. 壺漿遠見候, 疑我與時乖.” 老杜詩云 : “田翁逼社日, 邀我嘗春酒.”, “叫婦開大瓶, 盆中爲我取.” 二公皆有位者也, 於田父何拒焉. 至於田父有

31 소(昭)와 목(穆) : 사당에 조상의 신주(神主)를 모시는 차례인데 왼쪽 줄이 소(昭)가 되고 오른쪽 줄이 목(穆)이 된다. 곧 세대를 의미한다.
32 『도연명집』 권1 「증장사공족조(贈長沙公族祖)」.
33 『도연명집』 권1 「증장사공족조」.
34 『어정전당시』 권216, 두보, 「시종손제(示從孫濟)」.

"一世皆尙同, 願君汨其泥"之說, 則姑守陶之介. "久客惜人情, 如何拒鄰叟." 則何妨杜之通乎?

현자가 외진 곳에 표범처럼 숨어 지낼 때는[35] 본디 주변사람들과 잘 어울려야 하므로 비록 한 자리에 참여한 이들이 자리를 다툰다 해도 문제가 되지 않는데 하물며 술잔을 주고받는 자리야 말할 나위가 있겠는가. 도잠과 두보는 모두 한 시대의 위인인데 농부들이 술을 찾으면 반드시 기쁨을 맘껏 누리고 가진 정을 남김없이 드러내며 떠나게 했다. 도잠의 시에서 "이른 새벽 문 두드리는 소리가 들려, 치마를 거꾸로 입고 직접 문을 연다. 누구신가 물으니 농부는 가슴에 좋은 것을 품고 있었다. 멀리서 먹을거리 들고 와 안부를 전하며, 내가 시대와 어긋난 것이지 않나 의아해한다[淸晨聞叩門, 倒裳往自開. 問子爲誰與? 田父有好懷. 壺漿遠見候, 疑我與時乖]"[36]라고 하고, 두보의 시에서 "농부가 사일社日이 가까울 무렵, 날 맞이해 봄 술을 맛보게 한다[田翁逼社日, 邀我嘗春酒]",[37] "아내에게 큰 항아리를 열어, 동이 속 술을 가져다달라 한다[叫婦開大瓶, 盆中爲我取]"[38]라고 했으니 두 분은 모두 지위가 있는 분들인데 농부를 어찌 거부했겠는가. 농부가 "세상이 모두 같음을 추구하니, 그대도 그 진흙탕에 나뒹굴길 바라네[一世皆尙同, 願君汨其泥]"[39]라고까지 했으니 도잠이 절개를 아직 지키고 있었던 것이고, "오랜 나그네 삶에 인정이 아쉬운데, 어찌 이웃 노인을 거부하겠는가[久客惜人情, 如何拒鄰叟]"[40]라고 했으니 두보의 격의 없음에 무슨 문제가 있었겠는가.

---

35 표범처럼 …… 때는: 남산현표(南山玄豹)의 고사이다. 표범이 산속에 가만히 숨어 있는 것처럼 산림에 칩거하여 공부에 매진하는 것을 말한다. 남산의 검은 표범은 자신의 털 무늬를 아름답게 보존하기 위해서 무우(霧雨)가 계속되는 칠 일 동안 먹을 것이 없어도 가만히 머물러 있기만 하고 산 아래로 내려가 먹을 것을 구하려 하지 않았다 한다.

36 『도연명집』 권3 「음주(飮酒)」「기구(其九)」.

37 『어정전당시』 권219, 두보, 「조전부니음미엄중승(遭田父泥飮美嚴中丞)」.

38 『어정전당시』 권219, 두보, 「조전부니음미엄중승」.

39 『도연명집』 권3 「음주」「기구」.

老杜避亂秦蜀, 衣食不足, 不免求給於人. 如「贈高彭州」云 : "百年已過半, 秋至轉飢寒. 爲問彭州牧, 何時救急難." 「客夜」詩云 : "計拙無衣食, 途窮仗友生. 老妻書數紙, 應悉未歸情." 「狂夫」詩云 : "厚祿故人書斷絶, 常飢稚子色凄涼." 「答裴道州」詩云 : "虛名但蒙寒溫問, 泛愛不救溝壑辱." 「簡韋十」詩云 : "因知貧病人須棄, 能使韋郎迹也疏." 觀此五詩, 可見其艱窘而有望於朋友故舊也. 然當時能賙之者, 幾何人哉. 劉長卿云 : "世情薄恩義, 俗態輕窮厄." 山谷云 : "持飢望路人, 誰能顔色溫." 余於子美亦云.

두보가 진秦과 촉蜀으로 피난할 때 먹고 입을 것이 부족해 어쩔 수 없이 남들에게 도움을 요청했다. 「증고팽주贈高彭州」에서 "백 년의 절반이 지났는데, 가을 오자 추위와 배고픔이 밀려온다. 팽주彭州의 목민관이여, 언제 어려움을 구원해주려나[百年已過半, 秋至轉飢寒. 爲問彭州牧, 何時救急難]"라고 하고, 「객야客夜」에서 "계책이 옹졸해 먹고 입을 것이 없고, 살 길이 곤궁해 친구를 기댄다. 늙은 아내가 몇 장의 글을 쓰노니, 응당 돌아가지 못한 심정을 다 적으리라[計拙無衣食, 途窮仗友生. 老妻書數紙, 應悉未歸情]"라고 하고, 「광부狂夫」에서 "후한 녹을 받은 친구의 편지는 끊어지고, 언제나 굶주리는 아이는 행색이 처량하다[厚祿故人書斷絶, 常飢稚子色凄涼]"라고 하고, 「답배도주答裴道州」에서 "공허한 명성은 단지 안부를 물어주기만 하고, 넓은 사랑은 구렁텅이에 빠진 삶을 구제하지 않는다[虛名但蒙寒溫問, 泛愛不救溝壑辱]"라고 하고, 「투간재주막부겸간위십랑관投簡梓州幕府兼簡韋十郎官」에서 "그리하여 가난과 병은 사람들이 반드시 버려서, 위십랑韋十郎으로 하여금 자취마저 성기게 한 줄을 안다[因知貧病人須棄, 能使韋郎迹也疏]"라고 했다. 이 다섯 작품의 내용을 보면, 곤란과 궁색에 처해 친구와 지인들에게 기대고 있었음을

40 『어정전당시』 권219, 두보, 「조전부니음미엄중승」.

알 수 있다. 하지만 당시 그를 구휼해준 사람이 몇 사람이나 되었던가. 유장경이 "세상 인심이 은혜와 의리를 팽개치고, 속세의 태도는 곤궁에 처한 이들을 경시한다[世情薄恩義, 俗態輕窮厄]"[41]라고 하고, 황정견이 "굶주린 몸으로 길 가는 사람을 쳐다보면, 누가 따스한 얼굴을 보였던가[持飢望路人, 誰能顏色溫]"[42]라고 했는데 두보도 역시 마찬가지였을 것이다.

東坡歸陽羨時, 流離顚躓之餘, 絶祿已數年, 受梁吉老十絹百絲之贐, 可見非有餘者. 李憲仲之子廌, 以四喪未擧, 而公見則盡以贈之. 且贈以詩云 : "推衣助孝子, 一溉滋湯旱. 誰能脫左驂, 大事不可緩." 章季默三喪未葬, 亦求於公, 公亦有以助之, 有"不辭毛粟施, 行自丘山積"之句, 其高誼蓋出於天資矣.

소식이 양선陽羨으로 돌아갈 때 버려진 삶을 살며 여러 해 동안 녹봉이 끊어져서 양길로梁吉老로부터 십 견絹과 백 사絲의 도움을 받았으니 여유가 있지 않았음을 알 수 있다. 이헌중(李憲仲 : 이순李惇)의 아들 이치李廌가 네 번에 걸쳐 당한 상례를 거행치 못했는데 공(소식)이 그를 보고 가진 것을 모두 내주었다. 그리고 시를 지어 주기를 "옷을 내어 효자에게 주니, 한 방울의 물이 탕湯임금의 가뭄을 적셔준 격이다. 누가 왼쪽 곁말을 벗겨줄[43] 수 있을까. 대사는 늦출 수 없거늘[推衣助孝子, 一溉滋湯旱. 誰能脫左驂, 大事不可緩]"[44]이라고 했다. 장계묵章季默이 세 번에 걸쳐

41 『유수주집(劉隨州集)』 권7 「송원팔유여남(送元八遊汝南)」.

42 『산곡외집』 권1 「감춘오수증지(感春五首贈之)」.

43 왼쪽 …… 벗겨줄 : 왼쪽 곁말은 좌참(左驂)으로, 삼두마차의 말 중에서 왼쪽 말을 가리킨다. 공자가 위(衛)나라에서 옛날 묵었던 집안의 상을 당하자, 자공을 시켜 참마(驂馬)를 수레에서 벗겨 부의하게 한 고사가 전한다.

44 『동파전집』 권15 「이헌중애사(李憲仲哀詞)」.

당한 상례를 치르지 못할 때 공에게 도움을 요청하자, 공이 그를 도와주며 "하찮은 베풂을 마다하지 않음은, 산림에서 모으면 되기 때문이다[不辭毛粟施, 行自丘山積]"[45]라는 구절을 남겼으니 그 고상한 우의는 타고난 성품에서 우러나왔던 것이다.

陶淵明「乞食」詩云: "飢來驅我去, 不知竟何之." 而繼之以"感子漂母惠, 愧我非韓才", 則求而有獲者也. 杜子美「上水遣懷」云: "驅馳四海內, 童稚日餬口." 而繼之以"但遇新少年, 少逢舊知友", 則求而無所得者也. 山谷「貧樂齋」詩云: "飢來或乞食, 有道無不可." 「過青草湖」云: "我雖貧至骨, 猶勝杜陵老. 憶昔上岳陽, 一飯從人討." 由是論之, 則杜之貧甚於陶, 而山谷之貧尚優於杜也.

도잠의 「걸식乞食」에서 "굶주림이 날 내몰았으나, 어디로 간단 말인가[飢來驅我去, 不知竟何之]"라고 하고, 이어서 "그대 표모漂母의 은혜[46]에 감격하며, 내가 한신의 재능 아닌 것이 부끄럽다[感子漂母惠, 愧我非韓才]"[47]라고 했으니 구하여 얻은 것이 있는 경우이다. 두보가 「상수견회上水遣懷」에서 "온 세상을 돌아다니며, 아이들이 날마다 입에 풀칠을 한다[驅馳四海內, 童稚日餬口]"라고 하고, 이어서 "단지 새로운 소년만 만나고, 옛 친구를 만나는 경우는 드물다[但遇新少年, 少逢舊知友]"[48]라고 했으니 구해도 얻은 것이 없는 경우이다. 황정견의 「빈락재貧樂齋」에서 "굶

45 『동파전집』 권15 「증장묵(贈章默)」.

46 표모(漂母)의 은혜 : 한신이 가난하여 끼니를 잇지 못할 때 빨래터의 아낙네[漂母]가 밥을 주자, 감격하여 훗날 반드시 보답하겠다고 약속했는데, 그 아낙네가 "대장부가 스스로 끼니도 못 먹어 내가 불쌍히 여겨 밥을 준 것일 뿐, 어찌 보답을 바라겠소[大丈夫不能自食, 吾哀王孫而進食, 豈望報乎]"라고 한 고사에서 유래한 말이다. 『사기』 권92 「회음후열전(淮陰侯列傳)」.

47 『도연명집』 권2 「걸식(乞食)」.

48 『두시상주(杜詩詳註)』 권22 「상수견회(上水遣懷)」.

주리면 밥을 빌긴 하나, 도리가 옳다면 안 될 것이 없다[飢來或乞食, 有道無不可]"라고 하고, 「과청초호過青草湖」에서 "내 비록 가난이 뼛속까지 스몄으나, 두릉杜陵의 노인(두보)보다는 낫네. 지난날 악양루岳陽樓에 올라, 남에게 밥 한 그릇 구한 일이 떠오르네[我雖貧至骨, 猶勝杜陵老. 憶昔上岳陽, 一飯從人討]"라고 했다. 위의 내용으로 논한다면 두보의 가난은 도잠보다 더했고 황정견의 가난은 두보보다는 나았다.

杜子美身遭離亂, 復迫衣食, 足迹幾半天下. 自少時遊蘇及越, 以至作諫官, 奔走州縣, 旣皆載北游詩矣. 其後「贈韋左丞」詩云: "今欲東入海, 卽將西去秦." 則自長安之齊魯也. 「贈李白」詩云: "亦有梁宋遊, 方期拾瑤草." 則自東都之梁宋也. 「發同谷縣」云: "賢有不黔突, 聖有不煖席. 始來茲山中, 休駕喜地僻. 奈何迫物累, 一歲四行役." 則自隴右之劍南也. 「留別章使君」云: "終作適荊蠻, 安排用莊叟. 隨雲拜東皇, 挂席上南斗." 則自蜀之荊楚也. 夫士人旣無常產, 爲飢所驅, 豈免仰給於人, 則奔走道途, 亦理之常爾. 王建云: "一年十二月, 强半馬上看圓缺. 百年歡樂能幾何, 在家見少行見多. 不緣衣食相驅遣, 此身誰願長奔波." 李頎亦云: "男兒在世無產業, 行子出門如轉蓬." 皆爲此也.

두보가 난리를 당하고 생활에 핍박을 받으며 닿은 발길이 거의 천하의 절반이었다. 어려서부터 소주와 월주越州를 유람했고 간관諫官이 되어서는 각 고을을 분주히 다녔으니 이는 북유北遊시절의 시에 모두 실려 있다. 그 뒤에 지은 「증위좌승贈韋左丞」에서 "지금 동쪽 바다 쪽으로 들어가려 하고, 이어서 바로 서쪽 진秦으로 가려 한다[今欲東入海, 卽將西去秦]"라고 했으니 장안에서 제노齊魯 쪽으로 가는 길이었고, 「증이백贈李白」에서 "또한 양송梁宋으로 떠나, 요초瑤草[49]를 채취하려 생각하고 있다[亦有梁宋遊, 方期拾瑤草]"라고 했으니 동도(東都: 낙양)에서 양송으로 가는 길이었으며, 「발동곡현發同谷縣」에서 "현자는 굴뚝을 검게 할(한동안 불을 지필) 여유가 없고, 성인은 자리를 따뜻하게 덥힐 겨를이 없다. 처음 이 산에 와, 발길 멈추며 땅이 외진 것을 좋아했다. 어찌하여 세상의 핍박을 받아, 한 해에 네 차례나 길을 떠난 것인가[賢有不黔突, 聖有不暖席. 始來玆山中, 休駕喜地僻. 奈何迫物累, 一歲四行役]"라고 했으니 농우隴右에서 검남劍南으로 가는 길이었으며, 「유별장사군留別章使君」에서 "결국 형만(荊蠻 : 초楚)으로 가게 돼, 장수莊叟처럼 안배按排한다.[50] 구름을 따라 동황묘東皇廟[51]에 절을 하고, 돛을 걸고 남두南斗[52]로 올라간다[終作適荊蠻, 安排用莊叟. 隨雲拜東皇, 掛席上南斗]"라고 했으니 촉에서 형초荊楚로 가는 길이었던 것이다. 식자가 일정한 생산이 없어 굶주림에 몰린다면 어찌 남들에게 도움을 요청하는 신세를 벗어날 수 있겠는가. 따라서 길을 분주히 돌아다닌 것은 당연한 이치인 것이다. 왕건이 "일 년 열두 번의 달을, 절반은 말 위에서 둥글고 이지러지는 것을 본다. 백 년의 기쁨이 얼마나 되랴, 집에서는 보는 것이 적고 길을 걸으며 본 것이 많다. 먹고 입는 것 때문에 내몰린 것이 아니라면, 어느 누가 오랫동안 분망한 것을 바라겠는가[一年十二月, 强半馬上看圓缺. 百年歡樂能幾何, 在家見少行見多. 不緣衣食相驅遣, 此身誰願長奔波]"[53]라고 하고, 이기李頎도 "남아가 세상에 일정한 생산이 없어, 길손으로 문을 나설 때 전전하는 쑥대와 같다[男兒在世無產業, 行子出門如轉蓬]"[54]라고 한 것은 모두 이러한 이유 때문이다.

---

49 요초(瑤草) : 전설에 나오는 선초(仙草)로, 영지 등과 유사하고 복용하면 장수를 누린다고 한다.

50 장수(莊叟)처럼 안배(按排)한다 : 『장자』 「대종사(大宗師)」의 "세상 흐름에 맡겨 변화를 좇으면 고요한 하늘과 하나 되는 경지에 들 것이다[安排而去化, 乃入於寥天]"를 인용한 것이다.

51 동황묘(東皇廟) : 봄을 관장하는 신을 모신 사당이며 초 지역에 있다.

52 남두(南斗) : 북두성 이남에 있는 별로, 지역의 분류에 따르면 오(吳) 지역에 해당한다.

53 『어정전당시』 권298, 왕건, 「행견월(行見月)」.

54 『어정전당시』 권133, 이기, 「욕지신향답최호기모잠(欲之新鄉答崔顥綦毋潛)」.

역대시화 5 | 인명 찾아보기

운어양추

ㄱ

ㄴ

ㄷ

ㅇ